스토리텔링으로 맹자를 풀어낸 인문학 도서

맹자, 칼과 정치는 다름이 없다

맹자, 칼과 정치는 다름이 없다

초판 1쇄 발행 2024년 01월 25일
초판 2쇄 발행 2025년 01월 25일

지은이 유문상
펴낸이 류태연

펴낸곳 렛츠북
주소 서울시 영등포구 문래북로 116, 1005호
등록 2015년 05월 15일 제2018-000065호
전화 070-4786-4823 | **팩스** 070-7610-2823
홈페이지 http://www.letsbook21.co.kr | **이메일** letsbook2@naver.com
블로그 https://blog.naver.com/letsbook2 | **인스타그램** @letsbook2

ISBN 979-11-6054-678-1 03140

전국시대를 방랑한 한 유학자의 삶과 꿈

맹자,
칼과 정치는 다름이 없다

인민이 귀중하다
사직은 그다음이고, 군주는 가볍다
民爲貴, 社稷次之, 君爲輕

유문상
지음

스토리텔링으로 맹자를 풀어낸
인문학 도서

● 일러두기

1. 인명(人名), 시호(諡號) 등의 고유명사를 한글로 표기할 때는 한자 원음을 그대로 썼다.

2. 성명, 시호, 국명 뒤에 소괄호를 사용하여 재위나 생몰 연도, 존속기간을 표시할 때 '년'을 생략했다.

3. 연도가 불확실한 경우는 '?'를 표기했다.

4. 이 책에 사용된 문장부호는 다음과 같다.

   『 』: 책명

   〈 〉: 문단, 작품명, 편명

   [ ]: 음(音)이 다른 한자

   " " : 인용

   ' ' : 재인용, 강조, 소제목

   / : 통용 혹은 병용되는 글자(예: 목공(繆公/穆公))

머리말

『맹자, 칼과 정치는 다름이 없다』는 선진유학(先秦儒學)에 해당하는 맹자의 사상과 언행을 스토리텔링으로 분석·정리한 책이다. 춘추시대 공자는 유학을 철학으로서 체계화했다. 맹자는 평생 공자를 불세출의 지성(至聖)으로 생각하고, 그 학덕과 사상을 이어받고 발전시켜 유학을 후세에 전했다. 그렇기 때문에 우리가 유학의 원시적 본질을 제대로 이해하기 위해서는 공자와 맹자의 유학을 공부하는 것이 기본이라 아니할 수 없다. 이에 독자들에게 정통 유학의 참모습을 제대로 전달하고자 일전에 발간한『공자편, 논어는 이것이다』에 이어 본 도서를 세상에 내놓게 되었다.

공자와 맹자의 공통된 꿈은 덕(德)이 통용되는 도덕국가를 만들자는 것이었다. 맹자는 여기서 한 걸음 더 나아가 통치자의 존립 근거를 민심에 두었고, 천하에서 민중이 가장 귀한 존재임을 천명했다. 우임금 이후의 민본사상이 바로 맹자에 이르러 실질적 정치이념으로 구체화 되었다. 이런 맹자의 생각은 그의 언행을 기록한 도서『맹자』에 망라되어있다.『논어』가 우리의 마음을 열어 생각하게 한다면,『맹자』는 가슴을 뛰게 한다.

이 책은 맹자의 언행이 담긴 도서『맹자』를 스토리텔링 기법으로 풀이하여 재미있고 쉽게 맹자의 사상이 이해될 수 있도록 집필되었다. 동양사상을 단순히 경전의 구절만으로 풀이하면 이해하기가 매우 난해할 수가 있다. 그러나 각 사상가의 시대적 상황과 연관될 때 우리의 눈앞에 영상이 그려지듯 그 참된 의미가 실감 나게 다가올 수가 있다.

지금까지『맹자』의 주해는 후한(後漢) 때 조기(趙岐)의『맹자장구(孟子

章句)』, 남송(南宋) 때 주희의 『맹자집주(孟子集註)』, 청나라 때 초순(焦循)이 쓴 『맹자정의(孟子正義)』 등이 있다. 그리고 조선의 다산(茶山) 정약용은 『맹자』를 부분적으로 주해한 『맹자요의(孟子要義)』를 남겼다. 이 책은 주희의 『맹자집주(孟子集註)』를 저본(底本)으로 하되 다산의 『맹자요의(孟子要義)』도 참고했다. 이 책의 특징은 다음과 같다.

첫째, 가급적 스토리텔링 기법을 활용했다. 이럼으로써 독자들은 이야기책을 읽듯이 재미있는 책 읽기를 할 수 있을 것이다.

둘째, 맹자의 사상을 그의 행적을 따라 시대순으로 살펴보는 것을 원칙으로 하여 내용별로 분류하는 방식을 취했다.

셋째, 원문의 정확한 번역을 위해 자의(字義)와 원음(原音)에 충실하되 문장의 맥락으로 보정했다.

넷째, 인용된 경전의 내용은 각주에 원문을 근거로 제시하여 분석과 서술의 신뢰도를 제고했다.

다섯째, 『맹자』의 원문 대부분을 분석하고 수록하여 맹자 사상의 대의를 온전히 파악할 수 있도록 했다.

막상 강의시간에 교재로 활용한 자료를 기본으로 하여 도서의 집필에 착수했지만, 책이 완성되기까지는 몇 년의 세월이 지났다. 분량도 만만치 않다. 성현의 사상을 전파한다는 명분으로 나름 열정을 가지고 집필하여 책을 세상에 내놓았지만 본래 학문과 재능 면에서 변변찮은 지은이인지라 내용 면에서 여러 가지로 부족한 점이 많을 것이다. 많은 질책을 해주시면 더욱 보완할 것을 약속드린다.

이 책은 은사님, 동료, 벗의 도움을 받았다. 대학 시절 늘 격려와 조언을 해주신 고(故) 김태영 은사님, 청유서당에서 동양 고전을 강론해주신 유학자 고(故) 이종락 은사님, 두 분의 은혜를 잊을 수 없다. 삼가 감사의 말씀을 드린다. 바쁜 와중에도 평론을 해주신 고민경·박정선 선생님, 교정을 해주신 송혜영·정은진 선생님에게도 감사드린다. 곡차로 가끔 격려와 위로를 해준 벗, 고영봉·김동돈·김문창·김익희 님에게도 역시 감사하다는 말과 함께 이 책으로 반배(返杯)하고자 한다. 그리고 세월이 흐를수록 더욱 그리운 어머니와 재순, 두 분께 이 책을 바친다.

2023년 12월
도우(禱雨) 유문상

차례

제4장
사람은 불인인지심(不忍人之心)이 있다

제5장

인민이 귀중하다

제6장
아! 유학의 도를 누가 이을 것인가?

제1장

선왕(先王)과 춘추오패

1절 맹자의 성장기

맹자(孟子)는 추(鄒)나라 사람이고, 추는 현재의 산동성 추평현(鄒平縣)이다. 후한(後漢) 때 조기(趙岐)[1]는 그의 저서 『맹자장구(孟子章句)』의 서문인 〈맹자제사(孟子題辭)〉에서 추나라는 본래 『춘추』에 등장하는 나라로서 자작(子爵: 제후의 등급 중 가장 낮은 작위)이 통치하는 주(邾)나라였으나 맹자 때에 추(鄒)나라로 국명이 바뀌었으며, 노(魯)나라 인근에 있다가 후에 노나라에 병합되었다고 주장했다. 그리고 조기는 위와는 다른 주장도 있음을 말한다. 주(邾)는 노(魯)가 아닌 초(楚)에 병합되었다거나, 또는 맹자가 노나라 공족인 맹손씨의 후손으로서 제나라에서 벼슬을 하다가 모친상을 당하여 노나라로 돌아와 장례를 치렀다는 것 등이다.

맹자의 생몰연도를 전하는 기록이 없어 명확하지 않지만, 다수의 주장을 종합하면 맹자는 기원전 372년에 태어나서 기원전 289년에 세상을 떠난 것으로 추정된다.

맹자의 본명은 '가(軻)'이다. 그러니까 성명은 맹가(孟軻)다. 성명인 맹가를 쓰지 않고 맹자(孟子)라고 부르는 것은 맹자에 대한 존칭이다. '자(子)'는 아들이라는 의미도 있지만, 상대방의 존칭을 의미하는 접미사 역할도 한다. 우리말로 선생님에 해당한다. 따라서 맹자는 맹 선생님이란 의미가 되겠다. 맹자(孟子)의 자(字)[2]는 자여(子輿) 혹은 자거(子車)라고도 한다.

---

1 후한 경조(京兆) 장릉(長陵) 사람. 초명(初名)은 가(嘉)였으나 후에 기(岐)로 개명했다. 자는 빈경(邠卿) 또는 대경(臺卿)이다. 처음에 주군(州郡)에서 벼슬했는데, 청렴하고 강직했다. 환제(桓帝) 때 병주자사(幷州刺史)에 올랐다가 당파에 연좌되어 면직되었다. 헌제(獻帝) 때 의랑(議郎)에 오르고 태상(太常)으로 옮겼다. 『논어』와 『맹자』의 가치를 매우 높게 평가했으며 『맹자장구(孟子章句)』를 저술했다.

2 20세 전후에 부모나 연장자가 이름 이외에 부르는 호칭

'가(軻)'라는 이름의 유래에 관해서는 다음과 같은 몇 가지 이야기가 있다. 어느 날 맹자 어머니 장 씨(仉氏)가 만삭이었을 때 추나라의 신령한 산인 역산(嶧山)에 기도를 드리러 갔다. 그런데 갑자기 진통을 느꼈고 집으로 돌아오는 도중에 수레 속에서 맹자를 낳았다. 그리하여 그 아이의 이름을 맹가(孟軻: 맹수레)라고 했다는 것이다. 또 다른 이야기도 있다. 맹자는 어렸을 적부터 가난하게 살았다. 그래서 때를 얻지 못해 불우하고 평탄하지 못한 삶을 산다는 의미인 '감가(坎坷)'에서 뜻을 취하여 일이 뜻대로 되지 않는다는 의미인 '가(軻)'라는 이름이 되었다는 것이다.[3]

맹자는 태어나면서부터 총명한 자질이 있었다. 일찍이 아버지를 여의었고 인자하면서도 교육에 엄격한 어머니의 가르침을 받고 자랐다. 전한(前漢)[4] 때 유향(劉向)이 지은 『열녀전(列女傳)』에는 맹자의 어머니가 어린 맹자 교육에 많은 관심을 가진 것으로 다음과 같이 전해진다.

어릴 적 맹자의 집은 묘지 근처에 있었다. 맹자는 무덤 사이에서 뛰고 놀다가 무덤을 만들곤 했다. 이것을 본 맹자 어머니는 나의 자식이 거처할 곳이 아니라고 생각하여 시장 옆으로 이사했다. 그러자 맹자는 입에 발린 소리로 물건을 파는 시늉을 하며 놀았다. 이것을 본 맹자 어머니는 다시 학교 옆으로 이사했다. 이에 비로소 맹자는 제기를 차려놓고 손을 받들어 올리고 절을 하며 앞으로 나갔다가 물러나기를 반복하며 놀았다. 그제서야 맹자 어머니는 "진정 내 자식을 키울 곳이구나!" 하며 거소로 정했다.

3　도올 김용옥, 『맹자 사람의 길』上 22쪽, 통나무, 2019.

4　한(漢)나라는 한고조 유방이 건국한 기원전 202년부터 섭정이었던 왕망(王莽)이 권력을 찬탈해 신(新)을 세운 기원후 8년까지는 수도가 서쪽의 장안(長安)이었다. 이 시기를 전한(前漢, 기원전 202~기원후 8) 혹은 서한(西漢)이라 한다. 이후 왕망이 농민 반란으로 죽임을 당하고 광무제(光武帝)가 즉위하여 동쪽의 낙양(洛陽)으로 천도했는데 이때부터를 후한(後漢, 기원후 25~기원후 220) 혹은 동한(東漢)이라고 한다.

『사기』[5] 〈공자세가〉에는 "공자는 아이 때 언제나 제사 그릇을 차려놓고 예를 갖추는 소꿉놀이로 장난을 했다."[6]라는 말이 있다. 맹자가 결국 학교 옆으로 이사하여 공자의 어린 시절과 비슷한 놀이 경험을 한 것은 흥미로운 일이다.

한영(韓嬰)이 쓴 『한시외전(韓詩外傳)』에는 '매동가돈육(買東家豚肉)'의 이야기가 실려있다. 어린 소년이었던 맹자가 동쪽의 이웃집에서 돼지를 잡는 것을 보고 어머니에게 "무엇에 쓰려고 저렇게 돼지를 잡습니까?"라고 여쭈었다. 엄마는 무심결에 "너에게 주려는 게지." 하고 빈말을 날렸다가 허튼소리를 했음을 깨닫고 얼른 그 동쪽 집의 돼지고기를 사다가 맹자에게 먹였다는 것이다. 이것은 아이들 교육에 있어 한순간이라도 사람을 속이는 빈말을 해서는 안 된다는 교훈을 주는 고사이다.

또 『열녀전(列女傳)』에는 맹자가 다음과 같이 학업에 정진한 이야기와 부인과의 일화가 전해진다. 소년 시절에 맹자가 집을 떠나서 공부하다가 공부를 마치지도 않고 홀어머니를 뵈러 집으로 돌아왔다. 마침 베를 짜고 있던 맹자의 어머니는 가위로 베를 끊어버리고 이렇게 말했다.

"네가 공부를 도중에 그만둔 것은 이처럼 짜던 베를 끊은 것과 마찬가지다."[7]

이와 같은 어머니의 말씀에 크게 깨달은 맹자는 조석으로 쉬지 않고 공부에 정진했다. 여기서 나온 고사성어가 '단기지교(斷機之敎)'다. '단기지교'란 학업을 중도에 폐함은 베틀의 베를 끊는 것과 같다는 의미이다.

---

5 『사기(史記)』는 중국 전한(前漢)의 역사가 사마천(司馬遷)이 저술한 역사서이다.

6 『史記』, 孔子世家第十七, "孔子爲兒嬉戲, 常陳俎豆, 設禮容."

7 『列女傳』, 母儀傳, 鄒孟軻母, "子之廢學, 若吾斷斯織也."

청대 화가 강도(康濤)의 맹모단기교자도(孟母斷機敎子圖)

맹자는 성장하여 장가를 갔다. 어느 날 맹자는 부인의 거처로 들어갔다가 부인이 웃통을 벗고 있는 것을 보았다. 그러자 맹자는 불쾌한 표정을 짓고는 되돌아 가버렸다. 그러자 부인이 맹자 어머니에게 말했다.

"저는 부부간 지켜야 할 법도는 사실(私室)에서는 거론하지 않는 것으로 들었습니다. 방금 제가 방 안에서 은근히 누워있는데 남편이 저를 보고 발끈 화를 냈습니다. 이것은 저를 손님으로 취급한 것입니다. 부인은 손님 취급을 받아서는 안 된다고 생각합니다. 저의 부모에게 돌아가도록 허락해 주십시오."[8]

이것을 보면 맹자의 부인은 솔직 담백하고 부부간의 법도를 침실까지

8　『列女傳』, 母儀傳, 鄒孟軻母. "妾聞夫婦之道, 私室不與焉. 今者妾竊墮在室, 而夫子見妾, 勃然不悅, 是客妾也. 婦人之義, 蓋不客宿, 請歸父母."

끌고 와 체통을 지키는 것을 배척한 다소 개방적인 여인으로 추측된다. 맹자 어머니는 며느리의 이야기를 듣고 맹자를 호되게 질책했다.

> "남편이 지켜야 할 예절은 대문 안에 들어갈 때 누가 있는지를 묻는 것이다. 이것은 상대방을 존경하기 때문이다. 마루에 올라서서는 목소리를 일부러 높여 내는데, 이것은 안에 있는 사람이 경계하게 하는 것이다. 집 안으로 들어가서는 밑을 보지 않는데, 이것은 사람의 과실을 보려고 하지 않기 때문이다. 지금 자네는 예(禮)를 살피지 않고 오히려 남에게 예(禮)를 차리지 않은 것을 책망하고 있다니, 역시 아직도 멀었다!"[9]

맹자 어머니는 며느리가 사실(私室)에서 흐트러진 모습을 보인 것보다 인기척 없이 불쑥 사실로 들어간 맹자의 잘못이 더 크다고 질책했다. 맹자는 어머니의 말을 듣고 사죄한 후 부인의 거처에 머물렀다. 이와 같이 맹자의 어머니는 자식과 며느리의 사이에서도 편애를 보이지 않았다.

맹자는 공자의 손자인 자사(子思)[10]의 문인으로부터 본격적으로 유학을 공부했다. 어느 정도 공부를 마친 맹자는 요순으로부터 비롯되는 선왕(先王)[11]의 도(道)를 이상정치로 설정하고 평생 그 이상을 구현하기 위해 노력했으며, 나아가 선왕으로부터 공자로 이어지는 유학의 도통(道統)을 이어받는 것을 자신의 소임으로 여겼다. 맹자의 사상과 행적을 논의하기에 앞

---

9 『列女傳』, 母儀傳, 鄒孟軻母, "夫禮, 將入門, 問孰存, 所以致敬也. 將上堂, 聲必揚, 所以戒人也. 將入戶, 視必下, 恐見人過也. 今子不察於禮, 而責禮於人, 不亦遠乎!"

10 자사(子思)는 자(字)이다. 이름은 급(伋, 기원전 483?~기원전 402?)이며 공자의 손자이자 공리(孔鯉)의 외아들이다. 증자(曾子)에게서 배웠으며 『중용』을 지었다고 전해진다. 자사의 생몰연도가 불명확하여 연도 뒤에 '?'를 붙였다. 이하 다른 인물의 생몰연도나 재임기간도 마찬가지이다.

11 앞서 왕도정치를 행한 왕이란 의미이다.

서 맹자가 정치의 모범으로 삼는 선왕들의 자취를 살펴보고 이어서 왕도와 대비되는 패도를 행한 군주를 살펴보기로 한다.

2절 선왕(先王)의 시대

요순시대

공자는 중국에서 가장 오래된 경전인 『서경』[12]을 편찬할 때 많은 전설의 임금들을 다 빼버리고 제일 첫머리에 요(堯)를 두었다. 다른 임금에 관한 전설적인 이야기는 전혀 비추지 않았다. 요(堯)임금이 순(舜)임금에게 천하를 전하고 순(舜)임금이 우(禹)에게 천하를 전해준 것만을 취급했다. 공자가 이런 편찬 방법을 사용한 것은 요순을 제외한 다른 황제들에 관한 고증이 별로 없었기 때문일 수도 있으나, 그만큼 정치의 근본을 요순에게서 구하고 있다는 의미가 되기도 한다. 요의 사람됨은 어떠하였나? 『십팔사략』[13]의 〈제요〉 편과 『사기』의 〈오제본기〉 편에는 요의 성품과 삶의 모습을 이렇게 전하고 있다.

"요임금 방훈(放勳)은 그 인자함이 하늘과 같았으며 그 지혜는 신(神)과 같았

---

12 유교의 사서삼경(四書三經) 중 하나. 상서(尙書)라고도 한다. 공자가 요임금과 순임금 때부터 주(周)나라에 이르기까지의 정사에 관한 문서를 수집해 편찬했다고 전해진다.

13 『십팔사략(十八史略)』은 중국 남송(南宋) 말기에서 원나라 초기에 걸쳐 활약하였던 증선지(曾先之)가 편찬한 중국의 역사서로 태고(太古) 때부터 송나라 말기까지의 사실(史實)을 압축했다. 초학자를 위한 초보적 역사 교과서로 편찬했다.

다. 그에게 다가서면 해와 같이 따뜻하고, 바라보면 구름같이 부드러웠다."[14]

'방훈(放勳)'은 '공(功)을 떨치다'의 의미로 요의 별도 호칭이기도 하다. 위의 내용에 따르면 요는 어진 덕이 있고 지혜가 있으면서 따뜻한 감성의 소유자인 것 같다. 부락연맹의 장이었지만 평소 검소한 생활을 몸소 실천했다. 그는 도읍지인 평양에 궁전을 지었는데, 궁전이라기보다는 움막 같은 집을 지었다. 요의 치세에는 가족들이 화합하고 백관의 직분이 공명정대하여 모든 제후국들이 화목했다.

요임금이 천하를 통치한 지 50년이 지난 어느 날, 자신의 통치에 대한 백성의 반응을 알아보기 위해 미행(微行: 신분이 드러나지 않게 주변을 몰래 살피며 다님)을 나섰다. 그가 어느 사거리를 지날 때였다. 어린아이들이 서로 손을 잡고 이런 노래를 부르고 있었다.

> "우리 백성이 이처럼 살아가는 것은, 당신의 지극함이 아니면 할 수 없네. 우리는 아무것도 알지 못하지만, 임금님의 규칙으로 살아가네."[15]

순진한 어린이들이지만 자신들이 아무 탈 없이 사는 것은 임금님의 덕 때문임을 자연스럽게 느끼고 임금의 공적을 칭송하는 장면이다. 다음에는 요임금이 어느 마을 끝까지 걸어갔다. 그곳에는 머리가 하얀 노인이 무언가를 먹으면서 손으로 배를 두드리고 발로 땅을 구르며 흥겹게 노래를 부르고 있었다.

---

14 『史記』, 五帝本紀, "帝堯者, 放勳. 其仁如天, 其知如神. 就之如日, 望之如雲."
15 『十八史略』, 五帝, 帝堯 陶唐氏, "立我烝民. 莫匪爾極. 不識不知, 順帝之則."

"해가 뜨면 일어나고 해가 지면 쉬네. 밭을 갈아 먹고 우물을 파서 마시네. 내가 배불리 먹고 배를 두드리며, 배 두드리고 땅을 구르고 있는데[鼓腹擊壤], 임금님의 힘이 나에게 무슨 소용인가!"[16]

우리는 태평성대를 표현할 때 배를 두드리고 땅을 차며 노는 모습인 '고복격양(鼓腹擊壤)'이라는 말을 흔히 사용한다. 이 말은 바로 요임금의 치세에서 유래되었다.

벽화 속의 요(堯)

한(漢)나라 시대 벽화에 등장하는 요에 관한 명문(銘文: 새긴 글씨)이다.

帝堯放勳其仁如天其知如神
就之如日望之如雲

요임금 방훈은 그 인자함이 하늘과 같고, 그 지혜가 신과 같다. 그에게 다가서면 해와 같이 따뜻하고, 바라보면 구름같이 부드러웠다.

요의 정치력에 의하여 천하는 태평성대가 전개되었으나 그가 연로해지면서 후계자를 물색하기 시작했다. 요의 맏아들은 단주(丹朱)이다. 요는 단주의 말에 충성과 믿음이 없으며 말다툼을 잘한다는 이유로 등용하지 않았다. 그러자 많은 사람들이 당시 효행과 덕행으로 소문이 난 순(舜)을 천

---

16 『樂府詩集』, 擊壤歌, "日出而作, 日入而息. 耕田而食, 鑿井而飮. 含哺鼓腹, 鼓腹擊壤, 帝力何有于我哉!"

거했다. 요에게는 두 딸 '아황(娥皇)'과 '여영(女英)'이 있었다. 요는 효행과 덕망을 갖춘 순(舜)에게 두 딸을 시집보내고, 자신의 9명의 아들을 순의 거처에 머물게 했다. 그런 다음에 집 안과 밖에서 순의 행동을 면밀하게 관찰하니 순이 공주인 부인들로 하여금 한 가정의 부인으로서 예절을 지키도록 법도를 확립해나가는 것이었다.

다음에는 백관(百官: 여러 벼슬아치)의 일을 총괄하는 정사를 맡겨보니 백관의 질서가 잡혔다. 요는 이렇게 순의 덕행과 능력을 시험한 후 임금의 정사를 섭정(攝政: 대신 정치를 함)하도록 했다. 요는 순에게 섭정을 맡긴 뒤 28년이 지난 후에 세상을 떠났다. 이때 요의 나이는 대략 117세로 추정된다. 『서경』에 따르면 요는 16세에 즉위하여 101년을 재위한 것으로 되어 있는데, 이것으로 보면 117세까지 산 것으로 추산이 가능하다.

순(舜)은 어려서 어머니를 잃고 계모 밑에서 자랐다. 부친인 고수(瞽叟)는 장님으로, 순의 모친이 사망한 후 후처를 들여 아들 상(象)을 낳았다. 그런데 고수와 계모, 상은 늘 순을 괴롭히고 구박했다. 순은 역산(歷山)에서 농사를 했다. 아울러 고기잡이, 도자기 굽는 일, 날품팔이, 장사 등 닥치는 대로 일을 해 한결같이 부모를 봉양하고 동생을 보살폈다. 그리하여 순은 20세 때 효자로 이름이 널리 알려졌으며, 이러한 순의 효행을 신하들로부터 전해 듣게 된 요는 순을 사위로 삼게 된다. 순이 역산(歷山)에서 농사할 때 역산의 사람들이 모두 밭두둑을 양보했고, 뇌택(雷澤)에서 고기잡이할 때는 뇌택의 사람들이 그물 내리는 곳을 양보했다. 하빈(河濱)에서 도자기 굽는 일을 할 때는 도자기들에 흠이 없었다.

순의 인품과 성실한 생업활동으로 순이 거주하는 지역에는 점차 사람들이 모여들어 1년이 지나 취락을 이루더니, 2년이 지나 읍을 이루고, 3년이 지나 도성을 이루었다. 이에 요는 순에게 갈옷과 거문고를 하사하고 창고를 지어주었으며 소와 양을 내주었다. 그렇지만 고수와 계모 그리고 이복동생 상은 집요하게 순을 괴롭혔다. 고수는 순을 지붕 위에 올라가게 하고는 불을 놓아 순을 불태워 죽이려 했고, 우물을 파게 한 후 위에서 흙을 덮어 순을 생매장하려 했다. 이후 순은 백관을 통솔하는 직책을 3년간 맡다가 요를 대신해 28년간 섭정을 한다. 섭정을 시작한 순은 음란하고 멋대로 행동한 공공(共工)을 유주(幽州)로 유배 보냈고, 무능한 환두(驩兜)라는 신하를 숭산(崇山)으로 추방했다. 또 여러 번 난을 일으킨 삼묘(三苗)를 삼위(三危)로 쫓아내었다. 아울러 요임금 때 치수(治水)에 실패한 곤(鯀)을 처형했다. 곤은 훗날 순의 뒤를 이어 임금에 오른 우(禹)의 아버지이다. 요가 사망하자 순은 요의 삼년상을 마치고 요의 아들 단주(丹朱)를 피하여 남하(南河)의 남쪽으로 내려가 은거했다. 하지만 천하의 제후와 조정의 신하들이 너나없이 순에게로 갔으며, 송사(訟事)를 다투는 자들마저 순에게로 가서 판결을 구하려 했다. 천하의 민심이 이러하자 결국 임금의 자리는 순에게로 돌아갔다.

벽화 속의 순(舜)

한(漢)나라 시대 벽화에 등장하는 순에 관한 명문(銘文)이다.

帝舜名重華耕於歷山外養三年

순임금은 이름이 중화이고 역산에서 농사지었다. 바깥일로 삼 년간 부양했다.

순은 신하들의 업무를 전문적으로 조직화하여 거기에 합당한 인물을 등용했다. 순은 곤의 아들 우(禹)를 물과 흙을 관장하는 사공(司空)에 임명했다. 고요(皐陶)는 일 처리가 공평하여 법률을 관장했다. 설(契)은 사도(司徒)라는 직책을 가지고 인륜(人倫)을 가르치는 교육을 담당했다. 다음으로 후직(后稷)[17]은 농업을 관장했으며, 백이(伯夷)는 제사를 관장했다. 익(益. 혹은 백익)은 산과 들의 조수(鳥獸)를 관장했고 기(夔)는 음악을 맡았다. 이 중 후직은 태(邰)를 봉토로 받았는데 그 후손들이 주나라를 건국한다.

순에게는 상균(商均)이란 아들이 있었으나 불초(不肖: 아버지를 닮지 않았다는 뜻으로, 어리석은 사람을 이르는 말)했던 것으로 전해진다. 이에 순은 요가 아들인 단주가 있었음에도 자신에게 섭정을 맡긴 것을 거울삼아 아들 상균 대신 우를 후계자로 지목하게 된다. 이때가 순이 임금의 자리에 오른지 33년이 되던 때였다. 이후 순은 재위 39년에 남쪽을 순수(巡狩: 임금이 나라 안을 두루 살피며 돌아다님)하던 도중 사망했는데, 이때 그의 나이 대략 100세 전후일 것으로 추정된다.[18]

하(夏)를 건국한 우(禹)

우(禹)의 성(姓)은 사(姒)이고 씨(氏)는 하후(夏后)이며 이름은 문명(文命)이다. 문명이란 이름 대신에 우란 호칭으로 널리 알려져 있는데, 우가 또 다른 성씨인지 이름인지는 명확하지 않다. '성(姓)'은 혈족(血族)을 나타내

---

17 본래 후직은 농업을 관장하는 관직의 명칭이고 그 관직을 맡았던 인물의 이름은 '기(棄)'였으나, 당시 '기'라는 이름보다 후직을 사람들이 통칭하여 사용함으로써 이름을 대체하게 되었다.

18 『사기』의 기록에 근거했다.

며, '씨(氏)'는 그 '성'의 계통을 표시한다. 오늘날에는 '성'과 '씨'의 구분이 없어져 성씨가 '성'을 나타내는 말로 쓰인다. 하지만 초기 발생 단계에서 '성'과 '씨'는 구분된 개념이었다. '성(姓)'은 여자[女]가 낳은[生] 자녀들이라는 글자의 의미처럼 모계 씨족사회에서 동일한 모계(母系) 혈족을 구분하기 위해 나타났다. 당시 사회는 부계 씨족사회에 진입했으나 '성(姓)'은 아직도 모계 씨족사회 형식을 따르고 있었다. '씨(氏)'는 하나의 '성'에서 갈라진 지파(支派)로 거주지나 조상의 이름, 관직 등을 따서 자신들의 계통의 구별을 나타내는 칭호이다. 우의 '씨'가 하후씨인데 이것은 우가 건국한 나라 이름인 하후(夏后)를 우의 씨로 삼은 것이다. 그러나 전국시대 이후에는 성과 씨의 구별이 사라져 하나의 의미로 쓰이게 되었다.

우(禹)의 아버지 곤(鯀)은 요임금의 신하로서 치수(治水) 책임자였다. 그는 9년 동안 애썼으나 황하를 다스리지 못했고, 오히려 수해가 더 커지기만 했다. 곤은 제방을 쌓아 홍수를 막는 방법은 알았지만 물길을 터서 큰물을 소통시키는 방법을 몰랐다. 요의 후계자인 순은 물을 다스리지 못한 책임을 물어 곤을 죽이고, 그의 아들인 우를 물과 흙을 관장하는 사공(司空)에 임명했다. 우는 황하를 비롯한 하천과 땅을 다스리는 8년 동안[19] 세 번이나 자신의 집 앞을 지나갔지만 한 번도 집에 들르지 않았다. 우는 공무를 수행하면서 옷과 식사를 보잘것없는 것으로 했으며 궁실 꾸미는 비용을 줄였다. 그는 왼손에 수준기(수평을 재는 기구)와 먹줄을 들고 오른손에 그림쇠(지름이나 선의 거리를 재는 도구)와 곱자('ㄱ' 자 모양의 직각자)를 들고 다니며 아홉 개의 주(州)를 개통하고 아홉 개의 길을 뚫었으며, 제방을 쌓아 아홉 개의 저수지를 만들고, 아홉 개의 산을 건널 수 있게 했다.

---

19 『사기』에는 13년으로 기록되었다. 여기서는 『맹자』의 내용에 따른 것이다.

순임금도 연로해지자 요임금과 마찬가지로 수령 자리를 계승할 사람을 물색했는데, 물을 다스리는 데 공이 컸던 우를 하늘에 추천하여 후계자로 정했다. 우가 후계자로 지목된 후 17년이 지나자 순이 세상을 떠났다. 그러자 우는 순의 삼년상을 마친 후 임금의 자리를 순의 아들 상균(商均)에게 양보하고 양성(陽城)으로 은거했다. 그러나 천하 모든 제후들이 상균을 떠나 우에게 와서 조회를 했고, 천하의 백성이 우를 따르며 상균을 임금으로 인정하지 않았다. 결국 우는 천자의 자리에 오르게 되고, 나라의 이름을 하(夏)[20]로 지었다.

　우의 사람됨은 어떠했을까? 우는 평소 사람됨이 영민하고 부지런했다. 어진 덕이 있어서 사람들과 친밀하게 지냈고 그 말에는 믿음이 있었다. 목소리는 음률을 타는 듯했고, 행동에는 법도가 있어서 상황에 적절한 처신을 했다. 죄지은 사람을 보면 자신의 덕이 부족하여 백성이 죄를 짓게 된 것이라고 여겨 자신을 꾸짖었다. 더구나 우는 사람들에게 선한 말을 들으면 절을 했다.

　우의 정치는 덕치를 근본으로 했다. 우는 제후들에게 토지와 성씨를 하사하면서 천자의 덕치를 우선으로 베풀 것을 당부했다. 그리하여 우의 하나라는 크게 번성하기 시작했고, 중국 안에서는 물론 밖에서까지도 조공을 바치게 되었다. 그는 한 번 식사하는 동안에도 열 번이나 일어나서 백성의 어려움을 풀어주려고 했다. 『제감도설』[21]에는 이런 일화도 전해진다. 우임금 때에 의적(儀狄)이란 자가 술을 잘 빚었는데, 그는 우에게 이 술을 진상했다. 우는 그 술을 마시고는 매우 훌륭한 맛이라 여겼다. 그러나 우

20　우가 세운 나라 이름이 『서경』에는 하(夏), 『사기』에는 하후(夏后)라고 기록되었다.
21　『제감도설(帝鑑圖說)』은 명나라 때 장거정(張居正, 1525~1582)이 당시 황태자였던 제13대 황제 신종 주익균을 가르치기 위해 역대 중국 황제들의 언행을 예화로 모은 교재이다.

는 이렇게 말했다.

> "후세 사람으로서 틀림없이 이러한 술에 방종하다가 나라를 망치는 지경에
> 이를 자가 있게 될 것이다."[22]

이에 의적을 멀리하고 다시는 술을 바치는 일로 자신을 찾아오지 못하도록 했다. 여기서 나온 말이 '계주방미(戒酒防微)'이다. '계주방미'란 술을 경계하고 미세한 조짐을 미리 방비(防備)한다는 뜻이다. 우는 술을 먹어보고는 자칫 술로 인해 몸에 질병이 생기거나 정사를 그르칠 수 있다는 것을 통찰하고 술의 유혹에 빠져 잘못된 길로 가지 않도록 스스로 경계했다.

우는 익(益)을 천거하여 정치를 위임했다. 익은 우와 마찬가지로 요임금의 신하였다가 순이 임금이 되자 산과 들의 조수(鳥獸)를 관장하는 벼슬에 있던 인물이다. 우는 익을 천거하여 정치를 맡긴 지 7년 후에 세상을 뜬다. 우는 세상을 뜨기 전에 유훈(遺訓)으로 다음과 같은 말을 남겼다.

> "백성을 가까이해야 하며 밑으로 여겨서는 아니 된다. 백성은 나라의 근본이
> 다[民惟邦本]. 근본이 굳건해야 나라가 평안하다."[23]

'민유방본(民惟邦本)', 즉 '백성이 나라의 근본'이란 말은 바로 민본주의를 지칭한다. 우가 유훈으로 민본주의를 천명한 이후 민본주의는 통치자들이 지향해야 할 정치체제이며, 통치자의 권력이 창출되는 근거가 되는 동양의 핵심 정치사상이 되기에 이른다.

---

22 『帝鑑圖說』, 戒酒防微, "後世必有以酒亡國者."
23 『書經』, 五子之歌, "民可近不可下. 民惟邦本, 本固邦寧."

그림 속의 우(禹)

송대(宋代) 마린(馬麟)이 그린 우임금의 초상화이다. 그림 속 글자는 이러하다.

克勤于邦 烝民乃粒
歷數在躬 厥中允執
惡酒好言 九功由立
不伐不矜 振古莫及

나랏일에 열심히 하니, 여러 백성이 쌀밥 먹게 되었네. (하늘의) 역수(曆數: 천체와 사계절 순환)가 (우임금) 몸에 있으니, 진실로 그 중도를 잡은 것이구나! 술을 싫어하고 착한 말을 좋아하니, 구주(九州: 중국)의 공이 이로 말미암아 세워졌네.

공적을 자랑하지 않고 자만하지 않으니 그 공명이 옛날에 떨쳤지만 지금 미치는 이가 없도다!

　우가 승하할 때 우임금에게는 계(啓)라는 아들이 있었다. 익은 비록 우임금으로부터 천거를 받은 상태이지만 계로 인해 마음이 편치 않았다. 마치 전에 우와 순임금의 아들 상균(商均)이 처했던 상황과 똑같은 사태가 온 것이다. 마침내 익은 우의 삼년상을 마친 후 우의 아들 계(啓)를 피하여 기산(箕山)의 남쪽에 은거하게 된다. 그러나 결과는 순임금 때와는 사뭇 달랐다. 순이 세상을 떠날 때는 천하의 제후와 백성이 양성(陽城)에 은거한 우에게 갔지만, 이번에는 익에게 가지 않고 "우리 임금의 아들이로다!"를 외치며 우의 아들 계에게 몰려갔다. 결국 임금의 자리는 계에게 돌아가고 말았다. 이때부터 요-순-우로 이어지던 선양의 전통은 사라지고 자손이 그 임금의 자리를 이어받는 세습의 전통이 생겨났다.

하(夏)의 마지막 왕은 17대 걸왕(桀王)이다. 걸왕은 중국 역사상 유명한 폭군 중의 한 사람으로 기록되어있다.[24] 걸왕은 힘이 장사였고 백성을 이유 없이 괴롭혔으며 주변의 작은 나라들을 약탈했다. 아첨하는 신하들을 중용하고 충신은 배척했다. 그는 즉위한 지 33년째 되던 해에 병력을 동원하여 유시씨(有施氏)를 정벌했다. 유시씨는 화의를 청하는 뜻에서 그에게 말희(末嬉 혹은 妹喜)라는 미녀를 바쳤다. 걸왕은 말희를 총애하여 옥(玉)으로 장식한 집, 상아로 장식한 회랑(回廊: 지붕이 달린 복도), 옥으로 장식한 정자, 옥 침대 등을 만들어주고는 그녀와 향락에 빠졌다. 걸왕은 유희에 소요되는 재원을 백성으로부터 거두어들였으며 함부로 사람을 학살했다.

만년에 이르러 걸왕은 더욱 황음무도(荒淫無道: 술과 여자에 빠져 도리를 모름)해졌다. 그는 고기를 산더미처럼 쌓아놓고, 육포를 숲처럼 걸어놓고, 진탕 먹고 마시며 놀았다. 술을 가득 채운 연못은 배를 띄울 수 있었고, 술지게미로 쌓은 제방은 십 리 밖에서도 바라볼 수 있었다. 한번 북을 치면 삼천 명의 사람들이 마치 소가 물을 마시듯이 일제히 달려들어 술을 마셨다. 그걸 보고 말희는 즐거워했다. 백성은 엄청난 고통에 시달리면서 분노했지만, 누구 하나 감히 말을 꺼낼 수 없었다.

조량(趙梁)이라는 신하는 걸왕이 좋아하는 것이면 무엇이든 제공해주고, 걸왕에게 향락의 방법과 백성을 약탈하고 학살하는 방법을 가르쳐주었다. 걸왕은 이런 조량을 크게 신임했다. 당시 걸왕의 학정을 견디다 못해 백성은 "아! 이 태양은 언제나 없어지려나? 부디 너와 함께 망하고 말았으면 좋겠다."라고 탄식했다. 결국 걸왕은 명신 이윤의 보좌를 받은 탕

---

24 걸의 이름은 계(癸) 또는 이계(履癸)라고 한다. 걸왕에 대한 기록은 『史記』, 『帝王世紀』, 『十八史略』 등에 보인다.

(湯)에게 정벌된다.

하나라는 검은색을 숭상해 하늘에 제사 지낼 때 검은 황소를 제물(祭物)로 썼다. 역법(曆法)[25]이 제대로 제정된 것은 하나라부터다. 중국은 고대사 복원 작업인 '하상주단대공정(夏商周斷代工程)'[26]을 통해 하나라가 기원전 2070년 무렵 건국되어 기원전 1600년 무렵에 멸망한 것으로 보고 있다.

상(商)을 건국한 탕(湯)

상(商)을 세운 탕왕(湯王)의 선조는 순임금 때의 명신 설(契)이다. 설은 순임금에게 사도(司徒)의 벼슬을 하사받고 백성의 교화를 담당했다. 또 설은 순임금으로부터 상(商)을 봉토로 받았고 '자(子)'란 성(姓)을 하사받았다. 설로부터 시작하여 13대 후손 '리(履)'가 바로 '성탕(成湯)'이다. 성탕은 '리'의 시호(諡號: 죽은 뒤에 붙인 이름)로서 역사는 보통 탕왕이라 부른다.[27] 탕왕은 자신이 통치하던 고을 박(亳)을 수도로 정했는데, 탕왕이 세운 나라 이름은 그 조상인 설이 받은 봉토를 따서 상(商)으로 부르게 되었다.

탕이 하나라를 무너뜨려 상나라를 건국하고, 또 상나라가 초기에 국가의 기반을 다지게 된 것은 명신 이윤의 도움이 컸다. 이윤은 낮은 신분으

---

25 천체의 운행 등을 바탕으로 달, 날짜, 시간 등을 구획하는 방법으로 역법을 기록한 것이 달력이다.

26 중화인민공화국의 고대사 연구 작업이다. 이는 제9차 5개년계획의 공정 중 하나로, 구체적인 연대가 판명되지 않은 중국 고대의 하(夏)·상(商)·주(周)에 대하여 구체적인 연대를 확정했다. 이에 따르면 하나라의 건국은 기원전 2070년, 상나라의 건국은 기원전 1600년, 상나라의 반경 천도는 기원전 1300년, 주나라의 건국은 기원전 1046년이며 그 외 서주 국왕들의 재위연도도 구체화했다.

27 탕왕의 성씨는 자씨(子氏)이며 아버지는 주계(主癸)이고 어머니는 부도(扶都)이다. 탕은 천간이 을(乙)인 날에 태어나서 호를 '천을(天乙)'이라 하고, 한 걸음씩 착실하게 실천하라는 뜻으로 이름을 '이(履)'라 했다. '탕'은 폭정을 제거한 분에게 올리는 시호이다.

로서 벼슬을 멀리하고 숨어 사는 사람이었는데, 탕이 그의 능력을 알아보고 다섯 번이나 사람을 보내 간절히 초빙하여 국정을 맡겼다고 한다.[28] 『묵자(墨子)』에는 탕이 친히 그를 찾아간 것으로 기록되어있다. 탕이 이윤을 얻기 위하여 다섯 번이나 찾아간 것에서 '오청이윤(五請伊尹)'이란 고사성어가 유래했다. 오청이윤은 인재를 얻기 위하여 지도자가 백방의 노력을 기울여야 함을 의미하는 말이다. 훗날 삼국시대에 촉나라를 세운 유비가 제갈공명을 얻기 위해 공명의 초가집을 세 번 찾아갔다는 '삼고초려(三顧草廬)'에 관한 고사도 그 원형이 '오청이윤'에 있다. 이윤의 보필을 받은 탕은 점차 세력이 강성해졌으며, 그의 인품을 보고 주위에 사람들이 모이기 시작했다.

한편 하나라 걸왕의 학정과 황음무도함은 점차 극에 이르렀다. 때마침 제후 중 하나인 곤오씨(昆吾氏)가 반란을 일으켰다. 탕은 곤오씨를 토벌한다는 명분으로 제후들을 소집한 다음 손수 도끼를 움켜잡고 이윤의 보필을 받아 곤오를 정벌했다. 그런 다음에 말머리를 돌려 걸왕을 치고자 했다. 탕은 제후들을 모아놓고 다음과 같이 정벌의 명분을 말했다.

"여러분은 이리 오시오. 와서 모두 내 말을 잘 들으시오. 나 같은 작은 사람이 감히 난을 일으키려는 것은 아니오. … 하나라 임금이 죄가 많아 하늘이 그를 죽이라고 명하시었소[天命殛之]. 지금 여러분은 말하길, '우리 군주가 우리를 불쌍히 여기지 않고, 우리 농사를 못 짓게 하여 해치는 정치를 하고 있구나!' … 바라건대 나를 도와 하늘의 벌이 실행되도록 하시오. 나는 여러분에게 큰

---

28 『사기』의 기록이다. 그런데 『사기』는 또 다음과 같은 다른 전설도 소개한다. 즉 이윤은 탕을 만나려고 했지만 방법이 없어서 이에 유신씨(有薪氏) 종족의 시집가는 여성에 딸려 보내는 신하가 되어 상나라로 갔다. 그는 솥과 도마 등 요리 도구를 짊어지고 가서 음식의 맛으로 비유하여 탕에게 정치하는 방법을 유세했으며 왕도를 실행하게 했다.

상을 내릴 것이니, 여러분들은 믿지 않는 일이 없도록 하시오. 나는 약속을 지킬 것이외다[朕不食言]."[29]

사서(史書)에는 이것을 탕의 맹세문이라 하여 '탕서(湯誓)'라고 기록했다. 탕서의 핵심 내용은 백성의 삶을 파탄 나게 한 걸왕을 하늘의 명령[天命]을 받아 정벌한다는 것이다. 탕서에 우리가 즐겨 쓰는 '식언(食言)'이란 표현이 나온다. 식언은 직역하면 '말을 씹는다'의 뜻인데, 보통 '약속을 지키지 않는다'의 의미로 사용되고 있다. 탕의 연설을 들은 제후들은 탕에게 동조하게 되고, 탕의 군대는 하(夏)의 요충지 명조(鳴條)에서 걸왕의 군대를 격파했다. 결국 걸왕은 생포되어 남소(南巢)라는 곳으로 추방되었다.

탕이 걸왕을 무너뜨린 것은 중국 최초의 역성혁명(易姓革命)이었다. 역성혁명이란 무력과 같은 인위적 방법으로 혈통을 달리하는 정권을 수립함을 말한다. 요임금부터 시작하여 순임금, 우임금까지는 백성의 추앙을 받는 신하에게 평화적으로 선양(禪讓)을 하는 형식이었고, 우임금부터는 자손이나 혈족에게 왕위가 계승되는 세습체제였다. 그러나 탕에 이르러 우임금의 '사씨(姒氏)' 성씨가 아닌 '자씨(子氏)' 성씨가 무력으로 임금의 자리에 올랐다.

드디어 탕은 박(亳)에 도읍을 정하고 상나라의 시대를 열었는데, 때는 약 기원전 1600년 무렵의 일이다. 『사기』에는 상나라의 시조 탕왕이 즉위 후 역법(曆法)을 개정하고 복색을 바꾸어 흰색을 숭상했다고 기록되어있다. 또 다음과 같은 일화도 전해진다.

---

29 『史記』, 史記卷三, 殷本紀第三, "格女衆庶, 來, 女悉聽朕言. 匪台小子敢行擧亂, … 今夏多罪, 天命殛之. 今女有衆, 女曰, 我君不恤我衆, 舍我穡事而割政. … 爾尙及予一人致天之罰, 予其大理女. 女毋不信, 朕不食言."

탕왕이 천자가 되고 나서 7년 동안 가뭄이 계속되어 태사(太史: 천문을 맡은 관리)에게 그 까닭을 점쳐보게 했다. 그러자 태사는 사람을 희생(犧牲: 제사에 바치는 제물)으로 바치고 하늘에 빌어야 한다고 얘기했다. 그러자 탕왕은 머리를 가로저으며, 자신이 비 오기를 바라는 것은 백성을 위한 것이고, 기어코 사람의 몸을 희생으로 써야 한다면 자신이 희생이 되겠다고 했다. 탕왕은 흰 말이 끄는 흰 수레에 타고, 흰 띠를 두르고 스스로 희생이 되어 상림(桑林)의 들에 나가 여섯 조항의 말을 하늘을 향하여 아뢰었다.

> "제가 한 정치에 절제가 없기 때문입니까?
>
> 백성이 직업을 잃었기 때문입니까?
>
> 제 궁정이 너무 화려하기 때문입니까?
>
> 여자에 빠진 것이 많기 때문입니까?
>
> 뇌물이 성행하기 때문입니까?
>
> 참소하는 말이 성행하기 때문입니까?"[30]

탕왕의 이 말이 끝나기도 전에 큰비가 내려서 이 비는 수천 리의 땅을 적시었다. 탕왕의 이런 예화에서 '상림도우(桑林禱雨)'란 말이 생겨났다. '상림도우'란 뽕나무 숲에서 비 내리기를 기도한다는 의미로 통치자가 백성을 위해 자신의 몸을 희생하는 것을 감수하면서도 노력하는 모습을 표현하는 말이다.

탕왕은 평소 쟁반에 "진실로 날로 새롭고 나날이 새로워지자. 재차 날로 새로워지자[苟日新 日日新 又日新]."라는 글귀를 써놓고 자신이 게을러지거

---

30 『十八史略』, 殷王成湯, "政不節歟, 民失職歟, 宮室崇歟, 女謁盛歟, 苞苴行歟, 讒夫昌歟?"

나 타성에 빠지는 것을 경계했다고 한다.

그림 속의 탕(湯)

송대(宋代) 마린(馬麟)이 그린 탕왕의 초상
화이다. 그림 속 글자는 이러하다.

順天應人 本乎仁義
以質繼忠 匪曰求異
盤銘一德 桑林六事
人紀肇修 垂千萬世

천명을 따랐고 사람을 응접했으며, 근본을
인의(仁義)에 두었다.

이를 바탕삼아 참된 마음을 이어나갔으며,
괴이한 것을 구하지 아니했다. 쟁반에 하나
의 덕을 새기고*, 상림에서는 여섯 가지로
아뢰었다. 인륜이 비로소 닦이기 시작했고,
그 덕이 만세에 드리운다.

*쟁반에 새긴 "苟日新 日日新 又日新"을 지칭

    세월은 흘러 역성혁명으로 새 왕조를 건국한 시대의 리더 탕왕은 세상
을 떴다. 탕왕이 서거한 후 장자 태정(太丁)이 왕위를 잇지 못하고 일찍 죽
자 태정의 동생 외병(外丙)과 중임(中壬)이 차례로 형제간에 세습하여 왕위
에 올라 조금씩 있다가 역시 죽고 말았다. 중임 다음으로는 맏아들 태정의
아들인 태갑(太甲)이 왕위에 올랐고, 그다음으로는 태갑의 아들 옥정(沃丁)
이 즉위했다. 이윤은 탕왕부터 옥정에 이르기까지 상나라 초기에 다섯 왕
을 모셨으며, 상나라가 약 560여 년간 존속하는 데 결정적인 기여를 했다.

상나라는 탕왕이 박에 도읍한 때부터 19대 때 왕인 반경(盤庚)에 이르기까지 다섯 번 수도를 옮겼다. 반경은 수도를 은(殷)으로 옮기었는데, 이때부터 상나라는 달리 은(殷)나라로 불리기도 한다.

상나라가 멸망한 것은 30대 주왕(紂王)에 이르러서이다. 그는 본래 술을 좋아하고 음악에 빠졌으며 여색을 탐했다. 특히 달기(妲己)라는 여인을 얻고 나서부터는 연일 함께 술을 마시며 유희를 즐겼다. 달기는 오랑캐국 소(蘇)나라 유소씨(有蘇氏)의 딸이며, 주왕이 유소씨를 토벌했을 때 전리품으로 받은 미녀였다.[31] 주왕은 궁중에 연못을 파서 연못 안에 술을 가득 부어놓았는데, 이것을 주지(酒池)라고 불렀다. 또 연못 사방에는 비단을 감은 나뭇가지에 고기를 매달아두고 육림(肉林)이라 했다. 호사스럽고 방탕한 술잔치를 비유하는 말로 쓰는 '주지육림(酒池肉林)'이란 단어가 바로 주왕에게서 나왔다. 주왕과 달기는 주지(酒池)에서 배를 타고 놀다가 손 가는 대로 술을 퍼마시고 육림(肉林)에서 고기를 마음껏 따먹으며 밤늦게까지 놀았다. 하물며 그들은 벌거벗은 남녀로 하여금 서로 쫓아다니게 하여 뒤엉켜 음란한 행위를 하는 것을 보고 즐겼다. 여기서 '장야지음(長夜之飮)'이란 말이 생겨났다. '장야지음'은 밤새 음란하고 방탕하게 마시며 노는 행위를 의미한다.

이러한 황음무도한 유희를 즐기다 보니 막대한 국가 재정이 유흥에 사용되었고, 여기에 소요되는 재원은 백성의 부담이었다. 백성은 원망하고 제후들은 등을 돌리기 시작했다. 그러자 주왕은 달기의 말에 현혹되어 청동으로 속이 빈 기둥을 만든 다음 그 안에 벌겋게 달아오른 숯불을 집어넣는 '포락(炮烙)'이라는 형구(刑具)를 만들었다. 주왕은 그의 폭정에 불만을

---

31 한편 십팔사략(十八史略)에서는 주공단(周公旦, 주나라 무왕의 아우)이 달기를 정략적으로 육성한 것으로 나온다.

품은 신하와 백성을 발가벗겨서 청동 기둥에 묶어놓고 무참하게 태워 죽였다. 우리가 잔혹한 형벌을 지칭할 때 '포락지형(炮烙之刑)'이란 표현을 쓰는데, 그 용어의 출처가 여기에서 비롯되었다.

한편 주왕은 신하 희창(姬昌, 후에 문왕)과 구후(九侯), 악후(鄂侯)를 삼공(三公)[32]으로 삼았다. 구후에게는 예쁜 딸이 있었는데 구후는 그 딸을 주왕에게 바쳤다. 구후의 딸이 음란한 행위를 싫어하자 주왕은 그녀를 죽이고 아버지 구후마저 소금에 절여 죽였다. 이를 본 악후가 완강하게 따지자 주왕은 악후를 포(脯)를 떠서 죽였다. 이에 혼자 남은 희창이 홀로 한탄했는데, 그 모습을 본 누군가가 주왕에게 고자질하여 희창은 유리(羑里)라는 곳에 갇히게 된다. 희창은 인근 기산(岐山) 아래를 근거지로 하고 있는 제후였다. 희창의 신하들이 미녀와 진기한 보물과 준마를 구하여 주왕에게 바친 덕분에 희창은 풀려나게 된다. 희창은 풀려나면서 낙서(洛西) 땅을 바치며 끔찍한 포락지형을 없애줄 것을 간청했다. 마침내 주왕이 이를 허락하니 희창으로 인하여 포락지형이 사라지게 되었다.

한편 주왕은 희창에게 서방을 정벌하게 하여 그 우두머리로 삼았는데, 이때부터 희창을 서백창(西伯昌)이라 부르게 되었다. 서백창이 서방 정벌에서 돌아와 덕을 닦고 선정을 베풀게 되자 점점 주왕을 버리고 서백창에게 귀의(歸依: 돌아가 의지함)하는 제후들이 많아졌다. 그러나 서백창은 새 나라 창업을 하지 못하고 이내 세상을 뜨고 말았다. 그 뒤를 이어 둘째 아들 희발이 제후로 즉위했다.

주왕의 폭정과 음란한 행위는 그칠 줄 몰랐다. 주왕에게는 충직한 신하도 있었으니 이복형인 미자계(微子啓), 친척인 비간(比干)과 기자(箕子) 3인

---

32 삼공(三公)은 태사(太師), 태부(太傅), 태보(太保)를 말하는데, 천자의 나라에서 천자 다음가는 최고위 관직(官職)이다.

이었다. 미자계(微子啓)는 주왕에게 여러 차례 선정을 베풀 것을 충고했으나 주왕은 듣지 않았고 이에 상심하여 도성을 떠나 숨고 말았다. 비간(比干)은 주왕에게 음란한 행위를 멈추고 덕에 의한 정치를 베풀 것을 충고했다가 죽임을 당했으며, 기자는 간언했다가 옥에 갇혔다.

드디어 서백창의 아들인 희발, 즉 무왕(武王)은 서쪽에서 때를 기다렸다가 주왕의 주력군이 동남에 있을 때를 노려 대군을 거느리고 출병했다. 양군은 목야(牧野)에서 마주쳤다. 무왕의 군대가 용감하게 돌격하자 주왕의 군대는 무기를 버리고 뿔뿔이 흩어졌다. 주왕은 궁중의 모든 패옥을 온몸에 걸치고 녹대로 올라가서 녹대 아래에 불을 지르게 했다. 잠시 후 불길이 하늘로 치솟자 주왕은 불에 타 죽었고 달기는 자결했다. 이에 이르러 상나라는 멸망을 고하게 되었으니 기원전 11세기 무렵의 일이다.

주왕의 폭정이 정말 이토록 심했을까에 대하여 후세 사람들은 반신반의하여 의견이 분분했다. 송대(宋代) 나필(羅泌)은 걸왕과 마찬가지로 주왕이 폭군인가에 대하여 의문을 제기하고 있지만,[33] 대체로 걸왕과 주왕은 유학에서 인의를 저버린 폭군으로 묘사되고 있다.

상나라는 탕왕으로부터 시작하여 30대[34] 주왕을 마지막으로 560여 년간 존속하다가 멸망했다. 시기적으로는 대략 기원전 1600년부터 기원전 1046년 동안이다. 일반 백성 중에는 무왕과 주왕의 전쟁 중에 집과 땅을 잃거나, 멸망한 상나라를 그리워하는 사람들이 있었다. 이들은 중국 여러 나라를 떠돌아다니며 먹고살기 위하여 물건 파는 일에 종사하는 사람들이

---

33 송대(宋代)의 나필(羅泌)은 『걸주사다실실론(桀紂事多失實論)』에서 걸왕과 주왕의 학정에 대하여 의문을 제기한다.

34 상나라를 31대 왕으로 보는 견해도 있지만 30대가 맞다. 탕임금의 장자 태정은 왕위에 오르지 않았기 때문이다.

되었다. 이 사람들을 상(商)나라 사람[人], 즉 '상인(商人)'으로 호칭하였다. 오늘날 물품 거래에 종사하는 사람들을 지칭하는 상인(商人)이란 말이 여기서 유래되었다.

주(周)의 기초를 확립한 문왕

희창(姬昌)은 순임금의 신하로서 희씨(姬氏) 성을 갖고 농업을 관장하던 후직(后稷)의 후손이다. 후직은 순임금으로부터 태(邰)를 봉토로 받았다. 그 후손들은 그곳에서 살다가 4세 공유(公劉)에 이르러 빈(邠)으로, 그리고 13세 고공단보(古公亶父)[35]에 이르러 기산(岐山) 아래 주원(周原)으로 도읍지를 옮겼다.[36] 고공단보에게는 세 아들이 있었는데, 첫째 태백(泰伯), 둘째 중옹(仲雍), 셋째 계력(季曆)이다. 고공단보는 자신의 세력이 점차 커지자 상나라를 치고 새 왕조를 창업하려는 야심을 품었다. 그런데 장자인 태백은 무력으로 상나라를 치는 것에 동조하지 않았다. 고공단보는 그래도 장자이고 인품이 훌륭한 태백을 후계자로 책봉하려고 했지만, 태백은 세 번이나 부족의 장이 되는 것을 사양했다. 그 후 셋째 계력이 태임(太任)이라는 부인을 얻었는데 그 성품이 매우 어질었다. 태임이 아들 희창(姬昌)을 낳았다. 희창은 어머니의 어진 성품을 이어받아 성인(聖人)이 될 상서로운 조짐이 있었다. 조선시대 율곡[37]의 어머니는 사임당(師任堂)이란 호(號)로

---

35 '父'가 호칭에 쓰일 때는 '보'로 흔히 읽는다.

36 고공단보가 주원에 거주했다는 내용은 『시경(詩經)』 〈대아(大雅)〉의 문왕지십(文王之什), '면(緜)' 편에 나온다.

37 조선 중기의 학자로서 본명은 이이(李珥), 율곡은 그의 호(號)이다. 저서로는 『격몽요결』, 『성학집요』 등이 있다.

우리에게 많이 알려져 있다.[38] 여기서 '사임(思任)'이란 태임을 사모한다는 의미이다.

고공단보는 태백이 거듭 부족장의 지위를 사양하자 희창(姬昌)의 비범함을 간파하고 계력에게 부족장의 지위를 물려주려고 했다. 그러자 태백은 둘째인 동생 중옹에게 자신들이 멀리 떠날 것을 설득한다. 결국 중옹도 형의 말을 받아들여 이들 형제는 형만(荊蠻)으로 몸을 숨기게 된다. 이렇게 되자 고공단보는 계력에게 부족장의 지위를 물려주었고 이때부터 계력을 공계(公季)라고 부르기 시작했다. 공계는 다시 아들 희창에게 지위를 물려주게 된다.

희창은 어진 정치에 힘쓰고 노인을 공경하며 젊은이를 아꼈다. 어진 사람에게는 자신을 낮추고 예로써 대했으며, 자신은 밥 먹을 겨를도 없이 선비를 대접하니 희창의 주변에는 귀의한 선비들이 많았다. 희창이 주왕에게 낙서 땅을 바치고 포락지형을 없애자 많은 제후들은 희창의 사람됨을 보고 다툼이 있을 때는 희창에게 와서 판결을 구했다.

희창이 어느 날 사냥을 나갈 채비를 하고 있었다. 그때 점치는 직책인 사관이 희창에게 위수(胃水)의 양지(陽地)에서 사냥하면 큰 인물을 얻을 징조가 있다고 말했다. 희창은 그날 사냥을 포기하고 사흘간 목욕재계를 한 다음 나흘째 되는 날 위수의 양지로 사냥을 나갔다. 그때 마침 황하(黃河)의 물줄기를 따라 이어진 위수(胃水)라는 강가에서 띠풀을 깔고 앉아 백발의 수염을 휘날리며 낚시질을 하는 노인이 있었다. 그의 이름은 강상(姜尙)이었다.

강상의 선조는 우임금을 보좌하여 치수사업에 큰 공을 세웠다. 이후 그

---

38 성은 '신(申)'씨이나 본명은 명확하지 않다. 혹자는 '인선(仁善)'이라고 주장하기도 한다.

의 선조가 여(呂) 땅에 봉해졌다. 본성은 강(姜)이지만 봉지(封地) 명칭을 성씨로 삼는 관례에 따라 여상(呂尙)이라고도 불린다. 희창은 정중하게 강상에게 인사를 하고 여러 대화를 나누게 된다. 『육도삼략』[39]과 『사기』에 산재된 대화의 내용을 정리하면 다음과 같다.

> 희창이 강상에게 물었다. "어떻게 일어나고 거두어야 천하가 귀속할 수 있겠습니까?"
>
> 강상이 대답했다. "천하는 군주 한 사람의 천하가 아니라 천하에 삶을 이어받은 만민의 천하입니다. 그런 천하의 이득을 같이하는 자는 천하를 얻을 수가 있습니다."
>
> … 희창이 두 번 절을 하고 말했다. "그러하군요. 제가 어찌 감히 하늘이 내리신 명을 받지 않겠습니까."[40]
>
> "선군(先君)이신 태공(太公)께서 자주 나타나 '성인이 주나라로 올 것이다. 주나라는 그로 인하여 흥성케 될 것이다.'라고 하셨는데, 선생이 바로 그분이십니다. 우리 태공께서 오랫동안 선생을 기다렸습니다."[41]

희창은 강상을 수레로 모셔서 스승으로 삼았다. 이후부터 강상은 태공이 기다리던 사람이라는 의미인 태공망(太公望)이라 불리게 되었는데, 이 명칭이 변형되어 후세에 강태공(姜太公)이라고도 불렸다. 강태공은 낚시하는 사람을 지칭하는 말로도 사용되었다.

---

39 병서 '육도(六韜)'와 '삼략(三略)'을 함께 이르는 말이다. 두 책 모두 태공망이 저술한 것으로 전해지나 문장 형식과 문체로 보아 후대에 지어졌을 것으로 보는 의견도 있다.

40 『六韜三略』, 第1篇文韜 第1章文師, "文王曰, 立斂若何而天下歸之? 太公曰, 天下非一人之天下, 乃天下之天下也. 同天下之利者則得天下. … 文王再拜曰, 允哉! 敢不受天之詔命乎!"

41 『史記』, 齊太公世家第二, "自吾先君太公曰, 當有聖人適周, 周以興. 子眞是邪? 吾太公望子久矣."

희창이 태공망을 만난 것은 태공망의 나이 72세 때의 일이다. 그 후 태공망은 재상(宰相)에 임명되어 정치와 군사를 통괄했다. 여기서 재상이란 일반적인 고위관리를 부르는 별칭이기도 했다. 전국시대에는 군주를 제외한 관리는 경(卿)-대부(大夫)-사(士) 등의 계급으로 구성되는 것이 일반적이었는데, 재상이란 보통 경(卿)의 벼슬에 해당하는 사람을 부르는 호칭이다. 재상이 진정한 최고 행정 책임자의 의미가 된 것은 진(秦)의 중국 통일 후이다. 태공망의 노력으로 주족(周族)은 안정 속에 발전을 거듭하여 막강한 군사력을 갖추게 되었다. 서백의 위치에 있는 희창은 태공망의 도움을 받아 인근 제후국을 차례로 정벌해나가며 세력을 확장했다. 희창은 수도를 기산 아래에서 풍(豊)으로 옮겼다. 이때에 이르러 희창의 영토는 주왕이 다스리는 땅 2/3를 분할하여 차지하고 있어 이미 주왕이 상대하기엔 너무나 벅찬 세력으로 성장하고 있었다. 그런데 마지막으로 상(商)을 멸망시킬 계획만 남겨놓고 희창은 병에 걸렸다. 그는 자신이 그 임무를 수행할 수 없다는 것을 알고, 아들 희발(姬發)[42]에게 대임을 맡겼다. 그 아들이 바로 무왕(武王)이다. 희창은 주나라의 기초를 확립했으며, 50년간 주족(周族)의 장을 지낸 후 97세에 병으로 죽었다.

희창은 죽었지만, 그 이후에 주나라로 건너온 사람 중에 백이(伯夷)와 숙제(叔齊)가 있었다. 백이(伯夷)와 숙제(叔齊)는 원래 서쪽 변방에 살던 형제로서 변방의 작은 영지인 고죽군의 아들들이었다. 고죽군의 영주인 아버지는 셋째인 숙제에게 후계자를 물려주려 하다가 결정하지 못하고 죽고 만다. 그러자 숙제는 장자인 백이에게 후계자 자리에 앉을 것을 권했고 백이는 부친의 뜻을 저버릴 수 없다 하여 숙제에게 양보하려 했다. 두 형제

는 서로 양보하다가 마침내 백이가 궁궐을 떠나 멀리 가버렸다. 그러자 숙제도 후계자 자리를 팽개치고 백이를 따라서 가버렸다. 이렇게 되자 후계자 자리는 둘째(성명 미상)에게 돌아가고 만다. 백이와 숙제는 수년간 외국을 떠돌다가 주나라의 희창이 노인들을 잘 봉양한다는 소문을 듣고 주나라로 건너가게 된다. 그러나 백이와 숙제가 주나라에 도착했을 때 이미 희창은 죽고 없었다.

희창이 실질적으로 주왕을 능가하는 세력을 갖추고 있었고, 일부에서는 그를 왕으로 부르는 사람들도 있었지만, 명목상으로는 여전히 제후국의 수장 중 하나였고, 각 제후국은 천자의 나라인 상(商)나라의 신하국이었다. 그렇기 때문에 희창은 살아생전에 왕의 칭호를 쓸 수가 없었다. 그러다가 희창이 병으로 죽고 나서 그의 아들 희발이 상나라로부터 독립하여 아버지 희창을 왕으로 모셨으니 그 시호가 문왕(文王)이다.

천자의 나라 주(周)를 창업한 무왕

『사기』에 따르면 문왕의 정비는 태사(太姒)이며 그녀는 모두 10명의 아들을 낳았다. 장자는 백읍고(佰邑考)이며, 둘째 아들이 희발(姬發)이다. 그 다음으로 관숙선(管叔鮮), 주공단(周公旦), 채숙도(蔡叔度), 조숙진탁(曹叔振鐸), 성숙무(成叔武), 곽숙처(霍叔處), 강숙봉(康叔封), 염계재(冉季載)이다.[43]

---

43 『사기』〈관채세가〉의 내용이다. 이들의 본래 성명은 장자 백읍고, 둘째 희발, 셋째 희숙선, 넷째 희단, 다섯째 희숙도, 여섯째 희숙진탁, 일곱째 희숙무, 여덟째 희숙처, 아홉째 희숙봉, 열째 염계재이다. 이 중 백읍고와 염계재는 본래 성명이 아닌 것으로 추측된다. 이들은 무왕이 상을 무너뜨린 후 분봉을 받았는데, 분봉 받은 땅이름을 따서 『사기』에 기록되었다. 예컨대 숙선은 관(管) 땅에 봉해졌기 때문에 관숙선이라고도 불린다.

이 중 주공단[44]은 강상과 함께 무왕을 도와 상(商)을 멸망시키는데 많은 전공을 세웠으며 주(周)의 봉건제를 확립한 인물이다.

장자 백읍고에 관하여는 사서(史書)에 자세한 기록이 전해지지 않는다. 내용을 알 수 있는 것은 소설 『봉신연의(封神演義)』[45]가 유일하다. 『봉신연의』에 따르면 백읍고는 주왕의 애첩 달기를 유혹했다는 모함을 받고 주왕에게 죽임을 당한다. 장자인 백읍고가 죽었으므로 문왕의 뒤는 둘째인 희발이 잇게 되었다.

희발은 즉위하자 태공망을 군사(軍師: 군사 전략가), 동생 주공단을 보좌관, 그리고 소공(召公)[46]과 필공(畢公)[47]을 왕의 정사를 보좌하는 참모로 삼았다. 그는 도읍을 호경(鎬京)으로 옮겼으며 붉은색을 숭상했다. 희발은 상왕조의 법령과 제도를 버리고 독자적으로 법령과 제도를 만들었다. 그리고 증조부 고공단보를 태왕(大王)[48]으로, 조부 공계를 왕계(王季)로, 그리고 희창을 문왕(文王)으로 추존(追尊: 죽은 후 왕으로 모심)했다. 결국 희발에 이르러 자신의 선조들에게 왕의 직함을 사용하고 법령과 제도 면에서 주(周)라는 독립한 나라로 서게 되었다. 이때가 기원전 11세기 무렵이었다. 그리고 희발은 후에 시호(諡號)가 무왕이 되었다.

---

44 성명은 희단(姬旦)이다. 희단은 곡부(나라 이름은 魯)를 받았으나 식읍이 주읍(周邑)이었기에 주공(周公) 혹은 주공단(周公旦)이라고도 불린다. 무왕이 세상을 뜨고 13세인 어린 태자 송(誦)이 즉위하자 7년간 섭정을 하며 주나라의 정치, 사회, 문화 제도를 확립했다.

45 『봉신연의(封神演義)』는 중국의 고전 소설이다. 그러나 중국 4대 기서에는 들지 못하며 문학적으로는 그다지 높은 평가를 받지 못한다. 저자는 육서성(陸西星)이라는 설도 있고 허중림(許仲琳)이라는 설도 있는데 명(明)나라 때의 작품임은 확실하다. 중국 고대에 은(殷)나라에서 주(周)나라로 바뀌는 왕조 교체기를 다루고 있다.

46 소공은 무왕의 배다른 동생으로 성은 희(姬), 명(名)은 석(奭)이다. 채읍(采邑)이 소(召)였기 때문에 소공(召公), 소공석(召公奭)으로 불린다.

47 필공의 명(名)은 고(高)이다. 무왕의 배다른 동생이거나 종친으로 추정된다.

48 고어는 '大'가 '太'를 겸용했다. 여기서 '大王'은 태왕으로 발음한다.

무왕은 상나라 주왕(紂王)이 더욱 포악해져서 급기야 비간(比干)을 죽이고 기자(箕子)를 가두어 버렸다는 소식을 듣기에 이르렀다. 그래서 무왕은 중죄를 지은 주왕을 토벌한다는 자신의 뜻을 제후들에게 널리 선포하고 즉위 후 13년 봄에 드디어 주왕을 치기 위해 군사를 출정시킨다. 무왕이 자신의 군대에게 동원령을 내린 집결지는 맹진(盟津)이었다. 사전에 기약하지도 않았는데도 맹진에 모인 제후의 수가 팔백 명이나 되었다. 이때 백이와 숙제가 나타나서는 무왕에게 다가와 말고삐를 잡고는 간언했다.

"아버님이 돌아가셨는데 장례도 치르지 않고 바로 전쟁을 일으키는 것을 효라고 할 수 있습니까? 신하 신분으로 군주를 죽이는 것을 인(仁)이라고 할 수 있습니까?"[49]

그러자 무왕 곁에 있던 신하들이 그들의 목을 베려고 했고 강태공이 "이들은 의로운 사람이다."라고 하며 두둔했다. 백이와 숙제는 간신히 죽음을 면했다. 무왕의 군대는 황하를 건너서 목야(牧野)에서 주왕의 군대와 마주쳤다. 결국 주왕의 군대는 패퇴하여 주왕은 스스로 불에 타 죽었고 달기는 자결했다.

무왕은 상 왕조를 무너뜨리고 새 왕조를 여는 데 공을 세운 신하와 아우들에게 분봉(分封)을 했다. 분봉(分封)이란 땅을 나누어주고 제후로 삼는 것을 말한다. 태공망(太公望)은 영구(營丘)에 봉(封)하고 봉국의 이름을 제(齊)라 했다. 동생 숙단(叔旦, 주공단)은 곡부에 봉하고 봉국의 이름을 노(魯)라 하였으니 훗날 공자의 고향이 되는 나라이기도 하다. 소공(召公, 召公奭

---

49 『史記』, 伯夷列傳第一, "父死不葬, 爰及干戈, 可謂孝乎? 以臣弑君, 可謂仁乎?"

이라고도 한다)은 연(燕)에 봉했다.[50]

한편 무왕은 상(商)의 민심을 달래고 유민(遺民)들을 통제하기 위해 주왕의 아들 무경(武庚)을 상(商)의 제후로 봉했다. 그리고 동생 관숙선, 채숙도, 곽숙처를 파견하여 무경이 상(商)을 통치하는 것을 감시하고 보좌하도록 했는데, 세상에서는 이 세 명을 삼감(三監: 세 명의 감시자)이라고 불렀다.

무왕이 신하들에게 땅을 나누어주고 제후로 삼은 것을 정치체제로는 봉건제라고 부른다. 상(商)을 무너뜨린 무왕은 무기를 거두고 군대를 해산하여 다시는 무력을 쓰지 않을 것을 천하에 선포했다.

한편 무왕의 말고삐를 잡으며 신하의 나라로서 상나라를 치는 것을 만류했던 백이와 숙제는 상나라가 망한 뒤에도 상나라에 대한 충성을 버릴 수 없고, 고죽군 영주로 받는 녹봉 역시 받을 수 없다며 수양산으로 들어가 고사리를 캐 먹다가 굶어 죽었다.

무왕은 인재를 등용할 경우에 과거의 성왕들이 그리했던 것처럼 어진 덕과 능력을 보았다. 무왕은 행동이 믿음직했고, 의로운 일을 천하에 밝히려고 했다. 백성에게는 오교(五敎: 오륜)를 중히 여기게 하여 인륜이 살아있는 사회를 만들고자 했다. 민생을 중요하다고 생각하여 백성이 먹는 것에 관심을 기울였고 백성의 아픔이 있는 상례와 제사를 챙기었다. 이렇게 하자 무왕이 다스리던 시대는 옷을 늘어뜨리고 팔짱을 끼고 있어도 천하가 잘 다스려졌다. 무왕은 새로운 나라의 도읍지로서 호경(鎬京: 현재의 시안 부근)보다 동쪽의 낙읍(洛邑: 현재의 뤄양)이 적합하다고 판단하여 진영을 축조했으나 생전에 수도를 옮기지는 못했다. 무왕은 상나라를 무너뜨린 후 2년 만에 병이 나서 위태롭다가 고비를 넘기더니 이윽고 얼마 안 가 죽고

---

50 동생 숙선(管叔鮮)은 관(管)에 봉했고, 동생 숙도(叔度)는 채(蔡)에, 동생 숙처(叔處)를 곽(霍)에 봉했다. 무왕의 형제들은 이후 그들의 봉지를 따서 관숙선, 채숙도, 곽숙처로 불린다.

말았다. 무왕의 뒤를 이어 어린 태자 송(誦)이 왕위에 오르니 그가 바로 성왕(成王)이다.

3절 춘추시대, 춘추오패

주의 동천과 춘추시대 개막

주(周)는 10대 주려왕(周厲王: 주의 려왕)과 12대 주유왕(周幽王: 주의 유왕) 때 위기가 있었다. 주려왕은 성정이 포악하고 사치가 심했으며 거만했다. 정치를 하면서 백성을 위하지 않고 자신의 이익을 취하고자 골몰했다. 나라 사람들이 왕을 비방하자 위(衛)에서 무당을 들여와 사람들을 감시하게 했고 만일 왕을 비난하는 자를 발견하면 죽이는 일도 서슴지 않았다. 그러자 왕을 비방하는 자가 줄어들고 도로에서는 사람들이 감히 말을 하지 않고 눈을 끔적거리며 의견을 주고받았다. 이른바 언론의 자유를 철저히 봉쇄한 역사적 사례가 되겠다. 이때 신하 소공(召公)이 이렇게 간언했다.

> "백성의 입을 막는 것은 흐르는 물을 막는 것보다 심합니다. 물이 막혔다가 제방이 무너져 쏟아지면 사람을 다치게 하는 일이 필연코 많습니다. 백성도 마찬가지입니다. 그런 까닭에 물을 다스리는 자는 물을 터서 인도해야 하며 백성을 다스리는 자는 베풀어 말을 할 수 있게 해야 합니다."[51]

---

51 『史記』, 周本紀第四, "防民之口, 甚於防水. 水壅而潰, 傷人必多, 民亦如之. 是故爲水者決之使導, 爲民者宣之使言."

그러나 주려왕은 듣지 않았다. 결국 백성들이 반란을 일으키자 체(彘)로 도망가서 죽었다. 주려왕의 태자는 이름이 정(靜)인데 그는 소공의 집에 숨어있었다. 나라 사람들이 알고는 소공의 집을 포위했다. 소공은 "무릇 군주를 섬기는 자는 험한 일이 닥쳐도 군주를 원망해서도 안 되고, 원망한다 해도 분노해서는 안 된다. 하물며 왕을 섬기는 일인 것을!"이라고 하며 태자 대신 자기 아들을 태자라고 하며 내주었다. 폭군에게 이런 신하도 있었다. 소공의 아들이 어찌 되었는지는 기록이 없다. 후에 태자 정은 11대 주선왕(周宣王)이 된다.

12대 주유왕은 주선왕의 아들이다. 후궁인 포사(褒姒)를 총애하여 정실인 황후 신후(申后)를 폐하고 포사를 황후로 삼았으며 태자인 의구(宜臼)를 폐하고 그녀의 아들 백복을 태자로 세웠다. 포사는 잘 웃지 않아서 유왕은 다양한 방법으로 포사를 웃기려고 했다. 유왕은 봉수대에 불을 지폈다. 본래 봉화는 외적의 침입이 있을 때 올리는 통신 수단이다. 봉화를 본 제후들이 긴급하게 주(周)에 군대를 이끌고 이르렀으나 외적은 없었다. 이러한 광경을 본 포사가 자지러지게 웃었다. 이에 유왕은 크게 기뻐하여 자주 봉화를 올리게 되고 제후들은 점차 오지 않게 되었다. 드디어 전 황후의 부친인 신후(申侯)가 서쪽의 견융을 이끌고 유왕을 공격했다. 유왕은 봉화를 올렸으나 제후들의 군대는 오지 않았고 결국 유왕은 살해되고 포사는 포로가 되었다. 이에 제후들과 신후가 태자였던 의구를 왕으로 옹립하니 그가 13대 평왕(平王)이다. 평왕은 기원전 770년에 주(周)의 수도를 서쪽의 호경에서 동쪽의 낙읍으로 천도했고 이로써 동주(東周)의 시대가 열렸다. 천자의 나라인 주나라가 동쪽의 낙읍으로 천도한 동주의 시대부터 춘추시대(기원전 770~기원전 403)가 개막되고 이어서 전국시대(기원전 403~기원전 221)가 등장했다.

춘추오패의 등장

춘추시대(春秋時代)는 주나라가 낙읍(洛邑)으로 천도한 후부터 제후국인 진(晉)나라가 삼분하여 한(韓), 위(魏), 조(趙)로 독립할 때까지의 약 360년 동안의 시대(기원전 770~기원전 403)를 말한다. 전국시대(戰國時代)는 그 후부터 진(秦)이 기원전 221년에 전국을 통일하기까지의 약 280여 년 동안의 시대(기원전 403~기원전 221)를 말한다. '춘추'라는 명칭은 공자가 지은 『춘추』[52]에서 비롯되었으며, '전국'이라는 이름은 이 시기의 역사를 다룬 중국 전한(前漢) 때의 유향(劉向)이 편찬한 고대의 역사서 『전국책(戰國策)』에서 유래되었다.

춘추시대부터 주 왕실은 점차 힘이 약화되어 제후국들이 천자에게만 붙이는 왕(王)이란 칭호를 자신들이 먼저 쓰기 시작했다. 춘추시대에 초(楚)와 오(吳)가 칭왕(稱王: 왕이라 부름)을 하더니 전국시대에 이르러 위(魏), 제(齊), 진(秦), 한(韓), 송(宋)이 칭왕을 했다. 또 천자의 권위가 쇠퇴해지자 제후국 중에서 오패(五霸)가 등장하는데 이를 춘추오패(春秋五霸)라고 한다. 춘추오패는 춘추시대에 패도(覇道)를 행한 다섯 군주를 말한다. 춘추오패는 주장하는 사람에 따라 다르다. 『순자(荀子)』「왕패(王霸)」에는 제환공(齊桓公: 제의 환공, 이하 같음)·진문공(晉文公)·초장왕(楚莊王)·오왕(吳王) 합려(闔閭)·월왕(越王)·구천(勾踐)으로 되어있고, 후한(後漢)의 조기(趙岐)는 그의 해설서 『맹자장구(孟子章句)』에서 오패를 제환공(齊桓公)·진목공(秦穆公)·송양공(宋襄公)·진문공(晉文公)·초장공(楚莊公)이라고 지목했다.

---

[52] 공자(孔子)가 엮은 것으로 알려진 중국의 사서(史書). 춘추시대(春秋時代) 노(魯)의 은공(隱公) 원년(元年, 기원전 722)부터 애공(哀公) 14년(기원전 481)까지 12제후의 242년간 사적(事跡)을 연대순으로 기록했다.

여기서는 조기(趙岐)가 주장한 춘추오패를 주로 논의할 것이다. 그 이유는 『맹자』의 내용에 조기가 지목한 춘추오패들이 직·간접적으로 더 많이 언급되기 때문이다. 이들 패자(霸者)는 모두 존왕양이(尊王攘夷)를 내세웠다. 존왕양이란 천자국인 주(周)의 왕을 존중하고 오랑캐를 물리친다는 의미이다. 이 중 제환공(齊桓公)과 진문공(晉文公)은 공통적으로 진정한 패자(霸者)로서 인정받는다.

춘추오패의 서막, 제환공(齊桓公)

제(齊)나라의 시조는 강상(姜尙), 즉 태공망(太公望)이다. 무왕이 그를 영구(營丘)에 봉하고 봉국의 이름을 제(齊)라 했다. 제환공(齊桓公, 재위: 기원전 685~기원전 643)을 이야기할 때 그의 신하인 관중(管仲)[53]과 포숙아(鮑叔牙)[54]부터 흔히 거론된다. 관중과 포숙은 어릴 때부터 친구였다. 둘은 같이 장사를 했는데, 관중은 집안이 가난하여 포숙보다 늘 더 많은 이익을 챙겼다. 그러나 포숙은 관중의 빈곤을 알았기 때문에 관중을 탐욕스럽다고 여기지 않았다.

둘이 어느 정도 성장했을 때 제나라 군주는 제희공(齊釐公)이었다. 제희공은 동생의 아들, 즉 조카인 공손무지(公孫無知)를 각별히 총애했다. 제희공이 죽고 태자인 제아(諸兒)가 즉위하니 바로 제양공(齊襄公, 재위: 기원전 697~기원전 686)이다. 그런데 제양공은 사촌인 공손무지를 싫어하여 희공이 그에게 주었던 녹봉과 관복을 빼앗아버렸다. 공손무지는 이로 인해 제

---

53 관(管)은 성씨, 이름은 이오(夷吾), 자(字)가 중(仲)이다.
54 줄여서 포숙(鮑叔)으로도 불린다.

양공에게 원한을 품게 된다. 제양공에게는 배다른 여동생 문강(文姜)이 있었는데 제양공은 문강과 간통하는 사이였다. 제희공 때 문강은 노환공(魯桓公, 재위: 기원전 711~기원전 694)에게 시집갔다. 제양공 즉위 4년째 되는 해에 노환공과 문강이 제나라를 방문했는데, 오랜만에 만난 두 사람은 다시 불이 붙었다. 문제는 이 사실을 노환공이 알게 된 것이다. 문강의 운명이 어찌 될지 난감한 상황이 되었다. 문강은 자신들의 관계가 노환공에게 들켰다는 사실을 제양공에게 알렸다. 제양공은 신하 팽생(彭生)[55]과 모의하여 노환공을 불러 잔뜩 술을 먹였다. 그런 다음 팽생은 술 취한 노환공을 부축하는 척 두 팔로 가슴을 싸안고는 잔뜩 조여 갈비뼈를 왕창 부러뜨려 죽여버렸다. 제양공은 이 사건을 팽생의 과실로 몰고 가서 팽생을 죽이고 노나라에 사과했다. 이후 제양공이 변방에 보낸 장수들을 제대로 교대하지 않아 일부 장수들의 원성이 극에 달하는 상황이 되었다.

제양공(齊襄公)에게는 남동생 규(糾)와 소백(小白)이 있었다. 이들이 제양공과 같은 어머니 소생인지는 알 수 없으나 규와 소백은 어머니가 서로 달랐다. 이때 관중은 공자(公子)[56] 규(糾)를 섬겼고 포숙은 공자(公子) 소백(小白)을 섬겼다. 제양공은 위와 같이 사생활이 문란했고 신하들과의 사이에도 긴장감이 돌았다. 이에 장차 내란이 일어날 것을 우려하여 규는 관중과 신하 소홀과 함께 어머니의 고국인 노나라로 달아났고, 소백은 포숙과 함께 거(莒)나라로 달아났다. 결국 제양공은 공손무지(公孫無知)에게 죽임을 당했다. 공손무지도 얼마 후 옹림(雍林)의 사람들에게 살해되었다. 노나라는 노나라 출신인 어머니를 둔 규를 제나라 군주로 옹립하려 했다. 그리

---

55 『춘추좌씨전(春秋左氏傳)』에는 팽생이 공자(公子)로 나온다. 즉 제후의 아들이라는 말이다.
56 공자(公子)는 제후의 아들을 지칭하는 말이다. 우리가 알고 있는 왕자(王子)는 천자(왕)의 아들을 지칭하는 말이다.

고 관중에게 군사를 주어 소백이 거나라에서 제나라로 가는 길을 지키도록 했다. 이윽고 소백 일행이 당도하자 관중의 군사들이 소백에게 화살을 쏘았다. 화살은 소백이 차고 있던 허리띠 고리에 맞았다. 소백은 죽은 것으로 위장하며 자리를 피했다. 결국 제나라에 먼저 도착한 것은 소백이었다. 소백이 입국하여 대부 고혜(高傒)의 도움으로 군주의 자리에 오르니 이가 곧 제나라 16대 군주 제환공(齊桓公)이다.

제환공은 후환을 없애고자 노나라 사람을 시켜 규를 죽이고는 관중과 소홀을 잡아들이려 했다. 그러자 소홀은 자살하고 관중만 잡혀왔다. 이때 포숙은 제환공에게 관중을 등용할 것을 주청했다. 결국 관중은 포숙의 도움으로 죽음을 면하고 재상이 되었고 포숙은 관중의 아랫사람이 되었다. 관중은 제환공을 도와 제후들을 규합하여 천하를 평정하고 춘추시대 전기에 제나라가 천하의 패자가 되게 하는 데 지대한 공헌을 했다.

제환공은 즉위 2년에 담(郯)나라를 정벌해 멸망시켰다. 그 후 제환공 5년에 노나라를 정벌했다. 노나라는 패하여 노장공(魯莊公)이 수읍(遂邑)을 바치며 화평을 요청했다. 제환공은 이를 허락하고 가(柯) 땅에서 회맹(會盟: 모여서 단결을 맹세함)했다. 그런데 노나라 장수 조말(曹沫)이 갑자기 단상에 뛰어올라 비수를 들이대며 빼앗은 노나라 땅을 내놓으라고 제환공을 겁박했다. 위급한 상황인지라 제환공은 허락했다. 조말이 비수를 거두고 단하로 내려가자 제환공은 없었던 말로 하고 조말을 죽이려 했다. 그러자 관중이 말했다.

"비록 겁박을 당하여 허락했다고 할지라도 배신하고 그를 죽인다면 한번 통쾌한 것은 있지만, 제후들의 신뢰를 버리게 하여 천하의 원조를 잃을 것입니다. 옳지 않습니다."[57]

관중의 말을 듣고 제환공은 조말이 세 번이나 패하여 잃은 땅을 모두 돌려주었다. 제후들이 이 소문을 듣고 제나라를 신뢰하여 제나라 편에 붙으려 했다. 결국 제후들이 견(甄) 땅에서 제환공과 회동을 하니 이때부터 제환공이 춘추시대 패자(覇者)의 자리에 오르게 된다.

제환공 23년에 산융(山戎)이 연(燕)을 공격하자 연(燕)의 장공(莊公)은 제환공에게 구원을 요청했다. 제환공이 산융을 몰아내자 연장공(燕莊公)이 제나라 국경까지 환송했다. 그러자 제환공이 말했다.

"천자가 아니면 제후들이 서로 환송할 때 국경을 넘지 못합니다. 나는 연(燕)을 무례하게 대할 수 없소이다."[58]

제환공의 말은 천자의 권한을 존중하고 싶다는 말이다. 이 말을 하고 제환공은 연의 군주에게 천자의 나라인 주 왕실에게 예전처럼 공물을 바칠 것을 명했다.

몇 년 후 위(衛)에 적(狄) 부족이 침입해왔다. 위문공(衛文公) 역시 제(齊)에 구원을 요청했다. 제환공은 제후를 인솔하여 위문공을 지켜냈다. 제환공은 즉위 30년에 제후를 인솔하여 초(楚)를 정벌했다. 초성왕(楚成王)이 접전하기 전에 초나라로 건너온 이유를 물었다. 이 말에 관중이 대답했다.

"초(楚)의 공물 포모(包茅)가 납입되지 않아 왕의 제사가 제대로 구비되지 않고

---

57 『史記』, 齊太公世家第二, "夫劫許之而倍信殺之, 愈一小快耳, 而棄信於諸侯, 失天下之援, 不可."
58 『史記』, 齊太公世家第二, "非天子, 諸侯相送不出境, 吾不可以無禮於燕."

있어서 책임을 묻기 위해서 왔소이다. 또한 소왕(昭王)이 남쪽으로 출정했으나 돌아오지 않아 (이유를) 묻고자 한 것이오."[59]

'포모(包茅)'는 술의 찌꺼기를 거르는 데 쓰이는 다발로 묶은 띠풀이다. 초(楚)가 천자의 나라 주(周)에게 공물인 포모를 제대로 납입하지 않았다는 말이다. 소왕(昭王)은 주(周)의 4대 왕이다. 남쪽으로 출정했다가 소식이 두절된 것으로 전해진다. 소왕의 일은 관중이 말하는 시점과 300여 년 전의 일이다. 그렇기 때문에 관중이 초성왕에게 소왕의 실종 이유를 알고 싶다고 말한 것은 정벌의 명분으로 말했을 뿐이다. 결국 제환공은 초와 맹약을 맺고 군사를 되돌렸다.

제환공은 즉위한 35년에 규구(葵丘)로 제후들을 모이게 했다. 이때 천자인 주양왕(周襄王)은 신하를 시켜 제환공에게 문왕과 무왕에게 올린 제사 고기와 붉은 화살, 큰 수레를 하사했다. 제환공의 위세가 천하를 뒤덮는 듯했다.

관중을 등용한 제환공은 '존왕양이(尊王攘夷: 주나라 왕을 받들고 오랑캐를 물리침)'를 표방하여 명분도 합당하였기 때문에 여러 제후의 지지를 받았다. 이와 같이 제환공은 여러 차례 제후들 간의 동맹을 체결하여 맹주로서의 위신을 세워 춘추시대의 패자가 되었다.

제환공 말년에 진(晉)의 공자 중이(重耳)가 찾아왔다. 중이(重耳)는 훗날 진문공(晉文公)이 되어 역시 춘추시대 패자로 군림하게 된다. 제환공은 중이의 사람됨을 알아보고 종실(宗室: 임금의 친족)의 여자를 처로 삼게 했다. 그 이듬해 제환공은 재위 42년, 기원전 643년에 세상을 떠났다.

---

59 『史記』, 齊太公世家第二, "楚貢包茅不入, 王祭不具, 是以來責, 昭王南征不復, 是以來問."

진목공(秦穆公)

『사기』에 따르면 진(秦)의 선조는 고대 제왕 중 한 명인 전욱의 후손, 여수(女脩)이다. 어느 날 여수가 직물을 짜고 있는데 검은 새가 날아와 알을 떨어뜨렸다. 여수는 냉큼 그 알을 받아먹고 아들 대업(大業)을 낳았다고 한다. 이처럼『사기』에 나오는 진(秦)의 선조에 대한 기록은 좀 신화적이고 감추어져 있다. 대업은 여화(女華)라는 여인과의 사이에서 아들 대비(大費)를 낳는다. 대비는 순임금 때 우(禹)와 함께 물과 땅을 잘 다스렸다. 이에 순임금은 그에게 조유(皂游)[60]를 하사하고 요(姚) 성을 가진 아름다운 여인과 결혼하게 했다. 이후 대비는 순임금을 도와 조수(鳥獸)를 길들이는 일을 제대로 해내어 '영(嬴)'이라는 성(姓)을 하사받는다. 바로 여기서 진(秦)의 통치자들의 성씨가 비롯된다. 『사기』에서는 대비를 '백예(栢翳)'라고도 표현했는데, 백예(栢翳)가 벼슬 이름인지 인명인지는 명확하지 않다. 일설에는 백예를 순임금의 신하인 '백익(伯益, 혹은 益)'으로 보기도 한다.

주(周)나라 시대에 그 후손 중 비자(非子)라는 자가 있었다. 비자는 선조 대비(大費)처럼 말과 가축을 좋아하여 잘 기르고 번식시켰다. 제8대 주효왕(周孝王, 재위: 기원전 871~기원전 862)은 그 소문을 듣고 비자에게 말을 관리하는 업무를 주관하게 했는데 역시 말이 크게 번식했다. 그러자 주효왕은 그에게 땅을 나누어 주어 부용(附庸)으로 삼고 진(秦)이라는 읍명(邑名)을 주었다. 그리고 그를 진영(秦嬴)이라고 호칭했다. 여기서 진(秦)의 국호가 비롯되었다. '부용(附庸)'이란 오십 리가 못 되는 작은 땅으로 천자에게 직접 통하지 못하고 제후에게 부속시킨 것을 일컫는다.

---

60 검은색 깃발 혹은 깃발을 매는 검은색 끈

그 후손 중 양공(襄公, 재위: 기원전 778~기원전 766)은 주(周) 12대 유왕(幽王) 때 사람이다. 주유왕(周幽王)이 정실인 황후 신후(申后)를 폐하고 후궁인 포사(褒姒)를 황후로 삼고, 태자인 의구를 폐하고 포사의 아들 백복을 태자로 삼자 황후의 아버지 신후(申侯)가 서융, 견융를 거느리고 주(周)를 공격한 사건이 일어났다. 이 전쟁으로 주유왕이 피살되었지만, 양공이 그들을 맞아 맹렬히 싸워서 주(周)는 더 큰 화를 피할 수 있었다. 결국 주평왕(周平王)은 동쪽의 낙읍(雒邑)으로 천도를 결정했는데, 이때 양공은 병력을 동원하여 주평왕을 낙읍까지 호송하는 역할을 훌륭하게 해냈다. 그 보답으로 주평왕은 양공을 제후로 봉(封)하고 기산(岐山) 서쪽의 땅을 봉지로 주었다. 이때가 기원전 770년으로, 이후부터 진(秦)은 제후국으로 역사 무대에 등장하며 양공은 진(秦)의 1대 군주가 된다. 주(周)가 천자의 나라가 되면서 기원전 11세기 무렵에 생겨난 제후국이 진(晉), 제(齊), 초(楚), 노(魯), 송(宋) 등이다. 진(秦)은 이들보다 3세기 후에 등장했다.

진(秦)의 9대 군주가 목공(穆公, 재위: 기원전 659~기원전 621)이다. 진목공(秦穆公: 진의 목공)은 그의 형인 성공(成公)이 즉위 후 3년 만에 사망하자 형의 자리를 이어받아 즉위했다. 진목공은 즉위 4년에 동쪽의 진(晉)의 군주인 진헌공(晉獻公, 재위: 기원전 676~기원전 651)의 딸을 처로 맞이했는데, 그녀는 진(晉)의 중이(重耳)와 이오(夷吾)의 배다른 누나이다.

진목공(秦穆公)은 명신 백리혜(百里傒)를 얻으면서 강성해졌다. 백리혜는 진헌공(晉獻公)이 우(虞)나라를 멸망시키고 사로잡은 대부 벼슬을 하던 포로였다. 당시 우나라에는 현신인 궁지기(宮之奇)와 백리혜가 있었다. 진헌공(晉獻公)이 괵(虢)나라를 치기 위해 경유지인 우의 군주에게 구슬과 양마를 선물로 주며 길을 빌려달라고 했다. 진헌공의 속셈은 괵을 멸한 다음 우를 멸망시키려는 것이었다. 이때 궁지기는 우와 괵의 관계를 이와 입술에 비유하며 입술이 없으면 이가 시리다고 말하며 극력 반대했다. 여기서 '순망치한(脣亡齒寒)'이란 고사성어가 생겨났다. 백리혜는 어차피 우의 군주가 진의 요구를 들어줄 것으로 보았기에 간청을 하지 않았다. 백리혜의 예측대로 우의 군주는 진(晉)에게 길을 빌려주었고 궁지기는 자기 가족을 데리고 우를 떠났다. 결국 진(晉)은 괵을 멸한 다음에 우마저 멸망시켰다.

백리혜는 진헌공(晉獻公)의 딸이 진목공(秦穆公)에게 시집갈 때 잉신(媵臣: 시집갈 때 따라가는 신하)이 되어 진(秦)으로 보내졌다. 그러자 백리혜는 진(秦)에서 탈출하여 완(宛) 땅으로 도망갔다. 목공은 포로 중에 백리혜가 현명하다는 말을 듣고 그를 찾았으나 이미 도망간 뒤였다. 수소문해보니 그를 초나라 사람이 잡아놓고 있다는 사실을 알게 되었다. 진목공은 비싼 값을 치르더라도 그를 데려오고 싶었으나 그리하면 초나라 사람이 더욱 값을 올릴 것 같아 사람을 보내 이렇게 말하도록 했다.

> "우리 조정의 잉신(媵臣) 백리혜가 그곳에 있습니다. 오고양피(五羖羊皮: 다섯 장의 검은 양가죽)로 바꾸려고 합니다."[61]

그러자 초나라 사람이 마침내 허락하고 백리혜를 보내주었다. 이때 백리혜의 나이가 70여 세였다. 진목공이 3일 동안 백리혜에게 나랏일에 관해 묻고 나서는 크게 기뻐하여 그에게 국정을 맡겼다. 이로부터 백리혜를 '오고대부(五羖大夫)'로 부르기도 했는데, 바로 다섯 장의 검은 양가죽으로 바꾼 대부라는 의미이다. 백리혜에게는 건숙(蹇叔)이라는 벗이 있었다. 건숙은 살아오면서 백리혜에게 늘 바른 조언을 해온 현명한 벗이었다. 백리

---

61 『史記』, 秦本紀第五, "吾媵臣百里傒在焉, 請以五羖羊皮贖之."

혜가 건숙을 추천하자 진목공은 그를 상대부(上大夫)로 삼았다.

진목공이 즉위한 지 9년 되는 해에 당대 패자인 제환공이 제후들을 규구(葵丘)에 소집했다. 진목공이 참석한 이 자리에 천자인 주양왕(周襄王)이 신하를 보내어 제환공에게 제사 고기 등의 선물을 하사했다. 진목공이 제환공의 위엄을 확인한 자리였다. 그해에 진목공(秦穆公)의 장인인 진헌공(晉獻公)이 죽자 진(晉)에서 내란이 일어났다. 신하 이극(里克)이 군주의 자리에 오르려는 공자(公子)들을 살해한 것이었다. 당시 서로 배다른 형제인 공자(公子) 이오(夷吾)와 중이(重耳)는 화를 피하여 미리 외국에 피신해있었다. 이오가 사람을 시켜 진목공(秦穆公)에게 진(晉)으로 돌아가게 해달라고 도움을 요청했다. 진목공은 백리혜에게 병사를 이끌고 이오를 진(晉)까지 호송하도록 했다. 이때 이오는 자기가 보위에 오르면 황하 서쪽의 성 8개를 준다고 약속했다. 진목공의 도움으로 이오는 보위에 올랐으니 바로 진혜공(晉惠公)이다. 그러나 그는 진(秦)에게 땅을 주겠다는 약속을 지키지 않았다.

몇 년 후 진(晉)에 가뭄이 들었다. 진(晉)은 진목공(秦穆公)에게 식량 지원을 요청했다. 진목공이 백리혜에게 의견을 묻자 백리혜가 말했다.

"이오가 군주에게 죄를 지었지만, 그 백성은 무슨 죄가 있겠습니까?"[62]

결국 진목공은 진(晉)에게 식량을 내주었다. 그다음 해에는 진(秦)에 기근이 들었다. 이번에는 진(秦)이 진혜공에게 지원을 요청했다. 그러나 진혜공은 진(秦)의 기근을 기회로 삼아 오히려 군대를 일으켜 진(秦)을 공격했

---

62 『史記』, 秦本紀第五夷, "吾得罪於君, 其百姓何罪?"

다. 진목공은 몸소 병사를 이끌고 진군(晉軍)과 치열한 접전을 벌였다. 진목공(秦穆公)은 처음에는 승세를 타다가 역전되어 포위를 당하고 부상까지 입었다. 절체절명(絶體絶命)의 위기가 다가왔다. 이때 기산 아래에서 말을 탄 300여 명의 무리가 진군(晉軍)에게 내달렸다. 그들이 진군(晉軍)을 이리저리 휘젓고 공격하자 진군(晉軍)의 포위망이 뚫리고 진목공(秦穆公)은 탈출할 수가 있었다. 오히려 진목공(秦穆公)과 그들은 진혜공을 사로잡게 되었다. 말 탄 이 무리의 정체는 무엇일까?

진목공은 즉위 초에 좋은 말 한 마리를 잃어버렸다. 기산 아래 야인들 300여 명이 잡아서 먹어치운 거였다. 관리가 그들을 체포하여 법에 따라 처벌하려 했다. 그러자 당시 진목공은 이렇게 말했다.

> "군자(君子)는 가축으로 사람을 해쳐서는 아니 되오. 나는 말고기를 먹으면서 술을 먹지 않으면 사람이 상한다고 들었소."[63]

유학에서 군자(君子)는 이상적인 인간을 지칭하기도 하고 일정한 직위가 있는 위정자를 지칭하기도 한다. 여기서는 후자를 의미한다. 진목공은 그들에게 술을 내리고 죄를 사면해주었다. 바로 그들이 진목공이 위기에 처했을 때 죽음을 무릅쓰고 내달려와 진목공을 구한 것이다. 진목공은 진혜공을 제물로 하여 상제(上帝)에게 제사를 지내려 했으나 진(晉)과 같은 희(姬)씨 성(姓)인 천자의 만류와 진혜공의 배다른 누나인 부인의 간청으로 진혜공을 살려 보냈다. 이오는 그 보답으로 황하 서쪽의 땅을 진목공에게 바치고 태자 자어(子圉)를 진(秦)에 인질로 보냈다. 진목공은 태자 자어

---

63 『史記』, 秦本紀第五夷, "君子不以畜産害人. 吾聞食善馬肉不飲酒, 傷人."

에게 종실의 여인을 처로 삼게 했다. 이로써 진(秦)의 영토가 동으로는 황하에 이르게 되었다.

진목공(秦穆公) 18년, 기원전 643년에 제환공이 죽었다. 제환공이 없는 천하에서 진목공(秦穆公)의 위세가 점차 살아났다. 몇 년 후에 진혜공(晉惠公) 이오가 병이 났다. 그러자 진(秦)에 인질로 머물던 자어가 자기의 처를 버리고 몰래 진(晉)으로 돌아가는 사건이 발생했다. 이듬해에 이오가 죽자 자어는 군주가 되었는데, 바로 진회공(晉懷公)이다. 진목공(秦穆公)은 진(秦)의 종실 여인을 버리고 몰래 도망간 자어를 용서할 수 없었다. 진목공(秦穆公)은 재위 24년에 초(楚)에 머물던 공자(公子) 중이(重耳)를 은밀히 맞이하여 자어가 버리고 간 종실의 여인을 처로 삼게 했다. 그리고 진(晉)의 대신들에게 중이의 입국을 알렸다. 사전 준비를 끝낸 후 진목공(秦穆公)은 중이를 엄중히 진(晉)까지 호송하여 보위에 오르도록 연출했는데, 바로 이자가 진문공(晉文公)이다. 진문공(晉文公)은 즉위 후 자어를 죽여버렸다.

진목공(秦穆公) 25년에 천자의 나라 주(周)나라에서 정변이 일어났다. 주양왕(周襄王)의 동생 대(帶)가 반란을 일으키자 왕이 정(鄭)나라로 도망갔다. 주양왕은 진(晉)과 진(秦)에게 구원을 요청했다. 이에 당대 패자인 진목공(秦穆公)과 진문공(晉文公)이 함께 출병하여 대를 처단하고 주 왕실을 평온하게 했다. 그 후 진문공은 성복전투에서 강국인 초군(楚軍)을 격파하여 천자인 주양왕으로부터 패자라는 칭호를 받았다. 이로부터 춘추시대 패자의 중심이 진문공으로 옮겨갔다.

진목공과 진문공은 다시 연합하여 다음에는 정(鄭)나라를 공격했으나 정나라가 화해를 요청해 큰 충돌 없이 서로 군사를 물렸다. 그런데 진목공(秦穆公) 32년에 진문공(晉文公)이 죽었다. 진(晉)의 군주로 등극한 지 8년 만의 일이다. 진문공(晉文公)이 살아있을 때는 진목공(秦穆公)과 진문공

(晉文公)이 서로 협업하는 관계였으나 진문공(晉文公) 사후부터는 달라지기 시작했다. 진목공은 정(鄭)이 허술하다고 생각하여 백리혜와 건숙의 말을 듣지 않고, 백리혜의 아들과 건숙의 두 아들로 하여금 군사를 이끌고 공격하게 했다. 그런데 백리혜와 건숙의 아들들은 정(鄭)이 만만치 않다고 판단하여 군사를 돌려 진(晉)의 변두리 읍인 활 땅을 공격했다. 당시 진(晉)은 진문공의 장례를 치르기 전이었다. 진인(晉人)들의 분노가 들끓었다. 마침내 태자가 검은 상복과 질(絰)⁶⁴을 두르고 군대를 발진시켜 효산에서 맞붙었다. 이 효산전투에서 진군(秦軍)은 대패하고 세 장군은 포로가 되었다. 후에 세 장군은 진목공(秦穆公)의 종실이기도 한 진문공(晉文公) 부인의 간청으로 간신히 목숨을 부지하여 진(秦)으로 보내졌다.

그로부터 몇 년 후 진목공(秦穆公)은 진(晉)을 제압하기 위해 다시 출병했다. 황하를 건넌 후 되돌아갈 배를 불사르는 배수진을 치고 전투에 임하여 이번에는 진군(晉軍)을 대파시켰다. 후에 진목공은 융(戎)으로부터 온 사신 유여(由余)를 신하로 삼고 융족을 정벌하여 12개의 나라를 얻고 땅천 리를 개척했다. 이에 천자인 주양왕(周襄王)은 진목공이 서융(西戎)의 중국 침입을 막은 것을 치하하여 금으로 만든 북을 그에게 하사했다.

진목공(秦穆公)은 재위 39년, 기원전 621년에 죽었다. 그런데 진(秦)에는 순장(殉葬: 따라 죽거나 죽임)의 악습이 남아있었다. 진목공이 죽자 177명의 사람이 순장되었다. 이것은 진목공의 위업을 크게 손상시킨 행위라 아니할 수 없다.

---

64 상복을 입을 때 머리와 허리에 감는 띠

송양공(宋襄公)

　본래 송(宋)은 상(商)나라의 옛 땅이었고 소국이었다. 어린 성왕을 대신해 7년간 섭정을 했던 주공은 주왕(紂王)의 이복형인 미자계(微子啟)를 봉하여 송(宋)으로 칭했다. 송(宋)은 20대 양공(襄公) 때에 강성했던 시절이 있었다.

　송양공(宋襄公, 재위: 기원전 651~기원전 637)은 즉위하자 서형(庶兄) 목이(目夷)를 재상으로 삼았다. 양공 8년에 당시 춘추시대 패자로 군림했던 제환공은 10명 이상의 아들들이 있었다. 제환공은 생전에 관중과 함께 아들 중 공자(公子) 소(昭)의 장래를 송양공에게 부탁하고 그를 태자로 삼았다. 제환공이 죽자 소(昭)를 포함한 5명의 공자가 권력을 잡기 위한 싸움을 벌였다. 공자들은 서로 정권욕에 혈안이 되었다. 환공이 죽은 지 67일이 지났는데도 시신을 침상에 방치하여 문밖으로 구더기가 기어 나왔다. 결국 공자 무궤(無詭)가 신하 역아(易牙)와 환관의 도움으로 즉위한 후 시신을 염했다. 이때 송양공이 환공과의 약속을 명분으로 무궤를 공격하자 백성들이 화근을 두려워하여 무궤를 즉위 3개월 만에 살해했다. 이후 송양공은 무궤의 잔당을 포함한 4공자의 무리들과 전투를 벌여 이들을 물리치고 태자 소(昭)를 제(齊)의 군주로 앉혔으니 이가 제효공(齊孝公)이다.[65] 제효공은 즉위 후 아버지 제환공의 장례를 치렀다. 그리고 송양공은 재위 12년 봄에 녹상(鹿上)에서 제후들을 규합하여 회맹(會盟)하더니 가을에는 우(盂)에서 회맹했다. 송의 위세가 한창 달아오른 송양공의 시절을 지목하여 조

65　5공자는 모두 보위에 오른다. 이유는 본인이 살해되어(무궤, 의공) 형제에게 보위가 넘어갔거나, 아들이 살해되어(효공, 소공) 후사가 없어서 형제에게 보위가 넘어갔기 때문이다. 순서로는 무궤(3개월 만에 죽어서 시호가 없음)-효공(孝公)-소공(昭公)-의공(懿公)-혜공(惠公)이다.

기(趙岐)는 송양공을 춘추오패의 하나로 자리매김했다.

다음 해 여름에 송양공은 정(鄭)을 정벌했다. 그러자 초성왕(楚成王)이 정(鄭)을 구하기 위해 군대를 일으켰다. 드디어 양쪽의 군대가 홍(泓) 땅에서 마주했다. 초의 군사들이 미처 강을 건너지 못했다. 목이가 말했다.

"저들은 많고 우리는 적습니다. 강을 다 건너오기 전에 공격해야 합니다."[66]

그러나 양공은 듣지 않았다. 초의 군사들이 강을 건너왔으나 아직 진열이 정비되지 않았다. 다시 목이가 공격해야 한다고 했지만, 양공은 이렇게 말했다.

"그 진열이 편성될 때까지 기다려야지요."[67]

진열이 편성되자 송의 군사들이 공격했으나 대패하고 양공은 허벅다리에 부상을 입었다. 양공의 이런 태도를 나라 사람들이 모두 원망했으나 양공은 이렇게 말했다.

"군자는 고난에 처한 사람을 더 위험에 빠지게 할 수 없소. 진열이 편성되지 않은 상대방을 향해 공격의 북소리를 두드릴 수 없소이다."[68]

이 해에 진(晉)의 공자(公子) 중이(重耳, 훗날 진문공)가 송(宋)을 지나갔다.

---

66 『史記』, 宋微子世家第八, "彼衆我寡, 及其未濟擊之."
67 『史記』, 宋微子世家第八, "待其已陳."
68 『史記』, 宋微子世家第八, "君子不困人於阨, 不鼓不成列."

양공은 중이의 사람됨을 보고 장차 진(晉)으로부터 도움을 얻고자 거마 20 대를 주어 후대했다.[69] 그러나 결국 양공은 부상이 악화되어 이듬해에 죽고 만다. 송양공이 초와의 전쟁에서 행한 처사를 보는 이에 따라 평가가 달라질 것이다. 여하튼 송양공과 초(楚)와의 전쟁 일화에서 '송양지인(宋襄之仁)'이란 말이 나왔다. 직역하면 송양공의 어짊으로 해석되며 일반적으로 너무 착하기만 하다가 도리어 남에게 해를 입는 마음을 의미한다.

진문공(晉文公)

진(晉)나라는 서주(西周) 초기에 주성왕(周成王)이 자기의 동생 숙우(叔虞)를 당(唐)에 봉하면서 시작되었으며, 숙우의 아들 섭보(燮父)가 도읍을 진수(晉水) 근처로 옮겨 진(晉)으로 개명했다.

19대 진헌공(晉獻公, 재위: 기원전 676~기원전 651)은 아버지 무공(武公)의 첩(妾) 제강(齊姜)[70]과 간통을 하여 태자 신생(申生)과 딸을 낳았는데, 딸은 진목공(秦穆公, 혹은 秦繆公)에게 시집보냈다. 이후 제강이 죽자 진헌공은 다른 부인과의 사이에서 각각 중이(重耳), 이오(夷吾), 해제(奚齊), 도자(悼子)를 낳았다.[71] 해제의 어머니 여희(驪姬)는 자기 아들 해제를 태자로 세우고자 신생에게 어머니 제강의 제사를 지내게 했다. 신생은 제사를 올린 후 제사고기를 사냥으로 출타 중인 헌공에게 드리고자 궁중에 갖다 놓았다.

---

69 중이(重耳)는 송양공이 죽은 이듬해에 진(晉)의 군주로 즉위하니, 바로 진문공(晉文公)이다.

70 제환공(齊桓公)의 딸이다.

71 헌공은 적(狄) 부족의 두 자매를 부인으로 삼았는데, 언니는 중이(重耳)를 낳았고 동생은 이오(夷吾)를 낳았다. 그 후 헌공은 여융을 정벌하여 여희(驪姬)와 그 동생을 부인으로 삼았다. 헌공과 여희 사이에서 해제(奚齊)가 그리고 여희 동생 사이에서 도자(悼子)가 태어났다.

이때 제강이 제사고기에 독약을 몰래 넣어서 태자 신생의 역모로 몰고 갔다. 결국 태자 신생은 자살하고 중이와 이오는 각각 일단 변방의 성(城)으로 피신하고는 다시 외국으로 도망갔다. 중이는 소년 시절부터 자신을 따랐던 조최(趙衰), 외삼촌인 호언구범(狐偃咎犯) 등 선비 5명과 종자(從子) 수십 명을 이끌고 어머니의 고향인 적(狄)으로 도망갔다. 이때 중이의 나이가 43세였다. 적(狄) 부족은 인근 부족을 정벌하고 얻은 여인을 중이에게 처(妻)로 삼아주었다.

진(晉)나라에서 정변이 일어났다. 진헌공이 죽자 이극(里克) 등이 해제와 도자를 죽이고는 중이를 옹립하려고 했다. 이에 적나라에 있던 중이가 끝내 사양하자 이오가 진목공(秦穆公)의 도움을 받아 군주의 자리에 올랐다. 이 사람이 진혜공(晉惠公)이다. 이 과정에서 이오는 진목공에게 자신이 진(晉)의 군주가 되면 진(晉)이 황하 서쪽에 갖고 있는 성 8개를 준다고 약속했다. 그러나 진혜공은 이 약속을 지키지 않았다.

진혜공(晉惠公) 4년에 진(晉)에 기근이 들었다. 진혜공은 할 수 없이 진목공(秦穆公)에게 원조를 요청했다. 진목공은 신하 백리혜(百里傒)의 말에 따라 진(晉)에게 식량을 내주었다. 그다음 해에는 진(秦)에 기근이 들었다. 그러나 진혜공(晉惠公)은 진(秦)의 기근을 기회로 진(秦)을 공격했다. 양군이 접전하여 진혜공은 포로가 되었으나 진목공의 부인이자 진혜공의 이복 누나의 간청으로 목숨을 부지하고 돌아간다. 그는 황하 서쪽의 땅을 진목공에게 바치고 태자 자어(子圉)를 진(秦)에 인질로 보냈다. 진목공은 태자 자어에게 종실의 여인을 처로 삼게 했다.

진혜공은 제후들의 신임을 받는 중이를 죽이고자 자객을 보냈는데, 중이가 소문을 듣고는 당시의 패자 제환공이 있는 제(齊)로 가기 위해 적(狄)을 떠난다. 중이는 떠나면서 적(狄)에서 만난 아내와 작별인사를 나눈다.

중이가 처에게 말했다. "나를 25년 동안 기다리다 오지 않으면 개가하시오."
그러자 그 처가 웃으며 말했다. "아! 25년이면 내 무덤 위의 잣나무도 크겠네
요. 비록 그리해도 신첩은 당신을 기다리겠나이다."[72]

중이는 적(狄)에서 12년 머물렀다. 중이는 제(齊)로 가는 도중에 위(衛)
와 오록(五鹿)을 거쳤다. 『동주열국지』에는 이런 내용이 전해진다. 중이가
위나라 경계에 머물고 있을 때 일행이 지닌 식량이 바닥났다. 이는 신하
중 하나인 두수(頭須)가 배신했기 때문이었다. 이때 신하 중에 개자추(介子
推)라는 사람이 있었는데, 그는 자신의 넓적다리를 베어 중이에게 먹였다.
중이가 제나라로 건너갈 때 제나라는 춘추오패 중 시대적으로 가장 앞선
제환공이 군주로 있었다. 제환공은 중이를 극진히 예우했고 종실의 여자
를 처(妻)로 삼게 했다. 그리고 말 딸린 마차 20대를 제공했다. 중이가 제
나라에서 머문 지 2년이 되었을 때 제환공이 죽었다. 이때가 기원전 643
년으로 공자가 태어나기 90여 년 전 일이다. 제나라를 떠나 중이는 조(曹),
송(宋)을 거쳐 정(鄭)나라로 갔다. 송의 군주는 양공(襄公)이었는데 그는 초
군(楚軍)에게 부상을 당해 투병 중이었지만 중이에게 거마 20대를 주어 환
대했다. 정문공(鄭文公)은 중이를 함부로 대했다. 이를 신하 숙첨이 말렸으
나 정나라 군주는 듣지 않았다. 그러자 숙첨은 차라리 중이를 죽여서 후환
을 없애자고 했지만, 정나라 군주는 듣지 않았다. 중이 일행은 정나라에서
초(楚)나라로 갔다. 초성왕(楚成王)은 제후의 예로써 중이를 극진하게 대우
했다. 하루는 초성왕이 중이에게 무엇으로 자신에게 보답할 것인지를 물
었다. 그러자 중이는 훗날 부득이하게 초와 전투를 하게 되면 세 번 물러

---

72 『史記』, 晉世家第九, "重耳謂其妻曰, 待我二十五年不來, 乃嫁. 其妻笑曰, 犁二十五年, 吾家上柏大矣. 雖然,
妾待子."

나겠다는 언질을 주었다. 이 말을 듣고 옆에 있던 초나라 장군 자옥(子玉)이 불손하다며 중이를 죽이려 했으나 성왕의 만류로 화를 면했다.

이윽고 진혜공이 병이 들자 태자 자어(子圉)가 처를 버리고 진(晉)으로 탈출했다. 그리고 이듬해 진혜공이 죽자 군주의 자리에 올랐는데, 이 자가 진회공(晉懷公)이다.

진목공(秦穆公)은 포로였다가 도망가서 보위에 오른 자어가 못마땅했다. 이때 중이는 초(楚)에 있었는데 진목공이 사람을 시켜 은밀히 중이를 진(秦)으로 불렀다. 진목공(秦穆公)은 중이에게 자어(子圉)가 버리고 간 여인을 그의 처로 삼을 것을 권했다. 한때는 자기 조카의 처였던 여인을 자신의 처로 삼는 것이 그리 유쾌하지 않았지만, 주위 사람의 권유로 중이는 받아들였다. 진목공(秦穆公)은 군대를 출병하여 중이를 진(晉)나라로 호송했다. 중이를 따르는 양국의 대부들과 구범이 순(郇)에서 중이를 군주로 추대할 것을 맹약했다. 드디어 중이가 19년간의 망명생활을 청산하고 62세의 나이에 군주의 자리에 오르니, 이가 곧 진(晉)나라 24대 문공(文公, 재위: 기원전 636~기원전 628)이다. 바로 춘추오패 중 시대적으로 제환공(齊桓公), 진목공(秦穆公), 송양공(宋襄公)에 이어서 춘추시대 패권을 차지한 군주이다. 즉위 후 진문공은 진회공을 주살했다.

진문공은 즉위하자 자신이 망명생활을 할 때의 공신과 기타 공신들에게 상을 내렸다. 공이 큰 공신에게는 봉읍(封邑)을 주고 적은 공신에게는 벼슬을 주었다. 그런데 19년간 같이 망명생활을 하면서 진문공을 극진히 모신 개자추는 어떠한 상도 받지 못했다. 개자추는 공신들이 서로 공을 다투는 상황을 보고는 어머니와 함께 면상(綿上)의 산중으로 숨어 들어갔다. 후에 진문공은 개자추에게 무관심한 것을 후회하고는 온 산을 뒤졌으나 찾을 수가 없었다. 진문공은 할 수 없이 면상의 산중을 둥그렇게 에워싸게 하고는 개자추의 봉지(封地: 군주가 내린 땅)로 삼았다. 그 봉지를 '개산(介山)'이라 명명하고는 이렇게 썼다.

"여기에 나의 과오를 기록하며 또한 아름다운 사람을 기리노라!"[73]

진문공(晉文公) 즉위 2년에 천자의 나라인 주나라에서 정변이 일어났다. 주양왕(周襄王)의 동생 '대(帶)'가 주양왕을 몰아내고 주양왕은 정나라로 피신했다. 이에 진문공이 군대를 내어 대를 토벌하고 주양왕을 복위시켰다. 주양왕은 그 공로를 높이 쳐서 하내와 양번 땅을 주었다.

진문공 즉위 4년에 초성왕이 제후들을 규합하여 송나라를 공격했다. 그러자 송나라는 진문공에게 급히 도움을 요청했다. 진문공은 신하들의 말을 따라 초나라와 동맹인 조(曹)나라 그리고 초나라와 인척 관계인 위(衛)나라를 공격했다. 그리하면 초나라가 조나라와 위나라를 구하기 위해 송나라에서 물러날 것이라 생각했기 때문이다. 과연 초성왕은 송나라에서 군대를 물렸다. 혼전이 잠시 소강상태에 있었는데 초나라 장군 '자옥(子玉)'이 초성왕을 부추겨 다시 군사를 일으켰다. 그러자 진(晉)나라는 조나라와 위나라에게 전쟁 전의 관계로 회복할 것을 제안했고 조나라·위나라는 이를 받아들여 초나라와 절교한다. 결국 초나라는 장군 득신(得臣)의 지휘로 진군(晉軍)을 공격했다. 그런데 진문공은 불리한 상황이 아닌데도 군대를 퇴각시켰다. 부하가 그 이유를 묻자 진문공이 말했다.

"내가 옛날 초나라에 있을 때 초나라와 전투를 하게 되면 세 번 군대를 물리겠

73 『史記』, 晉世家第九, "以記吾過, 且旌善人."

다고 약속했네. 어찌 약속을 어길 수 있는가?"[74]

진문공은 세 번 퇴각하고 드디어 제(齊), 진(秦), 진(晉) 연합군과 성복(城濮)에서 초군과 격전을 벌였다. 이것이 춘추시대 중원의 패권을 결정지은 성복전투이다. 이때 정나라가 초군을 도왔지만 여기서 초군은 대패하고 초의 장군 득신은 남은 병사를 수습하여 도망치고 말았다. 진문공이 천자의 나라인 주나라 양왕(襄王)에게 포로·마차·보병 등을 바치자, 천자는 큰 마차·붉은 활화살 백 개·검은 활화살 천 개·기장술 한 통·구슬·날랜 병사 삼백 명을 하사하며 패자[伯][75]라 칭했다. 이윽고 제후들을 인솔하여 천토(踐土)에서 왕에게 조회를 하게 했으니 드디어 진문공이 춘추오패의 하나로 등극하는 순간이었다.

이후 진문공(晉文公)은 망명생활을 할 때 자신에게 무례하게 대한 정나라를 진목공(秦穆公)과 함께 포위했다. 진문공을 죽이라고 주청했던 숙첨은 자살을 하고 정나라는 숙첨의 시신을 보내면서 화해를 청했다. 결국 진목공이 군대를 되돌리자 진문공도 역시 군대를 물렸다.

진문공 때 설치된 특이한 정치·군사 제도로 육경(六卿)이 있다. 육경(六卿)이란 진(晉)나라 군을 상(上)·하(下)로 이루어진 이군(二軍)에서 상군(上軍)·중군(中軍)·하군(下軍) 삼군으로 증설한 데에서 시작된다. 각 군에는 장(長)과 좌(佐)가 있었고 중군장, 중군좌, 상군장, 상군좌, 하군장, 하군좌 순으로 지위가 높았다. 이들은 모두 경(卿)의 벼슬을 겸직하는 소위 출장입상(出將入相: 출정해서는 장군이오, 조정에서는 재상)의 특이한 정치군사제도였다. 진문공은 즉위 9년에 죽었다.

---

74 『史記』, 晉世家第九, "昔在楚, 約退三舍, 可倍乎!"

75 伯은 '맏 백'의 의미가 있지만 '覇'와 동자(同字)로도 쓰인다.

초장왕(楚莊王)

조기(趙岐)는 춘추오패를 지목할 때 본래 왕(王)이란 칭호는 천자를 지칭하므로 초장왕(楚莊王)을 낮추어 초장공(楚莊公)으로 표기했다. 그러나 『사기』나 『춘추좌씨전』[76] 등 사서에서 모두 초장왕으로 표기하므로 여기서는 사서의 표기 방법을 따랐다. 『사기』에 따르면 초(楚)의 선조는 고대 제왕의 하나인 전욱의 후손인 계련(季連)이다. 계련의 후손인 육웅(鬻熊)은 주(周)의 문왕을 섬겼다. 문왕의 손자인 성왕(成王)은 문왕과 무왕 때 열심히 일한 자들의 후손을 등용했는데 육웅의 후손인 웅역(熊繹)이 발탁되어 자남(子男)의 작위로 초만(楚蠻)에 봉해졌다. 자남은 제후의 작위 중 가장 낮은 작위이다.[77]

17대 군주 웅통(熊通)은 수(隨)를 정벌하고는 수(隨)를 통해 주(周)의 천자에게 작위를 올려달라고 요청했다. 이유는 제후들과 어울려 중원의 정치에 참여하고 싶은데 끄트머리 자남의 작위로는 체통이 서지 않는다는 것이었다. 그러나 웅통의 요청은 거절되었다. 그러자 웅통은 아예 제후를 뛰어넘어 주나라 천자만 쓸 수 있는 왕이란 호칭을 자신이 스스로 사용했다. 이 자가 초무왕(楚武王, 재위: 기원전 740~기원전 690)으로 바로 춘추시대 제후 중 왕이란 호칭을 최초로 사용한 자이다. 이때부터 초(楚)의 군주는 계속 왕이라 호칭되었다.

20대 군주는 초성왕(楚成王, 재위: 기원전 671~기원전 626)이다. 그는 송(宋)

---

76 『춘추좌씨전(春秋左氏傳)』은 공자가 편찬한 것으로 전해지는 역사서인 『춘추(春秋)』의 대표적인 주석서 중 하나이다. 저자는 노나라 좌구명(左丘明)으로 알려져 있다. 약칭하여 『좌전(左傳)』이라고도 한다.

77 제후들의 등급은 공작(公爵)→후작(侯爵)→백작(伯爵)→자작(子爵)·남작(男爵)이다.

을 정벌하여 당시 위세를 떨치던 송양공(宋襄公)에게 부상을 입혀 죽음에 이르게 했다. 초성왕은 후에 진문공(晉文公)이 되는 중이(重耳)가 초를 지나갈 때 제후의 예로써 극진히 대우했다. 초성왕이 재차 송(宋)을 정벌하려 하자 보위에 오른 진문공이 송을 지원했다. 진문공은 과거 초성왕의 후의에 보답하고자 군대를 세 번이나 퇴각한 후 전투를 개시했다. 성복(城濮)에서 벌어진 이 전투에서 초군은 대패했다. 이후 초성왕의 손자인 초장왕 때 초나라의 국운이 크게 상승했다.

초장왕(楚莊王, 재위: 기원전 613~기원전 591)은 초의 22대 군주이며, 왕으로서는 6대 왕이다. 장왕은 즉위 초기에는 주야로 향락을 즐겼으며 나라 전체에 명령을 내려 간언하는 자는 죽임을 당할 것이라고 선포했다. 그런데 오거(伍擧)라는 신하가 왕을 깨우칠 심산으로 용기를 내어 입궐했다. 이때 초장왕은 좌로는 정(鄭)나라에서 온 후궁을, 우로는 월(越)나라 여인을 껴안고 음악을 듣고 있었다.

> 오거가 말했다. "원컨대 드릴 말씀이 있습니다. 은어(隱語)[78]에 '새가 언덕에 있으면서 삼 년을 날지도 않고 울지도 않는다.'라는 말이 있습니다. 이것은 어떤 새이겠습니까?"
>
> 장왕이 말했다. "삼 년을 날지 않다가 장차 하늘 높이 날 것이며, 삼 년을 울지 않다가 장차 사람들을 놀라게 할 것이다. 오거는 물러가라! 내가 그 의미를 알고 있다."[79]

---

78 사물을 바로 말하지 않고 은연중 깨닫게 하는 말

79 『史記』, 楚世家第十, "伍擧曰, 願有進. 隱曰, 有鳥在於阜, 三年不蜚不鳴, 是何鳥也? 莊王曰, 三年不蜚, 蜚將沖天. 三年不鳴, 鳴將驚人. 擧退矣, 吾知之矣."

오거는 물러갔지만, 왕은 깨우침 없이 오히려 더욱 음란해졌다. 이번에는 대부 소종(蘇從)이 입궐해 정사를 돌볼 것을 간언했다.

> 왕이 말했다. "그대는 명령을 듣지 못했는가?"
>
> 소종이 대답하여 말했다. "제 몸을 죽여 군주를 밝게 할 수 있다면 신이 바라는 바입니다."[80]

결국 이로부터 왕은 음란한 놀이를 물리치고 정사를 돌보았다. 왕은 간사한 무리 수백 인을 주살하고, 충직한 신하 수백 인을 진급시켰다. 오거와 소종에게는 국정을 맡겼다.

초장왕을 보필한 재상으로는 손숙오(孫叔敖)가 있다. 『사기』에 따르면 손숙오는 할 일 없는 처사였으나 재상 우구(虞丘)가 그를 왕에게 추천하여 3개월 만에 자신의 자리를 대신하게 했다. 손숙오는 관리와 백성을 교화하고 바르게 인도했다. 그러자 상하가 화합하고 세속이 넉넉하고 아름다워졌다. 정치에서는 규제하는 것이 완화되고 관리들은 간사함이 없어졌으며 도적이 일어나지 않았다. 가을과 겨울에는 백성이 산에서 나무 등을 채취하게 하고 봄과 여름에 물이 불어나면 편리한 대로 사용하게 했다. 이로써 초장왕과 손숙오가 다스리던 시기의 초(楚)는 백성 모두가 자신의 삶을 즐겁게 여겼다.

손숙오는 백성이 불편하다고 여기면 시간을 지체하지 않았다. 초장왕은 당시 화폐가 너무 가볍다고 생각되어 큼직한 화폐로 바꾸어 사용하도록 했다. 그런데 백성이 사용하기에는 크고 무거워서 너무 불편했다. 백성이

---

80 『史記』, 楚世家第十, "王曰, 若不聞令乎? 對曰, 殺身以明君, 臣之願也."

화폐 사용을 꺼리다 보니 서로 생업에까지 영향을 주었다. 시령(市令: 시장 관리자)이 이런 상황을 재상 손숙오에게 보고했다.

> 시령(市令)이 재상에게 말했다. "시장이 혼란스럽습니다. 백성은 각자의 자리가 편안하지 않고 머물고 움직이는 것이 안정되지 않습니다."
> 재상이 말했다. "이와 같은 것이 얼마나 되었는가?"
> 시령이 말했다. "삼 개월 정도입니다."
> 재상이 말했다. "물러가라. 내가 곧 정령을 되돌려놓겠다."[81]

    손숙오는 5일 후 조회가 열리자 왕에게 시령의 말을 전하며 정령을 거두고 예전의 화폐를 사용할 것을 진언했다. 왕은 이를 받아들였고, 3일 만에 왕의 명령이 발표되어 예전대로 화폐가 통용되었다. 초장왕과 손숙오는 시령으로부터 보고받은 지 8일 만에 국가 통화제도를 바꿔놓았다.

    또 손숙오는 법보다 교육이 보다 백성을 움직이게 한다고 믿었다. 본래 초나라 사람들은 낮은 마차를 좋아했다. 그런데 왕이 보기엔 낮은 마차를 끄는 말들이 너무 힘들어했다. 왕은 명령을 내려 마차의 높이를 올리려 했다. 그러자 손숙오가 말했다.

> "명령을 자주 내리면 백성은 꼭 따라야 하는지를 잘 모르게 됩니다. 옳지 않습니다. 왕께서 마차의 높이를 올리길 원하신다면 마을마다 문지방을 높이도록 교육하시길 간청합니다. 마차를 타는 자는 모두 군자(君子: 위정자)입니다. 군

---

81 『史記』, 楚世家第十, "市令言之相曰, 市亂, 民莫安其處, 次行不定. 相曰, 如此幾何頃乎? 市令曰, 三月頃. 相曰, 罷, 吾今令之復矣."

자들은 자주 마차에서 내리려 하지 않습니다."[82]

군주가 명령을 자주 내리면 명령의 권위가 떨어져서 결국 백성은 잘 따르지 않는다. 손숙오는 명령 대신 교육을 하여 이유를 이해시키면 강압적이지 않기 때문에 백성의 감수성이 높아지고 마침내 문지방이 높아진다고 보았다. 이렇게 되면 높아진 문지방을 마차가 통과하기 어려워 타고 내리길 반복하는 위정자들이 결국 마차의 높이를 올린다는 이야기였다. 초장왕이 손숙오의 간청을 받아들였다. 그러자 반년 만에 백성이 스스로 마차의 높이를 올렸다.

초장왕은 즉위 초기에 용(庸)을 멸하고 송(宋)을 정벌하여 전차 오백 대를 획득했다. 이후 초장왕 8년에 육혼융(陸渾戎)을 정벌하여 낙수에 이르러 주나라 교외에서 군대를 사열했다. 천자의 나라 근처에서 위풍당당한 모습을 연출했다. 그러자 주정왕(周定王)이 신하를 시켜 초장왕의 노고를 치하했다. 주정왕이 초장왕을 위로한 것으로 미루어보면 육혼융이 주나라에 결례나 도발을 했던 것으로 보이나 자세한 내용은 알 수 없다.

초장왕 16년에 진(陳)을 정벌하여 하징서(夏徵舒)란 자를 주살했다. 하징서가 그 군주를 시해했기 때문이다. 그리고 진(陳)에 현(縣)을 설치했다. 여러 신하가 경하(慶賀)의 말을 올렸는데 신하 신숙시(申叔時)만 하지 않았다. 왕이 그 이유를 묻자 그가 이렇게 말했다.

"속담에 '소를 끌고 남의 밭 가운데를 지나가는데 밭 주인이 그 소를 빼앗는다.'라는 말이 있습니다. 소를 끌고 남의 밭 가운데를 지나가는 것도 옳지 않

---

[82] 『史記』, 楚世家第十, "令數下, 民不知所從, 不可. 王必欲高車, 臣請敎閭里使高其梱. 乘車者皆君子, 君子不能數下車."

지만, 소를 빼앗는 것 또한 심한 것이 아니겠습니까? 왕께서는 진(陳)의 내란을 이유로 제후를 이끌고 정벌했습니다. 의(義)를 내걸고 정벌하고는 그 현(縣)을 탐했습니다. 어찌 다시 천하를 호령할 수 있겠습니까?"[83]

이 말을 듣고 초장왕은 진(陣)의 후손들에게 그 나라를 회복시켜주었다. 그 이듬해에 초장왕은 정(鄭)을 포위 공격했다. 정은 소국으로 상황에 따라 제(齊), 진(晉), 초(楚)의 강대국과 붙고 떨어지기를 반복했다. 초장왕이 정을 공격하자 정이 따르던 진경공(晉景公)이 정을 구원하려고 군대를 출격시켰다. 초장왕은 진군(晉軍)이 도착하기 전에 정을 함락시켰다. 정양공(鄭襄公)이 사직(社稷)[84]을 보전하게 해달라는 호소를 하자 초장왕은 정과 화평을 맺었다. 이윽고 진군(晉軍)이 도착했다. 춘추시대 강대국인 초(楚)와 진(晉)이 다시 세기의 대결을 벌이게 되었다. 두 나라는 과거 성복전투에서 진문공과 초성왕이 대결을 벌여 진문공이 대승을 거둔 바 있다. 그 후 35년이 지나면서 진문공의 손자인 진경공의 진(晉)과 초성왕의 손자인 초장왕의 초(楚)가 다시 한번 숙명의 대결을 하게 되었다. 양군은 황하에서 교전을 벌였고 결과는 초장왕의 대승이었다. 이 전투 이후로 초장왕은 중원의 패권을 움켜잡았다.

초장왕은 즉위 20년에 즉위 초기에 정벌한 송(宋)을 재차 정벌했다. 이유는 송이 초의 사신을 죽였기 때문이다. 초군은 송의 궁성을 포위하고 항복을 얻어내려 했다. 그러나 송은 궁성을 굳게 닫고 꿈쩍도 안 했다. 초가

---

83 『史記』, 楚世家第十, "鄙語曰, 牽牛徑人田, 田主取其牛. 徑者則不直矣, 取之牛不亦甚乎? 且王以陳之亂而率諸侯伐之, 以義伐之而貪其縣, 亦何以復令於天下!"

84 사직(社稷)은 토지의 신(神)과 오곡(五穀)의 신(神)을 말한다. 군주들이 사직단(社稷壇)을 세우고 제사를 지내어 국가와 존망(存亡)을 같이 했으므로, 국가 자체를 의미하기도 한다.

궁성을 포위한 지 5개월이 지나자 궁성의 식량이 바닥났다. 그러자 서로 자식을 바꾸어 잡아 막고 뼈를 쪼개어 불을 땠다. 송의 군주 송문공(宋文 公)의 신하가 참다못해 이러한 실정을 초의 장수에게 알리고 초의 장수는 초장왕에게 보고했다. 그러자 초장왕은 크게 놀라고 측은한 마음이 들어 군대를 퇴각시켰다. 이로부터 3년 후에 초장왕은 세상을 떠났다.

춘추시대 후기

4절 봉건제란 무엇인가?

종법제도와 봉건제

봉건제는 종법제도를 기본적 관념으로 한다. 종법제는 같은 성씨 내에서의 위계를 말하는 것, 다른 성씨와의 위계를 말하는 것으로 구별된다.

같은 성씨 내에서의 위계는 장자 중심이었다. 주나라는 상나라의 부자상속과 형제상속이 혼재된 사회에서 부자상속으로 전환된 사회였으며 부자상속은 장자상속이 우선이었다. 여기서 장자를 대종(大宗)이라 했고 다른 자손을 소종(小宗)이라 했다. 바로 장자 즉 대종 중심의 의식체계를 종법제라고 한다. 종법제는 장자상속과 같은 왕위 계승 문제뿐만 아니라 가부장적이며 신분에 따른 체계적 사회체제의 확립과도 관련이 있다. 『춘추공양전(春秋公羊傳)』[85] 〈은공(殷公)〉 편과 『예기(禮記)』[86] 〈대전(大傳)〉 편 등에 의하면 주나라 천자는 적장자가 계승하고, 시조에 대한 제사를 받들었다.

　가부장적 사회에서 대종과 소종이 같은 부계 혈통의 위계질서를 나타낸 것이라면, 왕의 성씨와 일치 여부에 따라 여자를 내종(內宗)과 외종(外宗)으로 구별하기도 한다. 내종은 궁궐에서 왕과 같은 성씨의 여인을 말하며, 외종은 왕과 다른 성씨로서 벼슬이 있는 여자를 말한다. 『주례』[87] 〈춘관종백〉에 의하면 내종은 종묘(宗廟)[88]의 제사에서 남자들과 같이 참여하지만, 외종은 종묘 제사에서 왕후를 보좌하는 역할을 수행했다.

　봉건제(封建制)는 가정과 조정에서의 종법제가 확대되어 국가 간 주종관계로 발전된 정치체제이다. 왕의 적장자가 통치하는 주 왕실은 대종이 되고, 왕의 형제나 공신에게 토지를 주어 봉한 제후국들은 소종이 된다. 소종인 제후국은 그 제후를 잇는 자가 제후국 내에서 대종이 되며 나머지 형제나 공신들은 소종인 대부가 된다.

85　중국 제(齊)나라의 공양고(公羊高)가 쓴 『춘추』의 주석서이다. 『춘추』를 역사 철학적 관점에서 해석하였으며, 『좌씨전』, 『곡량전』과 더불어 '춘추삼전'이라고 한다.

86　전한(前漢) 시대에 편찬된 예(禮)에 관한 해설과 이론을 서술한 책(冊)

87　주공이 지었다고 전해지며 천(天)·지(地)·춘(春)·하(夏)·추(秋)·동(冬)을 본떠서 6관(六官)의 관제(官制)를 만들고, 국가 행정 조직의 세목 규정을 상세히 설명했다.

88　역대 통치자의 신주(神主)를 모신 사당

봉건국가의 지도자는 천자(天子) 혹은 왕(王)으로 불리며 각 제후들은 군(君)으로 호칭된다. 우리가 근대 이전의 국가 지도자를 부르는 호칭으로 군주(君主)란 표현을 자주 쓴다. 사실 군주는 본래 천자의 나라 통치자에게 붙이는 칭호인 왕을 중심에 둔 지방 제후국 통치자에게 붙이는 호칭이다. 제후들은 왕의 형제나 공신들로 임명되며 천자로부터 봉토를 받는 대신 천자에게 공물을 바치고 군대를 파견해야 할 의무를 갖고 있다.

봉건제의 반작과 녹봉

본래 봉건제는 순임금 때도 있었다. 순임금 때 백성의 교화를 담당한 설(契)은 순임금으로부터 상(商)을 봉토로 받았고 자(子)란 성(姓)을 하사받았다. 또 순임금의 신하로서 농업을 관장하던 후직은 순임금으로부터 태(邰)를 봉토로 받았고 희(姬)란 성을 하사받았다. 후직의 후손 13세 고공단보(古公亶父)는 기산(岐山) 아래 주원(周原)으로 도읍지를 옮겨 비로소 나라 이름을 주(周)라 불렀다. 또, 상나라 시조 탕은 하나라 우임금의 후손들을 여러 지역의 제후로 삼았으며 그 제후들은 자신들에게 분봉된 나라 이름을 성씨로 삼았다. 이처럼 봉건제는 주나라 이전에도 실시되었는데 보다 광범위하게 봉건제가 실시된 것은 주나라에서 비롯되었다. 봉건제는 주나라 건국부터 수도를 서쪽의 호경에서 동쪽의 낙읍으로 옮긴 동주(東周)의 춘추시대(기원전 770~기원전 403) 직전까지 전성기를 이루었다. 맹자가 살던 전국시대에는 봉건국가의 지배체계가 명확하게 전승되지 않은 듯하다. 위(衛)나라 사람 북궁기(北宮錡)가 맹자에게 이런 질문을 했다.

북궁기가 물었다. "주왕실의 반작(班爵: 계급)과 녹봉은 어떠했습니까?"

맹자가 말했다. "그 상세한 것은 얻어들을 수 없습니다. 제후들이 자신들을 해롭게 하는 것을 싫어하여 모두 그 문서를 없앴습니다. 그러나 제가 일찍이 간략한 내용은 들었소이다."[89]

주왕실의 계급과 녹봉은 주(周)에서 행한 봉건제의 내용을 말한다. 위 내용에 따르면 전국시대에는 봉건제에 관한 상세한 내용이 전승되지 않았다는 말이다. 이유는 이렇다. 봉건제에서는 제후들의 계급과 녹봉이 정해져 있었다. 그러나 춘추시대부터 천자의 권위가 실추되면서 제후들이 계급과 녹봉을 임의로 책정했다. 춘추시대 초기에는 초(楚)가 칭왕(稱王: 왕이라 부름)했고, 중반에는 오(吳)가 칭왕했으며, 전국시대에 이르러 위(魏), 제(齊), 진(秦), 한(韓), 송(宋)이 칭왕했다. 이처럼 계급을 임의로 바꾸었고, 계급에 따라 봉록도 바뀌었다. 따라서 당시의 힘 있는 제후들은 봉건제가 자신들이 행한 처신에 걸림돌이 된다고 생각하여 그와 관련된 문서를 없앴다는 말이다. 맹자는 자신이 알고 있는 봉건제의 대략적인 내용을 말했다.

"천자(天子)가 하나의 자리이고, 공(公)이 하나의 자리, 후(侯)가 하나의 자리, 자남(子男)이 같은 하나의 자리이니 모두 다섯 등급입니다. 군주(君主)는 하나의 자리이고, 경(卿)이 하나의 자리, 대부(大夫)가 하나의 자리, 상사(上士)가 하나의 자리, 중사(中士)가 하나의 자리, 하사(下士)가 하나의 자리이니 모두 6등급입니다."[90]

---

89 『孟子』, 萬章章句下, "北宮錡問曰, 周室班爵祿也, 如之何? 孟子曰, 其詳不可得聞也. 諸侯惡其害己也, 而皆去其籍. 然而軻也, 嘗聞其略也."

90 『孟子』, 萬章章句下, "天子一位, 公一位, 侯一位, 伯一位, 子男同一位, 凡五等也. 君一位, 卿一位, 大夫一位, 上士一位, 中士一位, 下士一位, 凡六等."

군(君)으로 호칭되는 제후들은 천자로부터 작위(爵位)를 받았는데, 등급 차등이 있었다. 천자로부터 제후에 이르는 등급을 살펴보면 천자(天子)→공(公)→후(侯)→백(伯)→자(子)인데, 자(子)는 남(男)으로도 대체하여 통용되었다. 다시 말하면 주나라에는 천자가 있고 주변 제후국들에는 군(君)으로 호칭되는 제후들이 있는데, 그 제후들의 등급이 '공작(公爵)→후작(侯爵)→백작(伯爵)→자작(子爵)·남작(男爵)'으로 이루어져 있다는 말이다.[91] 그리고 제후국의 내부 계급체제는 군(君: 공-후-백-자·남)-경(卿)-대부(大夫)-상사(上士)-중사(中士)-하사(下士)의 6등급이다. 맹자는 천자의 나라 내부 계급체제에 대하여 언급을 하지 않았다. 『예기』〈왕제〉편에 따르면 천자의 나라는 천자(天子)-삼공(三公)-구경(九卿)-27대부(二十七大夫)-81원사(八十一元士)의 등급 편제로 구성되었다. 삼공(三公)은 태사(太師)·태부(太傅)·태보(太保)라는 최고위 관직(官職)이다. 경(卿)은 소사(少師)·소부(少傅)·소보(少保)·총재(冢宰)·사도(司徒)·종백(宗伯)·사마(司馬)·사구(司寇)·사공(司空) 등 9가지로 나누어지는데 이를 구경(九卿)이라 했다. 삼공(三公)과 구경(九卿)을 합해 공경(公卿)이라고 불렀다. 천자와 제후들의 녹봉의 규모는 어느 정도일까? 맹자가 말했다.

> "천자의 녹봉은 땅이 사방 천 리요, 공작·후작은 모두 사방 백 리요, 백작은 사방 칠십 리요, 자작·남작은 사방 오십 리니 모두 네 개의 등급입니다. 오십 리가 못 되는 땅은 천자에게 미치지 못하므로 제후에게 부속시키는데 이것을 부용(附庸)이라고 합니다."[92]

---

91 하나라는 공(公), 후(侯), 백(伯), 자(子), 남(男)의 5등작이 있었고, 은나라는 공, 후, 백의 3등작이 되었다가 주나라 때는 다시 5등작이 되었다고 한다.

92 『孟子』, 萬章章句下, "天子之制, 地方千里, 公侯皆方百里, 伯七十里, 子男五十里, 凡四等. 不能五十里, 不達於天子, 附於諸侯, 曰附庸."

위와 같이 천자의 녹봉은 사방 천 리이고, 제후들은 최고 백 리부터 오십 리까지 영지를 받았다. 그렇다면 천자의 나라에서 관리들은 얼마나 녹봉을 받았을까?

> "천자의 경(卿)은 후작에 견주어 땅을 받았고, 대부(大夫)는 백작에 견주어 땅을 받았고, 원사(元士)는 자작·남작에 견주어 받았습니다."[93]

맹자는 삼공을 제외하여 천자의 나라에서 관리들의 녹봉을 말하고 있다. 『예기』〈왕제〉 편은 맹자의 설명과는 다르게 기술되었으나 어느 것이 옳은지 알 수 없다.[94] 일단 여기서는 맹자의 의견에 따르기로 한다. 제후국에서 관리들의 녹봉은 어떠한가? 이것을 〈표〉로 정리하면 다음과 같다.

<제후국의 녹봉체계>

구분	제후	경	대부	상사	중사	하사, 서인으로 관직에 있는 자
대국 (大國)	사방 백 리-경의 열 배	대부의 네 배	상사의 배	중사의 배	하사의 배	농사짓는 수입 대신
차국 (次國)	사방 칠십 리-경의 열 배	대부의 세 배	상사의 배	중사의 배	하사의 배	농사짓는 수입 대신
소국 (小國)	사방 오십 리-경의 열 배	대부의 두 배	상사의 배	중사의 배	하사의 배	농사짓는 수입 대신

---

93 『孟子』, 萬章章句下, "天子之卿受地視侯, 大夫受地視伯, 元士受地視子男."

94 『예기』〈왕제〉에 따르면 천자는 사방 천 리의 땅을 받았고, 천자의 나라에서의 삼공은 제후들의 등급 중 상위 등급인 공작(公爵)과 후작(侯爵)과 같이 사방 백 리의 땅을 봉토로 받았다. 천자의 나라에서의 경(卿)은 제후의 등급 중 중간 등급인 백작(伯爵)과 같은 사방 칠십 리의 땅을 받았고, 천자의 나라에서의 대부(大夫)는 제후의 등급 중 하위 등급인 자작(子爵), 남작(男爵)과 같은 사방 오십 리의 땅을 받았다. 또, 천자의 나라에서의 원사(元士)는 부용(附庸)에 해당하는 땅을 받았다.

'서인으로 관직에 있는 자'는 지방 관아의 하급관리이다. 이것으로 보면 신분제를 주요 특징으로 하는 봉건제에서도 서인들이 하급관리로 진출할 수 있는 길은 열린 것으로 보인다. '농사짓는 수입'이란 정전법(井田法)에서 일반 농민이 받는 사전(私田) 100무(畝)[95]를 말한다. 정전법은 제3장 5절에서 상론한다.

대국(大國)은 공작·후작이 통치하는 나라이며 차국(次國: 대국 다음의 나라)은 백작이 통치하는 나라이며 소국(小國)은 자작 혹은 남작이 통치하는 나라이다. 대국을 보면 하사와 서인으로 관직에 있는 자는 사전 100무에 해당하는 녹봉을 받고, 중사는 하사의 배(倍)이므로 200무, 상사는 중사의 배이므로 400무, 대부는 상사의 배이므로 800무, 경은 대부의 네 배이므로 3,200무, 제후는 경의 열 배이므로 32,000무를 받는다.

제후국에서 경이 받는 녹봉이 대국에서는 대부의 네 배, 차국에서는 대부의 세 배, 소국에서는 대부의 두 배다. 그 외 계급이 받는 녹봉은 같은 계급의 경우 대국·차국·소국을 막론하고 그 비율이 같다.

주희(朱熹)[96]는 제후부터 대부가 정전제(井田制)에서 각 비율에 따른 공전(公田)의 수입을 받고, 상사, 중사, 하사와 서인으로 관직에 있는 자는 100무에 해당하는 녹봉을 그 비율에 따라 관청으로부터 받는다고 보았다.

제후들의 등급은 죽은 뒤에 붙이는 이름인 시호(諡號)에도 따라왔다. 위(衛)나라는 무왕이 동생 강숙에게 준 봉토에서 건국되었다. 위나라 군주의 시호를 보면, 2대 강백(康伯) … 8대 경후(傾候) … 11대 무공(武公)이다. 2대 강백은 강백작(康伯爵)의 줄인 말이다. 그러므로 강백은 군주의 등급인

---

95 1무(畝)는 백보(百步)를 말한다.

96 중국 남송(南宋) 때의 유학자(1130~1200)이다. 호는 회암(晦庵), 회옹(晦翁), 운곡산인(雲谷山人)이고 시호는 문공(文公)이다. 존칭으로 주자(朱子)로 흔히 부른다. 주자학(朱子學)의 창시자이다.

'공작(公爵)→후작(侯爵)→백작(伯爵)→자작(子爵)·남작(男爵)' 중에서 3번째 등급인 백작의 작위를 가진 군주이다. 8대 경후는 작위가 한 등급 올라간 후작에 해당하는 군주이고, 11대 무공은 군주의 등급 중 가장 상위 등급인 공작에 해당하는 작위를 가진 군주이다.

작위나 계급은 사후에 승격되기도 했다. 전국시대 맹자는 군주의 신분이 아니었지만, 원(元)의 인종(仁宗) 때 아성추국공(亞聖鄒國公)이란 시호가 붙었다. '아성추국공'이란 '성인 다음가는 추나라의 공작'이란 의미이다. 이렇게 맹자가 죽은 후에 그를 추모하여 공작의 등급인 군주로 승격하여 대우했다.

봉건제에서는 신분에 따라 죽음에 대한 호칭도 달랐다. 천자가 죽으면 붕(崩)이라 하고, 제후가 죽으면 훙(薨)이라 하고, 대부가 죽으면 졸(卒), 사가 죽으면 불록(不祿), 서인이 죽으면 사(死)라고 했다.

봉건제에서 제후국은 일정한 조공을 천자에게 바치고 천자가 요청할 경우 군대를 동원하는 것이 의무였다. 이것은 천하의 중심에 주나라를 두고 제후국을 주변에 배치하여 주 왕실의 천년 대업을 도모한 정치체제였다. 그렇지만 주의 봉건제는 각 제후국들이 정치, 군사적인 면에서 사실상 독립국이었기 때문에 주나라가 중국 전역을 실질적으로 통일한 것이라고 할 수 없다. 제후국을 없애고 중국을 단일 국가로서 통일한 것은 전국시대 진(秦)의 시황제가 최초였다.

제2장

전국시대 그리고 맹자

1절 전국시대의 개막

전국시대는 춘추시대에 강력한 제후국인 진(晉)나라가 삼분하여 한 (韓)·위(魏)·조(趙)로 독립한 이후부터 진(秦)이 기원전 221년에 전국을 통일하기까지의 약 280여 년 동안의 시대(기원전 403~기원전 221)를 말한다. 한(韓)·위(魏)·조(趙) 3개국은 진(晉)에서 분리된 나라들이라 하여 삼진(三晉)이라고 부른다.

맹자(孟子, 기원전 372?~기원전 289?)는 전국시대에 살았다. 전국시대는 주 왕실의 봉건제가 와해한 시기이다. 봉건제는 천자(天子)의 나라인 주(周)나라가 있고 주변에 제후국이 산재해있는 형태였다. 봉건국가의 지도자는 '천자(天子)' 혹은 '왕(王)'이라 호칭했고, 제후국은 '군(君)'으로 호칭되었다. 천자는 제후의 임면권을 가지며 제후는 천자에게 공물을 바치고 군사를 파견하는 의무를 진다. 그러나 전국시대에서는 이러한 시스템이 무너져서 사실상 천자국과 제후국의 구별이 없어지고 생존을 위한 약육강식의 세계가 펼쳐진 시대였다.

전국시대에는 제(齊)·연(燕)·진(秦)·초(楚)·한(韓)·위(魏)·조(趙)의 전국 7웅(七雄)이 큰 세력을 형성하고 서로 패권을 다투었으며, 그 외 작은 군소국가들도 존재했다.

당시 격동하는 정세 속에서 여러 사상가가 서로 경쟁하고 혼재했다. 이들을 제자백가(諸子百家)라고 부른다. '제자백가'란 여러 학파의 사상가라는 의미이다. 이처럼 당시에 수많은 인물이 활발하게 활동한 역동적이었던 상황을 백가쟁명(百家爭鳴: 여러 사람이 다투어 자기주장을 내세움)의 시대라고 한다.

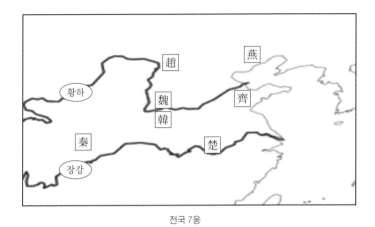

전국 7웅

2절 전국시대의 책사들

위나라 병가 오기

전국 7웅(七雄) 가운데 초기에 가장 번성한 나라가 위(魏)였다. 토지가
사방 일천 리에 달했으며, 전국시대의 국가 중 가장 인구가 많았던 나라이
다. 위의 문후(文侯)는 공자의 제자인 자하(子夏)에게 경학(經學)과 육예(六
藝)를 배웠으며 자하의 제자인 이극(李克, 혹은 李悝라고도 한다)과 단간목(段
干木)을 등용하여 정치적 자문을 구했다. 또 자하의 문하생인 서문표(西文
豹)로 하여금 관개공사를 활발하게 진행하도록 하여 농업생산력을 증진시
켰다. 그리고 오기(吳起)와 악양(樂羊) 등의 장군을 기용하여 영토를 확대

했다. 이 중 오기에 관하여는 『사기』의 〈손자/오기열전〉에서 이와 관련된 이야기를 전한다.

전국시대 위(衛)나라 사람인 오기(吳起, 기원전 ?~기원전 378?)는 오자(吳子)라고 불리며 뛰어난 전략가이자 병법가였다. 오기는 어려서 부친을 잃고 홀어머니와 함께 살면서 재산을 탕진해가며 벼슬을 구했으나 뜻을 이루지 못했다. 이에 고향 사람들이 자신을 비웃자 오기는 자신을 조롱한 사람 30여 명을 죽이고 밤을 틈타 위나라를 도망쳐 나왔다. 그는 고향을 떠날 때 스스로 팔을 물어뜯으면서 한 나라의 재상을 할 만큼 출세하기 전에는 절대 돌아오지 않겠다는 맹세를 어머니에게 했다. 그 길로 그는 노(魯)나라로 향했다.

오기는 노나라에서 증자(曾子)[97]를 스승으로 삼아 공부했다. 그러나 증자는 어머니가 돌아가셨다는 전갈을 받고도 미동도 않고 책만 보는 오기를 보고 그를 수하에서 파문했다. 이 무렵 제(齊)나라의 전거(田居)라는 대부가 노나라를 방문했다. 그는 오기를 불러 여러 가지 이야기를 나누어보고는, 그가 필시 큰 인물이 될 것이라 생각하여 자신의 딸을 그의 아내로 삼게 했다. 얼마 후 제나라가 노나라를 침략하게 되자 노나라 목공(穆公)은 오기를 장군으로 임명하려 했으나 그가 제나라 대부 전거의 사위라는 점 때문에 결정을 내릴 수가 없었다. 이 사실을 안 오기는 공명을 얻고자 하는 마음에 조금도 망설이지 않고 자신의 아내를 죽임으로써 제나라와 아무런 관계가 없음을 증명해 보였다. 여기서 나온 말이 '살처구장(殺妻求將)'이다. '살처구장'은 처를 죽이고 장군 자리를 얻는 것을 의미한다.

노나라는 마침내 오기를 장군에 임명했고 오기는 장군이 되어 제나라

---

97 이름은 삼(參)이다. 증자(曾子)는 증삼(曾參)의 존칭이다. 증삼의 부친은 증점(曾點)이고 아들은 증원(曾元)이다.

를 크게 격파했다. 그러나 목공은 오기가 너무 잔인하다고 생각하여 그를 해임하고 말았다. 이에 오기는 위(魏)나라로 건너갔다. 위나라는 바로 진(晉)이 한(韓)·위(魏)·조(趙) 세 개의 나라로 분열된 나라 중의 하나로서 초대 군주인 위문후(魏文侯: 위의 문후)가 재임하고 있었다. 위문후는 오기를 장군에 임명했고 과연 오기는 진(秦)나라를 쳐서 다섯 개의 성을 함락시켰다. 장군으로서 오기는 지위가 낮은 병사들과 똑같은 옷을 입고 음식을 먹었고 행군할 때도 말이나 수레를 타지 않고 자기가 먹을 식량은 직접 가지고 다녔다. 언젠가 한 병사가 악창(惡瘡: 악성 종기) 때문에 괴로워하자 악창의 고름을 자신의 입으로 빨아주기도 했다. 이 소식을 들은 그 병사의 어머니가 슬프게 통곡하자, 어떤 사람이 괴이하게 여겨 그 이유를 물었다. 그러자 그 어머니가 말했다.

> "예전에 오공께서 그 애 아버지의 종기 고름을 빨아주었는데, 그 아버지가 전투 중 물러서지 않다가 마침내 적에게 죽고 말았습니다. 오공이 지금 그 아들의 고름을 빨아주었으니 저는 그가 죽을지도 모른다는 생각을 했습니다. 이래서 통곡하고 있습니다."[98]

위문후(魏文侯)가 죽자 오기는 계속해서 문후의 아들 무후(武侯)를 섬겼다. 위무후(魏武侯: 위의 무후)는 언젠가 배를 서하(西河)에 띄우고 물을 따라 내려가다 중간 지점에 이르러 뒤를 돌아보며 오기에게 말했다.

> "참으로 아름답도다. 산하의 견고함이여! 이것이 우리 위나라의 보배입니다."

---

98 『史記』, 孫子吳起列傳第五, "往年吳公吮其父, 其父戰不旋踵, 遂死於敵. 吳公今又吮其子, 妾不知其死所矣. 是以哭之."

그러자 오기가 대답하여 말했다. "(국가의 흥망 문제는) 임금의 덕에 있지 지형의 험난함에 있지 않습니다. … 만일 임금님께서 덕을 닦지 않으시면 이 배 안의 사람들도 모두 적국으로 변할 것입니다."
이에 무후가 말했다. "옳은 말이오."[99]

위무후는 오기의 말이 지당하다고 생각했다. 그런데 오기를 싫어하는 자들이 위무후에게 오기를 믿고 쓸 인물인지 시험해볼 것을 주청했다. 이에 위무후는 오기에게 공주를 아내로 주겠다고 제안했다. 오기는 공주의 성품이 난폭하다는 선입견을 갖고 있었기 때문에 위무후의 제안을 거절했다. 오기는 죄를 입을까 두려워한 나머지 마침내 초(楚)나라로 건너갔다. 초도왕(楚悼王: 초의 도왕)은 일찍부터 오기가 현인이라는 소리를 듣고 있었으므로 오기가 이르자 곧 초나라 재상에 임명했다.

재상에 임명된 오기는 법령을 정비하고 필요하지 않은 벼슬을 없앴다. 또 왕족들 중에서도 왕실과 촌수가 멀어진 사람들의 봉록을 폐지시켜 그 재원을 싸움에 종사하는 군인들에게 돌렸다. 결국 오기는 초도왕이 죽자 종실의 대신들에 의하여 죽임을 당하고 만다. 그가 남긴 저서로 『오자(吳子)』가 있는데, 『오자병법(吳子兵法)』이라고도 불린다. 『오자』〈치병(治兵)〉편에 '필사즉생(必死則生), 행생즉사(幸生則死)'란 말이 나온다. 즉 반드시 죽고자 하면 살 것이고, 요행히 살고자 하면 죽을 것이라는 의미이다. 임진왜란 때 이순신 장군께서 명량해전을 앞두고 말한 '필사즉생(必死則生), 필생즉사(必生則死)', 즉 반드시 죽고자 하면 살 것이고, 반드시 살고자 하면 죽을 것이라는 이 표현은 한 글자만 바꾸고 『오자』의 내용을 인용한 것

99　『史記』, 孫子吳起列傳第五, "美哉乎山河之固, 此魏國之寶也! 起對曰, 在德不在險. … 若君不修德, 舟中之人盡爲敵國也. 武侯曰, 善."

이다. 오기가 죽을 때 후술하는 공손앙은 십 대 초기 소년이었고, 순우곤은 유소년이었고, 몇 년 뒤에 맹자가 태어난 것으로 추정된다.

진나라를 강국으로 만든 법가 공손앙

이윽고 위(魏)나라에서는 무후가 죽고 그 아들 앵(罃)이 제후의 자리에 오르니 그가 바로 위혜왕(魏惠王, 재위: 기원전 369~기원전 319)이다. 본래 천자의 나라인 주(周)를 제외하고는 제후국들은 왕이란 칭호를 쓸 수 없었지만, 이미 주 왕실의 권위가 땅에 떨어졌기 때문에 일찍이 기원전 704년에 초무왕(楚武王)은 스스로 왕이라 칭하였고, 기원전 585년에 오왕(吳王) 수몽(壽夢)[100]도 스스로 왕이라 칭했다. 이를 따라 위혜왕도 왕의 칭호를 사용하게 되었다. 위혜왕이 즉위했지만, 위나라는 이미 전성기인 문후·무후의 시대가 지나고 점차 국력이 기울고 있었다. 그러다 보니 위나라를 얕잡아 본 조(趙)·제(齊)와 알력이 있고, 진(秦)·송(宋)·한(韓) 등과도 싸움 그칠 날이 없었다.

당시 위나라 재상은 공숙좌(公叔座)였는데, 공숙좌는 공손앙(公孫鞅, 기원전 390~기원전 338)이라는 청년에게 집안일 처리하는 직책을 주며 거느리고 있었다. 공손앙은 위(衛)나라 군주의 서자 출신으로 법가의 학문을 좋아하고 현명하였으므로 공숙좌는 그를 왕에게 추천하려고 했으나 기회를 얻지 못했다. 마침 공숙좌가 병에 걸리자 위혜왕이 공숙좌를 병문안하면서 나라의 장래를 걱정했다. 그러자 공숙좌는 공손앙을 추천하며 말했다.

---

100 오(吳)는 시법(諡法)을 받아들이지 않아 죽은 뒤 붙이는 군주의 시호(諡號)가 없다. 그래서 오(吳)의 군주들은 본명 그대로 부른다.

"저의 집안에 서자 출신 공손앙이 있습니다. 나이는 비록 젊지만 뛰어난 재주가 있습니다. 왕께서는 국정을 그에게서 청취하시기를 바랍니다."

왕이 말이 없다가 떠나려 하자 공숙좌는 사람들을 물리치고 아뢰었다. "왕께서 공손앙을 등용하여 국정을 청취하지 않으시려면 반드시 그를 죽여서 국경을 벗어나지 않도록 하십시오."[101]

그러나 위혜왕은 공숙좌가 죽자 공손앙을 등용하지도, 죽이지도 않았다. 그러자 공손앙은 진(秦)나라 효공(孝公, 재위: 기원전 361~기원전 338)을 찾아갔고 진나라의 재상으로 등용되었다. 재상이 된 공손앙은 변법(變法)을 추진했다. 변법이란 시대가 바뀌었으므로 유가처럼 옛것을 본받거나[法古], 옛것에 의지[託古]하지 말고 본받는 대상을 변혁해야 한다는 뜻이다. 다시 말해 세상이 바뀌면 행해야 할 도리가 달라져야 하므로 과거의 성왕들이 하였던 인의나 예악의 정치를 본받는 것을 과감히 버려야 한다는 것이다. 변법의 주요 내용은 상호 고발과 연대 책임을 묻는 연좌제 실시, 봉건제도 폐지 및 군현제 실시, 도량형 통일, 공을 세우면 상을 주고 죄를 지으면 반드시 벌을 주는 신상필벌(信賞必罰)의 원칙 확립, 작위와 봉록의 등급 정비, 법령의 엄격한 준수 등이다. 이러한 공손앙의 변법 중 몇 가지는 공손앙 사후 117년 후 진의 시황제가 천하를 통일하면서 중국 전역에 확대·실시하게 된다. 공손앙은 변법으로 진(秦)의 국정을 크게 개혁하여 진을 강국으로 만들었다. 이 공적으로 인해 공손앙은 상(商) 지역을 영지로 받고, '상앙(商鞅)'으로 불리게 된다.

위혜왕은 비록 공손앙의 가치를 몰라보고 진나라로 떠나보냈지만, 이후

---

101 『史記』, 商君列傳第八, "座之中庶子公孫鞅, 年雖少, 有奇才, 願王擧國而聽之. 王嘿然. 王且去, 座屛人言曰, 王卽不聽用鞅, 必殺之, 無令出境."

에도 그의 주변에는 인재가 몰려들었으니 방연(龐涓)과 손빈(孫臏)이었다. 방연과 손빈에 관한 이야기를 하기 전에 순우곤(淳于髡)이라는 변설가를 먼저 살펴보는 것이 이야기 전개에 도움이 될 듯하다.

변설가 순우곤

『사기』에 따르면 순우곤(淳于髡, 기원전 385~기원전 305)은 제(齊)의 췌서(贅壻)라고 기술되어있다. '췌서'는 데릴사위를 뜻하는 말인데, 『사기』에는 이 용어에 대한 더 이상의 언급이 없다.

진효공(秦孝公)이 공손앙을 등용하여 변법을 통해 국정을 크게 개혁하고 있을 때 제나라는 위왕(威王, 재위: 기원전 356~기원전 320)이 즉위했다. 제위왕(齊威王)은 즉위 초기 어리석은 군주의 전형이었다. 그는 수수께끼 같은 은어(隱語)를 좋아하고 음탕한 것을 즐겼으며 밤새 술을 마셨다. 유희와 술에 빠지다 보니 여력이 없어서 국정을 경대부에게 맡기었고, 이로써 백관이 어지러이 날뛰고 제후들이 차례로 침범하여 나라의 존속이 매우 위태로웠다. 이때 공손앙보다 몇 살 아래인 순우곤이 등장하여 다음과 같이 은어(隱語)로 물었다.

> "나라 안에 큰 새가 있는데 대궐 뜰에 앉아 삼 년 동안 날지도 울지도 않습니다. 대왕께서는 그것이 무슨 새인지 아시옵니까?"[102]

---

102 『史記』, 滑稽列傳第六十六, "國中有大鳥, 止王之庭, 三年不蜚又不鳴, 王知此鳥何也?"

여기서 말하는 큰 새는 다름 아닌 제위왕을 빗댄 것이다. 그러자 제위왕이 부끄럽고 깨닫는 바가 있어서 대답했다.

"그 새는 날지 않으면 모르되 한번 날면 하늘 높이 날아오를 것이고, 울지 않으면 모르되 한번 울면 사람을 놀라게 할 것이다."[103]

순우곤의 말은 기원전 7세기에 향락에 빠진 초장왕(楚莊王)에게 오거(伍擧)가 은어로써 깨우침을 준 내용과 비슷하다. 순우곤의 말에서 깨우침을 얻은 왕은 각 고을 수령 72명을 조정으로 불러들여 항상 직언을 서슴지 않았던 즉묵대부(卽墨大夫)에게 상을 내리고, 항상 임금의 비위를 맞췄던 아대부(阿大夫)를 사형에 처했다. 이로부터 군사를 크게 일으켜 침략국에 대한 반격에 나서니, 제후들이 매우 놀라 그때까지 침략해 차지하고 있던 제나라 땅을 모두 돌려주었다. 이후 왕의 위엄이 천하에 떨치었다.

순우곤은 위왕 집권 초기에 여러 나라에 사신으로 가게 되는데, 그중 한 곳이 위(魏)나라였다. 위나라에서 순우곤은 손빈이란 난세의 전략가를 만나게 된다.

의형제에서 원수로- 병가 방연과 손빈

방연(龐涓)과 손빈(孫臏)에 관한 기록은 『사기』와 『열국지』[104]에서 전해

---

103 『史記』, 滑稽列傳第六十六, "此鳥不飛則已, 一飛沖天. 不鳴則已, 一鳴驚人."
104 정확한 명칭은 『東周列國志』이다. 명나라의 문장가 풍몽룡이 서주 말부터 진의 천하통일까지 춘추전국시대까지의 역사를 소설로 엮었다.

진다. 『사기』는 손빈과 방연이 함께 병법을 공부했다는 것을 필두로 하여 두 사람의 출사(出仕: 벼슬에 나감)에 관한 이야기를 기술하고 있지만, 두 사람이 누구에게서, 어떻게 병법을 공부하였는지에 대하여는 침묵하고 있다. 『열국지』는 역사서이기보다는 역사소설에 가깝다. 그런데 손빈과 방연의 출사한 내용뿐만 아니라 손빈과 방연이 귀곡자란 사람을 함께 스승으로 모시고 공부를 한 상황에 대해서도 자세히 묘사하고 있다. 『열국지』는 역사소설로서 일정 부분은 역사적 사실과 부합된다는 평가를 받고 있다. 그렇지만 『열국지』에 등장하는 손빈과 방연에 대한 이야기는 진위 여부가 불투명하다. 여기서는 『사기』의 기록을 기본으로 하되 비록 신빙성은 떨어지지만 『열국지』와 기타 서적의 내용으로 보완하여 이들의 활동을 대략 정리하려 한다.

귀곡자(鬼谷子)는 본시 초(楚)나라 태생으로서 성은 왕(王)이고 이름은 허(栩)이다. 송(宋)나라 사람인 묵적(墨翟)과 함께 운몽산(雲夢山)에 들어가서 약초를 캐며 수도했다. 묵적은 인간과 사물을 이롭게 한다는 큰 뜻을 품고 천하를 떠돌아다녔고, 왕허는 세상을 등지고 지금의 하남성 영천과 양성 부근인 귀곡(鬼谷)이라는 곳에 은거하여 귀곡자(鬼谷子)라 불리게 되었다. '子'는 존칭을 의미하는 접미사이기 때문에 우리말로 귀곡선생으로 표현된다.

귀곡자는 위로는 천문(天文)에 통달하였고 밑으로는 지리(地理)를 꿰뚫었다. 귀곡자의 뛰어난 제자 중에 손빈과 방연이 있었고 그들 이후에 장의와 소진이 있었다. 손빈과 방연은 병법을 위주로 배웠으며 장의와 소진은 처세술을 배웠다. 이 중 손빈은 손자병법으로 유명한 제나라 사람 손무(孫子)의 자손(3대손 혹은 5대손)이다. 손빈과 방연은 서로 의형제를 맺고 다른 이에 비해 월등한 진전을 보였다. 드디어 기원전 360년경 방연이 출사

(出仕)를 위해 하산했다. 손빈은 방연이 떠날 때 산 아래까지 따라가서 전송했다. 방연은 떠나면서 입신출세하면 반드시 손빈을 왕께 천거하겠다는 말을 하고는 만일 자신이 거짓말을 한다면 온몸에 화살을 맞고 죽을 것이라고 했다.

두 사람은 눈물을 흘리며 작별했다. 방연이 귀곡동을 떠난 뒤 귀곡자는 손빈의 조부인 손자(孫武)가 쓴 병법 13편(흔히 말하는 손자병법)을 손빈에게 내주고 암독하도록 지시했다. 전국시대 접어들어 하나의 전설이 되었으며 아무도 읽어본 사람이 없는 이 책을 어떻게 해서 귀곡자가 소지하게 되었는지는 알 수 없으나, 하여튼 손빈은 선생의 지시대로 몇 날을 주야로 탐독하여 이 병서를 다 외우게 되었다. 방연은 위(魏)나라 혜왕(惠王)에게 발탁되어 작은 병력으로 막강한 제(齊)나라의 공격을 격퇴하는 등 실력을 유감없이 발휘하여 위나라의 대장군이 되었다.

한편 옛날에 귀곡자와 함께 공부했던 묵적이 명산대천을 떠돌다가 귀곡을 방문했다. 묵적은 손빈의 재주가 탁월함을 알고 위나라로 가서 위혜왕에게 손빈을 추천했다. 위혜왕은 병가로서 유명한 손무(孫武)의 손자인 손빈에 대하여 크게 관심을 보이면서 손빈을 초빙하려 했다. 그러자 방연은 손빈이 오면 자신이 군주의 총애를 잃을까 염려하여 반대했다. 그러나 위혜왕의 뜻이 완고하여 할 수 없이 신하를 시켜 손빈을 데려오게 했다.

위혜왕은 손빈을 보고 탁월한 병법가임을 알아차리고는 부군사(副軍師: 군사 다음의 자리)로 임명하려 했다. 그러나 방연의 만류로 객경(客卿)이라는 벼슬을 주었다. 객경이란 다른 나라에서 온 손님에게 공경(公卿)의 자리에 해당하는 직위를 주는 것을 말하는데, 실권이 없는 이른바 명예직에 해당한다. 손빈과 방연 이 두 사람은 겉으로는 반가운 해후를 했으나 손빈이 자기보다 뛰어날 뿐 아니라 손무의 병법을 다 숙지하고 있다는 사실을 알게 된 방연은 손빈을 제거하기로 결심한다. 결국 방연은 손빈이 적국인 제(齊)와 내통하고 있다는 거짓 모함을 위혜왕에게 고하고, 손빈의 두 다리 발꿈치를 베는 월형(刖刑)과 얼굴에 먹물을 새기는 묵형(墨刑)을 가하여 가두어버린다. 손빈은 졸지에 혼자서는 몸을 이동할 수 없는 앉은뱅이가 되어버렸다. 방연은 손빈에게 찾아가 왕이 당장 처형하라는 것을 자신이 간청하여 간신히 목숨만이라도 구하게 되었다고 거짓말로 위로한 후 손빈이 외우고 있는 손자병법을 필사해달라고 은근히 부탁한다. 방연을 조금도 의심치 않았던 손빈은 즉시 필사를 준비하고 있었지만, 방연은 필사본만 얻고 나면 바로 그를 제거할 생각이었다. 후에 손빈은 이 모든 것을 알아차리고는 미친 행세를 하며 살 길을 모색하게 된다. 『사기』에 따르면 이때 제(齊)에서 위(魏)로 사신이 오는데, 손빈은 위나라 옥졸[刑徒]을 통해 제나라 사신을 만나게 된다.

『열국지』에 의하면 묵적의 제자 금활리(禽滑釐)[105]가 위(魏)나라에 있다가 제나라로 왔는데, 마침 묵적이 제나라 대부 전기(田忌)의 집에서 유숙하고 있었다. 묵적은 금활리로부터 손빈에 관한 소식을 듣고는 전기에게 손빈의 재능과 현재 처한 상황을 자세히 말해주었다. 그러자 전기는 제위왕에게 보고하고 손빈을 구출하기 위해 순우곤과 금활리를 위나라로 보낸다. 즉 『사기』에서 말하는 제나라 사신을 『열국지』는 순우곤이라고 묘사하고 있다. 손빈은 순우곤과 금활리의 도움으로 기원전 355년에 자신이 우물가에 빠져 죽은 것으로 위장해놓고 조국 제나라로 탈출한다.

앞서 순우곤의 재치있는 은유적(隱喩的) 화법으로 제정신이 든 제위왕은 천하의 인재를 널리 모으고 자문을 구했다. 제나라 수도는 태산에서 동

---

105 '금골리'로 읽기도 한다.

쪽으로 약 150km 떨어진 임치성(臨淄城)이었다. 임치성에는 성문이 13개 있었다. 그 가운데서도 서문(西門) 중 하나인 직문(稷門) 근처에 천하의 학자들을 초빙했다. 그 숫자는 수백 명에서 수천 명에 이르렀다. 이곳에 모인 학자와 사상가들을 그 지역의 이름을 따서 직하(稷下)의 학사(學士)라고 불렀다. 직하학사의 무리 중에 후에 맹자와 소진, 순자가 합류하게 된다. 여하튼 손빈은 이러한 정국이 조성되는 시기에 순우곤에 의해 제나라로 오게 되었다.

손빈이 제나라로 온 그다음 해 위(魏)나라 장수 방연이 5만 대군을 이끌고 조(趙)나라를 침공하는 전쟁을 일으켰다. 조나라는 다급하게 제나라에게 구원을 요청했다. 제위왕(齊威王)은 손빈을 대장군으로 삼아 출병시키려 했으나 손빈은 형벌을 받은 불구의 몸으로는 장군이 될 수 없다고 사양했다. 이에 제나라는 기원전 353년에 전기(田忌)를 대장군으로, 손빈을 군사(軍師)[106]로 삼아 출병했다. 이때 거동이 불편한 손빈은 휘장을 친 수레에 앉아 작전을 세우도록 했다. 출병한 제나라 군대는 계릉(桂陵)전투에서 대승을 거두고 방연을 격퇴한다. 뜻밖의 패배에 당혹한 방연이 적진을 바라보니 작년에 우물에 빠져 죽었다는 손빈의 군사 깃발이 펄럭이는 것이 아닌가? 놀란 가슴을 진정치 못하고 방연은 패잔병을 수습하여 서둘러 회군하고 만다.

그리고 또 세월은 흘러 13년이 지나갔다. 그동안 군사력을 최대로 증강한 위나라는 태자 신(申)과 방연이 이끄는 10만 대군을 앞세워 이번에는 한(韓)나라를 공격하게 되었는데, 역시 한나라의 구원 요청을 받은 제나라는 손빈을 다시 군사(軍師)로 삼고 전기(田忌)와 전영(田嬰)을 장군으로 삼

---

106 장군 등의 지휘관 밑에서 군사적 계략(計略)이나 작전을 맡은 사람

아 5만 병력을 출동했다. 손빈과 방연 이 두 장수가 숙명적인 재대결을 하게 되는 전투가 유명한 마릉(馬陵)전투이다.

이때도 손빈은 수레에 앉아 군대를 지휘했다. 손빈의 군대는 대군인 방연의 압박에 못 견디는 척하고 거짓 후퇴를 하게 되는데, 병사들이 밥을 지어 먹는 부뚜막 수를 점차 감소시키면서 퇴각했다. 물론 이 작전은 추격하는 방연이 손빈의 군대가 탈영병이 많아 무력해지는 것으로 오판하게 하기 위함이었다. 손빈의 계략에 걸려든 방연은 약화된 적을 단숨에 무찌르고 손빈을 사로잡기 위해 이틀 길을 하루 만에 달려 급히 뒤쫓았다. 얼마쯤 전진하다 보니 주변의 나무를 다 베어버리고 한가운데 소나무 한 그루만 덩그러니 서 있는 광장에 이르렀다. 그런데 그 소나무의 껍질을 벗겨내고 뭐라 쓴 글씨가 보이는 것이었다. 방연이 횃불을 밝히고 그 글을 읽었다.

"龐涓 死 此 樹下. 孫臏."
'방연이 이 나무 아래에서 죽다. 손빈.'

화들짝 놀랄 틈도 없이 방연이 켜둔 횃불을 신호로 미리 매복해있던 손빈의 군사가 일제히 쏘아대는 수십만 개의 화살에 방연은 전사했다. 태자 신(申)은 포로가 되어 죽었으며[107] 위나라 대군은 이 골짜기에서 대부분 벌집이 된 채로 전사하거나 포로가 되어버렸다.

손빈과 방연! 두 사람은 한때 의형제를 맺은 사이였지만 방연의 출세욕과 시기심으로 인하여 두 사람은 그 어느 누구보다도 더한 원수(怨讐)가

---

[107] 『사기』에는 태자 신(申)이 포로가 되었다고 하나, 『맹자』에서는 죽은 것으로 나와 있다.

되었고, 그 관계가 이렇게 끝나고 말았다. 그리고 방연이 전에 귀곡동을 떠나면서 만약 자신이 의형제 간의 의리를 저버리면 온몸에 화살을 맞고 죽을 것이라고 한번 해봤던 말이 운명처럼 전개되어 그대로 온몸에 화살을 맞고 죽었다. 이와 같은 손빈과 방연의 일화에서 '손방투지(孫龐鬪智)', '감조지계(減竈之計)'라는 말이 생겼다. '손방투지'는 손빈과 방연이 지혜를 다툰다는 의미로, 서로 대등한 재능을 가진 두 사람이 온갖 지모를 동원해서 서로 각축전을 벌이는 것을 말한다. '감조지계'는 부뚜막 수를 줄여 상대방의 눈을 속이는 계략을 말한다.

위나라의 불행은 이것으로 끝나지 않았다. 이 기회를 놓치지 않은 진(秦)나라의 상앙은 이듬해(기원전 340)에 재빠르게 위나라 서쪽으로 침공했다. 상앙은 위나라 총대장인 공자(公子) 앙(卬)을 포로로 잡고 진나라의 영토를 황하에 이르게 했다. 이때 위혜왕은 공숙좌의 말이 생각났다. 상앙을 등용하든지 아니면 죽이라는 말이었다. 위혜왕은 그때 공숙좌의 말을 듣지 않은 것을 후회했지만 때는 이미 늦었다. 이렇게 되니 위나라의 수도인 안읍(安邑)이 진나라 영토와 너무 근접하게 되었다. 결국 위나라는 수도를 안읍에서 동쪽인 대량(大梁)으로 천도했다. 이후 위는 수도 이름을 따서 대량이라고도 불리게 되며 위혜왕은 양혜왕(梁惠王)으로 불리게 된다.

유가 서적『맹자(孟子)』첫 부분은 양혜왕(梁惠王) 장(章)으로부터 시작되는데 바로 맹자가 여러 나라를 전전할 때 첫 번째로 방문한 나라의 군주가 대량으로 천도한 이후의 위나라 혜왕이었다. 그는 맹자로부터 왕도정치에 대해 훈수를 받았지만 결국 양혜왕(前 위혜왕)은 맹자를 등용하지 않았고 맹자가 설파한 인의에 의한 정치, 즉 왕도정치도 실천하지 못하고 1년 후에 세상을 뜬다.

생각건대, 양혜왕은 인재를 얻어 위나라를 재창업할 기회를 세 번이나 놓쳤다. 첫 번째는 상앙을 떠나보낸 것이고, 두 번째는 손빈의 재능을 알아보고 못하고 죽이려고 했다가 놓쳐버린 것이다. 그리고 세 번째는 자신을 찾아와 국가 흥망의 이치를 설파한 맹자를 등용하지 않았다는 것이다. 위나라는 전국시대 초기에 가장 막강한 나라였으나 인재등용에 실패함으로써 거듭되는 패전을 당하다가 점차 쇠약해져 갔다. 결국, 기원전 225년에 진(秦)나라 군대의 공격을 받았고, 진나라 군대의 수공으로 수도 대량성이 침수당하면서 위나라는 멸망한다.

마릉의 전투 이후 『사기』에는 손빈의 행적에 대하여 더 이상의 기록이 없다. 그리고 상앙은 자신을 등용하고 밀어준 진효공이 죽은 후 자신의 변법을 탐탁지 않게 여긴 효공의 아들 혜문왕에 의해서 목과 사지가 찢겨나가는 거열형(車裂刑)을 받는다. 이후부터 전국시대는 장의와 소진에 의한 연횡과 합종의 시대 그리고 맹자의 왕도정치 유세(遊說: 자기 의견을 주장하며 돌아다님)의 시대로 넘어가게 된다.

종횡가 장의와 소진

장의(張儀)와 소진(蘇秦) 그리고 맹자(孟子)의 활동연대는 어떻게 그 선후관계가 구성될까? 『사기』에는 장의와 소진이 친구 사이면서 함께 귀곡선생을 섬기며 공부를 하고 같은 시기에 활동한 것으로 되어있다. 장의와 소진이 같은 시기에 활동했다는 사기의 기록은 신빙성이 낮다. 그 이유는 사기 자체에서도 다른 경쟁국에서 벼슬을 하며 합종과 연횡이라는 상호 적대적 전략을 지향한 두 사상가가 서로 적으로서 맞부딪친 기록이 없기 때문이다. 그런데 『전국종횡가서(戰國縱橫家書)』[108]와 『죽서기년』[109] 등에 따르면 장의가 소진보다 먼저 활동한 것은 확실하고 연도의 차이는 학자에 따라 다르게 추정한다.[110] 그리고 유교 경전 『맹자』에서는 맹자가 대도를 행하지 않은 장의를 대장부라 할 수 없다는 인물평이 나온다. 그리고 장의가 혜문왕을 도와 초(楚)와 전쟁을 벌인 기원전 312년에는 맹자가 제(齊)에 있었고 장의는 그로부터 몇 년 후에 죽은 것으로 나와 있다. 이것으로 볼 때 장의는 맹자와 같거나 조금 앞선 시대의 인물인 것은 분명하다. 『맹자』에서는 소진에 관하여는 언급이 없다. 그런데 『사기』에는 소진이 진(秦)을 견제하기 위해 합종책을 설파하며 6국을 전전할 때 제선왕을 만나는 장면이 나오고, 『맹자』에서도 맹자가 제선왕을 알현하여 왕도정치에 관하여 문답하는 장면이 나온다. 이와 같은 『전국종횡가서』, 『죽서기년』, 『맹자』의 내용을 종합하여 보면 장의는 맹자보다 같거나 조금 앞서서 활동을 했으며 소진은 맹자와 같거나 조금 늦은 시기에 활동한 것으로 추정된다.

장의와 소진도 귀곡자 밑에서 공부를 했다. 이들은 공부를 마친 후 전국

---

108 1973년 장사(長沙) 마왕퇴(馬王堆) 한묘(漢墓)에서 발견된 소진의 작품일 것으로 추정되는 백서(帛書)들

109 280년경 급군(汲郡)에 있는 위(魏)나라 양왕(襄王)의 묘에서 발견되었다. 고대 중국의 전설적 제왕부터 전국시대 위나라 양왕 20년(기원전 299)까지의 역사를 죽간(竹簡)에 서술하고 있다.

110 『사기』에는 소진의 합종책을 가장 먼저 수용한 제후가 연문공으로 되어있다. 연문공이 사망하자 제선왕이 공격했다는 기록이 있는데 연문공은 기원전 333년경에 사망했다. 그런데 죽서기년(竹書紀年) 등을 참조하면 제나라의 선왕과 위나라의 양왕은 각각 기원전 319년과 기원전 318년에 즉위했다. 죽서기년이 처음 발견된 장소가 위의 양왕릉이라는 점을 생각하면, 그 연도는 신빙성이 높다. 이때는 소진이 왕성하게 활동한 시기이다. 죽서기년의 연도가 맞다면, 『사기』의 기록은 소진은 시간을 거슬러 합종을 맺었다는 말이 되며 기원전 319년에 즉위한 제선왕이 기원전 333년에 사망한 연문공의 상중을 틈타 공격했다는 말이 되기에 불합리하다. 따라서 소진이 연문공 때 활약했다는 사기의 기록은 오류일 가능성이 크다. 소진과 장의가 활동한 시기의 선후관계는 『춘추전국이야기 ⑧』(공원국, 19~26쪽, 역사의 아침, 2015)와 『귀곡자』(신동준 역주, 37~68쪽, 인간사랑, 2013)에 비교적 자세히 수록되어 있다.

시대에 각각 연횡책(連橫策)과 합종책(合縱策)을 주도한 인물이다. 연횡책은 합종책에 대항해서 위(魏)·조(趙)·한(韓)·제(齊) 등의 제후국을 설득하여 진(秦)나라를 중심으로 이 나라들을 전부 가로로 이어지게 하여 동맹관계를 맺는 계책을 말한다. 합종책이란 연(燕)·조(趙)·한(韓)·위(魏)·제(齊)·초(楚) 6개국이 세로로 합하여 진나라에게 대적하자는 계책이다. 장의는 연횡책을 주도하였으며 소진은 합종책을 주도했다.

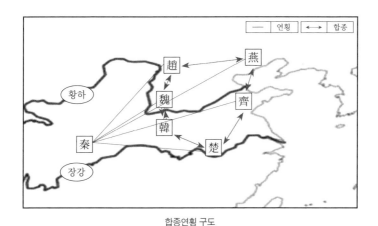

합종연횡 구도

장의는 위(魏)나라 출신으로 여러 제후들을 찾아다니며 쓰일 곳을 구했다. 그러다 초나라에서 장의는 도둑으로 몰려 몰매를 맞고 풀려나기도 했다. 장의가 자리를 잡은 곳은 상앙이 죽어 떠난 진(秦)나라였다. 장의는 기원전 329년에 진나라에 들어가 혜문왕(惠文王)의 객경(客卿)이 되어 국정에 참여했다. 이때 공손연(公孫衍)이라는 자가 진나라의 대량조(大良造: 재상급 직책)를 맡고 있었다. 기원전 317년에 장의는 위혜왕(魏惠王)의 뒤를 이은 위양왕(魏襄王)에게 진(秦)에 의지할 것을 유세했다. 위양왕은 장의의 말에 설득되어 상군(上郡) 15개의 현과 하서(河西)의 요지 소량진(少梁鎭)을 진나라에 주고 진나라와 화의를 맺었다. 장의는 진으로 돌아간 후 즉시 재상에 발탁되어 공손연의 대량조(大良造) 직위를 물려받았다. 공손연은 진나라에서 더 이상 중용될 수 없게 되자 위(魏)로 건너갔다. 위(魏)를 조용하게 만든 진나라는 다음 목표를 제(齊)로 삼았다. 진(秦)이 제(齊)를 치려고 하자 제(齊)와 초(楚)가 합종을 맺었다. 하나의 나라만 상대한다면 두려울 게 없었지만, 양국이 손을 잡는다면 이야기는 달라진다. 두 나라는 진(秦)을 제외한다면 가장 강력한 국가들이었다. 장의는 초회왕(楚懷王)에게 가서 말했다.

> "대왕께서 진실로 신(臣)의 말을 들으실 생각이라면, 제나라로 향하는 관문을 닫고 맹약을 깨야 한다고 말씀드리겠습니다. 그렇다면 신(臣)이 청하여 상오(商於)의 땅 육백 리를 바치고, 진나라 공주를 대왕의 쓰레받기와 비를 들고 청소하는 첩으로 삼도록 할 것입니다. 진과 초가 부인을 얻고 딸을 시집보내어 오랜 형제의 나라가 되는 것입니다."[111]

장의의 말은 초가 제와 합종을 깨면 땅과 공주를 바치고 받들어 모시겠다는 것이다. 당시 초나라에는 훗날 '이소(離騷)'와 '어부사(漁父辭)'란 시로 유명한 굴원(屈原) 같은 충직한 신하가 있었다. 그가 제(齊)와 연합하여 진(秦)에 대항해야 한다는 합종론을 주장하였지만, 초회왕은 그를 멀리했다. 결국 초회왕은 장의의 제안을 승낙했으며 다른 군신들은 그 속내를 꿰뚫어보지 못하고 경하(慶賀: 경사 났다고 축하함)의 말을 올렸다. 초회왕은 장군한 명과 함께 장의를 돌려보냈다. 그런데 진(秦)으로 돌아온 장의는 수레

---

111 『史記』, 張儀列傳第十, "大王誠能聽臣, 閉關絶約於齊, 臣請獻商於之地六百里, 使秦女得爲大王箕帚之妾, 秦楚娶婦嫁女, 長爲兄弟之國."

에서 일부러 떨어져서 다친 척하며 석 달 동안 꼼짝하지 않고 집에 누워있었다. 여전히 사태 파악을 못 한 초회왕은, '과인이 제와 절교를 한 것이 미흡해서 그런 것인가?'라고 생각했다. 초회왕은 사람을 송(宋)으로 보내어 송을 통해 제나라 왕을 모욕했다. 그 모욕의 자세한 내용은 알 수 없다. 초(楚)가 갑자기 외교관계를 끊은 데 이어 이제는 송을 통해 모욕까지 하자 제(齊)는 황당하고 분노했다. 제(齊)는 평소 의연히 진(秦)과 버티던 태도를 바꾸어 몸을 숙여 진(秦)과 외교관계를 수립했다. 그 순간 사라졌던 장의는 다시 조정에 나타났다. 진-제 동맹이 체결된 순간 초(楚) 따위를 피해 다닐 필요가 없다는 것이었다. 기다리고 있던 초나라 장군에게 장의는 말했다.

"신에게는 봉읍으로 받은 육 리가 있습니다. 원컨대 왕에게 바치겠습니다."[112]

초나라에게는 기가 차고 혈압이 쭉 오르는 말이었다. 당황한 초(楚) 장군은 육 리(里)가 아닌 육백 리라고 항변했지만 소용없었다. 기대에 차서 기다리고 있던 초회왕은 이 보고를 듣자 격분하여 진(秦)을 공격했다. 초(楚)가 갑작스레 군대를 일으킨 반면, 진(秦)은 이미 대비하고 있었다. 한때 동맹국인 제(齊)의 도움도 받지 못하고 홀로 진(秦)을 공격하던 초군은 결국 8만 명이라는 엄청난 전사자를 내고 끔찍할 정도의 대패를 당하고 말았다. 진군은 기세를 몰아 단양(丹陽)과 한중(漢中)을 점령했다. 설상가상으로 사태를 가만히 지켜보던 한(韓)과 위(魏)나라는 군대를 이끌고 남하했다. 진(秦)을 상대하는 일조차 힘겨운데, 한과 위의 공격을 받는다면 초

---

112 『史記』, 張儀列傳第十, "臣有奉邑六里, 願以獻大王左右."

는 패망해버리고 말 것이었다. 결국 초는 두 개의 성을 내주고 화친을 청했다. 육백 리의 땅을 획득할 수 있을 것이라 여겼지만, 남은 것은 오히려 땅을 내주고 외교적 고립을 당한 처참한 패배였다. 한때는 춘추오패로서 군림한 초나라는 장의의 세 치 혀로 인하여 이후부터 극도로 쪼그라들기 시작한다. 장의는 초(楚)를 굴복시킨 다음으로 한(韓), 제(齊), 조(趙), 연(燕) 나라를 차례로 다니면서 진나라를 섬기게 했다. 장의가 진으로 돌아가는 도중에 혜문왕이 죽고 도무왕(悼武王)이 즉위했다. 도무왕은 태자 때부터 장의를 달가워하지 않았다. 많은 신하들이 이런 사실을 알고 장의를 비방했다. 결국 장의는 위(魏)나라로 피신하였으며, 그곳에서 엄청난 환대를 받으며 재상이 되었지만 1년 만에 사망했다. 기원전 310여 년 경이었다.

소진(蘇秦)이 활동한 시기는 장의의 사망 전후로 추정된다. 소진은 본래 주나라 낙양(洛陽) 사람으로 공부를 모두 마친 후에 주나라 낙읍으로 돌아왔다. 그는 주나라 궁궐을 찾아가서 벼슬을 얻고자 하였으나 뜻을 이루지 못했다. 이에 소진은 주나라를 벗어나 다른 나라로 넘어가서 입신양명해야겠다고 생각했다. 먼저 소진이 선택한 나라는 진(秦)이었다. 소진은 진에 도착해서 군주를 설득하였지만, 진은 상앙을 처단한 이후 상앙같이 변설에 능한 자를 미워했기 때문에 소진을 등용하지 않았다.

『사기』에 따르면 이후 소진은 조나라의 제후 조숙후(재위: 기원전 349~기원전 326)에게 갔다가 재상으로 있는 조숙후의 아우 봉양군의 거절로 뜻을 이루지 못하고 연나라의 문후(文侯, 재위: 기원전 ?~기원전 333)에게 갔다. 앞에서 말했지만 이러한 『사기』의 기록은 사실과 부합하지 않는다. 따라서 이하부터는 조숙후와 연문후를 적시하지 않고 소진의 행적을 기술하는 방식을 택하기로 한다.

조나라에서 외면당한 소진은 연나라로 향한다. 소진이 연나라를 택한 것은 연나라가 인재를 대접한다는 소문 때문이었다. 연(燕)은 주나라 무왕(武王)이 아우 소공석(召公奭)을 봉한 나라로 전국 7웅 가운데 가장 미약한 형편이었다. 남으로는 제나라의 압박을 받고, 북으로는 북방 이민족의 침략에 시달렸다. 연왕을 만난 소진은 진(秦)을 제외한 연(燕)·제(齊)·초(楚)·한(韓)·위(魏)·조(趙)를 종적(縱的), 즉 세로로 합하여 서쪽의 진나라와 대적하자는 합종(合縱)의 웅대한 계획을 연나라 제후 앞에서 펼쳐 보였다. 소진에게 설득당한 연나라 제후는 거마와 황금 및 비단을 내주고 소진을 조나라로 가게 했다. 소진이 조나라 제후를 알현하고 말하길, 진(秦)이 군사를 일으켜 감히 조(趙)를 공격하지 못하는 이유는 한(韓)과 위(魏) 두 나라가 진(秦)의 배후를 위협하고 있기 때문이라고 하면서 6국의 합종 필요성을 강조했다.

이에 조나라 제후는 소진의 합종책을 수용하면서 다른 나라를 돌며 합종의 필요성을 역설하도록 지원하게 된다. 이에 소진은 조(趙)·한(韓)·위(魏)·제(齊)·초(楚)를 돌며 각국의 군주들에게 함께 뭉쳐서 강대한 진나라와 맞서자고 설득했다. 결국 소진은 연나라에서 초나라에 이르는 거대한 동맹을 만들어 내는 데 성공했다. 그리고 소진은 무려 6개 나라의 재상을 겸임하게 된다. 동맹을 어느 정도 지속했는지는 기록이 정확하지 않아 알 수가 없다. 소진은 6국의 동맹이 깨진 이후에 발붙일 곳이 없어지자 자신이 처음으로 관직을 얻었던 연나라로 돌아가서 다시 벼슬을 하게 되었다. 연나라에 머물던 소진은 연나라 제후의 어머니와 정을 통했다. 소진은 언제 화가 미칠지 두려워서 제나라로 갔는데 이때 제나라 제후는 선왕(宣王, 기원전 319~기원전 301)이었다.

당시 제나라는 선왕의 부친인 위왕(威王) 시대부터 학문의 토론이 자유로운 개방적인 분위기가 조성되어 직하(稷下)에는 전국에서 많은 인재들이 모여들고 있었다. 제선왕은 소진에게 객경(客卿)이란 벼슬을 하사하며 소진을 우대하였는데, 시기적으로는 기원전 300여 년 초기에 해당한다. 소진이 제(齊)에 있는 동안 제선왕이 죽고 제민왕(齊湣王)이 즉위했다. 그런데 제나라 대부들 중 소진과 더불어 총애를 다투는 자가 많아서 누군가가 사람을 시켜 소진을 찔러 죽이려 하다가 소진에게 치명상을 입히고 도망갔다. 제민왕이 사람을 시켜 범인을 잡으려 하였지만 잡지 못했고 소진이 죽으면서 제민왕에게 말했다.

> "신(臣)이 곧 죽게 되면 신을 거열형(車裂刑)[113]하시고 시장에 순회하게 하면서 소진이 연나라를 위하여 제나라에서 난을 일으켰다고 하소서. 이렇게 하면 신을 죽이려 했던 범인을 필히 잡을 수 있을 것입니다."[114]

이에 제민왕이 그의 말대로 하니 소진을 죽이려 했던 자가 상을 받기 위해 과연 스스로 자수했다. 왕은 그 자객과 배후에 있는 대부 모두를 붙잡아 그들을 주살(誅殺: 베어 죽임)했다. 제민왕은 붙잡힌 자객과 대부를 모두 죽여버린 후에 죽어가면서도 꾀를 내어 원수를 잡은 소진의 지혜를 칭찬했다.

남조(南朝) 양(梁)의 유협(劉勰)은 종횡가에 대하여 "한 사람의 말이 구정(九鼎)[115]보다 더 무겁고, 세 치의 혀가 백만 군대보다 더 강력하다."고 말했는데, 소진과 장의야말로 이에 부합하는 인물들이라 할 수 있다.

이와 같이 맹자가 살았던 시대는 제(齊)·연(燕)·진(秦)·초(楚)·한(韓)·위

---

113 죄인의 다리를 두 개의 수레에 각각 묶은 후 수레를 반대 방향으로 움직여 몸을 찢어 죽이는 형벌
114 『史記』, 蘇秦列傳第九, "臣卽死, 車裂臣以徇於市, 曰, 蘇秦爲燕作亂於齊, 如此則臣之賊必得矣."
115 하나라 우왕이 구주(九州)에서 조공으로 받은 쇠를 녹여서 만든 솥

(魏)·조(趙)의 전국 7웅(七雄)이 부국강병을 중요한 국정 목표로 삼고 있었다. 이에 따라 법가(法家)인 상앙, 병가(兵家)인 오기·손빈·전기, 종횡가(縱橫家)[116]인 장의·소진 등과 같은 제자백가들이 우후죽순처럼 등장했다.

  일부 사서(史書)와 소설 등에서 손빈과 방연 그리고 장의와 소진을 길러 낸 것으로 묘사되는 귀곡자가 실존했던 인물인가에 대해 논란이 많다. 여하튼 현재 중국은 귀곡자를 나름 관광상품화하여 경제적 효과를 보고 있다. 귀곡자가 수양하러 들어간 운몽산은 지금 천문산(天門山)으로 불리며 장가계에 있다. 천문산에는 귀곡잔도(鬼谷棧道)란 것이 관광 목적으로 설치되었다. 잔도(棧道)란 높은 산골짜기를 건너질러 놓은 다리를 가리키는 용어인데, 귀곡잔도는 해발 1,400m 절벽에 선반처럼 매달려있으며 총 길이가 1.6km이다. 귀곡잔도의 명칭이 바로 귀곡자에서 유래된 것이다.

천문산 귀곡잔도

---

116 소진과 장의의 외교정책 합종연횡(合縱連橫)에서 유래한다.

3절 맹자의 여정

맹자가 방문한 나라

맹자의 사상과 언행을 기록한 책이 그의 이름과 같은 『맹자(孟子)』이다. 『맹자』는 〈양혜왕장〉부터 〈진심장〉까지 총 7편으로 구성된다. 『맹자』는 '맹자 본인이 저술하였는가?'에 관하여 몇 가지 주장으로 나누어진다. 여러 주장을 종합하면 맹자 본인이 저술을 주도하였으되, 후학들에 의해서 원문의 첨삭이 있었을 것이라고 생각한다.

맹자가 여러 나라를 돌아다닌 순서는 고증(考證)이 일치하지 않아 명확하지 않다. 『사기』는 맹자가 처음에 제선왕(齊宣王, 재위: 기원전 319~기원전 301)에게 갔다가 양혜왕(梁惠王, 재위: 기원전 369~기원전 319)에게 간 것으로 기술하고 있다.

그러나 당시의 역사적 사실에 비추어볼 때 제나라에서 양나라로 간 것이 아니라 양나라에서 제나라로 간 것으로 추정된다. 제선왕이 왕으로 즉위한 것은 양혜왕이 세상을 뜬 해인 기원전 319년으로 알려져 있다. 그렇기 때문에 제선왕 다음에 양혜왕을 만났다는 것은 시대를 거슬러 만났다는 것이 되어 맞지 않는다. 즉 맹자는 53세에 양혜왕을 만났으며, 그때 양혜왕의 나이는 81세였다. 양혜왕은 햇수로 51년 동안 재직했는데, 양혜왕이 맹자를 만난 것은 그가 죽기 1년 전의 사건이다. 양혜왕은 맹자를 만난 그다음 해에 세상을 뜬다(기원전 319).[117] 양혜왕의 뒤를 이어 그의 아들 양

---

[117] 도올 김용옥, 『맹자 사람의 길』 上 68쪽, 통나무, 2019.

왕이 즉위하고 맹자는 얼마 후 제나라로 갔다.

따라서 맹자는 양나라부터 시작하여 제나라로 간 것으로 판단된다. 양나라와 제나라를 거쳐 맹자가 간 나라의 순서는 명확하지가 않다. 다만 그 순서를 추정할 수 있는 단서가 『맹자』 첫 장인 〈양혜왕장〉이다.

〈양혜왕장(梁惠王章)〉은 왕도정치에 관한 맹자의 사상을 집중적으로 수록하고 있다. 여기에는 맹자가 왕도정치에 관하여 양혜왕과 주고받은 대화뿐만 아니라 다른 나라 제후들과의 대화 내용도 총론 격으로 실려있다.

〈양혜왕장〉에는 맹자가 각 나라의 제후들과 대화한 내용이 양혜왕(梁惠王)→양양왕(梁襄王)→제선왕(齊宣王)→추목공(鄒穆公)→등문공(滕文公)→노평공(魯平公) 순서로 되어있다. 물론 이것이 시대순으로 되어있다는 언급은 없다. 그러나 역사적 사실에 근거할 때 맹자가 양혜왕(梁惠王)→양양왕(梁襄王)→제선왕(齊宣王)의 순서대로 만난 것이 〈양혜왕장〉의 편집 순서와 일치하므로 그 이후 다른 제후들과의 만남도 〈양혜왕장〉의 편집 순서대로일 가능성이 매우 크다. 이러한 추론이 가능하다면 맹자가 각 나라를 돌아다닌 순서는 양(梁)→제(齊)→추(鄒)→등(滕)→노(魯)로 15년간 방랑한 것이 되겠다.

그런데 『맹자』 〈공손추장(公孫丑章)〉에는 맹자의 제자 진진이 맹자에게 전에 맹자가 제나라·송(宋)나라·설(薛)나라에 있었을 때, 제나라 제후가 주는 금은 받지 않았으나 송과 설나라에서 주는 금을 받은 이유가 무엇인가를 묻는 내용이 있다. 그러자 맹자는 송나라에서 받은 것은 원거리 여행에 쓰일 노잣돈 명목이었고, 설나라에서는 예상되는 습격을 경계하기 위하여 받은 것이지만, 제나라는 재물로서 준 것이기 때문에 명분이 없어 받지 않았다고 대답했다. 위 대화 내용으로 보면 맹자는 송과 설나라에도 간 것으로 추정되는데, 위 두 나라는 〈양혜왕장〉에 빠져 있다.

한편 〈등문공장(滕文公章)〉에는 등문공이 세자 시절에 초나라로 가는 길에 송나라에 들러 맹자를 만나서 성선론에 관해 들었다는 내용이 있다. 맹자는 등문공이 즉위한 후에 등나라를 방문했으므로 이것을 보면 맹자는 등나라로 가기 전에 송나라를 간 것이 확실하다. 그렇다면 제나라 이후부터 등나라 이전까지 선후관계는 어떻게 배열이 되어야 할까?

먼저 〈양혜왕장〉의 문장 구성이 시대순에 의거해 배열되었다는 원칙을 적용한다면 진진이 말한 순서대로 제(齊)→송(宋)→설(薛)→추(鄒)일 가능성이 가장 크다. 이것은 당시 지리적 여건으로도 가장 신빙성이 높다. 설나라는 송나라의 인접국으로 송의 동북쪽에 위치하며, 또 추나라는 설의 인접국으로 설의 동북쪽에 위치한다. 이상을 종합하면 맹자가 천하를 주유한 순서는 양(梁)→제(齊)→송(宋)→설(薛)→추(鄒)→등(滕)→노(魯)라고 판단된다.

그런데 송나라와 설나라는 맹자의 방문국에 해당하나 맹자가 체류하면서 남긴 행적이 없다. 다만 〈등문공장하(滕文公章下)〉를 보면 맹자가 만장(萬章)·대불승(戴不勝)과 대화하면서 송(宋)을 주체로 하여 화제에 올린 적이 있다. 특히 대불승은 송의 신하였다. 이것으로 보면 당시 이들과의 대화는 송에서 이루어진 것으로 판단된다.

맹자가 여러 나라를 돌아다닌 목적은 공자와 마찬가지로 이상정치의 실현에 있었으나 결국 뜻을 이루지 못하고 종국에는 제자들과 더불어 교학(敎學)으로 만년(晩年)을 보내게 된다. 맹자와 함께 천하를 주유한 제자들의 인적사항은 거의 전해지는 바가 없다. 공자 제자들의 인적사항과 행적 등은 『사기』의 〈중니제자열전〉과 〈공자세가〉 등에 기록되어있다. 그러나 맹자 제자들의 경우에는 그런 기록이 거의 존재하지 않는다. 다만 주희가 『맹자』를 주해한 『맹자집주』에 『맹자』에 등장하는 인물에 대하여 맹자의 제자 여부를 언급한 정도만 남아있을 뿐이다. 『맹자』에 등장하는 맹자의 제자로는 악정자(樂正子), 공손추(公孫丑), 진진(陳臻), 공도자(公都子), 충우(充虞), 고자(高子), 서벽(徐辟), 진대(陳代), 팽갱(彭更), 만장(萬章), 함구몽(咸丘蒙), 옥려자(屋廬子), 도응(桃應) 등이 있다.

뜻[志]으로 먹는가? 공(功)으로 먹는가?

맹자도 공자와 마찬가지로 제자들과 함께 천하를 떠돌았다. 그러나 둘의 행차 분위기는 서로 많이 차이가 난다. 공자는 천하를 제자 십여 명과 주유했으며 제후들의 재정적 지원을 받은 것도 아니었다. 그렇기 때문에 공자의 행차는 요란스럽지 않고 조용하며 조촐하게 행해졌다. 더구나 공자는 주유 중 여러 번의 곤경에 빠지기도 했다. 공자가 주유천하 중 다섯 번째 들른 나라가 송(宋)나라이다. 공자는 송나라에서 사마환퇴(司馬桓魋)의 습격을 받은 후 송(宋)을 떠나 정(鄭)으로 갔다. 정으로 가는 도중에 공자는 제자들과 서로 떨어졌다. 이때 공자는 홀로 성곽 동문에 서 있었는데, 행색이 말이 아니었던 모양이다. 정나라 사람이 그런 공자의 모습을 보고 상갓집 개(喪家之狗) 같았다고 하며 자공(子貢)[118]에게 공자의 행방을 알려주었다.

공자가 12번째 방문한 나라는 채(蔡)나라이다. 이때 초(楚)나라에서 사람을 보내 공자를 초빙했다. 그러자 진(陳)나라와 채(蔡)나라의 대부가 공자가 초나라에 등용되면 진나라와 채나라가 위태해질 것이라 생각하여 함

---

[118] 공자의 제자로서 본명이 단목사(端木賜)이며, 자공은 그의 자(字)이다. 공자보다 서른한 살 아래이다. 자공은 언변에 능했으며 재물 증식에 재주가 있었다.

께 무리를 보내서 들판에서 공자 일행을 포위했다. 공자 일행은 오도 가도 못 했으며 식량이 떨어지고 따르는 자들이 병이 나기도 하여 고생이 극심했다.

이에 비해 맹자는 제자들과 천하를 주유할 때 자못 그 행렬 규모가 크고 안락했던 것으로 추정된다. 『맹자』〈등문공장하(滕文公章下)〉에는 맹자와 제자인 팽갱(彭更)이 이런 대화를 하는 장면이 있다.

> 팽갱이 말했다. "뒤를 따르는 수레가 수십 대이고 종자(從者: 따르는 자)가 수백 명인데, 제후들에게 전전하며 얻어먹는 것은 너무 지나친 것이 아닙니까?"
> 맹자가 말했다. "그 도(道)가 아니면 한 소쿠리의 밥이라도 다른 사람에게 얻어먹어서는 안 되지만, 만약 그 도(道)로 말한다면 순임금이 요임금에게 천하를 받았지만 지나치다고 하지 않았는데, 그대는 어찌 지나치다고 하는가?"[119]

동양고전에서 자주 등장하는 것이 단어가 '도(道)'이다. 도(道)는 크게 세 가지 의미가 있다. 하나는 구체적, 물질적 의미로서의 도이며, 또 하나는 실천적, 규범적 의미로서의 인도(人道)이며, 마지막으로는 만물 생성의 원리로서의 도이다.

『설문해자(說文解字)』[120]에서는 '도(道)는 다니는 길이다[行道].'로 풀이한다. 이것은 산길, 들길, 골목길과 같은 '길'을 지칭하는데, 바로 구체적, 물질적 의미로서의 도(道)이다. 『중용(中庸)』에서는 "하늘이 명한 것을 성(性)

---

119 『孟子』, 滕文公句下, "彭更問曰, 後車數十乘, 從者數百人, 以傳食於諸侯, 不以泰乎? 孟子曰, 非其道則一簞食不可受於人. 如其道則舜受堯之天下, 不以爲泰, 子以爲泰乎?"

120 후한(後漢) 때 허신(許愼)이 지은 중국 최초의 문자학 서적. 원본은 전해지지 않으며 현재 송대 서현(徐鉉)이 쓴 교정본이 남아있다.

이라 하고, 성을 따르는 것을 도(道)라 하며 도를 닦는 것을 교(敎)라 한다."[121]란 표현이 있다. 여기서의 도는 실천적, 규범적 의미로서의 인도(人道), 즉 인간의 도리나 도덕을 의미한다. 조선의 다산(茶山)[122]은 구체적·물질적 의미로서의 도와 실천적·규범적 의미로서의 도를 구분하지 않기도 한다. 그 이유는 물질적 의미로서의 길이 사람이 다니는 길이듯이 인간의 도리도 사람이 마땅히 가야 할 길이라고 보고 있기 때문이다.

도를 만물 생성의 원리로 보는 사상가는 노자와 장자이다. 노자와 장자에게 있어서 도(道)는 관념적·추상적 개념이다.

위 대화에서의 도(道)는 실천적, 규범적 의미로서의 인간의 도리나 도덕을 의미한다. 대화의 내용에 따르면 맹자는 제자들과 천하를 주유할 때 수십 대의 수레와 수백 명의 시종을 거느리는 제법 규모가 큰 행렬이었고, 그 소요되는 물자와 종자(從者)들을 제후들에게서 받았음을 짐작할 수 있다. 팽갱은 별로 뚜렷하게 한 일도 없으면서 지나친 씀씀이를 하는 것이 아닌가 하여 스승인 맹자에게 돌직구를 던지고 있다. 그러나 맹자는 도를 전파하는 일은 지향하는 바가 천하를 바꾸는 것인데 순임금처럼 나라를 선양 받은 것도 아니고 수레 몇 대 받은 것이 그리 지나친가를 오히려 반문(反問)하고 있다. 이를 보면 맹자의 기개가 보통이 아님을 알 수 있다. 맹자의 반문에 팽갱이 답하고 맹자는 이렇게 말한다.

팽갱이 말했다. "아닙니다. 선비[士]가 일없이 먹는 것은 옳지 않다고 봅니다."

맹자가 말했다. "그대가 공(功)을 통하여 일[事]과 교역하여 여유 있는 것으로

---

121 『中庸』, 一章, "天命之謂性, 率性之謂道, 脩道之謂敎."

122 조선시대의 실학자인 정약용(丁若鏞, 1762~1836)의 호(號)로 자(字)는 미용(美庸)이다. 저서에 『목민심서(牧民心書)』, 『흠흠신서(欽欽新書)』, 『경세유표(經世遺表)』 등 500여 권의 저술을 남겼다. 그중 『맹자』 주해서로 『맹자요의(孟子要義)』가 있다.

부족한 것을 보충하지 않으면 농부는 남은 곡식이 있고 여인은 남은 베가 있기 마련이다. 그대가 만약 공(功)을 (사람끼리) 통하게 하면 재장(梓匠: 목수)과 윤여(輪輿: 수레 만드는 사람)가 모두 그대에게서 먹을 수 있다. 여기에 한 사람이 있다고 치자. 그가 들어와서는 효하고, 나가서는 공경하며 선왕의 도를 지켜서 후대 학자를 기다리지만, 그대에게서 먹을 것을 얻지 않는데도 그대는 어찌 목수와 수레 만드는 사람을 존중하면서 인의(仁義)를 행하려는 자를 경시하는가?"[123]

'사(士)'는 크게 두 가지 의미로 쓰인다. 하나는 대부 밑의 벼슬인 하급 관리를 뜻하기도 하고, 다른 하나는 벼슬은 없으나 도의를 행하고 학문을 닦는 사람을 뜻하기도 한다. 후자는 우리말로 선비라 해석한다. 여기서는 후자의 의미로 쓰였다.

팽갱은 맹자가 제후국을 전전하면서 제후와 왕도정치를 논하는 것을 일없이 먹고 논다고 생각했다. 맹자의 속을 슬쩍 뒤집어놓은 것이다. 팽갱은 재장(梓匠)과 윤여(輪輿)가 하는 일처럼 이른바 눈에 보이는 작업들을 해야 할 '일[事]'로 생각했다. 그러자 맹자는 교육하고 왕도를 전파하는 것을 '공(功)'이라고 분류하고, 한편에서는 '공'을 쌓고 한편에서는 '일'에 전념하여 상호 교환하는 것이 세상의 이치라고 보았다. 비록 제후들이 맹자를 등용하지 않아 효제를 널리 교육하고 왕도를 행하도록 도움을 주지 못하지만, 효제를 행하도록 하고 선왕의 도를 지키며 후대 학자를 기다리는 것은 그 자체가 작지 않은 '공(功)'이라고 자평하고 있다. 그리고 팽갱에게

---

123 『孟子』, 滕文公章句下, "曰, 否, 士無事而食, 不可也. 曰, 子不通功易事, 以羨補不足則農有餘粟, 女有餘布. 子如通之則梓匠輪輿皆得食於子. 於此有人焉, 入則孝, 出則悌, 守先王之道, 以待後之學者, 而不得食於子, 子何尊梓匠輪輿而輕爲仁義者哉?"

는 천하를 돌아다니는 여정에 그다지 기여도 못 하면서 인의를 행하려는 자를 경시하는 사려 없는 언행을 야단치고 있다. 이처럼 맹자는 속이 편치 않으면서도 얼굴에 내색하지 않고 온화하게 말하는 자가 아니다. 감정을 적절히 표현하면서 상대의 과오를 바로잡는 그런 스타일이다.

> 팽갱이 말했다. "재장과 윤여는 그 뜻[志]이 장차 먹을 것을 구하는 것이지만 군자가 도를 행하는 것도 그 뜻이 장차 먹을 것을 구하는 것입니까?"
> 맹자가 말했다. "자네는 어찌 뜻으로써 말하는가? 자네에게 공(功)이 있다면 먹을 만한 것을 먹는 것일세. 또 자네는 뜻이 있어서 먹을 수 있는가? 공(功)이 있어서 먹을 수 있는가?"
> 팽갱이 말했다. "뜻으로서 먹을 수 있습니다."[124]

　　여기서의 군자는 일정한 직위가 있는 위정자를 지칭한다. 맹자가 목수와 수레 만드는 사람을 존중하면서 인의(仁義)를 행하려는 자를 경시하는 팽갱의 속마음을 지적하자 팽갱은 군자와 재장·윤여는 지향하는 목적이 서로 달라서 비교 대상이 될 수 없다고 항변하고 있다. 맹자가 재장·윤여로 예를 든 것을 가지고 이른바 말꼬리 잡기를 시도한 것이다. 그러자 맹자는 군자나 재장·윤여를 막론하고 지향하는 목적이 아니라 공(功)으로 판단할 뿐이라고 말하고 있다. 즉 직업의 귀천, 지위의 고하 여부를 떠나 먹고사는 문제는 모두 동등하게 성취로써 판단해야 한다고 보고 있다. 그러나 팽갱은 맹자가 '뜻이 있어서 먹을 수 있는가? 공(功)이 있어서 먹을 수 있는가?'라는 질문에도 굴히지 않고 역시 뜻으로 먹고살아야 한다고

---

124 『孟子』, 滕文公章句下, "曰, 梓匠輪輿, 其志將以求食也, 君子之爲道也. 其志亦將以求食與? 曰, 子何以其志爲哉? 其有功於子, 可食而食之矣. 且子食志乎? 食功乎? 曰, 食志."

말했다.

> 맹자가 말했다. "사람이 여기 있다고 치자. 기와를 훼손하고 담장에 마구 선을
> 그어대도 그 뜻이 장차 먹을 것을 구한다면 자네는 그에게 먹을 것을 주겠는
> 가?"
> 팽갱이 말했다. "아닙니다."
> 맹자가 말했다. "그러한즉 자네는 뜻[志]으로 먹을 수 있는 것이 아니라 공(功)
> 으로 먹을 수 있는 것이라네."[125]

팽갱이 지향하는 뜻으로 먹고살아야 한다고 하자 맹자는 비근하게 집
수리를 하는 것에 비유하여 말했다. 비록 그 뜻이 먹을 것을 구하는 것이
지만 기와를 훼손하고 담장을 망쳐놓으면 먹을 것을 줄 수 없다는 것은 결
과적으로 뜻이 아니라 공으로 판단했기 때문이다. 결국 팽갱이 하는 일 없
이 먹는다고 표현을 한 것은 공(功)으로 봤을 때도 맹자처럼 천하를 방랑
하며 인의를 행하려는 군자들의 노력을 경시한 것에서 비롯된 것이라 할
수 있겠다.

---

125 『孟子』, 滕文公章句下, "曰, 有人於此, 毁瓦畫墁, 其志將以求食也. 則子食之乎? 曰, 否. 曰, 然則子非食志
也, 食功也."

제3장

맹자의 꿈, 왕도정치

1절 맹자와 양혜왕, 왕도를 논하다

왕도인가? 패도인가?

맹자의 정치관에서 대표적인 것은 왕도정치이다. '왕도(王道)'란 개념은 『서경(書經)』〈주서(周書)〉의 '홍범(洪範)'에서 맹자가 차용했다. '홍범'에는 "왕도는 크고도 커서 무리도 짓지 않고 치우치지도 않는다. 왕도는 공평하고 뒤집히거나 옆으로 치우치지도 않고 정직하다."[126]라고 표현되어있다. 맹자는 『서경』에 제시된 왕도의 개념을 차용하여 이상정치의 개념으로서 보편화시킨 것이다. 맹자는 일단 왕도와 대비되는 개념을 패도로 보고 두 개념을 정의했다. 즉 맹자는 인(仁)을 가장하여 힘으로써 하는 것이 패도(覇道)이고, 덕으로써 인을 행하는 것이 왕도라 정의했다.[127]

왕도의 개념으로 인(仁)에 의한 정치를 말했지만 여기서의 인은 인의(仁義)를 축약한 형태이다. 맹자는 왕도정치를 행한 대표적인 군주를 삼왕(三王)으로 본다. 삼왕은 하(夏)의 우(禹)왕, 상(商)의 탕(湯)왕, 주(周)의 문(文)왕과 무(武)왕이다. 인물은 4명이지만 주의 문왕과 무왕은 부자간이어서 하나의 왕조로 파악하여 삼왕이라 했다. 패도정치를 행한 대표적 제후를 맹자는 오패(五覇)라고 했지만, 오패가 누구인지는 밝히지 않았다. 후한(後漢)의 조기(趙岐)는 그의 해설서 『맹자장구(孟子章句)』에서 오패를 제환공(齊桓公)·진목공(秦穆公)·송양공(宋襄公)·진문공(晉文公)·초장공(楚莊公)이라고 지목했다.

---

126 『書經』, 洪範, "王道蕩蕩無黨無偏王道平平無反無側王道正直."
127 『孟子』, 公孫丑章句上, "以力假仁者覇, 覇必有大國, 以德行仁者王, 王不待大."

맹자가 왕도의 핵심개념으로 사용한 인의(仁義)는 공자가 인간이 갖추어야 할 주요 덕목으로 본 것이기도 하다. 공자는 "사람이 불인(不仁: 어질지 못함)하면, 예가 무슨 소용이며 음악이 무슨 소용이겠는가?"[128]라고 말하여 모든 덕의 기본과 바탕으로 인(仁)을 주목했다. 공자는 의(義)를 군자의 주요한 실천덕목으로 본다. 공자는 "군자는 천하에서 꼭 좇는 것도 없고, 하지 않는 것도 없지만 의(義)를 따를 뿐이다."[129]라고 했으며, "군자는 의에 밝고 소인은 이익에 밝다."[130]라고 하여 오늘날 리더로 지칭되는 군자들의 덕목으로 의(義)를 꼽았다. 왕도와 패도는 백성의 마음을 얻는 것에서 근본적인 차이가 드러난다.

> "힘으로써 사람을 굴복시키는 것은 마음으로부터 복종하게 하는 것이 아니다. 힘이 넉넉하지가 않기 때문이다. 덕으로써 사람을 복종하게 하는 것은 마음 한가운데가 기뻐하여 진실로 복종하는 것이니 칠십 명 제자들이 공자에게 복종함이 이와 같은 것이다. 『시경』에 말하길 서쪽으로부터 혹은 동쪽으로부터, 남쪽으로부터 혹은 북쪽으로부터 정벌해도, 복종하지 않음이 없다고 했으니 그것을 일컫는 말이다."[131]

칠십 명의 제자란 공자의 제자 중 육예(六藝)[132]에 능통한 제자 72명을

---

128 『論語 附諺解』(이하 『論語』로 표기), 八佾第三, "人而不仁, 如禮何? 人而不仁, 如樂何?"

129 『論語』, 里仁第四, "君子之於天下也, 無適也, 無莫也, 義之與比."

130 『論語』, 里仁第四, "子曰, 君子喩於義, 小人喩於利."

131 『孟子』, 公孫丑章句上, "以力服人者, 非心服也, 力不贍也, 以德服人者, 中心悅而誠服也, 如七十子之服孔子也. 詩云, 自西自東, 自南自北, 無思不服. 此之謂也."

132 육예는 기예로서의 육예가 있고 육경을 의미하는 육예가 있다. 기예(技藝)로서의 육예는 예(禮)·악(樂)·사(射)·어(御)·서(書)·수(數)를 지칭한다. 육경을 의미하는 육예는 『시경(詩經)』·『서경(書經)』·『예기(禮記)』·『악경(樂經)』·『역경(易經)』·『춘추(春秋)』를 통틀어 말한다.

지칭하며, 동서남북 각 사방으로부터의 정벌은 문왕이 견융(犬戎), 밀수(密須), 기국(耆國), 한(邗), 숭후호(崇侯虎) 등을 복종시킨 것을 말한다. 문왕(성명은 희창)은 상(商)나라의 마지막 왕 주왕(紂王) 때 서방 제후의 장(長)인 서백(西伯)에 임명되었다. 어진 사람을 예(禮)로써 대하고 백성들에게 인자한 정치를 하여 주위에 많은 사람이 몰려들었다.

맹자는 왕도를 숭상하고 패도를 천시했다. 이 점에서 인물을 평가할 때 공자와 서로 다른 견해를 보인다. 공자는 "제나라 환공은 공정하고 속임수를 쓰지 않았다."[133]라든가, "관중이 환공을 도와 제후의 패자가 되어 천하를 바로잡았기 때문에 백성들은 지금에 이르러 그 은택을 받은 것이다. 관중이 아니었으면 나는 머리를 풀고 옷섶을 왼쪽으로 여미는 (야만의) 복장을 했을 것이다."[134]라고 했다. 그러나 맹자는 "공자의 무리 중에 (제)환공이나 (진)문공의 사적을 말한 사람이 없다."[135]라고 하여 그들의 행적을 거론하는 것조차 불편하게 생각했다. 제환공(齊桓公, 재위: 기원전 685~기원전 643)은 재상 관중(管仲)의 보필을 받아 당시 제후국의 패자가 된 군주이고, 진문공(晉文公, 재위: 기원전 636~기원전 628)은 제환공, 진목공, 송양공 다음에 패자가 된 군주였다.

공자의 환공과 관중에 대한 이런 평가는 덕성으로 본 것이 아니라 공적으로서 그 둘을 평가하고 인정을 하고 있다. 그러나 맹자는 덕을 가장한 힘에 의한 패도를 천시하는 입장이어서 패도에 의한 공적을 긍정적으로 인정하지 않는다.

---

133 『論語』, 憲問第十四, "齊桓公正而不譎."

134 『論語』, 憲問第十四, "管仲相桓公, 霸諸侯, 一匡天下, 民到於今受其賜. 微管仲, 吾其被髮左衽矣."

135 『孟子』, 梁惠王章句上, "仲尼之徒無道桓文之事者."

통치자는 인의를 말해야 한다

맹자가 왕도정치를 최초로 역설한 것은 그가 여러 나라를 떠돌 때 가장 첫 번째 방문국인 위(魏)나라 혜왕을 만났을 때였다. 맹자가 위나라를 방문하기 전에 위나라는 장군 방연이 제나라의 손빈과 마릉(馬陵)에서 전투를 벌이다 전사하고 위나라의 10만 대군이 대부분 전사하거나 포로가 되는 국가적 위기가 있었다. 설상가상으로 이듬해에는 진(秦)나라의 상앙이 위나라 서쪽으로 침공했다. 상앙은 그와 친교가 있던 총대장 공자 앙(公子卬)을 포로로 잡아 대승을 거두었고, 이 전쟁의 여파로 위는 안읍(安邑)에서 동쪽인 대량(大梁)으로 천도하게 되었다. 이때부터 위혜왕(魏惠王)을 수도인 대량(大梁)의 이름을 따서 양혜왕(梁惠王, 재위: 기원전 369~기원전 319)으로 부르게 되었다.

본래 양혜왕은 호전적이고 부국강병을 꿈꾸던 군주였다. 그런데 연이은 전쟁에서 참패하여 국가의 위상이 크게 실추된 상황이었다. 이럴 때 맹자가 양혜왕을 방문하자 양혜왕은 맹자로부터 어떤 도움을 받을까 하여 대화를 나누게 된다.

> 왕이 말했다. "선생께서는 천 리를 멀다 하지 않으시고 우리나라를 찾아오셨습니다. 어떻게 우리나라를 이롭게 해주시겠습니까?"
>
> 맹자가 대답했다. "왕은 어찌 꼭 이익을 말씀하십니까? 다만 인의(仁義)가 있을 뿐입니다. 왕이 어떻게 하면 우리나라를 이롭게 할 수 있을까를 생각하면 대부들은 어떻게 하면 우리 집안을 이롭게 할 수 있을까를 생각할 것이며, 서인들은 어떻게 하면 내 몸을 이롭게 할 수 있을까를 생각할 것입니다. 이처럼 윗사람이나 아랫사람이 모두 이익만을 추구하면 국가는 위기에 처할 수밖에

없습니다. 인(仁)하면서 그 어버이를 뒤로 돌리는 경우는 아직 없으며, 의(義)로우면서 그 임금을 뒤로 돌리는 경우는 아직 없습니다. 왕께서도 역시 인의를 말하셔야 할 뿐입니다. 어찌 이(利)를 말하십니까?"[136]

양혜왕은 쪼그라진 위나라를 부활시켜 보겠다는 마음이 너무 강했다. 양혜왕은 초면의 손님에게 안부나 배려의 예우 없이 다급하게 맹자가 위나라에 어떤 이익을 줄 수 있는가를 물었다. 양혜왕이 맹자에게 기대했던 것은 위나라를 짧은 시간에 강건하게 만들 수 있는 묘책을 듣는 것이었다. 그러나 맹자는 양혜왕이 국가를 운영하는 근본 통치관부터 잘못되었음을 지적했다. 어떤 정책을 실행하거나 충언을 들을 때 그것이 인의에 맞는 것인지를 따져보아야지, 그렇지 않고 이익의 관점에서 판단하게 되면 대부, 서인들도 각각 자신의 집안이나 자기 자신의 이익을 도모하려 할 것이기 때문에 국가가 위기에 처할 수밖에 없다는 논리였다. 결국 양혜왕이 제(齊)와 진(秦)과의 전쟁에서 곤궁에 처한 것은 왕의 그러한 통치이념과 무관치 않다는 얘기이기도 하다. 다시 말해 군주가 판단하는 가치의 척도는 이익이 아니라 인의가 되어야 한다는 것이다.

현자는 백성과 즐거움을 같이한다

인의와 이익은 유가들에게 상대적 관념으로 자주 쓰인다. 앞에서 공자

---

136 『孟子』, 梁惠王章句上, "王曰, 叟! 不遠千里而來, 亦將有以利吾國乎? 孟子對曰, 王! 何必曰利? 亦有仁義而已矣. 王曰, 何以利吾國? 大夫曰, 何以利吾家? 士庶人曰, 何以利吾身? 上下交征利而國危矣. 未有仁而遺其親者也, 未有義而後其君者也. 王亦曰仁義而已矣, 何必曰利?"

는 "군자는 의에 밝고 소인은 이익에 밝다."라고 하여 군자와 소인의 지향하는 가치가 각각 의(義)와 이익(利益)이라고 보고 있다. 또 "이(利)에 의지하여 행동하면 많은 원망이 생긴다."[137]라고 하여 의를 버리고 이익을 추구하는 행동은 장기적, 결과적인 관점에서 바람직하지 못한 것으로 본다.

공자의 이러한 생각을 맹자도 따르고 있다. 양혜왕과 첫 대면 후 며칠 후 맹자가 다시 양혜왕을 뵈러 갔다. 왕은 연못 위에 있었는데 크고 작은 기러기와 고라니 사슴을 보면서 말했다.

"현자(賢者)도 이런 것을 즐깁니까?"

그러자 맹자가 이렇게 대답했다. "현자가 된 후에 이런 것을 즐깁니다. 불현자(不賢者)는 비록 이런 것이 있을지라도 즐기지 못합니다."[138]

이렇게 말하고는 맹자는 『시경(詩經)』[139] 〈대아(大雅)〉의 '영대(靈臺)'편을 인용하여 설명했다. 영대는 주나라 문왕 때의 정자 명칭이다.

"『시경』에 이르기를, '영대를 지으려고 생각하여 촘촘히 계획하니 서민들이 지었도다. 하루를 넘지 않고 지었구나. 급하게 하지 말라고 하셨지만, 서민들의 자식들이 몰려왔도다. 왕께서 영유(영대의 동산)에 계시니 암수 사슴들이 자리를 잡았구나. 사슴들은 윤기 나고 백조는 깨끗하고 희도다. 왕께서 영소(영

---

137 『論語』, 里仁第四, "放於利而行, 多怨."

138 『孟子』, 梁惠王章句上, "賢者亦樂此乎? 孟子對曰: 賢者而後樂此, 不賢者雖有此, 不樂也."

139 중국 최초의 시가(詩歌) 총집이다. 공자(기원전 551~기원전 479)가 편집했다고 전한다. 주(周)나라 초기(기원전 11세기)부터 춘추시대 중기(기원전 6세기)까지의 시가 305편을 모았다. 305편은 풍(風)·아(雅)·송(頌) 세 부분으로 나누어진다. 풍은 국풍(國風)이라고도 하며 여러 제후국에서 채집된 민요·민가이다. 아는 궁궐에서 연주되는 곡조에 붙인 가사이다. 송은 종묘의 제사에 쓰이던 악가(樂歌)이다.

대의 연못)에 계시니, 아! 뛰는 물고기 가득 찼구나.'라고 했습니다. 문왕이 민력으로 정자를 만들고 연못을 만들자 백성이 환영하고 즐거워하였으므로 그 정자를 영대라 불렀고, 그 연못을 영소라 하여, 그곳에 고라니, 사슴, 물고기, 자라를 넣고 즐겼다고 합니다. 여민해락(與民偕樂: 백성과 즐거움을 함께함)했으므로 즐길 수가 있었습니다."[140]

맹자는 『시경(詩經)』 〈대아(大雅)〉의 '영대(靈臺)' 편을 소개하고는 '여민해락(與民偕樂)', 즉 군주의 즐거움은 백성과 함께해야 진정한 즐거움이 된다고 하며 그런 군주가 현자라고 보았다. 맹자는 이어서 양혜왕에게 백성과 함께 즐거움을 나누지 않고 혼자 즐거움을 누린 왕을 소개했다. 바로 하(夏)나라의 마지막 왕 걸(桀)이다. 맹자는 『서경』에 기록된 '탕서(湯誓)'의 내용을 인용하여 말했다.

"탕서에 이르길, '이 해[日]는 어찌 없어지지 않는가! 나는 너와 같이 함께 망하리라.'라고 했습니다. 백성이 임금과 더불어 함께 망하려고 하면 비록 정자와 연못과 새와 짐승들이 있어도 어찌 혼자 즐길 수가 있겠습니까?"[141]

하의 마지막 왕 걸은 상나라의 마지막 왕 주(紂)와 더불어 중국 역사상 유명한 폭군 중의 한 사람이다. 여기서 '해[日]'는 걸왕을 가리킨다. 걸왕이 백성들과 함께 즐거움을 누린 것이 아니라 자신의 욕정과 향락을 즐기는

---

140 『孟子』, "梁惠王章句上」, "詩云, 經始靈臺, 經之營之, 庶民攻之, 不日成之. 經始勿亟, 庶民子來. 王在靈囿, 麀鹿攸伏, 麀鹿濯濯, 白鳥鶴鶴. 王在靈沼, 於牣魚躍, 文王以民力爲臺爲沼. 而民歡樂之, 謂其臺曰靈臺, 謂其沼曰靈沼, 樂其有麋鹿魚鼈. 古之人與民偕樂, 故能樂也."
141 『孟子』, 梁惠王章句上, "湯誓曰, 時日害喪 予及女偕亡, 民欲與之偕亡, 雖有臺池鳥獸, 豈能獨樂哉?"

것을 견디다 못해 이렇게 차라리 함께 죽자는 말을 했다. 맹자는 걸왕의 예를 들어 백성을 도외시하고 혼자 누리는 즐거움은 현자의 즐거움도 아니고 또한 오래 보전되지 못함을 말하고 있다.

왕도는 민생이 안정되어야 가능하다

인의에 의한 정치가 왕도정치이지만 왕도정치는 현실적 여건이 바탕이 되지 않는다면 그것은 공허한 정치적 구호로 끝날 가능성도 있다. 맹자는 이 부분을 어떻게 생각할까? 맹자는 자신의 생각을 양혜왕과의 대화를 통해 제시한다. 양혜왕은 초면에 맹자를 만나 자기 나라에 어떤 이익을 주러 왔느냐고 물었다가, 맹자에게 군주는 인의를 말해야 할 뿐이라며 따끔한 질책을 들었던 전적이 있었다. 그래서 이번에는 양혜왕이 조심스럽게 자신의 고민을 이야기했다.

> "과인이 이 나라에서 마음을 다하고 있소. 하내에 흉년이 들면 그 백성들을 하
> 동으로 옮기고 곡식을 하내로 옮기지요. 하동에 흉년이 들어도 역시 그렇게
> 합니다. 그런데 인근 나라들의 정치를 살펴보면 과인의 마음 씀씀이만 하지
> 못한데 인근 나라의 백성들은 줄어들지 않고, 과인의 백성들은 늘어나지 않으
> 니 어찌 된 것이오?"[142]

양혜왕이 맹자의 의견을 묻고 있지만 사실 그 내용은 은근히 자신의 치

---

142 『孟子』, 梁惠王章句上, "寡人之於國也, 盡心焉耳矣. 河內凶則移其民於河東, 移其粟於河內. 河東凶亦然.
察鄰國之政, 無如寡人之用心者. 鄰國之民不加少, 寡人之民不加多, 何也?"

적을 자랑하는 것이었다. 맹자가 이렇게 답했다.

> "왕께선 전쟁을 좋아하시니 전쟁에 비유하여 말씀드리겠습니다. 둥둥 북을 쳤는데 병사들이 서로 접전을 벌이다가 갑옷을 버리고 병기를 끌며 도주한다고 합시다. 어떤 병사는 백 보 후퇴하여 멈추고 어떤 병사는 오십 보 후퇴하여 멈출 때, 오십 보 후퇴한 병사들이 백 보 후퇴한 병사들을 비웃는다면 어떠하겠습니까?"
>
> 양혜왕이 말했다. "옳지 않소. 단지 백 보를 후퇴하지 않았다 해도 이것 역시 도주한 것이오."
>
> 그러자 맹자가 말했다. "왕께서 만약 이것을 아신다면 백성들이 인근의 나라보다 많기를 바랄 수가 없겠지요."[143]

양혜왕은 자신은 나라를 위해 진력을 다하고 있다고 하였지만, 맹자는 양혜왕이 전체적으로 실정을 하고 있음을 말하고 있다. 주위에서 정치를 잘못하고 있는 나라들보다 조금 잘한다고 하여 그 정치가 선정(善政)이 아니라는 것을, 병사들이 전쟁에서 백 보 후퇴하는 것과 오십 보 후퇴하는 경우를 들어 설명했다. 우리가 별로 다른 게 없다는 의미로 쓰는 '오십보백보'는 여기에서 유래된 말이다. 맹자는 양혜왕이 백성을 이리저리 옮기는 조치를 했으나 근본적으로 백성을 윤택하게 하는 정치의 요체를 파악하지 못했음을 아울러 지적하고 있다. 이러면서 맹자는 양혜왕에게 그 대안을 제시한다.

---

143 『孟子』, 梁惠王章句上, "王好戰, 請以戰喩. 塡然鼓之, 兵刃旣接, 棄甲曳兵而走. 或百步而後止, 或五十步而後止. 以五十步笑百步則何如? 曰, 不可, 直不百步耳, 是亦走也. 曰, 王如知此則無望民之多於鄰國也."

"농사짓는 시기를 놓치지 않게 하면 곡식은 다 먹어도 남을 것이요, 여러 개의 그물을 웅덩이와 저수지에 들여놓지 않는다면 물고기와 자라들을 다 먹어도 남을 것이며, 도끼와 자귀를 때에 맞추어서 산림에 가지고 들어가게 한다면 재목은 다 쓰고도 남을 것입니다. 곡식과 물고기와 자라를 다 먹어도 남고, 재목을 다 쓰고도 남는다면 백성들이 살아있는 자를 봉양하고 죽은 자를 장례 지내는 데에 유감이 없을 것입니다. 살아있는 자를 봉양하고 죽은 자를 장례 지내는 데에 유감이 없게 하는 것이 왕도의 시작입니다."[144]

맹자는 부역 등으로 농민들을 동원하는 것을 삼가서 농사짓는 때를 놓치지 않게 하고, 웅덩이와 저수지 그리고 산림의 자원을 절약하고 관리하면 민생의 안정에 큰 도움이 된다고 본다. 민생에 있어서 가장 중대한 일은 살아있는 자를 봉양하고 죽은 자를 장례 지내는 것인데, 이렇게 하면 백성들이 봉양과 장례에 유감이 없게 되고 이것이 왕도의 시작이라고 맹자는 주장한다. 맹자가 열거한 것들은 국가가 지향해야 할 민심을 얻는 기본 방향에 해당한다. 이어서 맹자는 국가의 기본 방향이 정해진 후 국가가 지향해야 할 정책들에 관하여 말을 이어갔다.

"다섯 무(畝)의 주택에 뽕나무를 심으면 오십 살 사람에게 비단옷을 입힐 수 있으며, 닭, 돼지, 개, 멧돼지 등의 가축을 기르고 잡는 때를 놓치지 않으면 칠십 살 사람에게 고기를 먹일 수 있으며, 백 무(畝)의 땅을 농사짓는 시기를 빼앗지 않으면 여러 가구가 굶주리지 않을 것입니다. 학교의 교육에 힘써서 효와 공경하는 교육을 신장해야 합니다. 이리되면 머리 희끗희끗한 자들이 도로

---

144 『孟子』, 梁惠王章句上, "不違農時, 穀不可勝食也. 數罟不入洿池, 魚鼈不可勝食也. 斧斤以時入山林, 材木不可勝用也. 穀與魚鼈不可勝食, 材木不可勝用, 是使民養生喪死無憾也. 養生喪死無憾, 王道之始也."

에서 짐을 머리에 이거나 등에 지는 일이 없을 것이외다. 칠십 살 사람에게 비단옷을 입히고 서민이 굶주리지도 않고 추위에 떨지 아니한데도 왕도정치를 하지 않는 자 있지 아니합니다."[145]

'다섯 무(畝)', '백 무(畝)'는 주나라 때 시행된 정전제(井田制)에 관한 대목이다. 정전제는 본래 상나라와 주나라 시대에 실시되었다고 전해지나 그 진위 여부가 불투명하다. 정전제에 관한 대체적인 윤곽은 맹자가 언급한 것이 최초이다. 맹자는 〈양혜왕장구상〉과 〈등문공장구상〉에서 정전제를 언급하였는데, 맹자의 말과 동한(東漢) 조기(趙岐)의 설명에 따르면 이러하다.

즉 주나라의 정전제는 사방 1리(里)에 이르는 900무(畝)의 농지를 우물 '정(井)' 모양으로 구획한다. 가운데 100무는 공전(公田)이고 나머지 800무는 사전(私田)으로 각 부부에게 100무씩 지급된다. 공전 100무는 80무와 20무로 다시 나뉘는데 80무가 각 부부에게 10무씩 지급된다. 이것은 관리들의 녹봉에 소요되는 재원, 즉 세금으로 생산물을 납부하는 데 쓰인다. 20무는 8가구가 2.5무씩 나누어 봄부터 가을까지 사용할 여사(廬舍: 농막)를 짓는 데 사용한다. 농민들은 겨울에 거주할 주거지로 성읍에 2.5무를 또 지급받는다. 따라서 위 '다섯 무(畝)의 주택'이란 성읍의 주거지와 농지에 있는 농막의 면적을 합하여 말한 것이다. '백 무(畝)의 땅'은 농지의 사전(私田)을 의미한다. 정전제는 토지공개념과 경자유전(耕者有田)의 원칙에 입각한 토지제도이다. 즉 국가가 토지 소유권을 보유하면서 농민들에게

---

145 『孟子』, 梁惠王章句上, "五畝之宅, 樹之以桑, 五十者可以衣帛矣. 雞豚狗彘之畜, 無失其時, 七十者可以食肉矣. 百畝之田, 勿奪其時, 數口之家可以無飢矣. 謹庠序之教, 申之以孝悌之養, 頒白者不負戴於道路矣. 七十者衣帛食肉, 黎民不飢不寒, 然而不王者, 未之有也."

성읍과 농지에 각 주택과 농막을 지을 수 있게 하고, 또 농민들에게 자유로이 경작할 수 있는 농지로 사전(私田) 100무씩 지급하는 제도이다. 그리고 농민들은 공전 80무를 각 10무씩 경작하여 세금으로 납부하므로 사전 100무 대비 1/10, 공전까지 포함하면 100(사전)+10(세금으로 내는 공전)=110이므로 10/110=1/11의 세율을 부담하는 조세정책이기도 하다.

맹자는 왕도정치의 정책으로 국가가 기획하는 정전제를 제시하고 있다. 그리고 국가는 농민들이 정전제로 지급받은 토지에 뽕나무 등을 경작하게 하고, 가축을 기르고, 잡는 때와 농사짓는 시기를 놓치지 않게 해야 한다고 주장한다. 민생의 안정도 중요하지만, 맹자는 더불어 경시하지 말아야 할 것이 있다고 보았다. 그것은 백성의 도덕성 교육이다. 맹자는 민생의 안정이 중요하다고 생각하지만, 효(孝)와 공경[悌] 같은 일상의 도덕성 교육이 제대로 되지 않으면 나이가 연로하거나 병약한 자 중에 소외받는 계층이 생겨날 수 있다고 하였다.

이와 같이 맹자는 평소 국가 기획에 의한 민생의 안정과 일상의 도덕성 교육에 힘써야 할 것을 주장했다. 맹자는 한 걸음 더 나아가 위급한 재난을 만났을 때는 국가가 나서서 큰 틀에서 산업의 관리와 제어도 하고 적극적 구휼도 해야 한다고 보았다.

> "개와 돼지가 사람의 양식을 먹어치워도 단속할 줄을 모르고, 도로에 굶어 죽은 송장들이 있어도 나라 곳간을 열 줄 모르고, 그러다 사람이 죽으면 내 탓이 아니라 날씨 탓이라 한다면, 이것은 사람을 찔러 죽이고도 내가 한 것이 아니라 칼이 그랬다는 것과 무엇이 다르겠습니까? 왕께서 날씨에 죄를 돌리지 않

으면 천하의 백성이 올 것입니다."[146]

맹자는 식량이 부족하면 개와 돼지의 사육을 조절하든지 식량으로 대체해야 하는데, 오히려 개와 돼지를 애완용으로 혹은 군주 자신이 먹기 위해서 기르는 것은 결국 사람이 먹는 식량을 먹게 되는 것이라 보았다. 지도자는 이런 것을 단속할 줄 알아야 한다는 말이다. 그리고 흉년이 들었을 때 국가의 곳간을 여는 적극적 구휼도 필요하다. 양혜왕이 흉년이 들었을 때 하내와 하동의 백성을 옮기거나 곡식을 옮기는 것은 백성의 것으로 하는 것이지 나라의 곳간을 여는 행위는 아니었다. 이러한 정책을 하지 않아 굶주려 죽는 백성이 있다면 그것은 바로 군주의 책임이라는 것이다.

양혜왕이 초면에는 예의가 없이 맹자를 대했지만, 맹자로부터 왕도정치에 대해 일장 연설을 듣고 나서 양혜왕은 몸을 낮추어 말한다.

"과인이 원컨대 마음을 편안히 하여 가르침을 따르겠소이다."[147]

그러자 맹자는 사람을 죽게 하는 것은 몽둥이나, 칼이나, 정치나 별반 다른 게 없음을 한 걸음 더 나아가 설명한다.

맹자가 말했다. "살인할 때 몽둥이나 칼로써 하는 것이 차이가 있습니까?"
양혜왕이 말했다. "차이가 없소이다."
(맹자가 말했다.) "그럼 칼이나 정치로써 사람을 죽이는 건 차이가 있습니까?"

---

146 『孟子』, 梁惠王章句上, "狗彘食人食而不知檢, 塗有餓莩而不知發, 人死則曰, 非我也, 勢也. 是何異於刺人而殺之, 曰, 非我也, 兵也. 王無罪歲, 斯天下之民至焉."
147 『孟子』, 梁惠王章句上, "寡人願安承教."

양혜왕이 말했다. "차이가 없소이다."

이어서 맹자가 말했다. "수라간에는 두툼한 고기가 있고 마구간에는 살찐 말이 있으나 백성은 허기진 얼굴을 하고 들판에는 굶주려 죽은 시체들이 즐비하다면 이것은 짐승을 몰아 사람을 먹게 하는 꼴입니다."[148]

맹자는 칼이나 몽둥이로 사람을 죽이는 것이나 정책의 부재 등으로 사람을 죽게 만드는 것이 별반 다르지 않음을 논리적으로 비유하며 말한다. 따라서 군주가 자신의 배만 채우고 자신이 애용하는 말은 살찌게 하면서 백성을 굶어 죽게 만드는 것은 칼이나 몽둥이로 사람을 죽이는 것과 별 차이가 없다고 보았다.

왕도는 소국이라도 가능하다

앞서 말했지만 양혜왕의 나라 명칭은 본래 위(魏)나라였다. 위나라는 춘추시대에 막강한 진(晉)이 기원전 403년에 한(韓)·위(魏)·조(趙), 3씨(氏)에 의해 분열되어 그 이름을 따서 붙여진 이름이다. 진(晉)에서 분리된 나라들이라 하여 한(韓)·위(魏)·조(趙) 3개국을 달리 삼진(三晉)이라고 부른다. 삼국으로 분리되기 전, 24대 진문공(晉文公, 재위: 기원전 636~기원전 628)은 제환공(齊桓公), 진목공(秦穆公), 송양공(宋襄公)에 이어서 춘추시대 패권을 차지한 군주이다. 3국으로 분리된 후 위(魏)는 양혜왕 재위 29년 되는 해인 기원전 341년에 마릉에서 제나라 손빈에게 대패하여 장수 방연이 전사

---

148 『孟子』, 梁惠王章句上, "孟子對曰, 殺人以梃與刃, 有以異乎? 曰, 無以異也. 以刃與政, 有以異乎? 曰, 無以異也. 庖有肥肉, 廐有肥馬, 民有飢色, 野有餓莩, 此率獸而食人也."

하고 태자 신(申)이 포로가 되어 죽임을 당했다. 이듬해에는 상앙에게 패하여 총대장인 공자(公子) 앙(卬)이 포로로 잡히고 진나라의 영토를 황하에 이르게 했다. 결국 위(魏)는 수도를 안읍(安邑)에서 동쪽인 대량(大梁)으로 천도하게 되었고 이리하여 별칭인 양(梁)나라로 불리게 되었다.

그 후 진(晉)나라 후손들은 진문공에 대한 향수가 깊었나 보다. 맹자가 어느 날 양혜왕을 알현했는데 양혜왕은 강성했던 조국 진(晉)나라를 그리워하며 말했다.

> "진국(晉國)이 천하에 막강했던 것을 제가 알고 있소이다. 그런데 과인에 이르러 동(東)으로는 제나라에 패하여 장자가 죽고, 서(西)로는 진나라에게 칠백 리를 잃었고, 남(南)으로는 초나라에 굴욕을 당했으니 부끄럽소이다. 원컨대 죽기 살기로 설욕하고자 하는데 어떻게 해야 좋겠소이까?"[149]

양혜왕은 자신이 재임하던 동안에 벌어진 치욕스런 전쟁의 참패를 거론하며 반드시 설욕하겠다는 비장한 각오를 밝히며 비책을 묻고 있다. 여기서 양혜왕은 초나라에게 굴욕당한 사건을 말하고 있는데 이와 관련된 정확한 역사적 기록은 존재하지 않는다. 양혜왕은 짧은 기간 내에 나라를 강력하게 만들 수 있는 명쾌한 대답을 듣기를 원한 것 같다. 그런데 맹자의 대답은 이랬다.

> "땅이 사방 백 리만 되어도 왕도정치를 할 수 있습니다. 왕께서 백성에게 인정(仁政)을 베푸시어 형벌을 줄이고 세금을 가볍게 하시면 백성들은 깊이 밭 갈

---

149 『孟子』, 梁惠王章句上, "晉國, 天下莫强焉, 叟之所知也. 及寡人之身, 東敗於齊, 長子死焉, 西喪地於秦七百里, 南辱於楚. 寡人恥之, 願比死者壹洒之, 如之何則可?"

고 김맬 수 있을 것입니다. 젊은이들은 틈나는 대로 효제충신(孝弟忠信)하여 집에 와서는 부모와 형제를 섬기고 나가서는 연장자나 윗사람을 섬길 수 있습니다. 이렇게 한 후 만약 작대기 하나를 만들게 하면 (이것으로) 진나라, 초나라의 견고한 갑옷과 날카로운 병기를 두들겨 물리칠 수 있습니다."[150]

사방 백 리는 소국을 의미한다. 소국으로도 인정을 베풀면 왕도정치를 할 수 있고, 그리되면 백성들은 위급한 순간에 강한 군대가 없더라도 작대기 하나라도 잡고 죽기 살기로 강한 나라와 대적할 수 있다는 말이다. 맹자의 대답은 양혜왕이 기대했던 것과는 너무나 거리가 있었다. 진문공을 포함하여 춘추오패는 강력한 힘을 바탕으로 패권을 유지한 군주들이다. 양혜왕이 진문공을 그리워한 것은 대국으로 대륙을 호령했던 행적 때문이었고, 그래서 강한 군대를 가진 대국을 만드는 방법을 물었다. 그런데 맹자는 작대기 하나 들고 싸워도 된다는 속 타는 말만 하고 있다. 맹자는 이런 양혜왕에게 생각 좀 해보라며 한마디를 더한다.

"저들이 백성의 농사짓는 시기를 빼앗아 밭 갈고 김매어 그 부모를 봉양할 수 없게 한다면, 그 부모들은 얼어 죽고 굶어 죽으며 형제와 처자들은 흩어질 것입니다. 저들이 백성을 구덩이에 빠지게 할 때 왕께서 가서 정벌하시면 누가 왕과 대적할 수 있겠습니까? 그러므로 인자무적(仁者無敵)이라 했습니다."[151]

---

150 『孟子』, 梁惠王章句上, "地方百里而可以王. 王如施仁政於民, 省刑罰, 薄稅斂, 深耕易耨, 壯者以暇日修其孝悌忠信, 入以事其父兄, 出以事其長上, 可使制梃以撻秦楚之堅甲利兵矣."

151 『孟子』, 梁惠王章句上, "彼奪其民時, 使不得耕耨以養其父母. 父母凍餓, 兄弟妻子離散. 彼陷溺其民, 王往而征之, 夫誰與王敵? 曰, 仁者無敵."

상대국들이 비록 대국이라 하여도 그들이 인정을 베풀지 않으면 백성들은 생업의 어려움으로 가정이 파탄 날 것이고 나라가 외적의 침입을 받아도 목숨 바쳐 싸우지 않는다. 이럴 경우 만약 양혜왕이 평소 인정을 베풀고 정벌을 하면 왕과 대적할 상대가 없을 것이란 말이다. 이것을 '인자무적(仁者無敵)'이라 했다. 즉 어진 자에게는 대적할 자 없다는 의미이다. 여기서 '인자무적'은 문헌상 『맹자』에 처음 나오지만 '인자무적입니다'가 아닌 '인자무적이라고 했습니다'라고 말한 것으로 보면 전부터 전해지는 말을 맹자가 인용한 것으로 판단된다.

정리하자면 맹자는 왕도정치의 바탕이 되는 것이 백성과 더불어 즐거움을 같이 하려는 지도자의 자세, 그리고 백성의 여유로운 민생(民生)이라고 보고 있다. 그리고 민생을 여유롭게 하는 구체적 대안으로 평소 농사짓는 때를 놓치지 않게 하고, 수산자원과 산림자원을 아껴 쓰고 관리해야 하며, 아울러 백성의 도덕성 함양 교육에 힘써야 할 것, 그리고 경제 위기 시 식량자원에 대한 국가의 관리와 적극적인 구휼정책 등을 제시했다.

그러나 양혜왕은 맹자의 왕도정치를 곧바로 실천하지 못하고 1년 후에 82세의 나이로 죽고 만다. 양혜왕의 뒤를 이어 그의 아들 양양왕(梁襄王)이 즉위했다. 그런데 양양왕은 전혀 군주의 품격을 갖추지 못했던 것 같다. 맹자가 양양왕을 뵙고 나오면서 이렇게 말했다.

"바라보면 군주 같지 아니하고, 가까이 가면 위엄이라곤 없구나. 갑자기 왕이 '천하는 어떠해야 안정되오?'라고 내게 묻기에 내가 '하나로 될 때 안정됩니다.'라고 대답했다. '누가 하나로 통일합니까?'라고 묻기에 '살인을 즐기지 않는 자가 통일할 수 있습니다.'라고 했다. '누가 그런 자와 함께합니까?'라고 묻기에 이렇게 대답했다. '천하가 함께하지 못하는 것은 없습니다. 왕은 어린 묘가 크는 이치를 아십니까? 칠팔월 사이에 가물면 묘가 말랐다가 하늘이 구름을 만들고 비를 흠뻑 내리면 묘가 성대하게 올라옵니다. 이와 같으면 누가 그를 막을 수 있겠습니까? 지금 천하에서 백성을 돌보는 자 중에 살인을 좋아하지 않는 자가 없으니 만약 살인을 즐기지 않는 자가 있다면 천하의 백성이 목을 빼고 바라볼 것입니다.'"[152]

    양양왕은 평소 별로 친숙하지 않은 맹자에게 대뜸 천하가 안정될 수 있는 해법을 물었다. 그러자 맹자는 아주 단순하게 군주가 살인만 즐겨 하지 않아도 천하를 통일해 안정시킬 수 있다고 했다. 맹자가 양양왕에게 왕도 정치에 관련된 정책을 말하지 않고 단순히 살인만 즐겨 하지 않아도 천하를 안정시킬 수 있다고 표현한 것으로 보면 양양왕의 어떤 성향을 보고 행한 말로 추측이 되나 자세한 내역은 알 수 없다.

    양양왕이 즉위 후 맹자가 얼마나 위(魏)에서 머물렀는지는 명확하지 않다. 『맹자』에 언급이 별로 없는 것으로 보아 그리 교류가 많지 않았던 것으로 보인다. 이후 맹자는 위나라를 떠나 제나라로 간다.

---

152 『孟子』, 梁惠王章句上, "望之不似人君, 就之而不見所畏焉. 卒然問曰 天下惡乎定? 吾對曰 定于一. 孰能一之? 對曰, 不嗜殺人者能一之. 孰能與之? 對曰, 天下莫不與也. 王知夫苗乎? 七八月之間旱, 則苗槁矣. 天油然作雲, 沛然下雨, 則苗浡然興之矣. 其如是, 孰能禦之? 今夫天下之人牧, 未有不嗜殺人者也, 如有不嗜殺人者, 則天下之民皆引領而望之矣."

2절 맹자와 제선왕,
나를 쓰면 백성이 편안하리라

천하의 달존(達尊) 세 가지

맹자가 위나라 양혜왕을 만나고 다음으로 간 나라가 선왕(宣王)이 통치하던 제(齊)나라이다. 제나라는 본래 시조가 강상(姜尙, 태공망)이다. 강상은 주나라 문왕 때 재상에 등용되고 문왕의 아들 무왕을 도와 천자의 나라인 주나라를 건국하게 한 인물이다. 그 후 제나라는 16대 군주 제환공(齊桓公, 재위: 기원전 685~기원전 643)이 춘추시대 패자로 등극하여 맹위를 떨쳤다.

그런데 기원전 672년에 진(陳)나라의 대부로 있던 진경중(陳敬仲)이란 자가 정변을 피해 제나라로 망명했다. 진경중은 제나라에 정착하면서 전씨(田氏) 성을 썼는데 통상 출신국명인 진씨(陳氏)나 전씨(田氏)로 불렸다. 전씨 일파는 세력을 점차 확장하더니 진경중의 후손인 전상(田常)에 이르러 제간공을 죽이고 정권을 농단했다. 전상(진성자) 이후 그의 증손인 전화(田和, 시호는 太公)가 기원전 376년에 강씨 군주 32대 제강공을 몰아내고 군주가 되니, 이후부터 제나라 군주가 강씨에서 전씨로 바뀌었다. 제선왕(齊宣王, 재위: 기원전 319~기원전 301)은 바로 제나라 전씨의 5대 군주이다.

제선왕(齊宣王)의 부친은 제위왕(齊威王, 재위: 기원전 356~기원전 320)인데, 제위왕은 앞에서 설명했듯이 즉위했을 무렵에는 어리석은 군주의 전형이었다. 그러다가 제나라 사람 순우곤에 의하여 깨달음을 얻고는 수도 임치에 직하학사(직하학궁)를 개설하고 정사에 열정을 다했다. 그 후 제위왕은 기원전 341년에 전기와 손빈으로 하여금 마릉전투에서 위(魏)나라 방연의 군대를 대패시켰다. 제위왕의 뒤를 이은 제선왕(齊宣王)은 초기에 주색에 빠져 정치를 돌보지 않아서 국가의 기강이 매우 문란했다. 그러다가 자신의 실정을 후회하고는 간신배들을 물리치고 어진 인재를 널리 등용하기 시작했다. 이 중에는 음양가(陰陽家)인 추연(騶衍), 황제(黃帝)와 노자의 도덕술을 배운 전병(田騈)·접자(接子)·신도(愼到)·환연(環淵), 그리고 어느 학파인지 성격이 모호한 순우곤(淳于髡) 등을 비롯하여 여러 부류의 인재들이 있었다. 제선왕은 이들 중 76인에게 저택을 하사하고 경(卿) 다음의 벼슬인 상대부(上大夫)로 삼았다. 이들은 정치에 직접 관여하지는 않았고 제선왕과 토론을 즐겼다. 그러자 직하의 학자는 더욱 불어나서 그 숫자가 수백, 천에 이르렀다고 전해진다.

맹자가 제선왕을 만난 시기는 바로 이 무렵이었다. 앞서 논의한 바와 같이 제선왕은 맹자 이외에 합종론(合縱論)을 주장한 소진과도 교류했다. 소진은 객경(客卿)이란 벼슬을 하사받으며 기거한 적이 있었는데 맹자와 소진이 누가 먼저 제선왕을 만났는지, 혹은 두 사람이 제나라에서 조우했는지에 대하여는 알려지지 않았다. 제나라에 간 맹자는 제선왕을 조회 때 알현하고자 했다. 그런데 마침 왕도 맹자 만나기를 원했던 모양이다.

> 맹자가 장차 조회 때 왕을 뵈려 했는데 왕이 사람을 보내 말했다. "과인이 좀 뵈려고 했습니다만 몸이 추운 질병이 나서 바람을 쐴 수가 없습니다. 조회를 장차 열려고 하니 어떠하신지 모르겠으나 과인이 뵐 수 있는지요?"
> 맹자가 대답하여 말했다. "불행히도 병이 났습니다. 조회에 나갈 수 없습니다."[153]

---

153 『孟子』, 公孫丑章句下, "孟子將朝王, 王使人來曰, 寡人如就見者也, 有寒疾, 不可以風, 朝, 將視朝, 不識可使寡人得見乎? 對曰, 不幸而有疾, 不能造朝."

전국시대에는 각 제후국에 빈사(賓師: 손님으로 온 학자)들이 자주 왕래했다. 이때 제후와 빈사가 서로 만나려면 빈사가 먼저 찾아 알현하는 방법이 있고, 제후가 만나고자 하면 스스로 가서 만나거나 폐백(幣帛)을 보내 초빙함이 일반이었다. 맹자는 왕이 초대를 안 해도 가서 알현할 심산이었으나 마침 왕이 사람을 보내 조회에 와달라고 말했다. 그런데 직접 오거나 폐백을 보내 초대한 것이 아니었다. 맹자는 자존심에 상처를 입었는지 아니면 다른 뜻이 있었는지 몰라도 병을 핑계로 가지 않았다. 그런데 맹자는 다음 날 제나라 대부인 동곽씨(東郭氏)네 집에서 초상이 나자 조문을 갔다. 『논어』에는 노나라 사람인 유비(孺悲)가 사람을 보내 공자를 만나려고 했으나 공자가 질병을 핑계로 만나주지 않는 장면이 있다. 공자는 심부름꾼이 나가자 비파를 타고 노래를 불렀는데, 이것은 일부러 심부름꾼이 듣게 하려고 한 것이었다. 즉 질병이 아닌 다른 이유로 만나지 않는다는 것을 넌지시 알려준 것이다. 만나주지 않은 자세한 이유는 나와 있지 않다. 맹자의 경우도 질병 때문에 왕을 만나지 않았음을 알려주기 위한 심산이었다. 그러자 왕이 사람을 보내 문병을 하고 의원까지 보내주었다. 마침 맹자는 없었고 맹자에게 학문을 배우는 사촌 형제인 맹중자가 숙소에 있었다.

> 맹중자가 말했다. "일전에 왕명이 있었으나 질병이 있어서 조정에 나가지 못했습니다. 지금은 병이 조금 나아서 조정으로 갔습니다만 잘 도착했는지 알 수 없습니다."
>
> 맹중자는 몇 사람에게 길을 지키게 하고는 이렇게 말하게 했다. "필히 숙소로 돌아오지 말고 조정에 납시지요."[154]

---

154 『孟子』, 公孫丑章句下, "孟仲子對曰, 昔者有王命, 有采薪之憂, 不能造朝. 今病小愈, 趨造於朝, 我不識能至否乎? 使數人要於路, 曰, 請必無歸, 而造於朝."

왕이 맹자의 의중을 파악했는지는 알 수 없으나 이번에는 사람을 시켜 문병하고 의원까지 보내주자 맹중자가 일단 맹자가 찾아뵌다는 말을 대신하고 맹자를 이렇게 수소문했다. 밖에 있던 맹자는 제나라 대부 경축씨(景丑氏) 집에서 묵게 되는데 경축씨와 언쟁이 붙었다. 바로 왕이 부르는데 병을 핑계로 가지 않은 행위에 관한 것이었다.

> 경자(景子: 경축씨의 존칭)가 말했다. "『예기』는 말하길, '아버지가 부르면 승낙할 겨를이 없이 따르며, 군주가 오라고 명하면 멍에를 메는 것을 기다리지 마라.' 라고 했습니다. 진실로 조회에 나가려고 했다가 왕명을 듣고는 마침내 가지 않으셨으니 마땅히 예와 서로 맞지 않는 듯합니다."
>
> 맹자가 말했다. "어찌 이럴 수 있으리오? 증자가 말하길, '진(晉)과 초(楚)의 부강함은 따라갈 수 없으나 저들이 부강하면 나는 인(仁)으로써 하고, 저들이 벼슬이 있으면 나는 의(義)로써 하니 내가 무엇이 부족하겠는가?'라고 하셨소. … 천하에 달존(達尊: 어떠한 시대에나 존중해야 할 것)이 세 가지 있으니, 벼슬이 하나요, 나이가 하나요, 덕이 하나입니다. 조정에서는 벼슬[爵]만 한 것이 없고, 향당(鄉黨)[155]에서는 나이[齒]만 한 것이 없고, 세상을 돕고 백성을 성장하게 하는 것에는 덕(德)만 한 것이 없소이다. 어찌 그 하나로써 그 둘에게 거만합니까?"[156]

경축씨의 말은 본래 왕을 알현하고자 했으면서 왕이 사람을 시켜 초대

---

155 향(鄉)은 12,500호, 당(黨)은 500호

156 『孟子』, 公孫丑章句下, "景子曰, 禮曰, 父召, 無諾, 君命召, 不俟駕. 固將朝也, 聞王命而遂不果, 宜與夫禮若不相似然. 曰, 豈謂是與? 曾子曰, 晉楚之富, 不可及也, 彼以其富, 我以吾仁, 彼以其爵, 我以吾義, 吾何慊乎哉? … 天下有達尊三, 爵一, 齒一, 德一. 朝廷莫如爵, 鄉黨莫如齒, 輔世長民莫如德. 惡得有其一以慢其二哉?"

했는데도 안 간 것이 어깃장을 놓는 심보라는 것이다. 그러나 맹자는 내가 가려 한 것은 나의 입장이고, 왕이 사람을 시켜 초대한 것은 왕의 입장이기 때문에 그에 상응한 예의를 갖추어야 한다고 말했다. 맹자는 천하의 달존(達尊) 세 가지, 즉 벼슬·나이·덕을 제시했는데, 왕이 벼슬이라는 한 가지를 가지고 있다면 자신은 나이와 덕 두 가지를 가지고 있기 때문에 당연히 존중받아야 한다는 주장이다. 이어서 말했다.

> "그러므로 장차 크게 일 좀 내려는 군주는 반드시 함부로 부를 수 없는 신하가 있어야 합니다. 욕심내어 도모할 일이 있으며 그에게 다가가야 합니다. 그 덕을 존중하고 도를 즐기는 것이 이와 같지 않으면 족히 더불어 할 일이 없습니다. 그래서 탕(湯)이 이윤(伊尹)에게 배운 후에 신하로 삼았기 때문에 수고로움 없이 왕이 되었고, 환공이 관중에게 배운 후에 신하로 삼았기 때문에 수고로움 없이 패자(霸者)가 되었습니다. … 탕이 이윤을, 환공이 관중을 감히 부르지 않았습니다. 관중도 오히려 부를 수 없거늘 하물며 관중만도 못합니까?"[157]

맹자는 큰 뜻을 가진 군주일수록 신하를 존중하고 신하에게 배우려는 자세를 가져야 한다고 주장한다. 그 예로써 상나라의 탕왕과 제나라의 환공을 들었다. 탕왕은 다섯 번이나 이윤을 찾아가 같이 대업을 도모할 것을 간청했다. 결국 탕왕은 이윤의 도움을 받아 하나라의 마지막 왕인 걸(桀)을 축출하고 천자로 등극했다. 제환공은 관중의 보필을 받아 춘추시대 패자(霸者: 제후의 우두머리)가 되었다. 그런데 관중은 환공으로 하여금 왕도가

---

157 『孟子』, 公孫丑章句下, "故將大有爲之君, 必有所不召之臣, 欲有謀焉則就之. 其尊德樂道, 不如是, 不足與有爲也. 故湯之於伊尹, 學焉而後臣之, 故不勞而王, 桓公之於管仲, 學焉而後臣之, 故不勞而霸. … 湯之於伊尹, 桓公之於管仲, 則不敢召. 管仲且猶不可召, 而況不爲管仲者乎?"

아닌 패도를 행사하게 한 인물이다. 그러한 관중을 환공도 가벼이 대하지 않았는데 하물며 제나라 왕이 자신에게 이럴 수 있는가를 묻고 있다. 결국 맹자가 왕의 초대에 바로 응하지 않았던 것은 자존심 때문이 아니라 연륜과 덕을 중히 여기고 현명한 선비와 손님을 존중해야 한다는 것을 깨우쳐 주기 위함이었다.

왕도정치의 품격, 불인지지심

맹자와 제선왕이 드디어 만났다. 앞에서 맹자가 양혜왕을 만났을 때 양혜왕이 춘추오패 중의 하나였던 자신의 선조 진문공(晉文公)을 그리워하며 자신에게 이르러 쪼그라진 나라를 재건하여 제(齊)나라, 진(秦)나라, 초(楚)나라에게 설욕하고 싶다는 말을 했다. 제선왕 역시 자신과 성씨는 다르지만, 제나라 군주의 선배인 16대 군주 제환공을 비롯한 춘추오패에 대한 동경이 있었다.

> 제선왕이 물었다. "제환공과 진문공의 사적을 얻어들을 수 있습니까?"
> 맹자가 대답하여 말했다. "중니(仲尼, 공자의 字)의 무리 중에 (제)환공이나 (진)문공의 사적을 말한 사람이 없습니다. 이로써 후세에 전해지는 것이 없으니 제가 들은 바 없습니다. 굳이 말한다면 왕도정치를 해야 한다는 말씀을 드립니다."[158]

---

158 『孟子』, 梁惠王章句上, "齊宣王問曰, 齊桓晉文之事可得聞乎? 孟子對曰, 仲尼之徒無道桓文之事者, 是以後世無傳焉, 臣未之聞也. 無以則王乎!"

제선왕이 제환공뿐만 아니라 진문공까지 거론한 것은 그만큼 자신의 담대함을 맹자에게 슬쩍 내보인 것이다. 제선왕이 제환공과 진문공의 사적을 모를 리 없지만, 제환공과 진문공에 대한 평가를 통해 패자를 지향하는 자신의 정치철학을 정당화시켜보려는 욕구가 작용한 듯하다. 그러나 맹자는 공자의 문하에서 제환공과 진문공의 사적을 말하지 않아 전해지는 바가 없다고 하여 아예 거론할 필요성조차 없다는 식으로 말해버렸다. 제환공과 진문공에 대해 언급할 가치가 별로 없다는 맹자의 말에 머쓱해진 제선왕은 왕도정치에 대해 곧바로 관심을 표명했다.

> 제선왕이 말했다. "덕(德)이 어찌해야 왕도를 할 수 있소이까?"
> 맹자가 말했다. "백성을 보호하면서 왕 노릇 하면 그것을 막을 수 있는 자는 없습니다."[159]

제선왕이 왕도정치에 관심을 갖자 맹자도 마음이 호쾌하게 열려 바로 왕도정치의 방법과 그 효능에 대해 직설적으로 언급했다. 그러자 제선왕은 바짝 구미가 당겼다.

> 제선왕이 말했다. "과인도 백성을 보호할 수 있겠소이까?"
> 맹자가 말했다. "할 수 있습니다."
> "어떤 이유로 내가 할 수 있다고 아십니까?"
> "신이 호흘(제나라 신하)에게서 듣사오니, 왕께서 당상에 앉아계시다가 소를 끌고 당하로 지나가는 자가 있어 왕께서 보고 말하셨다 합니다. '소는 무엇에 쓰

---

159 『孟子』, 梁惠王章句上, "曰, 德何如則可以王矣? 曰, 保民而王, 莫之能禦也."

려 하는가?'

그러자 그가 대답하여 말하길, '흔종[160]에 쓰려 합니다.'

왕께서 말씀하시길, '그만두어라. 나는 그 두려워하는 것을 차마 보지 못하겠다. 마치 죄 없이 사지에 끌려가는 것과 같다.'

그러자 대답하여 말하길, '그리하면 흔종을 하지 말까요?'

'어찌 폐할 수 있으리오. 양으로 바꾸어라.'라고 했다 합니다. 이런 일이 있었습니까?"

제선왕이 말했다. "있었습니다."

그러자 맹자가 말했다. "이런 마음으로 족히 왕도정치를 하실 수 있습니다. 백성은 모두 왕께서 소가 아까워서 그리했다고 합니다만, 저는 진실로 왕께서 잔인하지 못한 것을 알고 있습니다."[161]

맹자는 제선왕이 왕도정치에 대해 관심이 있는 것을 보고는 크게 고무된 것 같다. 그리하여 일전에 제선왕이 소가 죽으러 가면서 벌벌 떠는 모습을 보고 차마 볼 수 없어서 양으로 바꾸라고 말한 일화에서 왕도정치를 할 수 있는 잔인하지 못한 마음의 단서를 포착하고는 제선왕을 분발시켰다. 그런데 당시 사람들은 제선왕이 소 대신 양으로 바꾸라고 한 처사를 두고 수군거렸다. 큰 재물인 소가 아까워서 양으로 바꾸라고 했다는 것이다. 여기에 대해 맹자가 자신은 그렇게 생각하지 않고 있다며 제선왕을 넌지시 위로했다. 맹자의 말이 끝나자 역시 제선왕은 매우 억울해했다. 자신

---

160 종(鐘)을 주조할 때 소의 피를 바른다.

161 『孟子』, 梁惠王章句上, "曰, 若寡人者, 可以保民乎哉? 曰, 可. 曰, 何由知吾可也? 臣聞之胡齕曰, 王坐於堂上, 有牽牛而過堂下者, 王見之, 曰, 牛何之? 對曰, 將以釁鐘. 王曰, 舍之! 吾不忍其觳觫, 若無罪而就死地. 對曰, 然則廢釁鐘與? 曰, 何可廢也? 以羊易之! 不識有諸? 曰, 有之. 曰, 是心足以王矣. 百姓皆以王爲愛也, 臣固知王之不忍也."

은 그 두려워 떠는 소의 모습이 마치 죄 없이 사지로 끌려가는 것 같아서 양으로 바꾸라고 했다는 것이다. 이것에 대해 맹자가 말했다.

> "왕은 상심하지 마십시오. 이것이 바로 인술(仁術: 어진 마음의 쓰임이)입니다. 소를 보았을 때는 양을 보지 못했습니다. 군자는 금수(禽獸: 날짐승과 길짐승)와의 관계에서 살아 숨 쉬는 것을 볼 수 있지만, 죽는 것을 차마 볼 수 없으며, 죽어가는 소리를 듣고 차마 그 고기를 먹지 못합니다. 그러므로 군자는 주방을 멀리합니다."[162]

맹자의 이 말을 듣고 제선왕은 마치 어두운 하늘에 구름이 걷히는 듯 개운함을 느꼈다. 왜냐하면 제선왕 자신도 소를 양으로 바꾸라고 했지만, 생각해보니 양 역시 생명이 있는 짐승이었기 때문이다. 자신이 한 처사가 과연 죽으러 가는 가축을 보고 불쌍하다 여긴 마음 때문에 그랬던 것인가에 의문이 생겼던 차였다. 맹자는 우리가 앞에서 죽어가는 가축들의 울부짖는 소리를 듣고 차마 그 고기를 먹을 수 없지만, 평소에는 고기를 먹는 것과 같은 이치라는 말을 하고 있다. 바로 눈앞의 소가 죽으러 가는 모습을 보고 제지한 것이 바로 어진 마음에서 우러나온 것이며, 아직 드러나지 않은 양까지 인간의 마음이 미칠 수는 없다는 논리이다. 그러므로 군자는 온갖 살아있는 것들이 울부짖는 (옛날) 주방을 멀리한다고 했다.

---

162 『孟子』, 梁惠王章句上, "無傷也, 是乃仁術也, 見牛未見羊也. 君子之於禽獸也, 見其生, 不忍見其死. 聞其聲, 不忍食其肉. 是以君子遠庖廚也."

왕도를 못 하는 것이 아니라 안 하는 것이다

맹자는 왕도정치를 할 수 있는 통치자의 도덕적·정서적 자격으로 '불인인지심(不忍人之心)'을 제시한다. 맹자의 왕도정치에 바탕을 이루는 불인인지심은 맹자가 인간의 사단 중의 하나로 거론하는 측은지심(惻隱之心)의 또 다른 표현이다. 불인인지심은 왕도정치를 할 수 있는 군주의 도덕적 성향을 말한다. 그러나 불인인지심은 특별한 사람만이 갖고 있는 것이 아니다.

> "사람은 모두 잔인하지 못하는 마음을 갖고 있다. 선왕(先王)은 잔인하지 못하는 마음이 있어서 잔인하지 못한 정치를 했다."[163]

맹자는 모든 사람이 선한 본성인 불인인지심(不忍人之心), 즉 다른 사람에게 잔인하지 못하는 마음을 다 갖고 있다고 보았다. 여기서 '선왕(先王)'은 앞서 왕도정치를 행한 왕을 의미한다. 맹자는 인간의 선한 본성인 불인인지심(不忍人之心)이 또한 왕도정치의 바탕이 된다고 보았다. 맹자의 말에 이치를 깨달은 제선왕(齊宣王)은 기분이 고양되어 묻는다. 즉 자신에게 불쌍하게 생각하는 마음이 있다면 이것이 왕도와 어떻게 부합되느냐는 것이다. 맹자가 말했다.

> "어떤 자가 왕에게 아뢴다고 예를 들어 보겠습니다. 그 자가 나는 백균(百鈞: 아주 많은 무게)을 들 수 있다 하고는 깃털 하나를 들지 못하며, 추호(秋毫: 가을철

---

163 『孟子』, 公孫丑章句上, "孟子曰, 人皆有不忍人之心. 先王有不忍人之心, 斯有不忍人之政矣."

짐승의 가는 털)의 끄트머리를 잘 볼 수 있다 하고는 수레에 가득 실은 땔나무를 볼 수 없다고 합니다. 왕은 그런 자가 허용되시겠습니까?"

왕이 말했다. "아니요!"

(맹자가 말했다.) "지금 은혜가 족히 금수에게까지 미치면서 공덕이 백성에게는 미치지 못하는 것은 무엇 때문이겠습니까? 깃털 하나를 들지 않은 것은 힘을 쓰지 않은 것이오, 수레의 땔나무를 못 본 것은 밝게 하지 않았기 때문입니다. 백성들이 왕이 자신들을 보호함을 느끼지 못한다면 이것은 은혜를 백성들에게 베풀지 않았기 때문입니다. 왕께서 왕도를 하지 않으신 것이지 할 수 없는 것이 아니외다."[164]

'균(鈞)'은 서른 근을 말한다. 따라서 '백균(百鈞)'은 아주 많은 무게를 지칭한다. 전자의 말은 이렇다. 사람들은 짐승보다 사람끼리 교감을 더 쉽게 할 수 있다. 측은지심도 마찬가지이다. 제선왕은 측은지심이 짐승에게까지 미치고 있으니 이것은 마치 백균을 들 수 있는 사람과 추호의 끄트머리를 볼 수 있는 사람과 같다. 그러나 백균을 들 수 있는 사람이 깃털 하나를 들지 못하고, 추호를 볼 수 있는 사람이 수레에 가득 실은 땔나무를 볼 수 없다는 것과 마찬가지로 제선왕의 측은지심이 짐승에게까지 미치면서도 쉽게 그 교감이 이루어질 수 있는 사람에게까지는 미치지 못한다는 말이다. 후자의 말은 이렇게 짐승에게까지 미치는 섬세한 감정을 가진 제선왕이 왜 그 단서를 미루어서 백성에게까지 확대해야 하는 것을 모르느냐는 말이다. 맹자는 이 모두가 할 수 없는 것이 아니라 하지 않기 때문이라

---

164 『孟子』, 梁惠王章句上, "有復於王者曰, 吾力足以擧百鈞, 而不足以擧一羽. 明足以察秋毫之末, 而不見輿薪, 則王許之乎? 曰否. 今恩足以及於禽獸, 而功不至於百姓者, 獨何與? 然則一羽之不擧, 爲不用力焉, 輿薪之不見, 爲不用明焉, 百姓之不見保, 爲不用恩焉. 故王之不王, 不爲也, 非不能也."

고 말하고 있다. 이어서 제선왕이 하지 않는 것과 할 수 없는 것과의 차이를 묻고 맹자가 답했다.

> 제선왕이 말했다. "하지 않는 것과 할 수 없는 것의 모양은 어떻게 다릅니까?"
> 맹자가 말했다. "태산을 옆에 끼고 북해를 넘어가는 것을 사람들에게 말하기를, '나는 할 수 없다.'라고 하면 이것은 진실로 할 수 없는 것입니다. 어른을 위해 나뭇가지 하나 꺾는 것을 사람들에게 말하기를, '나는 할 수 없다.'라고 하면 이것은 하지 않는 것이지 할 수 없는 것이 아닙니다. 그러므로 왕이 왕도정치를 하지 않는 것은 태산을 옆에 끼고 북해를 넘어가는 부류가 아닙니다. 왕이 왕도정치를 하지 않는 것은 나뭇가지를 꺾는 부류입니다."[165]

태산을 옆에 끼고 북해를 넘어가는 것은 사람이 할 수 없는 일이다. 그러나 왕으로서 왕도정치를 하고 안 하고의 문제는 나뭇가지를 꺾는 부류와 같다고 했다. 즉 하지 않는 것이다. 다시 말해 물리적으로 어려운 일이 아닌데 정서적으로 문제가 있다고 본 것이다. 그렇다면 무엇이 문제이고 어떻게 대처해야 하는가?

> "우리 집 노인을 노인으로 대우함으로써 다른 집 노인에게 그리 미칠 수 있고, 우리 집 어린아이를 어린아이로 대우함으로써 다른 집 어린아이를 대할 수 있으면 천하는 손바닥 안에서 움직일 수 있습니다. … 지금 은혜가 족히 금수에

---

165 『孟子』, 梁惠王章句上, "曰, 不爲者與不能者之形何以異? 曰, 挾太山以超北海, 語人曰, 我不能, 是誠不能也. 爲長者折枝, 語人曰, 我不能, 是不爲也, 非不能也. 故王之不王, 非挾太山以超北海之類也. 王之不王, 是折枝之類也."

게 미치는데도 공덕이 백성에 이르지 않는 것은 유독 무엇 때문입니까?"[166]

맹자는 어진 마음이 가정에서 출발하여 사회로, 사람에서 출발하여 금수에 이르는, 즉 기본부터 충실히 실행되는 확장 과정을 거쳐야 하는데, 제선왕이 이를 간과하고 있다고 보았다. 그리고 그 절차와 과정은 섬세하게 살펴보아야 한다고 말한다.

"저울질한 후에 경중을 알 수 있고 자로 잰 후에 장단을 알 수 있는 것입니다. 사물이 모두 그리 한데 마음은 더욱 심오한 것입니다. 왕께 청하오니, 헤아려 주소서!"[167]

군주는 백성을 위한 정책이 무엇이 중하고, 시급한가를 늘 섬세하게 챙겨야 한다. 그렇지 않을 경우 금수를 위해서만 어진 마음을 베풀고, 백성들에게는 인정을 베풀지 않는 과오를 범할 수 있다는 것이다. 맹자가 제선왕을 다소 몰아붙이고 있지만, 한편으로는 그만큼 할 수 있는 싹수가 보이기 때문에 분발시키려는 의도에서 그리한 것이었다.

발정시인이 가장 지혜로운 정책이다

맹자는 제선왕에게 짐승에게 미치는 은혜로운 마음을 백성에게까지 미

---

166 『孟子』, 梁惠王章句上, "老吾老, 以及人之老, 幼吾幼, 以及人之幼, 天下可運於掌. … 今恩足以及禽獸, 而功不至於百姓者, 獨何與?"
167 『孟子』, 梁惠王章句上, "權然後知輕重, 度然後知長短. 物皆然, 心爲甚. 王請度之!"

치게 하도록 권했다. 예컨대 자신의 노부모를 봉양하듯이 남의 부모를 대우하고, 자신의 어린아이를 보살피듯이 남의 어린아이를 보살피면 천하가 자신의 손바닥 안에서 운영될 수 있다는 말이었다. 그런데 제선왕이 크게 발분하는 모습을 보이지 않자 맹자는 혹시 제선왕이 다른 생각이 있는지를 묻는다. 이에 제선왕은 자신은 크게 원하는 바가 있다고 했다.

맹자가 말했다. "왕께서 크게 원하는 바를 얻어들을 수 있겠습니까?"

왕이 웃기만 할 뿐 말을 하지 않았다.

맹자가 말했다. "기름지고 단 음식이 입에 만족스럽지 않습니까? 가볍고 따뜻한 옷이 몸에 만족스럽지 않습니까? 아니면 채색이 눈에 만족스럽지 않습니까? 음악이 귀에 만족스럽지 않습니까? 시중드는 여인이 앞에서 명령을 받는 것이 만족스럽지 않습니까? 왕의 모든 신하가 받들고 있는데 왕은 어찌하여 이것들을 크게 원한다고 하십니까?"

왕이 말했다. "아니요. 나는 이것들을 원하는 것이 아니외다."

맹자가 말했다. "그렇다면 왕께서 크게 원하는 것을 알 수가 있겠나이다. 국토를 확장하여 진(秦)나라와 초(楚)나라를 조공하게 하고, 중국에 군림하여 사방의 이민족을 거느리는 것이겠습니다. 만약 이런 식으로 원하는 것을 얻고자 한다면 나무에서 물고기를 구하려 하는 것입니다[緣木求魚]."[168]

맹자가 제선왕에게 어진 마음이 있다는 것을 지목하자 제선왕은 기분이 고양되었다. 그러나 어진 마음이 바탕이 된 왕도정치를 행하는 세목에

---

168 『孟子』, 梁惠王章句上, "王之所大欲可得聞與? 王笑而不言. 曰, 爲肥甘不足於口與? 輕煖不足於體與? 抑爲采色不足視於目與? 聲音不足聽於耳與? 便嬖不足使令於前與? 王之諸臣皆足以供之, 而王豈爲是哉? 曰, 否, 吾不爲是也. 然則王之所大欲可知已. 欲辟土地, 朝秦楚, 莅中國而撫四夷也. 以若所爲求若所欲, 猶緣木而求魚也."

서 섬세하게 백성을 위한 정책의 경중과 완급을 살펴야 한다는 맹자의 말이 가슴에 척 닿는 것이 아니라 오히려 뜬구름 잡는 말처럼 느껴졌다. 제선왕은 양혜왕처럼 가슴에 품고 있는 대국의 꿈이 있는데 맹자의 말은 도무지 가슴을 뛰게 하지 않는 것이었다. 결국 맹자는 제선왕의 의중을 읽어내고는 제선왕의 꿈틀대는 생각을 단칼에 잘라버린다. '연목구어(緣木求魚)'라고 했다. 나무에서 물고기를 구한다는 의미인 연목구어(緣木求魚)가 여기에서 비롯됐다. 연목구어는 불가능한 일을 무리해서 하려고 하는 경우에 쓰는 표현이다. 제선왕에게는 밟고 있는 땅이 꺼지는 느낌이었으리라. 그러자 제선왕은 자신이 원하는 것이 그렇게 잘못된 생각인지를 감정이 북받쳐 말한다.

왕이 말했다. "어찌 이와 같이 심한 말을 하십니까?"

맹자가 말했다. "위태로움이 생각보다 심합니다. 나무에서 물고기를 구하는 것은 비록 물고기를 얻지 못해도 후에 재앙이 없습니다. 만약 이와 같이 원하시는 것을 구하려 한다면 마음과 힘을 다해도 반드시 재앙이 있을 것입니다."

왕이 말했다. "더 들을 수 있습니까?"

맹자가 말했다. "추나라 사람과 초나라 사람이 서로 전쟁을 하면 왕은 누가 이길 것 같습니까?"

왕이 말했다. "초나라 사람이 이기겠지요."

맹자가 말했다. "그러한즉 작은 것은 큰 것을 대적할 수 없으며, 적은 숫자로는 많은 숫자를 대적할 수 없으며, 약소국은 강대국을 대적할 수 없습니다. 사해(四海) 안에 사방 천 리인 나라가 아홉인데, 제나라는 모두 합해야 그중의 하나이니, 하나로써 여덟을 복종시키는 것이 어찌 추나라가 초나라를 대적하는 것과 다름이 있겠습니까? 역시 그 근본으로 되돌아가야 합니다."[169]

제선왕은 힘으로써 전국시대를 평정하고 싶은 속마음이 있었던 것이다. 이 점을 간파하고 맹자는 약소국 추나라와 강대국 초나라의 전쟁을 가상하여 그 결과를 가늠하게 하고는 이것을 확대하여 제나라와 다른 제후국 전체와의 전쟁을 설정해 그 결과를 유추하게 했다. 이러면서 맹자는 제선왕에게 나라를 강하게 하는 근본이 되는 것부터 되돌아보자고 조언했다.

> "지금 왕이 정치를 할 때 인(仁)을 베푸시면[發政施仁] 천하에 벼슬을 하고자 하는 자들은 왕의 조정에 서고 싶어 할 것이며, 농사짓는 자들은 왕의 들판에서 농사짓기를 원할 것이며, 돌아다니거나 앉아서 장사하는 자들은 왕의 시장에다 물건을 풀어놓을 것이며, 여행하는 자들은 왕의 도로에 출입하기를 원할 것이며, 천하에 자신의 군주를 싫어하는 자들은 모두 와서 왕에게 하소연할 것입니다. 이와 같이 한다면 누가 감히 왕을 막을 수 있겠나이까?"[170]

맹자는 양혜왕에게 인자무적(仁者無敵)이라고 했다. 맹자의 이 말은 제선왕에게도 표현만 다를 뿐 어의는 그대로 이어지고 있다. 맹자는 힘이 따르지 못할 경우에 천하를 제패하는 것이 발정시인(發政施仁)이라고 했다. 발정시인(發政施仁), 정치를 함에 인(仁)을 베푼다는 의미니 다름 아닌 왕도

---

169 『孟子』, 梁惠王章句上, "王曰, 若是其甚與? 曰, 殆有甚焉. 緣木求魚, 雖不得魚, 無後災. 以若所爲, 求若所欲, 盡心力而爲之, 後必有災. 曰, 可得聞與? 曰, 鄒人與楚人戰則王以爲孰勝? 曰, 楚人勝. 曰, 然則小固不可以敵大, 寡固不可以敵衆, 弱固不可以敵彊. 海內之地方千里者九, 齊集有其一. 以一服八, 何以異於鄒敵楚哉? 蓋亦反其本矣."

170 『孟子』, 梁惠王章句上, "今王發政施仁, 使天下仕者皆欲立於王之朝, 耕者皆欲耕於王之野, 商賈皆欲藏於王之市, 行旅皆欲出於王之塗, 天下之欲疾其君者皆欲赴愬於王. 其若是, 孰能禦之?"

정치를 말한다. 그렇게 할 경우 천하의 사람들이 모여들어서 나라가 부강해진다는 뜻이다. 이 말을 듣고 제선왕이 드디어 크게 깨달았던 모양이다.

> "제가 좀 어두운 편이라 그리 나아가기가 어렵소이다. 원컨대 선생께서는 저의 뜻을 보필해주시고, 저에게 밝은 가르침을 주십시오. 제가 비록 불민하지만, 선생이 말한 왕도정치를 한번 해보겠소이다."[171]

앞서 무례한 양혜왕도 맹자로부터 왕도정치에 대해 일장 연설을 듣고 "원컨대 마음을 편안히 하여 가르침을 따르겠소이다."라고 했다. 그러나 양혜왕은 당시 81세로 연로한 탓에 왕도정치를 펼치지 못하고 1년 후에 죽고 만다. 제선왕은 본래 어리석은 군주가 아닌지라 맹자의 말을 경청하더니 왕도정치를 한번 해보겠노라고 선언했다.

발정시인을 내용으로 하는 왕도정치란 구호만을 외치는 관념적이고 추상적인 정치가 아니다. 맹자는 왕도정치에 대해 양혜왕과 대화할 때 살아 있는 자를 봉양하고 죽은 자를 장례 지내는 데에 유감이 없게 하는 것이 왕도의 시작이라고 했다. 즉 현실적으로 백성의 생업을 안정시켜야 왕도정치가 가능하다고 보았다. 이러한 생각은 제선왕이 왕도정치를 행하기 위해 가르침을 달라고 하자 맹자가 대답한 다음 내용에서도 그대로 드러난다.

> "항산(恒産)이 없으면서 항심(恒心)이 있는 자는 오직 선비라야 가능합니다. 백성 같은 경우는 항산이 없으면 항심이 없어집니다. 진실로 항심이 없으면 멋

---

171 『孟子』, 梁惠王章句上, "吾惛, 不能進於是矣. 願夫子輔吾志, 明以敎我. 我雖不敏, 請嘗試之."

대로 날뛰고 사악하기를 그치지 아니하여 마침내 범죄에 빠집니다. 그런 후에 그들에게 형벌을 준다면 이것은 백성을 그물질하는 것이외다. 어찌 어진 사람이 자리에 있으면서 백성을 그물질할 수 있겠나이까?"[172]

'항산(恒産)'은 일정한 재산을 의미하고, '항심(恒心)'은 한결같은 마음을 의미한다. 맹자는 백성에게 일정한 재산이 있어야 인정에 의한 도덕적 교화가 가능하다고 본다. 항산이 없으면 생존을 위해 결국은 범죄로 빠지는 경우가 허다하다. 이것은 백성의 탓으로만 돌려서는 안 된다. 마치 물고기를 몰아 그물질하는 것처럼 백성을 그리 내몬 것은 위정자의 책임이다. 맹자는 백성들이 항산을 갖기 위해서는 국가의 역할이 필요하다고 보았다.

"이런 까닭에 명석한 군주는 백성의 산업을 제어하되 반드시 우러러 족히 부모를 섬기도록 하며, 굽어서 족히 처자를 양육하여 태평한 세월에는 종신 배부르고, 흉년에는 죽음을 면하게 해야 합니다. 그런 후에 백성들에게 선을 행하라고 계도하면 백성들이 그를 따르게 됩니다."[173]

국가의 역할은 목표가 설정되어야 한다는 것이다. 그것은 백성들 집안에서 찾을 수 있다고 본다. 부모와 처자식을 봉양하는 데 부족함이 없도록 하는 것이다. 그런 후에야 백성들을 도덕적으로 교화함이 가능하다고 본다. 맹자가 제선왕에게 한 말은 제나라로 오기 전 양혜왕에게 한 이야기와

---

172 『孟子』, 梁惠王章句上, "無恒産而有恒心者, 惟士爲能. 若民, 則無恒産, 因無恒心. 苟無恒心, 放辟邪侈, 無不爲已. 及陷於罪, 然後從而刑之, 是罔民也. 焉有仁人在位罔民而可爲也?"

173 『孟子』, 梁惠王章句上, "是故明君制民之産, 必使仰足以事父母, 俯足以畜妻子, 樂歲終身飽, 凶年免於死亡, 然後驅而之善, 故民之從之也."

요지가 같다. 맹자는 양혜왕에게 국가가 백성들에게 농사짓는 시기를 놓치지 않게 하며 물고기, 자라 등의 수산자원과 재목 등의 인산자원을 관리하여 양생과 상사에 유감이 없게 하는 것이 왕도의 시작이라고 했다. 여기서 맹자는 국가의 산업을 제어한다는 말로 대체하고 부모와 처자식을 봉양하는 데 부족함이 없어야 된다고 했다. 그렇다면 국가의 산업을 제어하는 방법은 무엇일까?

> "다섯 무(畝)의 주택에 뽕나무를 심으면 오십 살 사람에게 비단옷을 입할 수 있으며, 닭, 돼지, 개, 멧돼지 등의 가축을 기르고 잡는 때를 놓치지 않으면 칠십 살 사람에게 고기를 먹일 수 있으며, 백 무(畝)의 땅을 농사짓는 시기를 빼앗지 않으면 여덟 가구가 굶주리지 않을 것입니다. 학교의 교육에 힘써서 효와 공경하는 교육을 신장해야 합니다. 이리되면 머리 희끗희끗한 자들이 도로에서 짐을 머리에 이거나 등에 지는 일이 없을 것이외다. 노인에게 비단옷을 입히고 서민이 굶주리지도 않고 추위에 떨지 아니한데도 왕도정치를 하지 않는 자 있지 아니합니다."[174]

맹자가 제선왕에게 한 말은 역시 양혜왕에게 한 말과 거의 같다. 다만 여러 가구[數口之家]가 여덟 가구[八口之家], 하단의 칠십 살 사람[七十者]이 노인[老者]으로 글자만 바뀌었다. 즉 맹자는 왕도정치의 정책으로 국가가 기획하는 정전제를 제시하고 있다. 그리고 국가는 농민들이 정전제로 지급받은 토지에 뽕나무 등을 경작하게 하고, 가축을 기르고 잡는 때와 농사

---

174 『孟子』, 梁惠王章句上, "五畝之宅, 樹之以桑, 五十者可以衣帛矣. 雞豚狗彘之畜, 無失其時, 七十者可以食肉矣. 百畝之田, 勿奪其時, 八口之家可以無飢矣. 謹庠序之敎, 申之以孝悌之義, 頒白者不負戴於道路矣. 老者衣帛食肉, 黎民不飢不寒, 然而不王者, 未之有也."

짓는 시기를 놓치지 않게 해야 한다고 주장한다. 국가의 기획에 따른 민생의 안정도 중요하지만 더불어 경시하지 말아야 할 것이 있다. 그것은 백성의 도덕성 교육이다. 맹자는 민생의 안정이 중요하다고 생각하지만, 효(孝)와 공경[悌] 같은 일상의 도덕성 교육이 제대로 되지 않으면 나이가 연로하거나 병약한 자들이 버려지는 현상이 나타날 수 있다고 보았다. 이와 같이 맹자는 평소 국가의 기획에 의한 민생의 안정과 일상의 도덕성 교육에 힘써야 할 것을 주장했다.

맹자가 양혜왕과 제선왕에게 장문의 연설을 할 수 있었던 것은 그래도 전국시대의 군주들이 귀를 열어놓고 있었기 때문이다. 비록 자신에게 정치를 제대로 못 한다는 비위를 건드리는 말을 해도 자신과 백성을 위한 말임을 알아들었다. 그런데 우리의 지도자들은 어떠했는가? 성경에 이런 말이 있다.

"거룩한 것을 개에게 주지 말며 너희 진주를 돼지 앞에 던지지 마라. 그들이 그것을 발로 밟고 돌이켜 너희를 찢어 상하게 할 것이다."[175]

개나 돼지에게는 좀 미안한 말이지만 개나 돼지는 거룩한 말씀이나 진주 같은 보석을 주어도 알 리가 없다. 그러니 가치를 몰라보고 그냥 발로 뭉개거나 찢어발길 것이니 오히려 그것을 그들에게 준 사람의 마음만 아플 뿐이다. 정치 지도자이건 단체의 장이건 간에 하늘 같은 국민이나 올곧은 주변 사람의 보석과 같은 말을 귀담아듣지 아니하면 그들 또한 개나 돼지와 다를 바 없다. 그리고 그런 꼴을 바라보는 사람들의 마음은 너무 아

---

175 마태복음 7장 6절, "Do not give dogs what is sacred; do not throw your pearls to pigs. If you do, they may trample them under their feet, and then turn and tear you to pieces."

플 것이리라. 지금 이 시대는 어떠한가?

발정시인은 나라를 강하게 하는 근본적 통치철학이지만, 특히 사회적 약자들에게 필요한 정치적 배려를 우선으로 한다.

> 제선왕이 물었다. "왕도정치에 대하여 들을 수가 있겠소이까?"
> 맹자가 대답하여 말했다. "옛날 문왕이 기산에서 통치하실 때에 농경하는 자에게는 아홉 중 하나를 주고, 벼슬한 자에게는 세록(世祿)을 행하고, 세관과 시장을 살피되 세금을 걷지 아니하고, 연못과 저수지 시설을 금지하지 않으며, 죄인의 죄를 처자식까지 미치지 않으셨습니다. 늙어서 처가 없는 것을 홀아비라 하며, 늙어서 남편이 없는 것을 과부라고 합니다. 늙어서 자식이 없는 것을 독신이라 하며 어려서 부모가 없는 것을 고아라고 합니다. 이 네 유형은 천하의 곤궁한 백성이며 하소연할 데가 없는 사람들입니다. 문왕께서 정치를 하여 인(仁)을 베푸실 때 반드시 네 유형의 사람을 먼저 배려를 하셨습니다."[176]

맹자는 문왕의 정치를 발정시인의 사례로 보고 있다. 문왕은 정전제를 실시하여 아홉 개로 구획된 농지 중 하나를 경작자에게 지급했다. 벼슬한 자에게는 '세록(世祿)'을 행했다. '세록(世祿)'은 벼슬한 자에게 대대로 녹봉을 주는 제도를 말한다. 벼슬에서 물러난 자는 자신의 생계유지나 가족을 부양할 기반이 없어진다. 특히 재임 중 청렴하게 생활하여 재물을 모아두지 않은 자는 더욱 기댈 곳이 없다. 그렇기 때문에 세록은 관리들에게 재임 중 공평무사한 일 처리를 가능케 하고, 퇴임 후 최소한의 경제적 생활

---

176 『孟子』, 梁惠王章句下, "王曰, 王政可得聞與? 對曰, 昔者文王之治岐也, 耕者九一, 仕者世祿, 關市譏而不征, 澤梁無禁, 罪人不孥. 老而無妻曰鰥, 老而無夫曰寡, 老而無子曰獨, 幼而無父曰孤. 此四者, 天下之窮民而無告者. 文王發政施仁, 必先斯四者."

을 보장한다. 세록은 바로 오늘날의 연금제도와 같다.

정전제를 포함하여 문왕의 발정시인은 관리, 상업, 어업에 종사하는 사람뿐만 아니라 형벌의 운영에 이르기까지 두루 미친다. 특히 문왕의 발정시인은 홀아비·과부·독신자·고아 등의 이른바 사회적 약자들의 양생(養生)에 대한 배려를 특징으로 한다.

공자는 이상사회의 모습으로 대동사회를 말하였는데, 대동사회는 노인들로 하여금 그 생을 편안히 마칠 수 있게 하고, 장년으로 하여금 쓰일 곳이 있게 하며, 어린이로 하여금 의지하여 성장할 곳이 있게 하고, 과부·고아·홀로 사는 사람·폐질자를 불쌍히 여겨 부양을 받을 수 있게 하는 사회이다. 맹자가 말하는 왕도정치는 정치·사회적 관점에서 보았을 때 공자의 대동사회와 마찬가지로 홀아비·과부·독신자·고아 등의 사회적 소외계층과 약자들에 대한 배려가 특징인 정치 시스템이다. 이어지는 제선왕과 맹자의 대화이다.

왕이 말했다. "좋은 말씀입니다."

맹자가 말했다. "왕이 만약 좋게 여기신다면 왜 행하지 않으십니까?"

왕이 말했다. "과인이 흠이 있는데, 재물을 좋아합니다."

맹자가 대답하여 말했다. "옛날에 공유가 재물을 좋아하여 『시경』에 이런 말이 있습니다. '마침내 노천에 쌓아두고 창고에 넣었는데도 마른 양식을 전대와 주머니에 넣게 하고 나서야 백성을 모아 나라를 광명되게 할 것을 생각하노라. 활과 화살을 확충하며 방패·창·도끼·부월로 이에 나아갈 길을 열도다.' 바로 집에 있는 자는 곡식 쌓인 창고가 있고, 길을 나서는 자들은 식량을 싼 것이 있는 연후에 바야흐로 나아갈 길을 연 것이니, 만일 왕께서 재물을 좋아하신다 해도 백성과 함께하면 왕에게 어떤 어려움이 있겠나이까?"[177]

공유는 순임금의 신하인 후직(后稷)의 증손이다. 후직은 순임금으로부터 태(邰)를 봉토로 받았다. 그 후손들은 그곳에서 살다가 4세 공유(公劉)에 이르러 빈(邠)으로, 그리고 13세 고공단보(古公亶父)에 이르러 기산(岐山) 아래 주원(周原)으로 도읍지를 옮겼다. 고공단보는 문왕의 조부이다.

제선왕이 맹자로부터 문왕이 사회적 약자에게 발정시인한 고사를 듣고는 좋은 내용이라고 찬탄했지만, 자신은 재물을 좋아하여 문왕처럼 사회적 약자에게 은혜를 베풀 수 있는가에 확신이 없었다. 그러자 맹자는 『시경』의 내용을 인용하여 공유(公劉)가 재물을 좋아했지만 아울러 양식을 백성의 전대와 주머니에 채워준 고사를 말했다. 즉 재물을 좋아해도 이것을 백성과 함께하면 왕도정치가 가능하다는 예증을 했다. 그러자 제선왕이 다시 자신의 흠을 또 하나 슬쩍 내비쳤다.

왕이 말했다. "과인이 흠이 하나 있는데, 여색을 좋아합니다."
맹자가 대답하여 말했다. "옛날에 태왕이 여색을 좋아하여 그 왕비를 사랑하셨는데, 시경에 이르기를, '고공단보가 조공을 바치다가 말을 달려 서쪽 물가로 가서 기산 아래에 이르러서는 이에 강녀(姜女)와 서로 한 지붕 아래 있었다.'라고 합니다. 그때 안으로는 원통한 여인이 없고 밖으로는 홀아비가 없었으니, 왕이 만일 여색을 좋아한다 하시더라도 백성과 더불어 같이하면 왕에게

---

177 『孟子』, 梁惠王章句下, "王曰, 善哉言乎! 曰, 王如善之則何爲不行? 王曰, 寡人有疾, 寡人好貨. 對曰, 昔者公劉好貨, 詩云, 乃積乃倉, 乃裹餱糧. 思戢用光. 弓矢斯張, 干戈戚揚, 爰方啓行. 故居者有積倉, 行者有裹囊也, 然後可以爰方啓行. 王如好貨, 與百姓同之, 於王何有?"

어떤 어려움이 있겠나이까?"[178]

태왕은 문왕의 아들 희발(후에 무왕)이 상나라로부터 독립하여 증조부 고공단보를 왕의 반열로 추숭(追崇)한 것이다. 『사기』는 고공단보가 기산 아래로 도읍을 옮긴 내력을 이렇게 말한다. 고공단보가 부족장이 되면서 덕을 쌓고 의로움을 행하자 국인(國人)들 모두가 그를 공경했다. 그런데 훈육(薰育: 흉노)과 융적(戎狄: 서쪽 오랑캐와 북쪽 오랑캐)들이 공격해오며 재물을 요구했다. 고공단보는 그들에게 재물을 주었는데 얼마 후 다시 공격해왔다. 그러자 백성이 모두 분노하여 싸우자고 했고 고공단보가 이렇게 말했다.

"백성이 군주를 세우는 것은 군주가 장차 그들에게 이롭기 때문이다. 지금 융적 등이 공격해오는 것은 나의 땅과 백성을 얻기 위함이다. 백성이 나에게 있으나 저들에게 있으나 무엇이 다르겠는가? 백성이 나와의 인연으로 싸우고자 하나 사람들의 부모와 자식을 죽이고 군주 노릇을 하는 것은 차마 할 수 없는 짓이다."[179]

이 말을 하고 고공단보는 식솔들과 함께 기산 아래로 이주했다. 그런데 빈 땅의 사람들이 노인을 부축하고 어린아이를 끌며 기산 아래의 고공단보에게 몰려들었다. 그뿐 아니라 타 지역 사람들도 고공단보가 어질다는

---

178 『孟子』, 梁惠王章句下, "王曰, 寡人有疾, 寡人好色. 對曰, 昔者太王好色, 愛厥妃. 詩云, 古公亶父, 來朝走馬, 率西水滸, 至于岐下, 爰及姜女, 聿來胥宇. 當是時也, 內無怨女, 外無曠夫. 王如好色, 與百姓同之, 於王何有?"

179 『史記』, 史記卷四, 周本紀第四, "有民立君, 將以利之. 今戎狄所爲攻戰, 以吾地與民. 民之在我與其在彼, 何異. 民欲以我故戰, 殺人父子而君之, 予不忍爲."

소문을 듣고 대거 귀의했다. 이에 이르러 고공단보는 융적 등의 풍속을 멀리하고 성곽과 가옥을 축조했다.

맹자에 따르면 기산 아래로 도읍을 옮긴 고공단보는 왕비인 강녀(姜女)를 사랑했고 백성 중에도 원통한 여인과 홀아비가 없도록 서로 사랑하는 짝을 같게 했다. 이럴 경우 여색을 좋아하는 것은 흠이 될 수 없다. 제선왕이 '호화(好貨)', 즉 재물을 좋아하고 '호색(好色)', 즉 여색을 좋아한다고 하자, 맹자가 공유의 호화와 고공단보의 호색을 예로 들어 만일 백성과 함께하는 호화(好貨)와 호색(好色)이라면 큰 문제가 아님을 말한 것이다.

여민동락하면 왕 노릇 할 수 있다

왕도정치는 군주 혼자 북 치고 장구 치고 하는 것도 아니고 군자 혼자 즐기는 것이 아니라 백성과 더불어 할 때 그 진정한 가치와 효력이 담보된다. 맹자는 양혜왕이 연못 위에서 기러기, 고라니, 사슴을 보며 "현자(賢者)도 이런 것을 즐깁니까?"라고 묻자 문왕이 영대, 영소를 만들고 여민해락(與民偕樂), 즉 백성들과 즐거움을 같이했기 때문에 진정으로 즐길 수 있다고 했다. 제선왕과의 대화에서는 여민해락이 한 글자만 바뀐 여민동락(與民同樂)으로 표현된다. 어의는 같다.

어느 날 제(齊)나라 사람인 장포(莊暴)가 맹자를 찾아왔다. 장포는 맹자에게 일전에 제선왕이 자신은 음악을 좋아한다고 말했지만, 장포는 아무 대답을 하지 못했다고 말하면서 음악을 좋아한다는 것이 어떠한 의미인가를 물었다. 그러자 맹자는 만일 왕이 음악을 매우 좋아한다면 제나라는 거의 잘 다스려질 것이라고 말해주었다. 장포와 헤어진 후 어느 날 맹자가 제선왕을 알현할 때 제선왕이 장포에게 한 이야기를 상기시키면서 왕에게 말했다.

"신(臣)이 음악에 대해서 말해보겠습니다. 만일 지금 왕이 이곳에서 음악을 탈 경우에 백성들이 왕의 종소리·북소리·피리소리를 듣고 골치를 아파하고 콧대를 찡그리면서 '우리 왕이 음악을 좋아하는구나! 어찌 우리를 이러한 극심한 지경에 내모는가? 부모와 자식이 서로 보지 못하고 형제와 처자가 흩어졌구나!'라고 하고, 지금 왕이 이곳에서 사냥하실 경우 백성들이 왕의 수레소리·말소리를 듣고, 깃발의 아름다움을 보고는 골치를 아파하고 콧대를 찡그리면서 '우리 왕이 사냥을 좋아하는구나! 어찌 우리를 이러한 극심한 지경에 내모는가? 부모와 자식이 서로 보지 못하고 형제와 처자가 흩어졌구나!'라고 말한다면 이것은 다른 것이 아닙니다. 여민동락(與民同樂: 백성과 더불어 즐거움을 같이함)하지 않았기 때문입니다."[180]

그러면서 맹자는 반대의 경우를 가상하여 말했다.

"지금 왕이 여기에서 음악을 타시면 백성들이 왕의 종소리·북소리·피리소리를 듣고는 흔연히 기뻐하는 기색이 있으면서 서로 말하길, '우리 왕이 행여 질병이 없으신가?', '어떻게 음악을 타시는가?' 하며, 지금 왕이 여기서 사냥을 하시면 백성들이 왕의 수레소리·말소리를 듣고, 깃발의 아름다움을 보고는 흔연히 기뻐하는 기색 있으면서 서로 말하길, '우리 왕이 행여 질병이 없으신

---

180 『孟子』, 梁惠王章句下, "臣請爲王言樂. 今王鼓樂於此, 百姓聞王鐘鼓之聲, 管籥之音, 擧疾首蹙頞而相告曰. 吾王之好鼓樂, 夫何使我至於此極也? 父子不相見, 兄弟妻子離散. 此無他, 不與民同樂也. 今王田獵於此, 百姓聞王車馬之音, 見羽旄之美, 擧疾首蹙頞而相告曰, 吾王之好田獵, 夫何使我至於此極也? 父子不相見, 兄弟妻子離散. 此無他, 不與民同樂也."

가?', '어떻게 사냥을 하시는가?' 한다면 이것은 다른 것이 아닙니다. 여민동락
(與民同樂)했기 때문입니다. 지금 왕이 백성과 더불어 즐거움을 같이하시면 왕
노릇 하실 것입니다."[181]

맹자는 제선왕이 음악을 타거나 사냥을 할 경우에 백성들이 보이는 두
가지 반응을 가상하여 말했다. 만약 백성들이 부정적 반응을 보이면 이것
은 왕이 평소 여민동락(與民同樂)하지 않고 자신만의 즐거움을 추구한 까
닭이며, 만일 백성들이 기뻐하고 즐거워한다면 이것은 왕이 여민동락(與民
同樂), 즉 백성들과 더불어 즐거움을 같이한 까닭이라고 보고 있다. 맹자는
여민동락의 전례로서 역시 문왕의 경우를 예로 들고 있다.

> 제선왕이 물었다. "문왕의 동산은 사방 칠십 리라 하는데 그런 사실이 있었습
> 니까?"
>
> 맹자가 대답했다. "전해지는 말로는 있었다고 합니다."
>
> 제선왕이 말했다. "그렇게 큽니까?"
>
> 맹자가 말했다. "백성들은 오히려 작다고 했습니다."
>
> 제선왕이 말했다. "과인의 동산은 사방 사십 리로되 백성들이 오히려 크다고
> 하는 것은 무엇 때문이오?"
>
> 맹자가 말했다. "문왕의 동산 사방 칠십 리에 꼴꾼과 나무꾼, 꿩이나 토끼 잡
> 는 자들이 들어갈 수 있어서 백성과 함께한 것이기 때문에 백성들이 작다고

---

181 『孟子』, 梁惠王章句下, "今王鼓樂於此, 百姓聞王鐘鼓之聲, 管籥之音, 擧欣欣然有喜色而相告曰, 吾王庶幾
無疾病與? 何以能鼓樂也? 今王田獵於此, 百姓聞王車馬之音, 見羽旄之美, 擧欣欣然有喜色而相告曰, 吾
王庶幾無疾病與? 何以能田獵也? 此無他, 與民同樂也. 今王與百姓同樂則王矣."

했습니다. 역시 마땅한 말이 아니겠습니까?"[182]

　문왕은 왕의 동산이 사방 칠십 리지만 꼴 베고 나무하는 자들이 수시로 출입하고, 사냥하는 자들이 출입하여도 금지하거나 처벌을 하지 않아서 백성과 더불어 즐거움을 같이했다. 그러므로 백성들은 문왕의 동산이 오히려 작다고 표현했다. 바로 이 여민동락이 다름 아닌 왕도정치의 모습이라고 맹자는 보고 있다. 맹자는 이어서 제선왕의 경우를 들추어냈다.

　"신(臣)이 처음 경내에 이르렀을 때 제나라가 (왕실 보유의 땅 출입을) 대대적으로 금지한 후 감히 들어갔을 경우에 관해 물었습니다. 그러자 교외의 관문 안에 동산이 사방 사십 리가 있는데 고라니와 사슴을 잡는 자는 살인죄와 같이 처벌한다고 들었습니다. 이것은 사방 사십 리로 나라 안에 함정을 만들어 놓은 것이니 백성이 크다고 하는 것이 역시 마땅하지 않겠나이까?"[183]

　문왕은 사방 칠십 리나 되는 동산을 보유했고, 제선왕은 사방 사십 리인 동산을 보유했지만, 백성들은 제선왕의 동산이 크다고 했다. 그것은 바로 여민동락이 아닌 왕 혼자 즐겼기 때문이며, 더욱이 출입하여 사냥하는 자는 가혹한 처벌까지 했기 때문에 그리했다.

　제선왕이 궁실 밖 설궁(雪宮)이라는 별장에 머무르고 있을 때 맹자를 초대했다. 제선왕은 설궁에 머무는 것이 꽤나 즐거웠던 모양이다.

---

182 『孟子』, 梁惠王章句下, "齊宣王問曰, 文王之囿方七十里, 有諸? 孟子對曰, 於傳有之. 曰, 若是其大乎? 曰, 民猶以爲小也. 曰, 寡人之囿方四十里, 民猶以爲大, 何也? 曰, 文王之囿方七十里, 芻蕘者往焉, 雉兎者往焉, 與民同之. 民以爲小, 不亦宜乎?"

183 『孟子』, 梁惠王章句下, "臣始至於境, 問國之大禁, 然後敢入. 臣聞郊關之內有囿方四十里, 殺其麋鹿者如殺人之罪. 則是方四十里爲阱於國中. 民以爲大, 不亦宜乎?"

제선왕이 맹자를 설궁에서 만났다. 왕이 말했다. "현자도 이런 즐거움이 있습니까?"

맹자가 대답하여 말했다. "있습니다. 사람들이 얻지 못하면 그 윗사람을 비난합니다. 얻지 못했다고 하여 그 윗사람을 비난하는 것도 잘못된 일이지만, 백성의 윗사람이 되어 여민동락하지 않는 자도 역시 잘못입니다. 백성의 즐거움을 같이 즐거워하는 자가 있으면 백성은 역시 그의 즐거움을 즐거워하게 되고, 백성의 근심을 근심하는 자가 있으면 백성은 그의 근심을 근심할 것이니, 천하로서 즐거워하고 천하로서 근심하면서 왕도정치를 하지 못한 자 있지 않습니다."[184]

제선왕이 설궁에 머무르면서 맹자 같은 현인도 이런 즐거움을 즐길 수 있는가를 그에게 물었다. 맹자는 일단 즐길 수 있다고 하고 화제를 군주와 백성의 여민동락(與民同樂)으로 돌렸다. 역시 백성이 그런 즐거움을 같이 누리지 못하면 그 윗사람을 비난한다는 논리였다. 앞에서 맹자는 음악과 사냥을 예로 들어 여민동락을 말했지만 여기서는 설궁 같은 별장에서의 여유로운 생활을 빗대어 여민동락의 필요성을 제시하고 있다. 이어서 맹자는 제경공(齊景公, 재위: 기원전 548~기원전 490)과 안영의 이야기를 들려주었다.

"옛날에 제경공이 안자에게 물었습니다. '내가 전부(轉附)와 조무(朝儛)에서 관광을 하고 바다를 따라 남쪽으로 가서 낭야(琅邪)에 가려 하는데, 내가 어찌 수

---

184 『孟子』, 梁惠王章句下, "齊宣王見孟子於雪宮. 王曰, 賢者亦有此樂乎? 孟子對曰, 有. 人不得, 則非其上矣. 不得而非其上者, 非也. 爲民上而不與民同樂者, 亦非也. 樂民之樂者, 民亦樂其樂, 憂民之憂者, 民亦憂其憂. 樂以天下, 憂以天下, 然而不王者, 未之有也."

양해야 선왕의 관광과 비교할 수 있겠소?'

안자가 대답하여 말했습니다. '질문이 좋습니다. 천자가 제후에게 가는 것을 순수(巡狩)라 하니, 순수라는 것은 지키는 곳을 돌아본다는 뜻입니다. 제후가 천자에게 조회하는 것을 술직(述職)이라 하는데, 술직은 맡은 일을 진술한다는 뜻이니 일이 아님이 없습니다. 봄에는 밭갈이를 살피어 부족함을 보충해주고 가을에는 거두는 것을 살피어 흡족지 않음을 도와줍니다. 하(夏)나라 말에 '우리 왕이 놀지 않으면 우리는 어찌 쉴 수 있으며, 우리 왕이 기뻐하지 않으면 우리가 어찌 도움을 받을 수 있으리오. 한 번은 놀고 한 번은 기뻐하는 것이 제후의 법도로다.'라는 내용이 있습니다. 지금은 그렇지 않습니다. 군대를 이끌고 돌아다니며 양식을 먹어치우지만 굶주린 자들은 먹지 못하고, 노역하는 자들은 쉬지를 못합니다. 백성이 마침내 사특해지고 제후들과 수하들이 왕명을 어기고 백성을 학대하여 (백성이 굶주리는데도) 음식을 먹다 버리곤 합니다. 배를 띄우고 물 따라 내려가는 놀이[流]와 물 흐르는 위쪽으로 배를 끌고 가는 놀이[連], 그칠 줄 모르는 사냥놀이[荒]와 음주를 낙으로 삼는 행동[亡]들이 여러 작은 현령·읍장들의 근심거리가 되고 있습니다.'"[185]

제나라에는 역사상 뛰어난 재상이 둘 있었다. 16대 제환공을 도와 춘추시대 패자(霸者)로 군림하게 만든 관중(管仲, 기원전 ?~기원전 645)과 그로부터 수십 년 후에 등장한 안영(晏嬰, 기원전 ?~기원전 500)이다. 안자(晏子)는 안영의 존칭이다. 『사기』에 따르면 안영은 제나라 24대 영공(靈公), 25대

---

185 『孟子』, 梁惠王章句下, "昔者 齊景公問於晏子曰, 吾欲觀於轉附朝儛, 遵海而南, 放於琅邪, 吾何脩而可以比於先王觀也? 晏子對曰, 善哉問也! 天子適諸侯曰巡狩. 巡狩者巡所守也. 諸侯朝於天子曰述職. 述職者述所職也. 無非事者. 春省耕而補不足, 秋省斂而助不給. 夏諺曰, 吾王不遊, 吾何以休? 吾王不豫, 吾何以助? 一遊一豫, 爲諸侯度. 今也不然 師行而糧食, 飢者弗食, 勞者弗息, 睊睊胥讒, 民乃作慝. 方命虐民, 飮食若流. 流連荒亡, 爲諸侯憂."

장공(莊公), 26대 경공(景公) 3대 군주를 모셨다. 그는 평소 절약하고 검소했으며 몸소 실천하여 제나라에 중용되었다. 제경공 때 제나라 재상이 되어서는 식사할 때 고기를 잘 들지 않고 첩들은 비단옷을 입지 않게 했다. 조정에서 군주가 말하면 대응하는 언어가 곧았고, 군주가 말이 없으면 행동이 곧아서 제환공 이후 제경공을 보좌하여 제나라의 부흥을 이끌었다.

안영은 공자와 같은 시대 사람으로 공자보다 나이가 수십 년 위였으며 공자와도 교류가 있었다. 공자 나이 35세 때 노나라 군주 소공(昭公)은 정권을 장악하고 있던 삼환(三桓)[186]을 축출하고자 군대를 동원했다가 도리어 삼환에게 쫓겨나 제(齊)나라로 도망갔다. 공자도 그 뒤를 따라 제나라에 갔다. 공자는 잠시 고소자(高昭子)의 가신(家臣: 경·대부의 집에 소속되어 주인을 섬기는 사람)이 되어 제경공(齊景公)과 교류를 하게 된다. 경공은 니계(尼谿)의 땅을 봉토로 주어 공자를 정치 자문으로 삼으려 했으나 안영이 반대하여 뜻을 거둔 적이 있었다.

위에서 안영은 천자의 관광은 단순히 노는 것이 아니라 백성들의 부족함을 살피고 도와주려는 차원에서 행해졌음을 말하고 있다. 그렇기 때문에 백성은 천자인 왕이 관광과 같은 유람을 하고 즐거워하기를 바란다는 것이다. 그러나 당시의 제후들은 그리하지 않고 군대를 수행하게 하면서 백성이 먹을 양식을 먹어치우고 백성을 쉼 없이 노역하게 했다. 결국 백성들의 심성은 삐뚤어졌다. 제후들과 수하들이 왕명을 어기고 백성을 학대하는 일들이 더욱 벌어졌지만, 제후들의 뱃놀이, 사냥놀이, 음주 가무는 그치질 않았다. 맹자는 안영이 제경공에게 이어서 간언한 내용을 제선왕에게 소개한다.

---

186 삼환이란 노나라의 대부(大夫) 가문인 맹손(孟孫), 숙손(叔孫), 계손(季孫)의 이른바 삼가(三家)를 말한다. 이들은 노나라 15대 왕인 환공(桓公)의 후손이었기에 삼환(三桓)으로 불리었다.

"(안영이 말했습니다.) '선왕(先王)은 배를 띄우고 물 따라 내려가는 놀이[流]와 물 흐르는 위쪽으로 배를 끌고 가는 놀이[連], 그칠 줄 모르는 사냥놀이[荒]와 음주를 낙으로 삼는 행동[亡]을 하지 않았습니다. 오직 군주께서 지켜 행하여야 할 것들입니다.'

이에 경공이 기뻐하여 나라에서 크게 경계해야 할 일들을 공포하고 교외로 시찰을 나갔으며, 이때 창고의 문을 열고 백성을 구휼하여 백성에게 부족한 것들을 보충해주었습니다. 그리고 태사(大師: 음악을 담당하는 관리)를 불러 말했습니다. '나를 위해 군신이 서로 좋아하는 음악을 만들라!'고 하시니, 바로 치소, 각소가 이것입니다. 『시경』에 '군주를 제어하는 것이 어떤 허물이 되겠는가?'라는 말이 있습니다. 군주를 제어하는 자는 군주를 좋아한다는 것입니다."[187]

　　제경공이 안영의 간언을 듣고 크게 백성들을 구휼했으며 군신이 함께 즐기는 음악을 만들었다. 여기서 치소(徵招), 각소(角招)는 순임금의 음악인 소[招(韶)][188]를 제경공이 편곡한 것을 말한다.[189] 『논어』에는 공자가 제나라에 있을 때 순임금의 소(韶) 음악을 듣고 심취하여 3개월간 고기 맛을

---

187 『孟子』, 梁惠王章句下, "先王無流連之樂, 荒亡之行, 惟君所行也. 景公悅, 大戒於國, 出舍於郊, 於是始興發補不足. 召大師曰, 爲我作君臣相說之樂! 蓋徵招角招是也. 其詩曰, 畜君何尤? 畜君者, 好君也."

188 본래 순임금의 음악을 '韶'라 하는데, 여기서 '招'는 '韶'와 통용하여 쓰인 것으로 보인다.

189 이와 관련하여 『집주(集註)』에 소개된 중국의 음악에 대해 살펴보면 다음과 같다. 음악에는 궁(宮), 상(商), 각(角), 치(徵), 우(羽)라는 오성(五聲)이 있다. 『예기』〈악기(樂記)〉는 오성을 이렇게 풀이하고 있다. 궁(宮)은 군주를 위한 음악이고, 상(商)은 신하를 위한 음악이며, 각(角)은 민중을 위한 음악이고, 치(徵)는 사업을 위한 음악이며, 우(羽)는 사물을 위한 음악이다. 궁(宮)은 현악기를 연주하는데, 최대 81개 줄을 사용하여 소리에 무게가 있고 존엄하다. 상(商)은 금속에 속하는데, 금속은 결단이 있다. 바로 신하의 일이다. 현악은 72개의 줄을 사용한다. 각(角)은 접촉한다는 뜻이니, 사물이 땅에 접촉하면 싹이 나온다. 현악은 64개의 줄을 사용한다. 나무[木]에 속하여 청탁(淸濁)으로 변화되는 것이 바로 민중의 모습이다. 치(徵)는 여름[夏]이니, 여름은 만물을 바르게 성장하게 하여 몸을 만들게 한다. 사업도 역시 몸집을 만든다. 현악은 54개의 줄을 사용한다. 우(羽)는 물[水]이 되니, 깨끗한 사물의 형상을 모은다. 그러므로 사물을 위한 음악이며, 현악의 줄은 48개의 줄을 사용한다.

몰랐다는 대목이 있다.[190] 공자가 들은 음악이 각소, 치소일 가능성이 크다.

맹자는 설궁에서 모양 있게 여가를 즐기려는 제선왕에게 제경공과 안영의 일화를 예로 들며 관광과 같은 놀이에도 절제와 품위가 따라야 하며 백성을 구휼하는 정책의 일환으로 행해져야 한다고 일장 연설했다. 맹자가 제선왕에게 깨우침을 주기 위해 안영의 고사를 인용한 것으로 보아 맹자는 안영에게 어느 정도는 호감을 갖고 있는 듯하다. 맹자의 제자 중에 공손추(公孫丑)가 있었다. 공손추는 제나라 사람이었는데, 맹자와 공손추가 이런 대화를 했다.

> 공손추가 물었다. "선생님께서 제나라에서 요직을 맡으신다면 관중과 안자의 공적을 다시 기대할 수 있겠습니까?"
> 맹자가 말했다. "그대는 진실로 제나라 사람이구나. 관중과 안자만 알 뿐이구나!"[191]

제나라 사람인 공손추는 평소 관중과 안영의 공적을 크다고 생각했다. 그래서 맹자가 두 사람 정도의 역량만 펼쳐도 대단하다는 생각을 했다. 그러나 맹자는 둘 중 관중이 과연 지향해야 할 모범인가에 대해 의문을 제기했다. 맹자는 공손추에게 이런 이야기를 해주었다.

> "어떤 사람이 증서(曾西)에게 물었다. '선생님과 자로 중 누가 더 현명합니까?'
> 증서가 인상을 찡그리며 말했다. '(자로와 비교하는 것은) 우리 증자께서도 꺼

---

190 『論語』, 述而第七, "子在齊聞韶, 三月不知肉味, 曰, 不圖爲樂之至於斯也."

191 『孟子』, 公孫丑章句上, "公孫丑問曰, 夫子當路於齊, 管仲晏子之功, 可復許乎? 孟子曰, 子誠齊人也. 知管仲晏子而已矣."

리는 바였습니다.'

어떤 사람이 말했다. '그렇다면 선생님과 관중 중 누가 더 현명합니까?'

증서가 발끈하며 불쾌하게 이렇게 말했다. '당신은 어찌 나를 관중과 비교합니까? 관중은 군주를 만나 그와 같이 전횡을 했으며 국정을 행한 것이 그와 같이 오래됐지만, 공적은 그와 같이 비천하거늘 당신은 거듭 나를 관중에 비교합니까?'"

맹자가 말했다. "이처럼 관중이 행한 일을 증서도 하지 않으려 하거늘 그대는 내가 그것을 원하도록 하는가?"[192]

증서(曾西)는 증자의 손자이다. 증자와 자로(子路)는 공자의 제자로, 자로는 공자보다 아홉 살이 적었으며 증자는 마흔여섯 살 적었다. 그러니까 자로는 증자보다 서른일곱 살 위였다. 자로는 용맹과 의리가 남달랐던 인물이다. 증서는 자신을 자로와 비교하는 것은 가당치 않으나 관중과 비교하는 것은 수치라고 했다. 관중이 제환공을 사십여 년 동안 도와 전국시대 패자가 되게 했지만, 이것은 인의에 의한 왕도가 아니라 힘과 술수에 의한 패도이기 때문에 그 공적이 비천하다는 것이다. 이렇게 맹자는 증서가 어떤 사람과 대화한 사례를 들어 패도를 행사한 관중을 지그시 누르고 안영에 관한 평가는 살짝 비껴갔다.

안영은 언변에도 뛰어났다. 『안자춘추』[193]에는 이런 이야기가 전해진다. 안영이 초(楚)나라를 방문했다. 초령왕(楚靈王)은 평소 안영이 언변에 능하

---

192 『孟子』, 公孫丑章句上, "或問乎曾西曰, 吾子與子路孰賢? 曾西蹵然曰, 吾先子之所畏也. 曰, 然則吾子與管仲孰賢? 曾西艴然不悅, 曰, 爾何曾比予於管仲? 管仲得君如彼其專也, 行乎國政如彼其久也, 功烈如彼其卑也, 爾何曾比予於是. 曰, 管仲, 曾西之所不爲也, 而子爲我願之乎?"

193 『晏子春秋』는 안영(기원전 ?~기원전 500)의 언행을 후대인이 기록한 책이다.

다는 소문을 들었다. 이참에 초령왕은 신하들과 모의하여 언변이 능한 안영을 놀려주려고 했다. 그래서 주연이 무르익을 무렵 옥리(獄吏)로 하여금 사람 하나를 밧줄로 꽁꽁 묶어 왕 앞으로 끌고 나오게 했다.

초왕이 말했다. "포박된 자는 누구인가?"

옥리가 말했다. "제나라 사람인데 도둑질에 연루되었습니다."

그러자 왕이 안자를 보며 말했다. "제나라 사람들은 진실로 도둑질을 잘하나 보오?"

안자가 자리를 물리며 말했다. "제가 들은 바로는 귤나무가 회수 남쪽에서 자라면 귤이 열리지만, 회수 북쪽에서 자라면 탱자가 열린다고 합니다. 잎사귀는 비슷하지만, 그 과실의 맛은 같지 않습니다. 그 까닭은 무엇이겠습니까? 물과 토질이 다르기 때문입니다. 지금 백성이 제나라에서 태어나 자라면 도둑질을 하지 않으나 초나라로 들어오면 도둑질을 합니다. 초나라의 물과 토질이 백성을 도둑질 잘하게 만든 게 아니겠습니까?"[194]

안영은 귤나무가 남쪽에서 자라면 귤이 열리지만, 북쪽에서 자라면 탱자 맛을 낸다는 것에 비유하여 제나라에서 태어나 자란 백성은 선한 본성을 유지하건만 외적 환경이 열악한 초나라로 오면 도둑질하는 인간으로 변한다고 했다. 초왕이 제대로 한번 당했다. 위 일화에서 나온 고사성어가 '귤화위지(橘化爲枳)'이다. 귤이 변해서 탱자가 되었다는 말로 사회적 환경의 차이에 따라 인간의 기질도 변한다는 의미로 쓰인다.

---

194 『晏子春秋』, 內篇雜下第六, 楚王欲辱晏子指盜者爲齊人晏子對以橘第十, "王曰, 縛者曷爲者也? 對曰, 齊人也, 坐盜. 王視晏子曰, 齊人固善盜乎? 晏子避席對曰, 嬰聞之, 橘生淮南則爲橘, 生于淮北則爲枳, 葉徒相似, 其實味不同. 所以然者何? 水土異也. 今民生長于齊不盜, 入楚則盜, 得無楚之水土使民善盜耶?"

외교에 대하여

외교는 한 나라의 국운을 결정짓는 중요한 요소 중의 하나이다. 그렇기 때문에 외교는 국익을 포함한 여러 상황을 종합하여 섬세하고 유연하게 전개되어야 한다. 맹자가 활동한 전국시대는 국가 간 맹약을 통해 이합집산이 반복된 시대였기 때문에 외교는 국가의 존망을 좌우하는 중요한 변수였다. 외교에서 지도자의 품성과 역량은 그 성패를 좌우하는 절대적 영향력이다. 그렇다면 외교에 있어서 과거와 현재를 아우르는 지도자의 품성이나 역량은 무엇일까? 제선왕이 외교에 대하여 맹자에게 물었다.

> 제선왕이 물었다. "주변국과 외교하는 데에 지켜야 할 법도가 있습니까?"
> 맹자가 대답하여 말했다. "있습니다. 오직 인자(仁者)라야 큰 것으로 작은 것을 섬길 수 있습니다. 이런 까닭에 탕왕이 갈(葛)을 섬겼고, 문왕이 곤이(昆夷)를 섬겼습니다. 오직 지자(智者)[195]라야 작은 것으로 큰 것을 섬길 수 있습니다. 그러므로 태왕(大王)이 훈육(獯鬻)을 섬겼고 구천(句踐)이 오(吳)나라를 섬겼습니다. 큰 것으로 작은 것을 섬기는 자는 하늘의 뜻을 즐기는 자이고, 작은 것으로 큰 것을 섬기는 자는 하늘을 두려워하는 자입니다. 하늘의 섭리를 즐기는 자는 천하를 보존하고 하늘을 두려워하는 자는 그 나라를 보존합니다."[196]

지도자는 외교에 있어서 어진 마음이나 지혜가 있어야 한다. 그런 인성

---

195 『논어』에서 '知'가 평성(平聲)일 때는 '안다'의 뜻이고, 거성(去聲)일 때는 '슬기', '지혜'의 뜻으로 쓰였다. 『맹자』에는 '知'의 쓰임이 분화되어 '슬기', '지혜'를 뜻할 때는 '智'로 쓰였다.

196 『孟子』, 梁惠王章句下, "齊宣王問曰, 交鄰國有道乎? 孟子對曰, 有. 惟仁者爲能以大事小, 是故湯事葛, 文王事昆夷. 惟智者爲能以小事大, 故大王事獯鬻, 句踐事吳. 以大事小者樂天者也, 以小事大者畏天者也. 樂天者保天下, 畏天者保其國. 詩云, 畏天之威, 于時保之."

을 갖춘 지도자라야 장기적 안목에서 국익이나 국민의 행복에 도움을 줄 수 있다.

탕왕은 폭군으로 알려진 하나라의 마지막 왕 걸(桀)을 추방하고 상(商)을 세웠다. 탕왕은 도덕성·진취성·호탕함을 두루 갖춘 지도자였다.『서경』과『서집전』[197]에 따르면 탕왕이 박 부락을 통치하고 있을 때 인근에 갈(葛) 부족이 있었다. 갈 부족이 굶주리자 탕은 식량을 보내 구휼했다. 그리고 그들이 제수(祭需)를 마련하지 못해 제사조차 지내지 못하는 것을 알고는 박 부락의 주민을 보내 농사짓기를 도왔다. 그런데 갈 부족이 그 어린이들을 죽이는 패악을 저질렀다. 그러자 탕은 갈 부족 돕기를 그치고 결국 정벌해버린다. 탕은 정벌한 인근 부족을 자기 백성처럼 따뜻하게 껴안았다. 땅이 갈 부족을 정벌한 이후 동쪽을 정벌하면 서쪽의 오랑캐들이 왜 우리를 늦게 정벌하느냐고 원망했고, 남쪽을 정벌하면 북쪽의 오랑캐들이 왜 우리를 늦게 정벌하느냐고 원망했다. 이렇게 인근 백성이 탕의 나라를 동경하는 것이 지극했다. 곤이는 주나라 문왕 때 서쪽의 부족이다. 다만 문왕과 관련된 자세한 내력은 찾기 힘들다. 태왕은 문왕의 조부 고공단보이고 앞에서 관련 일화를 소개했다.

구천(句踐)이 오(吳)나라를 섬긴 내용은 이러하다. 부차의 아버지 합려는 기원전 496년에 구천을 공격하다가 발가락에 상처를 입고 상처가 덧나서 죽었다. 아들 부차는 아버지의 원수를 잊지 않기 위해 잘 때는 방바닥에 장작을 쌓아놓고 그 위에서 고통스럽게 잠을 잤다. 이것을 '와신(臥薪: 땔나무에 누움)'이라고 했다. 그 후 2년 후인 기원전 494년에 부차는 구천을 회계에서 격파했다. 구천은 부인과 함께 오나라로 붙들려가 부차의 수레

---

197 서집전(書集傳)은 주희의 제자 채침(蔡沈)이 지은 『서경』 주석서이다.

를 몰고, 말을 기르며, 청소를 하는 등 온갖 굴욕을 당한다. 3년 후 본국으로 돌아온 구천은 전날의 치욕을 잊지 않으려고 쓰디쓴 쓸개를 맛보며 생활했다. 이것을 '상담(嘗膽: 쓸개를 맛봄)'이라고 한다. 앞의 '와신'과 여기의 '상담'을 결합하여 '와신상담(臥薪嘗膽)'이라는 숙어가 만들어졌다. 실패한 일을 다시 이루고자 어려움을 참고 견디는 것을 이르는 말이다. 구천은 백성과 동고동락했고, 미녀 서시(西施)를 부차에게 바치며 힘을 길렀다. 결국 회계산전투 20여 년 후인 기원전 473년 무렵에 구천은 오나라를 멸망시키고 부차를 자결하도록 만든다.

인자(仁者: 어진 자)는 인근 국가와의 외교에서 대소와 강약을 계산해 접근하는 것이 아니라 자국의 백성과 상대방의 백성을 측은하게 여기는 마음을 가진다. 그렇기 때문에 대국으로서 소국을 섬기는 것, 즉 돌보는 것이 자연스럽게 발현된다. 이것은 하늘의 뜻에 부합해 마음이 호쾌하기 때문에 하늘의 뜻을 즐긴다는 것이다. 지자(智者: 지혜로운 자)는 의리와 시세를 잘 파악하기 때문에 작은 것으로 큰 것을 섬기는 것이 무탈함을 안다. 인자(仁者)와 지자(智者) 모두 외국과의 외교에 있어서 모범으로 삼을 만한 자이나, 그 운영하는 마음의 씀씀이로 보면 인자(仁者)는 결국 인근 백성의 마음을 얻기 때문에 천하를 보존하고, 지자(知者)는 일국을 보존한다.

맹자의 말을 들은 제선왕은 그 어의의 호쾌함에 감탄한다. 그러나 인자(仁者)가 대국으로서 소국을 섬기고, 지자(知者)가 소국으로서 대국을 섬기는 것 둘 다 마음에 닿지 않았다.

왕이 말했다. "말뜻이 큽니다. 과인이 흠이 있는데, 용맹함을 좋아합니다."

대답하여 맹자가 말했다. "청합니다. 왕께서는 작은 용기를 좋아하지 마십시오. 어떤 자가 칼을 쓰다듬고 성내어 바라보며 말하길, '네가 어찌 감히 나를 감당하겠는가?' 하면 이것은 필부의 용맹입니다. 한 사람을 적대하는 것입니다. 왕께서는 크게 가지소서. 시경에 말하길, '왕이 혁혁하게 그 노여움을 발하여 그 군대를 정비하고는 (밀인이 원과 공지역으로 쳐들어가는) 무리를 막으시어 주(周)나라의 복을 돈독히 함으로써 천하를 상대했다.'라고 하였습니다. 이것이 문왕의 용맹입니다. 문왕은 한번 노하여 천하의 백성을 편안하게 했습니다."[198]

제선왕은 인자(仁者)와 지자(知者) 둘 다 마음에 내키지 않자 같은 반열에 용자(勇者)를 올려놓고 슬쩍 자신을 대입하려는 심산이었다. 맹자는 이런 제선왕의 용맹함을 필부의 용맹으로 치부하고『시경』에 나오는 문왕의 용맹함을 그 모범으로 들었다.『시경』의 관련 내용은 이렇다. 즉 본래 밀인(密人)들이 공손하지 않고 큰 나라와 맞서기를 주저하지 않았다. 급기야는 원(院) 땅과 공(共) 땅을 침입하자 문왕이 군대를 정비해 막았다는 것이다. 바로 맹자는 천하를 상대로 하여 천하의 백성을 편안하게 하는 것이 진정한 대용(大勇)임을 말하고 있다.

지도자는 외교를 할 때 신중한 자세가 요구된다. 정(鄭)나라에 자산(子産)이란 사람이 있었다. 그는 제(齊)의 안영과 같은 시대를 살았으나 나이는 위인 것으로 추정된다. 또한 공자보다 수십 년 전에 태어나 공자가 청년 시절 때 세상을 떠났다. 자산은 20대 군주 정간공(鄭簡公) 때 상국(相國)이 되어 정(鄭)의 중흥을 이끌었다.

천자의 나라 주(周)의 11대 주선왕(周宣王)은 동생 우(友)를 정(鄭)에 봉

198『孟子』, 梁惠王章句下, "王曰, 大哉言矣! 寡人有疾, 寡人好勇. 對曰, 王請無好小勇. 夫撫劍疾視曰, 彼惡敢當我哉! 此匹夫之勇, 敵一人者也. 王請大之! 詩云, 王赫斯怒, 爰整其旅, 以遏徂莒(旅), 以篤周祜, 以對于天下. 此文王之勇也. 文王一怒而安天下之民." '莒'는『시경』에 '旅'로 되어 있다.

했는데, 이 자가 정(鄭)의 1대 군주 환공(桓公)이다. 따라서 정(鄭)의 제후는 주 왕실과 동성(同姓)인 '희(姬)'성(姓)이었다. 정(鄭)은 소국이었고, 주변 국은 강대국이었다. 동쪽으로는 제(齊), 북쪽으로는 진(晉), 남쪽으로는 초(楚)에 둘러싸여 있어서 늘 국가의 안위를 근심해야 했다.

정환공(鄭桓公)은 주선왕(周宣王)의 아들이자 자신의 조카인 12대 주유왕(周幽王) 때 견융(犬戎)이 침공하자 유왕을 보호하려다 전사했다. 이후 주(周)는 13대 평왕 때 수도를 서쪽의 호경에서 동쪽의 낙읍으로 옮기면서 동주(東周)의 시대가 열린다. 정나라는 2대 무공(武公)과 3대 장공(莊公) 때 전성기를 맞는다. 정환공이 유왕을 보호하려다 전사한 것과 주 왕실과 동성이라는 혈연의식 등이 작용하여 무공과 장공은 주 왕실로부터 경사(卿士)라는 별도의 지위를 받았다. 경사는 재상의 벼슬로서 주 왕실을 위하여 행정·군사·외교 등을 주무하는 직책으로 추정된다. 무공은 호(胡)나라를 멸망시키고, 장공은 경사라는 직책을 앞세워 천자의 군대와 괵(虢)의 군대를 거느리고 장공의 조카를 부추기어 반란을 일으키게 한 위(衛)를 공격했다.[199] 그리고 장공은 주 왕실에게 조현(朝見)[200]하지 않은 송(宋)을 토벌했으며, 허(許)를 공격했다. 무공과 장공의 시대가 지나면서 정나라는 쇠퇴기에 접어든다. 강대국인 진(晉)과 초(楚)의 공격을 연달아 받고 정나라 내부에서는 권력투쟁이 지속되었다. 그리하다가 정나라는 20대 정간공(鄭簡公) 때 자산(子産)이 재상이 되면서 중흥기를 맞는다.

자산의 성명은 공손교(公孫僑)이며 자산(子産)은 그의 자(字)이다. 자산

---

199 장공의 동생 공숙 단이 분봉 받은 경(京) 땅을 배경으로 반란을 일으켰으나 진압되고 이어서 그 아들인 공손 활이 위(衛)의 세력을 등에 업고 반란을 일으켰다.

200 '見'은 '윗사람을 뵌다'는 의미로 쓰일 때 음(音)이 '현'이다. '조현(朝見)'은 신하가 천자를 배알함을 말한다.

은 정나라 6대 귀족 가문 출신이다. 강대국에 둘러싸인 정나라는 외교가 국가의 존망을 가늠하는 중요한 현안이었다. 자산은 외교문서에 많은 공을 들였는데 『논어』에는 공자가 당시 자산을 중심으로 한 정나라의 인적 구성을 찬미한 내용이 있다.

> 공자가 말했다. "사명(辭命: 외교문서)을 만들 때 비심은 초안으로 문장을 만들고, 세숙은 검토했으며, 행인(行人)인 자우는 외교문서의 형식으로 만들고, 동리(東里)의 자산은 윤색을 했다."[201]

동리(東里)는 자산이 거주한 지명이다. 비심은 기획에 능했다. 그는 시끄러운 읍성에서는 멍한 듯했지만 조용한 야외에서는 아이디어가 번뜩였다. 세숙[202]은 용모가 수려하고 글을 잘 썼다. 자우[203]는 사방 나라가 원하는 것 그리고 대부들의 성(姓)과 파벌과 지위·귀천·잘하고 못함을 잘 알았으며, 사령(辭令: 임명장이나 외교문서)을 잘 만들어서 행인(行人: 외무업무를 담당하는 관리)을 맡았다. 강대국에 둘러싸인 정나라는 국가 생존의 관건이 자국의 국력뿐만 아니라 주변 국가와의 외교에도 달려 있었다. 그래서 외교문서 한 장에도 자산을 중심으로 자산이 등용한 여러 인재가 모여 함께 손보았다. 그러한 노력으로 자산이 재상으로 있었던 22년 동안 정나라는 주변 강대국의 큰 침탈이 없었다.

지도자는 외국과의 교역에 진취적이고 개방적인 자세가 필요하다. 당시

---

201 『論語』, 憲問第十四, 九章, "子曰, 爲命, 裨諶草創之, 世叔討論之, 行人子羽脩飾之, 東里子産潤色之."

202 『좌전』에는 자대숙(子大叔)으로 표기된다. 자대숙(子大叔)은 그의 자(字)이다. 성명은 유길(游吉)이고 세숙(世叔)으로도 불린다.

203 『좌전』에는 공손휘(公孫揮)로도 표기된다. 공손휘(公孫揮)는 그의 성명이고, 자우(子羽)는 자(字)이다.

국가와 국가 간에는 통과할 때 관문을 사용했다. 본래 관문의 용도는 기찰(譏察: 사찰함)하는 것이었다.

> 맹자가 말했다. "옛날의 관문은 장차 난폭함을 막으려 했는데 지금 관문의 행태는 폭력을 저지르려 하고 있다."[204]

옛날의 관문은 유언비어를 유포하는 것을 막거나 난폭한 행위를 하는 자를 막는 것이 주 임무였는데 맹자 시대에 이르러 관문이 왕래하는 사람에게 돈을 뜯어내는 곳으로 점차 변질되었다는 말이다. 오늘날 외국과의 교역에서 호혜평등이나 상생의 관점이 아니라 자국만의 경제적 실리를 챙기기 위하여 상대국들에게 여러 비합리적 조건을 내거는 경우가 있다. 특히 강대국이 이런 행태를 보이는 경우가 있다. 사람이나 물건의 자연스러운 왕래를 저해하는 것, 바로 맹자는 이런 짓을 폭력이라고 했다.

수족처럼 보면 복심처럼 본다

군주는 온전한 태양과 달처럼 백성이 우러러볼 수 있는 존재라면 군주와 신하는 어떻게 해야 하는가? 공자는 "군주가 신하를 예로써 대하면, 신하는 군주를 충심(忠心)으로 섬긴다."[205]라고 했다. 군주가 신하를 예로 대하면 신하의 마음을 얻을 수 있다는 말이다. 맹자가 제선왕에게 군주가 신하를 어떻게 대해야 하는가를 말했다.

---

204 『孟子』, 盡心章句下, "孟子曰, 古之爲關也, 將以禦暴. 今之爲關也, 將以爲暴."
205 『論語』, 八佾第三, "君使臣以禮, 臣事君以忠."

맹자가 제선왕에게 말했다. "군주가 신하를 수족처럼 보면 신하는 군주를 배와 심장처럼 보며, 군주가 신하를 견마(犬馬: 개와 말)처럼 보면 신하는 군주를 일반 사람으로 보며, 군주가 신하를 흙이나 먼지로 보면 신하는 군주를 원수로 봅니다."[206]

수족처럼 본다는 것은 군주가 신하를 자신의 몸 일부처럼 아낀다는 말이다. 그러면 신하도 역시 군주를 자신의 몸 중심으로 바라본다. 군주가 신하를 견마처럼 보면 신하는 군주를 자신에게 먹이를 주는 집주인 정도로 보며, 군주가 신하를 몸에 묻은 흙이나 먼지처럼 털어버릴 존재로 여긴다면 그때는 신하도 군주를 무너뜨릴 대상으로 여기게 된다. 결국 맹자의 말은 군주가 어떤 처신을 하는가에 따라 신하의 태도가 달라진다는 말이다. 이 말을 듣고 제선왕은 마음이 편치 않았다.

제선왕이 말했다. "『의례』에 옛 군주를 위해 상복을 입는다고 하는데, 어떻게 상복을 입을 수 있겠소이까?"[207]

『의례』는 관혼상제 등의 예법을 기록한 책으로 『주례』, 『예기』와 함께 삼례(三禮)로 일컬어진다. 『의례』에는 도리를 지켜 군주를 떠나 절교하지 않은 신하는 3개월 동안 상복을 입는다는 말이 있다. 제선왕은 신하가 군주의 처신을 명분 삼아 자신들이 군주를 대하는 태도를 달리하는 것은 부당하다고 생각했다. 그는 『의례』에도 전에 모신 옛 군주를 위해 상복을 입

---

206 『孟子』, 離婁章句下, "孟子告齊宣王曰, 君之視臣如手足則臣視君如腹心. 君之視臣如犬馬則臣視君如國人. 君之視臣如土芥則臣視君如寇讎."

207 『孟子』, 離婁章句下, "王曰, 禮, 爲舊君有服, 何如斯可爲服矣?"

는다고 나와 있는데, 군주의 처신과는 관계없이 신하는 그 도리를 다해야 하는 것이 아닌가를 물었다. 그러자 맹자가 말했다.

> "간하면 행하고, 말하면 경청하여 은택이 백성에게 내려가야 합니다. 신하가 어떤 이유로 떠나면 군주가 사람을 시켜 국경을 넘어갈 수 있도록 안내하고, 또 그가 갈 곳에 먼저 앞서게 하며, 떠난 지 3년이 되어도 돌아오지 않은 후에 그 토지와 가옥을 거둡니다. 이것을 세 번의 예를 갖추는 것이라고 말합니다. 이와 같다면 군주를 위해 상복을 입습니다."[208]

맹자는 전에 모시던 군주가 세상을 떴을 때 상복을 입는 것은 군주가 평소에는 신하의 간언을 경청하고 이에 맞게 행하되, 만일 신하가 군주를 떠날 경우 떠나는 신하를 위해 군주가 세 번의 예를 갖춘 경우라고 했다. 그것은 떠나는 신하를 국경까지 안내하게 하고, 신하가 갈 곳에 먼저 사람을 보내 그의 현명함을 광고하여 등용될 수 있도록 하고, 떠난 신하가 돌아오기를 기대하여 3년 동안 토지와 가옥을 거두지 않은 것을 말한다.

떠나는 신하를 위해 세 가지 예를 행하는 군주도 있을 수 있지만, 보통은 서로의 인연을 그 시점에서 정리하는 유형이 일반이다. 그런데 아예 떠난 신하를 집요하게 해하려는 군주도 있을 수 있다. 맹자가 말했다.

> "지금은 신하가 되어 간해도 행하지 않고, 말해도 듣지 않아서 은택이 백성에게 내려가지 않습니다. 어떤 이유로 떠나면 군주가 포박하여 잡으려 하고, 그가 갈 곳에 그를 궁색하게 만들고, 떠나는 날에 마침내 그 토지와 가옥을 거둬

---

208 『孟子』, 離婁章句下, "諫行言聽, 膏澤下於民. 有故而去則君使人導之出疆, 又先於其所往, 去三年不反, 然後收其田里. 此之謂三有禮焉. 如此 則爲之服矣."

버립니다. 이것은 원수라고 일컬을 수 있는데 원수를 위해 어찌 상복을 입을 수 있으리까?"[209]

맹자는 떠나는 신하에게 당시의 군주들이 세 가지 예를 갖추는 것이 아니라 오히려 그 반대로 가고 있다고 했다. 신하의 간언을 듣거나 행하지도 않으면서, 신하가 떠나려 하면 오히려 잡아서 허물을 뒤집어씌우려 하고, 그가 가려고 하는 나라에서 그를 등용하지 못하게 압박을 넣고, 토지와 가옥은 즉시 거두어버렸다.

실례(實例)가 진(晉)나라 평공(平公) 때 있었다. 진(晉)의 24대 진문공이 설립한 육경(六卿)은 31대 진평공(晉平公, 재위: 기원전 557~기원전 532) 때 더욱 그 세력이 확대되었다. 29대 진려공(晉厲公) 때 육경이었던 난무자(欒武子)와 중항헌(中行獻)이 진려공을 폐하고 진려공의 당숙인 30대 진도공(晉悼公)을 옹립했다. 난무자의 아들이 난환자(欒桓子)였다. 난환자는 대부 범선자(范宣子)의 딸 난기와 결혼하여 아들 난영(欒盈)을 낳았다. 그런데 31대 진평공(晉平公) 때 난환자가 죽자 난기는 가신(家臣)과 서로 정을 통하여 가신에게 재산을 통째로 바쳤다. 이 사실을 알게 된 난영은 너무 부끄러워 사태를 어떻게 수습할지를 고민한다. 그러자 난기는 가신이 벌 받을 것을 우려해 친정아버지 범선자에게 아들인 난영이 장차 반란을 일으키려 한다고 거짓으로 일러바쳤다. 당시 범선자는 육경의 하나로 진나라의 실세였다. 군주 진평공이 있었으나 모든 정치는 범선자가 장악하고 있었다. 범선자는 난씨 가문의 세력을 꺾고자 이를 빌미로 외손자인 난영에게 저읍(著邑)에서 성을 쌓는 막노동을 시키다가 국외로 쫓아낸다. 난영은 초

---

209 『孟子』, 離婁章句下, "今也爲臣, 諫則不行, 言則不聽. 膏澤不下於民. 有故而去, 則君搏執之, 又極之於其所往, 去之日, 遂收其田里. 此之謂寇讎. 寇讎何服之有?"

(楚)로 도망갔다. 그러자 진(晉) 조정은 제후들을 회합하여 난영을 받아들이지 말 것을 강요했고, 난영이 초(楚)에서 제(齊)로 건너가자 다시 제후들에게 재차 강요했다. 난영은 제장공(齊莊公)의 도움으로 시집가는 여인의 잉첩(媵妾: 시집갈 때 여자를 따라가는 부인)이 타는 수레에 병사들과 함께 장막으로 은폐하여 곡옥에 잠입한다. 그는 곡옥에서 무리를 규합하여 반란을 일으켰으나 결국 패배하여 죽고 난씨 일가는 멸족되었다.

진나라 조정과 난영의 경우는 맹자가 말한 떠나는 신하를 위해 세 가지 예를 행한 것이 아니라 오히려 그 반대의 경우이다. 난영을 국경으로 인도한 것이 아니라 쫓아냈으며, 신하가 갈 곳에 먼저 가서 앞길을 주선해주는 것이 아니라 오히려 제후들에게 들이지 말 것을 강요하더니 급기야 전쟁으로 서로 창을 겨누는 사이가 되었다. 이러한 것이 진나라만의 경우가 아니라 당시 일반적 추세라고 맹자는 보았다. 『좌전』에 따르면 난영의 반란이 진압된 것이 노양공(魯襄公) 23년이다. 이것은 대략 기원전 550년 전후에 해당한다. 이 무렵에 공자가 태어났다. 그리고 정(鄭)에서는 자산(子産), 제(齊)에서는 안영(晏嬰)이 현신(賢臣)으로 왕성하게 활동하고 있는 때였다.

이연벌연(以燕伐燕)

어느 날 제나라 신하인 심동(沈同)이 맹자를 찾아왔다. 심동은 맹자에게 연나라를 정벌해도 되는지를 물었다. 당시 연왕(燕王) 쾌(噲)는 재상인 자지(子之)를 총애하여 요(堯)임금이 순(舜)임금에게 선양하였던 일을 예로 삼아 재상인 자지에게 선양했다. 이로 인해 태자 평(平)과 장군 시피(市被)

가 거병하여 연나라에 내전이 일어났다. 태자 평과 장군 시피는 자지를 공격했으나 성공하지 못하자 오히려 둘 사이가 벌어졌다. 시피와 일부 백성들이 태자 평을 공격하는 사태가 벌어지면서 이 와중에 시피가 죽고 태자 평은 자지에게 피살된다.

> 심동이 사적으로 질문했다. "연(燕)을 정벌해도 될까요?"
>
> 맹자가 말했다. "정벌할 만합니다. 연왕 쾌(噲)도 연(燕)을 다른 사람에게 줄 수 없으며, 자지(子之)도 쾌에게서 연나라를 받을 수 없지요. 여기에 벼슬하는 자가 있다고 할 경우 선생이 그를 좋아하여 왕에게 고하지 않고 사사로이 선생의 봉록과 벼슬을 그에게 준다고 합시다. 무릇 그 선비 역시 왕명 없이 사사로이 선생에게서 받은 것이니 옳은 것입니까? 이것과 무엇이 다릅니까?"[210]

봉건시대의 창업 제후들의 경우, 천자로부터 제후의 품계와 토지, 백성을 받고 이것을 선군(先君)들이 다음 군주들에게 전달하는 형식이었다. 그런데 연왕 쾌(噲)는 아무런 명분 없이 사사로이 재상 자지(子之)에게 군주 자리를 물려주었다. 맹자는 이런 연나라를 정벌할 수는 있다고 말했다. 심동이 맹자에게 질문을 한 후 제나라는 기원전 314년에 연나라를 정벌했다. 그러자 제나라 사람이 전해 들은 얘기를 맹자에게 확인하고자 왔다.

> 제(齊)나라 사람들이 연(燕)을 정벌하자 어떤 사람이 맹자에게 물어 말했다. "제(齊)가 연(燕)을 정벌하도록 권하셨는지요?"

---

210 『孟子』, 公孫丑章句下, "沈同以其私問曰, 燕可伐與? 孟子曰, 可. 子噲不得與人燕, 子之不得受燕於子噲. 有仕於此, 而子悅之, 不告於王而私與之吾子之祿爵. 夫士也, 亦無王命而私受之於子則可乎? 何以異於是?"

맹자가 말했다. "아닙니다. 심동이 연(燕)을 정벌해도 되는가를 물어서 나는 정벌해도 된다고 했고 그들이 그렇게 연(燕)을 정벌한 것입니다. 그들이 만약 '누가 정벌해야 옳습니까?'라고 물었다면 나는 '천리(天吏)라면 정벌할 수 있을 것이오.'라고 응답하려고 했소. 지금 살인자가 있다고 합시다. 어떤 자가 '사람을 죽여도 됩니까?'라고 묻는다면 나는 '죽여도 됩니다.'라고 응답할 것이오. 그가 만약 '누가 죽여도 됩니까?'라고 묻는다면 나는 '사사(士師: 형옥의 일을 맡은 관리)라면 죽여도 됩니다.'라고 응답할 것이오. 지금 연(燕)으로서 연(燕)을 정벌한 것이니 어찌 권할 수 있겠소이까?"[211]

맹자는 연(燕)나라의 한심한 상황이 타국의 정벌을 받아도 옳다고 보았다. 그러나 정벌을 할 수 있는 자는 합당한 자격이 있는 자여야 한다고 했다. 즉 천리(天吏)가 할 수 있다고 했다. 맹자가 표현하는 천리(天吏)는 하늘이 보낸 도덕적 통치자를 말한다. 그런데 당시 제나라 상황도 맹자에게는 그리 탐탁지 않았다. 맹자는 연과 비슷한 제가 연을 정벌한 것을 '이연벌연(以燕伐燕)', 즉 연(燕)으로서 연(燕)을 정벌했다고 말했다. 제나라가 군사를 일으켜 연나라를 공격하자 결국 연왕 쾌는 자살하고 자지는 붙잡혀 몸이 젓갈로 담겼다.[212] 이때 제선왕이 맹자에게 물었다.

선왕이 물어 말했다. "어떤 사람은 과인에게 연나라를 취하지 말라고 하고, 어

---

211 『孟子』, 公孫丑章句下, "齊人伐燕. 或問曰, 勸齊伐燕, 有諸? 曰, 未也. 沈同問, 燕可伐與? 吾應之曰, 可. 彼然而伐之也. 彼如曰, 孰可以伐之? 則將應之曰, 爲天吏則可以伐之. 今有殺人者, 或問之曰, 人可殺與? 則將應之曰, 可. 彼如曰, 孰可以殺之? 則將應之曰, 爲士師則可以殺之. 今以燕伐燕, 何爲勸之哉?"

212 『맹자』의 내용은 사마천의 『사기』의 내용과 다르다. 『사기』에는 위의 사건이 선왕(宣王) 다음인 민왕 (湣王) 때 일어났으며, 맹자가 제왕에게 연나라의 정벌을 권고하는 것으로 되어 있다. 여기서는 『맹자』의 내용에 따랐다. 자지가 젓갈로 담긴 내용은 『죽서기년』에 나온다.

떤 사람은 나에게 연나라를 취하라고 합니다. 만승(萬乘)의 나라로 만승의 나라를 정벌하였는데 오십 일 만에 해냈으니, 인력으로는 이를 수 없는 것입니다. 취하지 않는다면 반드시 하늘의 재앙이 따를 것이니 취하는 것이 어떠합니까?"

맹자가 대답하여 말했다. "취할 경우 연나라 백성이 기뻐하면 취하십시오. 옛날 사람이 그런 행동을 한 사람이 있었으니, 무왕이 그랬습니다. 취할 경우 연나라 백성이 기뻐하지 않으면 취하지 마십시오. 옛날 사람이 그런 행동을 한 사람이 있었으니, 문왕이 그랬습니다."[213]

봉건시대는 국가의 등급을 말할 때, 운용하는 수레의 대수로 표현하기도 했다. 천자의 나라는 만승(萬乘: 수레 만 대)이고 제후의 나라는 천승(千乘: 수레 천 대)이다. 따라서 천승의 나라는 제후국을 의미한다. 당시 천자의 나라인 주나라의 권위가 땅에 떨어진 상황인지라 제선왕은 자신과 연나라를 천자국의 국격에 비견하여 말했다. 제선왕이 연나라를 공격하여 승리하고는 연나라를 병합할 것인지에 대하여 맹자에게 상의하자, 맹자는 연나라 백성이 그것을 환영하면 취할 것이요, 그렇지 않으면 취하지 말라고 조언했다. 그 예로 맹자는 주나라 문왕과 무왕을 예로 들었다. 문왕은 상(商)의 마지막 왕 주(紂) 때 이미 천하의 2/3를 차지했으나 끝내 주왕(紂王)을 정벌하지 않았고, 그 아들 무왕 때 결국 주왕을 정벌했다.

그러나 제나라는 맹자의 의견과는 상관없이 연나라를 속국으로 만들었다. 그로부터 2년 후 연나라 사람들이 제나라 왕을 무시하고 태자 직(職)을

---

213 『孟子』, 梁惠王章句下, "宣王問曰, 或謂寡人勿取, 或謂寡人取之. 以萬乘之國伐萬乘之國, 五旬而舉之, 人力不至於此. 不取, 必有天殃. 取之, 何如? 孟子對曰, 取之而燕民悅則取之. 古之人有行之者, 武王是也. 取之而燕民不悅則勿取. 古之人有行之者, 文王是也."

왕으로 옹립했으니 이 사람이 소왕(昭王)이다.[214] 소위 제나라 왕에게 반기를 든 것이었다. 그러자 제나라 왕은 자존심에 상처를 입었고 맹자에게 창피했던 모양이다.

> 연(燕)나라 사람들이 모반했다. 왕이 말했다. "나는 맹자에게 매우 부끄럽구나."
> 진가(陣賈)가 말했다. "왕께서는 근심하지 마십시오. 왕께서는 주공(周公)과 비교하여 누가 더 어질고 지혜롭다고 생각하십니까?"
> 왕이 말했다. "어허, 무슨 말을 그렇게 하는가?"
> 진가(陣賈)가 말했다. "주공이 관숙(管叔)으로 하여금 은(殷: 상나라의 수도)을 감독하라고 했는데, 관숙이 은(殷)에서 반란을 일으켰습니다. 알고서 그리했으면 어질지 못한 것이고, 모르고 그리했으면 지혜가 없는 것입니다. 어짊과 지혜는 주공도 미진한 바가 있습니다. 하물며 왕께서는 어떠하겠습니까? 제가 청하여 뵙고 해명하겠나이다."[215]

진가(陣賈)는 제나라 대부이다. 무왕은 주왕(紂王)을 몰아내고 공을 세운 신하와 아우들에게 분봉(分封: 나누어 봉하다)했다. 태공망은 영구(營丘)에 봉(封)했고,[216] 숙선을 관(管) 땅에 봉했고, 숙단은 곡부에 봉하고[217], 숙

---

214 『史記』의 '燕召公世家'에는 연나라 사람들이 태자 평(平)을 왕으로 세웠다고 되어있으나[燕人共立太子平, 是爲燕昭王], '趙世家'에는 공자 직(職)이 왕이 되었다고 기록되어 서로 맞지 않는다. 그런데 '죽서기년(竹書紀年)'에 자지가 공자 평(平)을 죽였다는 내용이 있다[子之殺公子平]. 여기서는 공자 직(職)이 소왕이 된 것으로 정리했다. 공자 직(職)은 연왕 쾌의 서자로 추정된다.

215 『孟子』, 公孫丑章句下, "燕人畔. 王曰, 吾甚慚於孟子. 陳賈曰, 王無患焉. 王自以爲與周公孰仁且智? 王曰, 惡! 是何言也! 曰, 周公使管叔監殷, 管叔以殷畔, 知而使之, 是不仁也, 不知而使之, 是不智也. 仁智, 周公未之盡也, 而況於王乎? 賈請見而解之."

216 봉국의 이름을 제(齊)이다. 따라서 제나라 왕조의 선조는 태공망이다.

217 봉국의 이름은 노(魯)이다. 삼감(三監)의 난을 평정한 후 숙단(주공)은 아들 백금(伯禽)에게 노(魯)를 물려주고 자신은 성왕을 보좌했다. 식읍(食邑)이 주나라 안에 있었다.

도는 채(蔡) 땅에 봉했고, 숙처는 곽(霍) 땅에 봉했다. 그리고 상나라 주왕의 아들 무경(武庚)을 옛 상나라 땅의 제후로 봉했다. 동생들은 분봉된 땅의 명칭을 따서 숙선은 관숙선(管叔鮮), 숙도는 채숙도(蔡叔度), 숙처는 곽숙처(霍叔處)로 부르기도 한다. 그리고 무왕은 관숙선, 채숙도, 곽숙처를 무경의 감시자로 파견했는데, 무왕이 죽고 13세인 성왕(成王)이 즉위하자 이세 형제가 무경과 함께 반란을 일으킨다. 이를 '삼감(三監: 세 명의 감시자)의 난'이라고 한다. 주공은 이들 반란을 진압한 후 무경과 관숙을 처형하고 채숙은 유배를 보내고, 곽숙은 벼슬에서 쫓아냈다.

관숙선을 비롯한 삼 형제를 상나라 땅 제후로 봉한 무경을 감시하도록 한 인물은 무왕이다. 진가는 무왕 당시에 주공이 실세였던 것으로 인지한 듯하다. 삼감의 난에 주공과 같은 인물도 책임이 무관하지 않다는 논리였다. 이런 생각을 가지고 진가가 맹자를 방문했다.

진가가 맹자를 찾아가 물어 말했다. "주공은 어떤 인물입니까?"

맹자가 말했다. "옛날 성인입니다."

진가가 말했다. "관숙으로 하여금 은(殷)을 감독하게 했는데, 관숙이 은(殷)에서 반란을 일으켰다고 합니다. 이런 사실이 있습니까?"

맹자가 말했다. "있소이다."

진가가 말했다. "주공이 장차 모반할 것을 알았으면서도 감독하게 했습니까?"

맹자가 말했다. "몰랐을 것입니다."

진가가 말했다. "성인(聖人)도 이처럼 잘못을 합니까?"

맹자가 말했다. "주공은 동생이오, 관숙은 형이니 주공의 과실은 당연하지 않겠소이까?"[218]

맹자는 제나라가 연나라를 취할 경우 연나라 백성이 기뻐하면 그리하라고 제나라 왕에게 충고했었다. 왕은 연나라 백성이 기뻐할 것으로 생각한 건지 아니면 맹자의 말을 무시한 건지 제나라와 연나라를 병합했다. 그러나 연나라 백성이 반란을 일으켜 자신들의 군주를 옹립했다. 진가의 말은 이런 사태를 제나라 왕이 미처 예견하지 못한 게 성인인 주공의 사례와 같이 큰 허물이 아니라는 논리였다. 그러나 맹자는 주공과 관숙선은 형제지간이어서 형을 의심하지 않고 소임을 맡기는 것이 형제간의 당연한 의리이며, 이 때문에 발생한 사태는 크게 탓할 수 없다고 했다. 즉 형제간의 신뢰와 타인과의 신뢰는 다른 문제라는 말이다. 이어서 맹자는 말했다.

"옛날의 군자는 과실이 있으면 고치려 했는데, 오늘날 군자는 과실이 있으면 그대로 가는구나! 옛날의 군자는 그 과실이 일식과 월식과 같다. 백성들이 모두 쳐다보다가 마침내 우러러보는데, 오늘날 군자는 어찌 한낱 그대로 가고 또 쫓아가면서 변명까지 하는구나!"[219]

『논어』에는 군자의 자세로 "과실이 있으면 고치기를 꺼리지 말라[過則勿憚改]."는 내용이 있다. 그런데 제나라 왕은 고치기보다는 신하를 통해 변명까지 하고 있다. 태양이 달에 의해 가려지는 일식이나, 달이 지구 그림

---

218 『孟子』, 公孫丑章句下, "見孟子問曰, 周公何人也? 曰, 古聖人也. 曰, 使管叔監殷, 管叔以殷畔也, 有諸? 曰, 然. 曰, 周公知其將畔而使之與? 曰, 不知也. 然則聖人且有過與? 曰, 周公弟也, 管叔兄也. 周公之過, 不亦宜乎?"

219 『孟子』, 公孫丑章句下, "且古之君子, 過則改之. 今之君子, 過則順之. 古之君子, 其過也如日月之食, 民皆見之. 及其更也, 民皆仰之. 今之君子, 豈徒順之又從爲之辭."

자에 가려지는 월식은 일시적으로 가려지지만, 결국 다시 온전한 모습을 회복하게 되고 사람들이 우러러본다. 이처럼 군자도 허물이 있다 하더라도 고쳐서 본래의 온전한 모습을 되찾으면 백성들이 다시 우러러본다는 것이 맹자의 생각이었다.

제나라가 연나라를 정벌할 무렵 진(秦)나라는 혜문왕이 재위하고 있었고, 초(楚)나라는 회왕이 재위하고 있었다. 이때 연횡론자인 장의가 혜문왕을 도와 초를 와해시키려는 책략을 진행시켰다. 당시 제(齊)와 초(楚)는 합종을 맺고 있었다. 장의는 초회왕(楚懷王)에게 초(楚)가 제(齊)와 합종을 깨면 진(秦)의 600리 땅과 공주를 바치겠다고 꾀였다. 이 말에 속아 넘어간 초회왕은 제와 합종을 깨뜨렸으나 장의는 약속을 지키지 않아서 긴장이 고조되고 있었다.

어느 날 송경(宋牼)이란 자가 초나라로 가는 중에 석구(石丘)라는 곳에서 맹자와 만났다. 맹자가 초나라로 가려는 이유를 묻자 송경은 초(楚)와 진(秦)이 병력을 증강하고 있어서 초왕과 진왕을 차례로 만나 그것을 그만두게 하려고 한다는 것이었다. 그러자 맹자가 어떤 방법으로 설득할 것인가를 물었다.

> 맹자가 말했다. "저는 그 상세한 내용을 모르겠습니다. 그 방법을 듣고 싶습니다. 말씀을 어떻게 하시렵니까?"
> 송경이 말했다. "나는 장차 그 이롭지 않은 것으로 말하려고 합니다."
> 맹자가 말했다. "선생의 뜻은 크나 명분이 옳지 않습니다. 선생은 이로움[利]으로써 진과 초왕을 설득하려 하는데, 진과 초의 왕이 이로움에 기뻐하여 이로써 삼군(三軍)의 병력을 해체한다면 이것은 삼군의 병사들이 해체하면서 이로움에 기뻐한 것입니다. 군주의 신하된 자가 이로움을 마음에 품고 군주를

섬긴다거나, 인간의 자식 된 자가 이로움을 마음에 품고 그 부모를 섬긴다거나, 동생이 된 자가 이로움을 마음에 품고 형을 섬긴다면, 이것은 군신·부자·형제가 마침내 인의(仁義)를 버리고 이로움을 마음에 품고 서로 접한 것이 됩니다. 그리하고도 망하지 않은 자 있지 아니합니다. … 군신·부자·형제가 이로움을 버리고 인의를 마음에 품고 접하면 이로써 왕도정치를 하지 못한 자 있지 아니합니다."[220]

송경이 초와 진에 가서 전쟁을 막으려고 노력했지만 결국 초와 진은 기원전 312년에 전쟁을 한다. 이 전쟁으로 초군은 8만이라는 엄청난 전사자를 내고 끔찍한 대패를 당하고 말았다.

맹자보다 앞서서 활동한 인물 중에 묵자(기원전 470?~기원전 391?)가 있었다. 묵자는 정치적인 면에서 비전론(非戰論)을 주장하는데, 그 핵심 논거 중의 하나는 국가 간 전쟁이 상호 이롭지 않다는 것이다. 송경은 묵자의 논리를 사용하고 있는 것으로 보아 묵자의 무리일 것으로 추정된다. 송경은 국가 간의 전쟁은 서로 이익되는 것이 없다는 논리로 양국의 전쟁을 막으려고 하나, 맹자는 그 논리의 부당함을 말했다. 만약에 국가 간의 이익이 없기 때문에 전쟁해서는 안 된다는 말은, 거꾸로 말하면 이익이 될 경우에는 전쟁해도 된다는 논리가 된다. 군주와 신하 사이에도 인의(仁義)가 아닌 이익의 관점에서 서로 관계가 맺어진다면 그 이익이 없는 것으로 생각될 경우 군신 관계는 무너지고 만다. 이것은 부자간, 형제간도 마찬가지

---

220 『孟子』, 告子章句下, "軻也請無問其詳, 願聞其指, 說之將何如? 曰, 我將言其不利也. 曰, 先生之志則大矣, 先生之號則不可. 先生以利說秦楚之王, 秦楚之王悅於利, 以罷三軍之師, 是三軍之士樂罷而悅於利也. 爲人臣者懷利以事其君, 爲人子者懷利以事其父, 爲人弟者懷利以事其兄. 是君臣父子兄弟終去仁義, 懷利以相接, 然而不亡者, 未之有也. … 是君臣父子兄弟去利, 懷仁義以相接也. 然而不王者, 未之有也. 何必曰利?"

다. 따라서 국가와 국가 사이도 인의와 같은 도덕률에 의하여 신뢰가 형성되어야 진정한 평화가 유지되며 국가 내에서는 인의에 따른 도덕정치를 해야 국가가 존속될 수 있다고 맹자는 보고 있다.

나를 쓰면 제나라 백성만 편안하겠는가?

드디어 맹자는 제나라를 떠난다. 맹자가 제나라를 떠난 이유는 문헌에 명확히 기술되어있지 않지만, 제나라 대신들과의 불편한 관계에서 비롯된 것일 수도 있고, 국내 및 국외 정치에서 맹자의 의견이 수용되지 않은 것에 대한 실망에서 비롯된 것일 수도 있다.

먼저 제나라 대신과의 한 사례를 살펴보자. 『맹자』〈공손추장구하〉에는 맹자가 제나라의 경(卿)이 되어 제선왕이 총애하는 왕환(王驩)과 더불어 등(滕)으로 조문을 갔다는 내용이 있다. 이때 맹자는 왕환과 제(齊)로 돌아오는 길에 대화를 별로 나누지 않았다. 그러자 제자 공손추가 여기에 대해 물었다.

> 맹자가 제나라의 경(卿)이 되어 등나라로 조문을 갔다. 왕께서 개(蓋) 땅의 대부 왕환(王驩)으로 하여금 진행을 보조하게 했다. 왕환은 아침저녁으로 맹자를 뵈었으나 맹자는 등(滕)에서 제(齊)로 돌아오는 길에 그와 더불어 행사에 관한 말을 나누지 않았다. 공손추가 말했다. "(왕환의) 제나라 경(卿)의 자리는 작은 것이 아니고, 제에서 등으로 가는 길이 가까운 것도 아닌데, 돌아오면서 더불어 행사에 대해 말하지 않는 것은 무엇 때문인지요?"

맹자가 말했다. "이미 누군가가 처리했는데 내가 무슨 말을 하겠는가?"[221]

맹자가 경(卿)의 벼슬로 등(滕)나라로 조문을 갔다고 했지만, 이외에 맹자가 경의 직책을 수행한 기록은 없다. 따라서 맹자의 벼슬은 당시 제후들이 고명한 학자가 오면 수여하는 객경(客卿)일 가능성이 높다. 객경은 정사에 권한과 책임을 갖고 직접 참여하는 직책이 아닌 자문역을 수행하는 명예직이다.

주희는 대부인 왕환의 직책을 경(卿)으로 표현한 것으로 미루어 당시 왕환이 섭경(攝卿: 임시로 경의 직책을 맡음)의 신분이었을 것으로 추정했다. 사신으로 간 맹자와 왕환의 사이가 틀어진 이유는 전해지지 않는다. 다만 문맥으로 보면 일의 처리 과정에서 왕환이 월권을 하여 유사(有司: 어떤 조직에서 일정한 업무를 맡는 직책)를 시켜 독단적으로 일 처리를 한 가능성이 커 보인다. 여하튼 맹자가 왕환을 내심 상종 못 할 소인배로 생각한 것만은 분명한 듯하다.

제나라 왕의 총애를 받는 왕환의 직위는 이후 우사(右師)가 되었다. 그때 대부 공항자(公行子)[222]의 아들이 죽었는데 왕이 신하들에게 조문할 것을 명했다. 결국 상갓집에서 맹자와 왕환이 조우했다.

공항자가 아들의 상(喪)을 당했다. 우사(右師)가 가서 조문하려고 문에 들어서자 사람들이 앞으로 나와 우사와 이야기하거나 우사의 자리로 가서 우사와 이야기하곤 했다. 맹자는 우사와 말을 섞지 않았다. 우사가 불쾌하여 말했다.

---

221 『孟子』, 公孫丑章句下, "孟子爲卿於齊, 出弔於滕, 王使蓋大夫王驩爲輔行. 王驩朝暮見, 反齊滕之路, 未嘗與之言行事也. 公孫丑曰, 齊卿之位, 不爲小矣. 齊滕之路, 不爲近矣. 反之而未嘗與言行事, 何也? 曰, 夫旣或治之, 予何言哉?"

222 '行'이 성명 등에 쓰일 때는 보통 '항'으로 읽는다.

"모든 군자들이 나와 더불어 말을 하는데 맹자만 유독 나와 말을 섞지 않는구려. 이것은 나를 띄엄띄엄 보는 것이다!"

맹자가 그 말을 전해 듣고 말했다. "예(禮)에 따르면 조정에서는 자리를 넘나들며 서로 말을 하지 않고, 계단을 넘어가서 서로 읍(揖: 손을 맞잡고 인사함)하지 않는다고 했다. 나는 예를 행하려 했는데, 자오(子敖: 왕환의 字)는 내가 띄엄띄엄 본다고 하니 괴이하지 않은가?"[223]

많은 사람들이 우사(右師)인 왕환에게 몰려들어 눈도장 찍으려는 것으로 보아 우사라는 관직이 상당한 고위직으로 추정된다. 예(禮)에 따르면 작위(爵位)가 있는 자의 상례는 직상(職喪: 관작이 있는 자의 상을 관장하는 직책)이 조정의 법도에 따라 상사를 차례로 집행한다. 조정의 법도가 상갓집에서 집행되기 때문에 맹자는 조정이라는 표현을 썼다. 본래 '공작-후작-백작-자(남)작'과 같은 작위는 제후들에게 수여되는 것이어서 작위가 있는 자의 상례는 제후들에게 해당한다. 그러나 춘추시대부터 제후들이 왕이란 호칭을 사용하여 천자인 주나라 왕과 동급으로 자처했기 때문에 맹자가 살던 전국시대에는 제후국의 고관들에게도 위의 예법이 통용된 듯하다.

맹자는 조정의 법도에 따라 자신의 자리를 떠나 우사인 왕환에게 가지 않았는데 왕환은 이를 불쾌하게 여겼다. 물론 굳이 왕환과 말을 섞고 싶지 않은 맹자의 속마음도 작용했을 것이다.

맹자의 제자 중에 악정자(樂正子)가 있었다. 악정(樂正)이란 악관(樂官: 음

223 『孟子』, 離婁章句下, "公行子有子之喪, 右師往弔, 入門有進而與右師言者, 有就右師之位而與右師言者. 孟子不與右師言, 右師不悅曰, 諸君子皆與驩言, 孟子獨不與驩言, 是簡驩也. 孟子聞之, 曰, 禮, 朝廷不歷位而相與言, 不踰階而相揖也. 我欲行禮, 子敖以我爲簡, 不亦異乎?"

악을 담당한 관리)의 우두머리였다. 악정이란 성(姓)을 쓴 것을 보면 그의 선조 중에 악정의 벼슬을 했던 사람이 있었고 이 벼슬 명칭을 성(姓)으로 삼은 듯하다. 이것은 사마(司馬)가 말을 비롯한 군수 물자를 담당하는 벼슬 명칭이었지만 후에 그것을 성으로 삼은 것과 같은 이치다. 그의 이름은 극(克)이었고, 악정자는 그의 존칭이다. 그런데 악정자가 하필 왕환에게 붙어서 놀아났다.

> 악정자(樂正子)가 자오(子敖)를 따라 제나라로 왔다. 악정자가 맹자를 뵈자 맹자가 말했다. "자네가 역시 나를 보러 오기는 오는군."
>
> 악정자가 말했다. "선생님은 어찌 이런 말을 하십니까?"
>
> 맹자가 말했다. "자네는 언제 여기 왔는가?"
>
> 악정자가 말했다. "며칠 됩니다."
>
> 맹자가 말했다. "며칠이라면 내가 이 말을 하는 것이 마땅하지 않은가?"
>
> 악정자가 말했다. "머물 곳이 정해지지 않았기 때문입니다."
>
> 맹자가 말했다. "자네는 머물 곳이 정해진 후 윗사람을 찾아뵌다고 배웠는가?"
>
> 악정자가 말했다. "제가 잘못했습니다."
>
> 맹자가 악정자에게 말했다. "자네는 자오를 따라와서 한낱 먹고 마시기만 하는구나. 나는 자네가 옛날의 도(道)를 배워서 먹고 마신다고는 생각하질 않네."[224]

---

224 『孟子』, 離婁章句上, "樂正子從於子敖之齊. 樂正子見孟子. 孟子曰, 子亦來見我乎? 曰, 先生何爲出此言也? 曰, 子來幾日矣? 曰, 昔昔. 曰, 昔昔則我出此言也, 不亦宜乎? 舍館未定. 曰, 子聞之也, 舍館定然後求見長者乎? 曰, 克有罪. 孟子謂樂正子曰, 子之從於子敖來, 徒餔啜也. 我不意子學古之道而以餔啜也."

악정자가 잘나가는 왕환에게 붙어 떡고물이라도 챙기려고 어디서 왔는지는 모르지만 제나라로 건너왔다. 그리고 악정자는 바로 맹자를 찾아뵙지 않고 왕환을 따라다니며 먹고 마시는 유흥을 즐기다 뒤늦게 맹자를 찾았다. 하필 악정자가 쫓아다니는 인물이 맹자가 혐오하는 왕환인데다가 뒤늦게 인사 온 바람에 악정자에게 맹자의 불편한 심기가 쏟아졌다. 이후 악정자는 스승의 질책에 개과천선(改過遷善)한 듯하다. 후에 악정자가 노나라에서 벼슬을 하게 되었을 때 맹자는 기뻐서 잠을 자지 못했으며, 그를 호선(好善: 선을 좋아함)하는 사람이라고 평가했다. 이처럼 맹자는 당시의 실력자 왕환과 불편한 관계에 있었으며, 이런 일들이 맹자가 제나라를 떠나게 만든 이유 중의 하나일 수 있겠다.

맹자가 제나라를 떠난 또 다른 이유는 제나라에서 맹자의 생각이나 이상이 구현될 가능성이 거의 없다고 판단했기 때문일 수 있다. 맹자가 떠날 무렵에 제선왕과 만났다.

> 맹자가 제선왕에게 말했다. "왕의 신하가 그의 처자를 친구에게 맡겨놓고 초나라로 가서 놀다가 돌아왔을 때, 그 처자가 추위에 떨고 굶주리고 있다면 그 신하를 어찌하시겠습니까?"
>
> 왕이 말했다. "그놈을 버릴 것이오."
>
> 맹자가 말했다. "사사(士師: 재판관)가 관리들을 제대로 다스리지 못하면 그를 어찌하시겠습니까?"
>
> 왕이 말했다. "그놈을 파면시킬 것이오."
>
> "왕의 국토가 다스려지지 않는다면 그(왕)를 어찌하시겠습니까?"

그러자 왕이 좌우를 돌아보며 다른 말을 하려고 했다. [225]

　이 부분에서 맹자와 제선왕의 대화는 지금까지의 분위기와 사뭇 다르다. 이전까지는 맹자가 제선왕을 만나서 제선왕이 불인지지심이 있음을 거론하며 왕도정치를 할 수 있는 품격이 있음을 치켜세웠다. 많은 무게를 들 수 있으나 깃털을 들지 못하는 경우는 안 하는 것이지 못하는 것이 아니라 하면서 자존감을 북돋기도 했다. 그리고 왕도정치의 현실적 측면으로 발정시인이나 여민동락을 하면 천하에 왕 노릇 할 수 있음을 말하기도 했다. 그런데 여기서는 제대로 자신이 할 일을 하지 못한 상황을 예로 들어 제선왕으로부터 답변을 유도하다가 제나라의 국내정치로 환치하여 슬슬 제선왕을 코너로 몰고 갔다. 이것은 맹자가 제선왕에게 나름 기대를 걸고 있었으나 얼마간의 시간이 흐른 후 실망이 분출된 것으로 판단되는 대목이다. 다음의 대화에서 더욱 분명해진다.

　　맹자가 제선왕을 뵙고 아뢰었다. "소위 고국(故國: 조상 때부터 살아온 나라)이라는 것은 교목(喬木: 곧고 큰 나무)처럼 특출한 신하가 있다고 하여 일컬어지지 않습니다. 세대를 거친 신하들이 있어야 하는 것인데, 왕은 친한 신하가 없습니다. 옛날 등용된 신하들이 오늘날 없는데도 왕은 모르고 계십니다." [226]

　맹자는 제선왕의 주위에 대를 이어서 헌신하는 신하들이 없음을 지적

225 『孟子』, 梁惠王章句下, "孟子謂齊宣王曰, 王之臣有託其妻子於其友而之楚遊者, 比其反也, 則凍餒其妻子, 則如之何? 王曰, 棄之. 曰, 士師不能治士則如之何? 王曰, 已之. 曰, 四境之內不治則如之何? 王顧左右而言他."
226 『孟子』, 梁惠王章句下, "孟子見齊宣王曰, 所謂故國者, 非謂有喬木之謂也, 有世臣之謂也. 王無親臣矣, 昔者所進, 今日不知其亡也."

하여 말하고 있다. 친한 신하가 없다는 말은 그만큼 왕이 국정을 진술하게 상의할 대상이 없다는 말이다. 후술하겠지만 군주가 어진 정치[仁政]를 행하면 백성이 윗사람을 친하게 생각하여 그를 위해 죽을 수도 있다고 맹자는 말한다. 그리고 왕도정치의 특징은 어진 자와 능력 있는 인재를 발탁하여 쓰는 일이다. 제선왕 주위에 친한 신하가 없다는 것은 그만큼 제선왕이 기대한 만큼 인정을 펼치지 못하고, 또 인재등용에서 실책한 것을 아울러 지적한 말이다. 맹자가 떠난다고 하자 왕이 맹자를 찾아왔다.

> 왕이 말했다. "전에는 뵈려 했으나 뵐 수 없다가 마침내 모시게 되어 모두 조정에서 기뻤습니다만, 지금 또 과인을 버리고 돌아가신다니요. 혹여 계속 이대로 뵐 수가 있겠는지요?"
> 맹자가 대답하여 말했다. "감히 청은 못하지만 진실로 바라던 바입니다[不敢請耳固所願也]."[227]

　맹자가 제(齊)를 떠나려 하자 제나라 왕이 진심인지는 모르나 그가 계속 남아있기를 말했다. 그러자 맹자가 "불감청이고소원야(不敢請耳固所願也)", 즉 "감히 청은 못하지만, 진실로 바라던 바입니다."라고 했다. 맹자 역시 제나라에 머물면서 왕도정치가 제나라에서 행해지는 것을 목격하고 싶었으나 그럴 가능성이 없기에 떠난다는 말이었다. 이에 왕도 더 이상 언질을 주지 않았다. 맹자를 만난 후 왕이 신하인 시자(時子)에게 이렇게 말했다.

　"나는 나라 한가운데에 맹자에게 집 한 채 주고, 제자를 기르면 만종(萬鍾)을

---

227 『孟子』, 公孫丑章句下, "曰, 前日願見而不可得, 得侍同朝甚喜, 今又棄寡人而歸, 不識可以繼此而得見乎? 對曰, 不敢請耳固所願也."

주면서 모든 대부와 나라 사람들이 모두 존경하고 본받게 하려 했는데, 그대
는 어찌 나에게 말하지 않았는가?"[228]

만종(萬鍾)의 '종(鍾)'은 수량 단위다. 1종(鍾)은 6곡(斛) 4두(斗: 말)에 해
당한다. 1곡(斛)은 10두(斗)니 1종(鍾)은 64두(斗)가 되므로 만종(萬鍾)은 상
당한 물량이다. 제선왕은 자신이 맹자에게 만종(萬鍾)의 대우를 해주며 잡
아두기를 원했는데, 신하들이 맹자가 떠난다는 말을 하지 않았다는 것이
다. 진심보다는 허세와 가식이 물씬 풍기는 말이다. 신하 시자가 왕의 말
을 맹자의 제자 진진(陳臻)을 통하여 맹자에게 전했다.

> 맹자가 말했다. "그렇구나. 무릇 시자(時子)가 어찌 그 불가함을 알겠는가? 만
> 약 내가 부유해지기를 욕심냈으면 십만종(十萬鍾)을 사양하고 만종(萬鍾)을 받
> 겠는가?"[229]

맹자는 시자가 제선왕의 말이 진심이 아님을 모르고 그 말을 진진에게
전했을 것이라 판단했다. 맹자는 전에 제나라에서 재상[卿][230]으로 있다가
일찍이 사임한 적이 있다. 당시 녹봉이 상당했던 모양이다. 만종을 욕심냈
다면 더 높은 녹봉을 받는 재상[卿] 자리를 사임하지 않았을 것이란 말이
다. 더구나 만종을 주려 했다는 제선왕의 말도 빈말일 뿐이었다. 맹자가
제(齊)를 떠나면서 제(齊)의 서남쪽 주읍(晝邑)에서 사흘을 머물렀다. 이때
어떤 자와 이런 일이 있었다.

---

228 『孟子』, 公孫丑章句下, "我欲中國而授孟子室, 養弟子以萬鍾, 使諸大夫國人皆有所矜式. 子盍爲我言之!"
229 『孟子』, 公孫丑章句下, "孟子曰, 然, 夫時子惡知其不可也? 如使予欲富, 辭十萬而受萬, 是爲欲富乎?"
230 명예직인 객경(客卿)으로 추정된다.

맹자가 제(齊)를 떠날 때 주읍에서 유숙했다. 왕을 위해 맹자가 떠나는 것을 만류하려는 자가 앉아서 말을 건넸지만, 맹자가 응답하지 않고 안석에 몸을 기대어 누워있었다. 나그네는 불쾌하여 말했다. "제가 유숙을 하며 재계한 후에 감히 말씀드렸는데 선생께서는 누워서 듣지 않으시니 다시는 감히 뵐 수 없을 듯합니다."

맹자가 말했다. "앉으시오! 내가 그대에게 명백하게 말하리라. 옛날 노목공(魯繆公)이 자사 옆에 사람이 없으면 자사(子思)를 편안하게 하지 못한 것으로 느꼈고, 설류(泄柳)와 신상(申詳)은 목공 옆에 사람이 없으면 그 몸을 편안하게 하지 못한 것으로 느꼈소. 그대는 연장자를 위한다고 생각하지만, 자사에 미치지 못하니 그대가 연장자를 끊은 것이오? 연장자가 그대를 끊은 것이오?"[231]

노목공(魯繆公, 재위: 기원전 407~기원전 377)은 노(魯)의 30대 군주이다. 당시 공자의 손자인 자사(子思)가 노(魯)에 머물고 있었는데 자사와 노목공과의 관계는 벗이었거나 노목공이 스승으로 예우하여 가끔 가르침을 받는 사이일 것으로 추정된다. 설류(泄柳)와 신상(申詳)은 노목공의 신하이다. 이 중 신상은 공자 제자인 자장(子張)[232]의 자식이다.

나그네는 맹자가 제(齊)에 더 머물면서 왕을 도와주기를 바라는 마음에서 맹자에게 말을 건넸다. 그러나 맹자가 응답하지 않은 것은 나그네의 권유 자체가 순서가 잘못되었기 때문이었다. 노목공은 자사가 원치 않았는데도 자사가 떠날 것을 우려하여 사람을 옆에 붙여 시중들게 하고는 왕의

231 『孟子』, 公孫丑章句下, "孟子去齊, 宿於晝. 有欲爲王留行者, 坐而言. 不應, 隱几而臥. 客不悅曰, 弟子齊宿而後敢言, 夫子臥而不聽, 請勿復敢見矣. 曰, 坐! 我明語子. 昔者魯繆公無人乎子思之側則不能安子思. 泄柳 申詳, 無人乎繆公之側則不能安其身. 子爲長者慮, 而不及子思, 子絶長者乎? 長者絶子乎?"

232 성(姓)은 전손(顓孫)이고 이름이 사(師)다. 자장은 자(字)다. 자장은 진(陳)나라 출신으로 본래 재주가 있고 의욕도 많아서 구차하거나 어려운 일을 즐겨 했다. 그러나 겉으로 드러나기를 좋아했다.

성의를 전달하게 했다. 즉 자사가 요청한 것이 아니라 노목공이 스스로 후의를 베풀었다. 또 노목공 주변에는 현신들이 있어서 그 군주를 제대로 보필할 사람을 주변에 배치하여 신하들의 충심이 전달되게 했다. 맹자가 제(齊)를 떠나는 것은 왕이 왕도정치가 행할 기미가 없고 또 설류와 신상 같은 그런 현신이 없기 때문이었다. 그렇기 때문에 맹자가 더 머무를 명분은 왕이 맹자에게 예를 갖추어 요청하는 것이지 나그네의 권유에 따라 맹자가 결정할 일이 아니었다. 나그네가 진정 맹자가 더 머물기를 원했다면 노목공이 자사에게 행한 예우처럼 왕이 맹자에게 예를 갖추어 부탁하도록 간청함이 먼저였다. 그런데 나그네는 맹자가 대답할 수 없는 말을 했으니 누가 상대방의 말문을 막은 것일까?

맹자가 사흘을 주읍에서 머물고 떠나자 윤사(尹士)라는 사람이 맹자에 대해 이렇게 말하고 다녔다.

> 맹자가 제(齊)를 떠날 때 윤사가 사람들에게 말했다. "왕께서 탕무(湯武: 탕왕, 무왕)가 될 수 없다는 것을 몰랐다면 이것은 밝지 못한 것이고, 될 수 없다는 것을 알면서도 여기에 왔다면 은택을 구한 것이다. 천릿길을 와서 왕을 뵙고 뜻이 맞지 않아 갈 길 가는데, 사흘이나 묵은 뒤에 주(晝)를 떠나다니, 왜 이토록 지체했나? 나는 이것이 마음에 들지 않는다."[233]

윤사는 제나라 왕에 대해 그리 큰 기대를 안 한 인물인 듯하다. 그렇기에 맹자가 제(齊)에 온 것도 그리 탐탁지 않게 생각하고 있었다. 마침내 맹자가 떠난다고 하자 이왕 떠나는 마당에 맹자가 끊고 맺음을 시원하게 하

---

233 『孟子』, 公孫丑章句下, "孟子去齊, 尹士語人曰, 不識王之不可以爲湯武則是不明也, 識其不可, 然且至則是干澤也. 千里而見王, 不遇故去, 三宿而後出晝, 是何濡滯也? 士則玆不悅."

길 원했다. 그런데 맹자는 주(晝)에서 어떤 미련이 남아있는지 어기적거리고 있었다. 이 말을 맹자의 제자 고자(高子)가 듣고 맹자에게 전했다.

> 맹자가 말했다. "무릇 윤사가 어찌 나를 알리오? 천 리를 와서 왕을 뵌 것은 내가 하고자 한 바이지만, 뜻이 맞지 않아 떠난 것은 어찌 내가 하고자 한 바이겠는가? 나는 부득이했을 뿐이다. 내가 사흘을 묵고 주(晝)를 떠났지만, 나의 마음엔 오히려 빠른 듯했다. 왕이 거의 고쳤으리니, 왕이 만일 고쳤으면 반드시 나를 돌아오게 했을 것으로 생각했다."[234]

공자는 나이 56세에 노(魯)나라 정공(定公) 때 대사구(大司寇)로 있다가 재상의 일을 섭행(攝行: 겸직했다는 뜻)했다. 그런데 노나라 조정이 제나라가 보낸 여악사(女樂師)들과 유흥에 빠지고 급기야 천지의 신께 드리는 제사를 지낸 후 정공이 고기를 대부들에게 돌리지 않는 결례를 범해 결국 노나라를 떠났다. 이때 "더디구나, 나의 행보여!" 하며 떠나는 공자의 발걸음은 무거웠다. 맹자 역시 그런 마음이었다. 이어서 맹자가 말했다.

> "주(晝)를 떠날 때까지 왕은 나를 쫓아오지 않으셨네. 나는 그런 후에 호연(浩然)하게 돌아가겠다는 뜻을 굳힌 것일세. 비록 그렇지만 어찌 왕을 버리겠는가? 왕이 이로 말미암아 족히 선(善)을 행하셨으면 하네. 왕이 만일 나를 쓰신다면 어찌 한낱 제나라 백성만 편안하겠는가? 천하의 백성이 모두 편안할 것이니, 왕이 바뀌시기를 나는 매일 갈망하고 있네. 내가 어찌 소장부가 되어야 하겠는가? 그 군주에게 간언하다가 받아들여지지 않으면 노기를 띠고 얼굴

---

234 『孟子』, 公孫丑章句下, "夫尹士惡知予哉? 千里而見王, 是予所欲也, 不遇故去, 豈予所欲哉? 予不得已也. 予三宿而出晝, 於予心猶以爲速, 王庶幾改之! 王如改諸則必反予."

에 성낸 모습을 하고는 온종일 힘을 다 써가며 급히 떠난 후에 숙박을 해야 되겠는가?"[235]

무엇을 고치길 바라는 것인지 분명하지 않지만, 왕이 맹자가 기대하는 것을 개선하고 자신을 기용한다면 천하의 백성을 편안하게 할 수 있다고 맹자는 말한다. 맹자다운 배짱과 기개가 돋보인다. 비록 맹자가 자신의 이상과 왕의 생각이 부합되지 않아 떠나지만, 왕이 선을 행하여 자신을 다시 부르기를 애절히 바라는 마음을 표현하고 있다. 맹자의 이 말을 윤사(尹士)가 전해 듣고는 "아! 나는 진실로 소인이구나!"라고 하며 한탄했다. 맹자는 기원전 319년경에 제나라로 가서 기원전 312년 이후에 떠났다. 그러므로 맹자는 제나라에서 대략 7년 이상 머무른 것이 되겠다.

3절 맹자와 송(宋),
혼자서는 왕을 바로잡을 수 없다

걸송(桀宋)의 등장, 왕언

맹자는 제(齊)를 떠나 송(宋)으로 갔다. 송에서의 맹자의 행적을 살펴볼 수 있는 자료로는 『맹자』에 수록된 제자 만장과의 대화와 송의 대신들과

---

235 『孟子』, 公孫丑章句下, "夫出晝, 而王不予追也, 予然後浩然有歸志. 予雖然, 豈舍王哉! 王由足用爲善, 王如用予則豈徒齊民安, 天下之民擧安. 王庶幾改之! 予日望之! 予豈若是小丈夫然哉? 諫於其君而不受則怒, 悻悻然見於其面, 去則窮日之力而後宿哉?"

의 대화 몇 편이 존재할 뿐이다.

송은 20대 양공(襄公) 시절에 한때 춘추오패로 강성했던 시절이 있었다. 그 후 침체기를 걷다가 35대 강왕(康王, 재위: 기원전 328~기원전 286) 때 잠시 국운이 꿈틀거렸다. 강왕의 성명은 자언(子偃)으로, 그는 형 척성(剔成)을 몰아내고 스스로 송나라 군주가 되었으며 이후 스스로 왕이라 칭했다. 역사에서는 그를 왕언(王偃)으로 보통 부른다. 맹자가 송으로 갔을 때가 바로 왕언이 송의 군주로 있을 때였다. 왕언은 동쪽으로 제(齊)와 싸워 다섯 개의 성(城)을 빼앗았고, 남쪽으로는 초(楚)와 싸워 300리의 땅을 차지했고 서쪽으로는 위(魏)를 패퇴시켰다. 소국 송(宋)이 소위 전국 7웅에 속하는 강호들을 연달아 격파한 것이다. 제(齊)·초(楚)·위(魏)와 싸워 이긴 그는 기세가 달아올랐다. 그는 점차 술과 부인에 빠져 음탕해졌으며 간언하는 신하를 함부로 죽였다. 이에 제후들이 과거 폭군들이 하던 짓을 다시 하려 하니 정벌하지 않을 수 없다고 말했다. 점차 왕언에게 위기의 순간이 다가오고 있었다.

송(宋)이 왕도를 행할 수 있겠는가?

소국 송(宋)이 전국 7웅에 속하는 제(齊)·초(楚)·위(魏)를 상대로 싸워 이긴 것은 천하를 깜짝 놀라게 하는 사건이었다. 이것으로 보면 왕언은 나름 평범하지 않은 인물로 추정된다. 맹자가 송(宋)을 방문한 시기가 바로 왕언이 득세하고 있을 때였다. 『사기』에는 왕언의 재임 초기에 관한 기술이 강대국과의 전쟁에 관한 것 외에는 없다. 맹자 제자인 만장(萬章)이 맹자에게 물었다.

"송(宋)은 소국입니다. 지금 장차 왕도정치를 행할 듯합니다만, 제(齊)와 초(楚)가 미워하여 정벌하면 어찌해야 합니까?"[236]

만장은 맹자 제자 중에서도 가장 맹자와 토론을 즐겨 한 제자이며 맹자가 천하 방랑을 마친 후 『시경』·『서경』을 차례대로 설명하고, 『맹자』를 저술할 때 맹자와 작업을 함께한 제자이다. 소국인 송의 왕언이 인근 대국인 제(齊)·초(楚)·위(魏)와 싸워 이겼으니 그의 기세가 한창 달아올랐다. 만장은 이런 송의 왕언에 대해 장차 왕도정치를 행하기를 나름 기대했던 모양이다.

맹자가 말했다. "탕(湯)이 박(亳)에 거주하실 때 갈(葛) 부족과 이웃하고 있었는데 갈백(葛伯: 갈족의 우두머리)이 방자하고 제사를 모시지 아니하므로 탕이 사람을 시켜 물었다. '왜 제사를 지내지 않소이까?'

갈백이 말했다. '바칠 희생(犧牲: 제물로 쓸 짐승)이 없소이다.'

탕이 그에게 소와 양을 보내자 갈백은 먹어치우고는 제사를 모시지 않았다. 탕이 다시 사람을 시켜 물었다. '왜 제사를 지내지 않았소?'

갈백이 말했다. '바칠 자성(粢盛: 제기에 담긴 곡물)이 없소이다.'

탕이 박의 주민들을 보내어 경작을 도우니 노약자를 먹일 수 있었다. 그런데 갈백이 자신의 부족을 이끌고 술과 음식, 기장과 쌀을 요구하며 빼앗고 주지 않는 자를 죽였다. 심지어는 한 아이가 기장과 고기를 나눠주고 있었는데 그를 죽이고 기장과 고기를 빼앗았다. 바로 『서경』에서 말한 '갈백이 음식 나눠주는 자를 원수로 여겼다[葛伯仇餉].'는 것이 이것을 일컫는 말이다. 그 아이를

---

236 『孟子』, 滕文公章句下, "萬章問曰, 宋, 小國也. 今將行王政, 齊楚惡而伐之則如之何?"

죽인 것을 이유로 갈백을 정벌하자 사해(四海) 안에 있는 모두가 말했다. '천하를 부유하게 하려 한 것이 아니라 하나하나의 남자와 여인을 위해 복수를 한 것이다.'"[237]

만장은 송(宋)이 왕도정치를 행하길 기대하면서도 한편으로는 강대국들의 송에 대한 보복을 걱정했다. 그러자 맹자는 상(商)을 건국한 탕(湯)이 박(亳) 부락의 수장으로 있을 때의 이야기를 들려주었다. 탕은 자신의 부족뿐만 아니라 인근의 부족에게도 인의로써 대우했다. 그러나 갈백이 끝내 인의를 저버리고 오히려 무고한 백성을 살육하는 것을 보고는 칼을 뽑아 처단하기에 이르렀다. 이것은 국가와 천하를 위한다는 명분도 아닌 억울하게 죽임을 당한 백성 하나하나를 조문하기 위한 어진 마음에서 비롯된 것이었다. 바로 송이 여러 강국과 전쟁을 하고 있는데, 자신과 이웃 나라의 백성을 어진 마음으로 살펴보고, 무고한 백성의 삶을 유린하는 나라가 있을 때 그 나라를 정벌하는 경우는 왕도정치의 구현일 수 있다고 맹자는 말하고 있다. 맹자가 이어서 말했다.

"탕(湯)이 정벌을 갈(葛)로부터 시작하자 열한 개 국가가 정벌되고 천하에 적이 없었다. 동쪽으로 향하여 정벌하면 서쪽 오랑캐가 원망하며, 남쪽으로 향하여 정벌하면 북쪽 오랑캐가 원망하여 '왜 우리를 뒤로 두었나이까?' 했다. 백성이 탕을 갈망하는 것이 마치 큰 가뭄에 비를 바라는 듯했다. 시장으로 돌아오는 자가 그치지 않고 김매는 자는 동요하지 않았다. 그 군주를 베고 그 백성을 위

---

237 『孟子』, 滕文公章句下, "孟子曰, 湯居亳, 與葛爲鄰, 葛伯放而不祀. 湯使人間之曰, 何爲不祀? 曰, 無以供犧牲也. 湯使遺之牛羊. 葛伯食之, 又不以祀. 湯又使人間之曰, 何爲不祀? 曰, 無以供粢盛也. 湯使亳衆往爲之耕, 老弱饋食. 葛伯率其民, 要其有酒食黍稻者奪之, 不授者殺之. 有童子以黍肉餉, 殺而奪之. 書曰, 葛伯仇餉. 此之謂也. 爲其殺是童子而征之, 四海之內皆曰, 非富天下也, 爲匹夫匹婦復讎也."

로하니 마치 때맞춰 내리는 비와 같았다. 백성이 크게 기뻐하니 『서경』은 이렇게 말한다. '왜 우리를 뒤로 두었습니까? 나중에 오시면 형벌이 없어지겠소이까?'"[238]

탕(湯)이 무도한 갈백의 정벌을 필두로 인근 열한 개 나라를 정벌하자 인근 나라의 백성들이 서로 자기 나라를 먼저 정벌해달라는 기이한 상황이 벌어졌다. 이것은 자국 군주의 학정과 탕의 인정(仁政)에서 비롯된 현상이었다. 인근 부족을 정벌하면서 몸집을 키운 탕은 드디어 하(夏)의 17대 왕 걸(桀)을 무너뜨리고 기원전 1600년 무렵에 상(商)을 건국했다.

무도한 인근 부족을 정벌한 탕의 이야기를 한 후 맹자는 상(商)의 30대 왕 주(紂)를 무너뜨린 무왕의 이야기를 꺼낸다.

"제후들이 주(周)나라의 신하가 되지 않으려고 했다. (그래서) 동쪽으로 정벌하여 그 선비와 여인들을 편안하게 하자 검고 누런 폐백을 광주리에 담고 왔다. 그들은 우리 주(周)나라 왕을 도와 경사(慶事)를 보기 위해 큰 나라 주(周)를 섬기려 했다. 군자(君子: 직위가 있는 자)들은 검고 누런 폐백을 광주리에 가득 담아 그 군자를 환영하고, 소인(小人)은 소쿠리의 밥과 물병으로 그 소인을 환영했다. 물과 불구덩이 속에 있던 백성을 구출하려고 잔학한 폭정을 거둔 것이다.

태서(太誓)는 말한다. '우리 무용(武勇)을 오직 드높여서 그의 국경에 엄습하여 잔학한 폭정을 거두려고 주살하고 정벌을 펼치시니 탕(湯)과 견주어 찬란함이

238 『孟子』, 滕文公章句下, "湯始征, 自葛載, 十一征而無敵於天下. 東面而征, 西夷怨, 南面而征, 北狄怨, 曰, 奚爲後我? 民之望之, 若大旱之望雨也. 歸市者弗止, 芸者不變, 誅其君, 弔其民, 如時雨降. 民大悅. 書曰, 徯我后, 后來其無罰!"

있도다.'"[239]

앞부분은『서경』〈주서(周書)〉'무성(武成)'편을 인용한 것이고 뒷부분은
『서경』〈주서(周書)〉'태서(太誓)'편을 인용했다. 다만 서경의 해당 내용은
맹자가 인용한 위의 내용과 약간 다르다. 여기서는 맹자의 기술에 따랐다.

인용한 무성(武成) 편의 내용은 무왕이 주왕(紂王)을 따르는 무도한 인근
제후들을 정벌하자 그 백성이 무왕의 정벌을 환영했다는 것이고, 인용한
태서(太誓) 편의 내용은 드디어 무왕이 상(商)을 정벌하여 주왕(紂王)의 폭
정을 끝내게 했으니, 그 위업이 탕과 필적한다는 것이다. 이로써 상나라는
560여 년을 존속하다가 기원전 1046년에 멸망하기에 이른다. 탕왕과 무왕
을 소개한 맹자는 송(宋)으로 화제를 돌린다.

"왕도정치를 행하지 않는다고 한다면 모르지만 진실로 왕도정치를 행한다면
사해(四海)의 모두가 머리를 들고 우러러보며 자기들의 군주가 되어달라고 할
것이다. 그리되면 제(齊)와 초(楚)가 비록 대국이라 해도 무엇을 두려워하겠는
가?"[240]

맹자는 왕도정치의 사례로서 탕왕과 무왕을 들었는데, 탕왕과 무왕은
둘 다 인근 국가의 백성에게까지 미치는 인정(仁政)과 포악한 지도자를 정
벌했다는 공통점이 있다. 만일 송(宋)의 왕언이 두 성왕(聖王)들이 한 것처

---

239 『孟子』, 滕文公章句下, "有攸不惟臣, 東征, 綏厥士女, 匪厥玄黃, 紹我周王見休, 惟臣附于大邑周. 其君子實
玄黃于匪以迎其君子, 其小人簞食壺漿以迎其小人, 救民於水火之中, 取其殘而已矣. 太誓曰, 我武惟揚, 侵
于之疆, 則取于殘, 殺伐用張, 于湯有光."

240 『孟子』, 滕文公章句下, "不行王政云爾, 苟行王政, 四海之內皆擧首而望之, 欲以爲君, 齊楚雖大, 何畏焉?"

럼 그러한 왕도정치를 행한다면 모든 백성이 자신들의 군주가 되어달라고 애원할 것이므로 인근 강대국을 두려워할 필요가 없다는 말이다.

송(宋)의 대부 중에 대영지(戴盈之)란 사람이 있었다. 대영지가 맹자를 찾아와 왕도정치의 정책 현안에 관해 이야기를 나누었다.

> 대영지가 말했다. "1/10세와 관문과 시장의 세금을 걷는 문제는 금년에는 해결이 어렵고, 경감하도록 간청하겠나이다. 내년 이후에 현재 조세정책을 그만둘까 하는데 어떻게 생각하십니까?"[241]

1/10세는 다름 아닌 정전법을 말한다. 즉 사전 100무(畝) 대비 세금으로 내는 공전 10무(畝)를 말한다. 정전법을 시행하고 관문의 세금을 없애며 시장에서 중복되는 세금을 없애는 것은 왕도정치의 정책 중 핵심이 되는 요소들이다. 대영지는 정전법을 시행하거나 관문과 시장의 세금을 없애는 것은 당장 어렵고, 당시 과중한 세금을 경감하도록 왕언에게 간청해보겠다고 했다. 그리고 내년 이후에나 현행 제도를 개선해볼 수 있다고 말했다.

> 맹자가 말했다. "지금 어떤 사람이 날마다 그 이웃의 닭을 훔치고 있다고 합시다. 누군가 그에게 말했소이다. '이것은 군자의 도가 아닙니다.'
> 그러자 그가 말했습니다. '청하오니 한 달에 닭 한 마리로 줄이겠습니다. 그런 후 내년 이후에나 훔치기를 그만두겠습니다.'
> 만약 그 옳지 않음을 알았으면 이것을 속히 그만두어야지 어찌 내년을 기다릴

---

241 『孟子』, 滕文公章句下, "戴盈之曰, 什一, 去關市之征, 今玆未能, 請輕之, 以待來年, 然後已, 何如?"

니까?"[242]

매일 닭을 훔치던 것을 한 달에 한 마리만 훔친다고 하여 그 행위가 도
덕적으로 정당화되지 않는다. 국가정책도 마찬가지이다. 현행 조세제도가
너무 가혹하다면 당장 폐지하여 대안을 강구해야지 근간은 그대로 두고
일부만 손본다고 하여 현행 조세제도가 어진 정책이 될 수 없다. 게다가
왕언은 왕도정치에 대해 무관심했을 뿐만 아니라 백성에게 가혹했고 대부
분의 신하도 군주를 제대로 보필하지 못했다. 이런 상황을 보고 맹자가 송
나라 신하인 대불승(戴不勝)과 대화를 나눈다.

맹자가 대불승에게 말했다. "그대는 그대의 왕이 선해지기를 바라는가? 내가
그대에게 분명하게 말해줄 게 있소. 여기에 초(楚)의 대부가 있다고 합시다. 그
자식에게 제나라 언어를 배우게 하려 한다면 제나라 사람으로 가르치게 할까
요? 초나라 사람으로 가르치게 할까요?"
대불승이 말했다. "제나라 사람으로 가르치게 하겠습니다."
맹자가 말했다. "제나라 사람 한 명으로 그를 가르치게 했는데 여러 초나라 사
람들이 시끄럽게 한다면 날마다 매질을 해도 제나라 언어를 배우기가 가능하
지 않소이다. 이번에는 그를 제나라 도시인 장악(莊嶽)에 몇 년을 끌어다 놓으
면 비록 매일 매질을 해도 초나라 언어를 배우기가 가능하지 않소이다."[243]

---

242 『孟子』, 滕文公章句下, "孟子曰, 今有人日攘其鄰之雞者, 或告之曰, 是非君子之道. 曰, 請損之, 月攘一雞,
以待來年, 然後已. 如知其非義, 斯速已矣, 何待來年?"

243 『孟子』, 滕文公章句下, "孟子謂戴不勝曰, 子欲子之王之善與? 我明告子. 有楚大夫於此, 欲其子之齊語也,
則使齊人傅諸? 使楚人傅諸? 曰, 使齊人傅之. 曰, 一齊人傅之. 衆楚人咻之, 雖日撻而求其齊也, 不可得矣,
引而置之莊嶽之間數年, 雖日撻而求其楚, 亦不可得矣."

대불승에 대한 자세한 이력은 알 수 없다. 대화의 내용으로 보아 대불승은 송왕의 성정에 대해 많은 걱정을 하여 그 대책을 맹자에게 물은 듯하다. 이를 보면 그는 송의 장래를 진심으로 걱정하는 충신의 하나로 보인다.

맹자는 당시 송나라가 올곧은 신하나 군자가 있으면 오히려 비방하거나 훼방하는 정치적 혼돈에 빠져있다고 보았다. 맹자는 제나 초의 언어를 가르치는 사람과 주위의 훼방하는 사람들의 비유로 말했다. 그래도 송(宋)에 설거주(薛居州)라는 의로운 신하가 있었던 모양이다. 대불승이 그를 추천하여 왕의 거소에 머무르게 했다. 이것에 대해 맹자가 말했다.

> "그대는 설거주가 좋은 선비라고 하여 그를 왕의 거소에 머무르게 했소이다. 왕의 거소에 머무는 어른·어린아이, 신분이 낮거나 높은 자들이 모두 설거주와 같다면 왕이 누구와 더불어 불선(不善)을 행하리오? 왕의 거소에 머무는 어른·어린아이, 신분이 낮거나 높은 자들이 모두 설거주를 비난한다면 왕이 누구와 더불어 선(善)을 행하리오? 하나의 설거주로 홀로 송왕(宋王)을 어찌하겠소이까?"[244]

맹자는 설거주와 같은 좋은 선비가 있다 하더라도 설거주 같은 사람을 비방하는 신하들로 가득 찬 송의 조정에서는 어찌할 방법이 없다고 말하고 있다. 맹자는 양혜왕이나 제선왕에게는 왕도정치의 비전을 제시하면서 끝까지 희망의 끈을 놓지 않았다. 그런데 송나라에 와서는 그 정치적 환경을 보고 아예 선정(善政)에 대해 기대하지 않고 왕언의 장래가 불안할 것

---

244 『孟子』, 滕文公章句下, "子謂薛居州, 善士也, 使之居於王所. 在於王所者, 長幼卑尊皆薛居州也, 王誰與爲不善? 在王所者, 長幼卑尊皆非薛居州也, 王誰與爲善? 一薛居州, 獨如宋王何?"

으로 내다보았다.

송을 떠난 맹자는 설(薛)로 갔다. 그러나 설에서의 행적은 전해지는 바가 없다. 맹자가 떠난 후 왕언은 맹자의 예상대로 결국 파국을 맞고야 말았다. 제(齊)·초(楚)·위(魏)와 싸워 이긴 그는 기고만장해졌다. 왕언은 피를 가득 담은 가죽 주머니를 걸어놓고 화살로 명중시키면 "하늘을 쏘아 잡았다[射天]."라고 했다. 또 점차 술과 부인에 빠져 음탕해졌으며 간언하는 신하를 활로 쏘아 죽였다. 이에 제후들이 왕언을 '송나라의 걸[桀宋]'이라고 일컬었다. 결국 제(齊)의 민왕(湣王)이 위(魏), 초(楚)와 연합하여 왕언을 죽여 송(宋)을 멸망시키고 땅을 세 개로 쪼개 나눠 가졌다. 그렇게 탕왕의 나라인 상(商)의 옛터에 세워진 송(宋)은 760여 년을 존속하다가 기원전 286년에 자취를 감추었다.

4절 맹자와 추목공, 인정은 백성을 죽을 수 있게 한다

왕도는 윗사람을 대신해 죽을 수 있게 한다

맹자는 제나라를 떠나 송(宋)과 설(薛)을 거쳐 추(鄒)나라로 간다. 추나라는 본래 나라 이름이 주(邾)였으나 전국시대에 추(鄒)로 개칭되었다. 추는 춘추시대 주(周)나라의 제후국으로, 통치자의 성(姓)은 조(曹)이며, 작위는 자작(子爵)이다. 자작은 제후국들의 품계 중에서 가장 낮은 계급이다. 추나라는 애초 그리 주목받는 나라는 아니었으며, 맹자가 바로 여기 출신이었다. 맹자가 추나라로 갈 때 군주는 목공(穆公)이었다. 당시 추나라는 노나라와 전쟁을 한 적이 있었는데 추목공(鄒穆公)이 그때의 상황을 회고하며 맹자에게 말했다.

"우리 유사(有司)들이 죽은 자가 33인인데, 백성이 그들을 위해 죽지 않았소. 그들을 다 목 벨 수도 없고, 그리하지 않으면 자기 상관들의 죽음을 흘겨보며 구하지 않을 것인데, 어찌해야 좋겠습니까?"[245]

유사(有司)는 어떤 조직에서 일정한 업무를 맡는 직책이다. 목공은 노와의 전쟁에서 백성들이 헌신하지 않는 것을 탓하며 맹자에게 대책을 물었다. 맹자는 추나라로 가기 전에 어느 정도 추나라의 정세를 파악한 듯하다. 목공이 말하자 맹자는 추나라의 실정(失政)을 짚어가며 말한다.

"흉년으로 굶주린 시기에 군주의 백성 중에 노약자는 도랑과 구덩이에 굴러 떨어지고 장년들은 사방으로 흩어진 자가 몇천입니다. 그런데도 군주의 창고는 가득 찼고 유사들이 말리지 않았으니, 이것은 위로는 태만한 것이요, 밑으로는 잔인한 것입니다. 증자는, '경계하라! 경계하라! 너에게서 나온 것이 너에게로 돌아간다.'라고 했습니다. 이제 백성이 받은 것을 되돌려주는 것이니, 군주께서는 탓하지 마십시오."[246]

---

245 『孟子』, 梁惠王章句下, "吾有司死者三十三人, 而民莫之死也. 誅之則不可勝誅. 不誅則疾視其長上之死而不救, 如之何則可也?"

246 『孟子』, 梁惠王章句下, "凶年饑歲, 君之民老弱轉乎溝壑, 壯者散而之四方者, 幾千人矣, 而君之倉廩實, 府庫充, 有司莫以告, 是上慢而殘下也. 曾子曰 戒之戒之! 出乎爾者, 反乎爾者也. 夫民今而後得反之也. 君無尤焉."

목공은 전쟁에서 자신의 부하들이 죽은 것의 책임을 백성에게 돌리려 하였으나 맹자는 다르게 말한다. 그 원인은 백성에게 있지 않고 군주와 그 책임자들에게 있다고 했다. 백성은 굶주리고 있는데 군주는 재물의 증식에 눈이 멀고 책임자들은 충언하지 않아 백성들이 등을 돌린 것이니 이 모두는 목공과 그 부하들의 부덕한 탓이라는 말이다. 맹자는 이어 말한다.

"군주가 어진 정치[仁政]를 행하면 백성이 윗사람을 친하게 생각하여 그를 위해 죽을 수가 있습니다."[247]

맹자는 군주가 어진 정치, 즉 왕도정치를 하면 백성이 윗사람을 위해 죽을 수 있다고 했다. 이처럼 어진 정치는 군주와 국가를 보호하는 든든한 울타리가 될 수 있다.

백성을 함부로 죽이면 사(士)가 떠난다

공자는 "하루라도 자신의 욕심을 극복하고 예로 돌아가면 천하가 인으로 돌아온다."[248]라고 했다. 군주가 어진 정치를 하면 백성은 물론이고 천하가 그에게 귀의한다는 말이다. 그러나 백성을 돌보지 않고 자신의 쾌락과 탐욕에 빠지거나 학정을 하면 백성은 어떻게 될까? 당연히 백성의 삶은 황폐해져서 윗사람을 떠나거나 심지어 적으로 변할 수가 있다. 맹자가 말했다.

---

247 『孟子』, 梁惠王章句下, "君行仁政, 斯民親其上, 死其長矣."
248 『論語』, 顏淵第十二, "一日克己復禮, 天下歸仁焉."

"죄가 없는데도 사(士 : 하급관리)를 함부로 죽이면 대부가 떠날 수 있으며, 죄가 없는데도 백성을 함부로 죽이면 사(士)들이 다른 곳으로 가버린다."[249]

군주가 무고한 사(士)를 함부로 죽이면 언젠가는 대부들에게도 그리할 기미가 있는 것이며, 백성을 함부로 죽이면 언젠가는 사(士)들에게도 그리할 기미가 있기 때문에 백성만 떠나는 것이 아니라 사(士)와 대부도 떠나게 된다. 사(士)나 백성을 죽인다는 표현으로 어세를 강하게 했지만, 여타 학정도 같은 이치이다.

학정으로 인해 백성이 군주로부터 마음만 떠난 것이 아니라 심지어 적으로 변하는 경우도 있다. 1592년에 임진왜란이 발발하고 왜군이 북진을 계속하자 선조는 몽진(蒙塵 : 먼지를 뒤집어쓴다는 뜻으로, 임금이 난리를 피해 도망감을 의미)을 한다. 이때 세자인 광해군은 어가(御駕 : 임금이 타던 수레)를 따르고 다른 왕자인 임해군은 함경도로, 순화군은 강원도로 가서 백성을 위무(慰撫 : 위로하고 어루만지며 달램)하고 병사를 모집하게 했다. 선조는 임진강을 건널 때 왜군이 쫓아오지 못하도록 남아있는 배는 모조리 불태우고, 뗏목을 만들지 못하게 가까운 인가는 모두 철거하라는 명을 내렸다. 결국 피난길이 막히는 바람에 수많은 백성이 왜적에 의해 죽어 나갔다. 자신의 목숨은 중요하고 백성들은 안중에도 없었던 선조였다. 백성을 위무하고 군사를 모집하기 위해 임해군과 순화군은 어떤 일을 했을까? 순화군은 강원도에서 함경도로 가서 임해군과 합류한다. 두 왕자 역시 그 아버지에 그 아들답게 본연의 의무는 저버리고 가는 곳마다 백성들로부터 재물을 수탈해 백성들의 원성을 샀다. 결국 두 왕자는 분노한 백성들에게 포박되어 왜

249 『孟子』, 離婁章句下, "無罪而殺士則大夫可以去. 無罪而戮民則士可以徙."

군들에게 넘겨졌다. 이처럼 어질지 못한 정치를 할 때 백성들은 분노하게 되고 심지어는 적으로 변할 수도 있다.

5절 맹자와 등문공, 약이 독해야 병을 낫게 한다

맹자의 훈수, 세자의 반전

추나라 다음으로 맹자가 간 나라는 등(滕)나라이다. 조기(趙岐)에 따르면 등(滕)은 노(魯)와 같은 성씨이고 노(魯)와 등(滕)의 시조도 모두 문왕으로부터 나왔다. 노(魯)는 주공(周公)의 후예이고, 등(滕)은 숙수(叔繡)의 후예이다. 조기(趙岐)는 이처럼 노(魯)와 등(滕)의 시조가 모두 문왕의 자식으로 보고 있다. 『사기』에 의하면 문왕의 정비인 태사(太姒)는 모두 10명의 아들을 낳았다. 여기에 숙수는 포함되지 않는다. 따라서 숙수는 주공과 배다른 형제일 것으로 추측된다. 등(滕)은 당시의 강대국인 제(齊)와 초(楚)나라 사이에 있었다. 등의 문공(文公)은 세자 시절에 초(楚)나라로 가는 길에 송(宋)나라를 지나다가 송에 머무르고 있던 맹자를 만났다. 이때 맹자는 인간의 본성이 선하다는 것과 고대 성왕(聖王)인 요임금과 순임금의 도에 관하여 세자에게 강설했다. 세자는 초에서 돌아오는 길에 다시 맹자를 만나서 선한 본성의 발휘와 성현의 도를 제대로 실천하는 것에 관하여 의문을 제기한다. 그러자 맹자는 이렇게 말한다.

"지금 등(滕)나라 땅을 긴 곳을 자르고 작은 쪽을 보충하면 대략 오십 리(里) 정도인데 오히려 좋은 나라를 만들 수 있습니다. 『상서(商書)』[250]는 '약이 독하여 정신을 어지럽게 하지 않으면 병이 낫지 않는다.'라고 했습니다."[251]

맹자는 세자에게 등(滕)이 비록 작은 나라이지만 좋은 나라가 될 수 있으며, 그러기 위해서는 수양과 치세의 어려움을 극복해야 함을 말했다. 맹자의 강설은 세자에게 깊은 인상을 주었던 것 같다. 후에 세자는 부친인 정공(定公)이 죽자 사부(師傅)인 연우(然友)에게 부탁하여 추(鄒)나라에 있던 맹자에게 상사(喪事)에 관하여 자문을 구했고, 맹자는 삼년상을 치를 것을 권한다.

이참에 삼년상(三年喪)에 대해 살짝 살펴보기로 하자. 삼년상(三年喪)은 사실 만(滿)으로 따지면 기간은 2년이다. 망자(亡子)가 돌아가신 해를 1년으로 치고, 다음 해 돌아가신 날에 제사를 지낸다. 이것을 소상(小祥)이라고 한다. 그리고 그다음 해 돌아가신 날에 제사를 지내는데, 이것을 대상(大祥)이라고 하며 대상을 끝으로 상례의 모든 절차를 마친다. 이것을 탈상(脫喪)이라고 한다. 삼년상의 유래와 기간은 『논어』에서 밝히고 있다. 공자는 제자 재아(宰我)와의 대화에서 "자식은 태어나서 삼 년이 지난 후에야 부모의 품에서 벗어나는 것이므로, 무릇 삼년상은 천하에 통용되는 상례이다."[252]라고 말했다. 즉 삼년상은 자식으로 태어나 삼 년 동안 부모의 품에서 있었던 만큼 부모가 돌아가시면 삼 년 동안 내가 떠나시는 길을 보살핀다는 의미가 들어있다.

연우는 돌아와 맹자의 말을 전했다. 당시 삼년상을 치르는 것에 대해 형

---

250 『서경(書經)』의 〈상서(商書)〉
251 『孟子』, 滕文公章句上, "今滕, 絶長補短, 將五十里也, 猶可以爲善國. 書曰, 若藥不瞑眩, 厥疾不瘳."
252 『論語』, 陽貨第十七, "子生三年, 然後免於父母之懷. 夫三年之喪, 天下之通喪也."

제와 백관들이 반대했으나 세자는 맹자의 견해를 따르게 된다.

> 연우가 돌아와 보고하자 삼년상을 치르기로 정했다. 그러자 형제와 백관(百
> 官)들이 모두 원치 않고 말했다. "우리의 종국(宗國) 노(魯)의 지난 군주도 삼년
> 상을 행하지 않았고, 우리의 지난 군주도 행하지 않으셨는데, 세자의 몸에 이
> 르러 뒤집으시니 불가합니다. 또 기록된 바에 따르면 상례와 제례는 선조(先
> 祖)를 따른다고 되어있습니다. 우리는 물려받은 것이 있소이다."[253]

형제와 백관들이 노(魯)와 등(滕)에서 전례가 없었다고 완강히 반대했
다. '종국(宗國)'의 의미에 관하여 학설이 나뉜다. 주희(朱熹)는 노(魯)의 시
조 주공이 연장자가 되자 형제들이 그를 우두머리로 삼았으며[宗], 그래서
등(滕)은 노(魯)를 종국(宗國)이라고 불렀다고 말한다. 다산(茶山)은 같은 성
(姓)들이 맹약하면 종맹(宗盟)이라 하고, 같은 성(姓)들의 나라라면 종국(宗
國)이라고 부른다며, 여기서는 같은 성(姓)의 나라라는 의미라고 보았다.
주나라 봉건제는 종법(宗法)을 근간으로 한다. 종법제에서 천자국의 적장
자는 왕위를 계승하며 제사를 받드는 대종(大宗)이 된다. 왕의 형제나 공신
(功臣)들은 주나라 주변의 땅을 주고 제후로 봉하는데 이를 소종(小宗)이라
고 한다. 소종인 제후들은 적장자가 제후의 자리를 계승하고 그 형제들을
대부(大夫)로 삼는다. 문왕의 아들 중 백읍고는 일찍이 죽었고 둘째가 성
명이 희발인 무왕이며, 셋째가 숙선(叔鮮)인데 반란을 도모하다가 죽임을
당했다. 넷째가 주공이다. 주희의 해석은 무왕이 죽자 결국 주공이 적장자
노릇을 했다는 것인데, 이것은 종법제도의 근간을 흔드는 해석이라 아니

---

253 『孟子』, 滕文公章句上, "然友反命, 定爲三年之喪. 父兄百官皆不欲, 曰, 吾宗國魯先君莫之行, 吾先君亦莫
之行也. 至於子之身而反之, 不可. 且志曰, 喪祭從先祖. 曰, 吾有所受之也."

할 수 없다. 다산의 해석이 옳다고 본다. 여하튼 반대가 극심하여 세자는 다시 연우를 부른다.

세자가 연우에게 말했다. "나는 예전에 학문을 하지도 않았고 말 달리고 칼싸움하기를 좋아했는데, 지금 형제와 백관이 나를 흡족하게 여기지 않고 있소. 큰일에 진력하지 못할까 걱정됩니다. 선생님께서는 나를 위해 맹자에게 물어봐 주십시오."[254]

연우가 다시 추(鄒)로 가서 맹자에게 물었다. 연우의 말을 듣고 맹자가 말했다.

"그렇군요. 다른 것으로 방도를 구할 수는 없습니다. 공자가 말하길, '군주가 죽으면 총재(家宰)에게 보고받고 지시한다.'고 했습니다. 죽(粥)을 마시고 아주 검어진 얼굴로 즉위 후 곡(哭)을 하면서 백관과 유사(有司)가 감히 슬퍼하지 않을 수 없게 하는 것은 그들을 선도하는 것입니다. 위에서 좋아하는 것이 있으면 아래는 반드시 심히 불편한 것이 있습니다. 군자의 덕은 바람이오, 소인의 덕은 풀입니다. 풀 위에 바람이 불면 풀들은 엎드립니다. 이러한 것이 세자에게 달려있습니다."[255]

연우는 세자의 분부를 받고 다시 추(鄒)에 머물고 있는 맹자에게 갔다.

---

254 『孟子』, 滕文公章句上, "謂然友曰, 吾他日未嘗學問, 好馳馬試劍. 今也父兄百官不我足也, 恐其不能盡於大事, 子爲我問孟子!"

255 『孟子』, 滕文公章句上, "然不可以他求者也. 孔子曰, 君薨, 聽於家宰, 歠粥, 面深墨, 卽位而哭, 百官有司莫敢不哀, 先之也. 上有好者, 下必有甚焉者矣. 君子之德, 風也, 小人之德, 草也. 草上之風, 必偃. 是在世子."

앞서 설명했듯이 주 왕실의 직제로는 천자 밑에 삼공(三公)이 있는데, 태사(太師)·태부(太傅)·태보(太保)가 그들이다. 그 밑에 육경과 삼소(三少)가 있다. 육경은 집행기관으로 총재(冢宰)·사도(司徒)·종백(宗伯)·사마(司馬)·사구(司寇)·사공(司空)이 있으며 이 중 총재가 육경을 총괄한다. 삼소(三少)는 자문기구에 해당하는데 육경(六卿)과 삼소(三少)를 합하여 광의로 구경(九卿)이라고도 한다.[256] "군자의 덕은 바람이오, 소인의 덕은 풀입니다. 풀 위에 바람이 불면 풀들은 엎드립니다."는 『논어』에 나오는 공자의 말이다. 맹자는 공자의 말을 인용하여 군주가 죽으면 상중(喪中)의 후계자는 신하들과 일일이 대면하지 않고 육경을 총괄하는 총재(冢宰)를 통하여 정사를 간접적으로 행해야 하므로 풀을 움직이게 하는 바람에 해당하는 세자가 선도적으로 성심을 다할 것을 주문하고 있다. 연우는 다시 세자에게 갔다.

연우가 돌아와 보고하자 세자가 말했다. "그렇군요. 이것은 진실로 나에게 달려있습니다."
세자는 다섯 달 동안 여막에 머무르면서 명령이나 훈계를 하지 않았다. 그러자 백관과 친족들이 예를 안다고 하였고, 장례에는 사방의 사람들이 와서 참관하였는데 세자의 안색이 수척하고 곡하여 우는 소리가 애절하자 조문객들이 (세자의 성장한 모습에) 크게 기뻐했다.[257]

『좌전』〈은공(隱公)〉편 원년(元年) 8월에는 이런 기록이 있다. 즉 천자

---

256 주(周)의 직제에 관한 내용은 여러 문헌에 산재하여 전한다. 삼공(三公)과 삼소(三少)는 『서경』 '주관(周官)', 육경(六卿)은 『주례』에 각각 전한다.

257 『孟子』, 滕文公章句上, "然友反命. 世子曰, 然, 是誠在我. 五月居廬, 未有命戒. 百官族人可, 謂曰知. 及至葬, 四方來觀之, 顏色之戚, 哭泣之哀, 弔者大悅."

(天子)는 일곱 달이 지나서야 장례를 지내는데, 이것은 제후들이 오는 데 걸리는 일수를 고려한 것이고, 제후(諸侯)는 다섯 달이 지나서야 장례를 치르는데, 이것은 동맹들이 오는 데 걸리는 일수를 고려한 것이다. 대부(大夫)는 석 달이 지나서야 장례를 치르는데, 이것은 같은 위치에 있는 자들이 오는 데 걸리는 일수를 고려한 것이고, 사(士)는 한 달이 지나서야 장례를 치르는데, 이것은 사돈들이 오는 데 걸리는 일수를 고려했다. 세자는 예법에 따라 다섯 달 동안 여막에 머무르며 수척한 얼굴로 애절하게 곡을 하면서 상황을 완전히 반전시켰다. 맹자의 훈수가 제대로 빛을 발한 것이다.

정전제, 항산이 있어야 항심이 있다

천자나 제후가 죽으면 그 후계자는 바로 즉위하는 것이 아니라 그 이듬해에 즉위한다. 이때 즉위 전 호칭을 천자의 나라에서는 소동(小童)이라 하고, 제후국은 자(子)라고 한다. 등(滕)의 세자가 드디어 제후로 즉위하니 이가 등문공(滕文公)이다. 등문공은 세자 시절부터 맹자에게 성선(性善)에 대한 강설을 들었고, 또 친상을 당하자 맹자가 권한 삼년상을 치르면서 자신을 미흡하게 바라보던 주변 사람들의 인식을 반전시킨 바 있다. 서로 의기가 투합했다. 이런 등문공이 예를 갖추어 맹자를 초빙했다. 이에 맹자도 쾌히 추(鄒)를 떠나 등(滕)으로 갔다.

등문공이 나라를 다스리는 방법을 물었다. 맹자가 말했다. "백성의 농사는 때를 늦춰서는 안 됩니다. 『시경』은 이렇게 말합니다. '낮에 너는 띠풀[茅] 베러

가고, 밤에 너는 새끼를 꼬아 급하게 지붕에 오르네. 비로소 백곡(百穀)을 심을 수 있네.'"[258]

위 시(詩)는 『시경』〈빈풍(豳風)〉'칠월(七月)'편에 나온다. 맹자는 『시경』의 시를 인용하여 농사일의 분주함과 때를 맞추어야 하는 중요성을 말하고 있다. 앞서 살펴본 바와 같이 양혜왕이 흉년이 들었을 때 백성들과 곡식을 옮기는 조치를 했지만, 자신의 백성들이 불어나지 않는 것을 걱정했다. 그러자 맹자는 왕도정치의 바탕이 여유로운 민생(民生)이라고 하며, 민생을 여유롭게 하는 구체적 대안으로 농사짓는 때를 놓치지 않게 하고 수산자원과 산림자원을 아껴 쓰고 관리하는 방안을 제시했다. 맹자는 등문공에게도 농사짓는 때를 놓치지 않게 해야 함을 강조했다. 이어서 맹자가 말했다.

"백성이 도를 행함에 항산이 있어야 항심이 있습니다. 항산이 없는 자는 항심이 없습니다. 진실로 항심이 없으면 편벽되고, 사악하고, 사치를 하여 자기를 위하지 않음이 없지요. 마침내는 범죄에 빠지고 연후에는 형을 받으니 이것은 백성을 기망하는 것이 됩니다. 어찌 어진 사람이 자리에 있으면서 백성을 그물질할 수 있겠나이까? 그런 까닭에 현군이 반드시 공손하고 검소하여 아래 사람을 예로 대하며 백성이 절제하도록 해야 합니다."[259]

---

258 『孟子』, 滕文公章句上, "滕文公問爲國. 孟子曰, 民事不可緩也. 詩云, 晝爾于茅, 宵爾索綯, 亟其乘屋, 其始播百穀."

259 『孟子』, 滕文公章句上, "民之爲道也, 有恆産者有恆心, 無恆産者無恆心. 苟無恆心, 放辟邪侈, 無不爲已. 及陷乎罪, 然後從而刑之, 是罔民也. 焉有仁人在位, 罔民而可爲也? 是故賢君必恭儉禮下, 取於民有制."

맹자는 세자 시절의 문공에게는 성선과 요순의 도에 관하여 말했지만, 이번에는 실제적 측면에 접근하여 말을 하고 있다. 앞에서 맹자가 양혜왕에게 말한 바와 같이 문공에게도 국가를 다스리는 데에 민생의 안정이 매우 중요하다고 했다. 맹자는 백성들이 먹고살 수 있는 기반이 충족되어야 도덕을 생각한다고 주장했다. 그리하여 국가는 백성에게 일정한 재산, 즉 항산(恒産)을 갖게 해야 한다고 보았다. 이로써 백성들은 항심(恒心), 즉 한결같은 마음을 가진다. 항산이 없으면 항심이 없게 되고 이렇게 되면 백성들은 선한 본성에서 벗어나서 범죄에 빠지게 되니, 이것은 국민을 해치는 행위라고 맹자는 보고 있다. 항산(恒産)의 중요성에 대해 맹자는 앞서 제선왕에게도 말한 바 있다. 맹자는 제선왕에게 선비가 아닌 일반 백성 같은 경우는 항산이 없으면 항심이 없어진다고 했다.

공자도 기본적인 민생의 안정을 중요시했다. 공자는 "가난하면서 남을 원망하지 않기는 어려운 일이나, 부자이면서 교만하지 않기는 쉬운 일이다."[260]라고 했다. 이 말은 가난하면 마음이 비굴해지거나, 마음의 여유가 없어져 남을 탓하는 경우가 많아져서 결국 거친 행동과 범죄에까지 이어진다고 본 것이다. 또 공자 제자인 자공이 공자에게 '백성들에게 널리 베풀어서[博施於民]' 민중을 구제할 수 있다면 인(仁)이라 일컬을 수 있는지에 대해 물었다. 그러자 공자는 말했다.

"어찌 인(仁)이라고만 할 수 있으리오. 반드시 성인의 일인 것을! 요순도 그리하지 못함을 병으로 여겼느니라."[261]

---

260 『論語』, 憲問第十四, "貧而無怨難, 富而無驕易."
261 『論語』, 雍也第六, "子貢曰, 如有博施於民而能濟衆, 何如? 可謂仁乎? 子曰, 何事於仁, 必也聖乎! 堯舜其猶病諸."

이처럼 민생의 안정은 성인의 치세라 할 만큼 공자가 중요시했다. 거듭 말하지만, 민생의 안정은 왕도정치의 기반이 된다. 맹자의 왕도정치는 덕에 의한 정치인 인정(仁政)을 말한다. 그리고 맹자의 인정은 덕에 의한 정치라는 도덕적, 정치적 관점에만 국한된 것이 아니라 위에서 논의한 바와 같이 민생과도 연결되어있다. 민생을 중요시하는 인정이란 백성들이 경제적 궁핍에서 벗어나서 여유롭고, 떳떳한 생활을 하게 하는 정치를 말한다. 이어서 맹자는 정전제에 대해 말했다.

> "하후씨(우임금)는 오십 무(畝)를 주고 공법(貢法)을 썼으며, 은나라 사람은 칠십 무(畝)를 주고 조법(助法)을 써서 세금을 거두었고, 주나라 사람은 백 무(畝)를 주고 철법(徹法)을 써서 세금을 거두었으니 모두 1/10입니다. 철(徹)은 '통한다' 는 것이고, 조(助)는 '빌린다'는 뜻입니다."[262]

맹자는 하(夏)·상(商)·주(周) 삼대의 토지와 과세제도를 소개하고 있다. 여기서 앞부분의 '오십 무(畝)를 주고 공법(貢法)을 썼으며[五十而貢]'에 대하여 해석의 논란이 있다. 주희는 하(夏)가 정전제를 사용하지 않고 공법(貢法)을 썼으며, 하의 공법은 장부(丈夫)당 50무(畝)를 받고 그중에서 5무(畝)의 수입을 계산하여 공물로 바쳤다고 본다.

조선의 다산(茶山)은 하(夏)에도 정전이 있었으며 다만 공법(貢法)이 병존했을 것으로 본다. 다산은 하(夏)에 정전이 존재했다는 근거를 두 가지로 들고 있다. 하나는 무왕이 상(商)을 무너뜨리고 기자(箕子)를 만났을 때 기자는 하나라 우(禹)의 것이라며 홍범구주(洪範九疇)를 무왕에게 진술했

---

262 『孟子』, 滕文公章句上, "夏后氏五十而貢, 殷人七十而助, 周人百畝而徹, 其實皆什一也. 徹者徹也, 助者藉也."

다. 그런데 홍범구주의 형태가 정전(井田)의 형태와 비슷하다는 것이다. 또 하나는 우(禹)가 나라를 경영하는 법에 아홉 개 구역[九區]을 명시했다는 것이다.[263] 그리고 다산에 따르면 정전(井田)은 하(夏)·상(商)·주(周) 삼대가 그 형태가 모두 동일했다고 본다. 본래 성인 남자당 100무가 기본이지만 요(堯)부터 우(禹)까지는 정전을 만드는 시초였기 때문에 정전이 부족했다. 그래서 100무의 땅을 성인 남자 2명에게 주었는데, 각각 50무씩 된다. 그래서 '하후씨(우임금)는 50무'라는 것이다.[264]

다산은 하의 공법(貢法)을 관청의 수요에 충당하는 제도로서 실시된 것으로 본다. 다산에 따르면 공법은 땅을 9등급으로 나누어 몇 년의 소득을 평균한 것을 기준으로 하여 세금을 부과한다. 그런데 이것은 일정한 세수가 확보된다는 장점이 있으나 기근에 따른 경감이 없는 것이 약점이다. 그리하여 보완책으로 봄에는 밭갈이를 살피어 부족함을 보충해주고 가을에는 거두는 것을 살피어 흡족지 않음을 도와주었다.[265]

다산의 말을 요약하면 맹자가 말한 '五十而貢'의 '五十(오십)'은 정전으로서 100무의 땅을 성인 남자 2명에게 준 것이 각 50무씩 된다는 것이며, '貢(공)'은 정전과는 별개로 땅의 등급을 나누어 부과하되 보완책으로 작황에 따라 국가가 구휼(救恤)하는 제도라는 것이다.

은(殷)은 상(商)의 수도로 나라 이름인 상(商) 대신 은(殷)으로 표기한 것

---

263 丁若鏞美庸 著, 『孟子要義』, 滕文公第三章 以下, 滕文公問爲國夏殷周皆什一章, "箕子之言曰天乃賜禹洪範九疇洪範九疇者禹之物也洪範之形皇極居中八疇環外一似井田之形疇者田疇也旣受九疇之賜而其畫地爲田不用九疇之法也無是理夏制之有公田明矣又夏后營國之法明亦九區." 『孟子要義』는 景仁文化社가 1982년에 출간한 영인본 『與猶堂全書』에 수록된 것을 자료로 삼았다.

264 『孟子要義』, 滕文公第三章以下, 滕文公問爲國夏殷周皆什一章, "所謂夏后氏五十而貢者一區百畝每用二夫治之共十六人同治公田."

265 『孟子要義』, 滕文公第三章以下, 滕文公問爲國夏殷周皆什一章, "惟其輸官之法田分九等而權於數歲之中以爲恒例如今吾東之法某區之稅一結某區之稅七負恒定其額不得增減此所謂五十而貢也此法若逢大饑不能無闕故夏法春省耕而補不足秋省歛而助不給."

이다. 주희는 정전법이 상나라에서부터 시작되었다고 본다. 상나라의 정전법은 630무(畝)의 땅을 아홉 개로 각 70무(畝)씩 나누어서 중앙 70무(畝)는 공전으로, 나머지 구역은 8가구에게 사전(私田)으로 70무(畝)씩 주었다. 중앙 70무의 공전은 다시 8가구가 14무를 여사(廬舍: 농막)로 짓는 데 사용하고, 나머지 56무(畝)를 서로 경작하여 세금으로 충당했다. 그러므로 실제로 부담하는 세금은 각 가구당 56무(畝)/8가구=7무(畝)이다. 가구당 사전(私田) 대비 세금 비율은 7무(가구당 공전)/70(사전)=1/10이다. 사전은 각 가구가 경작하고 공전은 서로의 힘을 빌려 공동경작하였으므로 '힘을 빌린다'는 의미의 '조(助)'라고 했다.[266]

주나라는 어떠한가? 주(周)의 행정구역은 왕성(王城)으로부터 100리를 향(鄕)이라 하고, 100리에서 200리까지를 수(遂)라 한다. 그리고 200리에서 300리까지를 초(稍)라 하고, 300리에서 400리까지를 현(縣)이라 하며, 400리에서 500리까지를 도(都)라 한다. 주희에 따르면 주(周)는 향(鄕)과 수(遂)에서 공법을 사용했으며 세율은 1/10이다. 도(都)와 시골[鄙] 지역은 정전제로 조법을 사용했다. 정전은 900무(畝)의 땅을 아홉 개로 각 100무(畝)씩 나누고 중앙 100무(畝)는 공전으로 삼는 것이다. 공전 100무는 다시 나뉘어 80무를 각 부부에게 10무씩 지급하여 관리들의 녹봉에 소요되는 재원, 즉 세금으로 생산물을 납부하며, 20무는 8가구가 2.5무씩 나누어 봄부터 가을까지 사용할 여사(廬舍: 농막)를 짓는 데 사용한다. 겨울에는 농사를 지을 수가 없으므로 농민들은 성읍으로 들어와서 거주하는데 겨울에 거주할 주거지로 성읍에서 2.5무를 또 받는다. 가구당 사전(私田) 대비 세

---

266 상(商)의 조법(助法)에 대하여 전해지는 자세한 기록이 없지만 '조(助)'의 의미로 보면 공전은 각 가구당 일정한 노동력이 배분되었을 가능성이 높다. 정해진 일정에 빠진 가구는 다른 가구의 노동력을 빌려 대체하고 차후에 갚는 방식이다. 여기서 '조(助)'라는 개념이 나온 듯하다.

금 비율은 10무(가구당 공전)/100무(사전)=1/10이다. 주희의 추론에 따르면 주나라의 정전제는 사전, 공전을 막론하고 전체를 통틀어 경작하되 수확물은 사전의 비율에 따라 균등 분배한 것으로 보인다.[267] 그래서 힘을 서로 통하여 경작한다는 특징에서 '통한다'는 의미인 '철(徹)'이라고 했다.

조선의 다산은 통틀어 경작하여 사전의 비율에 따라 균등 분배한다는 주희의 주장에 동조하지 않았다. 다산에 따르면 8가구의 인구가 똑같지 않아서 제공하는 노동력의 차이가 있는데 서로 통틀어 경작하고 균등하게 배분하는 것은 추수 후에 서로 민원이 발생할 여지가 있다는 것이다. 다산은 8가구가 동등한 노동력을 제공하는 것을 원칙으로 하되 추수한 후 노동의 비율에 따라 수확량을 나누었을 것으로 보고 있다.[268]

그런데 용자(龍子)라는 사람이 하(夏)의 공법에 대해 이런 평가를 했다.

> 용자가 말했다. "땅을 다스리는 것은 조(助)보다 좋은 것이 없고, 공(貢)보다 좋지 않은 것이 없다. 공(貢)은 수년의 중간을 계산하여 상수(常數)로 삼았는데, 풍년에는 곡식이 여기저기 있어서 백성으로부터 많이 거두어들여도 가혹한 것이 아니건만 적게 거둬들이고, 흉년에는 전답을 북돋워 줘야 하나 반드시 거둬 채운다. 백성의 부모가 되어 백성으로 하여금 원망의 눈빛으로 일 년 내내 열심히 일하고 움직여도 그 부모를 봉양하지 못하게 하고, 또 빚을 내어 이자를 물게 하여, 노인과 어린이들을 도랑이나 골짜기로 구르게 한다면 어찌

267 『孟子集註』, 滕文公章句上, "朱子曰 此亦不可詳之. 但因洛陽議論中通撤而耕之說 推之耳. 或 但耕則通力 而耕, 收則各得其畝, 亦未可知也."

268 『孟子要義』, 滕文公第三章以下, 滕文公問爲國夏殷周皆什一章, "鏞案徹者取去也義見論語說盖徹章通力 合作計畝均分者謂八家同力以治八區及其秋成通執八區所穫八分其率各領一率也假如八區所穫爲四百斛 則八家均分各得五十斛此法恐不便誠以八家人口不必皆同則所致人力不能相同況其勤惰必各不齊秋成之 後顧何以計畝均分乎民將胥怨何以行矣."

용자(龍子)는 옛날 현인으로만 알려져 있을 뿐 자세한 인적사항은 알 수 없다. 용자는 하(夏)의 공법이 몇 년간 수확량의 평균을 내어 그것을 기준으로 삼고, 그 이후부터는 풍년이든 흉년이든 상관없이 그 기준에 따른 세금을 걷기 때문에 결국 흉년에는 빚을 내어 정해진 세금을 채워야 하는 아주 못된 제도라고 질타한다. 유교에서 성왕(聖王)의 한 사람으로 칭송받는 우임금이 졸지에 가혹한 세금을 징수한 지도자로 전락할 판이었다.

이런 용자의 말을 대부분의 유학자들은 반박하지 않았는데 조선의 다산이 나섰다. 다산은 용자의 말이 틀렸다고 말했다. 즉 정전제를 잘못 이해하고 있다고 지적했다. 다산은 하(夏)·상(商)·주(周) 삼대의 정전은 크기의 차이는 있지만, 풍년, 흉년을 불문하고 10분지 1, 즉 가구당 공전의 수확량만 내면 되는데, 정전을 실시하면서 공전의 수확량이 아닌 정해진 세를 내는 것은 서로 이치에 맞지 않는다고 말했다.[270] 결국 용자는 하나라가 정전제는 사용하지 않고 공법을 시행했고, 그 공법이 정액세인 것으로 생각했기 때문에 그러한 평가를 하게 된 것이다. 다산은 이런 용자의 견해가 『맹자』에 수록되어있지만, 이것이 맹자의 뜻이 아니라 맹자의 문인들이 집어넣은 것으로 판단했다.[271]

---

269 『孟子』, 滕文公章句上, "龍子曰, 治地莫善於助, 莫不善於貢. 貢者, 挍數歲之中以爲常. 樂歲, 粒米狼戾, 多取之而不爲虐, 則寡取之, 凶年, 糞其田而不足, 則必取盈焉. 爲民父母, 使民盻盻然, 將終歲勤動, 不得以養其父母, 又稱貸而益之, 使老稚轉乎溝壑, 惡在其爲民父母也?"

270 『孟子要義』, 滕文公第三章以下, 滕文公問爲國夏殷周皆什一章, "旣作井田則民食八區公收其一不問豐凶惟取什一卽自然之勢不易之理 旣作井田又立恒定之稅使田夫豊年偸其贏餘凶年補其缺欠必無是理."

271 『孟子要義』, 滕文公第三章以下, 滕文公問爲國夏殷周皆什一章, "當時之纖條細目不載禹貢禹貢所言者粗領大綱而已所謂龍子不過戰國俗儒但見禹貢九等之制遂云較數歲以爲常而孟子門人記之如此耳旣作井田應收九一龍子所謂貢法恐非虞夏之制."

맹자가 제나라에 있을 때 제선왕이 왕도정치에 대해 듣기를 원하자 주(周)의 문왕이 농경하는 자에게는 아홉 중 하나를 주고, (선왕 시) 벼슬한 자에게는 대대로 녹봉을 주었다[世祿]는 말을 했다. 아홉 중 하나는 다름 아닌 정전제를 의미한다. 그런데 당시 등나라는 정전제를 행하고 있지는 않았지만, 문왕이 실시한 세록(世祿)은 시행하고 있었다. 맹자는 이를 지목하여 그나마 다행이라는 의견을 내비쳤다.

"그나마 세록(世祿)은 등(滕)이 진실로 행하고 있습니다."[272]

'세록(世祿)'은 앞서 설명한 바와 같이 벼슬한 자에게 대대로 녹봉을 주는 제도를 말한다. 맹자는 나라를 다스리는 방법으로 문왕이 시행한 정전제와 세록에 대해 이야기를 나눈 후 교육의 필요성도 말했다.

"상(庠), 서(序), 학(學), 교(校)를 설립하여 교육했습니다. 상(庠)은 봉양한다는 것이고, 교(校)는 교육한다는 것이고, 서(序)는 활을 쏜다는 것입니다. 하(夏)는 교(校)라 했고, 은(殷)은 서(序)라 했고, 주(周)는 상(庠)입니다. 학(學)은 3대(하·은·주)가 같이했습니다. 이 모든 것이 인륜을 밝히기 위함입니다. 인륜이 위에서 밝으면 백성들이 아래에서 서로 친해집니다."[273]

하(夏)의 교(校), 은(殷)의 서(序), 주(周)의 상(庠)은 시골에 설치한 향학이다. 교(校)는 교정한다는 의미가 강했고, 서(序)는 실용적인 활쏘기 등을

---

272 『孟子』, 滕文公章句上, "夫世祿, 滕固行之矣."
273 『孟子』, 滕文公章句上, "設爲庠序學校以敎之. 庠者養也, 校者敎也, 序者射也. 夏曰敎, 殷曰序, 周曰庠, 學則三代共之, 皆所以明人倫也. 人倫明於上, 小民親於下."

배웠으며, 상(庠)은 노인을 공경하게 하고, 장로(長老)가 자제들을 교육하는 곳이기도 했다. 학(學)은 국학인 대학을 말하는데, 고등교육기관으로서 하·은·주 3대가 같은 명칭을 사용했다. 맹자는 민생도 중요하지만, 교육 역시 간과할 수 없음을 말하고 있다.

등문공이 교육보다는 정전제에 대하여 미련이 남았는지 신하 필전(畢戰)을 시켜 다시 묻게 했다.

> 필전으로 하여금 정전에 대해 물었다. 맹자가 말했다. "그대의 군주가 장차 인정(仁政)을 행하려고 선택하여 그대를 보냈으니, 그대는 반드시 권면해주시오. 무릇 인정(仁政)은 반드시 경계로부터 시작됩니다. 경계가 바르지 못하면 정지(井地)가 균등하지 못하여 곡록(穀祿: 곡식과 녹봉)이 고르지 못합니다. 이런 연유로 폭군과 타락한 관리(官吏)는 그 경계에 태만합니다. 경계가 이미 반듯하게 되면 땅을 나누는 일이나 곡록은 앉아있어도 정해집니다."[274]

맹자는 정전의 시작이 토지의 경계를 바르게 획정하는 것에서 출발한다고 보았다. 정전의 사전에서 생산된 곡물은 백성의 식량이며 공전에서 생산된 것은 관리들의 녹봉에 충당된다. 경계 획정을 국가가 나서서 바로잡지 못하면 탐욕하고 포악한 자들이 자신들에게 유리하도록 경계를 멋대로 조작할 수가 있다. 이렇게 되면 곡식과 녹봉이 고르지 못하여 양심 있는 관리나 선량한 백성의 생활이 위협받을 수 있다. 정전의 시작을 어떻게 해야 할지를 말한 맹자는 그 시행을 힘주어 촉구한다.

---

274 『孟子』, 滕文公章句上, "使畢戰問井地. 孟子曰, 子之君將行仁政, 選擇而使子, 子必勉之! 夫仁政, 必自經界始. 經界不正, 井地不均, 穀祿不平, 是故暴君汙吏必慢其經界. 經界既正, 分田制祿可坐而定也."

"청하노니, 들판에는 아홉 중 하나인 조법(助法)을 쓰고 국중(國中)에는 열 중 하나를 스스로 부담케 하소서! 경(卿) 이하는 필히 규전(圭田)이 있으니, 규전으로 50무(畝)를 받습니다. 남은 남성은 25무(畝)를 받습니다."[275]

들판은 교외를 말하는데 왕성으로부터 400~500리 지역의 도(都)와 그 이외의 지역을 말한다. 국중은 왕성 가까이 있는 향수(鄕遂) 지역을 말한다. 들판은 넓은 평야로 되어있는 곳이 많기 때문에 정전제를 사용할 수 있다. '아홉 중 하나'라는 것은 우물 정(井) 모양에 들어있는 아홉 개 구역 중 가운데 공전을 말한다. 그리고 땅이 도랑 등으로 나누어지고 민가가 많은 향수(鄕遂) 지역은 정전을 실시하기가 어려우므로, 정전으로 구획되지는 않았지만 할당받은 땅의 수확량 중 1/10만 세금으로 스스로 내면 된다. 주희는 이것을 공법(貢法)이라 했다. 주희에 따르면 당시 공법은 여러 나라에서 이미 시행되고 있었지만, 세율이 1/10을 상회하고 있었다. 바로 맹자는 1/10을 넘는 세율을 1/10로 경감하려는 의도였다.

경(卿) 이하의 관리들에게 규전(圭田)을 주는데, 규전은 봉록(俸祿) 이외에 별도로 주어 그 수확으로 제사를 지내는 밭을 말한다. 정전제에서 사전(私田)을 주는 것은 가정이 있는 성인 남자를 대상으로 한다. 다른 남자들은 어떻게 되는가? 남자가 16세 이상 되고 결혼을 안 했을 경우 25무(畝)를 받는다. 그리고 이 남자가 장성하여 가정을 꾸리면 변경하여 정전으로 100무(畝)의 땅을 받는다.

정전제는 가구당 사전 대비 공전(세금)의 비율이 1/10로, 백성의 조세부담을 크게 경감하는 제도였다. 그런데 과도한 세금경감은 어떠한가?

---

275 『孟子』, 滕文公章句上, "請野九一而助, 國中什一使自賦. 卿以下必有圭田, 圭田五十畝, 餘夫二十五畝."

백규가 말했다. "나는 이십에서 하나를 취하고자 하는데 어떠합니까?"[276]

백규(白圭)는 주나라 출신으로 상인이었다. 그는 음식을 소략하게 먹고, 먹고 싶은 것도 가급적 참았다. 돈을 벌기 위해 아이나 노비 등과 고락을 같이했다. 드디어 그는 풍년, 흉년에 따라 사고파는 시세의 변화를 제대로 간파하여 큰 부(富)를 쌓았다. 백규는 이런 자신의 능력으로 국정을 맡으면 백성의 세금을 1/20로 감경할 수 있다고 호언했다.

맹자가 말했다. "그대의 방식은 맥(貊: 동북 오랑캐)의 방식입니다. 만실(萬室: 일만의 가옥)의 나라에 한 사람이 도자기를 구우면 사용 가능합니까?"

백규가 말했다. "불가합니다. 그릇이 쓰기에 부족합니다."

맹자가 말했다. "무릇 맥(貊)은 오곡이 나지 못하고 오직 기장만 납니다만, 성곽·궁실·종묘제사가 없고, 제후의 폐백과 빈객을 대접하는 예도 없으며, 백관(百官)과 유사(有司)도 없습니다. 그러므로 이십에서 하나를 취하는 것도 족합니다. 지금 나라 안에 거주하면서 인륜을 버리고 군자가 없으면 어찌 옳다고 할 수 있겠소이까? 도자기가 적어서 나라를 다스릴 수 없는데, 하물며 군자가 없다면요?"[277]

맹자는 세금을 적게 걷는 것을 일단 한 사람이 도자기를 굽는 것에 비유했다. 물량이 적어 많은 소요를 감당할 수 없다는 논리다. 다만 맥(貊)은

---

276 『孟子』, 告子章句下, "白圭曰, 吾欲二十而取一, 何如?"

277 『孟子』, 告子章句下, "孟子曰, 子之道, 貊道也. 萬室之國, 一人陶則可乎? 曰, 不可, 器不足用也. 曰, 夫貊, 五穀不生, 惟黍生之. 無城郭宮室宗廟祭祀之禮, 無諸侯幣帛饔飧, 無百官有司, 故二十取一而足也. 今居中國, 去人倫, 無君子, 如之何其可也?"

본래 토질이 척박하고 기후도 한랭하여 오곡도 잘 자라지 못한 데다 조정의 체제나 예법이 없기 때문에 1/20의 세법도 가능하다고 보았다. 여기서 군자는 위정자를 의미한다.

> "요순의 도(道)보다 경감하려는 자는 큰 맥(貊)과 작은 맥(貊)이고, 요순의 도(道)보다 과중하게 하려는 자는 큰 걸(桀)과 작은 걸(桀)이다."[278]

요순의 도(道)는 인정(仁政)의 대표적 사례인 정전(井田)의 1/10 세금을 말한다. 1/10 조세정책은 백성의 부담을 가볍게 하면서도 국정과 예법의 운영을 제대로 할 수 있는 적정한 제도이다. 그렇기 때문에 그보다 적으면 맥(貊)과 같은 부류이고, 그보다 과중하면 하(夏)의 폭군 걸(桀)과 같은 부류라 할 수 있다. 이처럼 한 국가의 세금은 국가의 운영에 지장을 줄 정도로 가벼워서도 안 되며 백성에게 고통을 줄 정도로 과중해서도 안 된다.

대인이 할 일과 소인이 할 일이 있다

등나라는 맹자가 정전제를 소개할 당시 이미 세록(世祿), 즉 벼슬한 자에게는 대대로 녹봉을 주는 제도를 시행하고 있었다. 그 후 문공이 맹자의 고견을 받아들여 정전제를 행했는지 혹은 공법을 개선했는지 아니면 학교를 설립했는지는 기록상으로는 명확하지 않다. 그래도 어느 정도의 노력은 한 듯하다. 문공이 인정(仁政)을 행한다는 소문이 슬금슬금 나라 밖으로

---

278 『孟子』, 告子章句下, "欲輕之於堯舜之道者, 大貉小貉也. 欲重之於堯舜之道者, 大桀小桀也."

퍼져나갔다. 그러자 초(楚)나라 사람인 허행(許行)이 무리를 이끌고 등(滕)
나라로 왔다.

신농(神農)의 말을 실천하는 허행(許行)이 초(楚)에서 등(滕)으로 왔다. 궁궐 문
에서 문공에게 아뢰기를, "멀리 사는 사람이 군주께서 인정(仁政)을 행한다는
소문을 듣고 방 한 칸 받아 군주의 백성이 되고자 합니다."
문공이 그에게 거처를 주었는데 그 무리가 수십 명이었으며, 모두 거친 모포
(毛布)를 입고, 신발을 두들겨 만들고, 자리를 짜서 밥벌이를 했다.[279]

중국 왕조를 보면 삼황오제(三皇五帝) 시대를 거쳐 하나라 그리고 상(은)
나라를 거쳐 주나라로 변천했다. 삼황오제란 중국의 고대신화에 등장하는
8명의 제왕들을 의미한다. 문헌에 따라 삼황과 오제에 해당하는 인물들이
서로 다르다. 여러 문헌을 종합할 때 일반적으로 삼황은 태호복희(太昊伏
羲), 염제신농(炎帝神農), 황제헌원(黃帝軒轅)으로 정리할 수 있다. 이 중 염
제신농은 태양신이자 농업신으로서 나무를 깎아서 쟁기를 만들어 농경을
처음으로 가르쳤으며, 땅을 개간하여 곡식을 심어서 만민을 구제한 것으
로 알려져 있다. 또한 태양이 높이 떠 있는 시간에는 시장을 열어 사람들
에게 물건의 교역을 가르쳤다. 허행(許行)은 신농씨처럼 관리나 선비들이
정치를 하면서도 몸소 백성과 더불어 농사를 지어야 한다는 소위 '여민병
경(與民並耕)'을 주장하는 사람이었다. 그는 따르는 무리들과 더불어 모포
를 입고는 신발과 자리를 만들어 팔면서 생계를 유지했다. 그는 등문공이
인정(仁政)을 행한다는 소문을 듣고 등(滕)으로 이주했다. 그뿐이 아니었

---

279 『孟子』, 滕文公章句上, "有爲神農之言者許行, 自楚之滕, 踵門而告文公曰, 遠方之人聞君行仁政, 願受一廛
而爲氓. 文公與之處. 其徒數十人, 皆衣褐, 捆屨, 織席以爲食."

다. 이번에는 유학자(儒學者) 진량(陳良)의 제자인 진상(陳相)이 동생과 함께 쟁기를 이고는 송(宋)에서 등(滕)으로 왔다.

진량의 문도인 진상이 동생 신(辛)과 함께 쟁기를 이고 송(宋)에서 등(滕)으로 왔다. 진상이 문공에게 말했다. "군주께서 성인(聖人)의 정치를 행한다는 소문을 들었습니다. 군주께서는 역시 성인이십니다. 원컨대 성인의 백성이 되고자 합니다."[280]

진상의 스승 진량은 남쪽의 초(楚)나라 출신으로 주공과 공자의 도(道)를 흠모하여 북쪽의 나라들을 전전하며 유교를 공부한 유학자이다. 진상은 진량을 모시고 유학을 공부하다가 스승이 죽자 동생과 함께 등(滕)으로 왔다. 난데없이 쟁기를 메고 등(滕)으로 오는 퍼포먼스를 벌이면서 사람들의 주목을 끌고, 등문공을 면전에서 성인(聖人)으로 치켜세우는 낯 뜨거운 행태를 보면 그 인간 됨됨이가 가히 짐작이 갈 수 있겠다. 그런 진상이 허행을 만났다.

진상이 허행을 보고는 크게 기뻐하여 그 학문을 버리고 허행의 주장을 공부했다. 진상이 맹자를 만나 허행의 말을 전했다. "등(滕)의 군주는 진실로 현군(賢君)이지만 아직 도(道)를 듣지 못했다. 현자는 여민병경(與民並耕)하여 음식을 먹고, 아침·저녁 식사를 하며 정치를 하는 것인데, 지금의 등(滕)은 곡식 창고와 재물 창고가 있으니 이것은 백성을 병들게 하고 자신을 먹여 살리는 것이

---

280 『孟子』, 滕文公章句上, "陳良之徒陳相與其弟辛負耒耜而自宋之滕, 曰, 聞君行聖人之政, 是亦聖人也, 願爲聖人氓."

다. 어찌 현명하다고만 할 수 있겠는가?"[281]

본래 진정성이 부족한 진상이 허행을 만나본 후 자신이 배운 유학을 버리고 허행의 사상을 추종하게 되었다. 그러고는 허행의 대변인 노릇을 하는 모습이다. '도(道)를 듣지 못했다'는 것은 지향하는 가치나 목적이 무엇인지를 듣지 못했다는 의미이다. 그래서 맹자가 작심하여 진상을 앉혀놓고 질문하자 진상이 대답한다.

"허자(許子: 허행의 존칭)는 곡식을 심고서 먹습니까?"

"그렇습니다."

"허자는 베를 짜서 옷을 만들어 입습니까?"

"아닙니다. 거친 모포를 입습니다."

"허자는 갓을 씁니까?"

"갓을 씁니다."

"어떤 갓입니까?"

"소박한 갓을 씁니다."

"스스로 짠 갓입니까?"

"아닙니다. 곡식으로 바꾸었습니다."

"허자는 왜 스스로 갓을 짜지 않았습니까?"

"농사짓는 사람들에게 피해를 주기 때문입니다."

"허자는 솥과 시루로 취사를 하며 쟁기로 밭을 갑니까?"

"그렇습니다."

---

281 『孟子』, 滕文公章句上, "陳相見許行而大悅, 盡棄其學而學焉. 陳相見孟子, 道許行之言曰, 滕君則誠賢君也. 雖然, 未聞道也. 賢者與民並耕而食, 饔飧而治. 今也滕有倉廩府庫, 則是厲民而以自養也, 惡得賢?"

"스스로 만들어서 합니까?"

"아닙니다. 곡식으로 바꿉니다."[282]

허행의 몸소 농경을 하면서 정치를 해야 한다는 주장을 맹자가 반박하고 있다. 맹자는 몸소 농경을 하여 자신의 먹거리를 충당하는 논리라면 의식주에 필요한 것들도 몸소 짜거나 만들어서 사용해야 하는데 과연 허행이 그러한지를 물었다. 맹자의 물음에 진상은 곡식을 심어 먹는 것 외에는 모두 그들이 농사를 지은 것과 교환했다고 답했다. 맹자가 이어서 말했다.

"그러한즉 천하를 다스리는 것은 유독 밭을 갈면서 해야 합니까? 대인이 할 일이 따로 있고 소인이 할 일이 따로 있소이다. 또 한 사람의 몸에는 각종 장인들이 만들 물품이 필요한데, 만약 모든 물품을 일일이 각자가 만들어 쓰게 한다면 이는 온 세상 사람들을 지치게 하는 것이외다. 고로 말합니다. 어떤 사람은 마음을 쓰고, 어떤 사람은 힘을 쓰지요. 마음을 쓰는 자는 남을 다스리고, 힘을 쓰는 자는 남에게 통치를 받습니다. 통치를 받는 자는 남을 먹여 살리고, 통치하는 자는 다른 사람에게서 부양을 받습니다. 이것은 천하에 통하는 의의입니다."[283]

맹자는 대인과 소인, 머리를 쓰는 자, 육체를 쓰는 자들의 할 일이 따로

---

282 『孟子』, 滕文公章句上, "孟子曰, 許子必種粟而後食乎? 曰, 然. 許子必織布而後衣乎? 曰, 否, 許子衣褐. 許子冠乎? 曰, 冠. 曰, 奚冠? 曰, 冠素. 曰, 自織之與? 曰, 否, 以粟易之. 曰, 許子奚爲不自織? 曰, 害於耕. 曰, 許子以釜甑爨以鐵耕乎? 曰, 然. 自爲之與? 曰, 否, 以粟易之."

283 『孟子』, 滕文公章句上, "然則治天下獨可耕且爲與? 有大人之事, 有小人之事. 且一人之身, 而百工之所爲備. 如必自爲而後用之, 是率天下而路也. 故曰或勞心, 或勞力. 勞心者治人, 勞力者治於人, 治於人者食人, 治人者食於人, 天下之通義也."

있다고 본다. 즉 사람들은 각자 자기가 유능한 분야가 있고 마땅히 해야 할 직분이 있기 때문에 서로 구분하여 일해야 한다는 것이다. 이렇게 함으로써 서로 도움을 주고받는 것이 옳다고 보고 있다. 만약 허행과 같이 한다면 사람을 지치게 만들기 때문에 경제적 효율성 측면에서도 여민병경은 바람직하지 않다고 보고 있다. 맹자가 주장하는 이런 모습을 오늘날의 경제용어로 분업적 협력관계라고 말한다. 그리하여 맹자는 "군자가 없으면 야인(野人: 벼슬살이를 하지 않는 사람)을 통치할 수 없고, 야인이 없으면 군자를 부양할 수 없다."[284]고 하여 분업을 통하여 공생하는 사회의 모습이 바람직하다고 말하고 있다. 이어서 맹자는 과거 성인들이 여민병경을 할 수 없었던 상황을 언급했다.

"요(堯)의 시대에는 천하가 아직 평온하지 않아서 홍수가 이리저리 넘쳐나서 천하에 범람했고, 초목이 우거지고 금수가 번식했다. 오곡이 익기 전에 금수가 사람을 핍박하여 짐승과 새의 발자국이 온 나라에 서로 닿았다. 요(堯)가 홀로 근심하여 순(舜)을 천거하여 다스리게 했다. 순은 익(益)으로 하여금 불을 담당하게 하니 익이 산택을 마르게 하고 불을 질러 금수가 도망가 숨어버렸다. 우(禹)는 구하(九河)[285]를 소통시켰으며 제수(濟水)와 탑수(漯水)를 다스려 바다로 흐르게 했고, 여수(汝水)와 한수(漢水)의 물꼬를 트고, 회수(淮水)와 사수(泗水)의 막힌 곳을 밀어내어 강으로 흐르게 했다. 그런 후에 온 나라가 식량을 구해 먹을 수 있었으니, 당시에 우(禹)는 8년을 밖에서 있으면서 세 번이나 자기 문을 지나면서도 들어가지 않았다. 비록 밭갈이하고자 하나 할 수 있었겠는

---

284 『孟子』, 滕文公章句上, "無君子莫治野人, 無野人莫養君子."
285 구하(九河)는 도해(徒駭), 태사(太史), 마협(馬頰), 복부(覆釜), 호소(胡蘇), 간(簡), 결(潔), 구반(鉤盤), 격진(鬲津)을 말한다.

요의 시대에는 큰 홍수로 황하가 넘쳐흘러서 산과 들을 집어삼키는 경우가 많았다. 요는 역산(歷山)에서 농사일을 하며 효행으로 칭송받는 순(舜)을 후계자로 키웠다. 순(舜)은 요임금 때부터 있었던 신하들에게 업무를 분장하게 했는데, 우(禹)는 물과 흙을 다스리는 사공(司空)을 맡았고, 고요(皐陶)는 법률을 관장했다. 설(契)은 사도(司徒)라는 직책으로 교육을 담당했고, 후직(后稷)은 농업을 관장했으며 익(益)은 산과 들의 조수(鳥獸)를 관장했다. 특히 우(禹)는 홍수를 다스리기 위해 8년 동안 밖에서 일하면서 세 번이나 자신의 집 앞을 지나쳤지만, 집에 들르지 않고 공무에 전념했다. 이런 성실성을 인정받아 후에 순(舜)은 우(禹)를 후계자로 지목하게 된다. 맹자는 순의 신하 중 익(益)과 우(禹)가 맡은 직분을 위해 동분서주하는 모습을 묘사하여 여민병경을 할 수 없는 위정자들의 상황을 말하고 있다. 맹자는 이어서 후직(后稷)과 설(契)의 이야기를 꺼냈다.

"후직은 백성들에게 심고 수확하는 것을 가르쳤다. 오곡(五穀)을 심고 가꾸어서 오곡이 익으면 백성을 양육 받게 했다. 사람에게는 도덕이 있다. 배불리 먹고 따뜻한 옷을 입고 편안히 머무르면서 교육이 없으면 금수(禽獸)에 가깝게 된다. 성인(聖人)이 그것을 근심하여 설(契)을 사도(司徒)로 삼아 인륜으로 교육하게 하니, 부자유친(父子有親)·군신유의(君臣有義)·부부유별(夫婦有別)·장유유서(長幼有序)·붕우유신(朋友有信)이라. 방훈(放勳: 요임금 호칭)은 수고한 사람을

---

286 『孟子』, 滕文公章句上, "當堯之時, 天下猶未平, 洪水橫流, 氾濫於天下, 草木暢茂, 禽獸繁殖, 五穀不登, 禽獸偪人, 獸蹄鳥跡之道交於中國. 堯獨憂之, 舉舜而敷治焉. 舜使益掌火, 益烈山澤而焚之, 禽獸逃匿. 禹疏九河, 瀹濟漯而注諸海, 決汝漢, 排淮泗而注之江, 然後中國可得而食也. 當是時也, 禹八年於外, 三過其門而不入, 雖欲耕, 得乎?"

위로하고, 오는 사람을 오게 하고, 바로잡고, 곧게 하고, 보조하고 도움을 주어서 스스로 얻게 하고, 또 본받을 것을 좇아서 덕을 떨치게 하라고 했다. 성인이 백성을 생각하는 것이 이와 같은데 한가롭게 밭갈이할 수 있겠는가?"[287]

맹자는 농업을 담당하는 후직(后稷)과 교육을 담당하는 설(契)의 업무처리를 묘사했다. 특히 설(契)이 인륜으로 교육한 내용을 맹자는 부자유친(父子有親: 부모와 자식은 친밀함이 있어야 한다)·군신유의(君臣有義: 군주와 신하는 의로움이 있어야 한다)·부부유별(夫婦有別: 부부는 구별됨이 있어야 한다)·장유유서(長幼有序: 어른과 어린이는 순서가 있어야 한다)·붕우유신(朋友有信: 친구는 믿음이 있어야 한다)이라는 소위 오륜으로 설명하고 있다. 그리고 요(堯)가 자나 깨나 백성을 위로하고, 교육하고, 도움을 주고, 덕으로 교화하는 모습을 묘사하여 역시 밭갈이할 여유가 없는 일상을 소개하고 있다. 맹자는 드디어 진상을 준열하게 나무란다.

"나는 중화(中華)가 오랑캐를 변화시켰다는 말을 들었지만, 오랑캐에게 변화되었다는 말은 듣지 못했소. 진량은 초(楚)나라 출신으로 주공과 공자의 도(道)를 흠모하여 북쪽의 나라로 가서 공부했는데 북방의 학자들도 간혹 그를 앞서지 못했소. 그는 호걸 같은 선비이외다. 그대의 형제는 그를 섬긴 지 수십 년 되었건만 스승이 죽자 마침내 배반했구려."[288]

---

287 『孟子』, 滕文公章句上, "后稷教民稼穡, 樹藝五穀, 五穀熟而民人育. 人之有道也, 飽食煖衣逸居, 而無教則近於禽獸. 聖人有憂之, 使契爲司徒, 教以人倫, 父子有親, 君臣有義, 夫婦有別, 長幼有序, 朋友有信. 放勳曰, 勞之來之, 匡之直之, 輔之翼之, 使自得之, 又從而振德之. 聖人之憂民如此而暇耕乎?"

288 『孟子』, 滕文公章句上, "吾聞用夏變夷者, 未聞變於夷者也. 陳良, 楚産也, 悅周公仲尼之道, 北學於中國. 北方之學者, 未能或之先也. 彼所謂豪傑之士也. 子之兄弟事之數十年, 師死而遂倍之!"

중국 대륙을 지칭할 때 '하(夏)' 혹은 '중화(中華)'로 곧잘 표현된다. 맹자는 허행의 여민병경이 주공과 공자로 이어지는 중화의 문화가 아닌 오랑캐의 문화라고 진단했다. 그리고 유학자인 진량으로부터 주공과 공자의 학문을 배운 진상 형제가 스승이 죽은 후 쟁기를 메고 등(滕)으로 와서는 허행의 여민병경(與民並耕)을 추종하자 중화의 문화가 오랑캐 문화에 변질되었다는 표현을 썼다. 이것은 그들의 스승 진량을 배반하는 행위나 다름없었다.

앞에서 말한 바와 같이 염제신농은 또한 태양이 높이 떠 있는 시간에는 시장을 열어 사람들에게 물건의 교역을 가르쳤다. 이것은 시장을 최초로 열어 물건의 교환이 이루어지게 했다는 의미이다. 허행은 염제신농이 시장을 연 것에 착안하여 물건의 교역에서도 나름 그의 주장이 있었다. 역시 진상이 허행을 대신하여 말한다.

"허자의 도를 따르면 시장 가격이 같아 온 나라에 거짓이 없어집니다. 비록 오척동자(五尺童子)를 시장에 보내도 그를 속일 수 없을 것입니다. 베와 비단의 길고 짧음이 같으면 가격이 서로 같고, 마와 실·비단 실·솜의 가볍거나 무거움이 서로 같으면 가격이 서로 같고, 오곡의 많고 적음이 같으면 가격이 서로 같고, 신발의 크고 작음이 같으면 가격이 서로 같습니다."[289]

척(尺)은 사람의 보폭(步幅) 정도의 길이를 말하고 우리말로 '자'로 표시된다. 촌(寸)은 척(尺)의 1/10의 길이이며 우리말로 '치'로 표시된다. 보통 어른의 키를 십 척(十尺)으로 보는데 오척동자는 어린아이를 지칭한다. 허

---

289 『孟子』, 滕文公章句上, "從許子之道則市賈不貳, 國中無僞, 雖使五尺之童適市, 莫之或欺. 布帛長短同則賈相若, 麻縷絲絮輕重同則賈相若, 五穀多寡同則賈相若, 屨大小同則賈相若."

행의 주장은 비슷한 종류의 물건들은 길이·무게·부피·크기가 같으면 가격을 같게 해야 한다는 말이다. 허행은 신농씨가 시장을 열어 물건의 교환이 이루어지게 한 것에서 한 발 더 나가 아예 물건 교환의 기준을 이렇게 정하자고 했다. 맹자가 듣고 나니 한마디를 안 할 수 없었다.

> 맹자가 말했다. "무릇 사물이 똑같지 않은 것이 사물의 실정입니다. 어떤 것은 배(倍)가 되고, 다섯 배가 되고, 어떤 것은 열 배, 백 배, 아니 천만 배가 되거늘 그대는 같은 종류로 하여 똑같이 취급했소이다. 이것은 천하를 어지럽히는 행위입니다. 거칠게 만든 신발과 섬세하게 만든 신발이 같은 가격이면 사람이 왜 그것(만들기 힘든 것)을 만들겠소이까? 허자의 도를 따르면 서로 같이 마음을 숨기는 것이니 어찌 국가를 다스릴 수가 있겠소이까?"[290]

허행의 주장대로 비슷한 종류의 물건들을 각각 길이·무게·부피·크기 등이 같다고 가격을 같게 하면 사람들은 쉽게 만들거나 재료비가 적게 들어가는 것만 만들 것이다. 그러면서 물건을 교환할 때는 이것을 숨기기 위해 과장 혹은 거짓으로 자신의 물건을 포장할 수가 있다. 맹자는 바로 이것을 지적했다.

허행의 여민병경은 앞에서 말한 바와 같이 신화에 나타난 염제신농(炎帝神農)의 행적을 따라 하려는 것이었지만 취지에서 서로 어긋난다. 염제신농 당시는 식량이 개인과 부족의 존립기반이었을 것이다. 따라서 쟁기를 만들어 농경을 가르치는 그 자체가 지도자의 정치 행위였다. 즉 자신의 식량을 자급하려는 것이 아니라 백성의 생업인 농업을 진흥시키려는 위

---

290 『孟子』, 滕文公章句上, "曰, 夫物之不齊, 物之情也, 或相倍蓰, 或相什百, 或相千萬, 子比而同之, 是亂天下也. 巨屨小屨同賈, 人豈爲之哉? 從許子之道, 相率而爲僞者也, 惡能治國家?"

민정치의 모습이었다. 그런데 허행은 지도자가 백성과 더불어 밭갈이하여 식량을 자급하면서 정치를 하라는 주장을 하고 있다. 이것은 신화에 나타난 염제신농의 본연의 모습이 아니다. 허행의 주장은 고대 의례에서 일부 근거한 것으로 보인다. 본래 중국에는 매년 정월 봄 밭갈이 전에 천자가 제후와 대신들을 거느리고 적전(籍田: 왕이 친히 밟고 지나가는 밭)에서 몸소 밭을 가는 모범을 보였다. 그리고 그 수확물은 사직(社稷)의 제사에 쓰였다. 왕이 적전에서 몸소 밭을 갈며 농사일을 한 것은 권농(勸農)과 풍년(豊年)을 기원하는 의례였다. 즉 왕이 자신이 먹을 것을 직접 농사지어 자급한다는 의미가 아니다. 그런데 허행은 의례적 행사가 아닌 왕이 일상으로 몸소 백성과 더불어 농사를 지으며 정치를 하라는 여민병경(與民並耕)을 주장했다. 이것은 본래의 적전(籍田) 행사와는 거리가 먼 편협한 주장이라 아니할 수 없다.

큰일은 성공도 좋지만 시작하여 전통이 되어도 괜찮다

문공이 인정(仁政) 혹은 성인(聖人)의 정치를 행한다는 소문을 듣고 허행과 진상이 등(滕)으로 온 것을 보면 문공이 맹자의 고견을 받아들여 모종의 정책을 실시한 듯하다. 다만 자세한 내용은 알 수 없다. 문공은 대외관계에도 상당한 고심을 기울였다. 맹자가 말했듯이 등(滕)은 땅을 긴 곳을 자르고 작은 쪽을 보충하면 대략 오십 리(里) 정도가 되는 소국이었다. 그런데 등(滕)의 주위에는 강대국인 제(齊)와 초(楚)가 바로 인접하고 있었다. 어느 날 등문공이 진지하게 등(滕)의 상황과 처신에 대해 맹자에게 물었다.

등문공이 물어 말했다. "등은 소국입니다. 제와 초나라 사이에 있으니 제나라를 섬겨야 합니까? 초나라를 섬겨야 합니까?"

맹자가 대답하여 말했다. "이런 도모는 제가 능히 미칠 수 있는 것이 아닙니다. 부득이 하나 있긴 합니다만, 호수를 파고 성을 쌓아서 백성과 더불어 지키고, 죽음을 무릅쓰고도 백성이 떠나지 않게 하는 것은 가능할 수가 있습니다."[291]

강대국인 제와 초 사이에 있는 등나라는 사실 늘 존립을 걱정해야 하는 상황이었다. 등문공은 맹자에게 국가 생존의 비책을 듣고 싶었다. 그러나 맹자는 한 국가가 강대국에 빌붙어 생존을 도모하는 것은 변수가 많아 예측하기 어렵다고 보았다. 다만 국가 생존을 위해 한 가지 가능한 것은 평소 깊은 호수를 파고 높은 성을 쌓아서 대비하되 죽을 수 있는 상황에서도 백성이 떠나지 않게 하는 것이라 했다. 맹자가 부연 설명을 더 하지는 않았지만 위급한 상황에서 백성을 떠나지 않게 하려면 평소 백성의 마음이 떠나 있으면 안 된다. 백성을 마음을 얻는 방법은 다름 아닌 여민동락(與民同樂)하는 왕도정치를 행하는 것이다.

이번에는 제(齊)가 등(滕)의 인근 설 땅에 성을 쌓으려 했다. 바로 코앞에 군대를 주둔시킨다는 의미이다.

등문공이 물었다. "제나라 사람들이 설(薛) 땅에 성을 쌓으려고 합니다. 제가 너무 두렵습니다. 어찌해야 좋겠습니까?"

맹자가 대답하여 말했다. "옛날에 태왕이 빈 땅에 거주하실 때, 북쪽 오랑캐들

---

291 『孟子』, 梁惠王章句下, "滕文公問曰, 滕小國也, 間於齊楚. 事齊乎? 事楚乎? 孟子對曰, 是謀非吾所能及也. 無已則有一焉. 鑿斯池也, 築斯城也, 與民守之, 效死而民弗去則是可爲也."

이 침략하자 거기를 떠나 기산 아래로 옮겼습니다. 이것은 선택하여 취한 것이 아니라 부득이했기 때문입니다. 진실로 선을 행하면 후세 자손 중 반드시 왕자(王者)가 있을 것입니다. 군자는 큰일을 시작하여 전통을 드리워서 잇게 할 수 있으면 됩니다. 무릇 성공은 하늘의 뜻이니 군주께서 그것을 어찌할 수 있겠습니까? 힘써 선을 행하십시오."[292]

평소 강국인 제(齊)가 등(滕)의 인근인 설 땅에 성을 쌓는 것은 약소국인 등(滕)에게는 매우 불편하고 두려운 일이었다. 그러자 맹자는 주(周)나라 태왕의 일을 예로 들어 말한다. 태왕은 이름이 고공단보(古公亶父)이며 문왕의 조부에 해당한다. 태왕은 상(商)을 멸하고 천하를 통일하려는 야심을 갖고 있었지만, 천하통일은 문왕의 아들인 무왕 대에 이루어진다. 맹자는 태왕의 사례를 들어 두 가지를 말하고 있다.

첫째는, 태왕이 빈을 떠나 기산 아래로 옮긴 것은 힘이 약했기 때문에 어찌할 수 없는 상황이었다. 마찬가지로 제(齊)가 설 땅에 성을 쌓는 것 또한 약소국인 등(滕)으로서 어찌할 수 있는 상황이 아니므로 현실로 냉철하게 받아들여야 한다는 말이다.

둘째는, 약소국인 등(滕)이 할 수 있는 최선의 것은 인의(仁義)에 의한 정치, 즉 왕도정치와 같은 선한 정치를 하라는 것이다. 그렇게 한다면 사직을 보존하여 그 후손 중 언젠가는 제대로 왕 노릇 하는 자가 나올 것이라는 말이다. 맹자에 따르면 태왕이 북쪽 오랑캐들의 침입을 받을 때 처음에는 각종 비단과 가축, 구슬과 보석으로 달랬지만 결국 먹히지 않았다. 이

---

292 『孟子』, 梁惠王章句下, "滕文公問曰, 齊人將築薛, 吾甚恐. 如之何則可? 昔者大王居邠, 狄人侵之, 去之岐山之下居焉. 非擇而取之, 不得已也. 苟爲善, 後世子孫必有王者矣. 君子創業垂統, 爲可繼也. 若夫成功, 則天也. 君如彼何哉? 彊爲善而已矣."

에 태왕은 자신의 백성들이 다치는 것을 우려하여 과감하게 땅을 버리고 기산 아래로 이주했다. 그때 빈 땅의 백성들이 "어진 사람이구나!" 하며 태왕을 따라갔는데 마치 시장 바닥으로 몰려가는 사람들 같았다. 이런 선행이 쌓여 천하통일이 증손인 무왕 때에 이루어졌다.

맹자의 말은 조급한 성깔이 있는 사람에게는 답답하고 아득하게 들릴 것이다. 그러나 맹자는 이것이 최선의 대안임을 담담하게 말하고 있다. 맹자의 생각은 『주역(周易)』의 사유방식과 서로 통한다.

> "선을 쌓는 집안은 반드시 경사가 넘친다. 불선을 하는 집안은 반드시 재앙이 넘친다. 신하가 그 군주를 시해하고, 자식이 그 부모를 시해하는 것은 하루아침이나 저녁의 연고가 아니다. 그 유래된 것은 물 젖어가듯 그리된 것이다!"[293]

선을 쌓으면 쌓는 대로, 악을 행하면 악을 행한 대로 언젠가는 그 응보가 이루어진다는 것이 주역의 사유방식이다. 등(滕)이 지금은 미약하여 당장은 어찌할 도리가 없지만, 꾸준히 백성을 사랑하는 선정을 한다면 언젠가는 천하에 왕 노릇 하는 영화가 올 것이라고 맹자는 말하고 있다.

앞에서 말했지만 당시 등문공이 인정(仁政)을 행하였으나 세록(世祿)을 시행했다는 것 외에는 그 구체적인 내용이 전해지지 않는다. 그러나 등문공은 여타 제후들과는 다르게 맹자의 생각과 포부를 현실에 구현하려고 한 군주임은 틀림없는 것 같다. 이후 맹자는 등(滕)을 떠나 노(魯)로 건너갔다.

---

293 『周易』, 坤卦, "積善之家, 必有餘慶, 積不善之家, 必有餘殃. 臣弑其君, 子弑其父, 非一朝一夕之故, 其所由來者漸矣!"

6절 맹자와 노평공, 일의 성패는 하늘의 뜻이다

장창의 저지

공자는 12년 동안 천하를 주유하다가 28대 애공 때 노나라로 돌아왔다. 그러나 노나라에는 아직도 삼환(三桓)이 득세하고 있었다. 애공은 공자 사후에 이들과 충돌하다가 월나라로 망명하고 만다. 그 이후 삼환은 점차 세력이 약해져 31대 목공 이후 정권이 다시 군주의 손으로 돌아가기에 이르렀다. 그렇지만 국가 자체로서는 이미 노나라는 힘이 쇠약해져서 이웃 나라인 제나라의 눈치를 보며 명맥을 이어가는 형편이었다. 맹자가 노나라로 갔을 때 군주는 35대 평공(平公)이었다. 평공이 맹자를 만나려고 하자 총애를 받는 장창(臧倉)이란 자가 저지했다. 그 논거는 이러했다.

> 노평공이 출타하려고 하자 총애받는 신하 장창이란 자가 청하여 말했다. "전에는 군주께서 출타하시면 반드시 유사(有司: 당직 관리)에게 가는 곳을 말씀하셨는데 지금은 마차에 오르고 말에 멍에까지 멨는데 유사가 가는 곳을 모르고 있습니다. 감히 (행선지를 말씀하시길) 청합니다."
> 평공이 말했다. "맹자를 보려고 하오."
> 장창이 말했다. "왜 그리합니까? 군주가 몸을 가벼이 하여 필부(匹夫)보다 먼저 나서는 것이 현명한 일인지요? 예의는 현자로부터 나오는 것이거늘 맹자의 후상(後喪: 뒤에 상을 당함)이 전상(前喪: 앞서 상을 당함)보다 성대했으니 군주께서는 보는 일이 없었으면 합니다."

평공이 말했다. "그리하겠소."[294]

맹자가 제나라에 있을 때 노(魯)나라에 있던 어머니가 돌아가셨다. 맹자는 어린 시절에 일찍이 아버지를 여의었다. 여기서 전상(前喪)은 어린 시절에 당한 아버지 상(喪)을 말하며 후상(後喪)은 성장하여 50대 때 전국을 방랑하다가 제나라에서 들은 어머니 상(喪)을 말한다. 이때 맹자는 일시적으로 제(齊)에서 노(魯)로 건너가 어머니의 상을 치르고는 다시 제(齊)로 건너갔었다. 이후 맹자는 송(宋)→설(薛)→추(鄒)→등(滕)을 거쳐 노(魯)로 돌아온 것이다. 장창은 군주가 먼저 방문객을 찾아 나서는 처신, 맹자가 모친상(母親喪)을 부친상(父親喪)보다 성대하게 치른 것을 문제 삼고 있다. 결국 평공은 맹자를 만나보려던 계획을 포기했다.

사람의 만남은 하늘의 뜻이다

장창이 부친상보다 모친상을 후하게 치른 것을 트집 잡아 맹자와 노평공의 만남을 훼방하고 있을 때 맹자의 제자인 악정자가 당시 노(魯)에서 벼슬을 하고 있었다. 악정자는 맹자가 제나라에 있을 때 한때 제나라 왕환을 쫓아다녔다가 맹자의 질책을 듣고 제정신이 돌아온 인물이다. 그가 후에 노나라에서 벼슬을 하게 되었다. 그는 관리의 신분이었기에 평공을 알현할 수가 있었다. 평공이 맹자를 찾아 만나려는 계획에 장창이 재를 뿌렸

---

294 『孟子』, 梁惠王章句下, "魯平公將出, 嬖人臧倉者請曰, 他日君出, 則必命有司所之. 今乘輿已駕矣, 有司未知所之. 敢請. 公曰, 將見孟子. 曰, 何哉? 君所爲輕身以先於匹夫者, 以爲賢乎? 禮義由賢者出. 而孟子之後喪踰前喪. 君無見焉! 公曰, 諾."

다는 소식을 듣고 부르르 치를 떨며 궁궐로 달려갔다.

악정자가 입궐하여 평공을 뵙고 말했다. "군주께서는 왜 맹가(孟軻: 맹자의 성
명)를 만나지 않으십니까?"

평공이 말했다. "누군가 과인에게 고하기를, 맹자의 후상(後喪)이 전상(前喪)보
다 성대하다고 했소. 이런 까닭에 가서 보지 않은 것이오."

악정자가 말했다. "왜 그리 생각하십니까? 군주께서 소위 성대하다는 것은 전
상(前喪)은 사(士)로서 치른 상이었고, 후상(後喪)은 대부로서 치른 상(喪)이며,
전상(前喪)은 삼정(三鼎; 세 개의 솥)이었으나 후상(後喪)은 오정(五鼎: 다섯 개의 솥)
이었기 때문입니까?"[295]

평공이 말했다. "아니오. 관곽(棺槨: 속 널과 겉 널)과 옷과 이불이 화려하기 때문
이오."

악정자가 말했다. "전보다 성대한 것이 아닙니다. 빈부가 같지 않기 때문입니
다."[296]

『중용(中庸)』[297] 18장에는 장례는 죽은 자의 직위에 맞게 치르고, 제사는
제사를 모시는 자의 직위에 따라 치르는 것으로 기술되었다.[298] 악정자(樂

---

295 삼정(三鼎)은 장례 때 제물이 들어가는 세 개의 솥으로 돼지, 어류, 육포가 들어가며 사(士)의 예법이
다. 오정(五鼎)은 장례 때 제물이 들어가는 다섯 개의 솥으로 양, 돼지, 어류, 육포, 제육이 들어가며
대부의 예법이다.

296 『孟子』, 梁惠王章句下, "樂正子入見, 曰, 君奚爲不見孟軻也? 曰, 或告寡人曰, 孟子之後喪踰前喪, 是以不
往見也. 曰, 何哉君所謂踰者? 前以士, 後以大夫, 前以三鼎, 而後以五鼎與? 曰, 否. 謂棺槨衣衾之美也. 曰,
非所謂踰也, 貧富不同也."

297 『대학』·『논어』·『맹자』와 더불어 사서(四書)라고 한다. 유교에서 사서라는 일컬음이 생긴 것은 중국의
송나라 때에 이르러서이다. 주희(朱熹)가 『예기』 49편 가운데 『대학』·『중용』을 떼어내어 『논어』·『맹
자』와 함께 사서라 이름을 붙인 것이다. 공자의 손자 자사가 지은 것이라고 전해지나 이견이 많다.

298 『中庸』, 18장, "父爲大夫, 子爲士. 葬以大夫, 祭以士. 父爲士, 子爲大夫, 葬以士, 祭以大夫."

正子)는 평공에게 부친상은 사(士)의 직위로 하고 모친상은 대부(大夫)의 직위로 했기 때문에 그리 한 것인지를 물었다. 바로 장례를 맹자의 아버지와 어머니의 신분에 맞지 않게 치른 것으로 본 것이냐고 묻고 있다. 그러자 평공은 직위에 따른 장례 때문이 아님을 말하고는 관곽(棺槨: 속 널과 겉널)과 수의와 이불이 화려했기 때문이라고 했다. 이에 악정자는 모친상이 예의를 벗어난 성대한 것이 아니었음을 말했다. 다만 맹자가 부친상을 치를 때는 가난했고 모친상을 치를 때는 여유가 있기 때문에 차이가 있었음을 설명했다. 이러한 사태의 전말을 악정자가 맹자에게 가서 보고했다.

> 악정자가 맹자를 뵙고 말했다. "제가 군주에게 고하니, 군주께서는 와서 선생님을 뵈려고 했습니다만, 총애받는 장창이란 자가 군주를 저지했습니다. 군주께서 이런 이유로 오지 못하셨습니다."
> 맹자가 말했다. "행함을 간혹 (사람이) 억지로 하게 하고, 그침을 억지로 그치게 하려고 하나, 행함과 그침은 사람이 할 수 있는 바가 아니다. 내가 노나라 제후를 만나지 못한 것은 하늘의 뜻이다. 장 씨가 어찌 나로 하여금 못 만나게 할 수 있겠는가?"[299]

맹자도 심히 불쾌했는지 장창을 장 씨라고 호칭하며 인간의 의지와 일의 성패에 대하여 말했다. 맹자는 "의지는 기의 장수[帥]이며 기는 몸의 충만한 것이다."[300]라고 하여 인간의 의지를 인정한다. 그러나 결국 일의 행함과 그침은 결국 인간사를 주재하는 하늘에 달려있다고 본다. 다시 말해

---

299 『孟子』, 梁惠王章句下, "樂正子見孟子, 曰, 克告於君, 君爲來見也. 嬖人有臧倉者沮君, 君是以不果來也. 曰, 行, 或使之, 止, 或尼之. 行止, 非人所能也. 吾之不遇魯侯, 天也. 臧氏之子焉能使予不遇哉?"
300 『孟子』, 公孫丑章句上, "夫志, 氣之帥也, 氣, 體之充."

인간의 운명은 하늘에 좌우된다는 말이다. 따라서 장 씨 같은 존재에 의하여 군주와의 만남이 결코 좌우될 수 없다는 말이다. 맹자가 이후 노평공을 만났는지 그리고 노(魯)에서는 어떠한 일들이 있었는지 『맹자』에는 더 이상의 언급이 없다.

7절 요순(堯舜)의 도는 인정(仁政)이다

다섯 가지 국가정책

당장 눈에 보이는 부국강병을 외치기보다는 덕에 의한 정치를 해야 한다는 왕도정치는 자칫하면 국가를 문약한 나라로 빠뜨리게 하는 것은 아닌가 하는 우려를 낳을 수 있다. 기원전 403년에 진(晉)나라가 삼분되어 한(韓), 위(魏), 조(趙)로 독립하면서 전국시대(戰國時代)가 시작되었다. 그 후부터 진(秦)이 기원전 221년에 전국을 통일하기까지의 약 280여 년 동안 전국 7웅(七雄)을 비롯해 군소 국가들이 서로 생존과 패권을 다투던 시기였기에 왕도정치를 절실하게 필요로 하는 나라가 있을 것인가에 대한 의문이 든다. 그러나 맹자는 왕도정치를 하는 나라가 오히려 더 강대해진다고 주장한다.

어질면 영화롭고 어질지 못하면 굴욕당한다. 지금 굴욕을 싫어하면서 인자하지 않은 것에 머무는 것은 습한 곳을 싫어하면서 낮은 곳에 머무는 것과 같다. 만약 굴욕을 싫어한다면 덕을 귀하게 여기고 선비를 존중하는 것만 한 것이

없다. 현명한 자가 지위에 있고 능력 있는 자가 직책을 맡으면 국가가 한가해
진다. 이에 이르러 그 정사와 형벌을 밝힌다면 비록 강대국이라도 반드시 그
나라를 두려워할 것이다.[301]

맹자는 인에 의한 정치, 즉 왕도정치를 하면 국가가 영화롭다고 보고 있
다. 그러나 인에 의한 정치가 바로 국가의 영화를 보장해주는 것은 아니
다. 맹자는 왕도정치에 보조적으로 필요한 정치 시스템을 언급하고 있는
데, 그것은 인사의 중요성이다. 즉 맹자는 현명한 자가 위에 있고, 능력 있
는 자가 직책을 맡아야 한다고 말한다. 맹자의 이런 생각은 공자가 이상사
회로서 생각한 대동사회의 모습과 유사하다. 공자는 대동사회에서 현명하
고 유능한 인물을 뽑아 써야 한다고 주장했는데, 맹자는 그의 이상사회인
왕도정치가 행해지는 나라에서 역시 현명한 자가 지위에 있고 능력 있는
자가 직책을 맡아야 한다고 주장한다. 이처럼 공자와 맹자 모두 신분에 의
한 인재등용을 배척하고 덕과 능력에 따른 인재등용을 주장하고 있다. 맹
자는 이렇게 되면 국가가 한가해지고 정사와 형벌을 제대로 밝힐 수 있어
서 반드시 나라가 강대해진다고 보고 있다. 이렇게 맹자는 왕도정치에 필
요한 인사정책을 말했는데, 여기에 인사를 포함해 다시 왕도정치에 필요
한 다섯 가지 국가정책을 제시하고 있다.

맹자가 말했다. "현명한 자를 존중하고 능력 있는 자를 써서 준걸이 자리에 있
으면 천하의 선비들이 모두 기뻐하여 그 조정에 서기를 원할 것이다. 시장에
서는 전방세(廛房稅: 가게에 대한 세금)는 받지만, 물건에 대한 세금은 걷지 않거

---

301 『孟子』, 公孫丑章句上, "仁則榮, 不仁則辱. 今惡辱而居不仁, 是猶惡溼而居下也. 如惡之, 莫如貴德而尊士,
賢者在位, 能者在職. 國家閒暇, 及是時明其政刑. 雖大國, 必畏之矣."

나 혹은 법으로 정한 세금만 내고 전방세는 내지 않으면 천하의 상인들이 모두 기뻐하여 그 시장에다 물건을 쌓아놓기를 원할 것이다. 관문에서는 기찰은 하되 세금을 걷지 않으면 천하의 여행자들이 모두 기뻐하여 그 길 위에 나서기를 원할 것이다. 경작하는 자에게 정전법(井田法)의 공전을 세금[助]으로 내고 다른 세금은 내지 않게 하면 천하의 농민들이 모두 기뻐하여 그 들판에서 경작하기를 원할 것이다. 시가(市街)의 집에서는 이포(里布)를 없게 하면 천하의 민중들이 모두 기뻐하여 그 나라의 백성이 되기를 원할 것이다. 진실로 이 다섯 가지를 행한다면 이웃 국가의 백성들이 부모처럼 우러러볼 것이니 … 이처럼 한다면 천하에 적이 없고, 천하에 적이 없는 자는 천리(天吏)이니, 그리하였는데도 왕도정치를 하지 못한 자 있지 아니하다."[302]

'이포(里布)'는 택지(宅地)에 뽕과 삼[麻]을 심지 않은 집에 과하는 세금이다. 맹자가 말한 다섯 가지의 국가정책 중 하나는 인재등용에 관한 것이고 나머지는 모두 정전법을 비롯해 세금의 경감에 관한 정책이다. 그만큼 세금이 백성들의 삶에 주는 영향이 막대하다고 맹자는 생각했다. 맹자는 인정(仁政)에 필수불가결한 정책으로 위의 다섯 가지를 제시했다. 세금의 경감에 대한 정책 중 비중이 큰 정전제는 앞에서 상론했다. 인재등용을 위해서는 어떤 자세가 필요할까?

맹자가 말했다. "옛날의 현명한 왕은 선을 좋아하고 권세는 잊었다. 옛날의 현명한 선비는 어찌 유독 그렇지 않겠는가? 도(道)를 즐기고 남의 권세는 잊

302 『孟子』, 公孫丑章句上, "孟子曰, 尊賢使能, 俊傑在位則天下之士皆悅, 而願立於其朝矣. 市, 廛而不征, 法而不廛則天下之商皆悅, 而願藏於其市矣, 關, 譏而不征則天下之旅皆悅, 而願出於其路矣, 耕者, 助而不稅則天下之農皆悅, 而願耕於其野矣, 廛, 無夫里之布則天下之民皆悅, 而願爲之氓矣. 信能行此五者則鄰國之民仰之若父母矣. … 如此則無敵於天下, 無敵於天下者, 天吏也. 然而不王者, 未之有也."

었다. 그러므로 왕공(王公: 왕과 제후)이 공경과 예를 다하지 않으면 자주 볼 수 없었다. 보는 것도 또한 자주 볼 수 없었는데, 하물며 신하로 삼는다는 것이야!"[303]

옛날 현명한 왕들은 선을 행하기를 좋아했고 자신의 권세를 내세우지 않았다. 현명한 선비들은 인간의 도리 행하기를 즐기고 다른 사람이 가진 권세에는 크게 신경 쓰지 않았다. 그렇기 때문에 공경과 예를 다하지 않고 권세를 앞세운 왕들은 현명한 선비를 자주 볼 수 없었고 그를 신하로 삼기도 어려웠다. 현명한 왕과 현명한 선비라야 자석이 서로 이끌리듯이 상합하여 의기투합할 수 있다.

삼대가 천하를 얻은 것은 인(仁) 때문이다

국가나 천하를 바꿀 수 있는 것은 단순한 말이나 이상만으로 가능한 것이 아니다. 왕도정치도 마찬가지이다. 단순히 불인인지심(不忍人之心)만 가지고 있다고 하여 왕도정치가 되는 것이 아니라 인(仁)을 정책으로써 실제로 행하는 정치가 왕도정치이다. 천자국이나 제후국들의 존폐와 흥망의 변곡점은 어진 마음으로 실제로 인정(仁政)을 행했는가 그 여부에 있다. 어진 마음이 있고, 또 그렇게 소문이 나도 선왕의 도인 인정(仁政)을 실제로 행하지 않으면 백성은 실질적으로 그 혜택을 받을 수 없고, 또 백성의 지지를 받을 수도 없다.

---

303 『孟子』, 盡心章句上, "孟子曰, 古之賢王好善而忘勢, 古之賢士何獨不然? 樂其道而忘人之勢. 故王公不致敬盡禮則不得亟見之, 見且由不得亟, 而況得而臣之乎?"

맹자가 말했다. "이루(離婁)의 눈 밝음과 공수자의 기교도 그림쇠와 곡척이 없

으면 방형(方形)과 원형(圓形)을 만들 수 없고, 사광의 총명도 육률(六律)이 없으

면 오음(五音)을 바로잡을 수 없고, 요순의 도(道)도 인정(仁政)으로 하지 않으면

천하를 평정하고 다스릴 수 없다."[304]

이루(離婁)는 고대에 눈이 밝은 자로 전해져온다. 『신자(愼子)』〈내편(內

篇)〉에 보면 이루는 "눈이 밝아서 백 보 밖에서도 능히 털끝을 살핀다."라

고 소개되었다. 공수자(公輸子: 公輸般의 존칭)는 노(魯)의 손재주가 뛰어난

장인(匠人)이다. 사광(師曠)은 진평공(晉平公, 재위: 기원전 557~기원전 532) 때

지음(知音)의 경지에 이른 악사로서 벼슬은 태사(太師: 악관의 장)에 이르렀

다. 소경이라고 전해지기도 하는데 음률을 잘 판단했고 소리로 길흉까지

점쳤다고 한다. 육률은 십이율(十二律)부터 설명해야 이해가 될 듯하다. 십

이율(十二律)은 음계(音階)에 해당하는 것으로 양(陽)에 속하는 육률(六律)

과 음(陰)에 속하는 육려(六呂)로 나뉜다.[305] 오음(五音)은 곡조(曲調, Melody)

에 해당하는 것으로 궁(宮), 상(商), 각(角), 치(徵), 우(羽)이다.

이처럼 이루와 공수반 같은 장인은 그림쇠와 곡척으로, 사광은 육률에

의거, 자신이 만들고자 하는 것을 이루어가듯이 위민(爲民)으로 대표되는

요순의 도(道)도 마음속으로만 존재할 것이 아니라 인정(仁政)이라는 정책

으로 구현될 때 천하를 평정하고 다스릴 수 있는 것이라고 맹자는 생각한

다.

---

304 『孟子』, 離婁章句上, "孟子曰, 離婁之明, 公輸子之巧, 不以規矩, 不能成方圓, 師曠之聰, 不以六律, 不能正
五音, 堯舜之道, 不以仁政, 不能平治天下."

305 육률은 황종(黃鐘), 태주(太蔟), 고선(姑洗), 유빈(蕤賓), 이칙(夷則), 무역(無射)이고, 육려는 대려(大
呂), 협종(夾鐘), 중려(仲呂), 임종(林鐘), 남려(南呂), 응종(應鐘)이다.

사광은 단순히 악관의 역할을 한 것만이 아니라 정치 자문까지 한 것으로 전해진다. 『한비자(韓非子)』에 다음과 같은 일화가 있다.

진평공이 여러 신하와 술을 마셨다. 주흥이 무르익자 탄식하며 말했다. "군주가 되는 것보다 더 즐거운 것은 없도다. 오직 그 말을 어기는 자가 없구나!"
사광이 앞에서 앉아있다가 거문고를 평공에게 획 집어 던졌다. 평공이 옷섶으로 가리며 피했다. 거문고는 벽에 부딪혀 박살이 났다. 평공이 먼저 말했다. "태사(太師)는 누구에게 던졌는가?"
"지금 어느 소인배 같은 자가 옆에서 말을 하고 있어서 던졌습니다."
"그게 과인일세."
"아! 이것은 군주가 할 말이 아니었습니다."
좌우에서 벽의 흔적을 지우려고 했다. 그러자 평공이 말했다. "그냥 둬라. 이것을 훗날 과인의 경계로 삼겠다."[306]

사광도 대단하지만, 그 군주인 진평공도 당시는 보통의 군주가 아니었다. 다만 말년에 이르러 점차 유흥에 빠져 국정을 소홀히 하여 육경(六卿)들이 득세하도록 한 것은 아쉬운 점으로 평가된다. 사광이 소인배처럼 말하는 진평공에게 거문고를 내던진 것은 사실 군주에게 위해를 가한 대역죄에 해당한다. 하지만 진평공은 통 크게 용납하고 오히려 그것을 자신의 경계하는 계기로 삼았다. 여하튼 정치 자문도 겸한 악관 사광은 지음(知音)의 경지에 이르렀지만, 육률이 없다면 오음을 바로잡을 수 없을 것이라고

---

306 『韓非子』, 難一 第三十六, "晉平公與群臣飮, 飮酣, 乃喟然歎曰, 莫樂爲人君, 惟其言而莫之違. 師曠侍坐於前, 援琴撞之. 公披衽而避, 琴壞於壁. 公曰, 太師誰撞? 師曠曰, 今者有小人言於側者, 故撞之. 公曰, 寡人也. 師曠曰, 啞! 是非君人者之言也. 左右請除之, 公曰, 釋之, 以爲寡人戒."

맹자는 본다. 바로 요순의 도를 인정으로 실행하지 않으면 천하를 바로잡을 수 없다는 말이다. 또한 요순의 도를 인정으로 실행하지 않으면 백성에게 어떤 도움도 주지 못한다.

> "지금 어진 마음이 있고, 어질다는 소문이 있어도 백성이 그 은택을 받지 못하여 후세에 본보기가 되지 못하는 것은 선왕의 도를 실행하지 않았기 때문이다."[307]

맹자가 두 번째로 방문한 제(齊)의 선왕(宣王)은 불인인지심(不忍人之心)이 있는 군주였으나 인정으로 실행되지 못하여 백성에게 은택을 주지 못하고, 결국 제(齊)의 중흥을 일구어내지 못했다. 훗날 역사상 이러한 군주가 또 있었으니 바로 남북조시대의 양(梁)의 군주인 무제(武帝)이다.

양무제(梁武帝, 재위: 502~549)는 불교를 장려하여 하루 한 번 채소 음식을 들었고, 종묘에 제사 지낼 때도 생명 있는 희생 대신 면(麵)으로 제물을 올렸다. 사형을 가급적 억제하되 혹여 불가피 사형당하는 자가 있을 때는 그를 위해 눈물을 흘렸다. 그렇지만 종친들의 과오에 대하여는 수신(修身: 자신을 닦음)과 제가(齊家: 가정을 정리함)의 입장에서 엄정해야 하는데 그리하지를 못했다. 황제의 친척은 대부분 주(州)의 자사로 임용되어 여러 군(郡)의 토지와 백성을 관할했는데, 기회만 있으면 백성의 재산을 빼앗고 착취해 부를 축적했다. 그의 동생 임천왕(臨川王) 소굉(蕭宏)의 내당 뒤에 100여 칸짜리 창고가 있었는데 창고 30여 칸에는 돈이 가득 차있었고 나머지 창고에는 비단, 면직물 등이 그득하여 헤아릴 수가 없었다. 모두 백

---

307 『孟子』, 離婁章句上, "今有仁心仁聞而民不被其澤, 不可法於後世者, 不行先王之道也."

성으로부터 수탈한 것이었다. 이를 본 무제는 막대한 부정축재를 한 책임을 물은 것이 아니라 아우의 살림이 엄청나다고 오히려 칭찬했다. 이에 다른 종친들도 소굉을 본받아 함부로 사람을 살상하고 약탈했다. 어느 죄인은 왕가(王家)로 들어가는 바람에 관리가 감히 들어가지 못해 잡지 못했다. 결국 무제는 집권 후반기에 백성의 지지를 받지 못하고 후경(侯景)의 반란이 일어나자 유폐당하여 굶어 죽고 말았다. 아쉽게도 무제의 자비로운 마음은 백성을 향한 인정으로 연결되지 못했다. 인정(仁政)은 백성을 향해야지, 특정 계층에 시혜가 쏠려서는 안 되는 것임을 보여주고 있다.

맹자는 요순으로부터 비롯되는 선왕의 법도를 천명한 경우가 많다. 맹자는 "『시(詩)』에 '어기거나 잊지 않고 옛 문장을 따른다.'라고 했듯이 선왕의 법도를 쫓다가 잘못된 경우는 아직 없다."[308]라고 하여 선왕의 법도는 후세의 모범으로서 이를 따르면 결함이 없다고 했다. 요순으로 시작되는 선왕의 법도, 즉 인정(仁政)은 하(夏)의 우(禹), 상(商)의 탕(湯), 주(周)의 문왕과 무왕으로 이어진다.

> 맹자가 말했다. "삼대가 천하를 얻은 것은 인(仁)으로써 하였고, 천하를 잃은 것은 불인(不仁: 어질지 않음)했기 때문이다. 제후국이 폐하고 흥하고 존속하고 망하는 것도 역시 그러하다. 천자가 불인(不仁)하면 사해(四海: 천하)를 보존할 수 없고 제후가 불인(不仁)하면 사직(社稷)을 보존할 수 없다. 경대부가 불인(不仁)하면 종묘(宗廟)를 보존할 수 없고, 사(士)와 서인이 불인(不仁)하면 사체(四體: 사지)를 보존할 수 없다. 지금 죽음을 싫어하면서 불인(不仁)을 즐겨 하는데,

---

308 『孟子』, 離婁章句上, "詩云 不愆不忘, 率由舊章, 遵先王之法而過者, 未之有也."

이것은 술에 취함을 싫어하면서 술을 억지로 먹는 것과 같다."[309]

삼대는 하(夏)·상(商)·주(周)를 말한다. 천하를 얻은 것은 하(夏)의 우(禹)·상(商)의 탕(湯)·주(周)의 문왕과 무왕이다. 천하를 잃은 것은 하(夏)의 17대 걸왕(桀王), 상(商)의 30대 주왕(紂王)과 주(周)의 10대 려왕(厲王), 12대 유왕(幽王)이다. 여기서 '종묘(宗廟)'는 역대 통치자들의 신주(神主)를 모신 사당이다. 그런데 맹자의 표현으로 판단하면 맹자 당시에 경대부 집안에서도 조상을 모신 사당을 종묘라고 불렀던 것으로 추정된다.

천자국인 하(夏)·상(商)·주(周)는 인(仁) 혹은 불인(不仁)에 의한 정치로써 천하를 얻거나 잃었으며 제후국들의 존폐와 흥망도 역시 마찬가지이다. 다만 불인(不仁)한 자가 제후국을 취하는 경우는 가끔 있을 수 있다. 그러나 역시 천하를 취할 수는 없다.

맹자가 말했다. "불인(不仁)하면서 제후국을 얻은 자는 있지만 불인(不仁)하면서 천하를 얻은 자는 있지 아니하다."[310]

불인(不仁)하면서도 제후국의 군주들은 패도(霸道)로 나라를 얻을 수 있다. 바로 전국시대의 제후국이 그러했다. 그러나 천하는 불인자(不仁者)가 얻을 수 없다. 맹자 이전에는 하(夏)의 마지막 왕 걸(桀)과 상(商)의 마지막 왕 주(紂)가 그러했고, 맹자 후대에는 진(秦)과 수(隋)가 그러했다.

---

309 『孟子』, 離婁章句上, "三代之得天下也以仁, 其失天下也以不仁. 國之所以廢興存亡者亦然. 天子不仁, 不保四海. 諸侯不仁, 不保社稷. 卿大夫不仁, 不保宗廟. 士庶人不仁, 不保四體. 今惡死亡而樂不仁, 是猶惡醉而强酒."

310 『孟子』, 盡心章句下, "孟子曰, 不仁而得國者, 有之矣. 不仁而得天下, 未之有也."

전국시대를 정리한 것은 진(秦)이다. 진의 소양왕(昭襄王)은 기원전 256년에 천자의 나라 주(周)를 멸망시키고, 그의 증손(曾孫)인 정왕(政王)[311]은 기원전 230년에 한(韓)을 멸망시키고, 이어서 조(趙), 위(魏), 초(楚), 연(燕)을 멸망시킨 후 마지막으로 제(齊)를 기원전 221년에 멸망시킴으로써 천하를 통일한다. 정왕은 통일 후 독립된 봉건제후국을 인정하는 봉건제 대신 전국을 직할 지배하는 군현제(郡縣制)를 채택하였고 하(夏)·상(商)·주(周)에서 천자를 부르던 호칭인 왕(王) 대신에 황제(皇帝)라는 호칭을 사용했다.[312] 이 자가 바로 시황제(始皇帝: 최초의 황제라는 의미)이다. 시황제는 천하통일 후 11년 만에 죽었는데 이때 그의 나이 50세였다. 시황제가 죽자 승상 이사와 환관 조고(趙高)는 시황제의 죽음을 숨기고 변방에 나가 있던 부소와 장군 몽념(蒙恬)에게 황제를 비방하고, 사졸을 잃고, 공을 세우지 못한 불효·불충을 저질렀으니 자결을 하라는 시황제의 옥새가 찍힌 편지를 보낸다. 마침내 부소는 자결을 하고 몽념은 죽임을 당한다. 그 후 진은 이세황제(二世皇帝) 영호해(嬴胡亥)가 즉위했다.

이세황제 호해는 조고의 꾐에 빠져 자신의 마음에 들지 않는 시황제 때의 고신(故臣)들과 형제자매를 이유 없이 죽였다. 또 시황제 때부터 시작했던 아방궁의 축조와 대대적인 토목공사를 벌였으며 백성들에게는 과중한 세금과 부역을 부과했고 연일 후궁에 머물며 방탕한 생활을 했다. 마침내 조고는 이사를 죽인 후 호해마저 시해하고 출신이 불분명한 자영(子嬰)을 황제로 앉힌다. 3세 황제 자영은 조고를 두려워하여 몇 명의 신하와 모의하여 조고를 죽이고 그의 삼족을 멸했다. 그러나 3세 황제 자영(子嬰)은

---

311 성명은 영정(嬴政)이다.
312 황제(皇帝)란 말은 고대 중국의 통치자들을 의미하는 삼황오제(三皇五帝)의 두 번째와 네 번째 글자를 취합하여 만든 것이다.

유방에게 항복하고, 이어서 항우(項羽)에 의해 죽임을 당하며 수도 함양(咸陽)이 불태워짐으로써 진은 시황제 사후 4년을 존속하다가 천하통일 후 15년 만에 멸망하고야 만다.

수(隋)의 양견(楊堅, 시호는 문황제, 문제라고도 불림)은 기원전 589년에 동한(東漢, 기원전 25~기원후 220) 이후 370여 년 동안 분열된 중국 대륙을 통일했다. 문제는 사치를 줄이고 검소한 생활을 하면서 백성의 세금을 감면시켰다. 관료들의 부패를 척결하고 인재등용을 위해 과거제도의 전신인 선거제(選擧制)를 실시했다. 그는 황하와 장강을 연결하는 대운하 건설을 시도했으나 얼마 안 되어 대운하 건설로 백성이 고통받는다는 말을 듣고 건설을 중단했다. 그의 차남 양광(楊廣)은 아버지 문제가 병환으로 눕자 마음에 두고 있던 문제의 후궁을 겁탈하려고 했으며 급기야 자신의 형을 죽이고 즉위했다. 그가 2대 양황제이다. 우리가 흔히 아는 수양제(隋煬帝: 수의 양황제)가 이 사람이다. 양제는 즉위 후 아버지의 후궁을 자신의 후궁으로 삼았다. 그는 문제 때 중단되었던 대운하 건설을 다시 시작하고 운하를 따라 40여 개의 행궁(行宮)[313]을 지었다. 그는 수도인 장안을 놔두고 낙양에 제2의 수도를 건설하고 낙양 서쪽에 대공원을 조성했다. 그는 악대와 광대의 자제를 징집하여 대규모 공연을 거행하게 했으며 음란한 생활을 즐겼고 수많은 유람선을 건조하여 황제가 지날 때마다 지방의 온갖 진귀한 물품과 산해진미를 바치게 했다. 그러다 수양제는 고구려를 3차에 걸쳐 침공했는데, 여기서 실패하여 국력이 급속히 소진되었다. 결국 전국 각지에서 반란이 연이어 일어나더니 양제는 618년에 부하들에게 교살(絞殺)되고 말았다. 그렇게 수는 천하통일 후 29년 만에 멸망하고 말았다.

---

313 황제의 본궁 밖 숙소로 쓰인 궁전

진(秦)의 이세황제 호해와 수(隋)의 2대 양황제는 공통적으로 패륜을 저질렀고 방탕한 생활을 즐겼으며 백성의 삶을 황폐화시켰다. 이런 불인(不仁)한 자들은 가슴에 천하를 품을 수 없는 자들이라 할 것이다.

통치자가 불인하다면 정도의 차이만 있을 뿐 통치자와 나라는 불행한 사태로 귀결된다.

> "공자는 말하길, '도(道)는 두 가지가 있으니 인(仁)과 불인(不仁)일 뿐이다.'라고 했다. 그 백성에게 포악함이 심하면 몸이 시해당하거나 나라가 망하고, 심하지 않으면 몸이 위태하거나 나라가 침삭된다. 이름 붙인 것이 유(幽), 려(厲)면 비록 효자와 자비로운 자손이 백 세 동안이라도 고칠 수가 없으리라."[314]

맹자는 공자의 말을 인용하여 천자국의 왕이나 제후국의 군주가 행하는 정치는 크게 인(仁)과 불인(不仁)으로 대별할 수 있다고 본다. 특히 불인하면 자신의 몸이 위태하거나 죽임을 당할 수 있으며, 나라는 영토를 잃거나 망할 수 있다. 불인한 통치자들은 죽어서도 부정적 시호(諡號: 왕이나 제후가 죽은 뒤 공적을 평가하여 붙이는 이름)가 따라붙는다. '유(幽)'는 '어둡다[暗]'는 뜻이고, '려(厲)'는 '포악하다[虐]'는 뜻으로 둘 다 부정적 시호다. 바로 천자의 나라인 주(周)의 10대 려왕(厲王)과 12대 유왕(幽王)이 그들이다.

공자는 위정자인 군자가 할 일은 "자신을 수양하고 백성을 편안하게 하는 것[修己以安百姓]"이라고 했다. 바로 선왕의 도(道), 즉 인정(仁政)의 목적은 어진 마음이 바탕이 되어 백성을 위한 인재등용이나 조세 경감의 정책을 시행하되 백성에게 위해(危害)가 되는 제도나 사람들을 과감히 척결하

---

314 『孟子』, 離婁章句上, "孔子曰, 道二, 仁與不仁而已矣, 暴其民甚則身弑國亡, 不甚則身危國削, 名之曰 幽厲, 雖孝子慈孫, 百世不能改之."

여 백성을 편안하게 하는 것이다. 선왕의 도를 굳이 내세우는 것은 아래와
같은 이유 때문이다.

> "그러므로 말한다. 높이 오르고자 하면 반드시 언덕에 의지해야 하며, 내려가
> 고자 하면 반드시 하천과 연못에 의지해야 한다고들 말한다. 정치를 행하되
> 선왕의 도에 의지하지 않으면 지혜롭다 하겠는가?"[315]

선왕의 도, 즉 인정(仁政)은 과거에 성왕(聖王)들이 행했던 정치로서 당
시 백성의 지지와 후대의 칭송을 받은 전례가 있다. 그러므로 선왕의 도에
의지하는 것은 확실한 명분과 효과를 얻을 수 있는 지혜로운 행위라 할 수
있다.

인정(仁政)은 두루 백성에게 미쳐야 하지만 나의 가까운 것부터 비롯되
는 것이 순리이다.

> "양친을 친애하고 나서야 백성을 어질게 대하며, 백성을 어질게 대하고서야
> 사물을 사랑한다."[316]

유학의 사유방식으로 '추기급물(推己及物)'이 있다. '추기급물'은 직역하
면 나를 미루어 다른 사물에게 미치게 한다는 뜻이다. 예컨대 자신의 양친
을 친애하는 마음을 미루어 남의 부모도 소중함을 깨닫는 것을 말한다. 인
정은 자신의 양친을 어진 마음으로 섬기고, 그 마음을 확장하여 백성과 사
물에 미치게 하는 것이 순리이다. 그리고 인정(仁政)은 시급한 것부터 비롯

---

315 『孟子』, 離婁章句上, "故曰, 爲高必因丘陵, 爲下必因川澤, 爲政不因先王之道, 可謂智乎?"
316 『孟子』, 盡心章句上, "親親而仁民, 仁民而愛物."

되어야 한다.

> 맹자가 말했다. "지자(知者)는 알지 못하는 것이 없지만 당면한 일을 급히 처리
> 해야 하고, 인자(仁者)는 사랑하지 않음이 없으나 현인(賢人)을 친밀하게 대우
> 하는 일을 급히 해야 한다. 요순(堯舜)의 지혜로 두루 사물에 미치지 못한다면
> 앞서 해야 할 일을 급히 해야 하며, 요순의 인(仁)으로 두루 사람을 사랑하지
> 못한다면 현인을 친밀하게 대우하는 것을 급히 해야 한다."[317]

통치자가 지자(知者)라도 당장 모든 사항을 일거에 처리할 수 없고, 통
치자가 인자(仁者)라도 당장 모든 사람에게 사랑이 가게 할 수는 없다. 맹
자는 성왕(聖王)의 왕도정치가 인(仁)에 의한 정치이지만 아울러 지자(知
者)로서의 품성을 발휘한 것으로 본다. 따라서 인자와 지자의 품성을 겸비
한 성왕의 정치는 일단 시급한 일을 우선 해결해야 한다고 생각한다. 지자
(知者)로서 요(堯)가 시급히 처리해야 할 당면한 일은 역법과 치수였고, 순
(舜)은 인재등용과 악인을 몰아내는 일이었다. 인자(仁者)로서 요(堯)는 일
단 먼저 순을 친밀하게 옆에 두어 후계자로 양성했고, 순(舜)은 고요(皐陶)
를, 탕(湯)은 이윤(伊尹)을 친밀하게 하여 등용했다. 이처럼 인정은 공간적
으로 나의 가까운 양친부터 대상이 되며 시간적으로 급한 것부터 시작된
다. 그렇지 못할 경우 어떻게 될까?

> 맹자가 말했다. "어질지 못하구나, 양혜왕이여! 인자(仁者)는 사랑하는 것으로
> 사랑하지 않는 것에 미치며, 불인자(不仁者)는 사랑하지 않는 것으로 사랑하는

---

317 『孟子』, 盡心章句上, "孟子曰, 知者無不知也, 當務之爲急. 仁者無不愛也, 急親賢之爲務. 堯舜之知而不偏
物, 急先務也. 堯舜之仁不偏愛人, 急親賢也."

것에 미친다."

공손추가 말했다. "무슨 말이신지요?"

(맹자가 말했다.) "양혜왕은 토지 때문에 그 백성을 문드러지도록 전쟁에 내
몰고는 대패하고, 장차 다시 전쟁하여 이길 수 없자 사랑하는 자제를 내몰아
죽게 만들었다. 이것이 사랑하지 않는 것으로 사랑하는 것에 미치게 한 것이
다."[318]

위(魏)의 위혜왕(후에 양혜왕으로 불림)은 기원전 354년에 장수 방연으로
하여금 5만 대군을 이끌고 조(趙)를 공격하게 했다. 이때 조(趙)는 제(齊)에
구원을 요청했는데 제나라는 전기(田忌)를 대장군으로 하고 손빈을 군사
(軍師)로 삼아 방연의 군대와 대적했다. 이 전투에서 방연은 크게 패했다.
이후 13년 후에 양혜왕은 태자 신(申)과 방연으로 하여금 10만 대군을 이
끌고 한(韓)을 공격하게 했다. 역시 한(韓)의 구원요청을 받은 제나라는 손
빈을 다시 군사(軍師)로 삼고 전기(田忌)와 전영(田嬰)을 장군으로 삼아 5만
병력을 출동했다. 양쪽 군대는 마릉(馬陵)에서 맞붙었는데 이 전쟁에서 방
연과 태자 신이 죽고 위(魏)의 군사는 대부분 전멸했다. 인자(仁者)는 자신
의 가족을 사랑하는 마음을 미루어 백성을 사랑하며, 백성을 사랑하는 마
음을 미루어 땅과 같은 사물에 미치게 한다. 그러나 양혜왕은 거꾸로 땅에
대한 애착으로 백성을 사지로 내몰았으며 급기야 가족인 태자까지 죽게
만들었다. 소위 추기급물의 사유방식이 거꾸로 작동된 불인(不仁)한 정치
로 인해 불행을 자초했다.

---

318 『孟子』, 盡心章句下, "孟子曰, 不仁哉, 梁惠王也! 仁者以其所愛及其所不愛, 不仁者以其所不愛及其所愛.
公孫丑曰, 何謂也? 梁惠王以土地之故, 糜爛其民而戰之, 大敗, 將復之, 恐不能勝, 故驅其所愛子弟以殉之,
是之謂以其所不愛及其所愛也."

오패는 삼왕에게 죄인이다

앞에서 나왔듯이 요순을 본받아 인(仁)으로써 천하를 얻은 것은 하(夏)의 우(禹)·상(商)의 탕(湯)·주(周)의 문왕과 무왕이다. 반면에 불인으로 나라를 잃은 것은 하(夏)의 걸왕(桀王)·상(商)의 주왕(紂王)·주(周)의 려왕(厲王)과 유왕(幽王)이다. 12대 주유왕(周幽王)이 전(前) 황후의 부친 신후(申侯)가 이끈 견융에게 피살된 후, 13대 주평왕은 주(周)의 수도를 서쪽의 호경에서 동쪽의 낙읍으로 옮겼다. 천자의 나라인 주나라가 동쪽의 낙읍으로 천도한 동주의 시대부터 춘추시대(기원전 770~기원전 403)와 전국시대(기원전 403~기원전 221)가 등장한다. 춘추시대에 점차 천자의 권위가 쇠퇴하면서 제후국 중에 오패(五霸)가 등장했다.

> 맹자가 말했다. "오패는 삼왕에게 죄인들이다. 지금의 제후들은 오패에게 죄인들이다. 지금의 대부들은 지금의 제후들에게 죄인들이다."[319]

맹자는 제후들인 오패가 천자들인 삼왕에게 죄인이라 천명하고는 더 나아가 지금의 대부들은 지금의 제후들에게 죄인이라고 했다. 이유는 무엇일까?

> "천자가 제후에게 가는 것을 순수(巡狩)라 하고, 제후가 천자에게 조회하는 것을 술직(述職)이라 한다. 봄에는 밭갈이를 살피어 부족함을 보충해주고 가을에는 거두는 것을 살피어 흡족지 않음을 도와준다. 그 국경에 들어가서는 토

---

319 『孟子』, 告子章句下, "孟子曰, 五霸者, 三王之罪人也. 今之諸侯, 五霸之罪人也. 今之大夫, 今之諸侯之罪人也."

지가 개간되어있고 논밭과 들이 다스려져 있으며, 노인을 봉양하고 현인을 존중하며, 준걸들이 벼슬에 있으면 포상을 한다. 포상은 토지로 한다. 그 국경에 들어가니 토지가 황무지이고 노인을 방치하고 현인을 잃고 있으며, 재물을 마구 거둬들이는 자가 벼슬에 있으면 꾸짖는다. 한 번 조회하지 않으면 벼슬을 낮추고, 두 번 조회하지 않으면 그 땅을 삭감하고, 세 번 조회하지 않으면 육사(六師)를 동원하여 이동시킨다. 그러므로 천자는 성토하되 정벌에 나서지 않고 제후는 정벌에 나서되 성토하지 않는 것인데, 오패는 제후들을 끌어모아 다른 제후들을 정벌한다. 그러므로 오패는 삼왕에게 죄인들이다."[320]

순수(巡狩)는 천자가 제후들이 지키는 곳을 돌아본다는 뜻이고, 술직(述職)은 제후가 천자에게 맡은 일을 진술한다는 뜻이다. 조회는 제후가 천자를 알현하는 것을 말한다. 삼왕(三王)은 하(夏)의 우(禹)·상(商)의 탕(湯)·주(周)의 문왕과 무왕이다. 네 명의 왕이지만 세 왕조를 기준으로 하여 삼왕이라 했다.

천자는 봄에 농경을 살피고 가을에는 추수를 살핀다. 제후국을 순수할 때는 토지개간, 노인봉양, 인재등용 여부 등을 살피어 포상과 질책을 한다. 제후가 조회하지 않으면 징계를 하는데 세 번 조회하지 않으면 육사(六師)를 동원하여 경질시킨다. 여기서 육사(六師)는 정확히 표현하면 육군(六軍)을 의미한다. 『주례』에 따르면 주나라 군제(軍制)의 여(旅)는 500명, 사(師)는 오려(五旅)로 2,500명, 군(軍)은 오사(五師)로 12,500명이다. 천자는 육

---

320 『孟子』, 告子章句下, "天子適諸侯曰巡狩, 諸侯朝於天子曰述職. 春省耕而補不足, 秋省斂而助不給. 入其疆, 土地辟, 田野治, 養老尊賢, 俊傑在位則有慶, 慶以地. 入其疆, 土地荒蕪, 遺老失賢, 掊克在位, 則有讓. 一不朝, 則貶其爵, 再不朝, 則削其地, 三不朝, 則六師移之. 是故天子討而不伐, 諸侯伐而不討. 五霸者, 摟諸侯以伐諸侯者也, 故曰 五霸者, 三王之罪人也."

군(六軍)을 운영할 수 있는데, 육군(六軍)은 75,000명이다.[321] 천자는 성토할 제후가 있는 경우 제후들을 규합하여 방백(方伯)을 임명하고 제후의 우두 머리로 삼는다. 그런 후 방백으로 하여금 육군(六軍)을 통솔하여 정벌에 나 서게 한다. 즉, 천자는 성토(聲討)하되 직접 정벌에 나서지 않는다. 이처럼 제후를 규합하여 정벌하는 일은 천자의 권한인데도 오패가 본분을 일탈하 여 제후들을 규합하고 다른 제후국을 정벌하는 일이 다반사였기 때문에 천자인 삼왕(三王)에게 죄인이라 했다. 맹자는 이어서 지금의 제후들은 오 패에게 죄인들이라고 했다. 이유를 살펴보자.

"오패 중에 환공이 강성했는데 규구(葵丘)의 회맹(會盟: 모여서 맹세함)에서 제후 들이 희생(犧牲: 제물로 쓸 산 짐승)을 묶어 진열하고 맹세문을 올리되 피를 마시 지 않았다. 첫째 교령은 '불효한 자를 주살하며, 세자를 함부로 바꾸지 말며, 첩을 본처로 삼지 말라.'는 것이고, 둘째 교령은 '현인을 존중하고 인재를 육 성하여 유덕한 자를 드러나게 하라.'이고, 셋째 교령은 '노인을 공경하고 어린 이에게 자애를 베풀고, 빈객과 여행자를 소홀히 대하지 말라.'는 것이고, 넷째 교령은 '사(士)는 대대로 관직을 세습지 않게 하고, 관청의 일은 겸직하게 하지 않고, 사(士)를 뽑을 때는 적합한 자를 얻어야 하며, 함부로 대부를 죽여서는 안 된다.'이고, 다섯째 교령은 '물 막는 제방을 쌓지 말고, 곡식 사 가는 것을 막 지 말고, 대부를 봉하고 천자에게 보고하지 않아서는 안 된다.'이다. 그리고 말 하길, '우리 동맹한 사람들은 회맹한 후에 좋은 관계로 돌아가기를 공표한다.' 라고 했다. 오늘날 제후는 이 다섯 개의 금령을 어기므로 오늘날 제후는 오패

---

321 제후국은 대국(大國)이 삼군(三軍), 차국(次國)이 이군(二軍), 소국(小國)이 일군(一軍)이다.

에게 죄인이라고 말한 것이다."[322]

　오패 중 제환공(齊桓公, 재위: 기원전 685~기원전 643)이 가장 먼저 등장했고 강성했다. 제환공이 주도하여 기원전 650년대 초에 제후들이 규구에서 회맹했다. 본래 회맹은 어느 제후를 손봐줘야 할 때나 약조를 할 때 하는 경우가 많다. 그럴 경우 제물로 올린 산 짐승의 피를 격하게 마시어 분위기를 띄우는 것이 관례인데 당시 회맹에서는 살생을 피하고 부드럽게 의식이 진행되었다. 다섯 개의 맹세문은 본래 천자의 교령(敎令)을 다시 천명한 것이었다. 첫째 교령은 수신제가(修身齊家)에 관한 것이고 나머지 교령은 치국(治國)에 관한 것이다. 몇 가지를 부연하여 설명하면, 사(士)는 대대로 관직을 세습하지 않게 하여 현명하지 않은 자의 등용을 막으려 했다. 관청의 일을 겸직하면 유능한 자가 등용되는 기회를 막을 수 있기 때문에 가급적 겸직은 피한다. 대부를 봉할 때나 죄가 있어서 죽일 때는 천자에게 보고한다. 그리고 나라 안에 물길을 막는 제방을 함부로 쌓아서 이웃 나라에게 피해를 주어서는 안 되며, 인근 나라가 흉년이 들어 쌀을 사 가려고 할 때 이를 막아서는 안 된다. 위와 같이 오패는 천자를 높이고 천자의 교령을 가급적 지키려 했지만, 오늘날 제후는 함부로 어기므로 오늘날 제후는 오패에게 죄인이라 했다. 또한 맹자는 지금의 대부들은 지금의 제후들에게 죄인들이라고 했다.

　"군주의 악을 길게 하는 것은 그 죄가 작고, 군주의 악을 맞이하려 하는 것은

---

322 『孟子』, 告子章句下, "五霸, 桓公爲盛. 葵丘之會, 諸侯束牲, 載書而不歃血. 初命曰, 誅不孝, 無易樹子, 無以妾爲妻. 再命曰, 尊賢育才, 以彰有德. 三命曰, 敬老慈幼, 無忘賓旅. 四命曰, 士無世官, 官事無攝, 取士必得, 無專殺大夫. 五命曰, 無曲防, 無遏糴, 無有封而不告. 曰, 凡我同盟之人, 旣盟之後, 言歸于好. 今之諸侯, 皆犯此五禁, 故曰, 今之諸侯, 五霸之罪人也."

그 죄가 크다. 지금의 대부들은 모두가 군주의 악을 맞이하려 한다. 그러므로 지금의 대부들은 지금의 제후들에게 죄인이다."[323]

군주에게 과실이 있을 경우 대부가 간하지 못하고 순종하는 것은 군주의 악이 오래 지속되게 만든다. 이것도 대부의 잘못이지만 이보다 더 나쁜 것은 군주의 과실을 싹 틔우고 선도하는 짓이다. 그래서 맹자는 지금의 대부들은 지금의 제후들에게 죄인이 된다고 했다.

통치자가 어떠하냐에 따라 백성도 그에 따라 큰 영향을 받는다. 맹자는 왕도와 패도를 행하는 나라의 백성은 평소 모습도 서로 다르다고 보았다.

> 맹자가 말했다. "패자(霸者)의 백성은 기뻐하는 듯하며, 왕자(王者)의 백성은 넓고 자득한 듯하다. 없애버려도 원망하지 않으며 백성을 이롭게 해도 공(功)으로 여기지 않는다. 백성은 나날이 선을 옮기면서도 그리하는 것을 알지 못한다."[324]

패자(霸者)는 힘으로 다른 나라를 정복하고 백성을 단속하므로 가시적인 성과가 있을 경우 백성들의 감성이 인위적으로 고양되어 기뻐하는 듯한 모습을 한다. 그러나 왕자(王者)의 정치는 이슬비가 땅에 촉촉이 스며들 듯 평소 요란한 소리 없이 조용히 백성을 교화하고 혜택을 주기 때문에 백성의 마음도 넓고 평화로우며 자득(自得: 스스로 깨달아 흡족하게 여김)한 모습

---

323 『孟子』, 告子章句下, "長君之惡其罪小, 逢君之惡其罪大. 今之大夫, 皆逢君之惡, 故曰, 今之大夫, 今之諸侯之罪人也."

324 『孟子』, 盡心章句上, "孟子曰, 霸者之民, 驩虞如也. 王者之民, 皥皥如也. 殺之而不怨, 利之而不庸, 民日遷善而不知爲之者."

이다. 왕자가 불필요하다고 생각되는 제도 등을 없애버리면 누구 하나 원
망하는 사람이 없고, 왕자가 백성을 크게 이롭게 하면 그것을 자신이 받을
만하다고 자만하지 않는다. 왕자의 덕을 본받아 백성도 나날이 선을 행하
면서도 별 대수롭지 않게 여긴다. 그렇다면 천자나 제후가 선왕의 도를 펼
칠 수 있도록 신하가 해야 하는 역할은 무엇일까?

신하는 책난(責難)이 필요하다

인정(仁政)을 행하기 위해서는 일단 인자(仁者)가 높은 위치에 있어야
한다. 그러나 지도자인 인자를 보좌하는 신하의 역할이 있어야만 인정은
제대로 발휘될 수가 있다. 요순은 우(禹)·고요(皐陶)·설(契)·후직(后稷)·익
(益)·기(蔞) 등의 현신이 있었고 상(商)을 건국한 탕(湯)은 이윤(伊尹)이 있
었고, 주(周)의 문왕과 무왕은 태공망이 있었다. 신하된 자들의 역할은 어
떠해야 하는가?

> "군주를 섬길 때 의로움이 없으며, 진퇴가 무례하고, 말을 한다는 것이 선왕의
> 도를 비난이나 하는 자들은 말만 많은 자와 같다."[325]

공자의 제자 자로(子路)는 "군자가 벼슬하려는 것은 그 의로움[義]을 행
하기 위해서이다[君子之仕也 行其義也]."라고 했다. 자로의 이 말은 옛날의
벼슬아치나 오늘날 공직자들이 지향해야 할 가치가 무엇인지를 말해주고

---

325 『孟子』, 離婁章句上, "事君無義, 進退無禮, 言則非先王之道者, 猶沓沓也."

있다. 그런데 군주를 섬기는 신하 중에는 의로움만 없는 것이 아니라 행동거지도 무례하고 선왕의 도인 인정을 훼방하는 자들이 있다. 이런 자들의 머리는 그리 정사에 도움되지 않는 것으로 맹자는 보고 있다.

> "그러므로 말한다. 어려운 일을 군주에게 책임 지우는 것[責難]을 '받들다[恭]'라고 일컬으며, 선(善)을 개진하고 사악함을 막게 하는 것을 '경건하다[敬]'라고 일컬으며, 나의 군주를 불능하게 만드는 것을 '해치다[賊]'라 일컫는다."³²⁶

'책난(責難)'이란 요순처럼 성왕이 되는 어려운 일을 군주에게 책임지어 주고 보필함을 말한다. 이것은 군주를 높여주는 넓고 큰 신하의 역할이다. 선(善)을 개진하고 사악함을 막게 하는 것은 세밀한 신하의 역할이다. 이 둘은 신하로서 군주가 인정(仁政) 내지는 선정(善政)을 하도록 도와주는 바람직한 역할에 해당한다. 그러나 군주가 실정을 하고 있는 데도 고하지 않아서 군주가 선정할 수 없게 만드는 것은 군주를 해치는 신하이다. 이처럼 인정은 군주와 신하가 함께 만들어가는 것이다.

> "군주가 되기를 바라면 군주의 도리를 다해야 하며, 신하가 되기를 바란다면 신하의 도리를 다해야 한다. 둘 다 모두 요순을 본받으면 된다. 순이 요를 섬기는 방식으로 군주를 섬기지 않으면 그 군주를 공경하지 않는 것이요, 요가 백성을 다스리는 방식으로 백성을 다스리지 않으면 그 백성을 해치는 것이다."³²⁷

---

326 『孟子』, 離婁章句上, "故曰, 責難於君謂之恭, 陳善閉邪謂之敬, 吾君不能謂之賊."
327 『孟子』, 離婁章句上, "欲爲君, 盡君道, 欲爲臣, 盡臣道. 二者皆法堯舜而已矣. 不以舜之所以事堯事君, 不敬其君者也, 不以堯之所以治民治民, 賊其民者也."

공자는 "군주는 군주답고 신하는 신하답고 부모는 부모답고 자식은 자식다워야 한다[君君, 臣臣, 父父, 子子]."라고 말한 바 있다. 이 말은 각자 자신의 본분에 충실해야 한다는 의미이다. 인정은 바로 군주와 신하가 자신의 역할을 다하고 조화를 이룰 때 실행될 수 있는 정치 시스템이다. 순은 백관을 통솔하는 직책을 3년간 맡으면서 가장 먼저 인재를 등용하고 악인을 몰아내는 일부터 시작했다. 이후 순은 요를 대신해 28년간 섭정을 하면서 제후들의 자격과 능력을 검증하여 재신임 절차를 밟게 했다. 요의 치세에는 가족들이 화합하고 백관의 직분이 공명정대하여 모든 제후국들이 화목했다. 또한 자신이 독단적인 정치를 할 것을 염려하여 궁전 입구에 감간고(敢諫鼓: 감히 간언 드리는 북)를 달아 누구나 간언(諫言: 윗사람에게 잘못된 일을 고치도록 하는 말)할 수 있도록 했다. 이처럼 순이 요를 섬기는 방식은 신하가 군주를 섬기는 모범이 되며, 요가 백성을 다스리는 방식은 군주가 백성을 다스리는 모범이라 할 것이다.

천하의 근본은 내 몸에 있다

앞에서 말했듯 인정(仁政)은 늘 모두에게 자애롭기만 한 것이 아니고 특정 계층만을 대상으로 하는 것도 아니다. 그 대상은 백성이다. 백성을 편안하게 하는 정책은 실행하고 백성을 불편하게 하는 인적, 제도적 장애는 과감하게 쇄신하는 것이 인정이다. 정치적으로는 인정이 제후국이나 천하를 대상으로 하는 것이지만 역시 그 출발의 시초는 바로 통치자 자신이다. 통치자의 몸 상태나 인성 등에 따라 국가나 천하 경영이 달라질 수 있다.

맹자가 말했다. "사람들이 늘 말하는 것이 있었는데, 모두 천하 국가라는 말을 많이 말한다. 천하의 근본은 국가에 있고, 국가의 근본은 가정에 있고, 가정의 근본은 몸에 있다."[328]

맹자는 『대학(大學)』에 나오는 "몸을 닦은 후 가정이 다스려지며, 가정이 다스려진 후 국가가 다스려지며, 국가가 다스려진 후 천하가 평정된다[身修而後家齊 家齊而後國治 國治而後天下平]."라는 표현의 의미를 취하여 천하와 국가의 경영도 결국은 몸의 수신 여부에 따라 좌우됨을 말하고 있다. 역시 인(仁) 혹은 불인(不仁)에 따라 달라진다는 논리이다. 구체적으로 조정에서는 다음과 같은 구도로 적용될 수가 있다.

맹자가 말했다. "정치를 하는 것은 어렵지 않다. 거실(巨室)에 허물을 드러내지 말아야 한다. 거실이 사모하는 바를 한 국가가 사모하고 한 국가가 사모하는 바를 천하가 사모하게 한다. 그리되면 덕과 교육이 사해에 넘쳐날 것이다."[329]

거실은 세신(世臣: 대대로 국록을 받는 신하)과 대가(大家)를 말한다. 거실은 본래 기반이 튼튼하여 힘으로써 굴복시키기 어려울 뿐만 아니라 군주나 가족이 거실에 허물을 드러내면 권력에 도전하기도 한다. 그렇기 때문에 군주가 수신하여 인정(仁政)을 지향하면 거실이 마음으로부터 진심으로 군주를 사모하고 결국 국가와 천하가 그 군주를 사모할 것이다. 춘추시대 후반에는 제후들이 실덕하여 거실들이 발호하는 경우가 있었으니 바로

---

328 『孟子』, 離婁章句上, "孟子曰, 人有恒言, 皆曰, 天下國家. 天下之本在國, 國之本在家, 家之本在身."
329 『孟子』, 離婁章句上, "孟子曰, 爲政不難, 不得罪於巨室, 巨室之所慕, 一國慕之, 一國之所慕, 天下慕之, 故沛然德教溢乎四海."

진(晉)의 육경(六卿)과 노(魯)의 삼환(三桓)이 대표적이다.

진문공 때 만들어진 삼군(三軍) 육경(六卿)은 역대 군주에 따라 확대 혹은 축소가 되었으나 경(卿)의 수와 관계없이 제도의 원리는 일정했다.[330] 진평공(晉平公) 때부터 육경은 한(韓)씨, 위(魏)씨, 조(趙)씨, 지(智씨), 범(范)씨, 중항(中行)씨가 독점했으며 이들 가문이 국정을 농단했다. 군대를 기반으로 한 육경의 세력은 진의 군주들도 어찌하지 못하는 존재로 성장해갔다.

진경공(晉頃公) 때에는 천자의 나라인 주(周)에서 경왕(景王)이 죽자 왕자들 사이에 권력투쟁이 일어났는데, 이때 육경이 군사를 동원해 왕실의 혼란을 평정하고 경왕(敬王)을 옹립하기까지 했다. 또 진(晉)의 군주 종친들 사이에 내분이 일어나서 서로 진경공 앞에서 모함하는 사태가 벌어졌는데, 육경이 이참에 진의 공실(公室)을 약화시키고자 형법을 적용하여 그 씨족을 멸하고는 종친들이 가지고 있던 읍(邑)을 열 개의 현(縣)으로 나누어 각각 자신의 자식들을 그 현의 대부로 삼았다. 이때부터 진나라 군주의 실권이 완전 소멸하고 국정은 육경에 의해 장악되었다.

그 후 범씨와 중항씨가 축출되어 네 개의 경(卿)만이 남았고 마지막으로 남은 지씨가 한씨·위씨·조씨에게 망하면서, 한씨·위씨·조씨는 지씨의 영토를 삼분하여 나눠 가졌다. 35대 군주 출공 착(出公 鑿)은 이들 삼가(三家)를 몰아내기 위해 노나라 권신(權臣)이었던 삼환 가문의 가주들과 제나라 권신 전씨 가주에게 밀서를 보냈지만, 오히려 그것을 삼가에게 알리는 바람에 제(齊)로 쫓겨났다. 진문공 때 천하를 호령했던 진(晉)은 결국 기원전

---

330 진양공(晉襄公) 대에 신상군, 신하군을 증설하여 10경이 되었다가 곧 육경으로 돌아온다. 진경공(晉景公) 대에 신중군(新中軍), 신상군(新上軍), 신하군(新下軍)을 증설하여 6군 12경이 되었다가 신군(新軍)으로 병합해 4군 8경이 되었다. 그 뒤에 진도공(晉悼公)이 삼군 제도로 복귀했다.

403년에 세 성씨를 따서 한(韓)·위(魏)·조(趙) 세 개의 나라로 분열되고 만다. 이때부터 전국시대가 시작되었다. 이처럼 진경공 때 종친들 간의 내분으로 거실들에게 허물을 드러내면서 육경이 정권을 장악했으며, 출공 착은 외세를 끌어들여 내정을 평정하려는 패착을 둠으로써 쫓겨나고야 말았다.

삼환(三桓)이란 노나라의 대부(大夫) 가문인 맹손(孟孫), 숙손(叔孫), 계손(季孫)의 이른바 삼가(三家)를 말한다. 이들은 노나라 15대 군주인 노환공(魯桓公)의 후손이었기에 삼환(三桓)으로 불리었다. 삼환은 22대 노선공 때부터 득세하게 되었다. 20대 노문공(魯文公)의 첫째 부인은 제나라에서 온 강씨(姜氏)였고, 둘째 부인은 경영(敬嬴)이라는 여인이었다. 강씨는 아들 자악(子惡)과 시(視)를 낳았고, 경영은 아들 퇴(倭)를 낳았다. 퇴는 어릴 적부터 대부 동문양중(東門襄仲)을 따르고 섬겼다. 노문공이 죽자 태자 자악이 21대 군주로 그 뒤를 이었다. 그런데 동문양중은 강씨(姜氏) 소생인 자악을 죽이고 자신을 믿고 따르는 퇴를 노나라 군주로 세우니, 이가 22대 노선공(魯宣公)이다. 동문양중이 저지른 '살적입서(殺嫡立庶)', 즉 적자를 죽이고 서자를 옹립하게 된 사건으로 인하여 명분이 취약한 노나라 공실은 쇠퇴해지고 노선공의 고조부 노환공의 아들에서 갈려 나온 삼환이 강성해졌다. 이후 삼환은 노(魯)의 정국을 좌지우지하였고 심지어 천자의 흉내를 내기도 했다.

당시 예법에 천자의 무용은 팔일무(八佾舞)였다. 팔일무는 여덟 사람이 여덟 줄로 늘어서서 춤을 추는 것이었는데, 삼환 중의 계씨는 팔일무를 정원에서 추게 하며 즐겼다. 이뿐만이 아니었다. 천자는 종묘에 바친 제물을 물릴 때 『시경』〈주송(周頌)〉 '옹편(雍篇)'의 시(詩)를 읊는다. 그런데 삼환들이 제사를 마치면서 옹편의 시를 읊었다. 삼환은 자신을 축출하고자 했던 26대 소공(昭公)을 제나라로 쫓아내고, 자신들과 의견 충돌이 잦은 28대 애공(哀公)을 월(越)로 도망가게 했다. 노(魯)에서 삼환(三桓)이 득세하게 된 것은 살적입서(殺嫡立庶) 하여 얻은 정권이라는 도덕적 허물이 원인이 되었다. 그런데 현실은 진(晉)의 육경과 노(魯)의 삼환처럼 덕보다는 시세에 편승한 힘에 의해 좌우되는 경우가 있을 수 있다는 것이다. 맹자도 이것을 인정한다.

> 맹자가 말했다. "천하에 도(道)가 있으면 소덕(小德: 작은 덕)이 대덕(大德: 큰 덕)에게 사역(使役)하며, 소현(小賢: 작은 현명함)이 대현(大賢: 큰 현명함)에게 사역한다. 천하에 도(道)가 없으면 작은 것이 큰 것에 사역하며, 약한 것이 강한 것에 사역하게 되나니, 둘 다 하늘의 뜻이다. 하늘의 뜻을 따르는 자는 생존하고 하늘의 뜻을 거스르는 자는 망한다. 제경공이 말하길, '이미 명령을 내릴 수 없고 (백성이) 명령을 받을 수 없으면 이것은 사람들에게 단절된 것이다.'라 하고 눈물을 흘리며 딸을 오나라에 시집보냈다."[331]

천하에 도가 통용되면 덕의 크고 작음에 따라 그 위치가 올바르게 자리 잡고 소덕이 대덕에게 사역한다. 그러나 천하에 도가 통용되지 않으면 덕 대신 힘으로 위치가 매겨진다. 후자가 바로 맹자가 살던 전국시대의 전형이었다. 이것을 맹자는 부인하지 않고 역시 하늘의 뜻이라고 했다. 이러한 예가 오(吳)의 왕 합려(闔閭)와 제경공(齊景公)의 사례이다.

주(周)나라의 시조인 고공단보에게는 세 아들이 있었는데, 첫째 태백(泰伯), 둘째 중옹(仲雍), 셋째 계력(季曆)이다. 태백과 중옹은 계력에게 부족장

---

331 『孟子』, 離婁章句上, "孟子曰, 天下有道, 小德役大德, 小賢役大賢, 天下無道, 小役大, 弱役強. 斯二者, 天也. 順天者存, 逆天者亡. 齊景公曰, 旣不能令, 又不受命, 是絶物也. 涕出而女於吳."

을 양보하고는 장강(長江, 양쯔강) 이남의 땅인 형만(荊蠻)으로 내려간다. 그곳에서 태백은 고을 이름을 오(吳)라 하고는[332] 1,000여 개의 가옥을 다스리게 된다. 태백은 자식이 없어서 2대 부족장은 동생인 중옹이 된다. 이후 5대째 주장(周章)에 이르러 천자의 나라 주(周)의 무왕이 오(吳)를 제후국으로 정식으로 인정한다. 오(吳)는 19대 수몽(壽夢, 재위: 기원전 585~기원전 561)에 이르러 나라가 커지면서 스스로 왕이라 일컬었다. 수몽에게는 장자인 제번을 비롯해 둘째인 여제(餘祭), 셋째인 여매(餘眛), 막내인 계찰(季札) 있었는데, 수몽은 가장 현명한 계찰을 후계자로 세우려 했지만, 계찰이 사양했다. 결국 왕은 장자인 제번(諸樊)이 되었다. 제번은 13년 재위하다가 죽었는데 아들이 있었으나 보위를 동생인 여제에게 물려주었다. 이렇게 자식이 아닌 형제가 보위를 받으면 결국 부왕의 뜻대로 막내인 계찰이 군주가 될 수 있기 때문이었다. 여제도 역시 셋째 여매에게 보위를 물려주었다. 그 후 여매가 계찰에게 보위를 물려주려 하니 계찰은 또 사양하고는 아예 도망가 몸을 숨겼다. 결국 여매의 아들인 요(僚)가 왕위에 오른다.

이런 상황에 불만을 가진 자가 있었으니 바로 장자인 제번의 아들 공자(公子) 광(光)이었다. 그는 계찰이 사양하면 장손인 자기가 마땅히 왕위에 올라야 한다고 생각했다. 이때 초(楚)에서 아버지와 형이 둘 다 초의 평왕(平王)에게 죽임을 당한 오자서(伍子胥)가 망명해 오자 광은 그를 각별하게 대우했다. 그뿐만 아니라 유능한 사람들을 자신의 편으로 끌어들였다. 오자서는 광에게 속뜻이 있음을 간파하고는 용사 전제(專諸)를 소개해주었다. 결국 광은 전제를 비롯해 무장한 자들을 집 안에 매복시켜놓고 왕 요를 집으로 초대하여 살해한다. 이로써 광이 왕위에 오르니 그가 바로 오왕

---

332 구오(句吳)라고도 한다.

합려(闔閭/闔廬, 재위: 기원전 515~기원전 496)이다. 합려는 전제의 아들을 경(卿)으로 삼고 오자서를 외무(外務) 업무를 관장하는 행인(行人)으로 임명했다. 그리고 손자병법을 저술한 손무(孫武)를 장군으로 삼았는데, 손무가 합려의 조정에 참여한 내력은 전해지는 바가 없다. 또 합려는 초에서 아버지가 초왕에게 죽임을 당하자 오나라로 도망 온 백비(伯嚭)를 대부로 삼았다. 오왕 합려는 즉위 3년 되는 해에 초를 정벌하여 서(舒) 땅을 빼앗았다. 즉위 9년 되는 해에는 합려와 동생 부개(夫槩)가 다시 초를 정벌하여 초의 수도인 영(郢)을 점령했다. 그런데 이듬해에 월나라가 오의 국내가 비어있음을 틈타 오 정벌에 나섰다. 합려는 급히 별도의 병력을 내어 월과 전투를 벌였는데, 진(秦)마저 초를 구원하기 위해 군대를 보냈다. 설상가상으로 합려의 동생인 부개가 오로 무단 귀국하여 스스로 왕이 되었다. 이에 합려는 초의 수도 영을 떠나 급히 오로 귀국하여 동생 부개를 공격하니, 부개는 초로 도망갔다. 즉위 19년 되는 해인 기원전 496년에 합려는 자신이 초를 정벌할 때 오의 국내를 공격한 월의 정벌에 나섰다. 그러나 합려는 고소(姑蘇)에서 패전하고 전투 중 다친 발가락이 덧나서 죽었다. 이때가 공자 나이 56세로 노나라 정승의 일을 섭행하다가 천하주유를 떠나는 시기이다. 합려는 죽으면서 태자 부차와 이런 말을 주고받았다.

> (합려가 말했다.) "너는 구천이 네 아비를 죽인 것을 잊을 수 있겠느냐?"
> 부차가 대답하여 말했다. "감히 어찌 잊을 수 있겠나이까?"[333]

그 후 2년 후인 기원전 494년, 공자 나이 58세 때 부차는 구천을 부초(夫

---

333 『史記』, 世家, 吳太伯世家, "爾而忘句踐殺汝父乎? 對曰, 不敢!"

椒)에서 격파했다. 고소(姑蘇)의 패배를 설욕한 것이다.

앞의 제경공은 58년간 재위한 군주로 재위 기간이 상당히 길었다. 제경공은 본래 궁실 단장하기를 좋아했고, 개와 말을 수집하기가 취미였으며 사치가 심했다. 그리하여 백성에게는 많은 세금을 부과했고 형벌을 무겁게 내렸다. 그러나 명신 안영(晏嬰)의 보필을 받아 자신의 결점을 바로잡으며 16대 제환공 이래 100여 년 만에 제나라의 부흥을 이끌었던 인물이다. 그러나 안영이 죽으면서 제나라는 국력이 많이 위축되었다.[334]

합려가 죽을 때 제경공은 재위 52년째 되는 해였다. 제경공이 딸을 오나라로 시집보낸 정확한 시기는 알 수 없지만, 제경공이 노쇠한 집권 후반기였을 것으로 추정된다. 이미 군주의 명령이 바로 서지 못하고 제후국과 백성의 지지가 떨어지면서 덕이 아닌 힘을 앞세운 오나라에게 딸을 시집보낼 수밖에 없었을 것이다.

스스로 만든 재앙은 피할 수 없다

전국시대는 천하에 도가 통용되지 않으면서 작은 것이 큰 것에 사역하며, 약한 것이 강한 것에 사역하게 되는 세상이었다. 그런 세상에서는 대세를 거역하여 소국이 자신의 주장만을 견지하거나 무모하게 대국에 저항할 수 없다. 맹자도 그것을 인정한다. 그렇다면 패도에 순응하는 것이 진정 지혜로운 것이며 하늘의 뜻일까? 만약 덕이 아닌 힘 때문에 강국을 섬기는 것을 부끄러워한다면 어찌해야 할까? 맹자는 선왕(先王)을 본받을 것

---

334 노(魯)와 제(齊)는 노정공(魯定公) 10년, 제경공(齊景公) 48년에 협곡(夾谷)에서 회담을 했는데, 이 해에 안영이 죽었다. 대략 기원전 500년에 해당한다. 이때 공자 나이는 52세였다.

을 권했다.

"만약 그것을 부끄러워한다면 문왕을 본받는 것만 한 것이 없다. 문왕을 본받
으면 대국은 5년이오, 소국은 7년에 반드시 천하에 정령(政令)이 떨칠 것이다.
『시경』에 이르길, '상(商)의 자손이 그 숫자가 많지만, 상제가 이미 명하시어 이
에 주(周)에 복종하게 했노라. 제후의 복장으로 주(周)를 섬기나니, 천명은 항
상 그대로가 아니로다. 은(殷)의 선비들 중 뛰어난 자들이 주(周)의 수도에 와
서 장차 강신제(降神祭: 신을 내려오게 하는 제사)를 지내려 하는구나.'라고 했다.
공자가 말하시길, '인(仁)은 여러 사람에게 해당할 수 없으나 나라의 군주가 인
(仁)을 좋아하면 천하무적(天下無敵)이 된다.'라고 하셨다."[335]

한때의 처세로써 덕은 작지만 힘은 큰 나라에게 굴복하는 것이 부끄럽
다면, 선왕 중의 하나인 문왕(文王)을 본받을 것을 맹자는 권한다. 여기서
5년과 7년은 가깝지도 또한 멀지도 않은 시간을 의미한다.

인용된 시(詩)는 『시경』〈대아(大雅)〉 '문왕(文王)' 편이다. 상(商)의 마지
막 왕 주왕(紂王) 치세에 문왕(성명은 희창, 시호가 文王)은 제후국 주(周)의 수
장으로서 서백(西伯)으로 불리었다. 그는 인(仁)을 두터이 베풀고, 노인을
공경하고, 젊은이들에게 자비로웠고, 신하 중 현명한 사람에게 예로 대했
으며, 낮에는 식사할 겨를도 없이 선비들을 접대했다. 이로써 상(商)의 많
은 선비가 문왕에게 귀의했다. 이 중 고죽(孤竹)의 백이(伯夷)와 숙제(叔齊)

---

335 『孟子』, 離婁章句上, "如恥之, 莫若師文王. 師文王, 大國五年, 小國七年, 必爲政於天下矣. 詩云, 商之孫子,
其麗不億. 上帝旣命, 侯于周服. 侯服于周, 天命靡常. 殷士膚敏, 祼將于京. 孔子曰, 仁不可爲衆也. 夫國君
好仁, 天下無敵."

도 문왕을 찾았으며[336], 태전(太顚), 굉요(閎夭), 산의생(散宜生), 육자(鬻子), 신갑(辛甲) 등의 대부들도 문왕에게 귀의했다. 맹자는 공자의 말을 인용하여 모두가 인자할 수는 없지만, 나라의 군주가 인(仁)을 좋아하면 문왕처럼 천하무적이 된다고 했다. 이처럼 소국이 인정을 펼치어 천하무적이 됨은 하늘이 간택한 것이 아니라 군주가 인정을 취한 것에서 비롯된다.

> "어떤 젊은이가 이렇게 노래를 불렀다. '창랑(滄浪)의 물이 맑다면 나의 갓끈을 빨 수 있고, 창랑의 물이 탁하면 나의 발을 씻을 수 있다네.'
> 공자가 말했다. '제자들아, 이것을 경청해라! 맑으면 갓끈을 빨 수 있고, 탁하면 발을 씻을 수 있다고 하니, 스스로 그것을 취한 것이다.'"[337]

창랑(滄浪)은 한수(漢水) 동쪽에 있다. 군주가 선왕을 본받든지, 아니면 신하로부터 충언을 들어서 인정(仁政)을 실행하는 여부는 무릇 자신의 선택 문제이다. 맹자는 당시 노래 가사에 내재된 뜻을 밝힌 공자의 말을 인용하여 물의 청탁에 따라 내가 취할 수 있는 선택과 같이 인(仁)과 불인(不仁)도 마찬가지라고 보았다. 그리고 이 선택의 문제는 자기 자신을 어떻게 생각하는가에 영향을 받는다.

> "무릇 사람은 반드시 스스로 모멸한 연후에 다른 사람들이 그를 모멸하고, 가정은 반드시 스스로 폄훼(貶毁: 깎아내려 헐뜯음)한 연후에 다른 사람들이 그 가정을 폄훼하고, 나라는 스스로 정벌당할 수 있게 만들어놓은 연후에 다른 사

---

336 백이와 숙제가 문왕을 찾아 주(周)에 왔을 때 이미 문왕은 죽고 아들 희발(시호가 무왕)이 상(商)의 정벌에 나서고 있었다. 이들은 신하로서 천자를 치는 것에 반대하여 수양산으로 들어갔다.

337 『孟子』, 離婁章句上, "有孺子歌曰, 滄浪之水淸兮, 可以濯我纓, 滄浪之水濁兮, 可以濯我足. 孔子曰, 小子聽之! 淸斯濯纓, 濁斯濯足矣. 自取之也."

람들이 그 나라를 정벌한다. 〈태갑〉에 말하길, '하늘이 만든 재앙은 오히려 피할 수 있으나 스스로 만든 재앙은 그것으로부터 살아남을 수 없다.'고 했으니 바로 이것을 일컫는 말이다."[338]

개인이 스스로 자존감을 갖지 못하면 다른 사람들이 결국 그를 모멸하게 되어 다른 사람으로부터 합당한 대접을 받을 수 없다. 가정도 마찬가지다. 다른 사람의 동정을 받기 위하여 스스로 자신의 가정을 폄훼하면 자신의 존립기반이 되는 가정을 다른 사람이 얕보기 때문에 자신과 가정이 동반 추락하게 된다. 나라도 마찬가지이다. 통치자가 인정(仁政) 대신 무능하거나 포악한 정치로 백성을 도탄에 빠지게 하거나 혼란스러운 상황을 만들면, 즉 다른 나라가 딱 정벌하기 좋은 그런 상황을 만들면 그 나라는 정벌당할 수 있다. 개인·가정·나라가 스스로 자신을 모멸하거나 폄훼하거나 정벌당할 수 있는 상황을 만드는 것은 개인·가정·나라의 선택이지 하늘이 만든 것이 아니다. 그리하여 태갑은 자신을 스스로 모멸하여 만든 재앙은 아예 극복할 의지가 존재하지 않기 때문에 하늘이 만든 재앙보다 더 위중(危重)하다고 보았다.

태갑은 상(商)의 4대 왕이며 또한 『서경(書經)』의 〈상서(商書)〉 '태갑(太甲)' 편명이기도 하다. 『서경』의 '태갑'은 이윤(伊尹)과 태갑, 사신(史臣)의 말이 혼재되었다. 인용된 말은 태갑의 말이다.

탕왕이 세상을 떠난 후 태자 태정(太丁)이 즉위하기도 전에 그만 죽고 말았다. 결국 왕위는 태정의 동생 외병(外丙)과 중임(中壬)이 차례로 이어받았으나 둘 다 단명했다. 중임 다음으로 태정의 아들이며 탕왕의 적장손

---

338 『孟子』, 離婁章句上, "夫人必自侮, 然後人侮之, 家必自毀, 而後人毀之, 國必自伐, 而後人伐之. 太甲曰, 天作孽, 猶可違, 自作孽, 不可活. 此之謂也."

(適長孫)인 태갑(太甲)이 왕이 되었다. 그런데 태갑은 즉위 후 얼마 되지 않아 판단이 흐려지고 포악해졌으며 탕왕이 만든 법을 따르지 않고 생활이 문란했다. 이에 탕왕을 도와 상나라를 건국한 명신 이윤(伊尹)이 태갑을 동궁(桐宮)으로 추방해놓고 3년간 섭정을 했다. 당시 이윤은 국정을 총괄하는 총재(冢宰)라는 직위에 있었다. 태갑은 자신의 과오를 뉘우치고 자책을 하며 선한 모습으로 변해갔다. 이에 이윤은 다시 태갑을 영접하여 정권을 돌려주었다. 이후 태갑이 늘 덕을 닦으며 정치를 하자 제후들이 상(商)으로 모두 귀의했으며 백성들의 삶이 편안해졌다. 태갑은 비록 이윤에 의해 한때 동궁으로 추방되었지만, 결국은 반성과 자책을 하여 자신이 스스로 재앙에 빠지지 않을 수 있었다. 태갑의 말은 자신의 경험에서 우러나온 말이 되겠다. 후에 태갑이 죽자 이윤은 태갑을 칭송하여 태종(太宗)이라는 시호를 올렸다. 태종(太宗)이란 시호는 그 공과 덕이 왕조를 창립한 왕에 버금간다는 의미이다.

인자(仁者)가 높은 지위에 있어야 한다

요순(堯舜)으로부터 시작되는 선왕의 도인 인정(仁政)은 백성의 지지를 받고 인근의 나라보다 강대해질 수 있는 정치이다. 요가 인정을 베풀자 백성은 요를 칭송하기를, "우리 백성이 이처럼 살아가는 것은 당신의 지극함이 아니면 할 수 없네. 우리는 아무것도 알지 못하지만, 임금님의 규칙으로 살아가네."[339]라고 했다. 요로부터 천자의 자리를 선양받은 순은 제후들

---

339 『十八史略』, 五帝, 帝堯, 陶唐氏, "立我烝民, 莫匪爾極, 不識不知, 順帝之則."

에게 자신의 정치철학을 선포하기를, "덕을 두터이 하고 임금을 믿게 하며 간사한 자들을 막아내면 오랑캐들도 복종하게 될 것이오."[340]라고 했다. 그는 인정이 인근 부족도 동화시킬 수 있다는 믿음을 갖고 있었다. 이런 인정이 실행되기 위해서는 인자가 높은 자리에 있어야 한다.

> "이런 까닭에 오직 인자(仁者)가 마땅히 높은 지위에 있어야 한다. 인자하지 않으면서 높은 위치에 있으면 이것은 그 악을 대중에게 전파하는 것이다. 위에서는 도(道)로 헤아리지 않고 아래에서는 법을 지키지 않게 되어 조정에서는 도리를 불신하고 벼슬아치들은 법도를 불신하며, 군자는 의(義)를 업신여기고 소인은 형벌을 업신여긴다면, 나라가 존재하는 자체가 다행이라 할 것이다."[341]

여기서 말하는 군자와 소인은 직위가 있고 없고를 기준으로 본 것이다. 인정은 어진 마음이 있는 자가 행할 수 있다. 그러기 때문에 인자(仁者)가 마땅히 높은 지위에서 인정을 행하여 여러 백성에게 은택을 베풀어야 한다. 만약 불인한 자가 높은 위치에 있게 되면 그 화는 어떠할까? 불인한 자가 조정에 있으며 따라야 할 올바른 도리를 외면하고 이에 영향을 받은 벼슬아치들은 지켜야 법도를 어기게 된다. 나라 전체로 보았을 때 군자(위정자의 의미)는 정의가 없고 일반 소인(평민)은 법을 준수하지 않아 나라의 존속 자체가 위험하다.

---

340 『書經』, 舜典16, "惇德允元 而難任人 蠻夷 率服."

341 『孟子』, 離婁章句上, "是以惟仁者宜在高位. 不仁而在高位, 是播其惡於衆也. 上無道揆也. 下無法守也, 朝不信道, 工不信度, 君子犯義, 小人犯刑, 國之所存者幸也."

"그러므로 말한다. 성곽이 완전하지 않고, 병사와 갑옷이 많지 않은 것은 나라의 재앙이 아니다. 밭과 들판이 개간되지 않고, 재화가 모이지 않은 것이 나라의 재해가 아니다. 위로는 무례(無禮)하며 아래로는 무학(無學)이면 백성을 해치는 것들이 마구 일어나서 나라를 잃는 것이 며칠 못 간다."[342]

공자는 사람이 불인(不仁: 어질지 못함)하면, 예가 무슨 소용이며 음악이 무슨 소용이겠는가?"[343]라고 했다. 즉 어질지 못한 사람은 예를 알지 못하며 음악으로도 그 마음을 움직일 수 없다는 말이다. 국가의 재앙은 성곽·병사·무기·전답·재화의 유무가 아니다. 나라를 망치는 것은 불인(不仁)한 자가 위에 있으면서 아랫사람을 무례하게 대하고 백성은 본받아 배울 것이 없는 것에서 일어난다. 제대로 배우지 못한 백성은 취약하여 쉽게 침탈의 대상이 되거나 적으로 변한다. 결국 나라의 근간인 백성의 삶이 황폐화되면 나라가 망하는 것은 시간문제일 뿐이다.

앞에서 말한 바와 같이 진(秦)의 시황제 승하 후, 이세황제(二世皇帝) 영호해(嬴胡亥)가 즉위하면서 시황제 때의 고신(故臣)과 형제자매를 이유 없이 죽였다. 중단된 아방궁의 축조와 대대적인 토목공사를 벌였으며 백성들에게는 과중한 세금과 부역을 부과했다. 가혹하게 법령을 시행했고 후궁에 머물며 방탕한 생활을 했다. 이때 일어난 것이 진승(陳勝)·오광(吳廣)의 난이다.

진승은 양성(陽城) 출신이고 자(字)가 섭(涉)이다. 오광은 양하(陽夏) 출신이고 자(字)가 숙(叔)이다. 양성과 양하는 둘 다 과거 초(楚)의 땅이었다.

---

342 『孟子』, 離婁章句上, "故曰, 城郭不完, 兵甲不多, 非國之災也, 田野不辟, 貨財不聚, 非國之害也. 上無禮, 下無學, 賊民興, 喪無日矣."
343 『論語』, 八佾第三, "人而不仁, 如禮何? 人而不仁, 如樂何?"

진승은 어렸을 적부터 남의 밭을 갈아주면서 생계를 유지했는데 이런 일화가 있다.

> 진섭(陳涉: 진승의 字)이 어렸을 때 일찍이 사람들과 함께 밭을 가는 품을 팔았다. 밭을 갈다가 밭두둑에 앉아 오랫동안 신세 한탄을 하더니 말했다. "누군가 부귀해지면 서로 잊지 말자!"
>
> 그러자 용인(庸人: 고용된 사람들)들이 웃으면서 말했다. "이렇게 밭이나 갈면서 어떻게 부귀해지겠니?"
>
> 진섭이 크게 한숨을 쉬며 말했다. "아하! 연작(燕雀: 제비와 참새)이 어찌 홍곡(鴻鵠: 기러기와 고니)의 뜻을 알리오!"[344]

이로 보면 진승은 당시 세상에 대한 불만과 야심이 있던 것으로 추측된다. 호해 즉위 2년에 진승과 오광은 변방을 지키라는 명령을 받고 무리 900명의 조장이 되어 길을 떠났다. 그러나 가는 길에 큰비가 오고 길이 막혀 예정된 기일을 넘겨버렸다. 당시 법이 가혹했기 때문에 기일 내 도착하지 못하면 참형을 당했다. 진승과 오광은 호송 책임자인 장위(將尉) 두 명을 죽이고 사람을 모아놓고 말했다.

> "여러분은 비를 만나 모두 도착하는 기한을 어겼소이다. 기한을 어기면 참형을 당합니다. 설사 참형을 당하지 않는다 해도 변방에서 죽는 자가 열에 여섯, 일곱 명이오. 사나이가 죽지 않으면 다행이지만 죽을 바에야 크게 이름 하나 날려봅시다. 왕후(王侯: 왕과 제후), 장상(將相: 장수와 정승)이 어찌 따로 씨가 있

---

344 『史記』, 陳涉世家第十八, "陳涉少時, 嘗與人傭耕, 輟耕之壟上, 悵恨久之, 曰, 苟富貴, 無相忘. 傭者笑而應曰, 若爲傭耕, 何富貴也? 陳涉太息曰, 嗟乎, 燕雀安知鴻鵠之志哉!"

겠소?"

무리가 모두 외쳤다. "삼가 명을 따르겠소이다!"[345]

진승이 절망적 상황에 처한 사람들을 모아놓고 '왕후(王侯: 왕과 제후), 장상(將相: 장수와 정승)이 어찌 따로 씨가 있겠는가'를 외치자 사람들의 가슴이 요동쳤다. 이후 당시 진(秦)의 폭정에 불만이 가득한 상황에서 이들의 세력은 눈덩이처럼 불어났다. 전차가 600~700대에 기병이 1,000여 명, 장졸이 수만에 이르렀다. 이들은 진성(陳城)을 함락했고 진승은 왕위에 올라 국호를 장초(張楚: 초나라를 연장한다는 뜻)라 했다. 그러나 파죽지세로 진의 서울인 함양으로 진격하던 장초의 군은 진(秦)의 명장 장한(章邯)에게 패퇴하다가 오광은 부하들에게 살해되고 진승은 마부에게 살해되면서 결국 장한의 군대에게 진압되고 말았다. 진승과 오광의 반란은 민중봉기의 기폭제가 되었다. 이를 계기로 유방과 항우를 비롯한 여러 군웅이 들고 일어나 진의 폭정을 끝내려 했다. 결국 진(秦)은 내부적으로 분열이 생겨 조고가 이사를 죽이고 급기야 호해까지 시해하고는 출신이 불분명한 자영(子嬰)을 황제로 앉힌다. 시황제 사후 진은 4년을 존속하다가 3세 황제 자영(子嬰)이 유방에게 항복하고, 이어서 항우(項羽)에 의해 죽임을 당하며 수도 함양(咸陽)이 불태워짐으로써 진은 천하통일 후 15년 만에 멸망하고야 만다.

맹자는 "성곽이 완전하지 않고, 병사와 갑옷이 많지 않은 것은 나라의 재앙이 아니다."라고 했다. 강력한 진이 멸망한 것은 바로 진의 성곽이 불완전한 것도 아니고 병사와 갑옷이 적은 탓도 아니었다. 황제를 비롯한 통

---

345 『史記』, 陳涉世家第十八, "公等遇雨, 皆已失期, 失期當斬. 藉弟令毋斬, 而戍死者固十六七. 且壯士不死卽已, 死卽擧大名耳, 王侯將相寧有種乎! 徒屬皆曰, 敬受命!"

치집단이 의로움이 아닌 권력과 탐욕에 따른 정치를 하여 위로는 군신 간 법도가 무너졌고, 아래로는 백성을 가혹하게 몰아붙이는 무도한 정치를 하여 백성이 적으로 변했기 때문이다.

맹자는 백성이 어진 통치자를 따르는 것을 자연의 이치에 빗대어 이렇게 말했다.

> "백성이 인(仁)으로 귀의(歸依)하는 것은 마치 물이 아래로 흐르고 짐승이 들판으로 뛰어나가려 하는 것과 같다. 그러므로 연못을 위하여 물고기를 모는 것은 수달이며, 수풀을 위해 참새를 모는 것은 새매이며 탕무(湯武)를 위해 백성을 모는 것은 걸(桀)과 주(紂)이다."[346]

수달이 연못을 위해 물고기를 몬다는 목적을 가지고 인위적으로 그리한다는 말이 아니라 물고기가 수달을 피해 깊은 연못을 필요로 하며, 참새가 새매를 피하기 위해 우거진 수풀을 그리워하며, 걸(桀)과 주(紂) 같은 폭군이 있었기에 백성은 탕왕과 무왕을 원하게 되었다는 자연스러운 이치를 말한 것이다. 따라서 백성이 어진 통치자에게 귀의하는 것은 강압에 의한 것이 아니라 마치 물이 아래로 흐르고 짐승이 들판에서 뛰어놀고 싶은 것처럼 자연스러운 현상이다. 그렇지만 인정(仁政)으로 천하의 왕 노릇을 하는 것은 통치자의 지난한 수양과 인내가 필요하다.

> "지금 왕 노릇을 하려는 자는 마치 7년의 병에 3년 묵은 쑥을 구하는 것과 같

---

346 『孟子』, 離婁章句上, "民之歸仁也, 猶水之就下 獸之走壙也. 故爲淵敺魚者, 獺也. 爲叢敺爵者, 鸇也. 爲湯武敺民者, 桀與紂也."

다. 진실로 쌓아두지 않으면 종신토록 얻을 수 없을 것이다."[347]

병이 깊으면 오래 말린 쑥이 필요하다. 오래 말린 쑥은 평소에 언젠가는 쑥이 필요할 것인지를 예견하여 3년 동안을 말리고 비축해야 또한 얻어질 수 있다. 인정도 마찬가지이다. 하루아침에 마음이 변하여 인정을 하겠다고 고함을 지른다고 될 일이 아니다. 통치자가 자신의 수양을 부단히 하고 어진 정책을 펼쳐서 몇 년을 숙성해야 왕 노릇이 가능하다.

---

347 『孟子』, 離婁章句上, "今之欲王者, 猶七年之病求三年之艾也. 苟爲不畜, 終身不得."

제4장

사람은 불인인지심(不忍人之心)이 있다

1절 인간의 본성은 정해져 있으며 선하다

마음과 본성

심성론을 논의하기 전에 일단 구분되어야 할 개념이 심(心)과 성(性), 즉 마음과 본성이다.[348] 『논어』에서 공자는 마음이란 용어를 자주 사용하지만, 본성에 관한 것은 "성은 서로 비슷하지만, 습관은 서로 멀리하게 한다."[349] 라는 한 부분에 그친다.[350] 다시 말해, 공자 사상에서 마음과 본성이 뚜렷하게 구별되어 사용된 용례는 찾기 힘들다.

맹자는 마음과 본성을 구분하여 사용한다. 그렇지만 맹자 자신도 마음과 본성의 관계에 대하여 명확한 설명은 하지 않았다. 그렇기 때문에 마음과 본성의 개념은 맹자가 사용한 용례를 중심으로 후학들이 분석한 것에 의존할 수밖에 없는 상황이다.

본성과 마음의 관계를 상세하게 분석한 학자들은 맹자로부터 약 1,300여 년 후에 활동한 송대 성리학자들이다. 마음과 본성과의 관계를 정립한 학자는 장재(張載, 1020~1077)[351]였다. 그는 '심통성정(心統性情)'을 주장하였는데, 그 의미는 "마음[心]은 성(性)과 정(情)을 통섭한다."[352]는 것이다. 여기에서 '통섭'은 바로 합(合)의 의미이고, '정(情)'은 곧 지각을 말한다. 다시

---

348 고전에서는 본성(本性)이란 단어를 사용치 않고 '性' 한 글자만을 사용한다.

349 『論語』, 陽貨第十七, "性相近也, 習相遠也."

350 마음[心]이란 단어의 용례는 다음과 같다. 『論語』, 爲政第二, "七十而從心所欲, 不踰矩." 雍也第六, "子曰, 回也, 其心三月不違仁."

351 중국 송나라 시대의 철학자로 성(姓)은 장(張), 이름은 재(載)이다. 횡거진(橫渠鎭) 출신이었기 때문에 이름 대신 횡거로 쓰이기도 한다.

352 『張載集』, 性理拾遺, "心統性情者也."

말해서 마음은 내재적 본성과 지각 활동의 두 측면을 포괄한다.[353] 주희는 장재의 분류를 바탕으로 하여 "성(본성)은 마음이 구비한 이치"[354]라고 보며, "마음은 사람의 신명이고 모든 이치를 갖추고 만사에 응하는 것"[355]이라고 했다. 다시 말하면 본성은 마음의 이치이고 마음은 신명과 같으면서 외부로 표현되는 것이라는 말이다.

본성은 오랜 연고로 형성된다

맹자나 송대의 성리학자들은 마음과 본성을 구분하여 사용한다. 그런데 주희의 표현대로 하면 마음의 이치인 본성은 선천적으로 형성되는 것인가? 아니면 후천적으로 얻어지는 것인가? 또 그 본성은 선한가? 악한가? 여기에 대한 맹자의 생각을 들어보자.

먼저 맹자는 인간의 본성은 선천적으로 일정한 성품을 타고난다고 말한다. 다음은 이와 관련된 고자와의 논변이다.

> 고자(告子)가 말했다. "성(性)은 버드나무와 같고 의(義)는 술잔과 같습니다. 인성을 인의(仁義)라고 한다면 버드나무로 술잔을 만드는 것과 같습니다."
> 그러자 맹자가 말했다. "선생은 순순히 버드나무의 성을 좋아서 술잔이 만들어졌다는 것입니까? 장차 버드나무를 베어낸 후에 술잔을 만드는 것입니까? 만약 버드나무를 베어 술잔을 만드는 것이라면 역시 사람을 베어 인의(仁義)

353 陳來, 『송명성리학』, 113쪽, 안재호 옮김, 예문서원, 2011.
354 『孟子集注』, 盡心章句上, "性則心之所具之理."
355 『孟子集注』, 盡心章句上, "心者, 人之神明, 所以具衆理而應萬事者也."

를 만드는 것이겠지요? 천하의 사람을 몰아서 인의를 해롭게 하는 것은 분명 선생의 말씀과 같은 것입니다."[356]

고자(告子)라는 인물은 이름이 '불해(不害)'라는 정도만 알려졌고 다른 기록은 자세하게 전해지는 바가 없다. 고자는 '인의(仁義)' 같은 덕은 버드나무로 술잔을 만들 듯이 후천적으로 형성되는 것이지 애초부터 본성에 있는 것이 아니라는 말이다. 그러나 맹자에 의하면 버드나무 자체가 본성이 아니라 버드나무가 가진 내재적 속성을 본성이라 해야 하며, 버드나무로 술잔을 만드는 것은 버드나무에 술잔을 만들 수 있는 본성이 있기 때문에 그리할 수 있다는 말이다. 마찬가지로 인의라는 것도 그 자체가 우리 본성이 아니라 우리 본성을 따라서 형성된 덕이라고 본다. 결국 맹자는 고자가 성(性)을 버드나무에 비유하고 인의를 술잔에 비유한 것이 적절치 않다고 보고 있다. 그 말은 마치 버드나무를 베어 술잔을 만들듯이 사람을 베어 인의를 형성하게 한다는 논리와 같다는 것이다. 다음은 단수(湍水: 여울물)를 소재로 역시 본성이 타고난 것인가에 관하여 고자와 논변한 것이다.

고자가 말했다. "본성은 여울물과 같습니다. 동쪽에서 트이면 동으로 흐르고, 서쪽에서 트이면 서쪽으로 흐릅니다. 본성은 본래부터 선(善) 혹은 불선(不善)으로 나누어지는 것이 아님은 마치 물이 동서에서 나누어짐이 없는 것과 같습니다."

---

356 『孟子』, 告子章句上, "告子曰, 性, 猶杞柳也. 義, 猶桮棬也. 以人性爲仁義, 猶以杞柳爲桮棬, 孟子曰, 子能順杞柳之性而以爲桮棬乎? 將戕賊杞柳而後以爲桮棬也? 如將戕賊杞柳而以爲桮棬則亦將戕賊人以爲仁義與? 率天下之人而禍仁義者, 必子之言夫!"

맹자가 말했다. "물은 진실로 동서로 흐르는 것이 나누어지지 않지만 위, 아래에서도 구분됨이 없는가요? 사람의 본성이 선한 것은 물이 아래로 흐르는 것과 같습니다. 사람이 불선(不善)이 있지 아니함은 물이 아래로 내려가지 않는 것과 같습니다. 지금 물을 튀겨서 튀어 오르게 하여 얼굴을 스치게 하고, 세차게 가게 하면 산으로 가게 할 수도 있습니다. 이것이 어찌 물의 본성이겠습니까? 그 세력이 그러한 것입니다. 사람을 가히 불선하게 할 수는 있으나 그 본성은 역시 이와 같습니다."[357]

고자는 여울물이 상황에 따라 동쪽이나 서쪽으로 흐르듯이 인간의 본성도 선이나 악으로 정해진 것이 아니라는 소위 성무선악설(性無善惡說)을 주장하고 있다. 맹자는 타고난 본성이란 일정한 습성을 갖고 있는 것이어서 그때그때 다른 것은 본성이 아니라고 한다. 따라서 물이 동쪽이나 서쪽으로 흐르는 것이나 물이 위로 튀기는 것은 물의 세력이지 본성이 아니라고 본다. 물은 변하지 않는 것이 있는데, 바로 위에서 아래로 흐르는 것이다. 이것을 물의 본성이라고 맹자는 말한다. 이와 같이 맹자는 변하지 않고 타고난 것을 본성이라 보고 있다. 사람도 변하지 않고 타고난 본성이 있는데 바로 선하다는 것이다. 그런데 본성은 어떻게 형성될까?

맹자가 말했다. "천하에서 본성이라고 말하는 것은 바로 연고가 있다. 연고는 이로움을 근본으로 한다."[358]

---

357 『孟子』, 告子章句上, "告子曰, 性猶湍水也, 決諸東方則東流, 決諸西方則西流. 人性之無分於善不善也, 猶水之無分於東西也. 孟子曰, 水信無分於東西, 無分於上下乎? 人性之善也, 猶水之就下也. 人無有不善, 水無有不下. 今夫水, 搏而躍之, 可使過顙, 激而行之, 可使在山. 是豈水之性哉? 其勢則然也. 人之可使爲不善, 其性亦猶是也."

358 『孟子』, 離婁章句下, "孟子曰, 天下之言性也, 則故而已矣. 故者以利爲本."

본성은 일시적으로 또 사람에 따라 다르게 형성된 것이 아니라 오랜 시대를 거쳐 형성된 것으로 맹자는 본다. 물이 아래로 흐르는 것이 자연의 형세와 조화를 이루는 것처럼 사람도 어떻게 살아야 자신과 다른 사람과의 삶에서 가장 이로움을 줄 수 있는지 고민하는 것이 오랫동안 누적되면서 인간의 본성이 형성되었다는 것이다. 19세기 초 다윈(Darwin)의 진화론의 효시가 맹자에게서 보인다. 놀라운 통찰이라 아니할 수 없다.

성선을 말하다

맹자의 제자 공도자(公都子)는 인간의 본성에 관하여 3개의 이론이 있다고 주장했다. 공도자는 맹자의 제자라는 것 이외에는 인적사항이 전해지는 것이 없다. 공도자의 주장은 다음과 같다.

첫째, 인간의 본성은 선하지도 악하지도 않다는 설이다. 둘째, 인간의 본성은 선하거나 악하다고 보는 설이다. 셋째, 인간의 본성은 선하기도 하고 악하기도 하다는 설이다.[359]

첫 번째 주장은 인간의 본성은 선이나 악으로 획일적으로 단정할 수 없고 후천적인 환경과 노력 등에 의하여 변화될 수 있다는 소위 성무선악설(性無善惡說)을 뜻한다. 성무선악설에는 본성론에 관하여 맹자와 논쟁을 벌인 고자 그리고 묵자가 있다. 공자 이후, 맹자 이전에 활동한 것으로 추정되는 묵자는 실이 물드는 것을 보고, "파란 물감에 물들이면 파랗게 되고

---

359 『孟子』, 告子章句上, "公都子曰, 告子曰性無善無不善也. 或曰, 性可以爲善, 可以爲不善 是故文武興則民好善. 幽厲興則民好暴. 或曰, 有性善, 有性不善. 是故以堯爲君而有象, 以瞽瞍爲父而有舜 以紂爲兄之子且以爲君, 而有微子啓 王子比干."

노란 물감에 물들이면 노랗게 된다. 넣는 물감이 변하면 그 색도 변한다."
고 하여 인성이나 나라도 후천적 환경에 의하여 변하는 것임을 주장했다.

두 번째 주장은 인간의 본성이 선하다고 보는 성선설(性善說)과 인간의
본성이 악하다고 보는 성악설(性惡說)이다. 성선설에는 맹자가 해당하며
성악설로는 순자가 해당한다.

세 번째 주장은 인간의 본성에 선과 악이 공존한다고 보는 소위 성유선
악설(性有善惡說)이 해당한다.

공자는 인간의 본성[性]에 관하여 성선(性善)인지 성악(性惡)인지 명확
한 단정을 하지 않고 있다. 공자가 인간의 본성에 관하여 말한 것은 앞서
말한 바와 같이 "본성은 서로 비슷하지만, 습관은 서로 멀리하게 한다."[360]
정도이다. 공자의 이 말을 해석하면 인성은 본래 유사하지만, 성장 환경에
따라 서로 차이가 생긴다는 말이 된다. 공자의 인성론은『소학』에 기록된
공자의『시경』구절에 대한 언급에서 성선을 전제하는 것으로 간접적으로
유추할 수 있을 뿐이다. 공자는『시경』에 나오는 "사람이 떳떳한 성품을
간직하고 있으므로 이 아름다운 덕을 좋아한다."란 내용을 찬미하고 있는
데, 바로 '사람이 떳떳한 성품을 간직하고 있으므로'의 표현이 인간의 성
선을 함의하는 것으로 볼 수 있다.[361] 그러나 순자는 공자가 스스로 학문을
좋아했다고 말한 것을 근거로 하여 공자가 인간의 본성을 부정적으로 보
았다는 주장을 했다. 자사가 지은 것으로 전해지는『중용』에는 이런 내용
이 있다.

360『論語』, 陽貨第十七, "性相近也, 習相遠也."

361『小學』, 嘉言第五, "詩曰, 天生烝民, 有物有則. 民之秉彝, 好是懿德. 孔子曰, 爲此詩者, 其知道乎. 故有物必有則. 民之秉彝也. 故好詩懿德."

"하늘이 명한 것을 성(性)이라 하고 성(性)을 따르는 것을 도(道)라 하면 도를 닦는 것을 교(敎)라 한다."[362]

『중용』에서도 인간의 본성에 관하여 분명한 표현은 하지 않고는 있지만, 중용이 전제하는 인간의 본성은 성선이다. 즉 하늘은 인간의 도덕적 행위의 근거가 되는 절대적 선(善)의 존재이다. 그렇기 때문에 그 천명에 의해 품수 받은 인간의 본성은 선이 아닐 수 없고 그 선한 본성을 따르는 것이 다름 아닌 도라는 것이다. 따라서 『중용』에서 본 인간의 본성은 성선이며 그 근거는 천명에 두고 있다.

앞에서 맹자는 고자와의 논변에서 물이 아래로 흐르는 변하지 않는 본성이 있다 한 것처럼 인간에게도 타고난 선한 본성이 있다고 했다. 선한 본성이란 어떠한 것일까? 맹자는 선한 인간의 본성의 내용을 '불인인지심(不忍人之心)', 즉 '다른 사람에게 잔인하지 못하는 마음'이라고 표현한다. 맹자는 모든 인간에게는 태어날 때부터 '불인인지심(不忍人之心)'이 있다고 주장한다.

"사람은 누구나 불인인지심(不忍人之心)이 있다. 선왕이 불인인지심이 있어서 이에 다른 사람에게 잔인하지 못하는 정치를 하셨다. 다른 사람에게 잔인하지 못하는 마음으로 다른 사람에게 잔인하지 못하는 정치를 행하면 천하를 다스리는 것을 손바닥 위에서 움직일 수 있다."[363]

---

362 『中庸』, 中庸章句大全, "天命之謂性, 率性之謂道, 脩道之謂敎."
363 『孟子』, 公孫丑章句上, "孟子曰, 人皆有不忍人之心. 先王有不忍人之心, 斯有不忍人之政矣. 以不忍人之心, 行不忍人之政, 治天下可運於掌上."

맹자는 사람이 누구나 '불인인지심(不忍人之心)'이 있고 선왕의 정치는 다름 아닌 불인인지심이 바탕이 된 정치라고 했다. 또 남에게 잔인하지 않은 정치를 하면 사람의 마음을 움직여 어렵지 않게 천하를 다스릴 수 있을 거라고 했다. 그렇다면 사람이 모두 불인인지심이 있다는 것을 어떻게 논증할 수 있을까?

> "사람이 모두 불인인지심이 있다고 일컫는 이유는 가령 막 우물에 빠지려는 아이를 문득 보면 누구라도 깜짝 놀라 측은히 여기는 마음[惻隱之心]이 생길 것이다. 그것은 아이의 부모와 어떤 교섭을 한 때문도 아니요, 마을의 친구들에게 명예를 구하고자 한 까닭도 아니며, (구하지 않았다는) 원성을 듣기 싫어서도 아니다."[364]

『논어』에는 재여가 우물에 빠진 사람을 구해야 하는지 그 여부를 공자에게 묻는 장면이 있다. 여기서 공자는 군자는 우물까지 뛰어갈 수는 있지만 들어갈 수는 없을 것이라 하여, 인(仁)의 본질이 분별적 사랑임을 말한다.[365] 맹자는 우물에 막 빠지려고 하는 어린아이를 보고 사람들이 공통적으로 느끼는 마음인 '불인인지심'으로 인간의 본성이 선하다고 예증한다. '불인인지심'은 측은히 여기는 마음이란 의미인 '측은지심(惻隱之心)'의 다른 표현이다. 맹자는 인간의 마음에 '측은지심'이 있는 것으로부터 유추하여 인간의 또 다른 선한 마음을 말한다.

---

364 『孟子』, 公孫丑章句上, "所以謂人皆有不忍人之心者, 今人乍見孺子將入於井, 皆有怵惕惻隱之心, 非所以內交於孺子之父母也, 非所以要譽於鄉黨朋友也, 非惡其聲而然也."

365 『論語』, 雍也第六, "宰我問曰, 仁者, 雖告之曰, 井有仁焉. 其從之也? 子曰, 何爲其然也? 君子可逝也, 不可陷也."

"이것으로 보면 측은지심(惻隱之心)이 없으면 사람이 아니오, 수오지심(羞惡之心)이 없으면 사람이 아니오, 사양지심(辭讓之心)이 없으면 사람이 아니오, 시비지심(是非之心)이 없으면 사람이 아니다."[366]

맹자는 인간의 선한 마음을 측은지심(惻隱之心: 측은히 여기는 마음)·수오지심(羞惡之心: 불의를 부끄러워하거나 싫어하는 마음)·사양지심(辭讓之心: 사양하는 마음)·시비지심(是非之心: 옳고 그름을 가리는 마음)이라는 네 가지 내용으로 분류한다. 바로 이 부분이 맹자 성선설의 논거이자 내용에 해당하는 곳이다.

한편 고자는 "식욕, 색욕이 본성이다[食色, 性也]."라고 말하기도 했다. 본래 고자는 성무선악설을 주장하기 때문에 이처럼 본성을 식욕, 색욕으로 단정하는 것은 논리상 상합을 이루지 못하고 있는 것처럼 보인다. 따라서 고자의 이 말은 인간의 본성은 정해지지 않았지만, 특히 식욕, 색욕에 우리의 본성이 쉽게 빠질 수 있음을 표현한 것으로 이해해야 할 것 같다.

사단(四端)과 사덕(四德)의 관계

맹자는 앞에서 인간의 선한 마음을 측은지심(惻隱之心)·수오지심(羞惡之心)·사양지심(辭讓之心)·시비지심(是非之心)이라는 네 가지 내용으로 분류했다. 맹자는 위 네 가지 선한 마음을 사단(四端)으로 총칭한다. 그런데 위 인간의 선한 마음과 흔히 일컫는 인의예지(仁義禮智)와의 관계는 어떻

---

366 『孟子』, 公孫丑章句上, "由是觀之, 無惻隱之心, 非人也. 無羞惡之心, 非人也. 無辭讓之心, 非人也. 無是非之心, 非人也."

게 되는 지가 궁금하다. 이 부분과 관련하여 후세 학자들 사이에 서로 다른 주장이 많았다. 주희는 측은지심(惻隱之心)·수오지심(羞惡之心)·사양지심(辭讓之心)·시비지심(是非之心)이 덕(德)의 '단서[端]'라고 해석하며, 다산은 덕(德)의 '시작[始]'이라고 해석한다. 주희와 다산의 해석을 함께 살펴보는 것이 이해에 도움이 될 듯하다. 먼저 주희의 해석이다.

> "측은지심은 인(仁)의 '단서[端]'이고, 수오지심은 의(義)의 '단서'이고, 사양지심은 예(禮)의 '단서'이고, 시비지심은 지(知)의 '단서'이다. 사람들이 이 사단(四端)을 갖고 있는 것은 사체(四體)를 갖고 있는 것과 같다. 사단이 있으면서 스스로 해낼 수 없다고 일컫는 자는 스스로를 해치는 자이며, 그 군주에게 행할 수 없다고 일컫는 자는 군주를 해치는 자이다. 무릇 나에게 사단이 있는데, 이러한 사단을 모두 확충할 줄 알아야 한다. (이것은) 불이 타오르기 시작[始]하며, 샘물이 나오기 시작[始]하는 것과 같다. 진실로 사단을 확충할 수 있다면 족히 사해(四海)를 보존할 수 있고, 진실로 확충하지 못하면 부모를 섬길 수가 없다."[367]

다산의 해석은 위 내용의 앞부분에서 차이가 난다. 다산의 해석은 이러하다.

> "측은지심은 인(仁)의 '시작[端]'이오, 수오지심은 의(義)의 '시작'이오, 사양지심은 예(禮)의 '시작'이오, 시비지심은 지(知)의 '시작'이다."

---

367 『孟子』, 公孫丑章句上, "惻隱之心, 仁之端也, 羞惡之心, 義之端也, 辭讓之心, 禮之端也, 是非之心, 智之端也. 人之有是四端也, 猶其有四體也. 有是四端而自謂不能者, 自賊者也, 謂其君不能者, 賊其君者也. 凡有四端於我者, 知皆擴而充之矣, 若火之始然, 泉之始達. 苟能充之, 足以保四海, 苟不充之, 不足以事父母."

주희는 '端(단)'을 단서(端緒) 즉 '실마리'로 해석하고, 다산은 '시작[始]'으로 해석한다. 주희는 인(仁)·의(義)·예(禮)·지(知)를 사덕(四德: 네 가지의 덕)으로 통칭하기도 하는데, 이에 따르면 사단은 사덕의 실마리가 된다. 다산에 따르면 사단은 사덕의 시작이 된다.

맹자는 사단이 덕이 되기 위해서는 '확충(擴充)'해야 한다고 말하고, '단(端)'의 의미에 대하여 '시작[始=처음]'이라는 말로 대체를 했는데 더 자세한 설명은 하지 않았다. 따라서 맹자가 제시한 사단과 덕의 관계에 대한 표현을 둘러싸고 후대 학자들 간에 의견이 대립했다.

맹자 이후의 학자들 간의 주장을 살펴보기 전에 맹자보다 180여 년 전 인물인 공자의 생각은 어떠했는가? 공자는 사덕과 사단을 구분하지 않았다. 다만 인을 비롯한 덕에 관하여 자신의 생각을 말한 바 있다.

> "덕이 있는 자는 반드시 할 말을 한다. 그렇다고 할 말을 하는 사람이 반드시 덕이 있는 것은 아니다. 인자(仁者)는 반드시 용기가 필요하다. 그렇지만 용기 있는 자가 반드시 인(仁)이 있는 것은 아니다."[368]

공자는 마음속으로만 인의(仁義)와 같은 덕성을 가지고 있다는 것을 인정하지 않는다. 덕이 있는 자는 인자한 모습이 말과 행동으로 표현되며, 옳고 그름을 분명히 말하고 옳은 행동을 지향한다고 했다. 공자는 "오직 인자(仁者: 어진 자)라야 남을 좋아할 수 있고 남을 미워할 수 있다."[369]라고 말했다. 즉 인자(仁者)라야 남의 인품을 사심 없이 평가하여 좋아할 수도 있고, 싫어할 수도 있다는 의미이다.

---

368 『論語』, 憲問第十四, "有德者必有言, 有言者不必有德, 仁者必有勇, 勇者不必有仁."
369 『論語』, 里仁第四, "唯仁者能好人, 能惡人."

맹자보다 1,500여 년 후에 태어난 주희에 따르면 '端(단)'은 '실마리[緖]'이다. 사단은 그 정(情)이 발현하는 것으로 인하여 성(性)의 본연(本然)이 가히 얻어져서 드러난 것이다. 이것은 마치 사물이 가운데 있으면서 실마리가 바깥으로 드러나는 것과 같다.[370] 주희의 해석은 사덕은 성에 본래부터 내재한 것이고 경(敬)을 위주로 함양하면 착한 단서가 피어나 저절로 밝게 드러난다고 본 것이다.

한편 사덕이 본래 성에 내재한 것이라고 보는 주희의 주장에 반대하여, 조선의 다산은 다음과 같이 해석한다.

"단(端)이란 시작[始]이다. 사물의 본말(本末)을 양단(兩端)이라고 한다. 그러나 오히려 반드시 처음 일어나는 것으로 단(端)을 삼았기 때문에, 『중용』에서 이르기를, '군자의 도는 부부에서 시작되고 그 지극한 데 이르러서는 천지 사이에 그 이치를 살펴보게 된다.'라고 하였으니, 단이 시작이라는 뜻임이 이미 명백하지 않는가?"[371]

다산에 따르면, '端(단)'이란 '시작[始]'을 의미하며, 그 시작은 행위의 시작을 의미한다. 예를 들어 측은지심(惻隱之心)이 인(仁)의 '端(단)'이라고 한다면, 인(仁)의 행위는 바로 측은지심에서 시작한다.

주희의 경우에서는 사덕은 성(性)이 되며 사단의 존재론적 근거가 된다. 발생이라는 측면에서 본다면 사덕이 존재함으로 인해서 사단이 생기게 된다. 하지만 다산의 경우에는 사단이 발현된 것이 사덕이 된다. 그리고 사

---

370 『孟子集注』, 公孫丑章句上, "端, 緖也. 因其情之發, 而性之本然可得而見, 猶有物在中而緖見於外也."

371 『孟子要義』, 公孫丑第二, 人皆有不忍人之心章, "端也者始也物之本末 謂之兩端然猶必以始起者爲端故中庸曰君子之道造端乎夫婦及其至也察乎天地,端之爲始不旣明乎?"

덕은 사단을 실천, 즉 행사(行事)할 때 완성된다. 다산의 주장을 정리한다면, 측은지심은 내가 본래 가지고 있는 것으로서, 이 마음을 미루어 가면 인(仁)이 되고, 수오지심도 내가 본래 가지고 있는 것으로서, 이 마음을 미루어 가면 의(義)가 된다. 다시 말해 이 측은지심을 행동에 옮기면 인이 되고, 이 수오지심을 행동에 옮기면 의가 된다. 예컨대 측은지심은 우리 모두가 갖고 있으나 불쌍한 사람을 실제로 도와주는 행위를 실천할 때 어질다[仁]는 말을 할 수 있다. 따라서 다산은 인간에게 본래부터 있는 것은 사단이며, 사덕은 실천함으로써 얻어지는 것이라고 주장한다. 결국 다산은 인을 비롯한 덕이 외부적 표현이 되어야 함을 주장하는 공자의 생각과 맥락을 같이한다. 후대의 학자들 간에 '단(端)'의 해석과 '사단(四端)이 인간에게 내재한 것인가?', '사덕(四德)이 내재한 것인가?'에 관한 논쟁이 촉발한 것은 맹자의 다음과 같은 표현 때문이다.

"측은지심을 사람 모두가 가지고 있고, 수오지심을 사람 모두가 가지고 있으며, 공경지심을 사람 모두가 가지고 있고, 시비지심을 사람 모두가 가지고 있다. 측은지심은 인(仁)이며, 수오지심은 의(義)이며, 공경지심은 예(禮)이며, 시비지심은 지(智)이다. 인의예지는 외부로부터 내게 녹아 들어온 것이 아니다. 내가 진실로 그것을 가지고 있지만 생각하지 않았을 뿐이다. 그러므로 구하면 얻을 것이요, 버리면 잃을 것이라고 말한다. 혹 선과 악이 서로 몇 곱절 차이가 나도 헤아리지 못하는 것은 그 재질을 다하지 않기 때문이다."[372]

---

372 『孟子』, 告子章句上, "惻隱之心, 人皆有之. 羞惡之心, 人皆有之. 恭敬之心, 人皆有之. 是非之心, 人皆有之. 惻隱之心, 仁也. 羞惡之心, 義也. 恭敬之心, 禮也. 是非之心, 智也. 仁義禮智, 非由外鑠我也, 我固有之也, 弗思耳矣. 故曰, 求則得之, 舍則失之. 或相倍蓰而無算者, 不能盡其才者也."

네 가지 마음 중 사양지심을 여기서는 공경지심으로 바꿔 사용했으나 의미는 같다. 위 내용에서 인의예지가 외부로부터 내게 녹아 들어온 것이 아닌 내가 진실로 가지고 있다는 표현이 있다.

주희를 비롯한 성리학자들은 맹자의 표현 그대로 사덕은 사단의 본체로서 내가 본래 가지고 있는 것으로 본다. 여기에 대해 다산은 내 안에 있는 네 가지 마음을 미루어 외부에 있는 사덕을 완성하는 것이라고 주장한다.[373] 다산에 따르면 외부에 있는 사덕을 당겨 내부에 있는 네 가지 마음을 발동하게 하는 것이 아니라 내 안에 있는 측은지심에 나아가 인(仁)이 얻어지고, 수오지심에 나아가 의(義)가 얻어지는 것이다.

이처럼 주희를 비롯한 성리학자들은 사덕이 본래 우리 안에 존재한다고 주장하고, 다산은 본래 있는 것은 네 가지 마음이고, 네 가지 마음을 외부에 실천하여 사덕이 얻어진다고 주장한다.

맹자가 추(鄒)나라에 있을 때 조(曹)나라 군주의 동생인 조교(曹交)가 추(鄒)에 머물고 있었는데 어느 날 둘이 만났다.

조교가 물었다. "사람들이 모두 요순이 될 수 있다고 하는데 그렇습니까?"

맹자가 말했다. "그렇습니다."

(조교가 말했다.) "문왕이 십척(十尺)이고 탕왕은 구척(九尺)이라고 들었습니다만 저는 구척(九尺) 사촌(四寸)의 키입니다. 곡식만 축내고 있으니 어찌해야 좋은지요?"

맹자가 말했다. "이것에 다른 무엇이 있겠습니까? 실천할 따름입니다. 사람이 여기 있다고 합시다. 힘이 한 마리의 병아리를 이기지 못하면 무력한 사람이

---

373 『孟子要義』, 告子第六, 公都子曰告子曰性無善無不善章, "非由外鑠我者謂推我在內之四心以成在外之四德非挽在外之四德以發在內之四心也卽此惻隱之心便可得仁卽此羞惡之心便可得義."

되는 것이지요. 지금 백균(百鈞)[374]을 들어 올렸다고 말하면 힘 있는 사람이 되는 것이지요. 그리한즉 오확(烏獲)이 했던 것을 들어 올리면 이 역시 오확이 되는 것입니다. 무릇 사람은 어찌 이기지 못함을 근심합니까? 실천하지 않은 것이지요."[375]

조(曹)나라 군주의 동생인 조교(曹交)가 추(鄒)에 머문 내역은 알 수 없다. 오확(烏獲)은 옛날의 힘센 사람으로 천균(千鈞)을 들어 올린 것으로 전해져 온다. 조교는 모든 사람이 요순과 같은 사람이 될 수 있다고 들었으나 자신은 그 방법을 몰라 어찌해야 하는지를 맹자에게 물은 것이다.

맹자는 병아리 하나 누르지 못하면 무력한 사람이 되고, 오확처럼 많은 무게를 들어 올린다면 오확 같은 인물이 된다고 하면서 우리의 선한 본성을 어떻게 실천하느냐에 따라 요순과 같은 인물이 된다고 했다. 이러한 맹자의 표현은, 사단과 같은 선한 본성은 인간이 모두 가지고 있으나 이를 실천해야 사덕이 얻어진다는 다산의 주장에 힘을 실어주고 있다. 맹자는 요순과 같은 인물이 되기 위한 실천 방법을 제시한다.

"연장자 뒤를 따라 천천히 가는 것을 공경이라고 일컬으며, 연장자 앞을 빠르게 지나가는 것을 공경스럽지 못하다고 일컫습니다. 무릇 천천히 가는 것을 어찌 사람이 할 수 없겠습니까? 하지 않는 것입니다. 요순의 도는 효제(孝弟:

---

374 균(鈞)은 서른 근을 말한다.

375 『孟子』, 告子章句 下, "曹交問曰, 人皆可以爲堯舜, 有諸? 孟子曰, 然. 交聞文王十尺, 湯九尺, 今交九尺四寸以長, 食粟而已, 如何則可? 曰, 奚有於是? 亦爲之而已矣. 有人於此, 力不能勝一匹雛則爲無力人矣. 今日擧百鈞則爲有力人矣. 然則擧烏獲之任, 是亦爲烏獲而已矣. 夫人豈以不勝爲患哉? 弗爲耳."

효도와 공경)일 뿐입니다."[376]

　요순의 도(道), 즉 요순이 추구한 길은 다른 게 아니다. 일용지간에 효제를 했을 뿐이란 말이다. 공자의 제자 유약(有若)[377]은 "효제(孝弟)라는 것은 그 인(仁)을 행하는 근본이다."[378]라고 말했다. 요순도 인(仁)을 추구한 사람이다. 인은 다름 아닌 효제를 실천하면 구현된다고 할 수 있겠다. 맹자의 말을 듣고 조교가 청했다.

　　조교가 말했다. "제가 추나라 군주를 뵈면 객관을 빌릴 수 있습니다. 원컨대 거기 머물면서 문하생으로 수업을 하고자 합니다."
　　맹자가 말했다. "무릇 도(道)는 대로(大路)와 같은 것이니 어찌 알기가 어렵겠소이까? 사람들은 구하지 못할 것을 근심하지만, 그대는 돌아가서 구한다면 널려 있는 스승을 가질 것이외다."[379]

　맹자가 일용지간에 공경과 같은 인간의 도리를 실천하면 된다고 했으나 조교는 객관에서 맹자를 불러 편안히 수업하고자 했다. 그러자 맹자가 다시 부연하여 대로를 따라가듯이 인간의 바른 도리를 행한다면 도처에 스승이 있듯이 인의 구현을 여기저기서 얻을 것이라고 했다. 조(曹)나라 군주의 동생이란 후광으로 편안히 공부하려는 태도를 보인 조교를 거부하

376　『孟子』, 告子章句下, "徐行後長者謂之弟, 疾行先長者謂之不弟. 夫徐行者, 豈人所不能哉? 所不爲也, 堯舜之道, 孝弟而已矣."

377　공자의 제자로서 이름이 약(若)이다. 공자보다 마흔세 살 연하이다.

378　『論語』, 學而第一, "孝弟也者, 其爲仁之本與!"

379　『孟子』, 告子章句下, "曰, 交得見於鄒君, 可以假館, 願留而受業於門. 曰, 夫道, 若大路然, 豈難知哉? 人病不求耳. 子歸而求之, 有餘師."

면서 맹자는 일용지간에 여러 사람을 본받아 인도(人道)를 행할 것을 권면했다.

인(仁)은 편안한 집이다

사덕은 인간 도덕의 대표적 전형이지만, 공자, 맹자는 다소 위계를 두었다. 공자는 여러 도덕 중에서도 인(仁)을 최고의 덕목으로 보았다. 공자는 "사람이 어질지 못하면[不仁], 예가 무슨 소용이며 음악이 무슨 소용이겠는가?"[380]라고 하여, 어질지 못한 사람에게는 다른 교화 수단이 없음을 말한 바 있다. 또 앞에서 말한 바와 같이 "인자(仁者)라야 남을 좋아할 수 있고 남을 미워할 수 있다."[381]라고 하여 인간의 기본적 덕목인 인을 갖춘 자만이 남에 대해 적절한 평가를 할 수 있다고 했다. 맹자는 인의(仁義)와 같은 인간의 덕목은 하늘로부터 인간이 부여받은 벼슬이라고 보았다.

> "천작(天爵: 하늘이 준 벼슬)이 있고 인작(人爵: 사람이 정해준 벼슬)이 있다. 인의충신(仁義忠信)은 선(善)을 좋아하고 게을리하지 않으므로 이것은 천작(天爵)이고, 공(公), 경(卿), 대부(大夫)는 인작(人爵)이다."[382]

인(仁)·의(義)·충(忠)·신(信) 등의 덕을 가진 사람들은 본래 선을 부단히 추구하기 때문에 결점이 없는 천작이라고 맹자는 보았다. 그렇지만 같은

---

380 『論語』, 八佾第三, "人而不仁,如禮何? 人而不仁,如樂何?"
381 『論語』, 里仁第四, "唯仁者能好人, 能惡人."
382 『孟子』, 告子章句上, "有天爵者, 有人爵者, 仁義忠信, 樂善不倦, 此天爵也. 公卿大夫, 此人爵也."

천작이라도 인(仁)은 등급을 달리한다.

> "인(仁)은 하늘의 높은 벼슬이며 사람의 편안한 집이다. 그것을 지켜내지 못하
> 고 불인하면 이것은 지혜롭지 못한 것이다."[383]

맹자는 인(仁)을 천작(天爵) 중에서도 높은 벼슬이라고 부른다. 이것은
공자와 마찬가지로 인(仁)을 여타의 덕목과 위계를 달리 보는 견해이다.
이러한 하늘이 내린 벼슬을 지켜내지 못하면 다른 인간의 덕목인 지혜도
역시 보존하지 못할 것이다. 다만 맹자는 왕도정치를 논할 때 '인의(仁義)'
를 강조하고 있는데, 적어도 정치에서는 '인'과 '의'를 중요한 덕목으로 보
고 있는 것 같다.

> "인(仁)은 사람의 편안한 집이며, 의(義)는 사람의 바른길이다. 편안한 집을 비
> 워두고 머무르지 않으려 하고, 바른길을 버리고 경유하지 않으려 하니, 슬프
> 도다!"[384]

사람은 선한 본성을 갖고 태어났기 때문에 본래 인(仁)을 행할 때 편안
함을 느낀다. 의(義)도 인(仁)과 마찬가지로 선천적으로 사람이 가기를 원
하는 바른길이다. 다만 현실적으로 여러 이유와 상황으로 그리하지 못하
는 사람이 있는 것이 애석할 뿐이다. 그렇지만 인(仁)과 의(義)의 구현은 멀
리 있는 것도 어려운 일도 아니다.

---

383 『孟子』, 公孫丑章句上, "夫仁, 天之尊爵也, 人之安宅也. 莫之禦而不仁, 是不智也."
384 『孟子』, 離婁章句上, "仁, 人之安宅也. 義, 人之正路也. 曠安宅而弗居, 舍正路而不由, 哀哉!"

맹자가 말했다. "도(道)는 가까이 있는데도 멀리서 구하려 하며, 일은 쉬운 곳에 있는데도 어려운 곳에서 구하려 하는구나. 사람마다 그 양친을 양친으로 제대로 섬기고, 나이 든 사람을 윗사람으로 대접하면 천하가 태평하리라."[385]

군이 분류한다면 양친을 섬기는 것은 인(仁)에 가깝고, 나이 든 사람을 대접하는 것은 의(義)에 가깝다. 이처럼 인의(仁義)의 실천은 가까운 곳에서 출발한다. 맹자는 여기서 한 걸음 더 나아가 인(仁)과 의(義)를 지(智), 예(禮), 악(樂)과 연결한다.

맹자가 말했다. "인(仁)의 실제는 부모를 섬기는 것이고, 의(義)의 실제는 형을 따르는 것이다. 지(智)의 실제는 이 둘을 알아서 버리지 않는 것이고, 예(禮)의 실제는 이 둘을 절제하여 나타내는 것이다. 악(樂)의 실제는 이 둘을 즐기는 것이니, 이 둘을 즐기면 살맛이 난다. 살맛이 나는데 어찌 그만둘 수 있으리오? '어찌 그만둘 수 있으리오?'라는 것은 발이 땅을 구르고 손이 춤추는 것을 알지 못한다는 것이다."[386]

인(仁)의 출발은 부모를 섬기는 것이고 의(義)의 출발은 형을 따르는 것이다. 예도 그 출발이 부모를 섬기고, 형을 따르는 모습이 사회로 확대된 것이고, 음악도 부모와 형제간의 사랑을 표현하는 것이 기본이며 가장 큰 즐거움이다. 섬길 수 있는 부모가 존재하여 부모를 모시는 즐거움이 있고, 믿고 의지하여 따를 수 있는 형이 존재하는 즐거움이 있다면 손과 발이 자

---

385 『孟子』, 離婁章句上, "孟子曰, 道在爾而求諸遠, 事在易而求之難. 人人親其親, 長其長而天下平."
386 『孟子』, 離婁章句上, "孟子曰, 仁之實, 事親是也. 義之實, 從兄是也. 智之實, 知斯二者弗去是也. 禮之實, 節文斯二者是也. 樂之實, 樂斯二者, 樂則生矣. 生則惡可已也? 惡可已則不知足之蹈之 手之舞之."

연스럽게 움직이고 춤을 춘다. 이런 즐거워하는 마음이 확대되어 사회의 상생과 화합, 존중을 음악으로 표현할 수 있게 된다.

　이처럼 인의의 구현은 먼 곳, 어려운 곳에 있지 않다. 우리 가까이의 가정과 이웃에서 찾아서 실천할 수가 있다. 국가적으로는 사회적 약자나 무의탁 노인을 제대로 거두는 것도 이런 범주에 속한다. 문왕이 이런 일을 했다.

　　맹자가 말했다. "백이(伯夷)가 주(紂)를 피하여 북해의 물가에 있다가 문왕이 일어나 흥성해졌다는 소문을 듣고 말했다. '어찌 돌아가지 않겠는가? 나는 서백(西伯)이 노인을 잘 봉양한다는 말을 들었다.'

　　태공(太公)도 주(紂)를 피해 동해의 물가에 있다가 문왕이 일어나 흥성해졌다는 소문을 듣고 말했다. '어찌 돌아가지 않겠는가? 나는 서백이 노인을 잘 봉양한다는 말을 들었다.'"[387]

　앞에서 말한 바와 같이 백이는 서쪽 변방의 작은 영지인 고죽군(孤竹君)의 장자였으며 그 동생은 숙제(叔齊)다. 상(商)나라의 속국인 고죽국(孤竹國)의 영주인 아버지가 죽자 형제가 서로 아버지의 후계자 자리를 양보하여 국외로 도망쳤다. 그들은 상(商)나라의 마지막 왕 주왕(紂王) 때 서방 제후의 장(長)이자 서백(西伯)으로 임명된 문왕이 노인들을 잘 봉양한다는 소문을 듣고 문왕에게 의탁하기 위해 주나라로 건너왔다. 하지만 그들이 주나라에 도착했을 때 문왕은 죽고 아들 무왕이 주왕(紂王)을 정벌하기 위해 출정하고 있었다.

---

387 『孟子』, 離婁章句上, "孟子曰, 伯夷辟紂, 居北海之濱, 聞文王作興, 曰, 盍歸乎來! 吾聞西伯善養老者. 太公辟紂, 居東海之濱, 聞文王作興, 曰, 盍歸乎來! 吾聞西伯善養老者."

『사기』에 따르면 태공망(강상)이 문왕과 조우한 것에는 세 가지 설이 있다. 하나는 위수(渭水)에서 낚시하다가 문왕과 조우했다는 것이고, 다른 하나는 태공망이 처음에는 주왕(紂王)을 섬겼다가 주왕(紂王)이 무도하여 그를 떠나 제후들에게 유세 중 문왕을 만났다는 것이다. 마지막은 문왕이 한때 주왕(紂王)에 의해 유리(羑里)라는 곳에 갇히게 되었을 때 문왕의 신하들이 평소 알고 지내던 태공망을 초대했다는 것이다. 이때 태공망은 "서백이 어질고 노인을 잘 봉양한다는 소문을 들었다."라고 하고는 그들과 함께 문왕을 위해 진귀한 물건을 바치고 문왕을 구했다고 한다. 맹자는 가장 마지막 설을 따랐다. 이렇게 백이와 태공망 모두 문왕이 노인을 잘 봉양한다는 소문을 듣고 문왕에게 귀의하려 했다.

공자와 맹자가 중요시한 인(仁)에 대하여 후세의 학자들은 다양한 해석을 가했다. 주희는 인(仁)을 "천지가 만물을 생성케 하는 마음[仁者天地生物之心]"이라 했는데, 주희의 이러한 견해는 인(仁)을 애초부터 우리 마음이 갖고 있는 덕이라고 본 것이다. 조선의 다산은 인(仁)의 자형이 인(人)과 이(二)가 합하여져서 두 사람을 의미하므로, 자식과 부모 사이의 '사친(事親)', 신하와 군주 사이의 '사군(事君)' 등과 같이 사람들이 자신의 직분을 다하는(실천하는) 것을 인(仁)이라고 보았다. 다산은 또 인(仁)이 인간의 모든 도리를 포괄하는 의미로 보고 있으며 모든 덕의 근원으로 보고 있다. 다산에 따르면 이것은 마치 복숭아씨를 도인(桃仁)이라 하고 살구씨를 행인(杏仁)이라 하는 것과 같다. 복숭아씨와 살구씨에는 복숭아나무와 살구나무의 전체적 모습이 시원적(始原的: 맨 처음의 상태)으로 들어있으며 이것은 곧 생육의 근원이 된다. 복숭아와 살구의 씨를 인(仁)이라 부르는 것처럼, 우리 인간의 도리에서 인(仁)은 덕의 모태요, 근원이 된다.

본성은 욕구나 환경에 영향받는다

인간의 본성은 무엇인가에 대하여 여러 학설이 있을 수 있다. 그런데 성선(性善)이거나 성악(性惡)이거나 항상 우리를 궁금하게 하는 것은 과연 타고난 본성이 있다면 그 본성은 그대로 표현되는 것인지 아니면 변할 수 있는지에 대한 여부다. 위에서 살펴보았듯이 맹자는 인간의 본성을 선하다고 보았다. 그렇다면 실제 인간의 행위에서 늘 선한 행동은 왜 나오지 않는 것일까? 맹자는 인간의 선한 본성이 외부적 환경이나 육체의 욕망에 영향을 받는다고 말한다.

먼저 맹자는 선한 본성이 인간의 외부적 요인으로 인하여 서로 차이가 있을 수 있음을 주장한다.

> 맹자가 말했다. "풍년엔 자제가 많이 착해지고, 흉년엔 자제가 많이 포악해진다. 하늘이 내린 재질이 이와 같이 다른 것이 아니다. 이로써 빠진 그 마음이 그러한 것이다."[388]

물질적, 경제적 환경도 사람의 마음에 영향을 미친다. 비록 천성이 같은 재질을 타고났다 하더라도 풍요로운 시대를 만나면 사람의 마음이 온화해지거나 착해지고, 궁핍한 시대를 만나면 사람의 마음이 거칠어진다.

맹자는 제(齊)나라 동남쪽에 위치한 우산(牛山)의 나무를 예로 하여 외부적 환경으로 인해 인간의 선한 본성이 부정적으로 변할 수 있음을 말한다.

---

[388] 『孟子』, 告子章句上, "孟子曰, 富歲, 子弟多賴. 凶歲, 子弟多暴. 非天之降才爾殊也, 其所以陷溺其心者然也."

"우산(牛山)의 나무는 일찍이 아름다웠다. 대국의 인근에 있었기 때문에 도끼와 자귀로 나무를 베면 가히 아름답다고 하겠는가? 낮과 밤으로 휴식을 취하게 하고 비와 이슬이 우산을 축축하게 하면 초목의 싹의 생겨남이 없지 않았을 것인데, 소와 양이 또 가서 뜯어 먹어서 벌거벗겨진 듯하다. 사람들이 그 벌거벗겨진 것을 보고 일찍이 재목이 없다고 말을 하나 이것이 어찌 산의 본성이겠는가?"[389]

우산의 본래 모습은 숲이 우거진 아름다운 산이었다. 그러나 사람들이 도끼와 자귀로 벌목을 했고, 게다가 소와 양을 방목시켜 우산의 아름다운 모습은 황폐화될 수밖에 없었다. 그것은 우산의 본래 모습이 아니었다. 맹자는 우산이 황폐화되는 데에는 외부적 환경의 요인이 있음을 말하고 있다. 인간의 본성도 마찬가지다. 인간의 본성은 선하지만 일상의 환경에 노출되면서 인간의 선한 본성은 발휘되지 못하고 악한 행동으로 표현되기도 한다.

"비록 사람에게 본래 있는 것으로 어찌 인의(仁義)의 마음이 없겠는가? 그것은 그 양심을 내버린 까닭이다. 마치 나무에 도끼와 자귀를 들고 날마다 베어내는 것과 같으니 어찌 아름다울 수가 있겠는가? (그런 사람은) 밤낮 평단지기를 숨 쉬고 있어도 좋아함과 싫어함이 다른 사람과 가까운 것이 거의 없게 된다. 아침부터 낮 동안의 행위가 평단지기(平旦之氣)를 어지럽게 하여 없애버린다. 어지럽힘이 반복되면 야기(夜氣)가 보존될 수 없으며 금수와 다름이 없게

---

389 『孟子』, 告子章句上, "牛山之木嘗美矣, 以其郊於大國也, 斧斤伐之, 可以爲美乎? 是其日夜之所息, 雨露之所潤, 非無萌蘖之生焉, 牛羊又從而牧之, 是以若彼濯濯也. 人見其濯濯也, 以爲未嘗有材焉, 此豈山之性也哉?"

된다. 사람들이 그 금수와 같은 것을 보고 일찍이 재질이 있지 않았다고 한다면 이것이 어찌 인간의 정이겠는가?"[390]

맹자는 우산의 아름다운 모습이 도끼와 자귀로 마구 벌목됨으로써 훼손되었듯이 우리에게 주어진 환경으로 인하여 우리의 양심이 망가지고 있다고 보고 있다. 인간이 그 양심을 보존하기 위해서는 일상에 때 묻지 않는 밤부터 새벽까지 이어지는 평온한 기운인 야기(夜氣: 밤기운)와 평단지기(平旦之氣: 평온한 아침의 기운)를 들이마셔야 한다. 그런데 낮 동안의 일상생활에서 우리는 여러 사람과 물건을 접하게 되어 그러한 기(氣)들을 잃게 된다. 야기(夜氣)와 평단지기(平旦之氣)를 보존하는 것은 곧 사람의 인의의 마음이 아직 완전히 손상당하지 않는 것을 말한다.

열악한 후천적 환경은 부정적으로 본성에 영향을 미칠 수 있지만 반대로 풍요로운 외부적 환경은 타고난 본성이나 몸가짐을 더 돋보이게 할 수 있다. 맹자가 제나라에 있을 때의 일이다. 맹자가 제나라의 왕자를 보고 어느 날 이렇게 말했다.

(맹자가) 탄식하여 말했다. "어디에 거주하는 것이 기상을 다르게 하고, 어떻게 봉양 받는 것에 따라 몸을 다르게 하는구나. (영향이) 크도다! 거주하는 곳의 다름이여! 다른 사람들의 자식과 다르지 않은가? 왕자의 궁실(宮室)과 거마(車馬), 의복이 다른 사람들과 같은 부분이 많지만, 왕자가 저런 것은 그 거주하는 곳이 그렇게 만든 것이다. 하물며 천하의 넓은 곳에 거주하는 자인 바에

---

390 『孟子』, 告子章句上, "雖存乎人者, 豈無仁義之心哉? 其所以放其良心者, 亦猶斧斤之於木也, 旦旦而伐之, 可以爲美乎? 其日夜之所息, 平旦之氣, 其好惡與人相近也者幾希, 則其旦晝之所爲, 有梏亡之矣. 梏之反覆, 則其夜氣不足以存. 夜氣不足以存, 則其違禽獸不遠矣. 人見其禽獸也, 而以爲未嘗有才焉者, 是豈人之情也哉?"

야!"[391]

여기서 제나라의 왕자가 누구인지는 알 수가 없지만, 맹자는 제나라 왕자의 기상과 풍채가 일반 사람들의 자식과 다른 것은 거주하는 곳의 문화적 환경의 차이에 따른 것임을 말하고 있다. 맹자가 왕자라도 궁실, 거마, 의복은 다른 사람들과 별반 큰 차이가 없다고 말한 것으로 보아 맹자가 말한 문화적 환경은 총체적 문화적 환경을 말하는 것이라 생각된다. 자리가 사람을 만든다는 말이 있다. 이 말은 자리에 따라 사람의 잠재성이 발현된다는 의미도 되고 책무성과 권력에 따라 달리 보이는 사람의 모습을 지칭하는 말이기도 하다. 맹자는 이러한 왕자라는 자리를 포함하여 그를 둘러싼 환경으로부터 조형된 왕자의 모습을 말하고 있다. 제후국의 왕자도 이러한데 하물며 천자의 나라에서의 왕자는 어떤 모습이겠는가? 또한 거주하는 환경이 비슷하면 사람은 비슷하게 닮아갈 수 있다.

> "노(魯)의 군주가 송(宋)으로 가서 질택(垤澤)의 성문에서 호령했다. 문을 지키는 자가 말하길, '이 분은 우리 군주가 아닌데도 어찌 그 목소리가 우리 군주와 비슷한가!'라고 했다. 다른 게 아니다. 거주하는 곳이 서로 비슷하기 때문이다."[392]

노(魯)의 군주가 송(宋)을 방문하던 길에 질택이란 성문 앞에 이르러 문

---

391 『孟子』, 盡心章句上, "喟然歎曰, 居移氣, 養移體, 大哉居乎! 夫非盡人之子與? 孟子曰, 王子宮室 車馬 衣服 多與人同, 而王子若彼者, 其居使之然也."

392 『孟子』, 盡心章句上, "魯君之宋, 呼於垤澤之門. 守者曰, 此非吾君也, 何其聲之似我君也? 此無他, 居相似也."

지기에게 문을 열라는 호령을 냅다 외치자 그 목소리가 송(宋)의 군주와 너무 흡사했다는 말이다. 맹자는 이처럼 비슷한 환경에서 거주한 사람의 모습은 서로 비슷하게 변화될 수 있다고 보았다.

맹자는 인간의 본성이 선천적으로 선하게 태어났지만, 후천적, 총체적인 물질·문화적 환경이 인간의 성장에 영향을 미칠 수 있음을 주장했다.

다음으로 맹자는 선한 인간의 본성이 육체의 욕구로 사람마다 다르게 표출될 수 있음을 말한다. 육체의 욕망에 관한 맹자와 제자 공도자의 대화이다.

> 공도자가 맹자에게 물었다. "다 같은 사람이건만 어떤 사람은 대인이 되고 어떤 사람은 소인이 되는 것은 무엇 때문입니까?"
>
> 맹자가 말했다. "자기의 대체(大體)를 따르면 대인이 되고 소체(小體)를 따르면 소인이 된다."
>
> 공도자가 또 물었다. "다 같은 사람이건만 어떤 사람은 대체를 따르고 어떤 사람은 소체를 따르는 것은 무엇 때문입니까?"
>
> 맹자가 말했다. "귀와 눈 등의 기관은 생각이 없고 외물에 가려진다. 물건과 물건이 교류하면 이끌릴 따름이다. 마음의 기관은 생각하는 것이니 생각하면 얻고 생각하지 않으면 얻지 못한다."[393]

여기서 대체는 사고하는 마음이고, 소체는 이목구비(耳目口鼻)와 같은 육체의 기관을 말한다. 맹자는 사람들이 모두 성선을 갖추긴 하나 사려하

---

393 『孟子』, 告子章句上, "公都子問曰, 鈞是人也, 或爲大人, 或爲小人, 何也? 孟子曰, 從其大體爲大人, 從其小體爲小人. 曰, 鈞是人也, 或從其大體, 或從其小體, 何也? 曰, 耳目之官不思, 而蔽於物. 物交物, 則引之而已矣. 心之官則思, 思則得之, 不思則不得也."

는 마음, 즉 대체에 따르면 대인이 되고, 육체의 욕망인 소체에 따르면 소인이 된다고 말하고 있다. 육체의 욕망은 생식, 부귀를 추종하는 세속적 욕망이다.

소체도 역시 인간의 생존에 필요한 기관이기에 그 자체는 소중하다. 다만 소체에서 비롯되는 욕구의 적절한 조화가 관건이 된다.

> 맹자가 말했다. "굶주린 자는 밥을 맛있게 먹고, 목마른 자는 물을 달게 먹는데 이것은 음식의 바른 맛을 얻은 경우가 아니다. 굶주림과 목마름이 바른 맛을 아는 것을 저해한 것이다. 어찌 입과 뱃속만이 굶주림과 목마름의 저해를 받겠는가? 인심도 역시 모두 저해를 받음이 있다."[394]

몹시 굶주리고 목마른 자에게는 모든 음식이 맛있고 달게 여겨진다. 이것은 음식 고유의 맛을 느끼는 게 아니라 굶주림과 목마름에 영향받는 것이 크다. 우리 마음도 마찬가지다. 본래 선한 본성을 타고났지만, 너무나 빈천하여 부모나 자식에게 할 도리를 못하거나, 타인으로부터 멸시를 받는 경우 우리는 부귀의 유혹에서 자유로울 수가 없다.

맹자는 우리 인간에게 부여된 덕성을 발현하는 대신에 세속적 욕망을 따르는 당시의 세태를 우려했다.

> "옛날 사람들은 천작(天爵)을 닦되, 인작(人爵)은 부차적인 것으로 생각했다. 오늘날의 사람들은 천작을 닦아서 인작을 구하려 하고, 이미 인작을 얻으면 천작을 버리니 이것은 정신을 못 차리는 사람이다. 마지막에는 반드시 망할 뿐

---

394 『孟子』, 盡心章句上, "孟子曰, 饑者甘食, 渴者甘飲, 是未得飲食之正也, 饑渴害之也. 豈惟口腹有饑渴之害? 人心亦皆有害."

이다."[395]

앞에서 나온 바와 같이 맹자는 인간의 덕성인 인(仁)·의(義)·충(忠)·신 (信) 등이 천작(天爵: 하늘의 벼슬)이라고 하며, 공(公)·경(卿)·대부(大夫) 등은 인작(人爵: 인간의 벼슬)이라고 했다. 맹자는 당시의 사람들이 인작을 얻기 위한 수단으로 천작을 닦고, 자신이 원하는 인작을 얻으면 덕성 수양을 벗 어던지는 현실을 개탄하고 있다.

> 맹자가 말했다. "귀하게 되고 싶은 것은 사람의 같은 마음이지만 사람마다 자 신에게 귀한 것이 있음을 생각하지 않는다. 사람들이 귀하게 여기는 것은 진 정 귀한 것이 아니다. 조맹이 귀하게 해준 것을 조맹이 천하게 할 수 있다."[396]

사람이면 모두 귀한 신분이 되고자 한다. 그런데 사람에게는 스스로 노 력하면 얻을 수 있는 인(仁)·의(義) 등의 귀한 천작(天爵)이 있는데 많은 사 람이 이를 깨닫지 못한다. 대체로 사람들은 세속의 인작(人爵)만을 귀하 게 생각한다. 조맹은 진(晉)나라 말기 진(晉)의 실세인 조앙(趙鞅)의 별칭 이다.[397] 조맹은 가진 힘으로 사람에게 벼슬을 내릴 수 있는데 또한 조맹이 빼앗을 수도 있다. 그러나 하늘의 벼슬인 천작은 인간 그 누구도 빼앗을 수 없는 벼슬이다. 우리는 천작을 보존하려고 얼마나 노력하는가?

---

395 『孟子』, 告子章句上, "古之人修其天爵, 而人爵從之. 今之人修其天爵, 以要人爵, 旣得人爵, 而棄其天爵, 則 惑之甚者也, 終亦必亡而已矣."

396 『孟子』, 告子章句上, "孟子曰 欲貴者人之同心也. 人人有貴於己者, 弗思耳. 人之所貴者非良貴也. 趙孟之 所貴, 趙孟能賤之."

397 조앙(趙鞅)이 본명이며 조맹(趙孟)은 조씨 집안의 장손이라는 의미이다. 조앙은 조간자(趙簡子)로 불 리기도 하며 후에 진(晉)이 한(韓), 위(魏), 조(趙)로 분열할 때 조(趙)나라를 일으키는 바탕을 세운 인물이다.

맹자가 말했다. "인(仁)이 불인(不仁)을 이기는 것은 물이 불을 이기는 것과 같지만, 오늘날 인(仁)을 행하려는 자는 한 잔의 물로 수레에 가득 실린 땔나무에 붙은 불을 끄려는 것처럼 한다. '꺼지지 않으면 물이 불을 이길 수 없다.'라고 말하는데 이것은 불인(不仁)이 심해지는 추세에 힘을 보태는 것이다."[398]

내 몸속의 지나친 욕망을 누르고 인(仁)을 행하려 하거나 사회정의를 실현하려면 어느 정도 노력과 헌신이 필요하다. 그런데 한 잔의 물로 한 수레에 붙은 불을 끌 수 없는 것처럼 미미한 노력과 희생으로 선은 악을 이길 수 없다고 너스레를 떠는 자가 있다. 이런 행위는 오히려 과정보다는 결과를 중요시하고 약자보다는 강자 편에 편승하는 그런 사회를 조성하는 데 일조한다.

예(禮)와 밥 먹는 것 중 무엇이 중요한가?

맹자는 성선인 인간이 그 행동에 있어서 선한 행동을 하지 못하는 원인을 소체인 육체의 욕망을 비롯한 세속적 욕망에 돌리고 있다. 그렇기 때문에 일단 사람은 모두 사단(四端)으로 표현되는 성선을 갖추고 있으나, 실제 행위에서 늘 선한 행위가 나오는 건 아니다. 다만 인간은 생각하는 능력이 있기 때문에 어떻게 생각하느냐에 따라 그러한 욕구를 자제하여 의로움을 얻을 수도 있고 잃을 수도 있다. 이러한 맹자의 성선론은 인간의 본성에 내재한 사단과 육체의 욕구를 구분하여 보는 입장으로서, 인간의 본성에

---

[398] 『孟子』, 告子章句上, "孟子曰, 仁之勝不仁也, 猶水勝火. 今之爲仁者, 猶以一杯水, 救一車薪之火也. 不熄則謂之水不勝火, 此又與於不仁之甚者也."

서 육체의 욕구를 배제하는 점이 특징이다.

맹자가 추나라에 있을 때 제자 옥려자(屋廬子)가 임(任)나라 사람과 대화를 하게 되었다. 그 대화의 내용은 '사단의 확충인 덕으로서의 예(禮)가 중요한 것인가?' 아니면 '욕구의 발현인 식색(食色)이 중요한 것인가?'에 관한 내용이었다.

> 임인(任人: 임나라 사람)이 옥려자에게 물었다. "예(禮)와 먹는 것[食] 중 무엇이 중요합니까?"
>
> 옥려자가 말했다. "예가 중요합니다."
>
> (임인이 말했다.) "여색(女色)과 예(禮) 중 무엇이 중요합니까?"
>
> 옥려자가 말했다. "예가 중요합니다."
>
> 임인이 말했다. "예로써 먹으려 하면 굶주려 죽고, 예로써 먹으려 하지 않으면 얻어먹을 수 있더라도 반드시 예로써 해야 합니까? 친영(親迎)하면 처를 얻지 못하지만 친영하지 않으면 처를 얻어도 반드시 친영해야 합니까?"
>
> 옥려자가 대답할 수 없어서 다음날 추(鄒)로 가서 맹자에게 고했다.[399]

조기(趙岐)에 따르면 임(任)은 제(齊)와 초(楚)의 사이에 있던 나라이다. '친영(親迎)'은 신랑이 신부집에서 신부를 맞이하여 자신의 집에서 혼인을 진행하는 혼례의식을 말한다. 윗글의 내용으로 보면 당시 옥려자가 임(任)나라에 있었던 것으로 보인다. 임인(任人)의 질문에 옥려자가 식색보다 예가 중요하다고 대답했다. 그러자 임인이 아예 극단적인 경우를 제시하여

---

399 『孟子』, 告子章句下, "任人有問屋廬子曰, 禮與食孰重? 曰, 禮重. 色與禮孰重? 曰, 禮重. 曰, 以禮食則飢而死. 不以禮食則得食, 必以禮乎? 親迎則不得妻, 不親迎則得妻, 必親迎乎! 屋廬子不能對, 明日之鄒以告孟子."

예를 갖추어 먹을 것을 찾다 보면 굶어 죽을 수 있고, 혼인절차에 따른 예를 갖추다 보면 아예 처를 얻을 수 없는 상황이 생길 수 있는데 예를 갖추어야 하는가를 되물었다. 옥려자가 제대로 대답을 못 하고는 답답한 마음에 스승이 머물고 있던 추(鄒)로 건너가 이 사실을 말했다.

> 맹자가 말했다. "이것에 대답하는 것에 어떤 어려움이 있는가? 그 근본을 헤아리지 않고 말단을 가늠한다면 한 치의 나무 조각을 높은 누각보다 높다고 할 수가 있다."[400]

맹자는 예와 식색을 비교한 것이 식색을 너무 극단으로 말하여 형평성을 잃었다는 점을 지적하고 있다. 이것은 마치 한 치의 나무 조각과 높은 누각의 높이를 비교할 때 근본이 되는 땅에 밀착하여 비교해야 하는데도 한 치의 나무 조각을 들어서 높은 누각의 위로 솟게 하여 비교하는 것과 같다는 말이다. 맹자는 임인의 부당한 논리를 부연하여 반박한다.

> "쇠가 깃털보다 무겁다는 것은 어찌 한 개의 혁대 장식과 한 수레의 깃털을 말함인가? 취식의 중함과 예의 가벼운 것으로 비교하면 어찌 취식만 중할 뿐이겠는가? 여색의 중함과 예의 가벼운 것으로 비교하면 어찌 여색만 중할 뿐이겠는가?"[401]

맹자는 예와 식색을 비교할 때 서로 같은 정도와 조건에서 비교되어야

---

400 『孟子』, 告子章句下, "孟子曰, 於答是也何有? 不揣其本而齊其末, 方寸之木可使高於岑樓."
401 『孟子』, 告子章句下, "金重於羽者, 豈謂一鉤金與一輿羽之謂哉? 取食之重者與禮之輕者而比之, 奚翅食重? 取色之重者與禮之輕者而比之, 奚翅色重?"

하는데 그 정도와 조건이 아주 다른 상황에서는 경중이 서로 달라질 수 있다고 말한다. 비슷한 분량의 쇠와 깃털을 비교하면 당연 쇠가 무겁지만, 혁대 장식 정도의 쇠와 한 수레 가득한 깃털의 무게를 비교하면 깃털이 더 무겁다는 말이다. 예와 여색의 경중도 마찬가지이다.

> (맹자가 말했다.) "가서 그에게 대응하여 말하라! 형의 팔을 비틀어서 먹을 것을 빼앗으면 먹을 것을 얻을 수 있고, 비틀지 않으면 먹을 것을 얻지 못한다면 장차 형의 팔을 비틀겠는가? 동쪽 집의 담장을 넘어 그 처자를 강제로 끌고 가면 처를 얻을 수 있고, 강제로 끌고 가지 않으면 처를 얻지 못한다 하더라도 장차 강제로 끌고 가겠는가?"[402]

예(禮)를 따르다 굶어 죽는 경우와 예를 따르다 아예 처를 얻을 수 없다는 가정은 너무 극단으로 설정되었다. 이에 맹자는 극단을 배제하고 정도가 비슷한 상황으로 전환했다. 즉 형의 팔을 비틀면서도 먹을 것을 빼앗을 것인가? 비틀지 않고 먹을 것을 포기할 것인가? 남의 집 처자를 월담을 하여 강제로 끌고 올 것인가? 그냥 포기할 것인가? 여기서 살거나 굶주려 죽는 것과 처를 얻거나 못 얻고는 결과의 차이가 좀 크기에 맹자는 예를 어기는 수위를 상대적으로 높여서 균형을 맞추었다. 이런 보통의 상황에서라면 사람들은 대체로 예를 보다 중요하게 여길 것이라고 맹자는 생각했다.

---

402 『孟子』, 告子章句下, "往應之曰, 紾兄之臂而奪之食則得食. 不紾則不得食, 則將紾之乎? 踰東家牆而摟其處子則得妻. 不摟則不得妻, 則將摟之乎?"

마음의 기호, 이(理)와 의(義)

맹자는 인간의 본성이 태어날 때부터 타고난 것이며, 그 본성은 선하다고 했다. 그리고 선한 인간의 본성이나 역량은 육체적 욕망이나 환경적 요인에 의해서 훼손될 수 있지만, 더 돋보일 수도 있음을 아울러 말했다. 그런데 맹자는 본성도 선하고 욕구나 외부적 환경에 의해 그 본성이 훼손된 사람은 아니지만, 간혹 우리가 어떤 사람이 처한 상황에서 일시적 혹은 어찌할 수 없는 행위를 보고 오해할 수 있는 경우가 있다고 생각했다.

> 맹자가 말했다. "서자(西子)가 오물을 덮어써서 깨끗하지 않으면 사람들이 모두 코를 막고 지나갈 것이다."[403]

중국에서는 4대 미녀로 회자되는 인물이 있는데 바로 춘추시대 월(越)의 서시, 전한(前漢)의 왕소군, 후한(後漢)의 초선, 당(唐)의 양귀비이다. 이중 초선은 삼국지연의에 나오는 가공 인물이고 다른 인물들은 실재한 것으로 추정된다. 위의 '서자(西子)'는 춘추시대 때 월(越)나라의 미녀 서시(西施)의 존칭이다. 서시에 관한 기록은 『사기』, 『좌전』 등의 역사서에서 전하지 않고 야사나 문집 등으로 전한다. 서시의 원래 이름은 시이광(施夷光)이다. 서시가 살던 마을은 동서로 나뉘어있었고, 그녀는 서쪽에 살았기 때문에 사람들이 그녀를 서시(西施)라고 불렀다고 전해진다. 서시는 얼굴은 아름다웠지만, 심장이 약했다. 『장자』에는 이런 이야기가 있다.

---

403 『孟子』, 離婁章句下, "孟子曰, 西子蒙不潔, 則人皆掩鼻而過之."

"서시는 심장이 약해서 마을에서 얼굴을 찡그리곤 했다. 어느 추인(醜人: 못생긴 사람)이 그녀를 보고는 아름답다고 느꼈다. 집으로 온 뒤로는 마을에서 심장을 지그시 잡고 얼굴을 찡그리고 다녔다. 그 마을의 부자가 그녀를 보자 문을 굳게 잠근 후 나오지 않았으며 가난한 사람도 그녀를 보고는 처자를 잡아끌고는 달아나듯이 자리를 떠났다."[404]

본래 절세미인인 서시는 얼굴을 찡그려도 아름답게 보인 모양이다. 여기서 나온 사자성어가 '서시빈목(西施矉目)'이다. 서시빈목은 직역하면 '서시처럼 눈살을 찌푸린다'로 풀이되는데, 영문도 모르고 다른 사람의 흉내를 내서 비웃음거리가 된다는 뜻이다. 너무 미인이었던 서시는 국가에 의해 전략적으로 이용된다. 기원전 494년 때 오왕(吳王) 부차는 월왕(越王) 구천을 회계에서 격파한다. 구천은 부차의 신하가 될 것을 맹세 후 본국으로 돌아올 수 있었다. 구천은 전날의 치욕을 잊지 않으려고 쓰디쓴 쓸개를 맛보며 현신(賢臣)인 대부(大夫) 종(種)과 범려(范蠡)의 보필을 받아 점차 힘을 키웠다. 구천은 대부(大夫) 종(種)의 책략에 따라 미녀 서시를 딸려 범려를 오왕 부차에게 사신으로 보낸다. 결국 오왕 부차가 서시의 미모에 빠져 국정을 소홀히 함으로써 국력이 약해지자 회계산전투 후 20여 년 후인 기원전 473년에 구천이 쳐들어가 부차를 자결하게 하여 오나라를 멸망시켰다. 오나라 멸망 후 서시가 어찌 되었는가는 여러 추측만 있을 뿐 정설은 없다.

맹자는 절세미인인 서시도 오물을 덮어쓰면 사람들이 알아보지 못하고 코를 막고 지나가는 것처럼 착한 본성을 발현하여 선하게 살려는 사람도

---

404 『莊子』, 天運, "西施病心而矉其里, 其里之醜人見之而美之, 歸亦捧心而矉其里. 其里之富人見之, 堅閉門而不出, 貧人見之, 挈妻子而去走."

어떤 위급하거나 곤궁한 상황에서는 그 선한 모습이 드러나지 않는 경우가 있을 수도 있다고 보았다. 그렇기 때문에 우리는 사람을 판단할 때 여러 상황을 감안하여 신중하게 해야 할 필요가 있다.

이처럼 맹자는 인간의 본성이 소체인 육체적 욕망이나 환경적 요인 등에 의해 가려지거나 훼손될 수 있고, 또 반대로 돋보일 수도 있지만, 궁극적으로 인간이 결국 악보다는 선한 행동을 할 경향성이 높은 존재라고 보고 있다.

> "입은 맛에 대하여 동일한 기호가 있고, 귀는 소리에 대해서 동일한 청각이 있고, 눈은 색에 관하여 동일한 아름다움이 있다. 마음에 이르러서는 유독 동일하게 그러한 것이 없겠는가? 마음이 동일하게 그러한 것은 무엇인가? 이(理)와 의(義)다. 성인은 우리 마음이 똑같이 옳게 여기는 바를 먼저 터득했을 뿐이다. 고로 이와 의가 나의 마음을 기쁘게 하는 것은 추환(芻豢: 풀 먹는 짐승과 곡식을 먹는 가축)이 우리 입을 기쁘게 하는 것과 같다."[405]

인간이 선한 행동을 하려면 사물을 바라보는 나름대로의 가치관이 정립되어야 하는데, 그것은 바로 '이(理: 이치)'와 '의(義: 의로움)'의 추구이다. 우리가 추환을 잡아먹을 때 맛이 있어서 즐거워하는 바와 같이 '이'와 '의'를 추구하는 것은 인간의 마음을 기쁘게 한다. 성인은 결국 인간의 마음이 모두 옳다 여기는 '이'와 '의'를 먼저 알고 깨달은 사람에 지나지 않는다고 할 수 있다. 따라서 '이'와 '의'를 추구하는 선한 행동을 하게 되면 우리의

---

405 『孟子』, 告子章句上, "口之於味也, 有同耆焉, 耳之於聲也, 有同聽焉, 目之於色也, 有同美焉. 至於心, 獨無所同然乎? 心之所同然者何也? 謂理也, 義也. 聖人先得我心之所同然耳. 故理義之悅我心, 猶芻豢之悅我口."

마음이 기쁘기 때문에 인간은 선한 행동을 할 가능성이 크다고 맹자는 보고 있다. 맹자는 이처럼 선한 행동이 인간의 정서적인 기호(嗜好)에도 부합된다고 보고 있다. 그리고 선한 본성을 훼손하여 악인으로 전락했더라도 다시 그 본성을 되찾은 경우에는 기꺼이 우리가 수용해야 한다고 말한다.

"비록 악인이더라도 재계(齊戒)하여 목욕하면 상제를 제사 지낼 수 있다."[406]

조상이나 신에게 제사를 지낼 때는 재계(齊戒: 몸과 마음을 깨끗이 함)하여 임한다. 지금까지는 사욕 혹은 환경적 요인으로 선한 본성을 훼손했지만 본래 그것은 본성 자체가 악해서가 아니다. 따라서 악에 물든 자신을 재계하여 본성을 되찾은 자는 선하고 정결한 몸으로 상제(上帝)를 제사 지낼 수 있고 주위의 격려 또한 필요하다.

맹자 인성론의 특징을 요약하면 인간의 본성은 정해져 있으며, 그 본성은 불인인지심이라는 선한 본성을 띄고 있는데, 소체인 육체의 욕구나 환경적 요인으로 인하여 선한 본성이 가려질 수 있다는 것이다. 맹자 인성론에서 논란의 여지가 있는 것은 본성과 육체의 욕구 관계이다.

맹자가 말했다. "입이 맛에 대하여, 눈이 색에 대하여, 귀가 소리에 대하여, 코가 냄새에 대하여, 사지가 안일함에 대하여는 본성이지만 명(命)이 있다. 군자는 본성이라 일컫지 아니한다."[407]

---

406 『孟子』, 離婁章句下, "雖有惡人, 齊戒沐浴則可以祀上帝."
407 『孟子』, 盡心章句下, "孟子曰, 口之於味也, 目之於色也, 耳之於聲也, 鼻之於臭也, 四肢之於安佚也, 性也, 有命焉, 君子不謂性也."

이목구비(耳目口鼻)에게 각각 좋아함과 싫어함이 있고 사지가 안일함을 좋아하는 것은 본래 타고난 자연적 본성이다. 그러나 부귀와 같은 육체의 욕구는 원하는 대로 얻어지는 것이 아니어서 운명이란 것이 있다. 이것은 우리가 노력하면 얻어질 수 있는 천작(天爵)과 차이가 있다. 군자는 도덕적으로 이상적인 인간을 지칭한다. 군자가 본성이라 일컫지 않는다는 말은 무엇일까? 인간이나 동물이나 사실 타고난 것은 모두 본성이라고 말할 수 있다. 그러나 인간은 동물과 구별되는 인간 고유의 본성이 있다. 특히 군자의 인성적 특징인 도덕적, 사회적 관점에서 볼 때 도덕적인 경향성이 그것이다. 그래서 우리가 타고난 것이지만 도덕적, 사회적 시각으로 볼 때 이목구비나 사지의 욕구는 굳이 본성이라 일컫지 않는다. 맹자의 이러한 설명은 본성의 개념에 있어서 이율적 측면이 있다. 이에 송대(宋代)의 성리 학자들은 본성의 개념을 명확히 구분하기 위해 위와 같은 이목구비나 사지와 관련된 타고난 육체의 욕구를 기질지성(氣質之性)이라 불렀다. 맹자는 이어서 말한다.

> "인(仁)이 부모와 자식 간에 대하여, 의(義)가 군주와 신하 간에 대하여, 예(禮)가 손님과 주인에 대하여, 지(智)가 현자(賢者)에 대하여, 성인(聖人)이 천도(天道)에 대하여 (하늘로부터 받은) 명(命)이지만 본성이 있다. 군자는 운명이라 일컫지 아니한다."[408]

군자가 운명이라 일컫지 않는다는 말은 무엇일까? 인간은 동물과 구별되는 인간 고유의 본성이 있다. 특히 군자의 인성적 특징인 도덕적, 사회

---

408 『孟子』, 盡心章句下, "仁之於父子也, 義之於君臣也, 禮之於賓主也, 智之於賢者也, 聖人之於天道也, 命也, 有性焉, 君子不謂命也."

적 관점에서 볼 때 바로 인의예지나 성스러움에 대한 경향성이 그것이다.

인의예지(仁義禮智)나 성스러움은 하늘로부터 인간이 품부한 명(命)이지만 두텁거나 박하거나, 맑거나 탁한 차이가 있다. 그렇지만 인간은 공통적으로 이러한 덕들을 행할 경향성인 본성이 있어서 공부하여 개선하려고 한다. 다시 말해 인간의 노력으로 얼마든지 성취할 수 있다. 그래서 본성이지만 운명이라고 하지 않는다는 말이다. 인의예지(仁義禮智)나 성스러움을 행하려는 도덕적 본성을 성리학자들은 천지지성(天地之性)[409]이라 부른다.

이상을 요약하면, 타고났다는 자연 발생적 의미로 보면 인체의 욕구나 도덕성이나 모두 본성이다. 그러나 도덕적, 사회적 의미로 볼 때 학습이나 수양 등으로 성취할 수 있는 인의예지나 성스러움을 행할 가능성을 맹자는 본성이라고 본다.

이러한 맹자의 인성론을 기반으로 하여 본성을 개념적으로 명확히 하려 한 학자가 조선의 다산 정약용이다. 다산은 본성[性]을 "마음[心]의 기호(嗜好)"[410]라고 보았다. 맹자는 마음에도 입·귀·눈과 같이 기호가 있다고 했다. 다산은 맹자의 이 말에 주목했다. 마음의 기호란 내 마음이 끌리는 경향성을 말한다. 다산에 따르면 기호에는 형구(形軀)의 기호와 영지(靈知)의 기호가 있다. 전자는 육체적, 감각적 기호이고, 후자는 하늘로부터 받은 천성인 도덕적 기호이다.[411] 이와 같이 인간에게는 도덕적 기호를 의미하는 영지의 기호와 육체적 욕구를 의미하는 형구의 기호가 있지만, 인간은 본래 선을 즐거워하고 악을 싫어하는 경향성이 있다고 다산은 말한다. 다

---

409 천명지성(天命之性), 본연지성(本然之性)이라고도 불린다.

410 『與猶堂全書』, 第二集, 中庸自箴 卷一 二, 天命之謂性 率性之謂道 脩道之謂敎, "性者心之所嗜好也."

411 『與猶堂全書』, 第一集, 詩文集, 自撰墓誌銘 十六, "有形軀之嗜 有靈知之嗜, … 孟子曰動心忍性又以耳目口體之嗜爲性此形軀之嗜好也天命之性性與天道性善盡性之性此靈知之嗜好也."

산에 따르면 젖먹이도 칭찬을 들으면 기뻐함을 보이고, 어린아이도 꾸지람을 받으면 부끄러워한다. 또 도둑은 악인이지만 모르는 사람이 그를 청렴한 선비라고 찬미하면 즐거워하고, 음란한 자는 악인이지만 모르는 자가 정녀(貞女)라고 칭송하면 즐거워한다. 그렇기 때문에 우리 인간은 형구의 기호와 영지의 기호 둘 다를 갖고 있지만, 인간은 자율적, 주체적 입장에서 선택할 수 있으며, 이럴 경우 도덕적 기호인 영지의 기호가 본바탕에서 우세하다고 말한다.

다산 인성론의 특징은 맹자의 대체에 해당하는 영지의 기호뿐만 아니라 육체의 욕구에 해당하는 형구의 기호까지 인간의 본성으로 실체적으로 그대로 인정한다는 점이다. 즉 심성과 육체를 분리하여 보는 것이 아니라 심신일여(心身一如: 마음과 몸은 하나)적 관점에서 육체의 욕구까지 본성으로 보고 있다. 그리고 영지의 기호와 형구의 기호라는 두 가지 본성이 있지만, 영지의 기호가 본래 바탕에서 우세하다고 하여 인간이 선을 행할 가능성에 대해 보다 더 긍정적으로 보고 있다.

2절 인간과 동물은 서로 다르다

사람과 동물은 타고난 것이 다르다

맹자는 타고난 본성이 정해져 있고, 인간의 본성은 선하다고 주장했다. 그리고 인간의 본성이 선하다는 것을 우물에 빠지려는 아이를 문득 보면 누구라도 깜짝 놀라 모두 측은히 여기는 마음[惻隱之心]이 생기는 것으로 논증했다. 그렇다면 인간과 동물의 본성은 같은가? 다른가? 맹자는 다음과 같이 고자와의 논변을 통하여 인간의 본성은 동물과 다르다고 말한다.

고자(告子)가 맹자에게 말했다. "사는 것이 본성(本性)입니다."

맹자가 말했다. "사는 것이 본성이라는 말씀은 마치 흰 물건은 희다고 하는 것과 같다는 말씀입니까?

고자가 대답했다. "그렇습니다."

맹자가 물었다. "그러면 흰 깃털의 흼은 백설의 흼과 같고 백설의 흼은 백옥의 흼과 같다는 말씀입니까?"

고자가 대답한다. "그렇습니다."

맹자가 다시 물었다. "그렇다면 개의 본성이 소의 본성과 같고 소의 본성이 사람의 본성과 같다는 말씀입니까?"

고자가 말했다. "식욕, 색욕이 성입니다."[412]

사는 것이 본성이라는 고자의 주장은 인간과 동물의 생리적 욕구 측면에서 본성을 본 것이다. 고자는 식욕, 색욕은 인간이나 다른 동물이 별 차이가 없기 때문에 인간과 동물의 본성이 다르지 않다고 보고 있다. 그러나 맹자는 외형적 현상만을 보고 판단할 문제가 아니라 사람이나 사물 자체에 본래 내재된 문제라고 말하고 있다. 맹자의 주장은 결국 사람과 동물의 본성이 태어날 때부터 같지 않다는 말이다. 사람과 동물의 본성이 서로 다르다는 맹자와 같은 주장은 도가 계통인 노자와 장자를 제외하고는 묵자나 중국의 성리학, 양명학 그리고 실학에서도 공통적으로 나타나고 있다.

---

412 『孟子』, 告子章句上, "告子曰, 生之謂性. 孟子曰, 生之謂性也, 猶白之謂白與? 曰, 然. 白羽之白也, 猶白雪之白, 白雪之白猶白玉之白與? 曰, 然. 然則犬之性猶牛之性, 牛之性猶人之性與? 食色, 性也."

노자는 "천지는 어질지 않아서 만물을 풀강아지[芻狗][413]로 여긴다."[414]라고 했다. 본래 노자는 유가의 도덕인 인의예지가 인간의 사적이고 차별적인 감정에서 유래되었다 하여 배격한다. 그러므로 위의 노자의 말을 노자의 관점에서 다시 보면 천지는 사적이고 차별하는 감정이 없기 때문에 만물을 풀강아지처럼 동등하게 여기는 것으로 해석된다. 장자는 "천지는 나와 더불어 생겨났고, 만물은 나와 더불어 하나이다."[415]라고 했다. 이처럼 노자와 장자는 인간과 만물의 본성의 차이점을 굳이 구별하지 않았다.

인간은 양지, 양능이 있다

앞에서 말한 바와 같이 도가를 제외하고는 유가나 묵가, 신유학으로 분류되는 성리학과 양명학 그리고 실학은 인간과 사물의 본성이 다르다고보는 입장이다. 지금까지 논의한 사단과 같은 본성이 인간에게만 있는 것이기도 하지만 다음과 같은 타고난 능력과 지혜 면에서도 그 차이가 드러난다.

> "사람이 배우지 않고도 할 수 있는 것은 양능(良能)이라 하며, 생각하지 않고도 아는 것은 양지(良知)라 한다. 어린아이들이 그 부모를 사랑하는 것을 알지 못함이 없는 자는 그 손위에 미쳐서는 그 형을 공경할 줄 알지 못함이 없다. 양친을 친애하는 것은 인(仁)이요, 윗사람을 공경하는 것은 의(義)이다. 다른 게

---

413 추구(芻狗)는 옛날 중국에서 제사 지낼 때 쓰이던 짚으로 만든 개를 이르는 말이다. 따라서 이 말은 얼마 지나지 않아서 곧 아무런 소용이 없게 되어버린 물건을 비유할 때 쓰이기도 했다.

414 『道德經』, 5章, "天地不仁, 以萬物爲芻狗."

415 『莊子』, 齊物論, "天地與我竝生, 而萬物與我爲一."

아니다. 천하에 통달되는 이치이다."[416]

　맹자는 인간에게는 배우지 않고도 할 수 있는 양능(良能)이 있고 생각하지 않고도 알 수 있는 양지(良知)가 있다고 본다. 양지·양능은 동물과 달리 인간이 가지고 태어난 선천적인 것이다. 이 양지·양능에 의하여 양친을 친애하고 윗사람을 공경하는 인(仁)과 의(義)를 인간은 행할 수 있다. 결국, 맹자가 인간과 다른 동물의 차이점으로 본 것은 사단과 같은 선한 본성을 가진 것, 양지·양능과 같은 지혜와 능력을 가진 것으로 종합할 수 있다.

인간은 목숨 대신 의로움을 취해야 한다

　공자는 여러 도덕 중에서도 인(仁)을 최고의 덕목으로 보았지만, 인간에게 평소 행동의 준거로서 의(義: 의로움)도 중요시했다. 『논어』에서 공자는 "군자는 의(義)에 밝고 소인은 이(利)에 밝다."[417]고 하여 의(義)가 군자가 추구해야 할 덕목임을 말했다. 또 의(義)는 벼슬하는 자들이 지향해야 할 가치이기도 하다. 역시 『논어』에는 자로가 공자의 심중을 대변하여 "군자가 벼슬하려는 것은 그 의(義)를 행할 따름이다."[418]라고 말하는 대목이 있다. 이것은 벼슬하는 것이 세속적 욕망을 충족하기 위함이 아니라 의(義)를 행하기 위한 목적이란 말이다. 다음의 말에서 이러한 입장이 더욱 분명하게

---

416 『孟子』, 盡心章句上, "人之所不學而能者, 其良能也. 所不慮而知者, 其良知也. 孩提之童, 無不知愛其親者, 及其長也, 無不知敬其兄也. 親親, 仁也. 敬長, 義也. 無他, 達之天下也."
417 『論語』, 里仁第四, "子曰, 君子喩於義, 小人喩於利."
418 『論語』, 微子第十八, "君子之仕也, 行其義也."

나타난다.

"거친 밥을 먹고 물을 마시며 팔을 굽어서 베개로 삼더라도 즐거움이 역시 그 중에 있다. 불의(不義)이면서 부와 귀는 나에게 있어 뜬구름과 같다."[419]

이와 같이 의롭지 못한 부귀(富貴)는 공자에게 부질없는 뜬구름과 같다. 그리고 공자는 한 걸음 더 나아가 의(義)가 모든 인간에게 보편적으로 요청되는 그 무엇이라는 점을 강조했다. 공자는 "온종일 모여 앉아서도 화제가 의로움에 이르지 않고 조그마한 지혜나 구사하기를 좋아한다면 참으로 난감한 일이다."[420]라고 했는데, 이 말은 공자가 의(義)에 대해 인간의 극히 기본적인 요건으로 이해하고 지향했음을 알 수 있다.

맹자도 의(義)를 정치와 일상생활에서의 행동의 준거로 삼았다. 맹자는 왕도정치의 요건으로 인(仁)과 의(義)에 의한 정치를 제시한 바 있다. 그뿐만 아니라 의(義)는 목숨과도 바꿀 수 있는 가치이기도 하다.

"물고기도 내가 바라는 것이고, 곰 발바닥도 내가 바라는 것이지만 둘 다 동시에 얻지 못한다면 물고기를 버리고 곰 발바닥을 취할 것이다. 목숨도 내가 바라는 것이고 의(義)도 내가 바라는 것이지만, 둘 다 동시에 얻지 못한다면 목숨을 버리고 의를 취할 것[舍生而取義]이다."[421]

---

419 『論語』, 述而第七, "飯疏食飮水, 曲肱而枕之, 樂亦在其中矣. 不義而富且貴, 於我如浮雲."

420 『論語』, 衛靈公第十五, "群居終日, 言不及義, 好行小慧難矣哉."

421 『孟子』, 告子章句上, "魚, 我所欲也. 熊掌, 亦我所欲也, 二者不可得兼, 舍魚而取熊掌者也. 生, 亦我所欲也. 義, 亦我所欲也, 二者不可得兼, 舍生而取義者也."

맹자는 선택해야 하는 상황을 두 가지로 설정하여 말하고 있다. 맹자는 어쩔 수 없이 두 가지 중 하나만을 선택한다면 물고기와 곰 발바닥 중 곰 발바닥을 선택한다고 하였다. 이처럼 목숨과 의로움 중 한 가지만을 선택해야 한다면 목숨을 버리고 의로움을 따르겠다는 말이다. '사생취의(舍生取義)'[422], 도덕성이 바탕이 된 의지와 배짱이 묻어나오는 말이다. 이처럼 맹자는 공자가 평소 생활의 준거로 삼은 의(義)를 목숨과도 바꿀 수 있는 가치로 인식했다.

의(義)를 추구하려면 인간은 부끄러울 줄 알아야 한다. 본래 인간은 수오지심(羞惡之心)이 있지만, 맹자는 부끄러워할 줄 아는 것이 특히 일반 동물과 구별되는 인간의 특성이라고 말한다.

> 맹자가 말했다. "사람은 부끄러움이 없어서는 안 된다. 부끄러움이 없음을 부끄러워한다면 부끄러울 일이 없다."[423]

사람의 특성 중의 하나가 부끄러움을 아는 것이다. 부끄러움을 느끼지 못함을 부끄러운 것이라고 인식하는 사람은 평소 생활하며 부끄러운 짓을 하려는 사람이 아닐 것이다.

> 맹자가 말했다. "사람에게 있어서 부끄러움은 큰 것이다. 기회를 보고 바꾸는 것을 교묘하게 하는 자는 부끄러움이 소용없는 자이다."[424]

---

422 '舍'는 '집', '머물다'의 뜻도 있지만 '버리다'의 뜻도 있다. 이 경우 '捨'와 통용된다.

423 『孟子』, 盡心章句上, "孟子曰, 人不可以無恥. 無恥之恥, 無恥矣."

424 『孟子』, 盡心章句上, "孟子曰, 恥之於人大矣. 爲機變之巧者, 無所用恥焉."

부끄러움을 알아서 떳떳하지 못한 일을 행하지 않는 자는 성현으로 나아갈 수 있지만, 부끄러움이 없는 자는 금수와 비슷한 존재가 될 수 있다. 그러므로 부끄러움은 인간다움을 표현하는 큰 잣대가 된다. 우리 주위에는 부귀나 명예를 위하여 힘 있는 자를 쫓아다니거나 자신의 유리한 상황에 따라 이쪽저쪽에 서는 사람도 있다. 이런 자들에게 부끄러움은 남의 일일 뿐이다.

합당하지 않은 재화, 부끄러운 부귀

맹자는 전국을 돌아다니며 전국시대 제후들에게 왕도정치의 필요성을 역설했다. 맹자 일행의 규모는 상당한 것으로 추정되는데 맹자는 여기에 소요되는 경비를 제후들에게 지원받았다. 그런데 맹자는 제후들에게 어떻게 지원을 받았을까? 맹자가 간청했는지 아니면 제후들이 알아서 준 것인지 사뭇 궁금하다. 맹자 제자 중 진진(陳臻)이란 자가 있었다. 진진이 마침 그 문제를 화제로 삼았다.

> 진진(陳臻)이 물었다. "일전에 제나라 왕이 겸금(兼金) 일백 일(鎰)을 보냈는데 받지 않으시고, 송(宋)나라에서는 칠십 일(鎰)을 보냈는데 받으시고, 설(薛)나라에서는 오십 일(鎰)을 보냈는데 받으셨습니다. 일전에 받지 않은 것이 옳다면 오늘 받은 것은 잘못된 것이고, 오늘 받은 것이 옳다면 일전에 받지 않은 것은 잘못된 것입니다. 선생님께서는 이런 일에 일관되게 처신하셨으면 합니

다."[425]

'겸금(兼金)'은 양질의 금(金)을 말한다. '일(鎰)'은 스물넉 냥 되는 무게 단위다. 진진은 맹자가 제후들이 주는 금(金)을 선택적으로 받은 것에 이 의를 제기하고, 스승께 일관된 행동을 요청하고 있다. 맹자의 반응은 이러 했다.

맹자가 말했다. "모두가 옳은 것이다. 송나라에서는 나는 장차 원행(遠行)을 예 정하고 있었다. 떠나는 사람에게는 반드시 전별금을 준다. (왕께서 말씀하시 길) 전별로 예물을 보낸다고 하니 내가 어찌 받지 않겠는가? 설나라에서는 경 계하는 마음이 있었다. (왕께서 말씀하시길) 경계함을 들었다고 하여 병사들 을 위해 금을 보낸 것이다. 내가 어찌 받지 않겠는가? 제나라에서는 머무를 곳이 정해지지 않았다. 머무를 곳이 정해지지 않았는데도 금을 보낸 것은 재 화를 주는 것이다. 어찌 군자이면서 재화를 취할 수 있겠는가?"[426]

송나라에서 받은 금(金)은 원행을 떠나는 자에게 군주가 주는 전별금이 니 이것은 예물에 해당한다. 설나라에서는 누군가 맹자를 해코지하려 한 다는 말을 들었다. 이에 맹자가 무장한 사람을 구성하여 경계를 서게 했는 데, 설나라 군주가 금을 보내 그 경비로 쓰라고 했다. 즉 구호자금으로 준 재화였다. 그런데 제나라에서는 입국한 지 얼마 안 되어서 소임이 정해지

425 『孟子』, 公孫丑章句下, "陳臻問曰, 前日於齊, 王餽兼金一百而不受, 於宋, 餽七十鎰而受, 於薛, 餽五十鎰而 受. 前日之不受是, 則今日之受非也, 今日之受是, 則前日之不受非也. 夫子必居一於此矣."

426 『孟子』, 公孫丑章句下, "孟子曰, 皆是也. 當在宋也, 予將有遠行, 行者必以贐, 辭曰, 餽贐. 予何爲不受? 當 在薛也, 予有戒心, 辭曰, 聞戒, 故爲兵餽之. 予何爲不受? 若於齊, 則未有處也. 無處而餽之, 是貨之也. 焉 有君子而可以貨取乎?"

지 않았다. 맹자는 후에 제나라에서 명예직인 객경(客卿)이라는 벼슬을 받았지만, 당시에는 벼슬이 있는 것도 아니었고 또 긴급한 용도로 쓸 경비가 필요하지도 않았다. 그래서 맹자는 제나라 군주의 금을 받지 않았다. 이렇듯 맹자는 먼 길 떠나는 손님에게 주어지는 예법에 따른 전별금이나 긴급한 구호자금 등은 받았다. 특별한 이유 없이 받는 것은 재산 증식의 의미인 재물로 받는 것이어서 맹자는 받을 수 없었다. 군주가 일반 백성에게 주는 재화도 마찬가지다.

> 만장이 물었다. "군주가 곡식을 주면 받아도 됩니까?"
>
> 맹자가 말했다. "받을 수 있다."
>
> "받는다면 어떤 의미입니까?"
>
> 맹자가 말했다. "군주는 백성을 진실로 구휼해야 한다."
>
> 만장이 말했다. "구휼하면 받고 그냥 주면 받지 않음은 왜 그렇습니까?"
>
> 맹자가 말했다. "감히 해서는 안 되기 때문이다."
>
> 만장이 말했다. "감히 해서는 안 되는 상세한 이유를 감히 묻습니다."
>
> 맹자가 말했다. "문지기나 야경꾼은 모두 일정한 직책이 있어서 윗사람에게 밥벌이를 한다. 일정한 직책이 없으면서 윗사람에게 그냥 받는 것은 공손하지 못한 행위이다."[427]

군주는 자국을 방문한 손님에게 예물로서 주는 전별금이나 구호자금을 줄 수 있다. 그뿐만 아니라 군주는 자국의 백성에게도 곡식을 줄 수 있다.

---

427 『孟子』, 萬章章句下, "萬章曰, 君餽之粟, 則受之乎? 曰: 受之. 受之何義也? 曰, 君之於民也, 固周之. 曰, 周之則受, 賜之則不受, 何也? 曰, 不敢也. 曰, 敢問其不敢何也? 曰, 抱關擊柝者, 皆有常職以食於上. 無常職而賜於上者, 以爲不恭也."

그런데 그 성격은 곤경에 빠진 백성을 구휼하기 위함이다. 군주로부터 일정한 재화를 받는 자는 일정한 직책이 있는 자들이다. 따라서 직책이 없는 백성이 군주가 주는 재화나 곡식을 받는지 그 여부는 법규의 문제가 아닌 예(禮)의 문제이다. 그렇기 때문에 명분 없이 주는 곡식을 냉큼 받는 것은 예의 기본인 공손함이 없는 행위이다.

또한 맹자는 군주가 주는 재화뿐만 아니라 사람들 대부분이 욕구하는 부귀도 떳떳하게 부끄럼 없는 방법으로 취해야 한다고 말한다.

"제(齊)나라 사람이 처와 첩을 두고 주로 집 안에 머물러있었다. 그 남자는 외출하면 늘 술과 고기를 잔뜩 먹고 돌아왔다. 그 처가 어떤 사람과 어울려 먹고 마셨는지를 묻자 아주 부귀한 사람들이라고 말했다. 그 처가 첩에게 말했다. '남편이 외출하면 늘 술과 고기를 잔뜩 먹고 돌아오길래 누구와 먹고 마셨는지를 묻자 아주 부귀한 사람들이라고 말하네. 그런데 지금까지 드러난 사람이 없으니 내가 남편이 가는 곳을 몰래 엿보려 하네.'

처는 아침에 일찍 남편이 가는 곳을 몰래 따라갔다. 남편은 온 동네를 돌아다니면서도 더불어 서서 말하는 자가 없었다. 마침내 동쪽 성곽으로 가더니 무덤 사이에서 제사 지내는 사람에게 남은 음식을 구걸하고 부족하다 싶으면 두리번거리다가 다른 제사 지내는 사람에게 갔다. 이것이 그가 잔뜩 먹고 마시는 방법이었다. 그 처가 돌아와서 그의 첩에게 말했다. '남편은 우러러보고 평생을 같이해야 할 사람이거늘 지금 이런 모양일세.'

처와 첩은 그 남편을 원망하면서 마당에서 서로 붙들고 울었다. 그런데 남편은 그런 줄도 모르고 바깥에서 어슬렁거리며 돌아와 처와 첩에게 (부귀한 사람들과 먹었다고 하며) 우쭐대었다."[428]

처와 첩까지 두고 있는 제나라 남자는 평소 집 안에 처박혀있다가 간혹 외출하면 늘 술과 고기를 잔뜩 먹고 오고는 부귀한 사람들과 어울려 먹었다고 말했다. 그러나 사실 그는 친구도 별로 없고 무덤에서 제사 지내는 사람들에게 구걸하여 음식을 얻어먹은 것이었다. 처와 첩이 보았을 때는 떳떳하게 일을 하여 얻은 것도 아니고, 당당하게 친구들과 교류하여 먹은 것도 아니고 구걸하여 얻어먹은 것이어서 너무나 수치스러웠다. 맹자는 이것을 유추 확장하여 떳떳하고 당당하지 못한 부귀의 추구도 마찬가지라고 했다.

"군자의 입장에서 보면 사람들이 부귀와 입신출세를 구할 때 그 처와 첩이 부끄럽지 않아서 서로 붙들고 울지 않게 하는 자가 거의 드물 것이다."[429]

부귀는 사실 쉽사리 얻어지지 않는다. 특히 정당한 방법으로 부귀를 얻는 것은 많은 노력과 시간이 소요된다. 그래서 많은 사람이 아첨이나 배신, 속임수 등을 써서 손쉽게 부귀를 얻으려고 한다. 이것을 군자의 눈으로 보면 제나라 사람인 남편이 구걸하여 음식을 얻어먹는 것을 처와 첩이 부끄러워했듯이, 정당하게 얻지 않은 부귀 역시 처와 첩이 부끄러워 서로

---

428 『孟子』, 離婁章句下, "齊人有一妻一妾而處室者, 其良人出則必饜酒肉而後反. 其妻問所與飮食者, 則盡富貴也. 其妻告其妾曰, 良人出則必饜酒肉而後反. 問其與飮食者, 盡富貴也, 而未嘗有顯者來, 吾將瞯良人之所之也. 蚤起, 施從良人之所之, 徧國中無與立談者, 卒之東郭墦間之祭者, 乞其餘, 不足, 又顧而之他, 此其爲饜足之道也. 其妻歸, 告其妾曰, 良人者, 所仰望而終身也. 今若此, 與其妾訕其良人, 而相泣於中庭, 而良人未之知也, 施施從外來, 驕其妻妾."

429 『孟子』, 離婁章句下, "由君子觀之, 則人之所以求富貴利達者, 其妻妾不羞也, 而不相泣者, 幾希矣."

붙들고 우는 상황이 될 것이란 말이다. 군자뿐만 아니라 대다수 사람도 예와 의를 벗어난 행위에 대체로 부끄러움이나 분노를 느낀다.

"한 소쿠리의 밥과 한 말의 국을 얻으면 살고 얻지 못하면 죽는다 하더라도, 얕보고 혀를 차면서 준다면 길 가는 사람도 받지 않으려 하고, 발로 차면서 준다면 걸인도 고맙게 여기지 않으려 한다."[430]

비록 생사의 기로에 있을 정도로 굶주리고 있더라도 자신을 부당하게 모욕하면서 먹을 것을 준다면 많은 사람이 받지 않으려 할 것이다. 심지어 물건이나 짐승을 대하듯 발로 차면서 준다면 허기진 걸인도 받지 않을 것이다. 그런데 보통의 인간이 늘 예(禮)와 의(義)를 소중히 여길 수 있는 것은 아니다. 특히 많은 액수의 재화일 경우가 그렇다.

"그렇지만 만종(萬鍾)을 준다면 예(禮)와 의(義)를 가리지 않고 받는다. 만종이 나에게 무엇을 보탤 수 있는가? 궁궐 같은 아름다운 집과 처첩(妻妾: 처와 첩)의 받듦과 궁핍한 지식인들의 감사하는 말을 얻는다. 저번에는 죽을 수 있는데도 받지 않다가 궁궐 같은 아름다운 집을 위해 받고, 저번에는 죽을 수 있는데도 받지 않다가 처첩의 받듦을 위해 받고, 저번에는 죽을 수 있는데도 받지 않다가 궁핍한 지식인들의 감사하다는 말을 듣기 위해 받는다. 이것은 역시 그만들 수 없는 것인가? 이러한 일들이 그 본심을 잃었다고 일컫는 것이다."[431]

---

430 『孟子』, 告子章句上, "一簞食, 一豆羹, 得之則生, 弗得則死. 嘑爾而與之, 行道之人弗受. 蹴爾而與之, 乞人不屑也."

431 『孟子』, 告子章句上, "萬鍾則不辨禮義而受之. 萬鍾於我何加焉? 爲宮室之美, 妻妾之奉, 所識窮乏者得我與? 鄕爲身死而不受, 今爲宮室之美爲之. 鄕爲身死而不受, 今爲妻妾之奉爲之. 鄕爲身死而不受, 今爲所識窮乏者得我而爲之, 是亦不可以已乎? 此之謂失其本心."

앞에도 나왔지만 1종(鍾)은 6곡(斛) 4두(斗)에 해당한다. 1곡(斛)은 10두(斗)니 만종(萬鍾)은 상당한 금액에 해당한다. 비록 궁핍하여 죽을 수 있는데도 부당하거나 부끄럽게 받는 한 소쿠리의 밥과 한 말의 국은 받지 않을수 있다. 하지만 그 액수가 막대한 재화 앞에서 인간은 취약할 수 있어서시비지심(是非之心)이나 수오지심(羞惡之心)을 잃기가 쉽다.

덕을 벗한다

공자는 군자의 여러 처신 중의 하나로서 교우관계를 언급했다. 바로 '무우불여기자(無友不如己者)'이다. 이것에 대한 해석은 크게 두 가지로 나누어진다. 하나는 '(신분이나 능력에 있어서) 자기만 못한 자를 벗으로 사귀지 마라'라고 해석하는 것이고, 다른 하나는 '자기(자신의 덕)보다 못한 것[者: 덕 혹은 가치]에 벗하지 말아야 한다'로 해석하는 것이다. 이론(異論)이있을 수 있지만, 인(仁)과 평등을 지향하는 공자의 일관된 사상으로 보면후자의 해석이 옳다고 생각된다. 맹자는 교우관계를 어떻게 생각할까?

> 만장이 물었다. "감히 벗을 사귀는 것에 대해 묻습니다."
> 맹자가 말했다. "장점을 자랑하지 않고, 신분이 높은 것을 자랑하지 않고, 형제를 자랑하지 않으면서 벗을 사귀는 자는 그 덕을 벗으로 삼는 것이니, (다른 것을) 자랑하는 것이 있어서는 아니 된다."[432]

---

432 『孟子』, 萬章章句下, "萬章問曰, 敢問友. 孟子曰, 不挾長, 不挾貴, 不挾兄弟而友. 友也者, 友其德也, 不可以有挾也."

맹자는 친구를 사귈 때 자신의 능력이나 신분 그리고 잘 나가는 형제 등을 자랑하지 말아야 한다고 했다. 그리고 나아가 그것을 눈높이로 친구를 선별하여 사귀지 말고 친구의 덕을 볼 것을 권장한다. 이것은 공자가 능력이나 신분이 아닌 "자기보다 못한 것[者: 덕 혹은 가치]에 벗하지 말아야 한다."라고 말한 것과 서로 상합한다. 맹자는 그러한 예를 몇 가지 든다.

> "맹헌자는 백승(百乘)의 가문이었다. 다섯 명의 벗하는 사람이 있었는데, 악정
> 구와 목중이오, 나머지 세 명은 난 모르겠다. 헌자가 이 다섯 명과 벗으로 사
> 귈 때 헌자의 가문은 없는 것으로 했다. 이 다섯 명 역시 헌자의 가문을 유념
> 했다면 그와 더불어 벗하지 못했을 것이다."[433]

맹헌자(孟獻子)는 노나라 대부로 그의 집안인 맹손씨(孟孫氏)는 숙손씨 (叔孫氏), 계손씨(季孫氏)와 함께 노나라의 국정을 이끈 3대 가문의 하나다. 그는 공자가 태어나기 몇 년 전까지 살았던 사람으로 어진 대부였다. 앞서 말한 바와 같이 봉건시대는 국가의 등급을 말할 때 운용하는 수레의 대수로 표현하기도 했다. 천자의 나라는 만승(萬乘: 수레 만 대)이고 제후의 나라는 천승(千乘: 수레 천 대)이며 대부는 백승(百乘: 수레 백 대)이다. 맹헌자는 다섯 사람의 벗과 교유(交遊: 서로 사귀어 놀거나 왕래함)했는데 스스로 세력 있는 가문임을 염두에 두지 않았고 세력에 아부하는 세속(世俗) 사람을 멀리했다. 그의 친구들도 맹헌자의 가문을 본 것이 아니라 서로 덕으로써 친구로 삼았다. 군주의 경우는 어떠한가?

---

433 『孟子』, 萬章章句下, "孟獻子, 百乘之家也, 有友五人焉. 樂正裘 牧仲, 其三人, 則予忘之矣. 獻子之與此五人者友也, 無獻子之家者也. 此五人者, 亦有獻子之家, 則不與之友矣."

"오직 백승의 가문만이 그리한 것이 아니다. 소국의 군주도 역시 그리한 사람이 있다. 비(費)의 혜공이 말하길, 나는 자사(子思)에게는 그를 스승으로 삼고, 안반(安般)에게는 그를 벗으로 삼고, 왕순(王順)과 장식(長息)은 나를 섬기는 자들이다."[434]

공(公)은 나라[國]를 통치하는 군주의 칭호이다. 비(費)는 본래 노나라 지역에 위치한 읍의 이름인데 통치자를 혜공으로 부른 것을 보면 후에 소국이 된 것으로 추정된다. 안반, 왕순, 장식은 현인(賢人)으로만 알려질 뿐 자세한 인적사항은 전해지지 않는다. 소국인 비의 혜공은 스승, 벗 그리고 신하로 삼는 자를 구분하였는데, 여기서 벗으로 삼았다는 말은 신분으로 그를 대하지 않았음을 의미한다. 맹자는 대국의 경우도 말했다.

"오직 소국의 군주만 그리한 것이 아니다. 비록 대국의 군주라도 역시 그리한 사람이 있다. 진평공이 해당(亥唐)에게는 그가 들어오라고 말하면 들어가고, 앉으라고 말하면 앉고, 먹자고 말하면 먹었다. 거친 음식과 나물국이라도 일찍이 배불리 먹지 않은 적이 없었던 것은 감히 배불리 먹지 않을 수가 없었기 때문이다."[435]

'해당(亥唐)'은 진(晉)의 현인으로 알려져 있다. 진(晉)은 춘추시대 대국이었다. 앞서 나왔지만 진(晉)의 31대 군주 진평공(晉平公)은 지음(知音)의

---

434 『孟子』, 萬章章句下, "非惟百乘之家爲然也. 雖小國之君亦有之. 費惠公曰, 吾於子思, 則師之矣. 吾於顏般, 則友之矣. 王順 長息則事我者也."

435 『孟子』, 萬章章句下, "非惟小國之君爲然也, 雖大國之君亦有之. 晉平公之於亥唐也, 入云則入, 坐云則坐, 食云則食, 雖蔬食菜羹, 未嘗不飽, 蓋不敢不飽也."

경지에 오른 사광(師曠)과 군주와 신하의 관계로 교류하기도 했다. 진평공은 해당과는 직위를 떠나서 그가 가진 덕을 벗 삼아 막역하게 지냈으며 그의 말을 가급적 어기지 않았다. 이처럼 해당의 덕을 존중하여 친구로 지낸 것은 좋았다. 그러나 맹자는 더 이상의 발전이 없음을 아쉬워했다.

> "그러나 여기서 그쳤다. 더불어 하늘이 준 직위를 공유하지 않았고, 더불어 하늘이 준 직책을 다스리지 않았으며, 더불어 하늘이 준 녹봉을 먹지 않았으니 선비가 현자를 존중한 것이지 왕공(王公: 왕과 제후)이 현자를 존중한 것이 아니었다."[436]

현인을 벗으로 옆에 둔 지도자는 단지 먹고 마시는 것에서 끝날 것이 아니라 그 사람의 덕과 능력을 백성을 위한 정치에 활용했어야 했다는 말이다. 이것은 일개 처사나 낮은 직책의 벼슬아치 정도의 교우이지 왕공의 아우라가 아니라고 보았다. 그렇다면 천자가 덕을 벗 삼은 경우는 있는가?

> "순이 우러러[尙] 임금을 뵙자 임금이 사위를 별궁에 묵게 하고 순에게 음식을 대접하여 번갈아 손님과 주인이 되었다. 이것은 천자이면서 필부를 벗한 것이다."[437]

'尙(상)'은 '우러러보다'의 뜻도 있지만 '장가들다'의 뜻도 있다. 후자로 해석해도 무방할 듯하다. 맹자는 요임금이 덕 있는 순을 사위로 삼고 별궁

---

436 『孟子』, 萬章句下, "然終於此而已矣. 弗與共天位也, 弗與治天職也, 弗與食天祿也, 士之尊賢者也, 非王公之尊賢也."

437 『孟子』, 萬章句下, "舜尙見帝, 帝館甥于貳室, 亦饗舜, 迭爲賓主, 是天子而友匹夫也."

에 머물게 하면서 번갈아 손님과 주인의 행세를 한 것은 바로 순의 직위나 재산을 본 것이 아니라 순의 덕을 벗 삼은 경우에 해당한다고 보고 있다. 또한 요임금은 단순히 순과 음식만 즐기고 끝난 것이 아니라 순에게 3년간 백관을 통솔하게 하고 28년간 섭정하도록 했다. 이것은 현자를 존중하고 아울러 백성을 보살피는 경지까지 이끈 경우이니 진정한 왕공의 교우관계라 할 수 있다.

> "신분이 낮은 자가 높은 자를 공경하는 것은 귀한 신분을 귀하게 대우하는 것이고, 신분이 높은 자가 낮은 자를 공경하는 것은 현인을 높인다고 일컫는다. 귀한 신분을 귀하게 대우하고. 현인을 높이는 것은 그 의의가 하나이다."[438]

현실에서 신분이 높은 자를 공경하는 것은 흔하지만, 신분이 낮은 자를 덕이 있다고 하여 공경하거나 벗으로 삼는 경우는 드물다. 신분이 높은 자를 그에 걸맞게 대우하는 것도 당연하지만, 덕이 있는 자를 또한 높이는 것도 교우관계에서는 당연한 일이다. 그렇기 때문에 사리로 보면 둘 다 통하는 이치라고 맹자는 보고 있다.

교제(交際)는 공경이 바탕이다

앞에서 맹자는 벗을 사귈 때 신분으로 사귈 것이 아니라 덕을 보고 사귈 것을 말했다. 그러나 왕공(王公)이 벗을 사귀는 것은 일반과는 다른 차

---

438 『孟子』, 萬章章句下, "用下敬上, 謂之貴貴, 用上敬下, 謂之尊賢. 貴貴尊賢, 其義一也."

원의 경지라고 했다. 즉 사귀는 벗의 덕과 능력이 출중할 경우 자신의 벗으로서 끝낼 것이 아니라 그 덕과 능력을 백성에게 베풀 수 있도록 도와주어야 한다는 것이다. 그렇다면 일반 사람과의 교제는 어떠해야 할까?

> 만장이 물었다. "감히 묻습니다. 교제는 어떠한 마음으로 해야 하는지요?"
> 맹자가 말했다. "공손함[恭]이다."[439]

맹자는 일반 사람과의 교제에서 자신을 낮추는 공손함이 기본 태도라고 본다. 그리고 또한 존경과 삼가는 마음이 필요하다고 하였다.

> 맹자가 말했다. "밥을 주되 사랑하지 않으면 돼지와 교제하는 것이고, 사랑하되 '존경과 삼가는 마음[敬]'이 없으면 가축을 기르는 것이다."[440]

'경(敬)'은 존경과 삼가는 마음이란 의미가 있다. 맹자는 바람직한 교제란 사랑하는 마음이 바탕이 되어 상대방에 대한 존경과 삼가는 마음이 있어야 한다고 보고 있다.

공(恭)과 경(敬), 즉 공경(恭敬)은 일반 사람들과의 교제 시 기본자세이다. 공경은 제후들의 교제에도 역시 전제되는 자세에 해당한다.

> "공경(恭敬)은 폐백이 장차 가기 전에도 있어야 한다. 공경한다고 하면서 내실이 없으면 군자는 헛되이 얽매이지 않는다."[441]

---

439 『孟子』, 萬章章句下, "萬章問曰, 敢問交際何心也? 孟子曰, 恭也."
440 『孟子』, 盡心章句上, "孟子曰, 食而弗愛, 豕交之也. 愛而不敬, 獸畜之也."
441 『孟子』, 盡心章句上, "恭敬者, 幣之未將者也. 恭敬而無實, 君子不可虛拘."

앞에서 나왔듯이 제후가 현인을 만나고자 하면 스스로 가서 만나거나 폐백(幣帛)을 보내 초빙하는 것이 일반이었다. 그러나 보다 중요한 것은 폐백 등의 형식적 의례가 아닌 공경하는 마음이다. 겉으로는 공경을 말하면서 내실이 없으면 군자는 굳이 그 나라에 머물지 않을 것이다. 만장은 공손함[恭]의 의미가 궁금했다.

> 만장이 말했다. "물리친다는 것이 불공(不恭: 공손하지 않음)은 왜 그렇습니까?"
> 맹자가 말했다. "높은 자가 예물을 줄 때 그 받는 물건이 '의로운가?', '의롭지 않은가?'라고 생각한 후에 받는 것을 말한다. 이것을 불공(不恭)이라 한다. 그러므로 물리치지 않는 것이다."[442]

만장의 말로 유추하면 당시 사람들은 제후 등이 예물을 내릴 때 받지 않고 물리치는 것을 불공(不恭)하다고 생각한 듯하다. 이것이 왜 그런 지를 맹자에게 물었다. 그러자 맹자는 받는 물건의 얻어진 과정이 '의로운가?', '의롭지 않은가?'를 속으로 은밀히 계산하여 의롭지 않으면 받지 않고 물리치는 것을 불공이라 했다. 여기서 맹자의 대답은 명료하지 않다. 다음의 대화에서 맹자의 생각이 드러난다.

> 만장이 말했다. "청합니다만, 말로써 물리치지 않지만 마음으로써 물리치되, 백성에게서 얻은 것이 의롭지 않으면 다른 말로 말하여 받지 않으면 안 되는지요?"
> 맹자가 말했다. "그 교제를 도리로써 하고 그 접촉을 예(禮)로써 한다면 이런

---

442 『孟子』, 萬章章句下, "曰, 卻之爲不恭, 何哉? 曰, 尊者賜之, 曰, 其所取之者, 義乎不義乎, 而後受之, 以是爲不恭, 故弗卻也."

것은 공자도 받아들였다.”[443]

 만장은 맹자가 말한 불공(不恭)이 예물을 직설적으로 거절하는 언어의 표현을 지적한 것이라 오해하고는 다른 핑계를 대며 거절하는 것에 대해 물었다. 그러자 맹자는 상대방의 예물을 자의적으로 판단하여 받고 안 받고를 결정할 것이 아니라, 주는 행위가 군주와 신하·주인과 손님 등의 도리로써 당연한 것이고, 그 언행이 예로써 행해지면 받을 수 있다는 원칙을 제시했다. 맹자가 말한 공자의 경우는 양화(陽貨)가 보낸 삶은 돼지를 받은 것을 말한다. 양화(陽貨)의 성명은 양호(陽虎)이다.[444] 양화는 노(魯)의 실력자 계환자(季桓子)의 가신(家臣)이었으나 공산불뉴(公山不狃)[445]와 함께 반란을 일으켜 계환자를 가두고는 국정을 농단하고 있었다. 당시 공자는 49세로 출사(出仕)를 하지 않고 있었는데 양화가 공자를 만나길 원했다. 양화의 속셈은 공자를 자신의 편으로 끌어드려 도움을 받고자 한 것이었다. 그러나 자신이 직접 공자를 찾아가는 것은 자존심이 허락지 않아서 공자가 없을 때 선물로 돼지를 보내 공자가 자신을 찾아서 답례하게 하려 했다. 그렇지만 이를 눈치챈 공자가 양화가 없을 때 찾아가 그 집 가족에게 인사를 하고 돌아왔다. 양화가 공자에게 삶은 돼지를 보낸 것은 그 의도를 짐작할 수는 있지만 명확한 것은 아니었다. 또 당대의 실력자이면서 예를 갖추어 돼지를 보냈다. 그래서 공자는 각박하게 돼지를 돌려보내지는 않고 대신 양화가 없을 때 그 집에 가서 답례했다.

---

443 『孟子』, 萬章章句下, “曰, 請無以辭卻之, 以心卻之, 曰 其取諸民之不義也, 而以他辭無受, 不可乎? 曰, 其交也以道, 其接也以禮, 斯孔子受之矣.”

444 양화(陽貨)가 양호(陽虎)의 별명(別名) 혹은 자(字)인지는 확실하지 않다.

445 公山弗擾(공산불요)라고도 한다. 공산은 성, 불요는 이름이다. 계씨의 가신이며 비의 읍재(邑宰)였다.

맹자가 교제할 때 상황에 따른 도리와 예에 부합하는 언행이 있으면 상대방의 후의를 받아들일 수 있다고 하자 만장이 수용하기 어렵다는 반응을 보인다.

> 만장이 말했다. "지금 나라 관문 밖에서 사람을 막아 죽이고는 재화를 뺏는 자가 그 교제를 도리로써 하고 뺏은 물건을 남에게 주기를 예로써 한다면 받을 수 있습니까?"
>
> 맹자가 말했다. "불가하다. 강고(康誥)에 이르길, '재화 때문에 사람을 죽이고 시체를 넘어가면서, 덤덤한 표정으로 죽임을 두려워하지 않는 자는 백성이 죽이지 않을 수 없다.'라고 했다. 이것은 가르치기를 기대하지 않고 베는 것이다."[446]

'강고(康誥)'는 『서경』〈주서〉의 편명이다. 만장의 주장은 주는 예물의 취득 경위나 내력까지 살펴야 한다는 말이다. 그렇지 않으면 도적이 사람을 죽이고 뺏은 물건을 도리와 예에 맞게 남에게 준다면 받아도 된다는 논리가 된다. 그러자 맹자는 『서경』의 말을 인용하여 그런 도적은 가차 없이 주살해야 한다고 했다. 그러자 만장이 제후를 도적에 비유하여 말한다.

> 만장이 말했다. "지금의 제후들이 백성에게서 취하는 것이 사람을 막고 빼앗는 행위와 같습니다. 진실로 교제를 예로써 하면 군자도 그것을 받는다고 하시니 감히 묻습니다. 어떤 말씀이신지요?"
>
> 맹자가 말했다. "그대는 왕도가 있는 왕이 나타나면 지금의 제후들을 엮어서

---

446 『孟子』, 萬章章句下, "萬章曰, 今有禦人於國門之外者, 其交也以道, 其餽也以禮, 斯可受禦與? 曰, 不可. 康誥曰, 殺越人于貨, 閔不畏死, 凡民罔不譈. 是不待敎而誅者也."

다 베어야 하는가? 그들을 교육하여 고치지 않으면 베어야 하는가? 무릇 자신의 소유가 아닌 것을 취하는 자를 도적이라고 일컫는 것은 부류를 확충하여 의미의 끝까지 이른 것이다. 공자가 노나라에서 벼슬할 때 노나라 사람들이 사냥한 것을 견주어 자랑하자 공자도 역시 견주어 자랑하셨다. 사냥을 견주어 자랑하는 것도 가능한데 하물며 그 주는 것을 받는 것 정도야!"[447]

만장은 지금의 제후들이 하는 짓이 도적과 다를 바 없는데 왜 도적은 죽이고 제후의 것은 받을 수 있는가를 묻고 있다. 맹자는 만장이 도적의 범위를 지나치게 확충하는 오류를 범하고 있음을 지적한다. 자신의 소유가 아닌 것을 취하는 자를 시간과 양을 막론하고 모두 도적이라고 하면 이 세상 대부분의 사람이 도적이 아닐 수 없다. 맹자의 말을 종합하면 도적에 대한 대응은 사안의 긴박성, 잔인성, 교화 가능성을 고려해야 한다는 것이다. 관문 밖에서 사람을 얼굴색 하나 변하지 않으면서 막아 죽이고 재화를 뺏는 것은 당장 눈앞에서 긴박하고 잔인하게 벌어지는 상황이며 또한 그런 자는 교화 가능성이 없기 때문에 가차 없이 주살해야 한다. 그러나 당시 제후들은 관문 밖 도적처럼 그리하지는 않았기 때문에 같은 부류로 취급해서는 안 된다고 보았다. 공자의 경우도 백성이 짐승을 살상하여 많고 적음을 서로 견주어 자랑하는 것은 어질지 못한 행위이지만 관문 밖 도적처럼 긴박하고 그렇게 잔인하지 않은 데다가 교화 가능성이 있기 때문에 일시적으로 그들과 어울렸다.

---

447 『孟子』, 萬章章句下, "曰, 今之諸侯取之於民也, 猶禦也. 苟善其禮際矣, 斯君子受之, 敢問何說也? 曰, 子以爲有王者作, 將比今之諸侯而誅之乎? 其教之不改而後誅之乎? 夫謂非其有而取之者盜也, 充類至義之盡也. 孔子之仕於魯也, 魯人獵較, 孔子亦獵較. 獵較猶可, 而況受其賜乎?"

군주를 섬기는 세 가지 유형

군주를 섬기는 유형도 다양할 것이다. 자신이 추구하는 도덕정치를 구현하기 위해 군주를 섬기는 경우도 있고, 단순히 예법에 따른 교제에 머무를 때도 있을 수 있다. 아니면 유세에 소요되는 경비의 조달이나 생계유지를 위해 군주를 섬기는 경우가 있을 수도 있다. 맹자는 공자의 경우를 들어 군자가 군주나 고관들을 섬기는 세 가지 유형을 말한다.

> "공자는 행함이 가능한 것을 본 섬김[仕]이 있었으며, 교제가 가능한 섬김이 있었으며, 군주가 부양하는 섬김이 있었다. 계환자에게는 행함이 가능한 것을 본 섬김이었으며, 위령공에게는 교제가 가능한 섬김이었고, 위효공에게는 군주가 부양하는 섬김이었다."[448]

행함이 가능한 섬김이란 도(道)가 행해질 가능성이 있기 때문에 섬기는 것을 말한다. 교제가 가능한 섬김은 교제할 때 예로써 하기 때문에 섬기는 것을 말하며, 군주가 부양하는 섬김은 군주가 생계가 어려운 현인에게 부양하는 예를 갖추어 섬기는 것을 말한다.

행함이 가능한 섬김은 공자가 노나라에서 한 벼슬살이가 해당한다. 공자는 노정공(魯定公)에 의해 51세에 중도(中都) 고을의 수령이 되었다. 이윽고 공자는 토목 공사를 담당하는 사공(司空)이 되었다가 이어서 법을 집행하는 대부인 대사구(大司寇)가 되었다. 정공 14년, 공자 나이 56세에 재

---

448 『孟子』, 萬章章句下, "孔子有見行可之仕, 有際可之仕, 有公養之仕也. 於季桓子, 見行可之仕也. 於衛靈公, 際可之仕也. 於衛孝公, 公養之仕也." 공자는 노(魯)에서만 벼슬살이를 했으므로 여기서 공통적으로 쓰인 '仕'는 '벼슬'의 의미보다는 '섬긴다'의 의미로 봄이 타당하다.

상의 일을 섭행(攝行: 겸직했다는 뜻)하게 되는데, 이때 노나라는 크게 안정되었다. 당시 노나라는 삼환(三桓)의 하나인 계환자가 실세였지만 공자는 노나라에서 도덕정치가 행해질 희망을 보고 벼슬살이를 했다. 그러자 인근 제나라가 공자의 등장으로 노나라가 점차 부강해지는 것을 우려하여 여악사(女樂師)들을 노나라로 보내는 이른바 미인계를 쓰게 된다. 여악사들을 받아들인 노나라 조정은 연일 유흥에 빠졌다. 더구나 천지(天地)의 신께 드리는 제사[郊]가 있었는데 정공은 제사고기를 대부들에게 돌리지 않는 결례를 범했다. 그러자 결국 공자는 노나라를 떠나 천하를 돌아다녔다.

교제가 가능한 섬김은 공자와 위령공(衛靈公) 간의 교제가 해당한다. 공자는 노(魯)를 떠나 가장 먼저 방문한 나라가 위(衛)나라이고 당시 군주는 위령공이었다. 위나라에서 위령공은 공자에게 벼슬을 주지는 않았지만 서로 예로써 교제했다.

군주가 부양하는 섬김으로 위효공이 제시되었지만 위효공은 역사에 기록되지 않은 존재로 누구를 지칭하는지 분명하지 않다. 군주가 부양하는 섬김은 어떤 방법으로 해야 하는가? 맹자는 공자의 손자인 자사(子思)와 노(魯)의 목공(繆公/穆公)의 사례로써 설명한다.

> 만장이 말했다. "군주가 식량을 주면 받는다고 하시니, 모르겠습니다. 항상 계속하여 받을 수 있습니까?"
>
> 맹자가 말했다. "목공이 자사에게 자주 묻고는 그에 따라 익힌 고기를 보내주었다. 자사가 기뻐하지 않고 마침내 사자(使者: 심부름꾼)를 불러 대문 밖에 나가서 북면(北面)하여 머리를 조아리며 두 번 절하고 받지 않고 말하길, '지금 이후에야 군주께서 개와 말처럼 저를 기르는 것을 알았습니다.'라고 했다. 이로부터 하급관리는 음식을 가져오지 않았다. 현인을 기쁘게 한다고 하면서,

천거하여 쓰지 못하고 또 제대로 부양하지 못하면 현인을 기쁘게 한다고 할 수 있겠는가?"[449]

왕 혹은 군주가 신하와 대면할 때 왕 혹은 군주는 남쪽의 신하를 바라보는데 이를 남면(南面)이라 하고, 신하는 북쪽의 왕 혹은 군주를 바라보는데 이를 북면(北面)이라 한다. 대개 신하는 왕 혹은 군주로부터 물품을 받으면 북면하여 절을 한다. 목공은 자주 자사에게 필요한 것이 있는지를 묻고는 그때그때 물건을 보냈다. 그럴 때마다 자사는 북면하여 절을 해야 했다. 그리고 마침내 자사가 이러한 것은 개와 말에게 배고플 때 먹이를 던져주면 그들이 기뻐서 몸짓하는 행위와 바를 바 없다고 했다. 진정 목공이 자사를 현인으로 대우하려 했다면 어떻게 해야 했을까?

만장이 물었다. "감히 묻습니다. 나라의 군주가 군자를 부양하려 한다면 어떻게 해야 부양한다는 말을 할 수 있을까요?"

맹자가 말했다. "군주의 명으로 보낸 경우에는 두 번 머리를 땅에 대고 절하여 받는다. 그 후에 창고를 맡은 관리는 곡식을 계속 대고, 요리를 맡은 관리는 계속 고기를 대어 군주의 명이 없어도 보내는 것이다. 자사는 익힌 고기로 자기를 번잡하게 하고 자주 절을 하도록 한 것으로 생각했다. 군자를 부양하는 도리가 아니었다."[450]

449 『孟子』, 萬章章句下, "曰, 君餽之則受之, 不識. 可常繼乎? 曰, 繆公之於子思也, 亟問, 亟餽鼎肉. 子思不悅. 於卒也, 摽使者出諸大門之外, 北面稽首再拜而不受. 曰, 今而後知君之犬馬畜伋. 蓋自是臺無餽也. 悅賢不能擧, 又不能養也, 可謂悅賢乎?"

450 『孟子』, 萬章章句下, "曰, 敢問國君欲養君子, 如何斯可謂養矣? 曰, 以君命將之, 再拜稽首而受. 其後廩人繼粟, 庖人繼肉, 不以君命將之. 子思以爲鼎肉, 使己僕僕爾亟拜也, 非養君子之道也."

목공은 나름대로 자사를 위한 것으로 생각했지만 자사에게 부족한 것을 일일이 물어볼 것이 아니라 자사를 등용하든지 아니면 유사를 정해놓고 자사에게 필요한 것을 공급하도록 해야 했다. 이렇게 하는 것이 군주가 부양하는 섬김이 된다. 그런데 벼슬하지 않는 서인은 군주에게 어떠해야 하는가?

> 만장이 말했다. "감히 묻습니다. 제후를 보지 않아도 된다는 말은 무슨 뜻입니까?"
> 맹자가 말했다. "도성에 있으면 시정지신(市井之臣: 시가에 사는 신하)이라 하고 교외에 있으면 초망지신(草莽之臣: 초야에 사는 신하)이라고 한다. 모두가 서인을 일컫는다. 서인은 폐백을 전하지 않는 신하이므로 감히 제후를 뵙지 않는 것이 예이다."[451]

나라 안에서는 모두가 군주의 신하이지만 신하는 다시 벼슬하는 신하와 벼슬하지 않는 신하로 구분된다. 벼슬하지 않는 신하는 다시 '시가에 사는 신하[市井之臣]'와 '초야에 사는 신하[草莽之臣]'로 구분되는데, 이들이 모두 서인에 해당한다. 폐백은 서로 인사를 할 때 신분에 따라 가지고 가는 예물을 말한다. 당시 하급관리인 사(士)의 폐백은 꿩이었고 서인은 오리였다. 서인은 벼슬을 하여 폐백으로 꿩을 전하는 신분이 아니므로 제후를 뵙지 않아도 되었다. 만약 군주가 부를 경우는 어찌할까?

> 만장이 말했다. "서인은 그를 불러 부역시키면 가서 부역해야 하지만 군주가

---

451 『孟子』, 萬章句下, "萬章曰, 敢問不見諸侯, 何義也? 孟子曰, 在國曰市井之臣, 在野曰草莽之臣, 皆謂庶人. 庶人不傳質爲臣, 不敢見於諸侯, 禮也."

그를 보려고 부르면 가서 뵙지 않아도 된다는 것은 왜 그렇습니까?"

맹자가 말했다. "가서 부역하는 것은 의무이지만 가서 뵙는 것은 의무가 아니기 때문이다."[452]

서인은 국가에서 정해진 부역을 요구할 때는 의무이므로 가야 하지만 군주가 단순히 만나보려고 요청하는 것은 의무가 아니므로 응하지 않아도 된다는 말이다. 물론 이것이 현실적으로 가능한지는 의문이지만 맹자의 논리는 그렇다. 군주가 서인을 부를 경우는 어떠해야 하는가?

(맹자가 말했다.) "또 군주가 어떤 서인을 보려고 하는 것은 무엇 때문일까?"

만장이 말했다. "많이 들어 알고 있고 현명하기 때문입니다."

맹자가 말했다. "많이 들어 알고 있는 사람을 위한 것이라면 천자도 사부를 부르지 않거늘 하물며 제후가 그럴 수 있는가? 그 현명한 사람을 위한 것이라면 나는 현명함을 보고 싶어서 그를 부른다는 것을 듣지 못했네. 목공이 자주 자사를 보고 말하기를, '옛날에 천승(千乘: 수레 천 대)의 나라가 선비를 벗으로 삼는다고 했는데 왜 그렇소이까?'

자사가 기뻐하지 않고 말했다. '옛날 사람이 그를 섬긴다는 말을 한 것은 있지만, 어찌 그를 벗한다고 말할 수 있겠소이까?'

자사가 기뻐하지 않았다는 것은 '지위로 보면 그대는 군주요, 나는 신하니 어찌 감히 군주와 벗할 수 있으며 덕으로 보면 그대는 나를 섬기는 자이니 어찌 나를 벗할 수 있겠는가?'라고 어찌 말함이 아니겠는가? 천승의 군주도 그와

---

452 『孟子』, 萬章章句下, "萬章曰, 庶人, 召之役則往役. 君欲見之, 召之 則不往見之, 何也? 曰, 往役, 義也. 往見, 不義也."

벗하기를 구해도 얻을 수 없거늘 하물며 부르는 것이 가당한 것인가?"[453]

군주가 벼슬하지 않는 신하, 즉 서인을 만나보려는 이유는 그가 박식하다거나 현명하기 때문일 것이다. 맹자는 다시 자사와 목공의 이야기를 꺼냈다. 내용으로 보면 자사와 목공은 자주 만났다. 그들의 관계는 벗이기도 하지만 한편으로는 목공이 자사에게 가르침을 받는 관계이기도 한 듯하다. 먼저 목공은 내심 자사를 벗으로 인정하여 천승의 나라가 선비를 벗으로 삼는 이유를 물었다. 그러자 자사는 그들의 관계가 벗이 아닌 섬기고 받는 제자와 스승의 관계임을 우회적으로 표현했다. 자사가 이렇게 말한 것은 군주가 진정 벼슬 없는 선비를 벗으로 사귈 수 없다는 의미가 아니다. 앞에서 나왔듯이 군주도 덕 있는 자를 벗으로 삼을 수 있다. 이것은 직위를 떠나서 덕을 벗 삼기 때문에 가능하다.

그러나 군주의 교우는 일반인과 달라서 여기서 그쳐서는 안 된다. 군주의 교우는 그를 벗하되 그 덕과 능력을 백성을 위해 쓸 수 있도록 활용함이 바람직하다. 그러나 목공은 자사를 벗으로 여기고 그 이상의 배려를 하지 않았다. 그뿐만 아니라 자사에게 그때그때 필요한 것을 물어 보내주고는 자사로 하여금 받을 때마다 북면하여 절을 하게 했다. 자사는 이런 목공이 자신을 벗이 아닌 군주와 신하라는 입장으로 대한 것이라고 생각했다. 자사는 자신의 입장은 또 그와 다르다고 밝히고 있다. 자사는 그들의 관계가 덕으로 보면 신하도, 벗도 아닌 스승과 제자의 관계라고 자존심을 살리며 말하고 있다. 이처럼 천승의 나라 군주도 현인을 벗 삼는 것이 어

---

453 『孟子』, 萬章句下, "且君之欲見之也, 何爲也哉? 曰, 爲其多聞也, 爲其賢也. 曰, 爲其多聞也則天子不召師, 而況諸侯乎? 爲其賢也則吾未聞欲見賢而召之也. 繆公亟見於子思, 曰, 古千乘之國以友士, 何如? 子思不悅, 曰, 古之人有言曰事之云乎, 豈曰友之云乎? 子思之不悅, 豈不曰, 以位則子事我者也. 我臣也, 何敢與君友也? 以德則子事我者也. 奚可以與我友? 千乘之君求與之友, 而不可得也, 而況可召與?"

럽거늘 하물며 부른다고 갈 의무는 없다고 맹자는 보았다. 맹자는 사냥할 때 사람을 부르는 신호에 빗대어 사람을 부를 때는 법도와 예를 따라야 함을 말한다.

"제경공이 사냥을 나갔을 때 우인(虞人: 정원에서 짐승을 관리하던 사람)을 깃대 위에 새털로 장식한 기[旌]로 흔들어 불렀으나 오지 않자 죽이려 한 적이 있었다. 지사(志士)는 도랑과 구렁에 있을 수 있다는 것을 잊어서는 안 되며 용사(勇士)는 머리를 잃을 수 있다는 것을 잊어서는 안 된다. 공자는 무엇을 취하셨는가? 올바로 부르지 않으면 가지 않는 것을 취하셨다."[454]

사냥을 나갔을 때 서로에게 신호를 보내야 하는 경우가 많다. 우인(虞人)을 부를 때는 사슴의 가죽으로 만든 모자를 흔들어 부르고, 서인을 부를 때는 무늬 없는 붉은 기[旆], 사(士)를 부를 때는 교룡(交龍: 두 용이 얽힘)을 그린 기[旂], 대부를 부를 때는 깃대 위에 검은 소의 꼬리를 달고 새털로 장식한 기[旌]로 부른다. 제경공은 자신의 부름에 우인이 오지 않자 대노하여 죽이려 했지만, 우인은 자신의 신분에 맞지 않은 신호이기 때문에 가지 않았다. 공자가 올바르게 부르지 않으면 가지 않는 것을 취하셨다는 것은 우인의 행동을 찬미했다는 의미이다.

"대부를 부르는 것으로 우인(虞人)을 부르자 우인이 죽어도 감히 가지 않았는데, 사(士)를 부르는 것으로 서인을 부르면 서인이 어찌 감히 갈 수 있겠는가? 하물며 현인을 부르는 것이 아닌 것으로 현인을 부른단 말인가? 현인을 만나

---

454 『孟子』, 萬章章句下, "齊景公田, 招虞人以旌, 不至, 將殺之. 志士不忘在溝壑, 勇士不忘喪其元. 孔子奚取焉? 取非其招不往也."

보기를 원하면서 그 도(道)로 하지 않으면, 들어가기를 원하면서 그 문을 닫는 것과 같다."[455]

사냥에서 신분에 따라 휘둘러 부르는 깃발도 서로 다른데 하물며 현인을 부를 때는 합당한 도로써 해야 한다는 말이다. 벼슬하지 않는 서인은 물론 현인도 군주의 부름에 응할 의무는 없지만 합당한 도로써 부르면 응할 수도 있다고 보았다. 그러자 만장이 공자의 사례를 거론하며 물었다.

> 만장이 말했다. "공자는 군주가 명하여 부르면 거마를 기다리지 않고 나가셨는데, 그렇다면 공자는 잘못된 것입니까?"
> 맹자가 말했다. "공자는 당시 벼슬을 하여 관직이 있었기에 관리로서 그를 부른 것이다."[456]

공자가 벼슬한 것은 노나라 정공(定公) 때였다. 위 공자의 내용은 그 당시의 일로 추정된다. 만장은 성인(聖人)인 공자가 군주의 부름에 황급히 달려간 것은 도에 맞게 부른 것을 따지지 않은 행동이 아닌가를 물었다. 그러나 공자는 당시 관직에 있었고, 벼슬하는 자는 당연히 군주의 부름에 따라야 함을 맹자는 말하고 있다.

---

455 『孟子』, 萬章章句下, "以大夫之招招虞人, 虞人死不敢往. 以士之招招庶人, 庶人豈敢往哉. 況乎以不賢人之招招賢人乎?"

456 『孟子』, 萬章章句下, "萬章曰, 孔子, 君命召, 不俟駕而行. 然則孔子非與? 曰, 孔子當仕有官職, 而以其官召之也."

하늘이 대임을 맡길 때 먼저 시련을 준다

마음에는 원대한 꿈을 가지고 있으나 그 꿈을 실현한 기회를 잡지 못하거나 낮은 지위에 있다 보니 차원 높은 구상을 할 수가 없는 사람들이 있을 수 있다. 이런 때 사람들은 좌절하거나 부모, 배경 탓을 한다. 물론 세습된 부귀가 있으면 과거나 지금이나 사회생활에서 큰 디딤돌이 될 수 있음을 부인할 수 없다. 그렇지 않은 경우 어떻게 해야 할까?

> 맹자가 말했다. "순(舜)은 발두둑과 이랑에서 일어났고, 부열(傅說)은 널빤지를 대어 흙을 쌓다가 등용되고, 교격(膠鬲)은 물고기와 소금을 팔다가 등용되고, 관이오(管夷吾)는 옥중에 있다가 등용되고, 손숙오(孫叔敖)는 바닷가에 있다가 등용되고, 백리혜(百里傒)는 저잣거리에 있다가 등용되었다."[457]

순(舜)은 역산(歷山)에서 농사를 짓다가 효행을 전해 들은 요(堯)에 의해 그의 두 딸을 부인으로 맞이하면서 후계자의 반열에 올랐다.

부열(傅說)은 상(商)나라의 22대 왕 무정(武丁) 때의 인물로, 확인되지는 않지만 어떤 연유로 부험(傅險)이란 곳에서 흙으로 성을 쌓는 노동을 하고 있었다. 상(商)은 당시까지 통치자의 역량에 따라 부침(浮沈)이 반복되었다. 무정은 상의 부흥을 보좌할 사람을 갈망하던 중 꿈에서 성인(聖人)을 만나게 되었다. 무정은 꿈에서 본 성인의 모습을 물색하다가 부험에서 그 성인의 모습을 닮은 부열을 찾아냈다. 부열과 대화를 해보니 진정 성인의 성품을 지니고 있어서 그를 재상으로 발탁하여 상(商)의 중흥을 이끌었다.

---

457 『孟子』, 告子章句下, "孟子曰, 舜發於畎畝之中, 傅說擧於版築之間, 膠鬲擧於魚鹽之中, 管夷吾擧於士, 孫叔敖擧於海, 百里傒擧於市."

교격(膠鬲)은 상(商)의 말기와 주(周)의 초기에 걸쳐 살았다. 그는 상(商)의 마지막 왕인 주왕(紂王)의 폭정을 피해 물고기와 소금을 팔고 있었다. 문왕은 그가 현인임을 알아보고는 그를 발탁하여 측근에 두었다.

관이오(管夷吾)는 관중(管仲)의 이름이다. 관중은 제양공(齊襄公)의 동생 규(糾)와 소백(小白)이 군주 자리를 놓고 경쟁을 벌일 때 규(糾)를 섬기고 소백을 죽이려 했다. 후에 소백이 제환공(齊桓公)이 되자 옥에 갇히어 곧 죽을 위기에 처했지만, 친구 포숙의 도움으로 목숨을 보전하여 재상까지 오른다. 관중의 보필을 받은 제환공은 춘추오패 중 첫 번째 패자(霸者: 제후의 우두머리)가 되었다.

손숙오(孫叔敖)는 아버지가 초나라 귀족이었는데 모함을 받아 해를 당할 위기에 처하자 가족이 지방에 은신하여 살았다. 손숙오는 이런 집안 사정으로 역시 자신을 드러내지 않고 살았는데 당시 재상인 우구(虞丘)가 그의 사람됨을 알아보고 초장왕(楚莊王, 재위: 기원전 613~기원전 591)에게 천거했다. 손숙오는 재상에 올라 교육과 치수사업에 많은 공을 들였으며 초장왕은 주변국을 복속시키면서 초(楚)를 진(晉)에 필적하는 강력한 나라로 만들었다.

백리혜(百里傒)는 소국인 우(虞)의 대부였다. 백리혜는 우의 군주와 함께 포로로 진(晉)에 끌려갔다가 진헌공(晉獻公)의 딸이 진목공(秦穆公, 재위: 기원전 659~기원전 621)에게 시집갈 때 잉신(媵臣: 시집갈 때 따라가는 신하)으로서 진(秦)나라로 보내졌다. 백리혜는 진(秦)에서 탈출하여 완(宛) 땅으로 도망갔다. 진목공은 포로 중에 백리혜가 현명하다는 말을 듣고 그를 찾았으나 이미 도망간 뒤였다. 수소문해보니 그를 초나라 사람이 잡아놓고 있다는 사실을 알게 되었다. 진목공은 초나라 사람에게 오고양피(五羖羊皮: 다섯 장의 검은 양가죽)를 주고 백리혜를 얻었다. 백리혜는 진목공을 도와 주변 부족들을 복속시키면서 서쪽의 변방에 위치한 진을 춘추오패 중 하나가 되게 했다.

"그러므로 하늘이 장차 이 사람에게 대임을 내릴 때 반드시 그 심지(心志)를 괴롭게 하며, 뼈와 근육을 수고롭게 하며, 육체를 굶주리게 하며, 몸을 결핍하게 하며, 행동할 때 그 하려는 바를 마구 흔들어 혼란시킨다. 이것은 마음을 흔들고 참아낼 수 있는 성품을 키워서 하지 못하는 것에 힘을 길러주기 위함이다."[458]

하늘이 대임을 내릴 때 일단 정신적, 육체적으로 많은 시련을 주어서 그 사람의 심성을 단련시킨다는 말이다. 앞의 순(舜)을 비롯한 여섯 사람도 시련의 시기가 있었지만 참고 자중하여 결국 대임을 맡게 되었다.

"사람은 항상 과오를 범한 후에 개선될 수 있나니, 마음에 곤궁함이 있고 생각에 가로막힘이 있은 후에야 일어나며, 안색에 드러나고 목에서 소리가 튀어나온 후에야 깨닫게 되는 것이니라. 들어와서는 법도 있는 세신(世臣: 대대로 국록을 받는 신하)과 현사가 없고, 밖으로 나가면 적국이 없고 외환이 없는 나라는 항상 망하게 된다."[459]

태어날 때부터 완벽한 사람은 없다. 그렇기 때문에 사람은 과오를 범할

---

458 『孟子』, 告子章句下, "故天將降大任於是人也, 必先苦其心志, 勞其筋骨, 餓其體膚, 空乏其身, 行拂亂其所爲, 所以動心忍性, 曾益其所不能."

459 『孟子』, 告子章句下, "人恒過然後能改. 困於心衡於慮而後作, 徵於色, 發於聲, 而後喩. 入則無法家拂士, 出則無敵國外患者, 國恒亡."

수 있고, 감정이나 생각이 때로는 다 소진되거나 가로막힐 때도 있고, 충동이나 두려움이 얼굴이나 목소리에 드러나서 얕잡아 보일 수도 있다. 그러나 그것은 자신이 못나서가 아니라 모든 인간이 다 그러한 것이다. 다만 이것을 극복하여 나아가느냐 마느냐의 차이가 사람을 춤추게 하거나 엎어지게 한다. 이것은 인간 개인에만 국한되는 원리가 아니라 국가도 그러하다. 안으로는 쓴소리로 국정을 보좌하는 세신(世臣)이나 현사가 없고, 밖으로는 적국이 없거나 외환이 없는 나라는 자신의 나라를 냉철하게 성찰하여 개선하지 않기 때문에 결국은 망하게 된다.

> "그런 연후에야 살아남는 것은 우환에서 비롯되고, 죽는 것은 안락에서 비롯됨을 알게 된다."[460]

맹자는 사람이나 나라의 생존과 흥망이 고난이나 우환에 기초하고 있음을 결론하여 말한다. 사람이나 국가 모두 고난이나 우환을 겪고 나면 더 강해지지만 안락한 환경에 익숙해지면 좌절하거나 망한다는 것이다.

선언(善言)과 선도(善道)

사람은 살다 보면 여러 사람의 입방아에 오르내릴 수 있다. 대개 입방아의 소재가 되는 것은 흉이나 험담일 경우가 많다. 특히 도의를 행하고 학문을 닦는 선비[士]의 경우, 그의 언행이 자신의 생각과 맞지 않을 경우 세

---

460 『孟子』, 告子章句下, "然後知生於憂患而死於安樂也."

인들은 그를 비난할 수 있다. 어느 날 맥계(貉稽)라는 자가 이런 고민을 맹자에게 털어놨다.

> 맥계가 말했다. "저는 사람들의 입에 너무 마음이 상합니다."
> 맹자가 말했다. "상심하지 마라! 선비는 요즘 더욱 여러 입방아에 오르내리느니라."[461]

맥계가 누구인지는 분명치 않다. 맥계는 자신이 여러 사람의 입방아에 오르내리며 비난받는 것이 힘들었던 모양이다. 그러자 맹자는 이런 맥계에게 선비는 어수선한 세태일수록 더욱 입방아에 오르내릴 수 있다고 위로하고 있다. 이어서 맹자는 『시경』의 일부를 인용한다.

> "『시경』에 말하길, '근심 어린 마음은 삭여지지 않는데 여러 소인들에게 성내는 대상이로구나.' (이는) 바로 공자이시다."[462]

맹자는 『시경』 〈패풍(邶風)〉의 '백주(柏舟)' 내용을 인용하여 소인들의 입방아에 오르내리는 사람의 정서를 말하고, 공자도 그런 경우가 있었다고 했다. 공자는 12년 동안의 방랑을 끝내고 애공(哀公) 11년, 공자 나이 68세에 노(魯)나라로 돌아왔다. 그런데 대부 숙손무숙(叔孫武叔)이 조정에서 대부들에게 공자의 제자 자공이 공자보다 현명하다고 하며 공자를 헐뜯었다. 그러자 자공은 이렇게 공자를 엄호했다.

---

461 『孟子』, 盡心章句下, "貉稽曰, 稽大不理於口. 孟子曰, 無傷也. 士憎茲多口."
462 『孟子』, 盡心章句下, "詩云, 憂心悄悄, 慍于群小. 孔子也."

"그러지 마라. 중니는 훼방할 수 없다. 다른 사람의 현명함은 언덕과 같아서 넘을 수 있지만, 중니는 해와 달과 같아서 넘을 수가 없다."[463]

　제자 자공이 숙손무숙의 말에 편승하여 우쭐대지 않고 오히려 든든하게 공자를 해와 달 같은 존재로 띄우면서 스승인 공자를 엄호했다. 여하튼 공자 같은 성인도 특별한 이유 없이 세인들에게 험담의 대상이 되곤 했다.

　맹자가 말했다. "현자는 그 밝은 것으로써 사람을 밝게 하지만, 지금은 그 침침한 것으로써 사람을 밝게 하려고 한다."[464]

　현자(賢者)는 자신이 수양하고 공부하여 사람들을 깨우치려 한다. 그런데 맹자가 살던 당시에는 그런 수양이나 공부를 하지 않고 자그마한 지식이나 궤변으로 사람들에게 우쭐대거나 그릇된 방향으로 이끌려고 하는 사람이 있었다. 그런 자들은 자신의 우매함을 모르고 남을 깨우치고 있다고 생각했다. 바로 그런 자들이 있기 때문에 더욱 현자들이 험담의 대상이 되기도 한 것이다. 그런 세상에서 선비는 말을 할 때 어떤 때는 절제가, 어떤 때는 용기가 필요하다.

　"선비가 말해서는 안 되는 것을 말하면 이것은 말로써 낚는 것이고, 말할 수 있는데도 말하지 않는다면 이것은 말하지 않는 것으로써 낚는 것이다. 이 모두는 들창문에 구멍을 내고 들여다보거나 담을 넘어가는 유형의 짓이다."[465]

---

463 『論語』, 子張第十九, "叔孫武叔毀仲尼. 子貢曰, 無以爲也, 仲尼不可毀也. 他人之賢者, 丘陵也, 猶可踰也. 仲尼, 日月也, 無得而踰焉."

464 『孟子』, 盡心章句下, "孟子曰, 賢者以其昭昭, 使人昭昭. 今以其昏昏, 使人昭昭."

465 『孟子』, 盡心章句下, "士未可以言而言, 是以言餂之也. 可以言而不言, 是以不言餂之也, 是皆穿踰之類也."

말을 해서는 안 되는 상황인데도 말을 절제 없이 토해내는 것은 말로써 상대방의 관심을 낚으려는 얄팍한 심산에 불과하다. 그렇지만 어떤 상황에서는 비록 위험이 따르더라도 용기 있게 나서서 말을 해야 하는 경우가 있다. 그런데 그런 경우 아예 말을 하지 않는 것은 힘 있는 자의 마음을 얻으려는 심산이 있는 것일 수 있다. 이 두 가지 모두 들창문에 구멍을 내고 거실을 들여다보거나 남의 것을 몰래 취하려고 담을 넘는 행위와 같은 음험한 유형에 해당한다.

타인을 험담하거나 자신을 드러내고자 하는 말도 있지만 반면에 타인을 위로하거나 힘을 돋우는 선언(善言: 선한 말)도 있고, 타인을 깨우쳐 주는 선도(善道: 선한 길잡이)도 있다.

> 맹자가 말했다. "말이 친근하고 뜻이 심원한 것은 선언(善言)이며, 지켜야 할 것이 간략하고[守約], 베풂이 넓은 것은 선도(善道)이다."[466]

타인을 위로하거나 격려를 할 때 친근한 어조와 함께 그 의미가 곱씹을수록 사람을 울리는 말이 선언(善言)이다. 상대방에게 힘을 주는 것이 아니라 본인의 말에 힘을 주고, 소리는 크나 별 의미는 없는 그런 말은 상대방과의 거리를 멀리하고 마음을 닫게 한다. 깨우침을 주거나 지켜야 할 것을 전해주는 말은 일단 지키는 것이 간략하면서도 그 지킴으로 전개되는 결과가 두루두루 긍정적으로 미친다면 선도(善道)라 할 것이다. 선도(善道)는 다음과 같은 사례가 해당한다.

---

466 『孟子』, 盡心章句下, "孟子曰, 言近而指遠者, 善言也. 守約而施博者, 善道也."

"군자가 지켜야 할 것은 그 몸을 닦은 후에 천하가 평정된다는 것이다."[467]

『대학』의 수신제가치국평천하(修身齊家治國平天下), 즉 자신의 몸을 닦은 연후에 가정을 다스리고, 나라를 다스리며, 천하를 평정한다는 말에서 '지켜야 할 것이 간략한 것[守約]'은 수신(修身)이다. 그리고 '베풂이 넓은 것 [施博]'은 '평천하(平天下)'이다. 이처럼 지켜야 할 것이 간략하면 쉽게 이해 되고 실천할 가능성이 커져서 결과적으로 널리 긍정적인 효능을 얻을 수 있다. 지키는 것이 간략하지 못할 경우 어떤 행동이 나올까?

"사람들의 병통은 그 밭을 버려두고 남의 밭의 김을 매는 것이다. 다른 사람에 게 구하는 것은 중하게 여기면서 스스로 맡은 것은 가볍게 여긴다."[468]

유학의 사유체계는 '추기급물(推己及物)'이다. 나를 미루어 다른 사물에 미치게 한다는 뜻이다. 내 밭을 소중히 여기는 자가 남의 밭도 소중함을 안다. 그런데 자신의 밭은 돌보지 않고 남의 밭에만 많은 관심을 보이는 사람이 있다. 자신의 밭보다 남의 밭을 돌보아야 할 긴급한 사안이 있다면 물론 그리할 수 있다. 그런데 아예 일상적으로 자신이 맡은 일보다 타인의 일에 관심이 많은 사람이 있다. 이런 자는 간략함을 지키지 못하고 널리 미치는 것에 관심이 많은 경우이다. 이런 사람은 그 간략함을 지키는 중심 이 없기 때문에 진정성이 오래가지 못한다.

---

467 『孟子』, 盡心章句下, "君子之守, 修其身而天下平."
468 『孟子』, 盡心章句下, "人病舍其田而芸人之田, 所求於人者重, 而所以自任者輕."

3절 섬김은 부모를 섬기는 것이 가장 크다

순은 왜 하늘을 보고 울었나?

인간은 성장하면서 부모, 친척, 사회 웃어른, 직장의 상사, 통치자 등 여러 유형의 사람들을 섬길 수 있다. 이 중 가장 큰 것은 무엇일까? 또 인간은 살아가면서 자신과 가정, 직장, 나라를 지키는 책무 또한 감당한다. 이 중 가장 큰 것은 무엇일까? 여기서 크다는 것은 물론 물량적 범위를 말하는 것이 아닌 근본이 되고 중요한 것을 의미한다. 먼저 맹자는 섬기는 것에 관해 말했다.

> "섬기는 것 중에 무엇이 가장 큰 것일까? 부모를 섬김이 가장 크다."[469]

맹자는 섬기는 것 중 부모를 섬김이 가장 근본이 되고 중요하다고 말한다. 성인 중 효행으로 널리 알려진 인물은 순임금이다. 앞에서 언급하였듯이 순은 부친인 고수(瞽瞍)와 계모 그리고 이복동생 상(象)과 살았다. 고수와 계모 그리고 상은 늘 순을 괴롭히고 구박했지만, 순은 역산(歷山)에서 농사하고, 뇌택(雷澤)에서 고기잡이하고, 하빈(河濱)에서 도자기 굽는 일을 성실히 하여 한결같이 부모를 봉양하고 동생을 보살폈다. 그러나 그들은 변함이 없었다. 어느 날 순은 밭에 나가 하늘을 보고 목 놓아 울었다. 여기에 대해 제자 만장과 맹자가 이야기했다.

---

469 『孟子』, 離婁章句上, "孟子曰, 事孰爲大? 事親爲大."

만장이 물었다. "순이 밭에 나가서 하늘을 보고 목 놓아 울었다고 하는데, 왜 목 놓아 울었습니까?"

맹자가 말했다. "원망하면서 사모하는 것이다."[470]

순이 '밭에 나가서 목 놓아 울었다[號泣]'는 내용은 『서경(書經)』〈우서(禹書)〉의 '대우모(大禹謨)' 편에 나온다.[471] 순이 극진히 부모를 봉양하고 이복동생을 보살폈지만, 그들이 순을 미워하는 것은 사그라지지 않았다. 그러자 순은 역산에 있는 밭에 나가서 하늘을 보고 목 놓아 울었다. 이런 행동의 의미를 제자인 만장이 묻자 맹자는 '원망하면서 사모하는 것[怨慕]'으로 해석했다. 그러자 만장이 냉큼 받아 물었다.

만장이 말했다. "부모가 (자식을) 사랑하면 기뻐하되 잊지 말아야 하고, 부모가 미워하면 위로하되 원망하지 않는 것인데 순은 원망했습니까?"

맹자가 말했다. "장식이 공명고에게 물었다. '순이 밭에 나가는 것은 제가 가르침을 들었습니다만 하늘과 부모에게 목 놓아 울었다는 것은 제가 (이유를) 알지 못하겠습니다.'

그러자 공명고가 말했다. '네가 알 경지가 아니다.'"

(맹자가 말했다.) "무릇 공명고는 효자의 마음이 이처럼 아무 생각이 없지 않음을 말했다. '내가 힘을 다하여 밭을 갈아 항상 자식의 직분을 다할 뿐인데 부모가 나를 사랑하지 않는 것은 나에게 어떤 문제가 있는가?'라고 생각한 것이

---

470 『孟子』, 萬章章句上, "萬章問曰, 舜往于田, 號泣于旻天, 何爲其號泣也? 孟子曰, 怨慕也."
471 『書經』, 大禹謨 20章, "帝初于歷山 往于田 日號泣于旻天."

다."[472]

장식은 공명고의 제자이고, 공명고는 증자의 제자이다. 맹자가 목 놓아 운 행위를 '원망하면서 사모하는 것'으로 해석하자 만장이 맹자의 말 한쪽만 냉큼 잡고 순이 부모를 원망한 것이냐고 따져 물었다. 그러자 맹자는 장식과 공명고의 이야기를 빗대어 들려주었다. 공명고가 장식에게 순이 목 놓아 운 행위를 아직은 이해할 수준이 안되었다고 말한 것을 슬쩍 만장에게 에둘러 둘러씌워 일부 말꼬리나 잡고 질문하는 태도를 가격했다. 맹자는 공명고의 생각일 것이라 하면서 자신의 의견을 말했다. 순이 목 놓아 운 것은 부모를 원망함이 아니라 자식으로서 할 바를 다했지만, 아직도 자신에게 아직도 어떤 미흡한 문제가 있는데 그것을 알지 못함을 원망하여 울었다는 말이다. 이것을 맹자는 원망하면서 사모하는 것으로 해석했다.

이러한 순의 효행을 신하들로부터 전해 듣게 된 요는 순이 30세 때 두 딸을 그의 부인으로 맞아들이게 하여 집 안을 관찰하게 하고, 9명의 아들을 순의 거처에 머물게 하여 집 밖을 관찰하게 했다. 순의 인품과 성실한 생업활동으로 사람이 모여들어 순이 거주하는 지역은 3년이 지나 도성을 이루었다. 이에 요는 순에게 갈옷과 거문고를 하사하고 창고를 지어주었으며 소와 양을 내주었다. 점차 순이 요의 인정을 받아 후계자로 입지가 다져지고 있었다. 순의 부모는 어떻게 받아들였을까?

"임금(요)이 아홉 명의 아들과 두 명의 딸로 농사짓는 순을 섬기고, 백관(百官),

---

472 『孟子』, 萬章章句上, "萬章曰, 父母愛之, 喜而不忘, 父母惡之, 勞而不怨. 然則舜怨乎? 曰, 長息問於公明高曰, 舜往于田, 則吾旣得聞命矣. 號泣于旻天, 于父母, 則吾不知也. 公明高曰, 是非爾所知也. 夫公明高以孝子之心, 爲不若是恝, 我竭力耕田, 共爲子職而已矣, 父母之不我愛, 於我哉?"

소와 양, 창고를 마련하게 하니 천하의 선비들이 순에게 많이 모여들었다. 임금(요)께서 천하를 그에게 넘기려고 하자 이것이 부모에게 순종하지 않은 것이 되어 마치 궁박한 자가 돌아갈 곳이 없는 듯했다."[473]

순의 부모가 바라는 것은 순이 요임금의 후계자가 됨이 아니라 죽어 없어지는 것이었다. 맹자가 판단하기엔 순의 이런 상황이 결국 부모의 뜻에 순종하지 않은 결과가 되어 너무 황망하고 죄스러워 마치 돌아가 의지할 곳 없는 듯했다.

이후에도 고수와 계모 그리고 이복동생 상은 집요하게 순을 괴롭혔다. 심지어 죽이려고 했다. 순을 흙으로 만든 식량 창고 지붕에 오르게 하고는 그 밑에서 불을 놓아 순을 불태워 죽이려 했다. 다음에는 순에게 우물을 파게 하고 흙을 덮어 우물을 메웠다. 그러자 순은 미리 만들어놓은 구멍을 따라 겨우 밖으로 탈출하여 자신의 집으로 돌아갔다. 이와 관련하여 만장이 묻고 맹자가 답한다.

만장이 말했다. "부모가 순으로 하여금 창고를 짓게 하고는 사다리를 치우고, 우물을 파게 하고는 나오려 하자 쫓아가 흙으로 덮었습니다. 그런 후 상이 말했습니다. '꾀로 도군(都君)을 덮은 것은 다 나의 공이다. 소와 양은 부모에게 주고, 창고도 부모에게 주지만, 방패와 창은 나의 것이고, 거문고도 나의 것이고, 활도 나의 것이고, 두 형수는 나의 잠자리를 맡게 해야지.'

상이 순의 집으로 가 들어가니 순이 침상에서 거문고를 타고 있었습니다. 상이 말했습니다. '마음이 답답하기도 하고 도군을 그리워했습니다.'

473 『孟子』, 萬章章句上, "帝使其子九男二女, 百官牛羊倉廩備, 以事舜於畎畝之中. 天下之士多就之者, 帝將胥天下而遷之焉. 爲不順於父母, 如窮人無所歸."

그러고는 부끄러워하자 순이 '너는 신하와 백성을 나에게 와서 다스리라!'라고 말했다고 합니다. 모르겠습니다. 순은 상이 자기를 죽이려 한다는 것을 알지 못했습니까?"

맹자가 말했다. "어찌 알지 못하겠는가? 상이 근심하니까 역시 근심한 것이고, 상이 기뻐하니까 역시 기뻐한 것이다."[474]

도군(都君)은 순의 거주 지역에 사람이 모여들고 3년이 지나면서 그 지역이 도성(都城)이 되자 순에게 붙여진 호칭이다. 상은 순이 죽은 것으로 생각하여 순의 재산과 부인을 부모와 자신이 나누어 가지려 했다. 그러나 상이 순의 집에 가보니 순은 살아있었다. 순은 직전에 상의 음모를 알고 있으면서도 상이 근심하고 형을 그리워했다는 말을 그대로 믿었다. 형제를 연지(連枝)로 표현한다. 한 뿌리에서 나온 이어진 가지라는 말이다. 순은 상이 아버지만 같은 형제이지만 연지로 받아들이고 자신의 감정이 상의 감정이고 상의 감정이 자신의 감정이라고 생각했다.

만장이 말했다. "그렇다면 순은 거짓으로 기뻐했습니까?"

맹자가 말했다. "아니다. 옛날에 누가 정자산(鄭子産: 정나라 자산)에게 살아있는 물고기를 보냈다. 자산이 교인(校人)에게 연못에서 기르라고 했다. 그런데 교인이 물고기를 삶아 먹고는 돌아와서 말하길, '처음에는 놓아주니까 어리어리하다가 조금 지나서 느릿하게 가더니 빠르게 사라졌습니다.'

자산이 말하길, '그 있을 곳을 얻었구나! 그 있을 곳을 얻었구나!'

---

474 『孟子』, 萬章章句上, "萬章曰, 父母使舜完廩, 捐階, 瞽瞍焚廩. 使浚井, 出, 從而揜之. 象曰, 謨蓋都君咸我績, 牛羊父母, 倉廩父母, 干戈朕, 琴朕, 弤朕, 二嫂使治朕棲. 象往入舜宮, 舜在牀琴. 象曰, 鬱陶思君爾. 忸怩. 舜曰, 惟茲臣庶, 汝其于予治. 不識舜不知象之將殺己與? 曰, 奚而不知也? 象憂亦憂, 象喜亦喜."

교인이 나가서 말하길, '누가 자산을 지혜롭다고 하는가? 내가 이미 물고기를 삶아 먹었는데 그 있을 곳을 얻었구나! 그 있을 곳을 얻었구나!'라고 말했다. 그러므로 군자는 방정(方正)한 것으로 속을 수 있지만, 그 도(道)가 아닌 것으로는 속을 수 없다. 상(象)이 형을 사랑하는 도리로 온 것이라 진실로 믿었기 때문에 기뻐했다. 어찌 거짓으로 기뻐했겠는가?"[475]

제3장 2절에서 살펴보았듯이 자산(子産)은 20대 정간공(鄭簡公) 때 재상이 되어 정(鄭)의 중흥기를 이끌던 현신이었다. '교인(校人)'은 연못의 관리를 맡은 벼슬아치를 말한다. 교인이 물고기를 삶아 먹고는 거짓으로 물고기가 어리어리하다가 이내 정신을 차리고 빠르게 사라졌다고 말하자 자산은 그 말을 믿을 수밖에 없었다. 그 이유는 교인이 연못에 풀어놓으라고 한 물고기를 삶아 먹었으리라고는 상상할 수 없었으며, 또 물고기를 놓아준 후의 상황을 너무 자연스럽게 표현했기 때문이다. 바로 교인이 지시를 받고 물고기를 풀어준 내력을 상황과 물고기 생리에 맞추어 자연스럽게 말했기 때문에 자산은 속았다. 형제도 재물이나 의견 차이로 틀어질 수도 있지만 본래 마음 본바탕에는 서로를 위해주는 우애가 있다. 그렇기 때문에 서로 등을 돌린 형제도 앙금이 해소되거나 마음을 바꾸면 서로 연모함이 당연하고 자연스러운 일이다. 순은 상이 자신을 죽이려 했다는 것은 알았지만, 상이 회개를 한 얼굴빛으로 자신을 그리워하여 찾아왔다는 것을 형제간 도리로 자연스럽게 받아들였다.
이후 순은 백관을 통솔하는 직책을 3년간 맡다가 요를 대신해 28년간

---

475 『孟子』, 萬章章句上, "曰, 然則舜僞喜者與? 曰, 否. 昔者有饋生魚於鄭子産, 子産使校人畜之池. 校人烹之, 反命曰, 始舍之圉圉焉, 少則洋洋焉, 攸然而逝. 子産曰, 得其所哉! 得其所哉! 校人出, 曰, 孰謂子産智? 予既烹而食之, 曰, 得其所哉? 得其所哉. 故君子可欺以其方, 難罔以非其道. 彼以愛兄之道來, 故誠信而喜之, 奚僞焉?"

섭정한다. 섭정을 시작한 순은 음란하고 멋대로 행동한 공공(共工)을 유주로 유배 보냈고, 무능한 환두(驩兜)를 숭산으로 추방했다. 또, 여러 번 난을 일으킨 삼묘(三苗)를 삼위로 쫓아냈다. 아울러 요임금 때 치수(治水)에 실패한 곤(鯀)을 처형했다. 그리고 요가 세상을 뜨자 60여 세의 나이에 천자가 되고 상을 유비의 제후로 임명했다. 이에 관한 맹자와 만장의 대화다.

> 만장이 말했다. "순이 공공을 유주로 유배 보냈고, 환두를 숭산으로 추방하고, 삼묘를 삼위에서 죽이고, 곤을 우산에서 처형하시어 네 명에게 죄를 묻자 천하가 다 승복한 것은 불인(不仁)한 자들을 벌주었기 때문입니다. 상은 지극히 불인하거늘 그를 유비에 봉했으니 유비의 사람들은 어떤 죄가 있습니까? 어진 사람은 진실로 이와 같이 해도 괜찮은 것입니까? (허물이) 타인에게 있으면 벌주고 동생에게 있으면 제후로 봉하는 것인지요?"
>
> 맹자가 말했다. "어진 사람이 동생에게는 분노를 갖지 않으며 원망을 품지 않고 가까이 사랑할 뿐이다. 가깝기에 귀하게 되기를 바라고 사랑하기에 부유해지길 바란다. 그를 유비에 봉한 것은 그를 부귀하게 하려 한 것이다. 자신은 천자인데 동생은 필부면 동생을 가까이 사랑한다고 말할 수 있겠는가?"[476]

만장의 말은 똑같이 불인한 자들인데 순이 타인은 벌주고 동생 상은 제후로 봉한 것이 부당하다는 말이다. 만장의 판단은 옳지 않은 듯하다. 공공을 비롯한 네 사람은 백성과 조정에게 불인(不仁)하여 공적으로 피해를 주었고, 상이 순에게 불인하여 괴롭힌 것은 사적으로 피해를 준 사례이다.

---

476 『孟子』, 萬章章句上, "萬章曰, 舜流共工于幽州, 放驩兜于崇山, 殺三苗于三危, 殛鯀于羽山, 四罪而天下咸服, 誅不仁也. 象至不仁, 封之有庳. 有庳之人奚罪焉? 仁人固如是乎? 在他人則誅之, 在弟則封之? 曰, 仁人之於弟也, 不藏怒焉, 不宿怨焉, 親愛之而已矣. 親之, 欲其貴也, 愛之, 欲其富也. 封之有庳, 富貴之也. 身爲天子, 弟爲匹夫, 可謂親愛之乎?"

순은 사적으로 자신에게 피해를 준 것과 공적으로 조정과 백성에게 피해를 준 것을 구별했다. 주나라 때 무왕이 죽고 13세인 성왕(成王)이 즉위했을 때 무왕의 동생들인 관숙과 채숙, 곽숙이 무경과 함께 반란을 일으켰다. 무왕의 동생인 주공이 이들 반란을 진압한 후 무경과 관숙을 처형하고 채숙은 유배를 보내고, 곽숙은 벼슬에서 쫓아냈다. 이들 삼 형제는 개인에게가 아닌 종묘사직을 위태롭게 한 자들이기 때문에 죄를 물었던 것이다. 순은 섭정을 하기 전에 부모와 상에 의해서, 가정 내에서 벌어진 일이었기에 굳이 문제 삼지 않았다.

『격몽요결』에는 "만약 부모를 사랑하는 마음이 있다면 어찌 부모의 자식을 사랑하지 않겠는가?"[477]라는 말이 있다. 형제를 사랑하는 것이 곧 부모에 대한 사랑, 즉 효를 행한다는 뜻이다. 순이 동생인 상을 끝까지 사랑한 것은 결국 부모에 대한 효를 끝까지 실천한 것이라 볼 수 있다. 오늘날 우리는 자식으로서 부모를 섬기었거나 섬기고 있는 것에 나름대로 할 말들이 있을 것이다. 그런데 부모가 자식에게 자애로써 대하는 경우가 아닐 경우에도 하늘을 보고 오히려 자식의 불효를 탓하며 목 놓아 우는 순과 같은 효행을 보면 그리 할 말이 많지 않을 듯하다.

올바른 봉양, 가장 큰 불효

맹자는 섬기는 것 중 가장 근본이 되고 중요한 것이 부모를 섬기는 것이라고 했다. 앞에서 부모를 섬기는 것으로서 상징적으로 주목받는 순의

---

477 『擊蒙要訣』, 居家章 第八, "若有愛父母之心 則豈可不愛父母之子乎?"

효행을 살펴보았다. 그러나 자신 스스로 지켜야 할 것도 있다. 그렇다면 지키는 것 중 가장 근본이 되고 중요한 것은 무엇인가? 맹자는 이것도 효와 관련하여 말한다.

효에 관한 문답을 기록한 『효경』은 "신체와 머리카락과 피부는 부모에게서 받은 것이다. 감히 헐거나 상하지 않게 함이 효의 시작이다."[478]라고 말한다. 맹자는 어떻게 생각하는가?

> "지키는 것 중에 무엇이 가장 큰 것일까? 수신(守身: 자신을 지키는 것)이 가장 크다. 자신을 잃지 않고 그 부모를 능히 섬기는 자를 나는 들었지만, 자신을 잃고 그 부모를 섬길 수 있는 자를 나는 듣지 못했다."[479]

맹자는 지키는 것 중 '수신(守身)'이 가장 크다고 보았다. 자신을 지킨다는 것은 몸을 다치지 않게 보존하고, 불의에 빠지지 않는 것을 말한다. 『효경』은 신체 등을 훼손하지 않는 것을 효의 시작이라고 했지만, 맹자는 보다 넓게 신체 등을 훼손하지 않을 뿐만 아니라 도덕적 처신까지 포함시켰다. 다시 말해 몸을 다치지 않게 보존하고, 불의에 빠지지 않는 것이 효의 가장 근본이라고 생각했다. 자신을 지키지 못하는 자는 물질적 봉양을 비롯한 효행을 하더라도 부모의 마음을 기쁘게 할 수가 없다. 자신을 지킨 후 부모를 어떻게 봉양해야 할까? 맹자가 말했다.

> "증자가 증석을 봉양할 때 반드시 술과 고기가 있게 했으며, 장차 상을 물릴

---

478 『孝經』, 開宗明義章第一, "身體髮膚受之父母不敢毀傷孝之始也."
479 『孟子』, 離婁章句上, "孟子曰, 守孰爲大? 守身爲大. 不失其身而能事其親者, 吾聞之矣. 失其身而能事其親者, 吾未之聞也."

때는 (누구에게) 줄 것인가를 물었다. 증석이 남은 것이 있는가를 물으면 반드시 있다고 말했다. 증석이 죽은 후 증원이 증자를 봉양할 때 반드시 술과 고기가 있게 했다. 장차 상을 물릴 때는 (누구에게) 줄 것인가를 묻지 않았으며, 증자가 남은 것이 있는가를 물으면 없다고 말하여 장차 다시 증자의 상에 올리려 했다. 이것은 입과 몸을 봉양하는 것이니, 증자처럼 하는 것은 양지(養志: 부모의 뜻을 봉양함)라고 일컫는다. 부모를 섬기는 것은 증자처럼 하는 것이 옳은 것이다."[480]

증석(曾晳)은 증자(曾子: 증삼의 존칭)의 부친으로 성명은 증점(曾點)이고 자(字)는 자석(子晳)이다. 성과 자를 혼용하여 증석(曾晳)이라고도 불린다. 증석은 공자 초기의 제자이고 증자는 공자 만년의 제자이다. 부자가 시간 차는 있지만 모두 공자의 제자였다. 증자는 증석이 남은 음식을 남에게 주려고 하면 그 뜻을 받들었지만, 증자의 아들인 증원은 다시 증자의 상에 올리기 위해 남은 음식을 남에게 주려 하지 않았다. 증자나 증원 모두 부모를 봉양하는 지극한 마음은 같으나 증자는 부모의 뜻을 따르는 양지(養志)를 했다. 맹자는 양지가 더 옳은 효도라고 보았다. 그렇다면 불효(不孝)를 대표하는 것은 무엇일까?

맹자가 말했다. "불효에는 세 가지가 있는데, 후손이 없는 것이 가장 큰 불효다. 순(舜)이 부모에게 고하지 않고 장가든 것은 후손이 없음을 우려한 것이다."[481]

---

480 『孟子』, 離婁章句上, "曾子養曾晳, 必有酒肉. 將徹, 必請所與. 問有餘, 必曰, 有. 曾晳死, 曾元養曾子, 必有酒肉. 將徹, 不請所與. 問有餘, 曰 亡矣. 將以復進也. 此所謂養口體者也. 若曾子, 則可謂養志也. 事親若曾子者, 可也."

481 『孟子』, 離婁章句上, "孟子曰, 不孝有三, 無後爲大. 舜不告而娶, 爲無後也."

맹자는 불효 세 가지를 모두 말하지 않고 있다. 후한(後漢)의 조기(趙岐)는 당시 옛날부터 전해오는 불효 세 가지를 이렇게 열거하고 있다. 하나는 아첨하고 굽신거리어 부모마저 불의에 빠뜨리는 것이고, 다른 하나는 집이 가난하고 양친과 노인까지 있는데 봉록을 받는 벼슬을 하지 않는 것이고, 마지막 하나가 장가들지 않아 자식이 없어서 선조의 제사를 끊어지게 하는 것이다. 이 중 맹자는 후손이 없는 것이 가장 큰 불효라고 했다. 순임금의 아버지 고수와 계모는 평소 순을 괴롭히고 구박했기에 순이 장가드는 것을 달갑게 여기지 않았다. 그래서 순은 아버지와 계모에게 고하지 않고 요임금의 두 딸을 부인으로 맞이했다. 이것에 대해 맹자와 제자 만장이 대화했다.

> 만장이 말했다. "『시경』에 이르길, '처에게 장가갈 때는 어떻게 하나? 반드시 부모에게 고해야 한다네.'라고 했습니다. 이 말을 따른다면 마땅히 순처럼 하면 아니 됩니다만, 순이 부모에게 고하지 않고 장가든 것은 어찌 된 일인가요?"
> 맹자가 말했다. "고하면 장가들지 못했을 것이다. 남녀가 부부가 됨은 인간의 대륜(大倫)이다. 만약 고하면 인간의 대륜을 폐하게 하여 부모를 책망하도록 만든다. 그러므로 고하지 않았다."[482]

만장이 인용한 시는 『시경』〈국풍〉'남산(南山)' 편에 나온다. 만장은 『시경』의 내용을 인용하여 순이 부모에게 고하지 않고 장가든 것은 부당한 일이 아닌가를 맹자에게 물었다. 그러자 맹자는 부모에게 고하지 않는 불

---

482 『孟子』, 萬章章句上, "萬章問曰, 詩云, 娶妻如之何? 必告父母. 信斯言也, 宜莫如舜, 舜之不告而娶, 何也? 孟子曰, 告則不得娶. 男女居室, 人之大倫也. 如告則廢人之大倫, 以懟父母, 是以不告也."

효보다 부부가 되어 후사를 잇는 것이 보다 큰 인간의 대륜이라고 보았다. 따라서 부모의 의중에 따라 대륜을 폐하면 오히려 부모에게 더 큰 불효를 저지르는 일이어서 순은 부득이 부모에게 고하지 않고 장가든 것이라 말했다.

효는 사실 한 가정 내의 사적인 행위이다. 그런데 효가 공적인 일과 서로 충돌할 때 무엇이 우선되어야 할까? 이 문제에 대해 맹자와 제자 도응이 말을 주고받았다.

> 도응이 물었다. "순이 천자가 되고 고요가 사관(士官)이 되었을 때 고수가 살인을 하면 어떻게 해야 할까요?"
>
> 맹자가 말했다. "잡아들였을 것이다."
>
> (도응이 말했다.) "그러면 순은 막지 않습니까?"
>
> 맹자가 말했다. "무릇 순은 어찌 그리하는 것을 막을 수 있겠는가? 받아들여야 할 것이다."[483]

순이 천자가 되었을 때 고요는 실제로 법을 집행하는 직책을 맡았다. 도응은 이러한 상황에서 만일 순의 아버지 고수가 살인을 하면 어떻게 처리해야 할지를 가상하여 물었다. 맹자는 천자와 그의 아버지가 사적인 관계이고 고요가 법을 집행하는 것은 공적인 일이기 때문에 순이 고요를 막지 않았을 것이라 말했다. 그렇다면 순은 그대로 지켜보기만 할 것인가?

> (도응이 물었다.) "그렇다면 순은 어떻게 해야 할까요?"

---

483 『孟子』, 盡心章句上, "桃應問曰, 舜爲天子, 皐陶爲士, 瞽瞍殺人則如之何? 孟子曰, 執之而已矣. 然則舜不禁與? 曰, 大舜惡得而禁之? 夫有所受之也."

맹자가 말했다. "순이 천하 버리는 것을 해진 짚신 버리는 듯이 하는 것을 보면, 몰래 고수를 업고 도망하여 바닷가를 따라 거처하면서 종신토록 기뻐하고 즐거워하며 천하를 잊을 것이다."[484]

순(舜)은 요의 사위가 된 후 점차 주변에 사람이 모여들고 요(堯)로부터 천하를 물려받을 가능성이 커졌지만, 순은 늘 부모의 마음을 얻으려는 것에 힘 쏟았다. 이것을 맹자는 천하 버리는 것을 해진 짚신 버리듯이 한다고 표현했다.

사적인 감정으로 공적인 일을 그르칠 수 없지만, 자식의 부모에 대한 효심 또한 역시 인위적으로 막을 수 없다. 여기서 순은 결국 천자의 자리를 버리고 아버지를 업고 도망가 은신하여 산다는 것이다. 맹자는 고수가 죄를 지었다고 설정된 상황에서 순의 행위를 이렇게 예상했다.

사실 우리는 공과 사를 말할 때 원론적으로는 공적인 일이 우선되어야 한다고 말한다. 그런데 공적인 일과 사적 영역 중 가장 인간윤리와 정서의 원류인 부모나 자식이 연루되었을 때 과연 늘 그럴 수 있을까? 맹자가 순의 예상된 행동을 통하여 말하고자 한 것은 공사는 당연히 구분되어야 하나 효와 공적인 영역이 충돌할 때는 어느 한쪽을 일방적으로 우선시하기가 어렵다는 것이다. 결국 순 같은 경우는 아버지를 구하고 대신 공적인 영역을 훼손한 책임은 자신이 천자의 자리를 포기할 것으로 맹자는 생각했다.

부모에 대한 효나 안위는 다른 사람의 부모를 어떻게 대우하느냐에 따라서 영향받는다.

---

484 『孟子』, 盡心章句上, "然則舜如之何? 曰, 舜視棄天下, 猶棄敝蹝也. 竊負而逃, 遵海濱而處, 終身訢然, 樂而忘天下."

맹자가 말했다. "나는 지금 이후에 다른 사람의 부모를 죽이는 것이 위중함을 알았다. 다른 사람의 부모를 죽이면 다른 사람도 역시 그 부모를 죽이려 할 것이고, 다른 사람의 형제를 죽이면 다른 사람도 역시 그 형제를 죽일 것이다. 그러한즉 자신이 자기 부모를 죽인 것은 아니지만, 그 사이에 하나의 몫이 있다."[485]

맹자가 이 말을 한 것은 어떤 일을 목격하고 한 듯하지만 관련된 사연은 전해지지 않는다. 다른 사람으로부터 억울한 일을 당하면 되갚아주고 싶은 것이 인간의 보편적 정서이다. 그렇기 때문에 다른 사람의 부모를 해치면 다른 사람도 가해자의 부모를 해치려 할 것이다. 비록 자신이 스스로 부모를 해친 것은 아니지만, 그 사이에 자신이 한 역할이 있다는 말이다.

부모와 자식 사이는 책선하면 안 된다

공자의 아들은 공리(孔鯉)이며 공리의 자(字)는 백어(伯魚)이다. 『논어』에는 진항(陳亢)이란 자가 공리에게, 공자가 제자와는 다르게 뭔가 특별한 것을 가르쳤는지를 묻는 장면이 나온다. 그러자 공리는 자신은 공자에게 사적으로 교육받은 것이 없다고 말했다. 왜 공자는 직접 자식을 가르치지 않았을까? 여기에 대해 맹자가 그 이유를 설명했다. 어느 날 맹자와 제자 공손추가 묻고 말했다.

---

485 『孟子』, 盡心章句下, "孟子曰, 吾今而後知殺人親之重也. 殺人之父, 人亦殺其父. 殺人之兄, 人亦殺其兄. 然則非自殺之也, 一閒耳."

공손추가 말했다. "군자가 자식을 직접 가르치지 않는 것은 무엇 때문입니까?"

맹자가 말했다. "형세가 그렇게 되지 않는다. 가르침은 반드시 올바르게 행할 것을 가르치는데, 아들이 올바르게 행하지 못하게 되면, 그것에 이어 부모는 성을 내게 된다. 성내는 것으로써 하게 되면 도리어 (부자간의 정을) 해치게 된다. 자식이 만일 '아버지가 나를 올바른 것으로 가르치려고 하나 아버지가 화내고 하는 것이 올바른 방법이 아니다.'라고 하게 된다면, 그것은 곧 아버지와 자식의 관계를 서로 해치는 것이 된다. 아버지와 자식의 관계가 서로를 해치게 된다면 이것은 잘못된 것이다. 옛날엔 자식을 바꾸어서 가르쳤다."[486]

맹자에 따르면 부모와 자식 간은 남다른 정이 있기 때문에 자식이 가르친 것을 제대로 이해하지 못하거나 행동하지 못하면 부모는 그 감정을 통제하기 힘들다. 그래서 부모는 자식을 교육하다 보면 자연스레 흥분하여 화를 내는데 이것은 교육의 효과를 저해할 뿐만 아니라 부모와 자식 간의 관계를 해치는 요소가 될 수 있다.

또한 맹자는 부모와 자식 간에는 책선(責善: 선을 권면함)을 서로 피해야 한다고 했다. 맹자가 제나라에 있을 때 광장(匡章)이란 자와 친교가 두터웠다. 『전국책』에는 광장의 어머니가 아버지에게 죄를 짓자 아버지가 그 어머니를 죽여 마룻바닥에 묻은 것으로 기록되었다. 광장은 그런 아버지와 관계가 편치 않았다. 그래서 당시에 광장이 제나라에서 불효자로 소문이 났다. 그런데 광장은 제선왕의 부친인 위왕이 신의가 있는 신하로 평가한 사람이었다. 제자 공도자는 맹자가 불효자로 소문이 난 광장과 친하게 지

---

486 『孟子』, 離婁章句上, "公孫丑曰, 君子之不敎子, 何也? 孟子曰, 勢不行也. 敎者必以正 以正不行, 繼之以怒. 繼之以怒則反夷矣. 夫子敎我以正, 夫子未出於正也. 則是父子相夷也. 父子相夷則惡矣. 古者易子而敎之."

내는 이유가 궁금해서 그 이유를 물었다. 그러자 맹자가 말했다.

> "세속에서 소위 불효자는 다섯 유형이 있다. 사지(四肢)를 게을리하여 부모를
> 봉양하지 않는 것이 첫째 불효이며, 도박하고 음주를 좋아하여 부모를 봉양하
> 지 않는 것이 둘째 불효이며, 재화를 좋아하여 처자만 은밀히 돌보고 부모를
> 봉양하지 않는 것이 셋째 불효이며, 듣고 보는 욕구를 좇다가 부모를 욕되게
> 하는 것이 넷째 불효이며, 용맹을 좋아하여 싸우고 거친 성질을 내어 부모를
> 위태롭게 하는 것이 다섯 번째 불효이다. 장자(章子: 광장의 존칭)는 여기에 하나
> 라도 해당하는가?"[487]

당시 사람들이 광장의 어떤 모습을 보고 불효자라고 했는지 자세한 내
용은 알 수 없다. 다만 분명한 것은 맹자가 광장을 이해하고 그의 사람됨
을 변호하고 있다는 사실이다. 그리하여 맹자는 다섯 가지 불효자의 유형
을 제시하며 광장은 어디에도 해당하는 사항이 없음을 말하고 있다. 다만
맹자의 다음과 같은 말에서 광장과 아버지와의 사이가 서로 틀어진 단서
는 취할 수 있다.

> "무릇 장자는 부자간 책선(責善)함이 서로 맞지 않았다. 책선은 친구 간의 도리
> 이다. 부자간 책선은 은혜를 해치는 큰 요인이다."[488]

---

487 『孟子』, 離婁章句下, "世俗所謂不孝者五, 惰其四支, 不顧父母之養, 一不孝也. 博弈好飲酒, 不顧父母之養,
二不孝也. 好貨財, 私妻子, 不顧父母之養, 三不孝也. 從耳目之欲, 以爲父母戮, 四不孝也. 好勇鬪很, 以危
父母, 五不孝也. 章子有一於是乎?"
488 『孟子』, 離婁章句下, "夫章子, 子父責善而不相遇也. 責善, 朋友之道也. 父子責善, 賊恩之大者."

맹자는 광장과 아버지가 서로 책선(責善), 즉 선을 행하지 않은 것을 힐책(詰責: 잘못을 따져 나무람)한 것이 화근이 되었음을 말하고 있다. 선한 일을 권장했다는 것은 광장의 입장에서는 아버지가 어머니를 죽인 과거의 일을 거론하여 말한 것일 수도 있다. 그리고 아버지 입장에서는 아버지에게 그런 과거사를 말하는 광장의 태도를 말한 것일 수도 있다. 여하튼 맹자는 책선이 친구 간의 도리이지 부모와 자식 간에는 서로 피해야 할 행위임을 말한다. 맹자가 책선을 경계한 것은 역시 부모와 자식 간의 정이 남다르기 때문이다. 잘잘못을 논할 때 차분하고 냉철하게 접근함이 올바르지만, 부모와 자식 간에는 남다른 정이 있어 그 자체가 서로의 마음을 해치기 쉽다. 그렇다면 부모와 자식 간에 불의(不義)를 지적할 경우 어떠해야 하는가? 왕형공(王荊公)[489]은 이럴 경우 자식은 부모에게 간청하고, 부모는 자식에게 경계하는 방법으로 해야 한다고 말했다.

돌아가신 부모에게 검약하지 않는다

앞에서 말한 바와 같이 맹자는 어려서 아버지를 여의고 홀어머니 밑에서 자랐다. 맹자가 제나라에 있을 때 노(魯)나라에 있던 어머니가 돌아가셨다. 맹자는 제나라에서 노나라로 건너가 어머니의 장례를 치르고 제나라로 돌아가다가 제나라 남쪽의 영(嬴)이란 곳에 머무르게 되었다. 이때 제자 충우(充虞)가 그동안 말하기 주저했던 것을 조심스레 끄집어냈다.

---

489 송(宋)의 왕안석(王安石, 1021~1086)을 말한다. 만년에 형국(荊國)에 봉해져서 왕형공(王荊公)으로도 불린다.

맹자가 제나라에서 와 노나라에서 장례를 치렀다. 제나라로 돌아가다가 영(嬴)에 머무르자 충우가 청하여 말했다. "전일에 저의 불초(不肖: 미련함)함을 알지 못하시고 목공 일을 감독하게 하셨습니다. 분위기가 엄숙하여 제가 감히 청하지 못했습니다만 지금 은밀히 청하겠습니다. 관(棺)의 목재가 너무 화려한 듯했습니다."[490]

말의 맥락으로 보면 제자 충우가 맹자 어머니 장례 때 관(棺) 짜는 일을 총괄했던 것으로 보인다. 이때 충우에게는 관(棺)이 지나치게 사치스럽게 보였다. 장례 기간 중에는 엄숙한 분위기라 말을 못하다가 돌아오는 도중에 말을 꺼낸 것이다.

맹자가 말했다. "옛날엔 관곽(棺槨: 속 널과 겉 널)이 정도(定度)가 없었는데 중고(中古)에 관(棺)이 일곱 치[七寸]로 되고, 곽(槨)을 거기에 맞게 했다. 천자부터 서인에 이르기까지 바로 화려하게만 보이려 한 것이 아니다. 곡진하게 한 후에도 사람의 마음에 차지 않으면 기뻐할 수 없고, 재화가 없어도 기뻐할 수 없다. 있는 재물을 쓰는 것이 마음에 차게 된다면 옛날 사람이 모두 그것을 허용했는데, 나만 유독 하지 말라는 것인가?"[491]

중고(中古)는 주(周)나라 주공(周公)이 법제를 만들던 시기를 말한다. 맹자는 관(棺)의 규격 등 장례에 관한 예법이 주공 이후 정해졌으며 규격에

490 『孟子』, 公孫丑章句下, "孟子自齊葬於魯, 反於齊, 止於嬴. 充虞請曰, 前日不知虞之不肖, 使虞敦匠事. 嚴, 虞不敢請. 今願竊有請也, 木若以美然."
491 『孟子』, 公孫丑章句下, "曰, 古者棺槨無度, 中古棺七寸, 槨稱之. 自天子達於庶人, 非直爲觀美也, 然後盡而人心不得, 不可以爲悅, 無財, 不可以爲悅. 得之爲有財, 古之人皆用之, 吾何爲獨不然?"

맞게 하고 좋은 목재를 쓰려 하는 것이 정성을 다하려는 사람의 마음에서 우러나온다고 했다. 그리고 국가가 정한 법도를 벗어나지 않고 재화까지 있어서 좋은 재목을 쓰는 것은 옛날부터 허용된 일이라고 말했다.

> "또 죽은 자를 위하여 흙이 피부에 닿지 않게 하면 사람 마음에 거리낌이 없지 않겠는가? 나는 들었노니, 군자는 천하로써 그 부모에게 검약하지 않는다네."[492]

'천하로써 그 부모에게 검약하지 않는다'는 것은 세상을 위해 물건을 아낀다는 명분으로 그 부모에게 야박하게 하지 않는 것을 의미한다. 맹자는 장례에 있어서 법도가 허용하는 한 겉치레를 위함이 아니라 정성을 다하고 싶은 사람의 마음에서 우러나온 것이면 잘못이 아니라고 보는 입장이다. 맹자의 장례에 관한 의견은 묵자를 의식하여 진술한 듯하다.

묵자는 후장(厚葬: 장례를 후하게 지냄)과 구상(久喪: 상례 기간을 오래 함)을 반대하고 있는데 이것은 요(堯), 순(舜), 우(禹) 세 성왕(聖王)으로부터 비롯된 것임을 주장한다. 묵자에 의하면 요(堯), 순(舜)은 흔한 나무로 관을 만들고 칡으로 봉했으며 봉분도 없었다. 그나마 우(禹)에 이르러 오동나무로 세 치[寸] 두께의 관을 만들고 봉분도 자그맣게 만들었다. 요(堯), 순(舜), 우(禹) 모두 관 속에 넣는 옷과 이불은 세 벌이었다.[493] 다만 묵자가 제시한 위 세 성왕의 장례에 대한 사실 여부는 달리 증빙할 방법이 없다. 묵자는

---

492 『孟子』, 公孫丑章句下, "且比化者無使土親膚, 於人心獨無恔乎? 吾聞之也, 君子不以天下儉其親."

493 『墨子』, 節葬下, "昔者堯北敎乎八狄, 道死. 葬蛩山之陰, 衣衾三領, 谷木之棺, 葛以緘之. 旣而后哭. 無封已葬而牛馬乘之. 舜西敎乎七戎, 道死. 葬南己(面己)之市. 衣衾三領, 穀木之棺, 葛以緘之. 旣犯而後哭. 滿埳無封. 已葬而市人乘之. 禹東敎乎九夷, 道死. 葬會稽之山, 衣衾三領, 桐棺三寸. 葛以緘之, 絞之不合. 通之不坎. 土地之深, 下毋及泉. 上毋通臭, 旣葬收餘壤其上, 壟若參耕之畝, 則止矣."

세 성왕의 사례를 참고하여 다음과 같은 장례와 매장하는 법을 만들었다.

> "묵자 선생은 장례와 매장하는 법을 만들었다. 관(棺)은 세 치[寸]로 하여 족히 뼈를 썩게 하고, 옷은 세 벌을 하여 족히 육신을 썩게 하고, 땅을 파는 깊이는 아래로 물이 새어 들어오지 않을 정도로 하고, 공기가 위로 빠지지 않게 하며, 무덤 크기는 그 장소를 알 수 있으면 된다. 여기까지이다."[494]

묵자는 후장(厚葬)과 구상(久喪)의 폐해를 몇 가지 제시한다. 즉 천자가 상을 당하면 순장(殉葬)이 수십에서 수백, 장군·대부가 상을 당하면 수인(數人)에서 수십(數十)에 이른다고 하며, 구상(久喪)에 따른 생업활동을 하지 못하고, 후장(厚葬)으로 재물을 땅에 묻는 격이라고 본다. 따라서 후장(厚葬)과 구상(久喪)을 하려는 자들이 정치를 하면 국가가 반드시 가난해지고, 인민들이 적어지며, 형정(刑政)이 문란해진다고 했다. 이런 까닭에 묵자는 요(堯), 순(舜), 우(禹) 세 성왕의 장례를 본받아 자신의 장례법을 위와 같이 주장했다.

묵자는 이처럼 고대 세 성왕을 지목하며 관 속에 넣는 유품을 소략하게 하고 세 치[寸]의 관을 만들어야 한다고 주장하고, 후장(厚葬)과 구상(久喪)이 천하의 국가와 인민을 위해 없어져야 한다고 했다. 그러자 맹자는 중고(中古)의 주공(周公)을 지목하며 일곱 치[七寸]의 관(棺)을 만드는 것이 정설임을 말하고, 또한 천하의 국가와 인민을 핑계로 부모에게 야박하게 해서는 안 됨을 주장하고 있다.

---

494 『墨子』, 節葬下. "子墨子制爲葬埋之法. 曰. 棺三寸. 足以朽骨. 衣三領. 足以朽肉. 掘地之深. 下無菹漏. 氣無發洩于上. 壟足以期其所. 則止矣."

4절 선한 심성을 보존해야 한다

존심양성

공자가 성선을 직접 거론하지는 않았지만, 시경에 나오는 "사람이 떳떳한 성품을 간직하고 있으므로 이 아름다운 덕을 좋아한다."[495]라고 찬미하는 방법으로 성선을 우회적으로 표현했다. 그리고 공자는 "잡으면 존속하고 버리면 없어진다. 출입은 때가 없으니 그 방향을 알 수 없다는 것은 오직 마음을 일컫는 말이다."[496]라고 하여 우리의 본심을 잃지 말 것을 말하고 있다.

물론 맹자는 인간의 타고난 심성을 선한 것으로 보기 때문에 그 심성을 제대로 보존하는 것을 중요하다고 본다. 그렇지만 그 선한 심성이 늘 선한 행동으로 연결되는 것은 아니다. 맹자는 선한 인간의 심성이 선한 행동으로 표출되지 못하는 원인을 두 가지로 보았다. 하나는 인간의 육체적 욕구때문이며, 다른 하나는 환경적 요인 때문이다. 특히 육체적 욕구에 대해서 맹자는 "마음을 수양함은 욕심을 적게 하는 것보다 더 좋은 것이 없다."[497]라고 하여 육체적 욕구를 줄일 것을 호소했다. 맹자는 이러한 욕구나 환경적 요인에 동요하지 말고 우리의 타고난 심성을 보존해야 함을 역설한다.

"그 마음[心]을 다하는 자는 그 성(性)을 안다. 그 성을 알면 하늘을 안다. 그 마

---

495 『小學』, 嘉言第五, "民之秉彝也. 故好詩懿德."
496 『孟子』, 告子章句上, "孔子曰, 操則存, 舍則亡. 出入無時, 莫知其鄉. 惟心之謂與!"
497 『孟子』, 盡心章句下, "養心莫善於寡欲."

음을 보존하고[存心] 그 성을 함양하는 것은[養性] 하늘을 섬기기 위함이다."[498]

마음[心]은 성(性)이 실질적으로 운용되는 모습을 말한다. 그렇기 때문에 마음과 성은 표리(表裏)의 관계이다. 맹자는 사단과 같은 마음을 제대로 보존하고 발휘할 때 그 근거인 성(다산의 경우는 경향성)을 알 수 있다고 보고 있다. 그리고 선한 본성을 알면 그 본성을 부여한 하늘의 뜻, 즉 도덕적 행위에 관한 근거와 당위성을 알 수 있다고 한다. 이런 모습들은 하늘의 뜻을 따르는 것이니 하늘을 섬기는 행위와도 통한다. 인간의 타고난 심성을 제대로 어떻게 보존하는가에 따라 금수(禽獸: 날짐승과 길짐승)와 인간을 구별하는 기준이 되기도 하고, 소인과 군자를 가르는 기준이 되기도 한다.

"사람이 금수와 다른 까닭은 매우 희소하다. 서민(소인)은 그것을 버리지만 군자는 보존한다."[499]

사람이 금수와 다른 것은 타고난 양지와 양능 그리고 선한 심성이 있느냐 없느냐의 차이에 있다. 서민(소인)은 그러한 본성을 타고는 났으나 그것을 제대로 보존하지 못해 버리고, 군자는 제대로 보전한다. 정치에서도 통치자가 양심을 보존하는 것이 아주 중요하다. 통치자의 실정(失政)을 사사건건 지적하여 올바로 돌려놓는 것은 어려운 일이다. 관건은 그 마음을 마음잡는 데 있다.

맹자가 말했다. "사람들은 더불어 (늘) 나무랄 수도 없으며, 정책에서도 (늘)

---

498 『孟子』, 盡心章句上, "盡其心者, 知其性也. 知其性則知天矣. 存其心, 養其性, 所以事天也."
499 『孟子』, 離婁章句下, "人之所以異於禽獸者幾希, 庶民去之, 君子存之."

비방할 수도 없다. 오직 대인(大人)이라야 군주의 마음을 바로잡을 수 있으니, 군주가 어질면 어질지 않은 것이 없고, 군주가 의로우면 의롭지 않은 것이 없다. 군주가 올바르면 올바르지 않은 것이 없으니 한번 군주를 올바르게 하면 국가가 안정된다."[500]

통치자의 영향력은 심대하여 그가 의로우면 의롭지 않은 것이 없고, 그가 올바르면 올바르지 않은 것이 없다. 통치자가 반복되는 실정을 할 경우 주변에서 비판할 수도 있지만, 가장 효과 있는 것은 가족이나 측근이 통치자의 마음 자체를 바로잡는 것이다. 그것이 급선무이고 가장 효율적인 일이다. 그리고 그런 사람이 바로 대인이다. 맹자는 인간을 지칭하여 "만물이 다 내게 구비되었다[萬物皆備於我矣]."란 표현을 사용한다. 학문이나 정치에서 나아가고 그치며, 좌우를 돌아볼 수 있는 힘이 밖에 있지 않고 내 안에 존재한다는 것이다. 대인이라야 통치자의 잘못된 행위를 바로잡아 주고 그 안의 긍정적 힘을 북돋울 수 있다.

인간이 선한 본성을 잘 보전하여 행동으로 표현되는 인의(仁義)의 마음을 갖고 있는지 아닌지 그 여부는 우리의 몸을 통하여 드러난다.

맹자가 말했다. "사람에게 있는 것 중 눈동자보다 더 잘 나타내는 것은 없다. 눈동자는 그 악함을 가릴 수 없다. 가슴 속이 떳떳하면 눈동자가 명료하고, 가슴 속이 떳떳지 못하면 눈동자가 흐려진다. 그 말을 듣고 그 눈동자를 보면 사람이 어찌 감출 수 있겠는가?"[501]

---

500 『孟子』, 離婁章句上, "孟子曰, 人不足與適也, 政不足間也. 惟大人爲能格君心之非. 君仁莫不仁, 君義莫不義, 君正莫不正. 正君而國定矣."

501 『孟子』, 離婁章句上, "孟子曰, 存乎人者, 莫良於眸子. 眸子不能掩其惡. 胸中正則眸子瞭焉. 胸中不正則眸子眊焉. 聽其言也, 觀其眸子, 人焉廋哉?"

말은 사람의 마음이 표현된 것이다. 말로써도 그 사람의 마음을 읽을 수가 있다. 그러나 말은 가식이 가능하다. 말보다 더 흉중의 생각을 제대로 드러내는 것이 눈동자이다. 그렇기 때문에 말을 듣고 눈동자를 보면 그 사람이 품고 있는 생각을 알 수 있다.

그런데 맹자의 존심양성은 지극히 추상적이며 대의를 천명한 것이다. 그렇다면 일상생활에서 존심양성할 수 있는 방법에는 무엇이 있는가? 맹자 이후 성리학과 양명학은 존심양성의 수양 방법에 대해 공통적으로 존천리거인욕(存天理去人慾)을 표방했다. 즉 천리를 보존하고 인욕을 제거한다는 의미이다. 다만 성리학은 천리(天理)를 본성으로 보고, 양명학은 마음[心]으로 본다는 점에서 차이가 있다.[502]

부동심

맹자는 인간의 타고난 심성을 선한 것으로 보기 때문에 그 심성을 제대로 보존하는 존심양성을 당연하게 주장한다. 존심양성과 더불어 맹자가 주장하는 수양론으로는 부동심(不動心)이 있다. 부동심이란 말을 그대로 풀이하면 본래의 마음이 흔들리지 않는 것을 의미한다. 맹자가 부동심을 언급하게 된 것은 제자 공손추(公孫丑)와의 다음 대화에서 비롯되었다.

공손추가 물었다. "만일 선생님께서 제나라의 재상 자리에 올라서 도(道)를 행

---

502 성리학은 마음[心]을 성(性)과 정(情)으로 나누어, 성을 리(理)로 보는 성즉리(性卽理)를 주장한다. 양명학은 마음을 성(性)과 정(情)으로 분리할 수 없다고 본다. 따라서 심성정(心性情)은 하나로 되어있으며 마음은 옳고 그름을 즉각적으로 판단할 수 있는 도덕적 원리(天理)이므로 심즉리(心卽理)를 주장한다.

할 수 있게 된다면 패도정치든 왕도정치든 다를 것이 있겠습니까? 이와 같다면 마음이 동요되시겠습니까?"

그러자 맹자가 대답했다. "아니다. 나는 마흔에 부동심(不動心)하였다."

공손추가 말했다. "이와 같다면 선생님은 맹분보다 한참 위에 있습니다."

맹자가 말했다. "이것은 어렵지 않으니, 고자(告子)도 나보다 앞서 부동심하였다."

공손추가 말했다. "부동심에 도(道)가 있습니까?"

맹자가 말했다. "있느니라."[503]

맹분(孟賁)은 제나라 사람으로 대단한 완력과 용기를 지녔다. 그는 소의 생뿔을 잡아 뽑아낼 수 있었으며 맹수와 마주쳐도 두려워하지 않았다고 한다. 맹자는 만약 자신이 출세하여 높은 지위에 오르더라도 왕도정치에 대한 마음만큼은 바꾸지 않겠다고 하고, 이것은 부동심이 있기에 가능하다고 말하고 있다. 부동심이란 어떠한 시대나 상황에 있어도 본래 가지고 있는 올바른 마음을 변함없이 가지고 있어야 함을 의미한다. 공자는 일생을 회고할 때 마흔에 '불혹(不惑)', 즉 유혹에 흔들리지 않았다고 했다. 맹자는 자신이 마흔이 되었을 때 부동심의 경지에 올랐다고 했다. 공손추가 맹자의 부동심을 맹분과 비교하여 칭송하자 맹자는 겸양을 슬쩍 내비치고는 자신과 인간 본성에 대하여 논쟁을 벌였던 고자(告子)에 대해 나이 마흔 이전에 일찍이 부동심하였다고 치켜세웠다. 공손추가 묻는 말 중에 '도(道)'의 의미는 부동심을 함양하는 요체가 되는 방법으로 이해하면 될 듯

---

503 『孟子』, 公孫丑章句上, "公孫丑問曰, 夫子加齊之卿相, 得行道焉, 雖由此霸王, 不異矣. 如此則動心否乎? 孟子曰, 否, 我四十不動心. 曰, 若是則夫子過孟賁遠矣. 曰, 是不難, 告子先我不動心. 曰, 不動心有道乎? 曰, 有."

하다.

맹자는 부동심을 함양하는 방법으로 양용(養勇: 용기를 함양함)을 들고 있다. 양용의 사례로서 맹자는 북궁유(北宮黝)[504]와 맹시사(孟施舍)[505]의 양용을 이야기한다.

> "북궁유는 피부가 찔려도 동요하지 않았으며 눈동자를 피하지 않았다. 사람들에게 자신이 조금이라도 꺾였다고 생각되면 마치 저잣거리에서 종아리를 맞는 것처럼 여겼다. 그리고 그는 비천한 사람이건 만승(萬乘)의 군주이건 간에 누구에게든지 모욕을 받지 않으려 했다. 만승의 군주를 찌르려는 것을 비천한 사람을 찌르는 것과 같이 여겼다. 그러니 그에게는 무서운 제후도 없었으며, 만약 자신을 험담하는 소리를 들으면 반드시 가서 보복했다. 맹시사(孟施舍)의 양용은 이기지 못함을 알아내는 것을 이기는 것만큼이나 중요시했다. 적을 헤아린 뒤에야 전진하고, 승리할 수 있다는 생각이 들면 교전을 하였으니, 이는 적의 삼군(三軍)을 두려움에 떨게 했다. (그는 말하길) '내가 어찌 반드시 이길 수만 있겠는가? 다만 두려워하지 않을 수는 있다.'"[506]

북궁요는 자객이고 맹시사는 사(士) 직급에 해당하는 관리로 보인다. 맹자는 이 두 사람의 양용을 다음과 평가했다.

> "맹시사는 증자와 비슷하고 북궁유는 자하와 비슷하여 무릇 두 사람의 용맹

---

504 성(姓)은 북궁(北宮)이고, 이름은 유(黝)이다.

505 성(姓)은 맹(孟)이고, 이름은 사(舍)이다. 시(施)는 발어성(發語聲)이다.

506 『孟子』, 公孫丑章句上, "北宮黝之養勇也, 不膚撓, 不目逃, 思以一豪挫於人, 若撻之於市朝. 不受於褐寬博, 亦不受於萬乘之君. 視刺萬乘之君, 若刺褐夫. 無嚴諸侯. 惡聲至, 必反之. 孟施舍之所養勇也, 曰, 視不勝猶勝也. 量敵而後進, 慮勝而後會, 是畏三軍者也. 舍豈能爲必勝哉? 能無懼而已矣."

함 중 어느 것이 더 현명한지는 모르겠다. 그러나 맹시사가 준수하고자 하는 것이 간략하다."[507]

북궁유는 용맹하지만 그 용맹을 발휘하는 일정한 기준이 없는 자이다. 그러나 맹시사는 기세(氣勢)를 파악하여 용맹을 부릴 줄 아는 자이다. 증자 (증삼의 존칭)와 자하는 모두 공자의 제자다. 증자는 성품이 성실하고 돈독하여 먼저 자신을 수양함으로써 정치를 하는 근본으로 삼았다. 자하는 문학으로 이름이 나고 강직했으나, 온화함과 부드러움이 좀 부족한 제자였다. 맹자는 기세를 볼 줄 아는 맹시사를 수기(修己)를 근본으로 삼는 증자와 비슷하다고 보며, 용맹함만 있는 북궁유를 강직하지만 온화함이 없는 자하와 서로 비슷하다고 했다. 그리고 북궁유처럼 여러 상황마다 부딪히는 것보다 맹시사처럼 기세를 가늠하는 것을 준수한다는 면에서 더 간략하다고 평가한다. 맹자는 증자의 양용을 부연하여 소개한다. 아래는 증자가 자신의 제자인 자양(子襄)에게 한 말을 맹자가 인용한 것이다.

"나(증자)는 일찍이 선생님(공자)에게 큰 용기에 대하여 들은 적이 있었으니, 스스로 돌이켜보아 곧지 아니하면 비록 천한 사람이라도 내가 두려워하지 않겠는가? 스스로 돌이켜보아 곧으면 비록 천만의 사람들이라도 내가 가서 대적하리라."[508]

증자는 자신을 뒤돌아보아 옳지 않으면 마음에서 켕기는 것이 있어 천

---

507 『孟子』, 公孫丑章句上, "孟施舍似曾子, 北宮黝似子夏. 夫二子之勇, 未知其孰賢, 然而孟施舍守約也."

508 『孟子』, 公孫丑章句上, "吾嘗聞大勇於夫子矣. 自反而不縮, 雖褐寬博, 吾不惴焉. 自反而縮, 雖千萬人, 吾往矣."

한 사람에게도 두려움을 느낄 수 있으나, 뒤돌아보아 올바르다면 마음에서 떳떳함이 생겨 수많은 사람에게도 두려움을 느끼지 않는다고 했다. 즉 용기는 나름의 도덕적 신념에서 비롯된다는 말이다. 도덕적 신념은 용기를 발휘하는 발판이 되기 때문에 더욱 강력한 동력을 구사할 수 있다. 맹자는 이런 증자와 맹시사를 다시 비교한다.

> "맹시사가 준수하고자 하는 것은 기(氣)이니 또한 증자가 준수하고자 하는 것의 간략함만 같지 못하다."[509]

맹시사의 용기는 북궁유에 비해 준수하고자 하는 것이 간략하지만, 증자와 비교하였을 땐 증자가 더 간략하다. 맹시사가 준수하고자 한 것은 기세(氣勢)이다. 맹시사가 기세를 따른 것은 도덕적 신념에서 우러나온 것이 아니어서 여러 상황을 감안해야 하지만, 증자는 자신을 성찰한 것에 근거를 둔 것이어서 더 간략하다. 정리하자면, 부동심을 함양하는 방법으로 양용이 필요하지만, 그 양용은 일정한 기준이 없는 단순한 용맹이 아니다. 증자처럼 스스로 뒤돌아보아 곧다고 인정될 경우, 그 곧은 것을 지키는 간략함에서 오는 용기가 참된 용기이며, 그런 용기를 길러야 한다는 말이다.

맹자는 부동심을 함양하는 방법으로 양용(養勇)을 들고, 맹시사와 증자가 양용(養勇)하기 위하여 준수한 것은 각각 '기(氣)'와 '스스로 돌이켜보아 곧은 것[自反而縮]'이라고 진단했다. 맹자의 경우는 무엇일까? 이어지는 공손추와의 대화에서 알 수 있다.

---

509 『孟子』, 公孫丑章句上, "孟施舍之守氣, 又不如曾子之守約也."

공손추가 물었다. "선생님의 부동심과 고자의 부동심은 들어 알 수 있습니까?"

(맹자가 말했다.) "고자는 '말에서 얻어지는 것이 없어도 마음[心]에서 구하지 말고, 마음에서 얻어지는 것이 없어도 기(氣)에서 구하지 마라.'라고 말했다. '마음에서 얻어지는 것이 없으면 기(氣)에서 구하지 말라'고 함은 옳지만, '말에서 얻어지는 것이 없어도 마음에서 구하지 말라'고 하는 것은 옳지 않다. 무릇 지(志)는 기(氣)의 장수[帥]이며 기(氣)는 몸에서 충만한 것이다. 무릇 지(志)는 지극하며 기(氣)는 그다음이다. 그러므로 지(志)를 가지고 있으면서 기(氣)를 난폭하게 하지 않는다고 한다."[510]

'얻어지는 것이 없다'의 해석을 조기(趙岐)는 다른 사람의 선한 마음[心]이나 선한 말[言]을 얻지 못하는 것으로 해석한다. 다산은 '말에서 얻어지는 것이 없다'는 말에 걸리는 것이 있고, '마음에서 얻어지는 것이 없다'는 마음에 만족스럽지 못함이 있는 것으로 해석한다. '지(志)'는 마음이 가는 것(곳)을 말한다.

고자는 말[言]과 기(氣)가 마음[心]과의 관계에서 서로 영향을 미치지 않는다고 보고 있다. 맹자는 마음으로부터 말이나 기가 비롯된다고 보고 있기 때문에 '지(志)'는 '기(氣)'의 장수가 된다고 말하고 있다. 그런데 '기(氣)'가 '지(志)'로부터 통솔이나 명령을 받고 반대로 '기(氣)'가 '지(志)'에 영향을 주지는 못하는 것일까?

---

[510] 『孟子』, 公孫丑章句上, "曰, 敢問夫子之不動心與告子之不動心, 可得聞與? 告子曰, 不得於言, 勿求於心, 不得於心, 勿求於氣. 不得於心, 勿求於氣, 可, 不得於言, 勿求於心, 不可. 夫志, 氣之帥也, 氣, 體之充也. 夫志至焉, 氣次焉, 故曰, 持其志, 無暴其氣."

공손추가 말했다. "지(志)는 지극하며 기(氣)가 다음이라고 말씀하시고, 또 그 지(志)를 가지고만 있어도 기(氣)가 난폭해지지 않는다는 것은 왜 그렇습니까?"

맹자가 말했다. "지(志)는 전일하면서 기(氣)를 움직이고 기(氣)는 전일하면서 지(志)를 움직이는 것이니, 지금 벌떡 일어나는 것과 달려가는 것, 이 모두가 기(氣)이며 반대로 그 마음을 움직인다."[511]

맹자는 일단 '지(志)'가 '기(氣)'를 제어하는 장수에 해당한다고 보았으나 '기(氣)'가 늘 '지(志)'를 따라가는 것만이 아니라 '지(志)'에 영향을 미칠 수도 있다고 본다. 다시 말해, '기(氣)'로 인식되는 우리 몸의 여러 움직임, 즉 벌떡 일어나거나 뛰는 것 등은 '지(志)'에 영향을 미친다고 본다. 쉽게 말해 심신은 상호 영향을 미친다는 말이다. 이를 두고 정자(程子)[512]는 "지(志)가 기(氣)를 움직이는 것은 열에 아홉이고, 기(氣)가 지(志)를 움직이는 것은 열에 하나이다[志動氣者什九, 氣動志者什一]."라고 말했다. 정자는 지(志)와 기(氣)가 상호 영향을 미치는 것을 인정하지만, 지(志)의 주체성을 더욱 부각시켰다.

맹자의 부동심은 일단 '지(志)'가 장수가 되어 '기(氣)'를 움직이지만, 또한 '기(氣)'에 영향을 받는 존재이기도 하다는 것이다. 그렇다면 맹자의 부동심에는 어떤 장점이 있을까? 공손추가 궁금해했다.

"감히 묻습니다. 선생님은 무엇이 장점이십니까?"

---

511 『孟子』, 公孫丑章句上, "旣曰, 志至焉, 氣次焉. 又曰, 持其志, 無暴其氣. 何也. 曰, 志壹則動氣, 氣壹則動志也, 今夫蹶者趨者, 是氣也, 而反動其心."
512 중국 송나라의 유학자 정호(程顥)와 정이(程頤) 형제를 높여 이르는 말

맹자가 말했다. "나는 지언(知言)하며, 제대로 나의 호연지기(浩然之氣)를 함양
했노라."

"감히 묻습니다. 호연지기란 무엇입니까?"

맹자가 말했다. "말하기 어렵다. 그 기운 됨이 지극히 크고 굳세다. 곧바로 함
양되고 방해받지 않으면 천지간에 충만할 것이다."[513]

맹자는 지(志)와 기(氣)가 서로 영향을 주고받음을 인정하는 자신의 부
동심 함양 방법의 장점으로 지언(知言)과 호연지기(浩然之氣)를 들고 있다.
주희(朱熹)는 '지언(知言)', 즉 '말을 안다'를 천하의 말에 그 이치를 탐구하
여 그 시비(是非)와 득실(得失)의 원인을 아는 것이라고 해석한다. 다산(茶
山)은 언어의 근본이 본래 마음에 들어있다는 것을 아는 것이라고 해석한
다. '호연지기(浩然之氣)'는 단순한 혈기를 말하는 것이 아니라 크고도 넓은
도덕적인 기운을 말한다. 그렇기 때문에 호연지기는 다음과 같은 도덕적
신념에서 비롯되고 발휘된다.

"그 기운 됨이 의(義)와 도(道)와 짝을 이룬다. 이것들이 없으면 배가 꺼진다. 호
연지기는 의(義)가 모여서 생겨나는 것이다. 의가 갑자기 와서 얻는 것이 아니
다. 행동할 때 마음에 만족하지 못함이 있으면 배가 꺼진다. … 일에 있어서는
(성공을) 예단하지 말고, 마음에는 망령됨이 없고, 조장을 하지 마라. 송인(宋
人)이 그리 한 것처럼 하지 마라. 송인 중에 묘(苗: 어린싹)가 자라지 않는 것을
고민하다가 뽑아놓은 자가 있었다. 지쳐 돌아와서 집사람들에게 이르기를 '나
는 오늘 피곤하다. 내가 묘를 도와서 자라게 했다[助苗長].'라고 했다. 그 아들

513 『孟子』, 公孫丑章句上. "敢問夫子惡乎長? 曰, 我知言, 我善養吾浩然之氣. 敢問何謂浩然之氣? 曰, 難言也.
其爲氣也, 至大至剛, 以直養而無害, 則塞于天地之間."

이 달려가서 보니 묘가 말라죽어 있었다."[514]

맹자는 호연지기가 '의(義)가 집적되어', 즉 집의(集義)가 되어 생긴다고 본다. 집의는 별안간 이루어지는 것이 아니라 늘 의에 따른 생각과 행동이 일상화될 때 형성되는 도덕적 신념이다. 이런 차원에서 호연지기는 여타의 혈기, 객기와는 구별된다. 집의에 바탕을 둔 호연지기는 일단 내 마음을 만족시키기 때문에 내부적인 저력이 형성된다. 또 이 호연지기는 발휘될 때에 본래 바탕이 된 의(義)와 부합되고, 또 정당한 방법[道]으로 행사되어야 역시 제대로 기세를 떨칠 수 있다. 맹자는 그릇되게 호연지기를 모방하려 한 사례로 송인(宋人)이 묘(苗)를 '조장(助長: 인위적으로 자라게 함)'한 예화를 들었다. 송인(宋人)의 예화가 주는 의미는 차라리 호연지기가 없다 하면 그 자체로 머무를 수 있지만, 억지로 호연지기를 모방하여 조장할 경우 어린 묘가 말라죽는 것과 같은 해를 초래한다는 것이다. 우리가 평소에 인위적으로 어떤 상황을 더 심각해지도록 만든다는 의미로 쓰는 '조장(助長)'이란 말은 위 예화에서 유래했다.

반구제기, 인(仁)은 활쏘기와 같다

공자는 군자의 자세 중 하나로서 나에게서 원인을 구한다는 소위 '구제기(求諸己)'를 말한 바 있다. 구제기는 직역하면 나에게서 구한다는 의미이

---

514 『孟子』, 公孫丑章句上, "其爲氣也, 配義與道. 無是, 餒也. 是集義所生者, 非義襲而取之也. 行有不慊於心則 餒矣. … 必有事焉而勿正, 心勿忘, 勿助長也. 無若宋人然. 宋人有閔其苗之不長而揠之者, 芒芒然歸. 謂其 人曰, 今日病矣, 予助苗長矣. 其子趨而往視之, 苗則槁矣."

다. 따라서 구제기는 어떤 일의 원인을 일단 자기에게서 찾는 성찰적 자세를 의미한다. 구제기는 공자가 중요시한 덕목인 인을 형성하는 방법론이기도 하다.

> "하루라도 자신을 극복하고 예로 돌아가면[克己復禮] 천하가 인(仁)으로 돌아온다. 인을 실천하는 것은 자기로부터 비롯되는 것이지 다른 사람으로부터 비롯되겠는가?"515

'자신을 극복'한다는 말은 자신의 사욕을 극복한다는 의미인데, 이러함으로써 공자는 인을 형성할 수 있다고 했다. 그리고 공자는 '인을 실천하는가?', '그렇지 못한가?'는 자신에게 달린 것이지, 다른 사람에게 달린 것이 아니라고 보았다.

공자와 마찬가지로 맹자도 반성(성찰)적 자세를 강조한다. 공자로부터 중요시되는 인(仁)의 수양에 대하여 맹자는 다음과 같이 말한다.

> "인(仁)은 활쏘기와 같다. 활 쏘는 자는 몸을 바로한 후 발사한다. 발사하여 맞지 않으면 자신을 이긴 자를 원망하는 것이 아니라 돌이켜 자기에게서 (그 원인을) 구할 뿐이다."516

맹자는 공자의 '구제기' 사상이 인(仁)을 구하는 수양론임을 구체적으로 밝히고, 그 인을 얻는 자세를 활쏘기에 비유하여 표현했다. 즉 활쏘기에서 자신이 표적을 맞히지 못했을 때 표적 탓을 하거나, 부는 바람 탓을 하

---

515 『論語』, 顔淵第十二, "一日克己復禮, 天下歸仁焉. 爲仁由己, 而由人乎哉?"
516 『孟子』, 公孫丑章句上, "仁者如射, 射者正己而後發. 發而不中, 不怨勝己者, 反求諸己而已矣."

거나, 자신을 이긴 자에게 트집을 잡으려 하지 말고 자신의 몸의 자세에서 그 원인을 찾으라는 의미이다.

맹자가 말했다. "사람을 사랑하지만 친해지지 않으면 그 인(仁)을 돌이켜보아야 하고, 사람을 다스리지만 다스려지지 않으면 그 지혜를 돌이켜보아야 하고, 사람을 예로 대하지만 대답이 없으면 그 공경을 돌이켜보아야 한다. 행함에 얻어지지 않는 것이 있다면 모두 돌이켜 자기에게서 (원인을) 구하는 것이니, 그 몸이 바르면 천하가 그에게 돌아온다."[517]

사람들 사이에서 문제가 생길 경우 다른 사람 탓을 하거나 원인을 그 사람에게 돌리지 말고, 돌이켜서 자신에게서 원인을 구하는 소위 '반구제기(反求諸己)'를 하라는 말이다. 인(仁)뿐만 아니라 정치도 예절도 마찬가지이다. 우리가 나름대로 노력했지만 얻어지는 것이 없을 경우, 모든 원인을 자기에게서 구하여 자신의 몸을 반듯하게 하고자 하면 천하를 얻을 수 있다는 것이다. 공자의 제자 자로(子路)에 대해 맹자는 "자로는 사람들이 그에게 잘못이 있다고 고하면 기뻐했다."[518]라고 평했다. 용맹과 의리가 남다른 자로는 평소 사람들이 자신의 과오를 지적해주면 돌이켜 시정할 수 있기 때문에 기뻐했다. 자로는 바로 반구제기를 실천한 인물이었다.

---

517 『孟子』, 離婁章句上, "孟子曰, 愛人不親反其仁, 治人不治反其智, 禮人不答反其敬. 行有不得者, 皆反求諸己, 其身正而天下歸之."

518 『孟子』, 公孫丑章句上, "子路, 人告之以有過則喜."

제5장

인민이 귀중하다

1절 하늘을 거스르는 자는 망한다

행함과 그침은 하늘에 달려있다

하늘을 분류할 때 크게 나누면 '자연으로서의 하늘'과 '주재자로서의 하늘'로 요약된다. 전자는 물리적 공간의 하늘이며, 후자는 종교 혹은 철학적 의미의 하늘이다. 하늘을 단순히 자연으로서의 하늘로 보는 입장에는 노자와 장자가 해당하며 유가에서는 순자가 해당한다. 하늘을 주재자로서 보는 입장에는 유가로서 공자 그리고 묵가의 묵자가 해당한다.

맹자는 공자와 마찬가지로 하늘을 주재지천(主宰之天)의 관념으로 보았다. 특히 맹자는 하늘을 말할 때 『시경(詩經)』과 『서경(書經)』을 인용한 경우가 많다. 『시경』과 『서경』에 수록된 하늘 사상은 주로 인격을 가진 주재자로서의 하늘을 말하고 있다. 따라서 맹자는 『시경』과 『서경』으로부터 이어지는 주재적인 하늘 사상을 공자에 이어서 발전시켰다고 볼 수 있다. 맹자의 하늘 사상에 대한 몇 가지 특징은 다음과 같다.

첫째, 맹자에게 있어서 주재자로서의 하늘은 공자가 본 것처럼 인간의 운명을 좌우하는 하늘이다. 여기서 운명이란 천명이 인간에게 운용되는 것으로서 인력으로 어찌할 수 없는 지배나 상황을 말한다. 공자가 주유천하를 끝내고 노나라로 돌아와 춘추를 저술할 때 아끼던 제자 안회[519]가 죽자, "아아, 하늘이 나를 버리시는구나! 하늘이 나를 버리시는구나!"[520]라고 한 바 있다. 하늘이 인간의 운명을 좌우하고 있다는 전형적인 표현이다.

---

519 자는 자연(子淵)이다. 자를 따서 안연(顏淵)이라고도 부른다.
520 『論語』, 先進第十一, "噫! 天喪予! 天喪予."

맹자가 등나라를 떠나 마지막으로 간 나라는 공자의 고향 노나라이다. 공자 생존 당시 노나라를 좌지우지한 세력은 대부(大夫) 가문인 맹손(孟孫), 숙손(叔孫), 계손(季孫)의 이른바 삼가(三家)였다. 이들은 노나라 15대 군주인 환공(桓公)의 후손이었기에 삼환(三桓)으로도 불리었다. 26대 소공은 이들을 축출하고자 했다가 도리어 제나라로 쫓겨났다. 그다음 군주인 27대 정공 때 공자는 출사하여 삼환 세력을 상당히 견제하고 노나라의 중흥을 이끌었다. 이후 공자는 12년 동안 천하를 주유하다가 28대 애공 때 노나라로 돌아왔다. 그러나 애공은 공자 사후에 이들과 충돌하다가 월나라로 망명하고 만다. 그 이후 삼환은 점차 세력이 약해져 31대 목공 이후 정권이 다시 군주의 손으로 돌아가기에 이르렀다. 그렇지만 국가 자체로서 이미 노나라는 힘이 쇠약해 이웃 나라인 제나라의 눈치를 보며 명맥을 이어가는 형편이었다. 맹자가 노나라로 갔을 때 군주는 35대 평공(平公)이었다. 평공이 맹자를 만나려고 하는 데 총애를 받는 장창(臧倉)이란 자가 저지했다. 이때 맹자 제자인 악정자(樂正子)가 평공에게 가서 그 연유를 묻는다. 그러자 평공은 관곽(棺槨: 속 널과 겉 널)과 의금(衣衾: 수의와 이불)이 화려했기 때문이라고 했다. 이러한 사태의 전말을 악정자가 맹자에게 가서 보고하자 맹자는 말한다.

> "행함을 간혹 (사람이) 억지로 하게 하고, 그침을 억지로 그치게 하려고 하나, 행함과 그침은 사람이 할 수 있는 바가 아니다. 내가 노나라 제후를 만나지 못한 것은 하늘의 뜻이다. 장씨가 어찌 나로 하여금 못 만나게 할 수 있겠는가?"[521]

---

[521] 『孟子』, 盡心章句下, "行, 或使之, 止, 或尼之. 行止, 非人所能也. 吾之不遇魯侯, 天也. 臧氏之子焉能使予不遇哉?"

맹자는 "지(志)는 기(氣)의 장수[帥]이며 기는 몸의 충만한 것이다."[522]라고 하여 적어도 내 몸 안에서 내 몸을 통솔하는 것은 나의 의지라고 말한다. 그러나 결과적인 일의 행함과 그침은 결국 인간사를 주재하는 하늘에 달려있다고 본다. 다시 말해 인간의 운명은 하늘에 좌우된다는 말이다.

송대 성리학자 호인(胡寅, 1098~1156)의 역사평론서 『독사관견(讀史管見)』에는 '진인사대천명(盡人事待天命)'이란 표현이 있다. 사람의 일을 다 하고 천명을 기다린다는 의미로, 이 역시 최종적인 일의 성패나 운명은 하늘에 좌우된다는 말이다.

둘째, 맹자는 인도의 근거가 천도에 있다고 보았다. 따라서 천도에 근거한 도덕률은 절대적 합리성을 갖게 된다. 맹자는 "천하에서 적(敵)이 없는 자는 천리(天吏: 하늘이 보낸 관리)이니 그리하고도 왕 노릇 하지 않는 자 있지 아니하다."[523]라고 했는데, 도덕적 통치자를 하늘이 보낸 인물인 '천리(天吏)'로 표현하고 있다. 맹자는 바로 하늘을 대신한 천리(天吏)를 도덕적으로 결점이 없는 자로 인식하고 있으며, 이러한 천리를 닮은 자, 즉 천도에 근거한 인도를 가진 자는 왕 노릇을 할 충분한 자격이 있다고 믿고 있다. 이런 맥락에서 볼 때 천도를 거역하는 자는 왕을 비롯하여 그 존재 자체가 위태해진다고 할 것이다. 즉 "하늘을 따르는 자는 생존하고 하늘을 거스르는 자는 망한다."[524]라고 하며 천도와의 부합 여부에 따라 존망의 문제가 따를 수 있음을 말하고 있다.

셋째, 맹자에게 있어서 주재자로서의 하늘은 이 세상에 대한 창조성까지 겸비한 하늘이다. 맹자는 성선(性善)을 이야기하면서 『시경』에 나오는

---

522 『孟子』, 公孫丑章句上, "夫志, 氣之帥也, 氣, 體之充."

523 『孟子』, 公孫丑章句上, "無敵於天下者天吏也. 然而不王者, 未之有也."

524 『孟子』, 離婁章句上, "順天者存, 逆天者亡."

"하늘이 뭇 백성을 내시니 백성들이 떳떳함을 가지고 이 아름다운 덕을 좋아한다."[525]라는 표현을 인용하고 있다. 맹자는 『시경』에 나오는 이 표현이 인간의 선한 본성을 말하고 있는 것으로 보고 자신의 성선론을 보강하는 자료로 인용했다. 여하튼 맹자가 인용한 이 『시경』의 표현은 하늘이 백성을 이 세상에 출현하게 하는 모습을 보여주고 있다.

또 맹자는 탕(湯)을 도와 상(商)을 건국하는 데 기여한 명신(名臣) 이윤(伊尹)의 사람됨을 칭송하면서 이윤의 말을 인용하고 있다. 그것은 "하늘이 이 백성을 낳을 때, 먼저 안 사람으로 하여금 늦게 아는 사람을 깨우치게 하였고, 선각자로 하여금 뒤에 깨닫는 사람을 깨우치게 했다. 나는 백성의 선각자이다. 나는 장차 이 도로써 이 백성들을 깨우치게 하리라."[526]라 한 것이다. 본래 이윤이 이 말을 한 것은 탕왕의 도움 요청을 처음에는 거절했다가 수차례 찾아와 도움을 요청하는 탓에 수락하면서 말한 명분이었다. 역시 여기서 나타난 하늘도 백성을 존재하게 하는 그런 하늘이다.

그리고 맹자는 "하늘이 만물을 낳을 때는 그 근본을 하나로 했다."[527]라고 했다. 맹자의 이 말은 부모와 남의 부모를 차등 없이 사랑한다는 묵자의 '겸상애' 사상을 비판하면서, 자식의 근본은 그 부모 하나이지 둘이 아니라는 것을 설명하는 부분이다. 여기서도 맹자는 만물을 창조하는 하늘의 모습을 말하고 있다.

넷째, 맹자에게 있어서 하늘은 인간에게 성품을 부여한 하늘이다. 공자가 송나라에 있을 때 사마환퇴의 공격을 받자 "하늘이 내게 덕을 주셨는데

---

525 『詩經』, 大雅 蕩之什 烝民, "天生烝民, 有物有則, 民之秉彛, 好是懿德."
526 『孟子』, 萬章章句上, "天之生此民也, 使先知覺後知, 使先覺覺後覺也. 予, 天民之先覺者也; 予將以斯道覺斯民也."
527 『孟子』, 滕文公章句上, "天之生物也, 使之一本."

환퇴가 나를 어이할 수 있겠는가?"[528]라고 말하였는데, 이것은 하늘이 인간의 성품을 부여했음을 표현한 말이다. 본래 인간의 본성이 하늘로부터 품부 받았다는 명확한 표현은 『중용』의 첫 장에 나오는 "하늘이 명한 것을 본성이라 한다[天命之謂性].'의 표현이다. 『맹자』도 공자와 『중용』의 이런 하늘관을 이어받고 있다.

어느 날 맹자의 제자인 공도자(公都子)가 대인과 소인의 차이가 나는 이유를 맹자에게 묻자, 맹자는 눈과 귀 등의 욕구에 끌리는 것과 마음의 사고 기능에 따라 차이가 남을 말하면서, "마음의 기관은 사고할 수 있으니 사고하면 얻어지고 사고하지 않으면 얻어지지 못한다. 이것은 하늘이 나에게 부여해주신 것이다."[529]라고 했다. 이와 같이 맹자는 마음이 하늘로부터 품부 받은 것임을 말하고 있다. 또 "풍년에는 자제들이 많이 착해지고 흉년에는 자제들이 많이 포악해진다. 하늘이 내린 재능이 다른 것이 아니다. 그 마음을 빠뜨림이 원인이다."[530]라고 하였는데, 재능 역시 하늘로부터 품부 받았음을 말하고 있다.

구하면 얻고 버리면 잃는다

공자나 맹자 모두 하늘을 인간의 운명을 좌우하는 존재로 본다. 그렇다면 인간은 자유의지가 없이 늘 운명에 맡기거나 운명 탓을 해야 하는가? 공자는 "산을 만드는 것에 비유하면 한 삼태기의 흙을 보태지 않아 중지한

528 『論語』, 述而第七, "天生德於予, 桓魋其如予何?"
529 『孟子』, 告子章句上, "心之官則思, 思則得之, 不思則不得也. 此天之所與我者."
530 『孟子』, 告子章句上, "富歲, 子弟多賴. 凶歲, 子弟多暴. 非天之降才爾殊也, 其所以陷溺其心者然也."

것은 내가 중지한 것이고, 평지에 비유하면 한 삼태기의 흙을 부어 앞으로 나아간 것은 내가 나아간 것이다."라고 했다.[531] 공자는 우리의 자유의지에 따라 일의 성공과 실패가 달라질 수 있음을 말하고 있다.

맹자는 인력으로 어찌할 수 없는 경우 "군자는 법도를 행하여 명을 기다릴 뿐이다."[532]라고 하여 천명에 대한 의연한 수용을 말하고 있다. 그러나 맹자의 운명관도 자포자기적이거나 수동적인 운명관을 말하는 것이 아니다. 맹자는 말했다.

> "일찍 죽고 오래 사는 것은 다름이 별로 없다. 수신함으로써 명(命)을 기다리는 것이 명(命)을 세우는 것이다[立命]."[533]

맹자는 단순히 천명을 기다리는 차원이 아닌 '입명(立命)', 즉 천명을 세우는 것으로 표현한다. 맹자에게 있어서 천명은 하늘의 뜻이기에 어떤 하자가 있을 수가 없다. 따라서 천명을 세운다는 것은 노력을 안 하고 천명이 오기를 기다리는 것이 아니라 자신의 도리를 다하여 하늘에 부합하는 도덕적 인간으로의 확충과 성장을 하는 것을 의미한다.

그런데 명(命)의 실체는 무엇일까? 다시 말하면 선택의 기로에 있을 때 무엇이 내게 합당한 천명일까?

맹자가 말했다. "명(命) 아닌 것이 없으나 그 올바른 것을 순순히 받아들이는

---

531 『論語』, 子罕第九, "子曰, 譬如爲山, 未成一簣, 止, 吾止也. 譬如平地, 雖覆一簣, 進, 吾往也."
532 『孟子』, 盡心章句下, "君子行法, 以俟命而已矣."
533 『孟子』, 盡心章句下, "殀壽不貳, 修身以俟之, 所以立命也."

것이다."[534]

사람이나 사물의 생겨남과 길흉화복은 모두 하늘이 명한 것이지만 평소 일용지간에 나의 선택에 따라서 그 결과는 사뭇 달라질 수 있다. 특히 생사의 갈림길 혹은 부귀나 명예를 얻을 수도 있고 날려버릴 수도 있는 상황에서 우리는 고민되지 않을 수가 없다. 하지만 최선의 선택은 올바른 것을 받아들이는 것이다. 여기서 올바르다는 것은 윤리적 관점에서 보면 도덕에 부합되는 일이거나, 사회정치적 관점에서 보면 선량하지만 힘없는 민중을 위한 행동이거나, 역사적 관점에서 보면 자신의 부귀를 위한 매국보다는 이 땅의 백성을 위한 희생 등이 해당한다. 바로 그 올바르다고 여겨지는 것이 천명이란 말이다. 그렇기 때문에 올바르다는 확신이 없는데도 하는 무모한 행동은 올바른 선택이 아니며 천명을 거스르는 행위이다.

"이런 까닭에 명(命)을 아는 자는 높고 위험한 담장 아래 서 있지 않다."[535]

천명을 아는 자는 올바름을 선택하여 따르는 자이다. 그런데 무너질 위험이 큰 담장 밑에 있으면서 천명에 맡긴다고 생각하는 자체가 천명을 아는 행동이 아니다. 단지 천명을 거슬러 화를 자초하는 무모한 행동일 뿐이다. 우리가 평소 인간이 해야 할 도리에 최선을 다하고 올바르게 선택하는 것이 바로 우리의 천명을 알고 나에게 맞는 천명에 부합하는 길이다.

"그 도를 다하고 죽는 자가 명(命)을 올바르게 한다[正命]. 형틀로 죽는 자는 명

---

534 『孟子』, 盡心章句上, "孟子曰, 莫非命也, 順受其正."
535 『孟子』, 盡心章句上, "是故知命者, 不立乎巖牆之下."

(命)을 올바르게 하는 것이 아니다."[536]

명(命)을 올바르게 한다는 것은 천명에 올바르게 부합한다는 말이다. 인간의 도리를 다하고 죽음을 맞이하는 자는 그 죽음이 떳떳하고 여한이 없으므로 바로 자신의 천명을 제대로 선택하여 받아들인다. 그러나 인륜을 해치고 형틀로 죽는 자는 천명에 올바로 순응한 것이 아니다.

우리의 삶에서 노력하면 그에 따라 얻어질 수 있는 것이 있고, 노력했으나 결과는 하늘의 뜻, 즉 천명에 속하는 것으로 크게 대별될 수 있다.

맹자가 말했다. "구하면 얻어지고 버리면 잃는다. 여기서 구하는 것은 얻어지는 것에 보램이 되나니 (바로) 구하는 것이 내 안에 존재하기 때문이다."[537]

내 안에 존재하는 것은 우리의 선한 마음인 측은지심(惻隱之心), 수오지심(羞惡之心), 사양지심(辭讓之心), 시비지심(是非之心)인 사단(四端)이다. 이 사단을 확충하려고 노력하면 인의예지(仁義禮智)와 같은 사덕(四德)이 얻어진다. 그렇지만 나의 외부에 있는 무엇을 얻는 것을 반드시 기약할 수는 없다.

"무엇을 구하는 것은 방도가 있지만, 그 무엇을 얻는 것은 천명에 있다. 여기서 구하는 것은 얻는 것에 보램이 되지 않나니, (바로) 구하는 것이 외부에 존재하기 때문이다."[538]

---

536 『孟子』, 盡心章句上, "盡其道而死者, 正命也. 桎梏死者, 非正命也."

537 『孟子』, 盡心章句上, "孟子曰, 求則得之, 舍則失之, 是求有益於得也, 求在我者也."

538 『孟子』, 盡心章句上, "求之有道, 得之有命, 是求無益於得也, 求在外者也."

나의 외부에 있는 무엇을 얻으려는 노력은 인간의 영역이지만 그것을 얻고 못 얻고는 천명의 영역이란 말이다. 그렇지만 선택하여 구하려고 노력하는 것은 어디까지나 인간의 몫이다.

맹자가 말했다. "만물이 모두 내게 구비되었다."[539]

우리의 선한 마음을 확충하여 덕을 쌓는 일이나 무엇에 도전하거나 선택하는 것 모두 나로부터 출발한다. 인간의 도덕성에 관한 것은 노력과 결실이 모두 나에게 달려있다. 인간의 외부에 있는 일의 성패도 그 노력의 출발은 모두 나에게서 비롯된다. 바로 나란 존재는 모든 일의 실행에서 주체적 존재가 된다. 주체적 존재인 나에게는 어떤 자세가 필요할까?

"자신을 되돌아보아 진실 되면 즐거움이 이것보다 큰 것이 없다."[540]

일의 실행에서 주체적 존재인 자신이 최선을 다했을 경우 추구했던 일이 성공할 수도 있고 실패할 수도 있다. 일이 성공했을 경우 되돌아보았을 때 진실로 자신의 노력이 떳떳했다면 그 기쁨은 배가 될 수 있다. 일이 실패해도 자신을 되돌아보아 떳떳하다면 자신의 못남이 아니라 천명이 그리한 것이기 때문에 자신을 위로할 수 있을 것이다.

---

539 『孟子』, 盡心章句上, "孟子曰, 萬物皆備於我矣."
540 『孟子』, 盡心章句上, "反身而誠, 樂莫大焉."

천자가 될 천명은 민심에 기반한다

맹자의 하늘 사상에서 우리가 주목해야 할 것은 그것이 정치적으로는 민본사상과 연계된다는 점이다. 민본사상의 기원은 『서경』에 나오는 우임금의 유훈(遺訓)에서 비롯된다. 우임금은 세상을 뜨기 전에 "백성을 가까이해야 하며 밑으로 여겨서는 아니 된다. 백성은 나라의 근본이다. 근본이 굳건해야 나라가 평안하다."[541]라는 말을 남겼다. 이와 같이 우임금은 아예 민본을 명시적으로 표현하고 있다. 또한 맹자에게 있어서 나라의 근본인 백성의 마음은 곧 하늘의 마음이 된다. 천자는 어떻게 결정되는가를 살펴보자.

> 만장이 말했다. "요가 천하를 순에게 주었다고 하는데 그런 일이 있었습니까?"
>
> 맹자가 말했다. "아니다. 천자는 천하를 사람에게 줄 수가 없다."
>
> (만장이 말했다.) "그렇다면 순이 천하를 가진 것은 누가 준 것입니까?"
>
> 맹자가 말했다. "하늘이 그에게 주었다."[542]

통치자가 자리를 자식에게 물려주지 않고 덕 있는 남에게 물려주는 것을 선양이라 한다. 요는 순에게, 순은 우에게 선양했다. 외면상으로는 이러하지만 작용하는 원리를 보면 천자라는 자리는 인간인 천자가 사사로이 물려주는 것이 아니라 하늘이 내리는 것으로 맹자는 본다. 그러면 하늘은

---

541 『書經』, 夏書, 五子之歌第三, "民可近, 不可下. 民惟邦本, 本固邦寧."
542 『孟子』, 萬章章句上, "萬章日, 堯以天下與舜, 有諸? 孟子曰, 否, 天子不能以天下與人. 然則舜有天下也, 孰與之? 曰, 天與之."

어떤 방법으로 천자를 선택하는가?

> (만장이 물었다.) "하늘이 준다는 것은 구체적으로 말하면 명한 것입니까?"
>
> 맹자가 말했다. "아니다. 하늘은 말을 할 수 없다. 행실과 일로 보여줄 뿐이다."
>
> 만장이 말했다. "행실과 일로 보여준다는 것은 어떻게 합니까?"
>
> 맹자가 말했다. "천자는 사람을 하늘에 천거할 수 있다."
>
> …
>
> "그러면 하늘이 천거된 자를 받으시고 백성들에게 나타나게 하고 백성은 그 것을 받아들인다. 그러므로 하늘은 말을 하지 않지만, 행실과 일로 천거된 자를 보여줄 뿐이다."[543]

어떤 자에게 천하를 갖게 하려면 일단 천자가 그를 하늘에 천거해야 한다. 그런데 하늘은 말이 없기 때문에 그 가부를 행실과 일로 보여준다. 그렇다면 천거된 사람을 하늘이 받고 백성들에게 나타나게 하는 현실적 모습은 무엇인가?

> 만장이 물었다. "감히 묻습니다. 하늘에게 천거하여 하늘이 그를 받으시고 백성에게 나타나게 하여 백성이 그를 받아들이는 것은 어떻게 합니까?"
>
> 맹자가 말했다. "그로 하여금 제사를 주관하게 하여 여러 신이 흠향하게 하면 이것은 하늘이 받은 것이다. 그로 하여금 일을 주관하게 하였는데 일이 다스려져서 백성이 편안하다면 이것은 백성이 받아들인 것이다. 하늘이 주고 사

---

543 『孟子』, 萬章章句上, "天與之者, 諄諄然命之乎? 曰, 否, 天不言, 以行與事示之而已矣. 曰, 以行與事示之者, 如之何? 曰, 天子能薦人於天, … 而天受之, 暴之於民, 而民受之, 故曰, 天不言, 以行與事示之而已矣."

람이 함께했다. 그러므로 천자는 천하를 사람에게 줄 수 없다. 순이 요를 28년 도운 것은 사람이 할 수 있는 바가 아니다. 하늘이 한 일이다. 요가 돌아가시고 삼년상을 마치자 순이 요의 아들을 피하여 남하(南河)의 남쪽으로 갔지만, 천하 제후들 중 조근(朝覲: 아침에 입궐하여 천자를 뵘)하려는 자들이 요의 아들에게 가지 않고 순에게 갔고, 송사(訟事)를 다투는 자들도 요의 아들에게 가지 않고 순에게 갔으며, 노래하는 자들이 요의 아들에게 노래 부르지 않고 순에게 노래했다. 그러므로 하늘이 한 일이다."[544]

맹자의 말에 따르면 천자가 되는 과정은 가장 먼저 후계자를 하늘에 천거하여 하늘이 그를 받게 하고, 그다음은 하늘이 행실과 일로 백성에게 나타나게 하여 받아들이게 하는 것이다. 여기서 하늘에 천거하고 하늘이 받는다는 것은 그로 하여금 제사를 주관하게 했는데 여러 신이 흠향하는 경우이고, 백성이 받아들인다는 것은 그가 성취한 일로 백성이 편안함을 느끼는 경우이다. 이러한 절차는 어느 하나가 빠지면 선양의 형식으로 천자가 될 수 없다. 맹자는 행실과 일로 백성에게 나타나게 하여 받아들인 예로 순의 사례를 들고 있다. 결국 하늘은 말이 없기 때문에 인간을 통하여 행실과 일로 그 뜻을 말한다. 맹자는 아래 『서경』〈주서〉 '태서' 편의 표현이 이것을 말한다고 본다.

"'태서'에 이르길, '하늘은 우리 백성이 보는 것을 따라서 보고, 하늘은 우리 백

---

544 『孟子』, 萬章章句上, "曰, 敢問薦之於天, 而天受之, 暴之於民, 而民受之, 如何? 曰, 使之主祭, 而百神享之, 是天受之, 使之主事, 而事治, 百姓安之, 是民受之也. 天與之, 人與之, 故曰, 天子不能以天下與人. 舜相堯 二十有八載, 非人之所能爲也, 天也. 堯崩, 三年之喪畢, 舜避堯之子於南河之南, 天下諸侯朝覲者, 不之堯 之子而之舜, 訟獄者, 不之堯之子而之舜, 謳歌者, 不謳歌堯之子而謳歌舜, 故曰, 天也."

성이 듣는 것을 따라서 듣는다.'라고 했는데, 이것을 말한 것이다."[545]

위 『서경』 '태서'의 말은 백성이 보고 듣는 것이 곧 하늘이 보고 듣는 것이라고 하여 하늘과 백성의 감각이 서로 다른 것이 아님을 말하고 있다. 순에서 우로 그리고 우에서 아들 계로 천하를 물려준 것은 어떠할까?

> 만장이 물었다. "사람들이 말하되, '우에 이르러 덕이 쇠하여 현인에게 물려주지 않고 아들에게 물려주었다.'라고 합니다. 그런 일이 있습니까?"
> 맹자가 말했다. "아니다. 그렇지 않다. 하늘이 현인에게 주어야 마땅하면 현인에게 주고, 하늘이 아들에게 주어야 마땅하면 아들에게 준다. 옛날에 순이 우를 하늘에 천거하고 17년이 되었을 때 순이 돌아가시자 삼년상을 마치고 우는 순의 아들을 피하여 양성으로 갔지만, 천하의 백성이 그를 따르기를 요가 돌아가신 후에 요의 아들을 따르지 않고 순을 따른 것처럼 했다. 우가 익을 하늘에 천거하고 7년이 되었을 때 우가 돌아가셨다. 삼년상을 마치고 익이 우의 아들을 피하여 기산의 음지로 갔지만, 조근하려는 자와 송사를 다투는 자들이 익에게 가지 않고 계에게 가서 말하길, '우리 군주의 아들이로다!'라고 하고, 노래를 부르는 자들이 익에게 노래 부르지 않고 계에게 노래 부르며, '우리 군주의 아들이로다!'라고 했다."[546]

순이 우에게 임금의 자리를 물려준 것은 천하의 백성이 요가 돌아가신

545 『書經』, 泰誓中第二, "太誓曰, 天視自我民視, 天聽自我民聽. 此之謂也."

546 『孟子』, 萬章章句上, "萬章問曰, 人有言, 至於禹而德衰, 不傳於賢, 而傳於子. 有諸? 孟子曰, 否, 不然也, 天與賢則與賢, 天與子則與子. 昔者, 舜薦禹於天, 十有七年, 舜崩, 三年之喪畢, 禹避舜之子於陽城, 天下之民從之, 若堯崩之後不從堯之子而從舜也. 禹薦益於天, 七年, 禹崩, 三年之喪畢, 益避禹之子於箕山之陰. 朝覲訟獄者不之益而之啓, 曰, 吾君之子也. 謳歌者不謳歌益而謳歌啓, 曰, 吾君之子也."

후에 요의 아들을 따르지 않고 순을 따른 것처럼 순의 아들을 따르지 않고 우를 따랐기 때문이다. 즉 하늘이 행실과 일로 백성에게 나타나게 했다. 익은 우로부터 후계자로 천거되었지만, 신하와 백성이 익에게 가지 않고 계로 몰려갔다. 마지막으로 백성이 받지 않아서 천하는 이렇게 계에게 넘어갔다. 그렇다면 천자가 되는 자격은 무엇일까?

"필부이면서 천하를 가진 자는 덕이 반드시 순과 우와 같으며 또 천자의 천거가 있어야 한다. 그러므로 중니(仲尼: 공자의 字)는 천하를 갖지 못했다."[547]

천자가 되기 위한 자격으로는 덕이 있어야 하며, 기존 천자의 추천이 있어야 한다. 공자는 덕으로 본다면 순과 우와 필적할 수 있으나 천자의 천거가 없기 때문에 천하를 갖지 못했다. 지금까지 논의된 것은 선양의 경우였다. 그렇다면 세습으로 천자의 자리에 오른 자는 어떠한가? 맹자는 공자의 말을 인용하여 선양뿐만 아니라 세습도 역시 하늘의 뜻이라고 보았다.

공자가 말했다. "당우(唐虞)는 선양했고 하후(夏后), 은(殷), 주(周)는 이어받았으니 그 의의는 하나이다."[548]

당우는 요와 순을 말하고 하후는 우를 말한다.[549] 요와 순은 선양했고 우

---

547 『孟子』, 萬章章句上, "匹夫而有天下者, 德必若舜禹, 而又有天子薦之者, 故仲尼不有天下."

548 『孟子』, 萬章章句上, "孔子曰, 唐虞禪, 夏后殷周繼, 其義一也."

549 요의 '씨'는 도당씨(陶唐氏)인데, 이것은 요가 처음 다스리던 것이 도(陶)라는 땅이고 뒤에 봉토로 받은 땅이 당(唐)이어서 이렇게 만들어졌다. 순의 '씨'는 유우씨(有虞氏)인데, 이것은 순이 유우(有虞)라는 부락을 통치했기 때문이다. 우는 건국한 나라 이름인 하후(夏后)를 우의 '씨'로 삼았다. 당우(唐虞)와 하후(夏后)는 각 요와 순, 우의 '씨'를 따서 호칭했다.

임금의 하(夏)나라 이후부터는 세습을 했다. 그렇지만 모두가 사람에 의해 사사로이 그리된 것이 아니라 천명(天命)에 따라 이루어졌다는 말이다. 세습으로 천자의 자리에 올랐지만, 덕을 상실한 경우는 어떻게 될까?

> "세대를 이으면서 천하를 차지했지만, 하늘이 폐하게 한 것은 반드시 걸주(桀
> 紂)와 같은 자들이다."[550]

세대를 이으면서 천하를 차지했다는 말은 선조가 백성에게 끼친 공덕으로 세습하여 천자의 자리에 오른 자들이다. 그렇지만 하나라의 폭군 걸(桀)과 상나라의 폭군 주(紂)처럼 백성에게 학정을 펼친 통치자는 하늘이 내치게 된다.

선양에 의하든, 세습에 의하든 천하를 얻은 자는 백성을 얻었기 때문이며 천하를 잃은 자는 백성을 잃었기 때문이다.

> "걸주가 천하를 잃은 것은 그 백성을 잃은 것이다. 그 백성을 잃은 것은 백성
> 의 마음을 잃은 것이다. 천하를 얻는 데는 방법이 있으니, 그 백성을 얻으면
> 천하를 얻을 수 있다. 그 백성을 얻는 데는 방법이 있으니, 백성의 마음을 얻
> 으면 그 백성을 얻을 수 있다. 백성의 마음을 얻는 데는 방법이 있으니, 자신
> 이 원하는 바를 그들과 함께하고, 모아주고, 자신이 싫어하는 바를 그들에게
> 베풀지 마라!"[551]

---

550 『孟子』, 萬章章句上, "繼世以有天下, 天之所廢, 必若桀紂者也."

551 『孟子』, 離婁章句上, "孟子曰, 桀紂之失天下也, 失其民也. 失其民者, 失其心也. 得天下有道, 得其民, 斯得天下矣. 得其民有道, 得其心, 斯得民矣. 得其心有道, 所欲與之聚之, 所惡勿施爾也."

하(夏)의 마지막 왕 걸(桀)과 상(商)의 마지막 왕 주(紂)는 폭정으로 천하를 잃었다. 그것은 백성을 잃었기 때문이고 백성을 잃은 것은 백성의 마음을 잃었기 때문이다. 하(夏)의 백성들은 "이 태양은 언제 없어지려나? 너(걸왕)와 함께 망하고 싶다[是日何時喪, 予與女皆亡]."라고 했으며, 상(商)의 백성은 "하늘이 어찌 위엄을 내리지 않으시는가? 대명(大命: 주왕을 처벌해 달라는 명령)이 어찌 이르지 아니 하는가[天曷不降威, 大命胡不至]?"라고 했다. 천하를 얻으려면 백성의 마음을 얻으면 된다. 맹자는 백성의 마음을 얻는 방법으로 『논어』에서 공자가 '인(仁)'과 '서(恕)'의 의미로 공통적으로 언급한 '자기가 원치 않는 것을 다른 사람들에게 베풀지 말라[己所不欲, 勿施於人]'를 응용하고 있다.

맹자의 주장은 일국의 통치자는 결국 하늘의 명, 즉 천명(天命)에 의하여 결정되지만, 천명은 나라의 근본인 민심에 기반을 두고 있음을 말하고 있다. 그렇기 때문에 걸(桀)과 주(紂)처럼 민심을 잃은 통치자는 천명이 떠났기 때문에 곧 통치자로서의 자격을 상실하게 된다.

이상을 결론하여 말하면, 백성 중에 덕망이 출중한 자가 하늘의 뜻에 따라 천자가 되고, 천자는 천명에 따라 인정(仁政)을 베풀어야 하는데, 만약에 폭정을 하여 민심을 잃게 되면 그 통치권은 다른 사람에게 이양된다는 것이다. 따라서 천명사상은 백성을 두려워하고 존중해야 하는 민본정치의 사상적 근거가 되고 있다.

맹자는 공자와 마찬가지로 필부이지만 유덕한 품성으로 천자의 자리에 오를 수 있는 선양을 긍정적으로 묘사하는데 세습 또한 잘못된 제도라고 말하지 않는다. 그 이유는 비록 세습에 의하였으나 성왕(聖王)인 주(周)의 문왕과 무왕 등이 있었기 때문이다.

2절 민심을 배반하면 왕이 아니다

인민이 귀중하다

왕도정치를 인민의 입장에서 본다면 위민(爲民) 혹은 민본(民本)정치로 표현된다. 유가에서 성인으로 보는 위정자들의 정치에서 공통점이 있다면 '백성을 위하는 정치[爲民]'를 했다는 점이다. 위민사상의 기원은 요순시대로 거슬러 올라간다. 요순의 정치에 있어 한 단면을 보여주는 것이 요고순목(堯鼓舜木)이다. 요고순목이란 글자 그대로 '요(堯)임금의 북과 순(舜)임금의 나무'라는 뜻이다. 요(堯)임금은 자신이 독단적인 정치를 할 것을 염려하여 조정에다 '감간고(敢諫鼓)'란 북을 걸어두고 어느 누구든지 간언할수 있게 하여 늘 스스로를 경계하였다. 순(舜)임금은 마루를 세워서 그것에 경계하는 말을 쓰도록 했다. 요고순목은 다름 아닌 위민사상의 표현이다.

공자도 "인도하기를 법으로 하고 가지런히 하기를 형벌로 하면 백성들은 형벌을 면할 수 있으나 부끄러움을 모를 것이다. 백성을 덕으로써 인도하고 예로써 가지런히 하면 부끄러워함이 있고 (선에) 이르게 될 것이다."[552]라고 하여 백성을 법과 형벌보다는 덕과 예로써 인도할 것을 주문한다. 공자의 이러한 생각은 백성이 가진 인간적 품성을 존중하고 배려하는 위민(爲民)정치의 표현이다. 맹자가 정전제 등을 실시하여 백성의 조세부담을 낮추자고 주장한 것도 민생을 생각하는 다름 아닌 위민사상이다. 이

---

552 『論語』, 爲政第二, "道之以政,齊之以刑,民免而無恥.道之以德,齊之以禮,有恥且格."

러한 위민정치 사상은 백성의 민생과 행복을 지향하는 사상인 것은 분명하나 어디까지나 주체는 위정자들이다.

위민사상에서 진일보한 것이 민본(民本)사상이다. 앞에서 말했듯이 본래 민본사상의 뿌리는 『서경』에 있다. 『서경』에는 우임금이 세상을 뜨기 전에 유훈(遺訓)으로 남긴 말이 전해진다.

> "백성은 오직 나라의 근본이다. 근본이 튼튼해야 편안하다."[553]

『서경』은 나라의 근본이 백성임을 천명하고 있다. 『서경』과 마찬가지로 맹자에게 있어서 백성은 나라의 근본이며 기반이 된다. 맹자는 제후가 소중하게 여겨야 할 것으로 다음의 세 가지를 말한다.

> "제후의 보물이 세 가지가 있다. 토지와 인민과 정사이다. 구슬과 옥을 보배로 여기는 자는 재앙이 몸에 미친다."[554]

토지, 인민, 정사는 제후가 소중히 여겨야 할 나라의 보물이다. 이것은 제후의 입장에서 본 것이다. 이 세 가지 보물을 소중히 다루고 빛나게 하는 것이 왕도정치이다. 천자나 제후가 되게 하고, 그 자리를 유지하게 하는 통치역학으로 보면 어떤 시각이 필요할까?

> "인민이 귀중하다. 사직은 그다음이고 군주는 가볍다. 따라서 인민을 얻으면 천자가 되고, 천자의 마음을 얻으면 제후가 되고, 제후의 마음을 얻으면 대부

---

553 『書經』, 夏書, 甘誓, "民惟邦本 本固寧安."
554 『孟子』, 盡心章句下, "諸侯之寶三 土地, 人民, 政事, 寶珠玉者, 殃必及身."

가 된다."[555]

앞 절에서 논의한 바와 같이 맹자의 민본사상은 맹자의 천명사상과 연계된다. 천자는 하늘의 명, 즉 천명(天命)에 의하여 결정되지만, 천명은 민심에 기반을 두고 있다. 그렇기 때문에 천하의 인민(백성)을 얻으면 천자가될 수 있다. 천자도 인민에 따라 그 존재가 결정되는 터라 제후는 더 말할나위 없다. 통치권의 근거는 바로 인민에 있기 때문에 인민은 어느 존재보다도 우선되어야 할 존재이다. 따라서 인민은 사직과 군주보다도 더 귀중한 존재이다.

혁명권을 말하다

백성은 통치권의 존재 근거가 되기 때문에 민심을 얻으면 천하를 얻게되고 민심을 잃으면 임금인 까닭을 상실한다. 따라서 천자나 제후는 가장귀중한 존재인 인민을 인정(仁政)으로 받들어야 한다. 그렇지 않고 폭정으로 인민을 탄압하게 되면 그 존재의 근거를 파괴하는 행위가 되기 때문에그러한 통치자는 축출되어야 한다.

맹자가 제나라에 있을 때 제선왕은 탕(湯)이 하나라 걸왕(桀王)을 추방하고, 무왕이 상나라 주왕(紂王)의 목을 자른 사실이 있었는지를 물었다. 걸왕과 주왕, 즉 걸주(桀紂)는 폭군의 전형적인 인물로 묘사되는 왕들이다. 탕은 천자의 나라인 하나라에 소속된 제후였고, 무왕은 천자의 나라인 상

---

555 『孟子』, 盡心章句下, "民爲貴, 社稷次之, 君爲輕 是故得乎丘民而爲天子, 得乎天子爲諸侯, 得乎諸侯爲大夫."

나라에 소속된 제후였다가 독립된 나라임을 선포했다. 이들은 각각 제후
로서 있다가 천자의 나라를 무너뜨린 장본인들이었다. 탕은 걸왕을 추방
하고, 무왕은 주왕의 목을 벴는데 맹자는 그런 사실이 있다고 했다. 그러
자 제선왕이 고개를 갸우뚱하며 다음과 같이 재차 물었고 맹자가 답했다.

제선왕이 말했다. "신하가 그 군주를 시해함이 옳은 것입니까?"
맹자가 말했다. "인(仁)의 파괴자가 역적이고 의(義)의 파괴자가 흉악자입니다.
역적이나 흉악자는 한 범부일 따름입니다. 주(紂)라는 범부를 처단했다는 말
은 들었어도 군주를 시해했다는 말은 듣지 못했습니다."[556]

앞에서 논의한 바와 같이 백성은 가장 귀한 존재이고 민심을 얻으면 천
심을 얻는 것이다. 그러나 주왕처럼 인의를 파괴하면 민심이 떠나고 통치
자의 자격을 상실한 역적이요 흉악자이기 때문에 임금을 시해한 것이 아
니라 한 범부를 죽였다는 것으로 맹자는 해석했다. 즉 맹자는 덕을 상실하
고 민의(民意)를 저버린 왕에 대한 혁명권을 인정했다. 왕정시대에서의 혁
명은 이전의 왕통을 뒤집고 다른 왕통이 대신하여 통치하는 것을 말하고,
근대 이후로는 종전의 관습이나 제도, 방식 따위를 단번에 깨뜨리고 새로
운 것을 급격하게 세우는 일을 말한다.

맹자의 혁명사상은 이와 같이 민본사상에 근원을 두고 있으며, 한편으
로는 정명(正名)사상에도 그 근거를 두고 있다. 정명사상은 그 직위에 따른
역할을 강조하는 사상으로 공자 정치사상의 핵심이 된다. 공자는 춘추 말
기의 사회적 혼란이 명칭과 실상의 혼란에서 야기되었다고 보았다. 즉 인

---

556 『孟子』, 梁惠王章句下, "曰, 臣弑其君, 可乎? 曰, 賊仁者謂之賊, 賊義者謂之殘, 殘賊之人謂之一夫. 聞誅一
夫紂矣, 未聞弑君也."

간이 각자의 지위에 따른 의무와 규범을 제대로 지키지 않음으로써 하극상과 같은 혼란이 발생했다고 보았다. 맹자는 정명을 직접적으로 거론하지는 않았지만, 공자의 정명사상에 바탕을 두고 혁명사상을 적극적으로 개진했다. 만일 임금이 임금답지 못하면 신하는 그를 임금으로 인정하지 않을 수 있다는 논리로 발전시킨 것이다. 맹자의 관점에 따르면 모든 정치, 경제 제도는 백성을 위해서 설치된 것들이고 그리하여야만 된다. 바로 맹자에 이르러 정치·경제의 주권이 군주에서 백성으로 전환되는 사고가 형성되기 시작한다.

맹자는 위와 같이 인의를 저버린 통치자에 대하여는 역성혁명(易姓革命: 성을 바꾸는 혁명)을 인정했다. 그러나 인의를 저버린 경우가 아닌 큰 과오를 저지른 통치자에 대하여는 다소 다르게 보고 있다.

> 제선왕이 경(卿)에 대해 묻자 맹자가 말했다. "왕께서는 경의 무엇에 대한 질문이십니까?"
>
> 제선왕이 말했다. "경(卿)은 같지 않습니까?"
>
> 맹자가 말했다. "같지 않습니다. 귀한 친척인 경(卿)이 있고, 이성(異姓: 성이 다름)인 경(卿)이 있습니다."
>
> 왕이 말했다. "귀한 친척인 경(卿)에 대해 청하여 묻소이다."
>
> 맹자가 말했다. "군주가 큰 과오가 있으면 간하되 반복하여 듣지 않으면 자리를 바꾸게 합니다."[557]

경(卿)은 재상으로 풀이되는 직책으로 천자의 나라에서는 천자와 삼공

---

557 『孟子』, 萬章章句下, "齊宣王問卿. 孟子曰, 王何卿之問也? 王曰, 卿不同乎? 曰, 不同, 有貴戚之卿, 有異姓之卿. 王曰, 請問貴戚之卿. 曰, 君有大過則諫, 反覆之而不聽則易位."

(三公) 다음의 벼슬이며, 제후국에서는 군주 다음의 벼슬이다. 경이나 대부
는 군주의 친족이나 이성(異姓)의 신하로 구성된다. 군주의 친척인 경은 누
차 간하여도 군주가 반복하여 과오를 저지르면 그를 동성(同姓)의 군주로
교체할 수 있다는 말이다. 앞에서 인의를 파괴한 걸주(桀紂)에 대하여는 처
단까지 하는 혁명권을 인정하였으나 여기서는 결이 약간 다르다. 그 이유
는 군주와 경(卿)은 통치공동체이고 더군다나 친척이기 때문이다. 맹자가
이렇게 말하자 왕의 마음이 편할 리 없었다. 제선왕의 안색이 발끈 변하자
맹자가 말했다.

> "왕께서는 이상하게 여기지 마소서. 왕께서 신에게 물었는데 감히 바르게 대
> 답하지 않을 수 없나이다."[558]

그러자 제선왕이 안색을 안정시킨 후 이성(異姓)인 경(卿)에 대해 물었
다. 그러자 맹자가 이렇게 말했다.

> "군주가 과오가 있으면 간하되 반복하여 듣지 않으면 떠납니다."[559]

이성(異姓)인 경(卿)이 누차 간하였는데도 군주가 듣지 않고 반복하여
과오를 저지르면 그 자리를 떠난다는 말이다. 이처럼 맹자는 같은 통치집
단에서 친척인 경(卿)이 누차 간하였는데도 큰 과오를 반복하는 군주가 있
으면 그 군주를 동성(同姓)으로 교체하고, 같은 통치집단에서 이성(異姓)인
경(卿)이 누차 간하였는데도 큰 과오를 반복하는 군주가 있으면 경(卿)이

---

558 『孟子』, 萬章章句下, "王勿異也. 王問臣, 臣不敢不以正對."
559 『孟子』, 萬章章句下, "君有過則諫, 反覆之而不聽則去."

그 자리를 떠나야 한다고 했다. 앞에서 인의를 저버린 통치자에 대하여는 역성혁명을 인정했다. 여기서는 큰 과오를 범한 통치자의 경우, 통치공동체 내에서 동성의 통치자로 교체하든지 신하가 그 자리를 떠날 수 있음을 말하고 있다. 다만 인의를 저버린 것과 큰 과오를 범한 것의 차이가 무엇인지를 맹자는 언급하지 않고 있어서 명확한 분류는 어렵다.

탕왕을 도와 상나라를 건국한 명신 이윤(伊尹)이 탕왕의 적장손(適長孫)이지만 현명하지 못한 태갑을 동궁(桐宮)에 추방해놓고 3년간 섭정했다. 그러자 태갑이 자신의 과오를 뉘우쳤고 이윤이 다시 태갑을 영접하여 정권을 돌려준 일이 있다. 여기에 대해 맹자와 제자 공손추가 대화를 했다.

> 공손추가 말했다. "이윤이 '나는 바른 도리를 따르지 않는 것에 익숙하지 않소!'라고 말하고는 태갑을 동궁에 추방하자 백성이 크게 기뻐했고, 태갑이 현명해져서 정권을 돌려주자 백성이 크게 기뻐했습니다. 현자가 신하가 되었을 때 군주가 현명치 않으면 진실로 추방해도 되는 것인지요?"
>
> 맹자가 말했다. "이윤과 같은 뜻이라면 가능하지만, 이윤과 같은 뜻이 아니라면 찬탈이다."[560]

이윤은 당시 국정을 총괄하는 총재(冢宰)의 직위에 있었다. 그리고 태갑은 성(姓)이 자(子)고, 이윤은 성(姓)이 이(伊)다. 그러므로 같은 통치공동체 내의 성(姓)이 다른 지배세력이다. 맹자의 논리대로라면 이윤은 태갑이 과오를 개선하도록 누차 노력하되 안 되면 자신이 물러나야 한다. 그렇지 않고 태갑을 추방했다면 이것은 찬탈이다. 그러나 이윤은 태갑을 잠시 추방

---

560 『孟子』, 盡心章句上, "公孫丑曰, 伊尹曰, 予不狎于不順. 放太甲于桐, 民大悅. 太甲賢, 又反之, 民大悅. 賢者之爲人臣也, 其君不賢則固可放與? 孟子曰, 有伊尹之志則可. 無伊尹之志則簒也."

했다가 다시 복위시켰다. 맹자는 이윤과 같은 생각이라면 정당성이 인정된다고 보았다.

3절 민생이 중요하다

식량이 물과 불처럼 있어야 어질어진다

맹자는 살아있는 자를 봉양하고 죽은 자를 장례 지내는 데에 유감이 없게 하는 것이 왕도의 시작이라고 말했다.[561] 또 항산(恒産: 일정한 재산)이 있어야 항심(恒心: 한결같은 마음)이 있다고 했다. 이 말의 의미는 백성이 항심이 없으면 편벽되고, 사악하고, 사치를 하여 마침내 범죄에 빠져서 형을 받게 된다는 것이다. 맹자의 이러한 말은 민생이 안정되어야 왕도정치도 가능하다는 의미이다. 맹자는 민생을 안정시키는 방법을 이렇게 본다.

> 맹자가 말했다. "그 밭과 두둑을 다스리며 세금과 거둬들이는 것을 적게 하면 백성이 부유해질 수 있다."[562]

백성에게 밭과 두둑을 관리할 수 있는 땅과 시간을 주고 그로부터 나오는 세금을 경감하면 백성이 모두 부유해질 수 있다는 말이다. 예컨대 국가는 정전제와 같은 토지제도 겸 조세제도를 시행하여 경작하는 농민에게

---

561 『孟子』, 梁惠王章句上, "養生喪死無憾, 王道之始也."
562 『孟子』, 盡心章句上, "孟子曰, 易其田疇, 薄其稅斂, 民可使富也."

땅을 주고 1/10의 조세를 걷어 백성의 부담을 크게 줄일 수 있다. 또 국가는 세금과 부역이 일시에 편중되지 않도록 조절하는 것도 필요하다.

> 맹자가 말했다. "베와 실을 바치는 세(稅)와 곡식에 대한 세(稅)와 부역(夫役)이 있는데 군자는 그 하나를 쓰고 둘은 늦춘다. 그 둘을 동시에 쓰면 백성이 굶어 죽고 그 셋을 쓰면 부모와 자식이 헤어진다."[563]

국가의 살림을 위해 백성에게 의무로 부과하는 것을 부역(賦役)이라고 한다. 부역(賦役)은 부세(賦稅)와 부역(夫役)을 총칭한다. 부세(賦稅)는 화폐나 물건으로 내는 세금이고, 부역(夫役)은 공사(公事)에 노동력을 제공함을 말한다. 맹자는 베와 실을 바치는 세금은 여름에, 곡식에 대한 세금은 가을에, 그리고 부역은 겨울에 하는 방식으로 백성에게 부과하여 일시에 편중되지 않도록 해야 함을 말하고 있다. 『논어』에는 공자가 말한 '사민이시(使民以時)'란 말이 있다. 직역하면 백성을 때에 맞게 부린다는 의미이다. 예컨대 백성을 부역시킬 때 농번기가 아닌 때에 부역시켜야 함을 말한다. 맹자는 공자의 '사민이시(使民以時)'란 말을 위처럼 더 구체적으로 부연하여 표현했다.

그런데 백성에게 밭과 두둑을 관리할 수 있는 땅과 시간을 주고, 세금을 낮추고, 부역을 편중되지 않게 하여 민생을 직접적으로 안정시키는 것도 중요하지만, 백성에게 올바른 소비생활을 교육하는 것도 필요하다.

"먹는 것을 때에 맞게 하며, 재물 쓰는 것을 예(禮)로써 하면 재물은 이루 다

---

563 『孟子』, 盡心章句下, "孟子曰, 有布縷之征, 粟米之征, 力役之征. 君子用其一, 緩其二. 用其二而民有殍, 用其三而父子離."

쓸 수가 없을 것이다.”[564]

먹을 것과 재물이 넉넉해도 씀씀이가 헤프면 감당하기 어렵다. 따라서 국가는 백성이 절약과 검소한 생활을 예에 맞게 하도록 교육하는 일이 필요하다. 그렇다면 넉넉한 의식은 어떠한 영향을 끼칠까?

"백성은 물과 불이 없으면 생활할 수가 없다. 저녁에 날 저물어 다른 사람의 문을 두드려 물과 불을 구할 때 주지 않는 사람이 없는 것은 지극히 물과 불이 풍족하기 때문이다. 성인이 천하를 다스릴 때 곡식을 물과 불처럼 있게 하려 한다. 곡식이 물과 불처럼 있으면 어찌 불인(不仁)한 자가 있겠는가?”[565]

'곳간에서 인심 난다'는 말이 있듯이 사람은 의식이 넉넉해야 남에게 베푸는 마음도 생긴다. 백성을 교화하는 것도 의식이 넉넉해야 그 마음을 열게 할 수 있다. 맹자는 백성의 의식(衣食)이 물과 불처럼 넉넉해야 성인(聖人)의 인정(仁政)이 두루 효과가 나타나서 백성도 어진 행위를 할 수 있다고 보았다.

사람 하나하나를 구제할 수는 없다

앞에서 언급했던, 공자보다 수십 년 전에 태어나 공자가 청년 시절 때

---

564 『孟子』, 盡心章句上, "食之以時, 用之以禮, 財不可勝用也."
565 『孟子』, 盡心章句上, "民非水火不生活, 昏暮叩人之門戶, 求水火, 無弗與者, 至足矣. 聖人治天下, 使有菽粟如水火. 菽粟如水火, 而民焉有不仁者乎?"

세상을 떠난 정(鄭)나라의 자산(子産)은 백성의 언로를 막지 않고 관대한 정치를 했다. 당시 정나라에는 곳곳에 향교가 있었다. 이는 중간 관리와 사대부 등 하층 계급들이 모여서 공부를 하는 곳이었다. 하지만 사람들이 모여 불평불만을 늘어놓는 장소로 변질되기도 했다. 그러자 대부 연명(然明)이 자산에게 향교의 철폐를 건의했다. 자산이 이렇게 말했다.

> "왜 향교를 없애려고 하는 것이요? 무릇 사람들이 조석으로 일을 마친 후 향교에 머물면서 정치하는 자의 잘하고 못하고를 논의합니다. 그들이 옳다고 하면 나는 행하면 되고, 그들이 나쁘다고 하면 나는 고치면 됩니다. 이들의 말에는 내가 본받을 것이 있습니다. 이와 같은데 어찌 헐어버릴 수 있겠습니까? 저는 진실 되고 선한 마음으로 원성을 덜어낼 수 있다는 말은 들었지만, 위력으로써 원성을 막아낼 수 있다는 말은 듣지 못했습니다."[566]

자산은 향교에 모인 사람들이 정치에 대해 비판하는 것을 적대적으로 보지 않고 그들의 말을 경청해야 한다고 말했다. 그리고 백성의 원성이 있을 경우 위정자들은 진실 되고 선한 마음으로 그것을 해결해야지, 위력으로써 막으면 안 된다고 했다. 이처럼 자산은 백성에게 언로를 터주고 그들의 말을 관대하게 수용하려 했다. 그런데 당시에 자산을 험담하는 사람이 있었던 모양이다. 당시 30대인 공자가 향교의 철폐에 관한 자산의 이야기를 전해 듣고는 이렇게 말했다.

> "이것으로 보면 사람들이 자산을 불인(不仁)하다고 말하는 것을 나는 믿을 수

---

566 『春秋左氏傳』, 襄公, 三十一年, 十二月, "何爲? 夫人朝夕退而游, 以議執政之善否. 其所善者, 吾則行之, 其所惡者, 吾則改之, 是吾師也. 若之何毁之? 我聞忠善以損怨, 不聞作威以防怨."

없다."[567]

공자는 향교에서 벌어지는 정치 논박에 대한 자산의 열린 마음을 전해 듣고 자산을 불인한 사람으로 평가하는 것은 옳지 않다고 했다. 맹자는 자산을 어떻게 보았을까? 도서 『맹자』에는 자산이 수레를 타고 진강(溱江)과 유강(洧江)을 건널 때 사람들을 보면 그들을 수레에 태웠다는 내용이 있다. 이것에 대하여 맹자는 이렇게 논평했다.

"은혜롭지만 정치하는 것을 알지 못했다. 세시(歲時: 계절에 따른 때)가 11월이면 도보로 건너는 다리가 만들어지며, 12월에는 수레로 건너는 다리가 만들어지면 백성이 건너기에 불편이 없을 것이다. 군자가 정치를 공평하게 하려면 출행할 때 사람을 물러나게 하는 것이 옳다. 어찌 사람 하나하나를 건너게 할 수 있는가?"[568]

하나라는 음력 1월을 새해 첫 달로 삼았고, 상나라는 음력 12월을 새해 첫 달로 삼았고, 주나라는 음력 11월을 새해 첫 달로 삼았다. 주나라 역법은 주(周)를 비롯해 제후국에서 사용되었는데 중국 한무제 때부터 하나라 역법이 사용되었다. 오늘날 우리가 쓰는 음력이 바로 하나라 역법이다. 주나라 역법(曆法)으로 11월은 하나라 역법으로 9월이고 12월은 10월이다. 국가는 농번기가 끝나고 추위가 오기 전 음력 9월과 10월에 다리를 보수하거나 만들었다.

---

567 『春秋左氏傳』, 襄公, 三十一年, 十二月, "以是觀之, 人謂子産不仁, 吾不信也."

568 『孟子』, 離婁章句下, "惠而不知爲政. 歲十一月徒杠成, 十二月輿梁成, 民未病涉也. 君子平其政, 行辟人可也. 焉得人人而濟之?"

자산은 물을 적시며 강을 건너는 백성을 보고 차마 그냥 지나칠 수 없어서 그들을 볼 때마다 수레에 태웠다. 이것에 대해 맹자는 사람 하나하나를 수레에 태워 건너게 해주는 것은 많은 사람을 대상으로 할 수가 없는 일이고 공평할 수도 없다고 했다. 따라서 위정자들은 그러한 노고를 차라리 모든 백성이 다닐 수 있는 다리를 놓는 일에 쏟아야 한다고 말했다. 물론 맹자가 비판한 것은 자산의 인품이나 행적 전체를 대상으로 한 것이 아니라 백성 하나하나를 수레에 태워준 행위를 대상으로 한 것이다. 이로써 지도자가 백성에게 물질적, 제도적 혜택을 베푸는 것은 모든 백성을 대상으로 공평하게 행해져야 한다는 대의를 말한 것이다.

지금까지 논의된 맹자의 경제관을 공자의 경제관과 비교하면 공자의 생각과 유사한 점들이 많다. 공자와 맹자는 둘 다 민생의 중요성을 강조하고 있다. 공자는 백성들에게 널리 베풀어야 한다는 소위 박시어민(博施於民)을 강조하였고, 맹자는 일정한 재산이 있어야 한결같은 마음이 유지된다고 했다. 또한 공자와 맹자는 민생을 중요시하지만, 그 실질적 구현에 있어서는 분배적 정의관에 입각하여 정책이 이루어져야 함을 말하고 있다. 공자는 "나라나 가정을 다스리는 자는 부족함을 걱정할 것이 아니라 고르지 못함을 걱정해야 한다."[569]라고 하여 분배주의적 정의관을 피력하였다. 맹자는 주나라의 정전제를 이상적 토지제도로 소개하고 있는데, 이것 역시 공자의 분배주의적 정의관과 유사하다. 그리고 공자와 맹자는 둘 다 복지국가적 이념을 아울러 표방하고 있다. 공자는 대동사회에서 사회적 약자에 대한 배려를 주장하고 있는데, 맹자 역시 왕도정치의 특징으로 사회적 소외계층과 약자에 대한 배려를 들고 있다.

---

569 『論語』, 季氏第十六, "有國有家者, 不患寡而患不均."

4절 벼슬하기를 원하는 자에게!

벼슬은 가난을 면하기 위한 것이 아니다

오늘날 많은 젊은이가 공무원이 되려고 한다. 공무원이 되려는 목적은 여러 가지가 있을 것이다. 이상사회를 만드는 데 미력이나마 보태기 위해 공무원이 되려는 사람도 있을 것이고, 신분과 처우가 보장됨으로 인하여 경제적인 안정과 자신의 삶의 질을 높일 수 있기 때문일 수도 있을 것이다. 그런데 맹자는 경제적 안정만을 추구하기 위해 벼슬을 하려는 자에 대하여 이렇게 말한다.

> 맹자가 말했다. "벼슬은 빈곤을 벗어나기 위한 것이 아니다. 다만 일시적으로 빈곤을 벗어나기 위해 할 때가 있을 수는 있다. 아내를 취하는 것은 (자신의) 봉양을 받으려고 하는 것이 아니다. 다만 일시적으로 봉양을 받을 수는 있다."[570]

빈곤을 벗어나기 위해 일시적으로 벼슬을 해야 하는 경우가 있을 수 있다. 그러나 맹자는 벼슬이 궁극적으로 개인의 빈곤을 타파하기 위한 것이 되어서는 안 된다고 했다. 즉 아내를 취하는 목적이 자손을 얻어 후사를 잇는 것이기 때문에 의복이나 음식으로 자신이 봉양을 받기 위해서 아내를 맞이해서는 안 된다는 것과 같은 이치다. 그리하여 맹자는 빈곤을 벗어

---

570 『孟子』, 萬章句下, "孟子曰, 仕非爲貧也, 而有時乎爲貧. 娶妻非爲養也, 而有時乎爲養."

나기 위한 자들에게 몇 마디 충고한다.

> "빈곤을 벗어나기 위한 자는 높은 자리를 사양하고 낮은 자리에 있어야 하며,
> 보수가 많은 것을 사양하고 빈곤을 면할 정도의 보수를 받는 자리에 있어야
> 한다."[571]

빈곤을 벗어나기 위해, 즉 오로지 개인의 생업을 위해 벼슬을 하는 자는
높은 자리에 있는 것을 사양하여 스스로 낮은 자리로 가는 것이 도리이며
염치를 아는 자라는 말이다. 또 그런 자에게는 보수도 빌어먹지 않을 정도
로만 주어야 한다고 했다. 맹자는 나아가 이러한 사람들에게 적합한 일자
리를 추천한다.

> "높은 자리를 사양하고 낮은 자리에 있어야 하며 보수가 많은 것을 사양하고
> 빈곤을 면할 정도의 보수를 받는 자리에 있어야 하는 자는 어디에 적합한가?
> 문지기나 야경꾼을 해야 한다."[572]

맹자는 개인의 경제적 목적으로 벼슬을 하는 자는 높은 직위도 어울리
지 않고 많은 보수도 적합지 않다고 하여 그런 자에게는 문지기나 야경꾼
(밤에 순찰하는 사람)이 어울린다고 했다. 물론 여기서 맹자가 문지기와 야경
꾼을 거론한 것은 직업의 귀천을 말함이 아니라 직업의 성격으로 말한 것
이다. 빈곤을 벗어나기 위해 벼슬을 하는 자는 그 목적이 자신의 물질적
보수에 있기 때문에 통 크게 백성을 위한 원대한 정책을 입안하여 실행하

---

571 『孟子』, 萬章章句下, "爲貧者, 辭尊居卑, 辭富居貧."
572 『孟子』, 萬章章句下, "辭尊居卑, 辭富居貧, 惡乎宜乎? 抱關擊柝."

는 자리가 어울리지 않는다는 말이다.

벼슬은 도를 행하기 위함이다

그렇다면 정치를 할 때 그 준거는 무엇일까? 공자가 제자들과 천하를 주유할 때의 일이다. 공자가 천하를 주유한 지 7년째 되는 해에 섭 땅에서 머물던 공자 일행이 채나라로 돌아가다가 도중에 나루터를 찾게 되었다. 이때 제자 자로(子路)가 밭을 갈고 있는 장저(長沮)와 걸익(桀溺)이란 자들에게 나루터로 가는 길을 물었으나 그들은 가르쳐주지 않았다. 어느 날은 자로가 일행과 떨어지게 되었다. 자로는 공자 일행의 행방을 찾다가 삼태기를 메고 있는 노인에게 공손하게 공자의 행방을 물었으나 역시 가르쳐주지 않았다. 그 노인은 공자가 천하를 주유하며 벼슬을 구하려 하는 것에 반감을 갖고 있었다. 대신 자로를 자신의 집에 머물게 해 닭을 잡고, 기장밥을 해 먹이고 자기의 두 아들을 만나게 했다. 다음 날 자로가 공자에게 가서 말씀드렸다. 공자가 다시 자로를 보내 만나게 하려 했으나 노인은 어디론가 떠나고 없었다. 이때 자로가 공자를 대신하여 공자의 심중을 이야기한다.

"벼슬을 하지 않는 것은 의(義)가 없는 것이다. 장유(長幼)의 예절을 폐(廢)할 수 없거늘 군신(君臣)의 의(義)를 어찌 폐할 수 있으리오? 자기 한몸만 깨끗이 하려 하나 대륜(大倫: 군신의 의)을 어지럽히는 짓이다. 군자가 벼슬하려는 것은 그 의(義)를 행할 따름이다. 도(道)가 행해지지 않는 것은 이미 알고 계시다."[573]

공자는 공경으로써 자신을 수양하는 공부를 하여 현실적인 정치를 행함이 군자의 모습이라고 했다. 그리고 정치를 하는 자는 올바름, 즉 정의(正義)를 행하여야 한다고 했다. 당시는 도(道: 인간이 마땅히 따라야 할 도리)가 행하여지지 않는 사회였다. 그리하여 공자는 벼슬에 있는 자가 정의를 추구해야만 도가 통용되는 사회의 단서가 열리지 않을까를 고민했다.

맹자는 천하를 돌아다니다가 만년에 만장을 비롯한 제자들과 『시경』·『서경』을 차례대로 설명하고 공자 학문의 올바른 뜻을 진술했는데, 이 중 만장과는 역사에 관하여 많은 대화를 했다. 한번은 만장이 공자가 벼슬을 한 것은 도(道)를 펼치기 위한 것인지 아닌지 그 여부를 물었다. 맹자는 공자가 도를 행하기 위해서라고 응답을 한다. 이어서 맹자는 말한다.

"사람이 군주의 조정에 나아가 도(道)를 행하지 않으면 부끄러운 일이다."[574]

맹자는 벼슬을 하려는 자는 도(道), 즉 인간의 마땅한 도리를 추구해야 한다고 단언한다. 그렇지 않으면 이것은 부끄러운 일이라는 말이다. 맹자의 말은 오늘날 공직자들이 많은 생각을 해보아야 할 대목이다. 오늘날 공직에 나가는 것은 안정적 생업을 위함이 가장 큰 이유라고 할 수 있다. 맹자는 안정적 생업을 위한 것이라면 문지기나 야경꾼 정도의 일도 많으니 그런 일을 해야 적합하다고 했다. 또 맹자의 논리에 따르면 자신의 직위를

---

573 『論語』, 微子第十八, "不仕無義, 長幼之節, 不可廢也, 君臣之義, 如之何其廢之? 欲潔其身, 而亂大倫, 君子之仕也, 行其義也. 道之不行, 已知之矣."

574 『孟子』, 萬章章句下, "立乎人之本朝, 而道不行, 恥也."

이용하여 부정축재를 한 통치자나 여타 고위 공직자는 애초부터 그 직위에 어울리지 않는 자들이었다. 그들은 도덕이 행해지는 정의로운 사회를 만들려는 것이 아니라 자신의 생업이나 재물을 모으기 위해 벼슬을 한 것이어서 하루 세 끼 굶지 않을 정도의 아르바이트 같은 자리 하나 마련해주면 족한 것이라 하겠다.

벼슬을 하면서 도를 행한다는 것은 사실 그리 쉬운 일이 아니다. 도를 행하기 위해서는 몇 가지의 조건이나 환경이 선행되어야 한다. 맹자가 제자 진진(陳臻)과 이 문제에 대해 대화를 했다.

> 진자(陳子)가 말했다. "옛날 군자는 어떠해야 벼슬을 했습니까?"
> 맹자가 말했다. "벼슬에 나아가는 것이 셋이고 물러나는 것이 셋이다. (군주가) 그를 맞이함에 공경을 다하여 예법이 있으며 장차 군자의 말을 행하려 한다면 벼슬에 나아갈 것이오, 예모(禮貌: 예의 바른 모습)가 쇠하지 않았으나 말이 행해지지 않는다면 벼슬을 떠난다. 그다음은 비록 군자의 말을 행하려 하지는 않지만 그를 맞이함에 공경을 다하여 예법이 있으면 벼슬에 나아갈 것이오, 예모가 쇠하면 벼슬을 떠난다. 그 아래는 아침을 먹지 못하고 저녁도 먹지 못하여 굶주림으로 문밖을 나가지 못하고 있는데, 군주가 그것을 듣고 이렇게 말했다. '나는 크게는 그 도를 행하지 못하고 또 그 말을 따를 수 없지만, 나의 땅에서 굶주리게 하는 것이 부끄럽도다.' 그러면서 벼슬을 주면 받을 것이지만 죽음을 면하는 것에 그친다."[575]

---

575 『孟子』, 告子章句下, "陳子曰, 古之君子何如則仕? 孟子曰, 所就三, 所去三. 迎之致敬以有禮, 言將行其言也則就之. 禮貌未衰, 言弗行也則去之. 其次, 雖未行其言也, 迎之致敬以有禮則就之. 禮貌衰則去之. 其下, 朝不食, 夕不食, 飢餓不能出門戶, 君聞之曰, 吾大者不能行其道, 又不能從其言也, 使飢餓於我土地, 吾恥之. 周之, 亦可受也, 免死而已矣."

진자(陳子)는 진진(陳臻)의 경칭이다. 맹자는 벼슬에 나아가고 물러나는 조건이나 환경을 셋으로 분류했다. 가장 이상적인 것은 군주가 예법이 있으며 도덕정치와 같은 자신의 이상이나 명분을 수용하고 행하는 것이다. 그러면 벼슬에 나아갈 수 있다. 그렇지만 자신의 이상이나 명분을 행할 수 없는 상황이 되면 홀연히 떠난다. 그다음은 보통의 것으로 군주가 자신의 이상이나 명분을 행할 기미가 없다고 해도 예법이 있으면 벼슬로 나아가고 그나마 예법이 쇠하면 떠나는 것이다. 다음으로 너무나 굶주려서 결국은 굶어 죽게 되는 상황에 이르면 어쩔 수 없이 벼슬을 할 수 있다고 본다. 맨 마지막은 '공양지사(公養之仕)', 즉 군주가 부양하기 위해 주는 벼슬이다. 도덕정치와 같은 자신의 이상을 실현하기 위해 벼슬에 나아가는 것이 가장 바람직하지만, 현실적으로 굶주림을 면하기 위해 벼슬을 할 수도 있음을 맹자는 인정한다. 다만 그러한 때에는 굶어 죽지 않을 정도의 보수를 받는 것에 그쳐야 함을 말하고 있다.

그리고 경제적 목적으로 벼슬을 하건 공양지사를 하건 일단 그 직책에 충실해야 한다. 맹자가 공자의 예를 들었다.

> "공자는 일찍이 위리(委吏: 창고를 말아보는 말단 관리)가 되어서 '회계를 담당했을 뿐이다.'라고 말씀하시고, 일찍이 승전(乘田: 가축 사육을 말은 말단 관리)이 되어서는 '소와 말을 살찌우고 건강하게 길렀을 뿐이다.'라고 말씀하셨다."[576]

공자의 아버지는 그의 나이 3세 때 돌아가셨다. 생업을 책임진 아버지가 돌아가시자 어린 시절 공자의 집안은 몹시 가난해졌다. 공자는 장성하

---

576 『孟子』, 萬章句下, "孔子嘗爲委吏矣, 曰, 會計當而已矣. 嘗爲乘田矣, 曰, 牛羊茁壯, 長而已矣."

여 계씨(季氏) 집안에서 창고의 출납을 맡는 말단 관리가 되었는데, 저울질 하는 것이 공평했다. 그다음에는 가축 사육을 맡는 직책을 맡아 가축을 관리했다. 공자가 그 직책에 있는 동안 가축은 살찌고 새끼를 많이 낳았다. 이처럼 공자도 한때는 생업을 위한 낮은 벼슬을 하였지만, 그 직책에 충실했다. 그런데 낮은 지위에 있는 자가 자신의 직책에 충실하지 않으면서 높은 직급의 일이나 군주가 할 수 있는 일에 상상하여 몰입하는 경우가 생길 수 있다.

> "지위가 낮은데도 높은 경지를 말하는 것은 죄이다."[577]

자신의 직분에 충실하지는 않으면서 군주나 높은 지위에 있는 자들이 할 일을 말로써 일삼거나 상상에 몰입하는 자는 비난받아야 마땅하다. 일단 자신의 책무를 다한 후에 그 이상을 말하는 것이야 탓할 수 없을 것이다.

벼슬을 하려는 자의 심성은 어떠해야 할까? 앞에서 나왔듯이 맹자의 제자 악정자는 맹자가 싫어한 제나라 왕환을 한때 쫓아다니며 먹고 마시기를 즐겼던 인물이다. 그러나 맹자에게 따끔한 질책을 들은 후 깊게 반성하였다. 그런 악정자가 노(魯)에서 벼슬을 하게 되었다.

> 노나라가 악정자로 하여금 정치를 하게 하려고 하자 맹자가 말했다. "내가 그 소식을 듣고 기뻐서 잠을 자지 못했다."
> 공손추가 말했다. "악정자는 강합니까?"

---

577 『孟子』, 萬章章句下, "位卑而言高, 罪也."

맹자가 말했다. "아니다."

공손추가 말했다. "지혜롭고 생각이 깊습니까?"

맹자가 말했다. "아니다."

공손추가 말했다. "들어서 아는 것이 많습니까?"

맹자가 말했다. "아니다."

(공손추가 말했다.) "그렇다면 왜 기뻐서 잠을 자지 못했습니까?"

맹자가 말했다. "그 사람됨이 호선(好善: 선을 좋아함)하느니라."

(공손추가 말했다.) "호선하면 되는 것입니까?"

맹자가 말했다. "호선이 천하를 다스리는 데 우월한 것이거늘 하물며 노나라에서야! 무릇 진실로 호선이면 사해(四海) 안의 사람들이 천 리를 가벼이 와서 선한 것으로 서로 말하며, 무릇 진실로 호선하지 않으면 사람들이 장차 말하길, '거만하고 잘난 척하는 것을 나는 이미 알고 있었다.'라고 한다. 거만하고 잘난 척하는 목소리와 안색이 사람들을 천 리 밖에서 멈추게 할 것이니, 선비들이 천 리 밖에서 그쳐 오지 않으면 참소와 면전에서 아부하는 자들이 지극할 것이다. 참소와 면전에서 아부하는 자들이 머무르게 되면 나라가 다스려지는 것을 바랄 수가 있겠는가?"[578]

제자인 공손추는 같은 제자인 악정자에 대해 잘 모르는 모양이다. 공손추가 악정자의 장점이 무엇인지를 맹자에게 일일이 물었지만, 맹자는 악정자가 강한 추진력을 갖지도 않았고 지혜가 많거나 생각이 깊은 것도 아

---

578 『孟子』, 告子章句下, "魯欲使樂正子爲政. 孟子曰, 吾聞之, 喜而不寐. 公孫丑曰, 樂正子强乎? 曰, 否. 有知慮乎? 曰, 否. 多聞識乎? 曰, 否. 然則奚爲喜而不寐? 曰, 其爲人也好善. 好善足乎? 曰, 好善優於天下, 而況魯國乎? 夫苟好善則四海之內, 皆將輕千里而來告之以善. 夫苟不好善則人將曰, 訑訑, 予旣已知之矣. 訑訑之聲音顏色, 距人於千里之外. 士止於千里之外則讒諂面諛之人至矣. 與讒諂面諛之人居, 國欲治, 可得乎?"

니며 아는 것도 많지 않다고 했다. 다만 호선(好善), 즉 선을 좋아한다고 했다. 맹자의 말은 공손추가 말한 역량들이 불필요하다는 것이 아니라 선을 좋아하면 다른 부족한 역량들을 충분히 극복하고도 남음이 있다는 뜻이다. 호선을 높이 평가한 것은 정치하려는 자의 심성이 그만큼 중요하다는 의미이다. 정치하는 자들이 호선하면 나라 안팎으로 그런 자들이 모이고 문화도 그리 바뀌지만 그렇지 않으면 참소와 아부하는 자들이 득세하는 나라가 될 것이다.

또 벼슬하는 자는 나라가 위급할 때나 외적이 침입할 때 나라를 수호하는 책무성이 일반 백성보다 앞서야 한다. 맹자가 증자와 자사의 사례로 이점을 분명히 밝혔다.

"증자가 무성에 거주할 때 월(越)의 도적이 침략했다. 누군가 말하길, '도적이 들이닥쳤는데 어찌 아니 떠나십니까?'

그러자 증자가 말했다. '나의 집에 사람이 들어올 수 없게 하고 땔나무를 훼상하지 않도록 하게!'

도적이 물러나려 하자 증자가 말했다. '나의 담장과 가옥을 수리하게. 내가 곧 돌아가려 하네.'

도적이 퇴각하자 증자가 돌아왔다. 좌우에서 말하길, '(저희가) 선생님을 대우하기를 충심과 공경으로 하고 있지만, 도적이 몰려오자 먼저 떠나시어 백성이 본받게 하시고, 도적이 퇴각하자 돌아오신 것은 자못 옳지 않은 듯합니다.'라고 했다.

심유행이 말하길, '이것은 자네들이 알 수 있는 경지가 아닐세. 옛적에 부추(負芻)라는 자의 변란으로 화를 입었는데 선생님을 따르는 70여 명이 싸움에 참여하지 않으셨네.'라고 했다."[579]

　무성(武城)은 노(魯)의 읍명이다. 증자(曾子)가 무성에 거주할 때 외적의 침략이 있었다. 이때 증자가 몸소 싸우지 않고 피난을 가자 주위 사람들의 비난이 있었다. 또 증자는 과거 제자 심유행의 집에 유숙한 적이 있었다. 이때도 변란이 일어나자 역시 싸우지 않고 무리를 이끌고 피난을 갔다. 맹자는 증자의 사례를 말한 후 자사(子思)의 이야기를 이어갔다.

　　"자사가 위(衛)에 거주할 때 제(齊)의 도적이 침략했다. 누군가 말하길, '도적이 들이닥쳤는데 어찌 아니 떠나십니까?'
　　그러자 자사가 말했다. '만약 급(伋: 자사의 이름)이 떠나면 군주는 누구와 더불어 백성을 지키겠는가?'"[580]

　자사는 성명이 공급(孔伋)이며 자(字)가 자사이다. 공자의 손자이며 증자에게 학문을 배웠다. 당시 자사는 위나라에서 벼슬을 하고 있었다. 자사는 스승인 증자와는 다르게 위나라에 변란이 일어나자 피난을 가지 않고 군주를 모시고 싸우려고 했다. 이 두 사람이 서로 다른 처신을 한 이유를 맹자가 말했다.

　　"증자와 자사는 추구하는 길[道]이 같지만, 증자는 선생이고 부형(父兄)이다. 자사는 신하이고 젊다. 증자와 자사가 입장을 바꾸어도 모두 그리했을 것이

---

579 『孟子』, 離婁章句下, "曾子居武城, 有越寇. 或曰, 寇至, 盍去諸? 曰. 無寓人於我室, 毀傷其薪木. 寇退, 則曰, 修我牆屋, 我將反. 寇退, 曾子反. 左右曰, 待先生, 如此其忠且敬也. 寇至則先去以爲民望, 寇退則反, 殆於不可. 沈猶行曰, 是非汝所知也. 昔沈猶有負芻之禍, 從先生者七十人, 未有與焉."

580 『孟子』, 離婁章句下, "子思居於衛, 有齊寇. 或曰, 寇至, 盍去諸? 子思曰, 如伋去, 君誰與守?"

다."[581]

맹자의 말에 의하면 증자는 군주의 신하가 아닌 교육을 하는 선생이고 나이는 지긋한 부형에 속한다. 이런 처지에서는 변란이 있을 경우에도 도적이나 침입자에 맞서 굳이 싸울 의무가 없다. 그러나 자사는 당시 벼슬을 하고 있었다. 또한 젊기 때문에 외적의 침입 등의 변란이 있을 경우 당연히 군주를 도와 백성을 지켜야 했다. 증자와 자사는 서로 입장이 바뀌면 서로 했던 것처럼 그리했을 것이다. 이처럼 벼슬을 하는 자는 일반 백성보다 더 막중하게 나라와 민중을 보호해야 하는 소임을 맡고 있음을 자각해야 한다. 물론 봉록을 받은 신하는 아니지만 나라가 위급한 상황에 처했을 때 백성의 한 사람으로서 나가 싸울 수는 있다. 임진왜란 때 의병과 일제 강점기 때 독립운동가들이 그랬다. 그들은 평소 나라로부터 봉록을 받지도 않았지만, 자신을 초개(草芥)와 같이 희생했다. 그래서 더 아름답고 숭고하다.

나라를 망치는 세 가지

맹자는 가장 이상적인 왕도정치는 차치하더라도 "현군(賢君)이 되려면 반드시 공경하고 검소해야 하고, 아랫사람을 예로 대하며 백성에게서 거둘 때 절제가 있어야 한다."[582]라고 말한다. 이러한 것들은 천하를 얻고자 하는 것을 떠나서 기본적으로 한 나라가 존속하기 위해 필요한 통치자의

581 『孟子』, 離婁章句下, "孟子曰, 曾子子思同道. 曾子, 師也. 父兄也. 子思, 臣也. 微也. 曾子子思易地則皆然."
582 『孟子』, 滕文公章句上, "是故賢君必恭儉禮下, 取於民有制."

자세이다. 그런데 당시의 제후들 중에는 겉과 속이 다른 경우가 있었던 모양이다.

> 맹자가 말했다. "공경은 다른 사람을 업신여기지 않고 근검은 다른 사람 것을 빼앗지 않는 것이다. 다른 사람을 업신여기고 빼앗는 군주는 오직 자신에게 순종하지 않는 것을 두려워할 뿐이니 어찌 공경과 근검을 행할 수 있겠는가? 어찌 목소리와 웃는 모습으로 가능하겠는가?"[583]

공경과 근검을 행하는 군주는 자신을 낮추고 다른 사람의 재물을 소중히 여긴다. 그리하지 않는 군주는 다른 사람이 자신을 받들고 자신에게 재물을 갖다 바치는 것을 즐거워한다. 군주 중에는 공경과 근검을 말하고 백성의 부를 늘린다는 말을 하면서 실제로는 신하나 백성을 업신여기고 재물을 빼앗는 자가 있다. 이럴 경우 군주가 그 모습을 감추려고 온화한 목소리와 인자하게 웃는 모습으로 포장해도 대개는 그 위선이 드러나게 마련이다.

앞에서 맹자는 벼슬하려는 자들이 가져야 할 것이 도덕성이라고 했다. 맹자는 통치자를 비롯해 벼슬하는 자들의 도덕성이 붕괴되어 나라가 파탄 나는 상황을 세 가지로 나누어 설명했다.

> "어질고 현명한 사람을 신뢰하지 않으면 나라는 (사람이 없는 듯) 공허하고, 예와 의로움이 없으면 상하가 문란하고, 제대로 된 정강이 없으면 재물의 쓰

---

583 『孟子』, 離婁章句上, "孟子曰, 恭者不侮人, 儉者不奪人. 侮奪人之君, 惟恐不順焉, 惡得爲恭儉? 恭儉豈可以聲音笑貌爲哉?"

임이 부족하다."[584]

맹자는 나라를 망치는 유형 세 가지를 인재등용의 실패, 공무원의 기강 해이, 정치 강령의 빈곤 등으로 보고 있다. 인재등용의 실패란 높은 자리에 있는 자가 어질고 현명한 부하 직원을 쓰거나 신뢰하지 않고 학연, 지연 혹은 같은 교회나 절을 다닌다는 것을 기준으로 사람을 쓰는 것을 말한다. 공무원의 기강 해이는 예와 의로움이 상실되어 상하 질서가 붕괴된 것을 말한다. 정치 강령의 빈곤은 청렴한 정치문화가 조성되지 않아 국가재정을 함부로 쓰는 것을 말한다. 이 세 가지를 한마디로 말하면 결국 도덕성이 상실된 나라의 모습이다. 맹자가 말한 나라를 망치는 세 가지 유형에서 우리나라는 과연 자유로울까?

공직자의 청렴한 정치문화는 국가의 기강을 바로 세우고 국가재정을 튼튼하게 하며 백성에게 국가의 시혜가 합당하게 돌아가게 한다. 청렴은 공직자뿐만 아니라 일반적으로 선비가 갖추어야 할 덕목의 하나로도 제시된다.[585] 그런데 청렴하기 위해서는 일관성과 유연한 원칙이 필요하다. 맹자 당시 제(齊)나라는 진(陳)씨 가문이 권문세가였다. 진씨 가문의 조상은 진(陳)나라 대부로 있다가 정변을 피해 기원전 672년 제나라로 망명했다. 그들은 제나라에 정착하면서 전씨(田氏) 성을 썼는데 통상 출신국명인 진씨(陳氏)로 불렸고 전씨(田氏)로도 불렸다. 진씨 후손인 진성자(陳成子)는 기원전 484년에 제나라 군주 간공(簡公)을 시해하고는 정사를 농단했

---

584 『孟子』, 盡心章句下, "不信仁賢則國空虛. 無禮義則上下亂, 無政事則財用不足."

585 사마천(司馬遷)은 '報任少卿書'에서 선비의 다섯 덕목을 이렇게 말했다. "脩身者 智之符也. 愛施者 仁之端也. 取與者 義之表也. 恥辱者 勇之決也. 立名者 行之極也. 士有此五者, 然後可以託於世, 而列於君子之林矣." 이 중 '取與者 義之表也', 즉 '주고받는 것은 의로움이 드러나야 한다'란 말은 청렴을 표현한 것이다.

다. 결국 제나라는 진성자 이후 그의 증손인 전화(田和: 시호는 太公)가 기원전 376년에 임금이 된 후 군주가 강씨에서 전씨로 바뀌게 되었다. 바로 맹자가 태어나기 몇 년 전 일이었다. 진씨 가문 중에 진중자(陳仲子)라는 아주 청렴한 인물이 있었다. 그의 형 진대(陳戴)는 국가로부터 만종(萬鍾)[586]의 녹봉을 받고 있었는데, 그는 형이 녹봉을 합당치 않게 받고 있다고 여겨 형과 어머니를 떠나 오릉(於陵)이란 곳에서 기거했다. 그는 형이 보낸 기름진 것들을 먹지 않아 생활이 몹시 궁핍했다. 맹자의 제자 광장이 그를 이렇게 평가했다.

> 광장이 말했다. "진중자는 어찌 진실로 청렴한 선비가 아니겠습니까? 오릉에 거주하면서 사흘을 먹지 못하여 귀는 들을 수 없고, 눈은 볼 수 없었습니다. 우물 위 오얏나무에 굼벵이가 과실을 과반이나 먹었지만, 엉금엉금 기어가서 세 번 삼킨 연후에야 귀가 들리고 눈은 볼 수 있었습니다."[587]

광장은 몸이 비록 망가진다 해도 불의한 음식을 먹지 않는 진중자의 꼿꼿한 처신을 거론하여 진실로 청렴한 선비라고 칭송했다. 그러나 맹자의 생각은 달랐다.

> 맹자가 말했다. "제(齊)의 선비 중에서 나는 반드시 중자를 엄지손가락으로 치지만, 중자가 어찌 청렴할 수가 있는가? 중자의 지조를 확충하면 지렁이라야 가능한 청렴이니라. 무릇 지렁이는 위로는 마른 토양을 먹고 아래로는 황천

---

586 1종(鍾)은 6곡(斛) 4두(斗)에 해당한다. 1곡(斛)은 10두(斗)다.

587 『孟子』, 滕文公章句下, "匡章曰, 陳仲子豈不誠廉士哉? 居於陵, 三日不食, 耳無聞, 目無見也. 井上有李, 螬食實者過半矣, 匍匐往將食之, 三咽, 然後耳有聞, 目有見."

(黃泉: 땅 밑의 샘)을 마시나니 중자가 거주한 집은 백이가 지은 것인가? 아니면 도척이 지은 것인가? 먹는 곡식은 백이가 심은 것인가? 아니면 도척이 심은 것인가? 이것을 알 수가 없도다."[588]

백이는 상나라 말기 청렴한 선비였으며 도척은 노나라 희공(僖公) 때 악인이었다. 맹자는 중자가 제(齊)의 선비 중 여러모로 으뜸이라는 것을 인정하지만 청렴하다는 말에는 동의하지 않았다. 중자의 경우는 청렴보다는 각박하다는 표현이 어울린다. 중자와 같은 지조는 거소와 먹을 것을 누구로부터 받지 않은 지렁이라야 가능하다. 그리고 맹자는 만일 중자가 진실로 형으로부터 받는 것을 달갑지 않게 여겼다면 거주하는 집은 누구로부터 받은 것이며, 평소 식량은 어떻게 조달하는 것인가가 의문이라고 했다.

맹자가 말했다. "중자는 제(齊)의 권문세가이다. 형인 진대가 합 땅에서 받는 녹봉이 만종인데 형의 녹봉을 불의한 녹봉이라 하여 먹지 않고, 형의 집을 불의한 집이라 하여 거주하지 않고는 형을 피하고 어머니를 떠나서 오릉에 거처했다. 어느 날 집에 돌아오니 형에게 산 거위를 보낸 자가 있었다. 중자는 얼굴을 찡그리며 말하길, '이 왝왝거리는 것을 어디에 쓰려는가?' 했다. 후일에 그 어머니가 거위를 잡아서 중자와 같이 먹었다. 그 형이 밖에 있다가 집으로 와서 말하길, '이것이 왝왝거리는 것의 고기란다!'라고 했다. 그러자 중자는 나가 토했다. 어머니가 해준 것은 먹지 않고 처가 해준 것은 먹으며, 형의 집은 머물지 않고 오릉에서 머물렀으니 이것이 더욱 지조를 충만할 수 있겠는

---

588 『孟子』, 滕文公章句下, "孟子曰, 於齊國之士, 吾必以仲子爲巨擘焉. 雖然, 仲子惡能廉? 充仲子之操則蚓而後可者也. 夫蚓, 上食槁壤, 下飮黃泉. 仲子所居之室, 伯夷之所築與? 抑亦盜跖之所築與? 所食之粟, 伯夷之所樹與? 抑亦盜跖之所樹與? 是未可知也."

가? 중자와 같은 자는 지렁이가 된 후에야 그 지조를 충만할 수 있다."[589]

맹자는 중자가 두 가지 점에서 문제가 있다고 보았다. 하나는 처신의 일관성 문제이다. 불의한 것이라 여겨 어머니가 해준 음식은 먹지 않고 처가 해준 음식은 먹으며, 형의 집에서는 머물지 않고 오릉의 집에서는 머물렀다. 그런데 처가 해준 음식이나 오릉의 집을 간접적으로 가족의 도움을 받아 장만했다면 역시 불의한 재물에 속한다. 또 하나는 중자가 지나치게 인륜까지 저버리며 각박하게 자신의 논리로만 산다는 점이다. 형의 녹봉이 불의하다고 여기면 간청을 하여 개선토록 해야 지당하나, 아예 형을 피하고 어머니를 떠난 것은 인륜을 저버린 행위라는 것이다. 이처럼 맹자는 청렴은 의로움을 준거로 일관성 있어야 하지만 너무 각박한 처신은 삼가야 함을 진중자를 통해 말했다.

전투에서 인화(人和)가 중요하다

국가는 서로 명분이나 국익 때문에 상호 충돌을 일으킬 수 있다. 국가 간에 분쟁이 일어나면 군대가 출동하여 상대방과 자웅을 겨룬다. 군대 간 전투에서 승패의 결과는 계절적 요인과 지리 환경적 요인으로 좌우되는 경우가 많다. 그렇지만 맹자는 계절적 혹은 지리적 요인보다 더 중요한 것이 있다고 본다. 바로 인화(人和)이다. 계절적, 지리적 요인은 외부의 문제

---

589 『孟子』, 滕文公章句下, "曰, 仲子, 齊之世家也. 兄戴, 蓋祿萬鍾. 以兄之祿爲不義之祿而不食也, 以兄之室爲不義之室而不居也, 辟兄離母, 處於於陵. 他日歸, 則有饋其兄生鵝者, 己頻顣曰, 惡用是鶃鶃者爲哉? 他日, 其母殺是鵝也, 與之食之. 其兄自外至, 曰, 是鶃鶃之肉也. 出而哇之. 以母則不食, 以妻則食之, 以兄之室則弗居, 以於陵則居之. 是尚爲能充其類也乎? 若仲子者, 蚓而後充其操者也."

이지만 인화는 내부의 문제이다.

> 맹자가 말했다. "천시(天時)가 지리(地利)만 못하고 지리는 인화만도 못하다. 삼리(三里)의 성과 칠리(七里)의 성곽을 둘러싸고 공격해도 이기지 못할 경우가 있다. 둘러싸고 공격할 때 천시(天時)를 감안했는데도 이기지 못한 것은 천시(天時)가 지리(地利)만 못하기 때문이다."[590]

천시(天時)란 사계절 등의 기후나 날짜를 말한다. 국가나 집단 간 무력 충돌이 발생할 경우 공격하는 쪽은 더위나 추위 등의 기후나 낮과 밤 등의 시간을 따져 공격하게 된다. 그런데도 이기지 못한 것은 상대국이 가지고 있는 지리적 상황이 우월하기 때문이다. 그러나 지리적 상황이 우월하다고 하여 그 나라가 반드시 지켜지지는 않는다.

> "성(城)이 높지 않아서가 아니고 연못이 깊지 않아서가 아니며 병장기가 날카롭지 않아서가 아니며 식량이 많지 않아서가 아니다. 버리고 떠나는 것은 지리(地利)가 인화(人和)만도 못하기 때문이다."[591]

수비하는 입장에서는 성이 높고, 성 주변의 연못도 깊고, 병장기도 날카롭고, 식량도 풍족한데 성을 지켜내지 못하고 도망가는 경우가 있다. 이것은 지리(地利), 즉 땅의 이로움이 월등해도 내부의 인화(人和), 즉 사람들 간

---

590 『孟子』, 公孫丑章句下, "孟子曰, 天時不如地利, 地利不如人和. 三里之城, 七里之郭, 環而攻之而不勝. 夫環而攻之, 必有得天時者矣, 然而不勝者, 是天時不如地利也."
591 『孟子』, 公孫丑章句下, "城非不高也. 池非不深也, 兵革非不堅利也, 米粟非不多也, 委而去之, 是地利不如人和也."

의 화합이 안 된 것이 원인이다. 맹자의 이 말은 당연히 국가 간 분쟁의 경우만을 얘기한 것이 아니다. 집안이나 단체에서 성장과 번영을 위해 가장 중요한 것은 외적인 것이 아닌 내적인 인화에 달려있다는 말이 되겠다.

위로 신임받지 못하면 백성도 다스릴 수 없다

맹자는 통치자가 왕도정치를 행할 때 필요한 정책으로 현명한 자를 존중하고 능력 있는 자를 등용할 것을 말했다. 그리고 정전제 등을 도입하여 백성의 세금을 경감해야 함을 역설했다. 그렇다면 관리된 자가 가져야 할 인간관계는 어떠해야 할까? 앞에서 맹자는 전투에서 천시와 지리보다 더 중요한 것이 인화라고 보았다. 조정이나 나라 안의 인화를 도모하는 데 있어서 관리의 역할도 통치자만큼이나 중요하다고 할 수 있다.

맹자가 말했다. "밑에 있으면서 윗사람에게 신임을 받지 못하면 백성은 가히 다스려질 수 없다. 윗사람에게 신임을 얻는 데는 방법이 있으니 벗에게 신뢰를 받지 못하면 윗사람에게 신임을 받지 못한다. 벗에게 신뢰를 받는 데는 방법이 있으니 부모를 섬길 때 기뻐하는 마음이 없으면 벗에게 신뢰를 받지 못한다. 부모를 기쁘게 하는 데는 방법이 있으니 자신을 돌아보아 성실[誠]하지 않으면 부모를 기쁘게 할 수 없다. 자신을 성실하게 하는 데는 방법이 있으니 선(善)에 밝지 않으면 자신을 성실하게 할 수 없다."[592]

592 『孟子』, 離婁章句上, "孟子曰, 居下位而不獲於上, 民不可得而治也. 獲於上有道, 不信於友, 弗獲於上矣. 信於友有道, 事親弗悅, 弗信於友矣. 悅親有道, 反身不誠, 不悅於親矣. 誠身有道, 不明乎善, 不誠其身矣."

윗사람에게 신임받지 못한 자는 위로부터 지지받지 못하기 때문에 백성을 다스릴 수 없다. 그 신임을 얻는 방법은 윗사람에게 맹목적 충성이나 아부를 하는 게 아니라 주위의 동료나 벗의 신뢰를 먼저 회복하는 것이다. 또 동료나 벗은 내가 부모에게 하는 행동을 보고 신뢰 여부를 갖게 된다. 부모를 기쁘게 하려면 부모를 대하는 행동이 자식으로서 진정성이 있어야 가능하며 이러한 진정성은 평소 도덕적 처신에 근거를 두고 있다.

> "이런 까닭에 성(誠: 성실)은 하늘의 도이며 성(誠)을 생각하는 것은 사람의 도이다. 지성(至誠)을 드렸는데도 움직이지 않는 자는 있지 아니하다. 성실하지 않으면 (남을) 움직일 수가 없다."[593]

맹자는 『중용』에 나오는 "성(誠: 성실)은 하늘의 도"라는 표현을 인용하여 성실이 우리 인간에게 내재적으로 부여된 품성으로서 인간의 신뢰에 관련됨을 말하고 있다. 성(誠)은 하늘의 도이지만 인간관계에서 구체화 시켜 행동으로 표출하기 위해서는 내적인 고민과 성찰이 필요하다. 고민과 성찰을 하여 지성(至誠)을 드렸을 경우 부모나 동료, 윗사람을 비로소 움직이게 할 수 있다는 것이다.

모실 군주가 석 달 동안 없으면 조문을 했다

유교에서 이상적 인간상으로 지칭되는 것 중의 하나가 군자(君子)이다.

---

593 『孟子』, 離婁章句上, "是故誠者, 天之道也. 思誠者, 人之道也. 至誠而不動者, 未之有也. 不誠, 未有能動者也."

공자는 군자의 모습을 정의하기를 자신을 수양하고 백성을 편안하게 하는[修己以安百姓] 사람이라고 했다. 공자는 군자가 자신의 수양에만 머무를 것이 아니라 백성을 편안하게 하는 정치에도 나아가야 함을 말했다.

어느 날 주소(周霄)라는 위(魏)나라 출신 인사가 맹자를 찾아왔다. 그는 군자가 굳이 벼슬을 해야 하는지가 궁금했던 모양이다.

주소가 맹자에게 물었다. "옛날의 군자는 벼슬을 하려 했습니까?"
맹자가 말했다. "벼슬을 하려고 했습니다. 전하는 말에 의하면 공자는 석 달을 모시는 군주가 없자 몹시 급하게 허둥대는 듯하고, 국경을 넘어갈 때 폐백(幣帛: 인사할 때 신분에 따라 가지고 가는 예물)을 가져가셨다고 합니다. 또 공명의(公明儀)는 말하길, '옛날 사람이 석 달을 모시는 군주가 없으면 조문을 했다.'라고 합니다."[594]

공명의는 노(魯)의 현인(賢人)으로만 알려져 있다. 공자가 말했듯이 군자는 벼슬을 하여 백성을 편안하게 하려는 마음이 있다. 그렇기 때문에 벼슬이 없을 때는 황망한 모습을 보인다. 공자 자신도 마찬가지였다. 그리고 군자가 벼슬을 잃고 그 나라를 떠나 국경을 넘어갈 때는 폐백을 가지고 갔다. 그것은 장차 가려는 나라의 군주에게 올리는 예물이었다.[595] 다산에 따르면 옛날에는 벼슬을 잃고 그 나라를 떠날 때 석 달 동안 상례(喪禮)를 따

---

594 『孟子』, 滕文公章句下, "周霄問曰, 古之君子仕乎? 孟子曰, 仕. 傳曰, 孔子三月無君則皇皇如也, 出疆必載質. 公明儀曰, 古之人三月無君則弔."

595 『주례』〈춘관(春官)〉 '대종백(大宗伯)'에는 육지(六摯)라 하여 신분에 따라 폐백의 종류가 달랐다. 군주[孤]는 피백(皮帛), 경(卿)은 양 새끼[羔], 대부(大夫)는 기러기[鴈], 사(士)는 꿩[雉], 서인(庶人)은 집오리[鶩], 상공인(商工人)은 닭[鷄]이다.

랐다. 소복을 입고 다른 행색도 그리했다.[596] 벼슬을 떠난 자가 이렇게 상
례(喪禮)에 자처했기 때문에 방문객이 위로할 때 조문을 하러 간다는 표현
을 썼다.

> (주소가 물었다.) "석 달을 모시는 군주가 없다 하여 조문을 하는 것은 너무 급
> 한 것 아닙니까?"
>
> 맹자가 말했다. "선비가 벼슬을 잃는 것은 제후가 나라를 잃는 것과 같습니다.
> 예(禮)에 이르길, '제후가 밭 갈고 서민이 도와서 자성(粢盛: 곡물이 제기에 담겨 있
> 는 모습)을 바치고 부인이 누에 쳐 고치를 켜서 의복을 만든다.'라고 했습니다.
> 희생(犧牲: 제물로 쓸 짐승)이 없고, 자성(粢盛)이 깨끗하지 못하며, 의복이 준비
> 되어있지 아니하면 제사를 지낼 수 없습니다. 오직 선비가 밭이 없으면 또한
> 제사를 지낼 수 없나니, 희생·제기·의복이 준비되어있지 아니하여 감히 제사
> 를 지낼 수 없으면 감히 잔치를 베풀 수 없으니 역시 조문을 하는 것이 마음에
> 차지 않겠습니까?"[597]

주소가 벼슬을 잃은 사람에게 석 달 안에 찾아가 위로하는 사람들의 행
동이 너무 조급한 것이 아니냐고 묻자 맹자는 벼슬이 없으면 봉록(밭)이
없어서 감히 제사를 지낼 수 없으니 급한 것이 아니라고 대답했다. 물론
군자가 출사할 때는 개인의 명예나 가정의 제사를 모시기 위함이 아니라

---

596 『孟子要義』, 滕文公第三章以下, "周霄問曰古之人三月無君則弔章三月無君者謂三月素服之間也古者失位
去國純用喪禮曲禮曰大夫士去國踰竟爲壇位鄕國而哭素衣素裳素冠徹緣鞮屨." 다산의 이 말은 『禮記』〈曲
禮下〉에 근거했다.

597 『孟子』, 滕文公章句下, "三月無君則弔, 不以急乎? 曰, 士之失位也, 猶諸侯之失國家也. 禮曰, 諸侯耕助, 以
供粢盛, 夫人蠶繅, 以爲衣服. 犧牲不成, 粢盛不潔, 衣服不備, 不敢以祭. 惟士無田則亦不祭. 牲殺器皿衣服
不備, 不敢以祭則不敢以宴, 亦不足弔乎?"

의(義)를 행하기 위함이다. 그러나 벼슬을 잃은 사람을 상대방 입장에서 보면 당장 제사는 어떻게 모실 것인가가 걱정이 된다. 그렇기 때문에 벼슬을 잃은 사람에게 조문의 형식으로 위문하는 것을 다급한 행동으로 볼 수는 없다는 것이다. 제사는 천자부터 서인에 이르기까지 중요한 의례였다. 『예기』〈제의(祭義)〉편에 보면 이러한 내용이 있다.

> "군자는 과거를 돌이켜서 새로운 것을 해야 한다. 그 생겨난 유래를 잊어서는 안 된다. … 옛날에 천자는 적전(藉田) 천무(千畝)를 만들었다. 면류관을 쓰고 붉은 갓끈을 매고 몸소 가래를 잡았다. 제후는 적전 백무를 만들었다. 면류관을 쓰고 푸른 갓끈을 매고 몸소 가래를 잡고는 천지산천과 사직(社稷), 조상을 섬겼으며 단술·흰죽·제사음식을 만들었다."[598]

바로 제사는 천지산천과 사직, 조상에게 인간의 생겨난 유래를 생각하고 감사하는 마음을 표현하는 신성한 의식이었다. 그렇지만 제사는 정성을 다한 음식 등이 준비되어야 하는데 벼슬이 없으면 그리할 수 없다. 따라서 벼슬을 잃은 사람을 바라보는 세인에게는 걱정과 연민 등의 여러 정서가 있을 것이고 이것이 조문 형식으로 표출된 것이다. 주소가 묻고 맹자가 말한다.

> "국경을 벗어날 때 반드시 폐백을 가져가는 것은 왜 그렇습니까?"
> 맹자가 말했다. "선비가 벼슬하는 것은 농부가 밭을 가는 것과 같습니다. 농부가 경계를 벗어난다고 하여 그 쟁기를 버려야 합니까?"

---

598 『禮記』,〈祭義第二十四〉, "君子反古復始, 不忘其所由生也. … 昔者天子爲藉千畝, 冕而朱紘, 躬秉耒, 諸侯爲藉百畝, 冕而靑紘, 躬秉耒, 以事天地山川社稷先古, 以爲醴酪齊盛."

주소가 말했다. "진국(晉國)이 역시 벼슬할 만한 나라입니다만 벼슬하는 것을 그리 조급하게 여기는 것을 듣지 못했습니다. 벼슬하기가 그리 급한 것이라면 군자가 벼슬하기를 어려워하는 것은 무엇 때문입니까?"

맹자가 말했다. "장부가 살아가면서 아내를 들이고 싶고, 여자가 살아가면서 가정을 갖고 싶은 것은 또한 부모의 마음이오. 사람들이 모두 그러한 마음을 갖고 있으나 부모의 하명과 중매인을 거치지 않고 (담에) 구멍이나 틈을 파서 서로 쳐다보거나, 담장을 넘어 서로 상종하면 부모나 국인(國人)들이 천하게 볼 것이요. 옛날 사람들이 벼슬하기를 원하지 않았던 것은 아니지만, 그 도(道)로 말미암지 않는 것을 싫어했기 때문이오. 그 도(道)로 말미암지 않고 찾아가는 것은 구멍이나 틈을 파는 것과 같은 유형이외다."[599]

벼슬을 잃은 선비가 국경을 넘어갈 때 폐백을 가져가는 것은 마치 농부가 논밭의 경계를 벗어난다고 하여 쟁기를 버리지 않는 것처럼 다른 나라에서 다시 벼슬하기를 바라는 마음에서 그리한다. 여기서 진국(晉國)이란 위(魏)나라를 지칭한다. 춘추시대 강력했던 진(晉)이 기원전 403년에 한(韓)·위(魏)·조(趙)의 3씨(氏)에 의해 그 성씨를 따서 한(韓)·위(魏)·조(趙), 세 개의 나라로 분열되었다. 그래서 주소는 진(晉)에 대한 향수로써 이런 표현을 썼다. 그리고 주소는 군자가 벼슬하기를 조급히 여기지만 쉽게 벼슬하지 않는 이유를 물었다. 여기서 군자는 맹자를 지칭한 것이다. 장부와 여자가 결혼하기를 바라는 마음과 선비가 벼슬하기를 바라는 마음은 같다. 그렇지만 남녀가 서로 합당한 절차를 거치지 않고 은밀히 담장에 구멍

---

599 『孟子』, 滕文公章句下, "出疆必載質, 何也. 曰, 士之仕也. 猶農夫之耕也, 農夫豈爲出疆舍其耒耜哉? 曰, 晉國亦仕國也, 未嘗聞仕如此其急. 仕如此其急也, 君子之難仕, 何也? 曰, 丈夫生而願爲之有室, 女子生而願爲之有家, 父母之心, 人皆有之. 不待父母之命媒妁之言, 鑽穴隙相窺, 踰牆相從則父母國人皆賤之. 古之人未嘗不欲仕也, 又惡不由其道. 不由其道而往者, 與鑽穴隙之類也."

이나 뚫고 서로 쳐다보거나 아예 담장을 훌쩍 넘어 만나는 것을 천하게 여기는 것처럼 군자는 그 도(道)로 말미암지 않으면 벼슬을 구하지 않는다고 하였다. 여기서 말하는 '도(道)'란 바로 벼슬을 하여 의(義)를 구현하겠다는 마음가짐과 그러한 마음을 알아주는 군주와의 개방되고 떳떳한 거래를 말한다.

선비가 도(道)를 구현하기 위해 벼슬을 구하는 것은 합당한 일이지만 나름 품새가 있을 듯하다. 맹자가 송구천이란 자에게 한마디 했다.

맹자가 송구천에게 말했다. "선생은 유세를 좋아하는가? 내가 선생에게 유세에 대해 말해드리리다. 사람들이 알아주어도 역시 무덤덤한 듯 자중해야 하며, 사람들이 알아주지 않아도 역시 무덤덤한 듯 자중해야 하오."[600]

송구천은 성(姓)이 송(宋)이고 이름이 구천(句踐)으로 알려져 있을 뿐 그 이상의 인적사항은 알 수 없다. 송구천은 당시 제후들을 찾아다니며 유세하기를 좋아했다. 유세로 말하면 맹자는 50대 초반부터 15년 정도 유세를 한 몸이다. 유세에 관해 인생의 선배로서 훈수를 두었다. 맹자의 훈수는 사람들이 알아주거나 알아주지 않거나 무덤덤한 듯 자중해야 한다는 것이다.

송구천이 말했다. "어떻게 해야 무덤덤한 듯 자중할 수 있습니까?"
맹자가 말했다. "덕을 존중하고 의(義)를 즐기면 무덤덤한 듯 자중할 수 있소이다."[601]

---

600 『孟子』, 盡心章句上, "孟子謂宋句踐曰, 子好遊乎? 吾語子遊. 人知之, 亦囂囂. 人不知, 亦囂囂."
601 『孟子』, 盡心章句上, "何如斯可以囂囂矣? 曰, 尊德樂義則可以囂囂矣."

무덤덤한 표정은 자칫하면 아둔하거나 무감각하게 비칠 수 있다. 송구천이 이것의 어려움을 알고 방법을 묻자 맹자는 인간에게 주어진 천작(天爵)인 덕을 존중하고 즐기면 인작(人爵)과의 인연에 초조하지 않을 수 있다고 했다.

> 맹자가 말했다. "그러므로 선비는 곤궁해도 의(義)를 잃지 않으며, 목적을 이루어도 도(道)를 멀리하지 않습니다. 곤궁해도 의(義)를 잃지 않았기 때문에 선비가 자존감이 있었고, 목적을 이루어도 도(道)를 멀리하지 않았기 때문에 백성이 희망을 잃지 않았소이다."[602]

선비는 벼슬이 없을 때 곤궁해도 일용지간에 의(義)를 잃지 않았고, 벼슬 등의 목적을 이루면 유가들이 추구하는 정치의 정도(正道)인 위민이나 민본을 실천했다. 그런 자가 벼슬에 있기 때문에 백성은 보다 나은 세상이 열릴 수 있다는 희망을 가질 수 있었다.

> "옛날 사람이 뜻을 얻으면 혜택이 백성에게 돌아가고, 뜻을 얻지 못하면 수신하여 세상에 드러납니다. 곤궁하면 홀로 그 몸을 선하게 하고, 목적을 이루면 천하를 같이 선하게 합니다."[603]

옛날 사람이란 표현을 쓴 것은 당시에 그런 사람이 별로 없다는 말이다. 옛날에는 선비가 제후에게 등용되어 뜻을 펼치면 위민이나 민본정치를 하여 혜택이 백성에게 돌아가게 하고 천하를 도덕으로 교화시켰다. 그러나

---

602 『孟子』, 盡心章句上, "故士窮不失義, 達不離道. 窮不失義, 故士得己焉. 達不離道, 故民不失望焉."
603 『孟子』, 盡心章句上, "古之人, 得志, 澤加於民. 不得志, 脩身見於世. 窮則獨善其身, 達則兼善天下."

뜻을 얻지 못하면 수신하여 때를 기다릴 뿐이었다. 맹자 당시에는 과거와 같은 선비들이 눈에 띄지 않았던 모양이다.

맹자가 송구천에게 한 말의 핵심은 벼슬을 하기 전과 후의 선비의 자세를 거론한 것이다. 선비는 벼슬하기 전에는 인의와 같은 덕을 쌓으면서 자애자중하게 때를 기다리고, 벼슬을 한 후에는 위민이나 민본정치를 하여 그 혜택이 백성에게 돌아가게 하고, 세상을 도덕적으로 교화시켜야 함을 말하고 있다.

제6장

아! 유학의 도를 누가 이을 것인가?

1절 성인은 나와 같은 사람이다

향원을 경계하라!

공자는 마음에서 우러나오지 않는 외형적 가식을 배격한다. 그리하여 공자는 "번지르르한 말과 알랑거리는 낯빛에 어진 마음은 없다."[604]고 했다. 공자는 진정 마음에서 비롯되지 않는 표현이나 가식은 인(仁)과 구분되어야 한다고 말했다. 이러한 가식적인 품성을 가진 인간을 공자는 향원(鄕原)이라고 불렀다. 그런 의미에서 공자는 향원의 해악을 말하길, "향원은 덕을 해치는 자이다."[605]라고 했다. 그러나 공자는 향원에 대하여 명확한 정의를 내리진 않았다.

『맹자』의 마지막 장은 〈진심장(盡心章)〉이다. 〈진심장〉에는 맹자가 제자 만장과 더불어 향원의 모습을 광자(狂者)와 견자(狷者)와 비교하여 상세하게 표현했다.

> 맹자가 말했다. "공자가 말씀하시길, '중도(中道)를 얻지 못하고 굳이 함께한다면 반드시 광자와 견자와 하겠다. 광자(狂者)는 앞으로 나아가고 견자(狷者)는 하지 않으려고 한다.'라고 했다. 공자가 어찌 중도를 원치 않겠는가? 기필코 얻을 수 없기 때문에 그다음을 생각하셨다."[606]

---

604 『論語』, 學而第一, "巧言令色, 鮮矣仁."

605 『論語』, 陽貨第十七, "鄕原, 德之賊也."

606 『孟子』, 盡心章句下, "孟子曰, 孔子, 不得中道而與之, 必也狂獧乎! 狂者進取, 獧者有所不爲也. 孔子豈不欲中道哉? 不可必得, 故思其次也."

본래 『논어』에는 '中道(중도)'가 '中行(중행)'으로, '獧(견)'은 '狷(견)'으로 되어있다. '中道(중도)'와 '中行(중행)'은 큰 의미상 차이가 없으며, '獧(견)' 과 '狷(견)'은 모양만 다른 같은 글자이다. 맹자에 따르면 공자는 중도를 지향하는 사람을 얻지 못할 바에야 차라리 광자(狂者), 견자(獧者)를 택하겠다고 했다. 광자는 어떠한 사람인가?

　　(만장이 물었다.) "감히 묻습니다. 어떠해야 광(狂)이라 일컬을 수 있습니까?"

　　(맹자가 말했다.) "금장(琴張)·증석(曾晳)·목피(牧皮)와 같은 자가 공자가 말한 광(狂)이다."

　　(만장이 물었다.) "어찌하여 그들을 광(狂)이라 부릅니까?"

　　(맹자가 말했다.) "그 뜻이 크고 말하기를 '옛날 사람이여! 옛날 사람이여!' 하며, 평소 그 행실을 살펴보면 행실이 말을 가리지 못하는 자이다."[607]

　『장자』〈대종사(大宗師)〉 편에 의하면 공자가 살던 시대에 자상호(子桑戶)와 맹자반(孟子反)[608], 자금장(子琴張)[609]은 서로 친구였다. 자상호가 죽자 자금장과 맹자반은 노래를 부르고 거문고를 탔다.

　증석(曾晳)은 증자의 부친이다. 공자의 청년 시절, 노나라의 실세는 계무자(季武子)였다. 『예기』〈단궁하(檀弓下)〉에 의하면 계무자가 죽자 증석이 문에 기대어 노래를 불렀다고 한다. 목피(木皮)의 인적사항은 전해지지 않

---

607 『孟子』, 盡心章句下, "敢問何如斯可謂狂矣? 曰, 如琴張 曾晳 牧皮者, 孔子之所謂狂矣. 何以謂之狂也? 曰, 其志嘐嘐然, 曰, 古之人, 古之人. 夷考其行而不掩焉者也."

608 『論語』, 〈雍也〉에 맹지반(孟之反)이 나온다. 『논어』의 맹지반(孟之反)과 『장자』의 맹자반(孟子反)은 동일 인물로 알려져 있다.

609 성(姓)은 금(琴), 명(名)은 뢰(牢)이고, 자(字)가 자장(子張)이다. 자금장(子琴張)은 자(字)와 성명을 혼용한 것이다.

는다. 맹자는 이 세 사람을 광자(狂者)의 예로 들었다. 광자란 평소 뜻은 크고 걸핏하면 폼 잡고 옛날 사람의 언행을 소환하는 진취적인 사람이지만 그 행동이 말을 따라가지 못하는 사람이다. 견자(獧者)는 어떤 사람인가?

> "광자(狂者)를 얻을 수 없다면 깨끗하지 못함을 달갑게 여기지 않는 선비와 함께하기를 바라시니, 이 사람을 견(獧)이라 하며 또한 그다음이다."[610]

단적으로 말하면 견자는 깨끗하지 않다고 생각되는 처신을 아예 하지 않는 융통성이 없는 사람이다. 이처럼 맹자에 따르면 공자는 중도를 얻지 못할 바에야 차라리 광자나 견자를 차선으로 택하겠다고 말했다. 그러자 만장이 광자와 견자와 혼동되는 향원에 대해 물었다.

> "공자께서 말씀하시기를, '내 집 앞을 지나가다가 내 거실로 들어오지 않아도 섭섭하지 않은 자는 오직 향원이다. 향원(鄉原)은 덕을 해치는 자이다.'라고 하셨습니다. 어떤 자를 향원이라 할 수 있겠습니까?"[611]

만장은 공자의 말을 인용하여 향원(鄉原)이 더불어 자리를 같이할 수 없는 사람이고 덕을 해치는 자라고 말하고 있다. 향원은 어떤 자일까?

> "향원이 광자에게 말하길, '어찌 이처럼 뜻은 크면서 말은 행동을 돌아보지 않고, 행동은 말을 돌아보지 않으면서, 옛날 사람이여! 옛날 사람이여! 하는가?'

---

610 『孟子』, 盡心章句下, "狂者又不可得, 欲得不屑不潔之士而與之, 是獧也, 是又其次也."

611 『孟子』, 盡心章句下, "孔子曰, 過我門而不入我室, 我不憾焉者, 其惟鄉原乎! 鄉原, 德之賊也. 曰, 何如斯可謂之鄉原矣?"

라고 한다.

(그리고 향원이 견자에게 말하길) '어찌 행동이 이처럼 외롭고 쓸쓸한가?'라고 한다.

(향원이 스스로 말하길) '이 세상에 태어났으면 이 세상을 위하여 좋은 게 좋은 거야!' 한다. 속마음을 감추고 세상에 아첨하는 자가 바로 향원이다."[612]

이처럼 향원은 광자와 견자를 비난하며 "좋은 게 좋은 거야!"를 외치는 사람이다. 결국 향원이란 겉으로는 통 크고 관대한 표정을 지으면서 마을에서 이 사람 저 사람과 잘 어울리며 사람 좋다는 소리를 듣지만, 그 행동의 준거는 정의와 같은 도덕성이 아니라 다른 속뜻이 있는 사람이란 말이다. 그러자 만장이 왜 향원이 덕을 해치는 자인지 물었고 맹자가 답했다.

"향원을 비난하려고 해도 근거를 댈 수가 없고, 책망하려고 해도 책망할 거리가 없다. 변화하는 세속에 동화하고 더러운 세상에 부합하면서, 머무를 때는 충성스럽고 신의가 있는 듯이 하며 행동하는 것은 청렴한 듯이 한다. 모든 사람이 이런 것을 좋아해서 스스로 옳은 것이라고 여기지만, (이것은) 요순의 도(道)로써 한 것이 아니다. 그러므로 덕을 해치는 것이다."[613]

향원은 겉으로는 진실 되고 청렴한 듯이 보여 딱히 흠잡을 데가 없는 사람이다. 가끔 힘 있는 위정자를 적당히 비난하기도 하고, 개혁을 주장하

---

612 『孟子』, 盡心章句下, "曰, 何以是嘐嘐也, 言不顧行, 行不顧言則曰 古之人, 古之人? 行何爲踽踽涼涼? 生斯世也, 爲斯世也, 善斯可矣, 閹然媚於世也者, 是鄕原也."

613 『孟子』, 盡心章句下, "非之無擧也, 刺之無刺也, 同乎流俗, 合乎汙世, 居之似忠信, 行之似廉潔, 衆皆悅之, 自以爲是, 而不可與入堯舜之道, 故曰德之賊也."

기도 해서 자칫하면 사람들로부터 칭송을 들을 수 있는 사람이다. 그렇지만 속마음은 정의감이 빈곤하고, 강한 것에 약하고, 자신의 유불리를 계산하고 있다. 그래서 자신이 위태롭다고 판단될 때에는 나서지 않는다. 본래 도덕에 근거하여 행동하는 사람은 강자에게 대항할 수 있고 더러운 것에 부합하지 않기 때문에 사람들과 충돌할 수 있고 갈등을 일으킬 수 있다. 그러나 향원은 자신을 은근히 내세우면서 희생하지는 않는다. 맹자는 바로 요임금과 순임금으로 대표되는 도덕주의가 향원과 같은 사람으로 인하여 현실에서 외면될 수 있음을 말하고 있다. 맹자는 덕을 해치는 향원을 싫어하는 이유를 공자의 말을 인용하여 더 자세히 설명한다.

> 공자가 말했다. "사이비(似而非)한 것을 싫어하노니, 강아지풀을 싫어하는 것은 그 묘(苗)를 혼란스럽게 하기 때문이며, 말 잘하는 것을 미워하는 것은 의로움을 혼란시키기 때문이며, 말을 예리하게 하는 자는 믿음을 혼란시키기 때문이며, 정성(鄭聲: 정나라 음악)을 싫어하는 것은 그 정악(正樂)을 혼란시키기 때문이며, 자색을 싫어하는 것은 붉은색을 혼란시키기 때문이며, 향원을 싫어하는 것은 덕을 혼란시키기 때문이다."[614]

맹자가 인용한 공자의 말은 『논어』에 일부가 보인다.[615] '사이비(似而非)'는 '비슷하지만 아니다'의 뜻이다. 우리가 유사 종교집단을 표현할 때 자주 쓰는 '사이비(似而非)'가 여기서 비롯되었다. 강아지풀은 곡식의 어린 묘와 비슷하여 진짜 곡식의 묘인지 아닌지 헷갈리게 한다. 말 잘하는 자

---

614 『孟子』, 盡心章句下, "孔子曰, 惡似而非者. 惡莠, 恐其亂苗也. 惡佞, 恐其亂義也. 惡利口, 恐其亂信也. 惡鄭聲, 恐其亂樂也. 惡紫, 恐其亂朱也. 惡鄉原, 恐其亂德也."

615 『論語』〈陽貨〉편에 이런 내용이 있다. "子曰, 惡紫之奪朱也, 惡鄭聲之亂雅樂也, 惡利口之覆邦家者."

가 말하면 그것이 옳은지 헷갈리며, 말을 예리하게 하는 자는 그 말이 진실인 듯 헷갈리게 한다. 정성(鄭聲)은 무엇이 진정한 음악인지 헷갈리게 하며, 간색(間色)인 자색(紫色)은 정색(正色)인 붉은색과 헷갈리게 한다. 정성(鄭聲)은 『논어』에서 공자가 음란한 음악으로 규정했다. 음양오행론(陰陽五行論)에 따르면 각 방위는 색으로 표현된다. 즉 동(東)은 청(靑), 서(西)는 백(白), 남(南)은 적(赤), 북은 흑(黑), 중앙은 황(黃)이고 각 정방위에 해당하는 색을 방정색(方正色)이라 한다. 나머지 색들은 방정색 사이에 배치되는데 그것을 간색(間色)이라고 한다.

결국 향원의 사람됨을 한마디로 표현한다면 사이비(似而非)이다. 맹자에 따르면 맹자 자신이 향원을 싫어하는 이유는 강아지풀이 새싹과 함께 있을 때 그 구별을 혼란스럽게 하는 것과 같이, 향원 같은 존재로 인하여 따라야 할 도덕이 무엇인지 사람들이 혼란스러워하기 때문이었다.

군자, 대인, 대장부

『맹자(孟子)』에는 『논어』와 마찬가지로 도덕적인 인간들에 대한 명칭이 다양하게 나온다. 군자(君子), 현자(賢者), 인자(仁者), 선인(善人), 대인(大人), 대장부(大丈夫), 성인(聖人) 등인데, 모두 인간의 도덕적 품성에 관한 내용을 담고 있는 용어들이다. 이 중에서 맹자가 특히 이상적 인간상을 지칭할 때 사용한 개념들은 군자, 대인, 대장부, 성인이다. 이러한 명칭들은 성인을 제외하고는 명확한 구별이 되지 않는다. 여기서는 다소 개념상 차이가 모호할 수도 있지만, 맹자가 제시한 용례를 중심으로 간략하게 살펴보기로 한다.

먼저 군자는 크게 두 가지 의미가 있다. 하나는 일정한 직위가 있는 위정자를 지칭하는 것이고, 다른 하나는 이상적 인간상을 지칭하는 말이다. 여기서는 후자의 의미를 살펴보겠다. 군자는 기본적으로 인(仁)을 비롯한 덕의 실천자들이다. 맹자가 말했다.

> "군자가 일반 사람들과 다른 것은 그 마음을 보존하기 때문이다. 군자는 인(仁)으로써 마음을 보존하고, 예(禮)로써 마음을 보존한다."[616]

군자는 위와 같이 인(仁)과 예(禮)와 같은 기본적인 인간의 덕을 가지고 있는 자이다. 소인과 군자는 바로 기본적 덕성에서 차이가 난다. 군자는 타인과 교제할 때 문제가 발생하면 그 원인을 나 자신에게서 찾는 소위 반구제기(反求諸己)의 사유방식을 하는 사람이다. 이것을 좀 더 구체적으로 표현하면 이러하다.

> "사람이 여기 있다고 치자. 그자가 나를 대하는 것이 방자하고 도리에 벗어나면 군자는 반드시 스스로 돌이켜보아 '내가 반드시 불인하고 무례함이 있을 것이다. 어찌 이런 상황에 이르렀을까?'라고 생각한다. 스스로 돌이켜 보아도 어질었으며[仁], 스스로 돌이켜보아도 예(禮)가 있었지만 그래도 그 방자함과 도리에 어긋난 것이 일어났다면 군자는 반드시 스스로 돌이켜보아 '나에게 반드시 불충한 면이 있었을 것이다.'라고 생각한다. 스스로 돌이켜보아 충심을 다했는데도 그 방자함과 도리에 어긋난 것이 일어났다면 군자는 '이 자는 망령된 자이다.'라고 말할 수 있다. 이와 같은 자는 금수와 어찌 구별될 수 있겠

---

616 『孟子』, 離婁章句下, "君子所以異於人者, 以其存心也. 君子以仁存心, 以禮存心."

는가?"⁶¹⁷

군자는 타인이 나를 대하는 것이 방자하고 도리에 벗어나면 내가 인(仁)이나 예(禮)로써 그를 대한 것이 아닌지를 돌이켜볼 수 있어야 한다. 돌이켜보아도 덕으로써 대한 것이 분명하다면 나의 행동이 진실된 마음에서 우러나왔는지를 또한 돌이켜볼 수 있어야 한다. 돌이켜 보아도 진실된 마음에서 우러난 것이라면 그때는 그 잘못은 내가 아닌 상대가 한 것이고 그런 자는 망령된 자로 취급해도 괜찮다.

군자는 과오가 있으면 숨기지 않고 떳떳하게 밝히고 개선하려는 자이다. 『논어』에는 군자의 자세로 "과실이 있으면 고치기를 꺼리지 말라(過則勿憚改)."라는 내용이 있다. 맹자가 말했다.

"옛날의 군자는 그 과오가 일식과 월식 같아서 사람들이 그것을 보았고, 이 과오를 고치면 백성들이 그를 우러러보았다."⁶¹⁸

군자는 행위를 당당하게 드러내기 때문에 그 과오 또한 쉽게 노출된다. 그렇지만 군자는 과오를 숨기지 않고 흔쾌히 인정하여 고치려고 하기 때문에 사람들이 그를 존경한다. 또 군자는 수기(修己)와 함께 치인(治人)을 중요시한 사람이다. 맹자는 "선비가 벼슬하는 것은 농부가 농사를 짓는 것과 같다."⁶¹⁹라고 하면서, "군자에게 사람들과 더불어 선을 행하는 것보다

---

617 『孟子』, 離婁章句下, "有人於此, 其待我以橫逆則君子必自反也, 我必不仁也, 必無禮也, 此物奚宜至哉? 其自反而仁矣, 自反而有禮矣, 其橫逆由是也, 君子必自反也, 我必不忠. 自反而忠矣, 其橫逆由是也, 君子曰, 此亦妄人也已矣. 如此則與禽獸奚擇哉?"

618 『孟子』, 公孫丑章句下, "古之君子, 其過也, 如日月之食, 民皆見之. 及其更也, 民皆仰之."

619 『孟子』, 滕文公章句下, "士之仕也, 猶農夫之耕也."

더 큰 일은 없다."[620]라고 하여 군자가 벼슬하는 것을 당연시하되, 그 목적은 세상에 선(善)한 도를 전파하기 위해서라고 말한다.

『중용』에 따르면 군자는 '시중(時中)'을 지향한다.[621] '시중'은 단순한 중용이 아닌 사람이나 상황에 따라 올바른 것에 머문다는 의미이다. 예컨대 10이면 많고 2면 적다고 할 경우 사물에서는 6이 중간이고 이것은 산술적 비례에 따른 평균이다. 그러나 음식을 사람에게 나누어줄 경우 배고픈 정도에 따라 6이 어떤 사람에게는 너무 많고, 어떤 사람에게는 너무 적을 수가 있다. 이럴 경우 중간은 사물에서의 중간이 아닌 사람이나 상황에 따라 달라지는 상대적 중간이 되어야 한다. 이처럼 사람이나 상황에 맞게 적절히 행동하거나 처리하는 것이 '시중'이다. 맹자도 군자는 취하거나 주는 것, 죽거나 죽지 않을 수 있는 상황에서 시중을 지향해야 함을 말했다.

> 맹자가 말했다. "취할 수도 있고 취하지 않아도 되는 경우에 취한다면 청렴을 손상하는 것이고, 줄 수도 있고 주지 않아도 되는 경우에 주는 것은 베풀기를 손상하는 것이고, 죽을 수도 있고 죽지 않아도 되는 경우에 죽는 것은 용기를 손상하는 것이다."[622]

받아도 문제가 없지만 재산이 넉넉하여 받지 않아도 되는 경우에 받는다면 청렴하지 못한 것이다. 또한 상대방이 넉넉하여 많이 주지 않아도 되는 경우에 굳이 주는 사람의 체면을 고려하여 의례적으로 주는 것은 궁

---

620 『孟子』, 公孫丑章句上, "君子莫大乎與人爲善."

621 『中庸』, 一章, "君子中庸, 小人反中庸 君子之中庸也, 君子而時中, 小人之中庸也, 小人而無忌憚也."

622 『孟子』, 離婁章句下, "孟子曰, 可以取, 可以無取, 取傷廉. 可以與, 可以無與, 與傷惠. 可以死, 可以無死, 死傷勇."

한 사람에게 주어야 할 시혜의 기회를 손상하는 것이다. 죽지 않아도 되는 상황에서 굳이 작은 인연에 집착하여 죽음을 택하는 것은 정의를 수호하거나 선량을 백성을 위해 죽을 수 있는 참된 용기를 손상하는 것이다. 『논어』에 공자의 제자 공서적(公西赤)[623]이 제(齊)나라로 공자의 심부름을 가는 내용이 있다. 이때 공자와 제자 염구(冉求)[624]가 이런 대화를 했다.

> 자화(子華: 공서적의 字)가 제(齊)로 공자의 심부름을 갔다. 염자(冉子: 염구의 존칭)가 그 어머니에게 곡식을 주기를 청했다. 공자가 말했다. "여섯 말 녁 되를 드려라!"
>
> 염구가 더 줄 것을 청하자 공자가 말했다. "열여섯 말을 드려라!"
>
> 그러나 염자가 팔백 말을 주자 공자가 말했다. "공서적이 제(齊)로 갈 때 살찐 말을 따고 가벼운 옷을 입었다. 나는 듣기를, 군자는 궁한 사람에게 도움을 줘야지 부유한 사람에게 더 얹어주지 않는다고 했다."[625]

공자가 판단하기에 공서적은 집안이 넉넉해 보였다. 이것은 맹자가 말한 주지 않아도 되는 경우에 해당한다. 그러나 염구가 더 주기를 청하자 각박하게 거절할 수 없어 청할 때마다 조금 더 주라고 했는데 염구는 아예 넉넉하게 주었다. 이것은 주는 입장에서 베풀기를 손상한 것이고, 받는 입장에서는 청렴을 손상한 것이 되겠다.

이상적 인간상으로 맹자는 대인과 대장부도 이야기했다. 공자는 "군자

---

623 자(字)는 자화(子華)이다.

624 자(字)는 자유(子有)이다.

625 『論語』, 雍也第六, "子華使於齊, 冉子爲其母請粟. 子曰, 與之釜. 請益. 曰, 與之庾. 冉子與之粟五秉. 子曰, 赤之適齊也, 乘肥馬, 衣輕裘. 吾聞之也, 君子周急不繼富." 용량의 단위로서 부(釜)는 엿 말 녁 되, 곡(斛)은 열 말, 유(庾)는 열엿 말, 병(秉)은 열엿 곡(斛)으로 백예순 말이다.

가 두려워할 것이 세 가지가 있으니 천명을 두려워하고, 대인을 두려워하고 성인의 말씀을 두려워해야 한다."[626]라고 하여 군자보다 상위의 개념으로 대인을 말했으나 맹자에게 이러한 구분은 보이지 않는다.

맹자가 표현한 대인은 높은 직위를 가진 자를 지칭한다. 천자국의 계급 구조는 천자(天子)-공(公)-경(卿)-대부(大夫)-사(士)이고, 제후국의 계급 구조는 군주[君]-경(卿)-대부(大夫)-사(士)이다. 다음은 제(齊)의 왕자인 점(墊)과 맹자의 대화이다.

> 왕자인 점(墊)이 물었다. "사(士)는 무엇을 섬깁니까?"
>
> 맹자가 말했다. "지조를 높이 여깁니다."
>
> 점이 말했다. "어떤 지조를 높이 여깁니까?"
>
> 맹자가 말했다. "인의(仁義)입니다. 죄 없는 한 사람을 죽이는 것은 인(仁)이 아니며, 자기 소유가 아닌 데도 가지려 하는 것은 의(義)가 아닙니다. 머무를 때 '어디에 있을 것인가?'를 묻는 것이 바로 인(仁)이며, 길을 갈 때 '어느 길을 갈 것인가?'를 묻는 것이 바로 의(義)입니다. 인(仁)에 머물고 의(義)로 말미암으면 대인의 일이 갖춰진 것입니다."[627]

'사(士)'는 크게 두 가지 의미로 쓰인다. 하나는 대부 밑의 벼슬인 하급 관리이며, 다른 하나는 벼슬은 없으나 도의를 행하고 학문을 닦는 사람을 뜻하는 것이다. 여기서는 전자의 의미로 쓰였다. 사(士)는 정치를 하는 공경대부(公卿大夫)와 생산, 유통에 종사하는 농·공·상인의 중간에 위치한

---

626 『論語』, 季氏第十六, "君子有三畏. 畏天命, 畏大人, 畏聖人之言."

627 『孟子』, 盡心章句上, "王子墊問曰, 士何事? 孟子曰, 尙志. 曰, 何謂尙志? 曰, 仁義而已矣. 殺一無罪, 非仁也. 非其有而取之, 非義也. 居惡在? 仁是也. 路惡在? 義是也. 居仁由義, 大人之事備矣."

하급관리이기 때문에 하는 일이 애매하여 왕자인 점(墊)이 물은 것이다. 그러자 맹자는 인의와 같은 지조를 숭상할 따름이라고 말했다. 그리 보면 대인의 일과 외형은 다르나 지향하는 가치는 같다는 말이 된다. 여기서 대인은 높은 직위를 가진 공경대부를 지칭한다. 다음의 대인도 높은 직위를 가진 자를 말한다.

> 맹자가 말했다. "대인에게 유세할 경우 그를 가벼이 보고 높은 면을 보아서는 안 된다."[628]

대인에게 유세할 경우 부귀로만 본다면 그 위세에 눌려 위축되기가 십상이다. 그러나 맹자는 대인에게 유세할 경우 그 직위를 의식하지 말 것을 주문한다. 여기서의 대인도 높은 직위를 가진 자를 지칭한다. 맹자가 대인을 굳이 가벼이 보려는 이유는 이러했다.

> "집의 높이가 수십 척(尺)에 이르고 서까래 끝까지 수척(數尺)이나 되는 것을 나는 뜻을 얻는다 해도 취하지 않으며, 밥상에 사방 십 척의 음식과 시첩(侍妾: 시중드는 첩) 수백 인(人)을 나는 뜻을 얻어도 취하지 않으며, 흥청거리며 술을 마시고 말을 몰고 사냥을 하고 뒤따르는 수레가 천승(千乘: 천 대의 마차)이나 되는 것을 나는 뜻을 얻어도 취하지 않으리라. 저들에게 있는 것은 모두 내가 하지 않을 것이고, 나에게 있는 것은 모두 옛날의 법제이다. 내가 어찌 저들을 두려워하겠는가?"[629]

---

628 『孟子』, 盡心章句下, "孟子曰, 說大人則藐之, 勿視其巍巍然."

629 『孟子』, 盡心章句下, "堂高數仞, 榱題數尺, 我得志弗爲也. 食前方丈, 侍妾數百人, 我得志弗爲也. 般樂飮酒, 驅騁田獵, 後車千乘, 我得志弗爲也. 在彼者, 皆我所不爲也. 在我者, 皆古之制也, 吾何畏彼哉?" 여기서 '인(仞)'은 8척(尺), '장(丈)'은 10척(尺)을 말한다.

맹자는 당시 대인(大人)으로 통칭되는 부귀한 자들에게 있는 집이나 음식·시첩·유흥·사냥·마차 등은 자신이 추구하는 대상이 아니라고 말한다. 맹자 자신이 소중히 생각하는 것은 옛날 선왕의 법제라는 말이다. 선왕의 법제는 인정(仁政)이며 통치자의 도덕성, 백성을 귀하게 여기는 민본사상, 백성의 부담을 경감하는 정전제, 인재등용과 같은 여러 제도가 해당한다. 맹자는 자신이 소중히 여기는 옛날 선왕의 법제를 자신은 인지하여 널리 구현하려 애쓰는데, 당시 대인들은 이것이 없기에 두려움의 대상이 아니라고 했다. 호연지기가 있는 맹자의 위풍당당한 모습이다.

대인은 소인과 대비되어 광의로 쓰이기도 한다. 맹자 제자인 공도자(公都子)가 대인과 소인의 구분을 묻자, 그는 "대체를 따르면 대인이 되고 소체를 따르면 소인이 된다."[630]라고 대답했다. 여기서 대체란 사려하는 마음을 말하며, 소체란 육체의 욕망을 말한다. 즉 대인은 육체의 욕망에 초연하여 본래 마음의 작용에 따르는 사람을 말한다. 무엇보다도 대인은 말과 행동을 할 때 의(義)를 준거로 한다.

> "대인(大人)은 말에 믿음이 있음을 기필하지 않으며, 행동에 있어서는 결과를 기필하지 않는다. 오직 의(義)가 있는 것을 따른다. 대인은 그 적자지심(赤子之心)을 잃지 않는 자이다."[631]

대인은 말로써 큰소리치거나 행동에 결과 자체를 중요하게 여기지 않는다. 대인이 중요하게 여기는 것은 의(義)를 따르는 말과 행동이다. 이러한 마음을 적자지심(赤子之心)이라 표현할 수 있다. 적자(赤子)는 갓난아이

---

630 『孟子』, 告子章句上, "從其大體爲大人, 從其小體爲小."

631 『孟子』, 離婁章句下, "大人者, 言不必信, 行不必果, 惟義所在. 大人者, 不失其赤子之心者也."

를 지칭한다. 인간의 본성이 선하다는 입장에서 적자지심(赤子之心)은 순수하고 가식이 없는 마음을 뜻한다. 역시 앞의 대체를 따른다는 말과 큰 차이는 없다. 또 "인(仁)에 머물고 의(義)로 말미암으면 대인의 일을 갖추게 된다."[632]와 "대인은 예(禮)가 아닌 예(禮)와 의(義)가 아닌 의(義)를 하지 않는다."[633]라고 하여 인을 비롯한 덕성을 갖춘 교양인을 대인으로 보았다.

또 대인은 성인(聖人)은 대신하여 쓰이기도 한다. 맹자는 세상에 영향을 줄 수 있는 사람의 인품을 대략 네 가지로 분류했다.

> 맹자가 말했다. "군주만을 섬기는 자가 있는데 그 군주만을 섬긴다면 영합하여 기쁜 모양을 하는 자이다. 사직을 편안히 하려는 신하가 있는데 사직을 편안히 함으로써 기쁨을 삼는 자이다. 천민(天民)이 있는데 벼슬을 하여 도(道)가 천하에 행해질 수 있으면 실행하는 자이다. 대인이 있으니 자신의 몸을 바르게 하면 사물이 바르게 되는 자이다."[634]

군주만을 생각하고 군자의 뜻에 영합하는 자는 비루하고 첩부(妾婦)의 처신에 머무는 자이다. 사직을 편안히 하려는 신하는 일국의 대신으로서의 처신이다. 천민(天民)은 천명이나 천리를 행하려는 사람을 뜻하며 이들은 벼슬을 하여 일국을 벗어나 천하에 도(道)가 행해지기를 바라는 사람이다. 대인은 억지로 하지 않아도 세상 사람이 그의 몸가짐을 본받아 자연스럽게 교화되는 자를 말한다. 천민이 유의적인 처신을 한다면 대인은 무의

---

632 『孟子』, 盡心章句上, "居仁由義, 大人之事備矣."

633 『孟子』, 離婁章句下, "非禮之禮, 非義之義, 大人弗爲."

634 『孟子』, 盡心章句上, "孟子曰, 有事君人者, 事是君則爲容悅者也. 有安社稷臣者, 以安社稷爲悅者也. 有天民者, 達可行於天下而後行之者也. 有大人者, 正己而物正者也."

적 처신을 한다는 점에서 차이가 있다. 여기서 대인은 성인(聖人)을 대신하여 쓰인 표현이다. 이렇듯 맹자가 사용하는 대인은 공경대부와 같은 직위를 가진 자이거나 소인과 비교되는 넓은 범주의 이상적 인간을 지칭하는 말이거나 성인을 대신하기도 한다.

대장부에 관하여는 군자, 대인처럼 자주 언급이 없고 다음의 구절에서 제시되었다. 어느 날 경춘(景春)이라는 자가 공손연(公孫衍)과 장의(張儀)를 대장부라고 칭송하자 맹자는 그들을 대장부라고 칭송하는 것은 적절치 않다고 반박한다.

> 맹자가 말했다. "이들이 어찌 대장부이겠는가? 그대는 예를 배우지 않았는가? 장부(丈夫)가 관례(冠禮: 남자 20세에 행하는 성인식)를 할 때 부친이 가르침을 주고, 여자가 출가할 때에는 모친이 가르침을 준다. 딸이 떠날 때 문 앞에서 보내며 이렇게 당부한다. '너의 집으로 가거든 반드시 공경하고 조심하여 남편의 뜻을 어기지 말아야 한다.' 바로 순종하는 것을 바른 것으로 여기는 것은 첩부(妾婦: 첩인 부인)의 도리이다."[635]

공손연과 장의는 둘 다 위(魏)나라 출신으로 당시 책략가(策略家)들이다. 나라와 나라 사이를 반목하게 하여 서로 공격하게 하는 자들이었고, 경춘은 그러한 자들을 매우 유능한 사람들로 보았다. 그렇지만 맹자에게는 구차하게 아첨을 하여 권세에 오른 자들에 불과했다. 맹자는 당시 시집가는 딸에게 어머니가 당부하는 말을 예로 들면서 남편의 뜻을 어기지 않는 것을 당시에는 부녀자의 도리로 여긴 것처럼, 그들이 군주에게 행하는 것은

---

[635] 『孟子』, 滕文公章句下, "孟子曰, 是焉得爲大丈夫乎? 子未學禮乎? 丈夫之冠也, 父命之, 女子之嫁也, 母命之, 往送之門, 戒之曰, 往之女家, 必敬必戒, 無違夫子! 以順爲正者, 妾婦之道也."

아예 첩부의 순종하는 행위일 뿐이라고 말하고 있다. 맹자는 대장부의 정의를 이렇게 내린다.

> "천하의 넓은 집에서 살며, 천하의 바른 자리에 서고, 천하의 대도(大道)를 행하며, 뜻을 이루면 백성과 함께하고, 뜻을 이루지 못하면 홀로 그 도를 행한다. 부귀도 마음을 방탕하게 하지 못하며, 빈천도 그 마음을 바꾸지 못하고, 권위와 무력에도 굽히지 않는 자를 대장부라고 일컫는다."[636]

대도(大道)는 의로움[義]을 말한다. 이로 보면 대장부는 하늘 아래를 자신의 집으로 여기기 때문에 부귀·재물·권위·무력 등에 굽히지 않고 그 마음이 호탕하며 대도를 걷는 사람이 된다. 특히 빈천(貧賤: 가난하고 천함)은 사람의 마음을 위축시켜 그 절개를 변하게 하기 십상인데 대장부는 그 절개를 빈천한 상황에서도 바꾸지 않는다는 말이다. 이상으로 군자, 대인, 대장부를 논의했다. 성인은 다음 단원에서 별도로 논의될 것이다.

일반 사람이 군자, 대인, 대장부들의 행동 준거를 늘 염두에 두고 행하기는 어렵다. 여기서 맹자는 단순 명료한 말로 자신의 생각을 전했다.

> 맹자가 말했다. "사람들에게는 하지 말아야 할 것이 있은 후에야 할 수 있는 것이 있다."[637]

우리가 인생을 살면서 여러 일과 행동을 벌일 때 생업·시간·사랑·우정

---

636 『孟子』, 滕文公章句下, "居天下之廣居, 立天下之正位, 行天下之大道. 得志與民由之, 不得志獨行其道. 富貴不能淫, 貧賤不能移, 威武不能屈. 此之謂大丈夫."

637 『孟子』, 離婁章句下, "孟子曰, 人有不爲也, 而後可以有爲."

등을 명분으로 인간의 도리를 넘어서는 행위를 포장하는 경우가 있을 수 있다. 그렇다고 모든 사안마다 해야 하는지 그 여부를 고민하는 것은 시간적으로도, 일의 효율 측면에서도 바람직하지 않다. 이러한 경우를 생각하여 맹자는 평소 우리가 최소한 지켜야 할 행동 준거가 필요함을 말한다. 예컨대 불인(不仁)·불의(不義)한 행동이나 본인 스스로 해서는 안 되는 행위의 유형이나 준칙을 세운 후 생활한다면 보다 적극적이고, 유연하고, 효율적이면서 바람직한 삶이 가능하다는 말이다.

　군자, 대인, 대장부는 각각 복합적 의미가 있지만 이상적 인간이란 관점으로 보면 공통적으로 인간의 기본적 덕성을 실천하는 자들이다. 그런데 세상에는 이익에 능한 자, 덕성보다는 가식적인 명예를 추구하는 사람들이 있다. 이익에 능한 사람과 덕 있는 자의 모습은 이렇게 구분된다.

　　　맹자가 말했다. "이익에 두루 능한 자는 흉년이 그를 죽이지 못하고, 덕에 두루 능한 자는 간사한 세상이 그를 어지럽히지 못한다."[638]

　이익에 두루 밝은 사람은 흉년이 되어도 살아남고, 덕을 두루 실천하는 사람은 세상에 도덕이 없어지고 사악한 무리가 많아도 마음이 흔들리지 않는다. 덕성보다는 가식적인 명예를 좋아하는 사람의 모습은 이러하다.

　　　맹자가 말했다. "명예를 좋아하는 사람은 천승(千乘)의 나라를 양보할 수 있으나 진실로 그런 사람이 아니면 한 소쿠리의 밥과 한 말의 국에 (속마음이) 안색에 드러나게 된다."[639]

---

638 『孟子』, 盡心章句下, "孟子曰, 周于利者, 凶年不能殺. 周于德者, 邪世不能亂."
639 『孟子』, 盡心章句下, "孟子曰, 好名之人, 能讓千乘之國. 苟非其人, 簞食豆羹見於色."

명예를 좋아하는 사람은 자신의 감정을 속이고 명예를 추구한다. 이런 사람은 크게 드러나는 것을 원하기 때문에 제후국의 규모인 천승(千乘)의 나라를 양보할 수 있다. 그런데 이것은 그 사람이 부귀를 가벼이 여긴 것도 아니고 배포가 본래 커서도 아니다. 명예욕 때문에 그리한 것이다. 그렇기 때문에 자칫하면 의식적으로 감정 조절할 수 없는 작은 일에서 그 사람의 감정이 얼굴에 드러나곤 한다.

또 자신의 일천한 재주를 뽐내고 드러내고 싶어 하는 자들도 있다. 그런 자들은 이런 화도 당할 수 있다.

> 분성괄(盆成括)이 제(齊)나라에서 벼슬을 하자 맹자가 말했다. "죽겠구나, 분성괄이여!"
>
> 분성괄이 죽자 문인(門人)이 말했다. "선생님께서는 그가 장차 죽으리라는 것을 어떻게 아셨습니까?"
>
> 맹자가 말했다. "그 사람됨이 조금 재주는 있으나 군자의 대도를 들은 바 없으니 족히 그 몸을 죽일 따름이니라."[640]

분성괄(盆成括)은 분성(盆成)이 성(姓)이고, 괄(括)이 이름이다. 분성괄은 평소 자신의 재능을 믿고 요망하게 행동했다. 그런 분성괄이 벼슬길에 나섰다. 맹자는 분성괄이 장차 화를 당할 것이라 예측하였는데 그 예측이 맞았다. 다만 분성괄이 화를 맞게 된 자세한 내막은 전하지 않는다. 이처럼 작은 재주를 믿고 설치다 보면 몸에 큰 화가 이르게 될 수 있다.

---

640 『孟子』, 盡心章句下, "盆成括仕於齊. 孟子曰, 死矣盆成括! 盆成括見殺. 門人問曰, 夫子何以知其將見殺? 曰, 其爲人也小有才, 未聞君子之大道也, 則足以殺其軀而已矣."

성인은 인륜의 지극함이다

맹자 이전의 공자는 이상적 인간상 중에서 성인을 최고의 등급으로 삼았다. 즉 앞에서 나왔듯이 공자는 "군자가 두려워할 것이 세 가지가 있으니 천명을 두려워하고, 대인을 두려워하고 성인의 말씀을 두려워해야 한다."[641]라고 했고, "성인은 내 볼 수 없을지언정 군자라도 볼 수 있으면 좋겠다."[642]라고 했다.

공자는 분명 성인을 인간이 도달할 수 있는 최고의 등급으로 보고 있으나 성인의 범주에 들어갈 인물을 명시적으로 특정하지는 않았다. 공자는 자신 이전 성인의 범주에 들어가는 인물로 요순만 맥락 관계에서 지목했다. 그 외의 인물에 대해서는 매우 삼가는 자세를 보이고 있다.

> 자공이 공자에게 물었다. "널리 백성에게 베풀어서[博施於民] 민중을 구제할 수 있다면 인(仁)이라 일컬을 수 있습니까?"
>
> 공자께서 말씀하셨다. "어찌 인(仁)이라고만 할 수 있으리오. 반드시 성인의 일인 것을! 요순도 그리하지 못함을 병으로 여겼느니라."[643]

'널리 백성에게 베푸는 것[博施於民]'이 '인을 어기지 않거나[不違仁]' 혹은 '인을 구하는[求仁]' 단계가 아닌 성인의 영역이고, 요순도 그리하기가 어려웠다는 말이다. 여기서 공자는 요와 순을 성인으로 적시하지는 않았

---

641 『論語』, 季氏第十六, "君子有三畏. 畏天命, 畏大人, 畏聖人之言."

642 『論語』, 述而第七, "聖人, 吾不得而見之矣. 得見君子者, 斯可矣."

643 『論語』, 雍也第六, "子貢曰, 如有博施於民而能濟衆, 何如? 可謂仁乎? 子曰, 何事於仁, 必也聖乎! 堯舜其猶病諸."

으나 맥락상 요와 순을 성인으로 지목하고 있다. 성인의 모습은 어떠한가? 공자에 따르면 인간은 재능에 따라 네 개의 등급으로 나누어진다.

> "태어나면서 아는 자[生而知之者]는 위에 있는 것이고, 배워서 아는 자[學而知之者]는 그다음이며, 막혔다가 배우는 자는 또 그다음이며, 막혔는데도 배우지 않는 자를 백성들은 저 아래라고 한다."[644]

이 중 맨 위의 상급은 '태어나면서 아는 자[生而知之者]'이다. 일반적으로 성인은 이 부류에 해당하지만, 공자는 스스로를 '태어나면서 아는 자'가 아니라고 했다. 즉 자신을 낮추어 성인의 반열에서 제외했다. 그러나 후대의 학자들은 공자를 성인으로 칭송하였고, 송나라 진종은 지성문선왕(至聖文宣王)이란 시호를 추존했으므로 공자는 공식적으로도 성인의 반열에 올랐다. 공자의 제자들은 자신의 스승인 공자를 성인의 반열 중 으뜸으로 삼고 있다. 공자의 제자 중 유약(有若)은 말했다.

> "어찌 단지 민중이기만 할 뿐인가? 기린은 달리는 금수, 봉황은 나는 새, 태산은 작은 언덕, 하해(下海)는 길바닥 물로 각각 그 부류이듯이, 성인(聖人)도 민중과 역시 같은 부류이다. 그러나 그 부류에서 나왔고 그 무리에서 우뚝 섰어도 민중이 생긴 이래로 공자보다 성대한 사람은 있지 아니하다."[645]

유약은 공자가 단지 민중이기만 한 것이 아니라 민중이 생긴 이래 지금

---

644 『論語』, 季氏第十六, "生而知之者, 上也. 學而知之者, 次也. 困而學之, 又其次也. 困而不學, 民斯為下矣."

645 『孟子』, 公孫丑章句上, "豈惟民哉? 麒麟之於走獸, 鳳凰之於飛鳥, 太山之於邱垤, 河海之於行潦, 類也. 聖人之於民, 亦類也. 出於其類, 拔乎其萃, 自生民以來, 未有盛於孔子也."

까지 가장 성대한 사람이라고 보고 있다. 유약뿐만 아니라 자공도 공자를 백세(百世) 후의 왕들과 비교해도 아무도 공자를 넘볼 수 없다고 말한다. 이처럼 공자의 제자들은 공자를 성인의 반열 중 최고로 삼았다.

맹자도 인간이 도달할 수 있는 최고의 등급으로 성인을 보고 있다. 맹자가 본 성인은 어떠한 모습일까? 맹자는 말한다.

> "그림쇠와 곱자는 모난 것과 둥근 것의 지극함이다. 성인은 인륜의 지극함이다."[646]

그림쇠는 지름이나 선의 거리를 재는 도구이고, 곱자는 'ㄱ'자 모양의 직각자를 말한다. 그림쇠는 선은 물론이고 둥근 것을 재는 도구이기 때문에 둥근 것의 처음과 끝을 아주 정밀하게 잴 수 있으며, 곱자는 모난 것을 아주 정밀하게 잴 수 있다. 그래야 그림쇠와 곱자라고 할 수 있다. 마찬가지로 성인은 인륜을 지극히 실천하는 사람을 지칭한다. 즉 맹자는 인륜의 최고 경지에 오른 사람을 성인으로 보고 있다.

맹자는 공자가 제한적으로 언급한 성인의 영역을 완화한다. 『맹자』에 나오는 성인은 요(堯)·순(舜)·우(禹)·탕(湯)·문왕(文王)·무왕(武王)·주공(周公) 등이다. 요(堯)·순(舜)·우(禹)·탕(湯)·문왕(文王)·무왕(武王)은 중국의 왕들이고, 주공은 조카인 성왕(成王)을 대신해 섭정하고 국가의 기틀을 다진 인물이다. 그러므로 이들은 왕이거나 왕을 대신하여 섭정한 통치자들이다. 맹자는 이들 외에 백이(伯夷), 이윤(伊尹), 류하혜(柳下惠), 공자(孔子)를 성인으로 지칭한다. 맹자는 이 중 순(舜)과 우(禹)를 이렇게 묘사한다.

---

646 『孟子』, 離婁章句上, "規矩, 方員之至也, 聖人, 人倫之至也."

"우(禹)는 선한 말을 들으면 절을 했다. 위대한 순(舜)은 위대한 것들이 있으시
니, 선한 일을 다른 사람들과 같이하신 것으로 하고, 자신의 욕심을 버리고 다
른 사람의 뜻을 따랐으며 다른 사람에게서 (선한 것을) 즐겁게 취하여 (자신
도) 선하게 하려 했다. 밭 갈고 곡식을 심고, 도자기 굽고, 고기잡이하다가 황
제의 자리에 올랐으니 다른 사람에게서 취하지 않은 것이 없다. 여러 사람에
게서 취하여 선을 행하는 것이 바로 다른 사람들과 더불어 선을 행하는 것이
니, 군자가 다른 사람들과 더불어 선을 행하는 것보다 위대한 것은 없다."[647]

맹자는 우를 간략히 묘사했지만 우는 평소 사람됨이 영민하고 부지런
했다. 어진 덕이 있어서 사람들과 친밀하게 지냈고 그 말에는 믿음이 있었
다. 죄지은 사람을 보면 자신이 덕이 부족하여 백성이 죄를 짓게 된 것이
라고 여겨 자신을 꾸짖었다. 더구나 그는 사람들에게 선한 말을 들으면 절
을 했다.

순이 역산(歷山)에서 농사할 때 역산의 사람들이 모두 그에게 밭두둑을
양보했고, 뇌택(雷澤)에서 고기잡이할 때는 뇌택의 사람들이 그물 내리는
곳을 양보했다. 하빈(河濱)에서 도자기 굽는 일을 할 때는 도자기에 흠이
없었다. 순의 인품과 성실한 생업활동으로 순이 거주하는 지역에는 점차
사람들이 모여들어 1년이 지나 취락을 이루더니, 2년이 지나 읍을 이루고,
3년이 지나 도성을 이루었다. 맹자는 순의 이러한 활동들이 다른 사람의
선한 점을 취하여 선을 행하고, 이것이 사람과 더불어 선을 행하는 위대한
점이라고 평가한다.

맹자는 성인으로서의 요와 순, 탕왕, 무왕을 오패(五霸)와 비교하여 이렇

---

647 『孟子』, 公孫丑章句上, "禹聞善言則拜. 大舜有大焉, 善與人同, 捨己從人, 樂取於人以爲善. 自耕稼陶漁以
至爲帝, 無非取於人者. 取諸人以爲善, 是與人爲善者也. 故君子莫大乎與人爲善."

게 특징 삼았다.

> 맹자가 말했다. "요순(堯舜)은 본성으로 한 것이며 탕무(湯武)는 몸으로 한 것이며, 오패는 가장(假裝)했다. 오랫동안 가장하여 돌아가지 않으니 어찌 그 실로 있지 않음을 알리오?"[648]

요순은 본래 타고난 성품이 인자하여 큰 수양이나 학습이 없이 인정(仁政)을 행했고, 탕무는 몸소 노력하여 인정을 실천했다. 요순과 탕무는 타고난 바와 노력이 서로 다르나 인정을 행한 공적은 동일하다. 그러나 오패는 인(仁)을 가장하여 힘에 의한 정치를 했다. 그 시간이 오랜 기간 걸쳐 있으므로 사람들이 그 진위를 잘 알지 못한다. 이어서 맹자는 백이를 이렇게 묘사한다.

> 맹자가 말했다. "백이는 그 군주가 아니면 섬기지 않았고, 그 친구가 아니면 친구로 여기지 않았으며, 악인의 조정에는 서지 않아서 악인과 더불어 말하지 않았다. 악인의 조정에서 악인과 말할 경우에는 조회할 때 쓰는 옷과 관(冠: 모자)을 쓰고 도탄(塗炭: 진흙과 숯불)에 앉아있듯이 하여 추악함을 싫어하는 마음을 내비쳤다. 생각하건대 마을 사람과 같이 있을 때 그 관(冠)이 바르지 않으면 뒤돌아보지 않고 떠나면서 마치 때 묻을 것처럼 할 것이다. 이런 까닭에 제후가 좋은 취지로 보내는 임명장이 와도 받지 않을 것이니, 받지 않는 것은 나아감을 달갑게 여기지 않기 때문이다."[649]

---

648 『孟子』, 盡心章句上, "孟子曰, 堯舜, 性之也. 湯武, 身之也. 五霸, 假之也. 久假而不歸, 惡知其非有也."

649 『孟子』, 公孫丑章句上, "孟子曰, 伯夷, 非其君, 不事, 非其友, 不友. 不立於惡仁之朝, 不與惡人言, 立於惡人之朝, 與惡人言, 如以朝衣朝冠坐於塗炭. 推惡惡之心, 思與鄕人立, 其冠不正, 望望然去之, 若將浼焉. 是故諸侯雖有善其辭命而至者, 不受也. 不受也者, 是亦不屑就已."

앞에서 설명했듯이 백이는 서쪽 변방의 작은 영지인 고죽군(孤竹君)의 장자였으며 그 동생은 숙제(叔齊)이다. 상(商)나라의 속국인 고죽국(孤竹國)의 영주인 아버지가 죽자 형제가 서로 아버지의 후계자 자리를 양보했다. 후에 주나라의 무왕이 되는 희발(姬發)이 주나라를 건국하고 상나라를 멸망시키자 백이와 숙제는 상나라에 대한 충성심을 버릴 수 없다 하여 수양산에 가서 고사리를 캐어 먹다 굶어 죽었다. 그런데 여기서 맹자는 백이가 출사(出仕: 벼슬에 나아감)할 경우의 신념과 처신을 묘사했다. 이것은 『사기』를 비롯한 다른 고전에서는 찾기 어려운 내용이다. 맹자는 기원전 3~4세기경에 살았고 『사기』가 기원전 1세기 전후에 편찬되었음을 감안하면, 맹자 당시에는 전해지던 백이에 관한 고사들이 사마천이 『사기』를 편찬한 시대에 멸실되었을 가능성이 크다. 여하튼 백이는 추악한 사람이 범접할 수 있는 인물은 아닌 듯하다. 다음은 이윤에 대한 묘사이다.

"이윤이 말하길, '누구를 섬기든 군주가 아니며, 누구를 부려도 백성이 아니겠는가?'라고 하여 나라가 다스려져도 나아가고 나라가 혼란스러워도 역시 나아갔다. 이윤은 말하길, '하늘이 이 백성을 낳으실 때는 선지자(先知者)로 하여금 뒤늦게 아는 사람을 깨닫게 하고 선각자(先覺者)로 하여금 뒤에 깨닫는 사람을 깨닫게 하시노니, 나는 하늘이 낳은 백성의 선각자로서 장차 이 도(道)로 이 백성을 깨우치리라.'라 했다. 생각하건대, 천하의 백성·남녀가 요순의 은택을 입지 않으면 마치 자기가 밀어서 물구덩이에 밀어 넣은 것처럼 여기니, 천하의 중대한 임무를 자임한 것이다."[650]

---

650 『孟子』, 萬章章句下, "伊尹曰, 何事非君? 何使非民? 治亦進, 亂亦進. 曰, 天之生斯民也, 使先知覺後知, 使先覺覺後覺. 予天民之先覺者也. 予將以此道覺此民也. 思天下之民匹夫匹婦有不與被堯舜之澤者, 若己推而內之溝中, 其自任以天下之重也."

이윤은 달리 보형(保衡)으로도 불린다. 그는 낮은 신분으로서 벼슬을 멀리하고 숨어 사는 사람[隱者]이었는데, 상(商)나라의 탕이 그의 능력을 알아보고 다섯 번이나 사람을 보내 간절히 초빙하여 국정을 맡겼다고 『사기』에 전한다. 이윤은 탕을 보좌하다가 어느 날 갑자기 하나라의 걸왕에게 가서 요리를 담당하는 신하가 된다. 이윤이 갑자기 탕을 떠나서 걸왕의 신하가 된 자세한 내막은 전해지지 않는다. 다만 『여씨춘추』[651]와 『역사』[652]의 기록을 종합하면 이윤이 걸왕에게 간 것은 탕과 사전에 치밀히 계획된 일이고, 여러 정보를 수집하여 탕에게 전달하는 임무를 맡은 것으로 추측된다. 결국 이윤은 걸왕의 실정(失政)이 정점에 이르렀을 때 걸왕을 떠나 탕을 보필하게 되고 상(商)이 하(夏)나라를 멸하는 데 큰 공을 세운다.[653] 맹자는 이윤이 군주를 바꿔가며 진정 백성을 위해 분투하는 모습을 말하고 있다. 다음은 류하혜에 대한 묘사이다.

> "류하혜는 타락한 군주를 부끄럽게 여기지 않았고 낮은 관직을 비천하다고 하지 않았으며, 관직에 나아가 그 정도(正道)로써 현명함을 숨기지 않았고, 뒤처지거나 누락이 되어도 원망하지 않으며, 액운으로 곤궁할 때도 고민하지 않았다. 그러므로 '너는 너고 나는 나니, 내 옆에서 어깨를 드러내고 몸통을 벌거 벗었어도 능히 나를 더럽힐 수 있는가?'라고 했다. 그러므로 태연스럽게 사람과 같이 있어도 스스로를 잃지 않았으니 잡아끌어서 그를 멈추게 하면 멈추었다. 잡아끌어서 그를 멈추게 하면 멈춘 것은 떠나는 것을 달갑게 여기지 않은

---

651 『呂氏春秋』는 중국 진(秦)나라의 재상 여불위(呂不韋, 기원전 ?~기원전 235)가 선진(先秦)시대의 여러 학설과 사실(史實)·설화를 모아 편찬한 책이다. 일종의 백과전서라 할 수 있다.

652 『繹史』는 중국 청나라 때 마숙(馬驌)이 지은 역사책이다. 총 160권으로 구성되어있으며 태고로부터 진(秦)나라 말기까지의 고서를 섭렵하여 뽑아낸 사료를 유형별로 모아 논단(論斷)을 붙였다.

653 유문상, 『공자뎐, 논어는 이것이다』, 57~59쪽, 살림터, 2021.

것이다."[654]

　류하혜는 노나라 희공(僖公) 때의 인물로 노나라 대부인 전획(展獲)이
다.[655] 당시 악인으로 소문난 아우 도척과 친형제 사이였는데 류하혜는 덕
행이 있고 예의를 중시했다. 정직하고 성실하여 형옥을 맡은 사사(士師)가
되었다가 세 번 파직을 당했어도 원망하지 않았다. 향인들과 어울릴 때 자
신을 더럽힐 염려가 있으면 차마 자리를 뜨지 못하면서 내적으로 자신의
생각과 몸가짐을 단속했다. 또 그는 추위에 떠는 여인을 품에 안고서 새벽
까지 보호해주고 예의에 벗어나는 행동을 하지 않았다고 한다. 여기서 타
락한 군주는 특정 군주를 지칭한 것인지 불명확하다. 당시 류하혜가 사사
(士師)라는 관리가 되어 세 번이나 내침을 당했을 때 사람들이 왜 이런 나
라를 떠나지 않는가를 물었다. 그러자 그는 "도를 곧게 하여 사람을 섬기
면 어디를 간들 내침을 당하지 않을 것이며, 도를 굽혀 사람을 섬긴다면
어찌 굳이 부모의 나라를 떠나겠는가?"[656]라고 말했다. 류하혜는 관대함과
유연한 처세가 특징이었다. 맹자는 백이와 류하혜에 대하여 다음과 같은
긍정적 평가를 한다.

　맹자가 말했다. "성인은 백세(百世)의 스승이다. 백이와 류하혜가 이들이다. 그
러므로 백이의 기풍(氣風: 기상과 풍도)을 들은 욕심 많은 자는 청렴해지고 나약

---

654 『孟子』, 公孫丑章句上, "柳下惠不羞汙君, 不卑小官, 進不隱賢, 必以其道, 遺佚而不怨, 阨窮而不憫. 故曰,
爾爲爾, 我爲我, 雖袒裼裸裎於我側, 爾焉能浼我哉? 故由由然與之偕而不自失焉, 援而止之而止. 援而止之
而止者, 是亦不屑去已."

655 류하(柳下)에서 거주하고 시호가 혜(惠)이며, 자(字)는 자금(子禽)이다. 성명인 전획(田獲) 대신 류하
혜(柳下惠), 전금(展禽)으로도 불린다.

656 『論語』, 微子第十八, "直道而事人 焉往而不三黜 枉道而事人 何必去父母之邦."

한 자는 지조를 세우며, 류하혜의 기풍을 들은 야박한 자는 두터워지며 고집이 센 자는 너그러워진다."[657]

성인은 시대를 넘나드는 백세의 스승이다. 백세의 스승으로서 백이는 대쪽 같은 지조와 청렴으로 사람들을 교화하며, 류하혜는 관대함과 유연함으로 사람들을 교화한다. 그렇지만 맹자는 이들에 대한 부정적 평가도 내린다.

맹자가 말했다. "백이는 막혔고 류하혜는 공근(恭謹: 공손하고 삼감)하지 못하다. 막히고 공근하지 못한 것은 군자가 말미암지 않는다."[658]

백이와 류하혜의 공통적인 부정적 측면으로 치우친 점이 있다는 말이다. 이것은 맹자가 백이와 류하혜를 성인의 범주에 넣고 있으나 인품과 역량 모든 면에서 본 것은 아님을 의미한다. 그럼 공자는 어떠한가?

"공자가 제나라를 떠날 때 쌀을 일다가 떠나시고, 노나라를 떠날 때 말씀하시길, '더디구나, 나의 행보여!'라고 하셨으니 부모의 나라를 떠나는 도리인 것이다. 빠르게 할 수 있으면 빠르게 하고, 오래 할 수 있다면 오래 하고, 머무를 수 있다면 머무르고, 벼슬할 수 있으면 벼슬하는 것이 공자이시다."[659]

657 『孟子』, 盡心章句下, "孟子曰, 聖人, 百世之師也, 伯夷柳下惠是也. 故聞伯夷之風者, 頑夫廉, 懦夫有立志. 聞柳下惠之風者, 薄夫敦, 鄙夫寬."

658 『孟子』, 公孫丑章句上, "孟子曰, 伯夷隘, 柳下惠不恭. 隘與不恭, 君子不由也."

659 『孟子』, 萬章章句下, "孔子之去齊, 接淅而行, 去魯, 曰, 遲遲吾行也, 去父母國之道也. 可以速則速, 可以久則久, 可以處則處, 可以仕則仕, 孔子也."

공자 나이 35세 때 노나라 군주 소공(昭公)은 정권을 장악하고 있던 삼환(三桓)을 축출하고자 군대를 동원했다가 도리어 삼환에게 쫓겨 제(齊)나라로 도망갔다. 공자도 그 뒤를 따라 제나라에 갔다. 그 후 노나라에 새 군주로 소공의 동생인 정공(定公)이 즉위하자 공자는 노나라로 귀국한다. 이때 공자 나이 43세였다. 공자는 모국인 노나라로 급히 가고자 하는 마음에 쌀을 일다가 길을 나섰다. 노나라로 돌아온 공자는 정공에 의해 51세에 중도(中都) 고을의 수령이 되었다. 이윽고 사공(司空)이 되었다가 이어서 대사구(大司寇)가 되었다. 정공 14년, 공자 나이 56세에 재상의 일을 섭행(攝行: 겸직했다는 뜻)하게 되었다. 그러자 인근 제나라가 공자의 등장으로 노나라가 점차 부강해지는 것을 우려하여 여악사(女樂師)들을 노나라로 보내는 이른바 미인계를 쓰게 된다. 더구나 천지(天地)의 신께 드리는 제사[郊]가 있었는데 정공은 제사고기를 대부들에게 돌리지 않는 결례를 범했다. 그러자 결국 공자는 노나라를 떠나게 된다. '더디구나, 나의 행보여!'는 차마 그 발걸음이 떼어지지 않는 것을 말하고 있다. 맹자는 백이, 이윤, 류하혜가 성인으로서 부각될 수 있는 긍정적인 모습을 공자와 단순 명쾌하게 비교하여 말한다.

> "백이는 성인의 맑은 모습이고, 이윤은 성인의 떠안는 모습이다. 류하혜는 성인의 화합하는 모습이고, 공자는 성인이 때에 적절히 처신하는 모습이다."[660]

맹자는 백이의 절개, 이윤의 통 큰 정치, 류하혜의 정직과 성실 등 여러 면면을 다 갖춘 것이 공자라고 보았으며, 그런 공자의 모습을 때에 맞추어

---

660 『孟子』, 萬章章句下, "伯夷, 聖之淸者也. 伊尹, 聖之任者也. 柳下惠, 聖之和者也. 孔子, 聖之時者也."

적절히 처신하는 것으로 묘사했다. 아울러 맹자는 공자의 이런 모습을 집대성(集大成)이라 일컬었다.

> "공자를 집대성이라고 일컫는다. 집대성이란 쇠[金]로 소리를 퍼뜨리고 옥(玉)으로 거둔다는 의미이다. 쇠로 소리를 퍼뜨린다는 것은 조리(條理: 맥락 혹은 질서 있는 모습)를 시작하는 것이며, 옥으로 거둔다는 것은 조리를 마치는 것이다. 조리를 시작하는 것은 지혜로운 자의 일이며, 조리를 마치는 것은 성인의 일이다."[661]

옛날 음악에는 각종 재료로 만든 팔음이 있었다. 팔음은 금(金)·석(石)·사(絲)·죽(竹)·포(匏)·토(土)·혁(革)·목(木)으로 구성되는데 음악을 시작할 때 처음을 쇠로 울리고 끝날 때 옥으로 거둔다. 여기서 백이·이윤·류하혜와 공자의 차이가 드러난다. 맹자는 위 네 사람이 모두 성인이지만, 특히 공자는 성인의 모습에다 지혜까지 갖춘 인물임을 말하고 있다. 맹자는 이런 모습을 집대성(集大成)이라고 표현했다. 이것은 공자를 가장 완성된 성인이라고 칭송한 것이다. 쉽게 말하면 성인이라고 다 같은 성인이 아니라는 말이다. 지혜로움과 성스러움의 차이를 맹자는 활쏘기에 비유하여 재미있게 말하고 있다.

> "지혜는 비유하면 곧 기교이고, 성스러움은 비유하면 곧 힘이다. 백 보 바깥에서 활을 쏠 때 그 도달함은 너의 힘이지만 명중하는 것은 너의 힘이 아니

---

661 『孟子』, 萬章章句下, "孔子之謂集大成. 集大成也者, 金聲而玉振之也. 金聲也者, 始條理也. 玉振之也者, 終條理也. 始條理者, 智之事也. 終條理者, 聖之事也."

다."[662]

지혜는 사안에 대한 판단의 정확성이고 성스러움은 지극하게 혼신을 다하는 것을 의미한다. 활 쏘는 것에 비유하면 백이·이윤·류하혜 모두 성 인이어서 화살이 과녁까지는 도달할 수 있지만, 기교에 속하는 지혜의 정 도에 따라 모두 다 과녁에 명중하는 것은 아니라는 말이다. 공자는 이처럼 지혜와 성스러움을 다 함께 갖춘 인물이라고 맹자는 평가한다. 서울 성균 관에 공자를 모신 사당을 대성전(大成殿)이라고 하는데, 대성전이란 명칭 은 바로 맹자가 공자를 평가한 집대성이란 말에서 유래되었다.

성균관 대성전

맹자는 이상적 인간상으로 성인을 말하고 있는데 성인의 경지는 우리

---

662 『孟子』, 萬章章句下, "智, 譬則巧也. 聖, 譬則力也. 由射於百步之外也, 其至, 爾力也. 其中, 非爾力也."

의 노력 여하에 따라 충분히 도달할 수 있다고 생각한다. 맹자는 "성인은 나와 같은 부류의 사람이다."[663]와 "요순도 일반 사람과 같다."[664]라 하여 성인은 우리와 별개의 사람이 아니며 모두가 노력하면 성인의 경지에 오를 수 있음을 말하고 있다. 그렇다면 성인의 경지에 오를 수 있는 방법은 무엇인가?

> "연장자 뒤를 따라 천천히 가는 것을 공경이라고 일컬으며, 연장자 앞을 빠르게 지나가는 것을 공경스럽지 못하다고 일컫는다. 무릇 천천히 가는 것은 어찌 사람이 할 수 없겠는가? 하지 않는 것이다. 요순의 도는 효제(孝弟: 효도와 공경)일 뿐이다."[665]

앞서 말한 바와 같이 맹자는 성인을 인륜이 지극한 경지에 오른 사람으로 본다. 여기서는 효제를 일례로 들었는데 이것은 예시일 뿐이다. 성인의 경지에 오르는 것은 다른 데에 있지 않다. 우리 주위에서 제대로 효제와 같은 인륜을 제대로 실천하면 누구나 성인의 경지에 오를 수 있다. 성인은 다름 아닌 오륜과 같은 인륜을 지극히 실천한 사람이다. 맹자는 성인이 될 수 있는 방법을 우리 주위에서 찾아 간결하고 구체적으로 제시하고 있다.

성인의 경지에 오른 사람의 행동적 특성은 무엇일까? 앞에서 성인으로서의 공자는 때에 적절히 처신하는 것이 특징이라고 했다. 이 말을 좀 더 부연하여 살펴보자.

---

663 『孟子』, 告子章句上, "聖人與我同類者."

664 『孟子』, 離婁章句下, "堯舜與人同耳."

665 『孟子』, 告子章句下, "徐行後長者謂之弟, 疾行先長者謂之不弟. 夫徐行者, 豈人所不能哉? 所不爲也. 堯舜之道, 孝弟而已矣."

맹자가 말했다. "형색(形色)은 타고난 성품이니 오직 성인이 된 연후에야 천형(踐形)할 수 있다."[666]

'형색(形色)'은 형체(形體)와 색(色)을 말한다. 동서남북의 인종은 서로 형체와 피부색이 다르다. 이것은 타고난 성품이다. '천형(踐形)'은 형체, 즉 사지(四肢)와 이목구비(耳目口鼻) 등의 움직임을 올바르게 한다는 뜻이다. 이를테면 사지는 나와 주변의 사물을 상생할 수 있도록 사용해야지 남을 해치는 수단이 되어서는 안 된다. 귀[耳]는 복된 말에 기울이고 사악한 말을 멀리하며, 입[口]은 어진 말을 하고 남의 배고픔도 헤아릴 줄 알며, 코[鼻]는 향기를 찾아야지 남의 악취를 맡으려 하지 않는 것 등을 말한다. 동서남북의 성인은 타고난 형색은 다르지만 모두 시대와 상황에 맞게 천형을 행한 분들이 아니겠는가?

2절 나를 말하기를 좋아한다고 하지 마라!

묵자의 추종자, 이지(夷之)와의 논변

묵적(墨翟: 기원전 475?~기원전 396?)은 공자 이후부터 맹자 이전에 활동한 사상가이다. 양주(楊朱)가 철저히 개인주의적 사상을 피력했던 것과는 대조적으로 자신과 다른 사람과의 무차별적 사랑을 강조한 겸애설(兼愛說)을

---

666 『孟子』, 盡心章句上, "孟子曰, 形色, 天性也. 惟聖人, 然後可以踐形."

주장했다. 묵자(墨子: 묵적의 존칭)는 인간충돌의 근본원인을 '서로 사랑하지 않음[不相愛]'에서 구하고 있고, 또 서로 사랑하지 않음은 '분별(分別)'의 사유에서 비롯된다고 보고 있다. '분별'의 윤리는 유가(儒家)의 기본 윤리체계이다. 따라서 묵자는 유가의 근본적 윤리체계인 '분별'의 윤리관을 사회에서 야기되는 해악의 원인으로 규정하여 너와 나의 구별이 없는 '겸상애(兼相愛)'의 윤리관을 주장한다. 이런 묵자의 입장에서는 나의 부모와 남의 부모에 대한 사랑이 차별이 있어서는 안 된다. 맹자는 묵자를 이렇게 묘사한다.

> "묵자는 겸애를 주장한다. '정수리부터 갈아서 발꿈치에 이르러도[摩頂放踵]' 천하를 이롭게 한다면 그리했다."[667]

묵자는 '마정방종(摩頂放踵)', 즉 정수리부터 갈아서 발꿈치에 이르러도 천하를 위해서라면 기꺼이 자신을 희생하겠다고 하였다.

어느 날 묵자의 무리인 이지(夷之)라는 자가 맹자의 제자인 서벽(徐辟)을 통해 맹자를 뵙기를 원했다. 맹자가 병중이라는 핑계를 대고는 만나주지 않자 후일에 맹자를 다시 만나보기를 원했다. 얼마 후 그는 다시 맹자 뵙기를 청했다.

> 후일에 또 맹자를 보려 했다. 맹자가 말했다. "내가 지금 만나볼 수 있으나 사실대로 말하지 않으면 도(道)가 드러나지 않으니 바로 말하겠다. 나는 이자(夷子: 이지의 존칭)가 묵자의 추종자라고 들었다. 묵자는 상(喪)을 간소하게 치르는

---

667 『孟子』, 盡心章句上, "墨子兼愛, 摩頂放踵利天下, 爲之."

것을 도(道)로 삼고 있다. 이자(夷子)는 이것으로써 천하를 바꾼다고 생각하고 있는데, 어찌 옳지 않다고 하여 귀하지 않겠는가? 그런데 이자(夷子)는 그 부모를 장례 치를 때 후하게 했다. 이것은 그가 천하게 여기는 것으로 부모를 섬긴 것이다."[668]

맹자는 이지(夷之)를 만나기 전에 일단 자신이 품고 있던 것을 질문하여 이지(夷之)의 해명을 듣고자 했다. 그것은 묵가(墨家: 묵자의 무리)들이 박상(薄喪: 상례를 간소화 함)을 주장하는데 이지(夷之) 본인은 부모의 장례를 후하게 치른 것을 말한다. 역시 서벽을 통해 이에 대한 이지(夷之)의 입장을 물었다. 서벽이 이지(夷之)에게 맹자의 말을 전했다.

> 서자(徐子: 서벽의 존칭)가 이자(夷子)에게 고하자 이자(夷子)가 말했다. "유학자(儒學者)들의 주장입니다만 옛날 사람이 어린아이를 보호하는 것처럼 한다고 했는데 이 말은 무슨 의미인가요? 저는 사랑에는 차등이 없다고 생각합니다. 부모로부터 시작하여 남에게 베푸는 것이지요."[669]

'옛날 사람이 어린아이를 보호하는 것처럼 한다'는 말은 다음의 『서경』〈주서(周書)〉의 '강고(康誥)' 편에 나오는 말이다.

> "왕이 말했다. '오호라 숙봉이여! 정령을 순차적으로 반포하면 시간이 가면서

---

668 『孟子』, 滕文公章句上, "他日, 又求見孟子. 孟子曰, 吾今則可以見矣. 不直則道不見, 我且直之. 吾聞夷子墨者, 墨之治喪也, 以薄爲其道也, 夷子思以易天下, 豈以爲是而不貴也. 然而夷子葬其親厚, 則是以所賤事親也."

669 『孟子』, 滕文公章句上, "徐子以告夷子. 夷子曰, 儒者之道, 古之人若保赤子, 此言何謂也? 之則以爲愛無差等, 施由親始."

크게 밝아져 백성들이 복종하게 되리라. 오직 백성에게 내리는 법령은 화목을 도모하게 해야 한다. 만약 질투하는 백성이 있으면 그 미움을 버리게 하고, 마치 어린아이를 보호하는 것처럼 하면 백성은 편안하게 다스려질 것이다.'"[670]

'강고(康誥)'는 주(周)의 무왕이 동생 숙봉에게 계시하는 형태로 구성되었다. 여기서 '어린아이를 보호하는 것처럼'의 의미는 백성들이 무지(無知)하여 죄나 질투심을 갖는 것은 마치 어린아이가 무지하여 우물에 들어가는 것과 같으므로 백성을 어린아이 보호하듯 감싸 안아야 한다는 말이다. 그런데 이지(夷之)는 이 말을 단장취의(斷章取義)[671]하여 남의 어린아이를 나 혹은 형제의 어린아이처럼 차별 없이 보호한다는 뜻으로 끌어왔다. 좀 무식한 느낌이 배어 나오는 표현이다. 서자(徐子)가 맹자에게 그대로 전했다. 그러자 맹자가 말했다.

> "무릇 이자(夷子)는 진실로 사람들이 형의 자식을 친밀하게 여기는 것처럼 똑같이 그 이웃의 어린아이를 친밀하게 여기는가? 그리고 그것(어린아이를 보호하는 것처럼 한다는 말)에서는 이런 것을 취해야 한다. 즉 '어린아이가 기어서 우물로 들어가려 하는 것은 어린아이의 죄가 아니다.'라는 의미이다. 또 하늘이 사물을 생겨나게 할 때는 하나의 근본을 갖게 했거늘 이자(夷子)는 두 개의 근본이 있는 것이로다."[672]

---

670 『書經』, 周書, 康誥, "王曰嗚呼! 封, 有敍時乃大明服, 惟民其勅懋和. 若有疾, 惟民其畢棄咎. 若保赤子 惟民其康乂."

671 문장의 전체적인 뜻을 고려하지 않고 필요한 부분만을 잘라 의미로 삼는 일

672 『孟子』, 滕文公章句上, "孟子曰, 夫夷子信以爲人之親其兄之子爲若親其隣之赤子乎? 彼有取爾也. 赤子匍匐將入井, 非赤子之罪也. 且天之生物也, 使之一本, 而夷子二本故也."

맹자는 잘못 인용한 말을 일단 받아들여 진정 형의 자식과 이웃의 어린아이를 차별 없이 똑같이 대할 수 있는가를 물었다. 그리고 잘못 인용된 표현을 따끔하게 교정해주었다. 즉 어린아이가 기어서 우물로 들어가려 하는 것은 아무것도 모르는 어린아이의 죄가 아니기 때문에 어린아이를 보호해야 한다는 의미로 인용했어야 한다고 지적했다.

검소한 상례를 주장하면서 자신의 부모는 후장(厚葬)한 것은 부모와 남을 이미 차별한 것이다. 그러나 이지(夷之)는 이것을 변명하기 위해 부모로부터 시작하여 남에게 그렇게 베풀기 위함이라고 궤변을 늘어놓았다. 이것은 평소 박장(薄葬)을 주장하는 것과 상반된 주장이 되었다. 사람이 태어나면서 부모에 근본을 두고 있고, 그 부모를 사랑하는 마음을 미루어서 남의 부모도 사랑할 수 있으나 부모와 남의 부모 사이에는 차등이 있다. 그런데 이지(夷之)는 부모로부터 시작하여 남에게 미치는 것도 인정하고, 또 평소 자신의 부모와 남의 부모도 차별 없이 대한다는 겸상애(兼相愛)도 주장하므로 근본이 두 군데서 나온 별종이 되는 셈이다. 맹자는 이지(夷之)의 이중적 처신을 더는 거론하지 않고 묵가들의 겸애사상에 관한 논박을 한다.

"옛날에는 일찍이 부모의 장례를 치르지 않은 적이 있어서, 부모가 죽으면 들것에 실어 산골짜기에 갖다 버렸다. 얼마 후 자식이 그곳을 지나가다가 여우와 살쾡이가 뜯어 먹고 파리와 파리매가 갉아먹고 있는 것을 보았다. 그러자 자식의 얼굴에 식은땀이 흘렀다. 곁눈질만 하고는 차마 바로 보지 못했다. 식은땀이 흐르는 것은 남을 의식해서가 아니라 마음 한가운데서 얼굴로 나타났기 때문이다. 되돌아와서는 삼태기와 가래를 갖고 가서 유해를 덮었다. 매장한다는 것이 진실로 이것이다. 효자와 어진 사람이 그 부모를 매장한 것은 반드시 도(道: 절차와 방법)가 있게 된다."[673]

맹자는 묵자의 겸애사상을 두 가지 측면에서 논박하고 있다. 하나는 묵가들이 내 부모와 다른 부모에 대한 사랑이 차등이 없다는 주장에 대한 반론이다. 사람들은 부모의 유해가 버려져서 산짐승 등에 의하여 훼손되고 있는 것을 목격하고는 차마 바로 보지 못하고 식은땀을 흘리게 된다. 물론 인간은 타인에게도 불인인지심(不忍人之心: 잔인하지 못하는 마음)이 있지만, 그 애통함과 박절함이 부모와는 차이가 있다. 그리하여 삼태기와 가래를 갖고 가서 땅에 묻게 되는데, 이것은 다름 아닌 사람의 마음에서 우러나오는 부모에 대한 당연한 효심 때문이라는 것이다. 그리고 다른 하나는 버려진 부모의 시신을 매장하다 보니 장례라는 풍속이 생겼고, 이처럼 부모를 장례 치를 경우에는 나름대로 절차를 따지고 정성을 다하게 되는데 이것을 후장(厚葬: 후한 장례)이라고 비판할 수 있겠느냐는 것이다. 맹자의 말을 서벽이 시계불알처럼 왔다 갔다 하듯이 다시 이지(夷之)에게 달려가 전했다.

> 서자(徐子)가 이자(夷子)에게 고하자, 이자가 멍하게 있다가 좀 시간이 지난 뒤 말했다. "나에게 가르침을 주었소이다."[674]

이지(夷之)가 결국 맹자의 논변을 받아들였다. 이지(夷之)가 맹자의 말

---

673 『孟子』, 滕文公章句上, "蓋上世嘗有不葬其親者. 其親死則舉而委之於壑. 他日過之, 狐狸食之, 蠅蚋姑嘬之. 其顙有泚, 睨而不視. 夫泚也, 非爲人泚, 中心達於面目. 蓋歸反虆梩而掩之. 掩之誠是也, 則孝子仁人之掩其親, 亦必有道矣."

674 『孟子』, 滕文公章句上, "徐子以告夷子. 夷子憮然爲閒曰, 命之矣."

을 수용한 것은 박장(薄葬)을 주장하는 묵학도이면서 자신의 부모를 후장(厚葬)한 이중성에서 비롯된 논리의 취약성 때문일 수도 있고, 아니면 진정 묵적의 박장(薄葬)이나 겸상애(兼相愛) 사상에 대한 회의에서 비롯된 것일 수도 있다. 이렇게 맹자와 이지(夷之)는 서벽을 통해 설전을 주고받았다.

털 하나 뽑지 않는 양자

묵적이 자신과 다른 사람과의 무차별적 사랑을 강조한 겸애설(兼愛說)을 주장한 것과 대조적으로 양주(楊朱)는 철저히 개인주의적 사상을 피력했다. 양주는 자(字)가 자거(子居)이며 위(魏)나라 사람이다. 생존연대는 정확하지 않으나 양주의 학설에 대한 비판이 『맹자』에 등장하는 것으로 보아 맹자보다 앞서서 생존한 것은 확실하다. 양자(楊子: 양주의 존칭)의 학설은 『맹자』이외에 『여씨춘추(呂氏春秋)』, 『한비자(韓非子)』, 『회남자(淮南子)』에서도 소개되었다. 그 전적들에서 소개된 내용을 종합하면, 양자는 하나의 생명은 가장 귀중한 것이라고 하여 자신만을 위하여야 한다는 '위아설(爲我說)'과 자신을 귀중히 여기는 '귀기설(貴己說)'을 제창했다. 또 양자는 바깥 사물을 가볍게 여기고, 자신의 생명을 소중하게 여긴다는 의미인 '경물중생(輕物重生)'을 주장하기도 했다. 맹자는 양자를 이렇게 묘사했다.

> 맹자가 말했다. "양자는 나를 위해서 취하고자 하는데, 털 하나를 뽑아 온 천하가 이롭게 된다 하더라도 그렇게 하지 않는다."[675]

---

675 『孟子』, 盡心章句上, "孟子曰, 楊子取爲我, 拔一毛而利天下不爲."

양자와 같은 인물들은 천하에 관여하지 않고 소극적인 태도로 자신의 생을 살았던 인물이다. 이러한 양자의 원류들은 공자 시대에도 있었다. 주유천하 중에 공자 일행은 진(陳)나라에서 채(蔡)나라로 갔다가 섭(葉)나라로 갔다. 섭 땅에서 머물던 공자 일행은 얼마 후 다시 채나라로 돌아갔는데, 도중에 나루터를 찾게 되었다. 이때 장저(長沮)와 걸익(桀溺)이란 자들이 함께 밭을 갈고 있었다. 공자가 그곳을 지나가다가 자로를 시켜 그들에게 나루터가 어딘지를 묻도록 했다. 그러나 장저와 걸익은 끝내 나루터를 가르쳐주지 않았다. 얼마 후에 자로가 일행과 떨어지게 되었다. 이때 자로는 지팡이에 대 광주리를 꿰고 가는 노인에게 공자의 행방을 물었다. 그러나 그도 역시 가르쳐주지 않았다. 공자 시대에 그러한 사람들을 은자(隱者)라고 표현하였는데, 이들로부터 양자의 사상이 계승, 발전된 것으로 보인다. 양자의 경물중생은 전적인 쾌락을 추구하는 것이 아니라 절제된 욕망을 추구하는 것이다. 그 이유는 욕망 자체를 나쁘게 본 것이 아니라 욕망의 절제가 생을 더 오래 향수할 수 있게 하기 때문이다.

양자의 경물중생은 노자와 장자 사상에서도 공통적으로 나타난다. 노자는 "천하를 몸처럼 귀중하게 하면 가히 천하를 맡길 수 있다."[676]라고 하였고, "명예와 몸 중 무엇이 더 가까운가? 몸과 재화 중 무엇이 더 중요한가? 얻는 것과 잃는 것 중 무엇이 더 병이 되는가? 그러므로 심한 애착은 큰 비용을 지불하며, 많이 쌓아두는 것은 반드시 두텁게 망한다."[677]라 했다. 또 장자는 "그 유능한 것 때문에 그 생을 괴롭게 한다. 그러므로 천수를 누리지 못하고 중도에서 요절한다. 스스로 세상 사람들에게 공격당한다. 사물이 이와 같지 않음이 없다. 장차 나는 쓸모없기를 추구한 지 이미 오래

---

676 『道德經』, 13章, "貴以身爲天下若可寄天下."
677 『道德經』, 44章, "名與身孰親, 身與貨孰多, 得與亡孰病, 是故甚愛必大費, 多藏必厚亡."

다."[678]라고 했는데, 모두 경물중생을 표현한 말이다.

그렇지만 양자와 노자·장자의 경물중생은 서로 다르다. 양자의 경물중생은 순전히 자신의 생명을 위한 주장이다. 노자의 경물중생은 자신의 욕망을 절제하여 인간과 인간 혹은 인간과 자연이 서로 조화롭게 사는 처세의 도리를 말한 것이다. 장자의 경물중생은 나의 욕망을 초월하여 나와 다른 사물의 존재를 똑같이 소중하게 생각하는 사상이다.

맹자는 묵자와 양자의 학설에 빠진 자들이 유학으로 회귀할 가능성이 있으며 또 그럴 경우 그들을 관대히 받아줄 아량도 필요하다고 보았다.

> 맹자가 말했다. "묵자에게서 도망가면 반드시 양자에게 돌아가고, 양자에게서 도망가면 반드시 유학으로 돌아온다. 돌아온다면 이를 받아줄 뿐이다. 지금 양묵과 논변하는 자들은 마치 달아난 돼지를 쫓는 듯이 한다. 이미 그 우리에 들어왔는데도 또 쫓아서 다리를 옭아매려 하는구나."[679]

당시 묵자나 양자의 주장을 따르던 자 중 유학으로 회귀하는 자가 있었던 것 같다. 그런데 당시 유학자들이 이들을 관대하게 수용하지 않고 어느 사안의 논변 중 툭하면 이들의 과거 이력을 문제 삼거나 연관하여 추궁하는 경우가 있었던 듯하다. 맹자는 양묵에 대해 통렬히 비판하는 입장이지만 그들이 유학으로 돌아올 경우 굳이 과거 이력을 문제 삼지 말고 관대히 수용할 것을 말하고 있다.

---

678 『莊子』, 人間世, "此以其能苦其生者也, 故不終其天年而中道夭, 自掊擊於世俗者也. 物莫不若是. 且予求無所可用久矣."

679 『孟子』, 盡心章句下, "孟子曰, 逃墨必歸於楊, 逃楊必歸於儒, 歸, 斯受之而已矣. 今之與楊墨辯者, 如追放豚, 旣入其苙, 又從而招之."

세 명의 성인을 이어받으려 한 것뿐이다

맹자가 이지(夷之)와의 설전을 통해 이지에게 큰 깨우침을 준 것은 확실하다. 맹자는 제후국들을 찾아다니며 요순으로부터 시작되는 왕도정치의 시행을 논설하였고, 허행의 여민병경설의 편협성을 일거에 초토화시켰으며, 고자(告子)와는 사람에게 불인인지심(不忍人之心)이 있다는 것을 가상의 상황을 설정하여 이끌어내기도 했다. 이렇듯 맹자는 논변으로 상대방의 장점을 치켜세워 발분(發憤)시키기도 하고 상대방의 잘못되거나 미진한 부분을 배척하거나 자각하도록 했다. 그러자 맹자가 호변(好辯: 말솜씨로 남을 이기기를 좋아함)이라는 소문이 나돌았고 이 소문이 제자들의 귀까지 들어왔다. 그리 썩 좋은 소문이 아니라서 제자 공도자가 맹자에게 연유를 물었다.

> 공도자가 말했다. "바깥사람들이 모두 선생님께서 '말솜씨로 남을 이기기를 좋아한다[好辯]'고 일컫는다 합니다."
> 맹자가 말했다. "내가 어찌 말솜씨로 남을 이기기를 좋아하겠는가? 나는 부득이(不得已)했을 뿐이다. 천하의 민생이 오랫동안 한 번 다스려지고[一治] 한 번 혼란스러워지는 것[一亂]을 반복했느니라."[680]

맹자는 자신이 호변(好辯)이라는 소문에 당혹스러워하며 부득이했을 뿐이라고 했다. 그러면서 천하 민생의 기운이 역사상 다스려지고 혼란스러워짐을 반복한다는 이치를 말했다. 이것은 자신이 그런 역사의 부침 속에

---

[680] 『孟子』, 滕文公章句下, "公都子曰, 外人皆稱夫子好辯, 敢問何也? 孟子曰, 予豈好辯哉? 予不得已也. 天下之生久矣, 一治一亂."

서 하나의 역할을 맡는 것뿐이라는 말이다. 맹자는 한 번 다스려지고, 한 번 혼란스러워지는 역사를 쭉 나열하기 시작한다.

"요(堯)의 시대에는 물이 역행(逆行)하여 온 나라에 범람하니 뱀과 용은 터 잡고 머물렀으나 백성이 정착할 데가 없었다. 낮은 곳에 사는 사람은 나무에 둥지를 만들고, 높은 곳에 사는 사람은 거처할 굴을 만들었다. 『서경』에는 '홍수가 나를 두렵게 한다.'라고 쓰여있다."[681]

맹자는 중국 왕조의 시작을 요임금으로부터 본다. 요의 시대에는 중국 전체의 땅이 정비되지 않아 물길이 막히어 물이 역행하거나 범람하기 일쑤였고 나무나 동굴에서 생활하는 지난한 삶을 살았다. 인용된 『서경』의 내용은 『서경』〈우서(虞書)〉 '대우모(大禹謨)' 편에 나온다. 이것은 맹자가 '한 번 혼란스러워진 것[一亂]'의 예를 말한 것이다. 맹자는 이어서 순(舜)의 시대를 말한다.

"우(禹)로 하여금 홍수를 다스리게 하자 우가 땅을 파서 물을 바다로 대고, 뱀과 용을 늪으로 몰아내자 물이 땅의 가운데로 흘렀으니 양자강·회수·황하·한수가 이것이다. 험하고 막힌 것이 없어지고 조수(鳥獸)가 인간을 해치는 것이 해소된 연후에 사람들이 편평한 땅에서 거주했다."[682]

---

681 『孟子』, 滕文公章句下, "當堯之時, 水逆行, 氾濫於中國, 蛇龍居之, 民無所定, 下者爲巢, 上者爲營窟. 書曰, 洚水警余."

682 『孟子』, 滕文公章句下, "使禹治之. 禹掘地而注之海, 驅蛇龍而放之菹, 水由地中行, 江淮河漢是也. 險阻旣遠, 鳥獸之害人者消, 然後人得平土而居之."

요순시대는 홍수가 가장 큰 골칫거리였다. 요는 우(禹)의 아버지 곤(鯀)을 치수 책임자로 임명했으나 곤은 치수에 실패한다. 결국 요의 뒤를 이은 순이 우를 물과 흙을 다스리는 직책인 사공(司空)에 임명했다. 우는 8년 동안 치수와 토목사업에 헌신하여 마침내 홍수를 막아내고 산천에 길을 뚫었다. 이것은 '한 번 다스려진 것[一治]'의 예를 말한 것이다. 이후 천하는 다시 혼란의 시대에 접어들었다.

> "요순이 이미 돌아가시자 성인의 도가 쇠퇴하여 폭군이 차례로 일어나서 가옥을 파괴하여 연못을 만들고 백성은 안식할 곳이 없었으며, 밭을 버리고 동산을 만들어서 백성은 입고 먹을 수 없었으며 … 주(紂)의 몸에 이르러 천하가 또 크게 혼란스러웠다."[683]

여기서 폭군은 하(夏)의 태강(太康)과 공갑(孔甲), 이계(履癸), 상(商)의 무을(武乙) 등을 말한다. 태강은 계(啓)의 아들인 하(夏)의 3대 왕으로 업무 보기를 싫어했고 놀기를 좋아했으며 덕이 없었다. 특히 사냥을 좋아해서 낙수의 바깥으로 나가 사냥을 하다가 10일이 지나도 돌아오지 않았다. 결국 활을 잘 쏘는 궁(窮)의 제후인 예(羿)가 반란을 일으켜 돌아오지 못했고 동생인 중강(仲康)이 왕위를 이었다. 공갑은 하의 14대 왕으로 귀신 부르기를 좋아했고 음란했다. 하(夏)의 국운이 쇠퇴하면서 제후들이 반란을 많이 일으켰다. 이계(履癸)는 하(夏)의 마지막 왕 17대 걸(桀)을 말한다. 걸에 대하여는 몇 번 서술했다. 무을은 상(商)의 27대 왕으로서 무도했다. 인형을 만들어 천신(天神)이라 하고는 사람이 잡고 움직이게 하여 주사위 던지

---

683 『孟子』, 滕文公章句下, "堯舜旣沒, 聖人之道衰, 暴君代作, 壞宮室以爲汙池, 民無所安息, 棄田以爲園囿, 使民不得衣食. … 及紂之身, 天下又大亂."

기 놀이를 했다. 인형이 이기지 못하면 냅다 욕을 했다. 가죽 주머니를 만들어 피를 가득 담아 걸어놓고는 화살로 명중시키면 "하늘을 쏘아 잡았다[射天]."라고 했다. 전국시대 송(宋)의 왕언(王偃)도 이런 행위를 했는데 바로 무을이 했던 행위를 그대로 본받은 것이었다. 결국 무을은 황하와 위수의 사이에서 사냥하다가 벼락을 맞아 죽었다. 이후 상(商)의 30대 왕 주(紂)에 이르러 천하는 큰 혼란에 빠진다. 주(紂)도 이미 서술하였으므로 여기서 더 이상의 설명은 생략한다. 역시 '한 번 혼란스러워진 것[一亂]'의 예를 말했다. 한 번 혼란스러워진 후에 혼란을 다스리는 자가 출현해야 천하가 안정된다. 맹자는 그가 주공이라고 본다.

> "주공이 무왕을 도와 주(紂)를 베고 엄(奄)나라를 정벌한 지 3년 만에 그 군주를 토벌하고 비렴(飛廉)을 바다 모퉁이까지 몰아서 죽이시니 나라를 멸망시킨 것이 50개였다. 또 범·표범·무소·코끼리 등을 쫓아버리자 천하가 크게 기뻐했다. 『서경』은 말한다. '크게 빛나는구나, 문왕의 도모함이여! 크게 이어받았구나, 무왕의 맹렬함이여! 우리의 후손들을 돕고 길을 열어주셨으면서도 모두 반듯하게 결점이 없게 하셨도다!'"[684]

엄(奄)은 동방의 나라로서 주(紂)를 도와 학정을 한 나라로만 알려져 있다. 비렴(飛廉)은 주(紂)의 총애 받던 신하로 전해진다. 하(夏)의 태강(太康)과 공갑(孔甲), 이계(履癸), 상(商)의 무을(武乙)과 주(紂)를 거치면서 천하가 혼란해지자 주공이 무왕을 도와 천하를 평정하면서 또 '한 번 다스려지는[一治]' 시기가 오고 천하의 백성들이 안식을 취할 수 있었다. 그러나 주공

---

684 『孟子』, 滕文公章句下, "周公相武王誅紂, 伐奄三年討其君, 驅飛廉於海隅而戮之, 滅國者五十, 驅虎豹犀象而遠之, 天下大悅. 書曰, 丕顯哉, 文王謨! 丕承者, 武王烈! 佑啓我後人, 咸以正無缺."

의 시대가 지나면서 천하는 다시 또 혼란스러워진다.

> "세상이 쇠퇴하고 도덕이 자취를 감추면서 사설(邪說: 간사한 말)과 포악한 행
> 동이 일어나 군주를 시해하는 신하가 있고, 부모를 시해하는 자식이 있었
> 다."[685]

주는 기원전 770년 13대 평왕 때 수도를 서쪽의 호경에서 동쪽의 낙읍
으로 옮긴다. 이를 계기로 수도가 서쪽의 호경에 있었을 때를 서주(西周),
수도가 동쪽의 낙읍에 있었을 때를 동주(東周)라고 부르기도 한다. 서주시
대에는 려왕(厲王)과 유왕(幽王)이 학정을 했다. 려왕과 유왕은 제3장 7절
에서 상술했다.

동주의 시대에는 신하가 제후들을 시해하는 사건들이 빈번하게 일어났
다. 노(魯)의 경우만 보더라도 주(周)가 동천한 기원전 770년부터 공자가
출생한 기원전 6세기까지, 즉 14대 은공(隱公)부터 26대 소공(昭公)까지 13
명의 군주가 있었다. 이 중 5명의 군주가 시해되고 1명은 축출되었다.[686]이
렇듯 맹자가 말한 포악한 행동이 일어나고 신하가 군주를 시해하는 자가
난무하던 시대였다. 또 '한 번 혼란스러워진 것[一亂]'이다. 이러한 난세에
출현한 자가 공자이다.

> "공자가 두려워하여 춘추를 지으시니, 춘추는 천자의 일이다. 그런 까닭에 공
> 자는 말했다. '나를 아는 자도 춘추일 것이며 나를 죄 있다고 하는 자도 오직

---

685 『孟子』, 滕文公章句下, "世衰道微, 邪說暴行有作, 臣弑其君者有之, 子弑其父者有之."
686 14대 은공(隱公), 15대 환공(桓公), 17대 반(斑), 18대 민공(閔公), 21대 자악(子惡)은 시해되었고, 26
　　대 소공(昭公)은 축출되었다.

춘추일 것이다."'687

　공자는 말년에 『춘추(春秋)』를 저술했다. 『춘추』는 천자의 나라 주나라가 수도를 호경에서 낙읍으로 옮긴 얼마 후 제후국인 노나라 은공(隱公)부터 공자가 죽기 직전인 애공(哀公)까지 12제후가 다스렸던 시기의 주요 사건들을 정리한 서적이다. 춘추는 모범을 두터이 하고 예를 권장하며 덕을 가르치고 죄지은 자를 토벌하는 내용으로서 그 대요가 대개 천자의 할 일이다. 춘추를 통하여 공자가 후세를 위해 과도한 인욕을 억제하고 천리를 보존하려는 심원한 사색을 했다는 것을 알 수 있다. 그러나 천자의 일을 일정한 지위도 없는 공자가 남면(南面: 남쪽을 향해 앉음)688하는 권세에 위탁하여 난신적자(亂臣賊子: 나라를 어지럽히는 신하와 어버이를 해치는 자식)들을 경계한 것은 사람에 따라 공자에게 죄를 물을 수 있을 것이다. 맹자는 춘추가 완성되면서 난신적자들이 두려움을 갖게 되었다고 평했다.

　　　"옛날에 우(禹)가 홍수를 막자 천하가 평온해지고, 주공이 이적(夷狄: 오랑캐)을 평정하고 맹수를 몰아내자 백성이 편안해졌으며, 공자가 춘추를 완성하자 난신적자가 두려워했다."689

　주공이 떠난 이후 민생이 혼란한 시기에 공자가 춘추시대 말기에 출현하여 춘추를 지어 난적을 토벌하고 통치의 모범을 만세에 드리운 것은 또

687　『孟子』, 滕文公章句下, "孔子懼, 作春秋. 春秋, 天子之事也, 是故孔子曰, 知我者其惟春秋乎! 罪我者其惟春秋乎!"

688　제왕과 신하가 대면할 때 제왕은 남쪽의 신하를 바라보는데 이를 남면(南面)이라 하고, 신하는 북쪽의 제왕을 바라보는데, 이를 북면(北面)이라 한다.

689　『孟子』, 滕文公章句下, "昔者禹抑洪水而天下平, 周公兼夷狄驅猛獸而百姓寧, 孔子成春秋而亂臣賊子懼."

'한 번 다스려진 것[一治]'이라 할 것이다. 공자 이후는 어떠한가? 여기서 양주, 묵적이 출현한다.

> "성왕(聖王)이 일어나지 않자 제후들은 방자해지고 처사들은 함부로 입을 놀린다. 양주, 묵적의 언설이 천하에 가득 찼다. 천하의 언설이 양주 아니면 묵적으로 돌아간다. 양 씨의 위아(爲我)는 군주가 없고, 묵 씨의 겸애는 부모가 없다. 부모가 없고 군주가 없는 것은 금수(禽獸)이다. 공명의는 말하길, '푸줏간에는 살찐 고기가 있고 마구간에 살찐 말이 있지만, 백성들은 굶주리고 들에는 굶어 죽은 시체가 있다면 이것은 짐승을 내몰아 사람을 잡아먹게 한 것이다.'라고 했다. 양묵(楊墨)의 도가 사그라지지 않고 공자의 도가 나타나지 않으니 이것은 사설(邪說)로 백성을 속여 인의(仁義)를 막은 것이다. 인의가 막히면 짐승을 몰아 사람을 잡아먹게 하고 사람들이 서로 장차 서로 잡아먹게 될 것이다."[690]

맹자는 묵적과 양주를 비판한다. 맹자 당시에는 양주와 묵적의 학설이 횡행했던 것으로 보인다. 맹자의 입장에서 양자는 지나친 개인주의이며 묵자는 지나친 차등 없는 사랑이다. 맹자는 서로 극과 극으로 가는 양자와 묵자를 싸잡아 비판한다. 유가는 사덕(四德)이 사회조직에 표현된 것이 인륜이라고 본다. 그런데 양주는 군주를 멀리하고 오직 자신만을 위하기 때문에 잘못된 것이고, 묵자는 인륜의 근본인 부모와 형제를 타인과 구별하지 않으므로 역시 부당하다고 본다. 그리하여 양자·묵자의 학설은 인륜을

---

690 『孟子』, 滕文公章句下, "聖王不作, 諸侯放恣, 處士橫議, 楊朱墨翟之言盈天下. 天下之言不歸楊則歸墨. 楊氏爲我, 是無君也. 墨氏兼愛, 是無父也. 無父無君, 是禽獸也. 公明儀曰, 庖有肥肉, 廄有肥馬, 民有飢色, 野有餓莩, 此率獸而食人也. 楊墨之道不息, 孔子之道不著, 是邪說誣民, 充塞仁義也. 仁義充塞則率獸食人, 人將相食."

폐기하여 사람을 금수와 다름없이 만든다고 했다. 이것은 또 '한 번 혼란스러워진 것[一亂]'이 되겠다. 방자한 제후들과 천하에 가득 찬 양묵의 언설을 걱정하여 등장한 자가 바로 맹자이다.

> "내가 이것을 두려워하여 선왕의 도를 보존하고 양묵(楊墨: 양자와 묵자)을 막고, 음란하고 사악한 사설을 하는 자를 추방하여 다시 일어나지 않게 하려 했다. 그 마음에 일어나면 그 하는 일을 해치게 되고, 그 하는 일에 일어나면 그 정치를 해치게 된다. 성인이 다시 오신다 해도 나의 말을 바꾸지 못하리라."[691]

맹자는 양묵의 언설과 음란하고 사악한 사설이 마음에 일어나면 하늘 일에 부정적 영향을 주며, 사람마다 하는 일에 판단의 준거로서 일어나면 나라를 움직이는 정치도 결국 그 부정적 영향을 받는다고 보았다. 그래서 호변(好辯: 말솜씨로 남을 이기기를 좋아함)이라는 말을 들으면서 치열하게 논쟁을 해왔다. 이로써 맹자에 이르러 양묵의 언설이 잦아들고 선왕의 도가 보존되고 군신과 부자의 도가 추락하지 않았으니 역시 또 '한 번 다스려진 것[一治]'에 이르렀다.

> "나 역시 인심을 바로잡고자 했다. 사악한 말을 종식시키고 편벽된 행위를 막고, 음란한 말을 추방하여 세 명의 성인을 이으려 했다. 어찌 호변(好辯)이라고 하는가? 나는 부득이했을 뿐이다."[692]

---

691 『孟子』, 滕文公章句下, "吾爲此懼, 閑先聖之道, 距楊墨, 放淫辭, 邪說者不得作. 作於其心, 害於其事, 作於其事, 害於其政. 聖人復起, 不易吾言矣."
692 『孟子』, 滕文公章句下, "我亦欲正人心, 息邪說, 距詖行, 放淫辭, 以承三聖者, 豈好辯哉? 予不得已也."

세 명의 성인은 우(禹), 주공(周公), 공자(孔子)를 말한다. 맹자는 민생이 혼란스러워질 때 각각 등장한 세 명의 성인을 이어받으려 했다. 당시 횡행한 양묵의 학설을 비롯하여 사악하고 음란한 말을 배척하고 왕도정치로 대변되는 선왕의 도(道)를 전파하기 위해 군주와 신하, 처사와 제자들과 치열한 논쟁을 벌였다. 이것을 세상 사람들은 호변(好辯)이라고 평을 했지만, 자신은 해야 했기 때문에 한 일이라고 말하고 있다.

선왕의 도(道)가 전파되어 천하에 도가 통용되는 세상이 되면 세상의 모습은 어떠할까? 공자는 "천하에 도(道)가 있으면 예악(禮樂)과 정벌(征伐)이 천자로부터 나오고, 천하에 도(道)가 없으면 예악과 정벌이 제후로부터 나온다."[693]라고 했다. 여기서 '도(道)'는 한마디로 국한할 수 없지만 실천규범을 총칭한다. 그중에 도덕이나 도리가 있다. 바로 천하에 도(道)가 있다는 말은 천하에 도덕과 도리가 통용되는 시대를 말하기도 한다. 그렇게 되면 천하의 질서가 바로 서서 천자로부터 예악과 정벌이 나오지만 천하에 도(道)가 없어지고 힘이 통용되는 시대가 되면 힘 있는 제후들이 천자의 행세를 하게 되고 권모술수가 난무하여 서로 치고받는 혼란한 세상이 된다. 맹자는 천하에 도가 통용되는 세상을 이렇게 본다.

맹자가 말했다. "천하에 도(道)가 있으면 도가 몸을 따르고, 천하에 도(道)가 없으면 몸이 도(道)를 따라 죽는다."[694]

---

693 『論語』, "季氏第十六, 天下有道則禮樂征伐自天子出, 天下無道則禮樂征伐自諸侯出. 自諸侯出, 蓋十世希不失矣, 自大夫出, 五世希不失矣, 陪臣執國命, 三世希不失矣. 天下有道則政不在大夫. 天下有道則庶人不議."

694 『論語』, 盡心章句上, "孟子曰, 天下有道, 以道殉身, 天下無道, 以身殉道."

도(道)가 통용되는 세상은 인간의 행동에 도덕이 내재되어서 서로 화합하고 공존하여 살 수 있지만, 도(道)가 통용되지 않는 세상은 도덕적 가치를 지키려다 희생당하는 경우가 많다. 도(道)가 통용되는 사회는 바로 공자와 맹자가 꿈꾸던 사회의 전형이었다.

오늘날 글로벌 세상에서 있어야 할 '도(道)'는 무엇일까? 도(道)의 의미가 사람이 마땅히 가야 할 길을 함의하는 것을 감안하면 유엔이 설정한 지속가능발전목표(SDGs)가 그 하나가 된다. 지속가능발전목표에서 핵심가치는 평화, 정의, 평등, 생태계 보호 등이다. 맹자의 논리에 따르면 어느 나라의 통치집단이 평화를 비롯한 지속가능목표보다 경쟁, 대결, 동맹 등을 부르짖으면 많은 사람들이 지속가능 목표를 위해 투쟁하다 희생될 것이며 사회는 거대하고 치열한 갈등에 휘말릴 것이다.

3절 교육은 백성의 마음을 얻는다

교육의 목적

맹자가 교육에서 추구한 목적은 몇 가지로 대별하여 살펴볼 수가 있다. 첫째, 맹자는 심리적·정서적 즐거움을 교육에서 얻으려 했다. 공자는 학문의 목적 중의 하나가 배움에서 즐거움을 얻기 위함이었다. 『논어』첫 부분에는 "배우고 때때로 익히면 또한 기쁘지 아니한가?"[695]라는 구절이 있다.

---

695 『論語』, 學而第一, "學而時習之,不亦說乎?"

이 말로 미루어 보면 공자는 심리적·정서적인 즐거움을 얻기 위해 학문을 하였음을 알 수 있다. 공자가 배우는 것에서 즐거움을 찾은 사람이라면 맹자는 가르치는 데서 즐거움을 찾은 사람이었다.

> "군자에게 세 가지 즐거움이 있으니 천하에서 왕 노릇 하는 것은 여기에 들어 있지 않다. 부모가 다 살아계시고 형제가 무고함이 첫 번째 즐거움이요, 우러러 하늘에 부끄러움이 없고 구부려 사람에게 부끄럽지 않은 것이 두 번째 즐거움이요, 천하의 영재를 얻어서 교육하는 것이 세 번째 즐거움이다."[696]

세속적으로는 천하에서 왕 노릇 하는 것이 크나큰 즐거움이 되겠지만, 맹자에게는 제외된다. 맹자의 즐거움은 가족의 안위와 개인의 도덕적 행동을 포함해 영재를 얻어 교육하는 소박하면서도 절실한 것이다. 맹자는 교육에서 심리적·정서적 즐거움을 추구한 사람이었다.

둘째, 맹자는 인간다움을 실현하기 위하여 교육이 필요하다고 보았다. 맹자는 인간의 본성이 선하지만 육체의 욕구 등에 의해서 그 본성이 발휘되지 못한다고 했다. 따라서 맹자는 육체의 욕구를 절제해야 인간의 선한 본성이 드러난다고 주장하여, "마음을 기르는 것은 적은 욕심보다 나은 것이 없다."[697]라고 했다. 그런데 욕심을 줄이는 방법은 무엇인가? 여기서 맹자는 교육의 필요성을 제시한다.

> "인간에게 도(道)가 있어야 한다. 배불리 먹고 따뜻하게 하고 편안하게 살면서

---

696 『孟子』, 盡心章句上, "君子有三樂, 而王天下不與存焉. 父母俱存, 兄弟無故, 一樂也. 仰不愧於天, 俯不怍於人, 二樂也. 得天下英才而教育之, 三樂也."

697 『孟子』, 盡心章句下, "養心莫善於寡欲."

교육이 없다면 금수와 다름이 없다."[698]

인간의 생존에 필요한 의식주가 풍족하더라도 의식주를 비롯한 인간의 물질에 대한 욕구는 자칫하면 무한정 발동될 수 있다. 그렇기 때문에 인간은 교육에 의하여 이러한 물질적 욕구들이 절제되어야지, 그렇지 않다면 탐욕에 의하여 서로 싸우는 모습이 짐승과 다름없을 것이다.

셋째, 맹자는 국가의 존립을 위하여 교육이 필요하다고 보았다. 맹자가 살던 시대는 전국시대로 정치적, 경제적으로 매우 혼돈의 시대였다. 이런 때에 더욱 필요한 것은 교육이라고 본다.

> "성곽이 완전하지 못하고 병사가 많지 않은 것은 나라의 재앙이 아니다. 전야 (田野)가 개간되지 않고 재화가 모이지 않는 것도 나라의 재해가 아니다. 윗사 람은 무례하고, 아랫사람은 배움이 없으면 나라를 해롭게 하는 백성이 일어나 서 망하는 것이 며칠 못 간다."[699]

맹자는 혼란한 시대라 하더라도 국가의 존립은 병력과 경제적 풍요에 있지 않고 교육에 있다고 보고 있다. 윗사람이 무례한 것은 제대로 된 교육을 받지 못했다는 것이고, 아랫사람이 배움이 없는 것은 교육을 받을 기회가 없다는 말이다. 이러한 나라는 사람 간의 인륜이나 국가의 기강이 무너지기 때문에 외부의 공격이 아니라 그 나라의 타락해가는 백성들에 의해서 망하게 된다. 그러므로 교육은 국가의 존립 근거가 된다. 맹자는 한

---

698 『孟子』, 滕文公章句上, "人之有道也, 飽食 煖衣 逸居而無敎則近於禽獸."
699 『孟子』, 離婁章句上, "城郭不完, 兵甲不多, 非國之災也. 田野不辟, 貨財不聚, 非國之害也. 上無禮, 下無學, 賊民興, 喪無日."

걸음 더 나아가 정치와 교육의 효능을 비교하여 언급한다.

> "좋은 정치는 좋은 교육이 백성을 얻는 것에 미치지 못한다. 좋은 정치는 백성이 두려워하지만 좋은 교육은 백성이 사랑한다. 좋은 정치는 백성의 재물을 얻지만 좋은 교육은 백성의 마음을 얻는다."[700]

맹자는 좋은 정치도 좋은 교육의 공효에 미치지 못한다고 말하고 있다. 좋은 정치란 법도와 금령이 제대로 시행되게 하는 정치 등을 말한다. 법도와 금령이 바로 서면 백성들이 이를 함부로 어기지 못하므로 백성들이 법이나 군주를 두려워하며 국가의 재정도 충실해진다. 그러나 이러한 좋은 정치도 백성의 마음을 얻는 좋은 교육의 공효에 미치지 못한다. 재물은 상황에 따라 얻고 잃을 수 있지만, 백성의 마음을 얻으면 어떤 상황에서건 자식이 부모를 뒤로할 수 없듯이 백성 또한 군주를 떠나지 않는다.

백성을 교육하는 것은 군주나 국가의 존립을 위해서도 필요한 것이지만 백성을 생각하는 소위 위민정치의 모습이기도 하다. 공자는 "가르치지 않는 백성으로서 전쟁하는 것은 백성을 버리는 것이라 말할 수 있다."[701]라고 하여 제대로 가르침을 받는 것이 백성의 생존과도 관계가 있음을 말했다. 이와 비슷한 표현으로 맹자는 "백성을 가르치지 않고 쓰는 것은 백성을 해롭게 한다."[702]라고 하여 교육이 백성의 생활에서나 실용을 위하여 필요한 것임을 말하고 있다.

---

700 『孟子』, 盡心章句上, "善政, 不如善敎之得民也. 善政民畏之, 善敎民愛之. 善政得民財, 善敎得民心."

701 『論語』, 子路第十三, "以不敎民戰, 是謂棄之."

702 『孟子』, 告子章句下, "不敎民而用之, 謂之殃民."

교육의 내용

공자가 제자를 교육한 내용은 『사기』나 기타 경서에서 언급된다. 그러나 맹자가 제자를 교육한 내용에 관하여는 여타 경서에 명시적인 언급이 없다. 그러므로 맹자가 제자를 교육한 내용은 『맹자』의 내용에서 분석하여 추론할 수밖에 없다.

먼저, 『맹자』의 교육 내용은 대부분 육예(六藝)와 관련된다. 육예는 기예로서의 육예가 있고 육경을 의미하는 육예가 있다. 기예(技藝)로서의 육예는 '예(禮)·악(樂)·사(射)·어(御)·서(書)·수(數)'를 지칭한다. 이를 우리말로 옮기면 예법·음악·활쏘기·마차 몰기·글쓰기·산수로 표현되는데, 기예(技藝)의 내용으로서의 육예는 『주례』에 그 기록이 전하여진다. 육경(六經)을 의미하는 육예는 『시경(詩經)』·『서경(書經)』·『예기(禮記)』·『악경(樂經)』·『역경(易經)』·『춘추(春秋)』를 통틀어 말한다. 육경이란 명칭은 『장자』〈천운(天運)〉편에 처음 등장한다.

맹자가 교육한 육예는 기예를 지칭하는 육예인지 육경을 지칭하는 육예인지 분명하지 않고 서로 뒤섞여 사용되고 있다. 이것은 맹자 이후의 유가들에게서 공통으로 보이는 현상이다. 따라서 맹자 이후부터는 교육의 내용을 언급할 때 '기예인가? 육경인가?'라는 고정적 틀에서 벗어나서, 학자들이 접근한 실제적 교육의 과목이나 관념, 혹은 가치로서 논의함이 바람직하다고 생각된다.

먼저, 맹자는 '시(詩)'와 '서(書)' 교육을 한 것으로 보인다. 맹자는 공자와 같이 시(詩)의 효능에 대해 직접적으로 말하진 않았지만, 도서 『맹자』에서 『시경』의 내용을 25개 이상 인용하였고, 『서경』의 내용은 10개 이상 인용했다. 맹자가 『시경』과 『서경』을 인용하는 경우는 흔히 자신의 주장을 하고 이를 보완하는 차원으로 했으므로 맹자가 교육의 내용으로 '시'와 '서'를 교육했음을 추론할 수 있다.

또 맹자는 '예(禮)'와 '음악(音樂)' 교육을 한 것으로 추정된다. 어느 날 경춘(景春)이라는 자가 공손연(公孫衍)과 장의(張儀)를 대장부라고 칭송했다. 공손연과 장의는 위(魏)나라 사람들로서 당시 책략가(策略家)들이다. 나라와 나라 사이를 반목하게 하여 서로 공격하게 하는 그런 자들이었고, 경춘은 그러한 자들을 매우 유능한 사람들로 보았다. 그렇지만 맹자에게는 구차하게 아첨을 하여 권세에 오른 자들에 불과했다. 그리하여 맹자는 다음과 같이 말한다. "어찌 대장부라 하리오? 그대는 예를 배우지 않았는가? … 순종함으로써 정도로 삼는 것은 첩부의 도이다."[703]라고 했다. 맹자는 공손연과 장의가 아첨하여 권세에 오른 것은 대장부로서 군주에 대한 예(禮)가 아니라고 하고, 당시 첩부(妾婦)들의 삶의 방식과 다를 바 없다고 보고 있다. 바로 맹자가 예를 중요시한 대목이다. 음악에 대해서 맹자는 음악의 실질적 효능은 "인의를 즐겁게 하는 것"[704]이라 하여 음악이 인의가 발휘될 수 있는 정서적인 고무의 효과가 있음을 말하고 있다.

맹자는 교과로서의 『춘추』의 중요성도 언급하고 있다. 맹자는 『춘추』가 지어진 동기를 이렇게 보고 있다.

> "왕자(王者)의 자취가 없어지자 『시경』이 없어졌고, 『시경』이 없어지자 『춘추』가 지어졌다."[705]

---

703 『孟子』, 滕文公章句下, "景春曰, 公孫衍 張儀豈不誠大丈夫哉? 子未學禮乎? … 以順爲正者, 妾婦之道也."

704 『孟子』, 離婁章句上, "仁之實, 事親是也. 義之實, 從兄是也. 智之實, 知斯二者弗去是也. 禮之實, 節文斯二者是也. 樂之實, 樂斯二者, 樂則生矣."

705 『孟子』, 離婁章句下, "王者之跡熄而詩亡, 詩亡然後春秋作."

주나라 초기에는 왕실이 건재하고 문왕·무왕 같은 성왕들이 왕도정치를 행하던 시절이 있었지만, 춘추시대를 거쳐 전국시대에는 점차 제후국들의 힘이 강해지면서 패도정치를 일삼는 시대였다. 맹자는 춘추시대 이후 혼란한 중국의 정치 상황에서 인간의 올바른 성정(性情)을 토로하는 『시경』도 별 효용이 없어서, 급기야는 공자가 『춘추』를 지어 왕도가 쇠미해가는 시대에 난신적자(亂臣賊子)를 두렵게 하는 『춘추』를 지었다고 말한다. 전술한 바와 같이 『춘추』는 제후국인 노나라 은공(隱公)부터 공자가 죽기 직전인 애공(哀公)까지 12제후가 다스렸던 시기의 주요 사건들을 정리한 서적이다. 노나라뿐만 아니라 옛날 나라들은 사관이 당시의 사건을 역사로 기록했는데, 이것이 책으로 편찬된 책명이 진(晉)나라는 '승(乘)', 초(楚)나라는 '도올(檮杌)', 노(魯)나라는 '춘추(春秋)'였다.

다음으로 맹자가 교육내용으로 삼은 것은 오륜(五倫)이다. 오륜은 넓게는 '예(禮)'의 범주에 들어가는 것인데, 맹자가 허다한 예(禮) 중에서 특히 인륜으로서 지목하여 말했다. 오륜은 제3장 5절에서 살펴본 바와 같이 맹자가 본래 허행(許行)의 '여민병경(與民並耕)'하는 삶의 모습을 반박하던 와중에 제시되었다. 순임금은 백성의 의식이 풍족해도 가르침이 없으면 금수와 다를 바 없다고 생각하여 신하인 설(契)을 사도(司徒)로 삼아 백성들에게 인륜을 가르치게 했다. 맹자는 설(契)이 가르친 인륜을 다음의 다섯 가지로 본다. 즉, 부모와 자식 사이에는 친밀함이 있어야 한다는 '부자유친(父子有親)', 군주와 신하는 의로움이 있어야 한다는 '군신유의(君臣有義)', 부부 사이에는 구별됨이 있다는 '부부유별(夫婦有別)', 어른과 어린아이는 순서가 있어야 한다는 '장유유서(長幼有序)', 친구 사이에는 믿음이 있어야 한다는 '붕우유신(朋友有信)' 등의 오륜이 그것이다. 본래 『서경』에는 설(契)이 백성들에게 '오교(五敎)를 공경하여 반포했다(敬敷五敎)'란 표현만이 있으나, 맹자는 오교를 다섯 가지의 인륜으로 간주하고 그 내용을 설정했다.

맹자가 제시한 오륜은 일단은 신분이나 역할에 있어 차이점을 인정하는 분별의 윤리관이다. 분별의 윤리관은 공자에게서도 나타났다. 즉, 공자는 이름과 실상(역할)이 부합해야 한다는 정명사상을 주장했는데, 이 정명사상이 윤리적 관점에서 보면 다름 아닌 분별의 윤리관이다. 그렇지만 맹자의 분별 윤리관은 주종적 관계이거나 차등적 사고가 개재되어 있지 않음이 특징이다. 즉, 나누어 구별은 하지만 어느 일방의 지배나 복종의 관계가 아닌 상호 간의 대등한 덕목을 보유 및 발휘해야 함을 말하고 있다.

교수-학습론, 때맞춰 비를 뿌린다

『논어』에는 '유교무류(有敎無類)'라는 표현이 있다. 이것은 교육에 있어 차별이 없다는 의미로서 공자의 평등주의적 교육철학을 말한다. 또 공자는 학습에 대해 유연한 자세를 가질 것을 강조했다. 공자는 "세 사람이 가는 경우에 반드시 나의 스승이 있다."[706]고 했다. 이 말은 사람마다 각기 덕성, 혹은 재능이 있기 때문에 여러 사람으로부터 뛰어난 것들을 후학들이 편협하지 않고 다양하게 배워야 한다는 의미이다.

맹자는 어떻게 생각할까? 사람은 각기 덕성의 차이도 있을 수 있고, 재능의 차이도 있을 수 있다. 교육자도 덕성이 뛰어난 자가 있고, 재능이 뛰어난 자가 있다. 맹자는 각기 덕성과 재능이 있는 자들이 더불어 학습자를

---

706 『論語』, 述而第七, "三人行, 必有我師焉."

교육해야 한다는, 소위 교육자의 다양성을 강조하여 전인교육을 지향했다.

> 맹자가 말했다. "중용은 중용이 없음을 길러내야 하며, 재능은 재능이 없음을 길러내야 한다. 그러므로 사람들은 현명한 부모와 형제가 있는 것을 즐거워한다. 만약 중용이 중용 없는 자를 버려두고, 재능이 재능 없는 자를 버려두면 현명함과 불초함의 차이가 한 치가 안 될 것이다."[707]

'중용(中庸)'의 위상을 공자는 지극한 덕으로 표현했고, 중용의 의미를 주희는 과하거나 모자람이 없는 상태라고 정의한다. 윗글에서 맹자는 교육자의 다양성을 강조하여 중용의 덕이 있는 자는 중용의 덕이 부족한 사람을 교화시켜야 하고, 재능이 있는 사람은 재능 없는 사람을 가르쳐야 한다고 주장한다. 중용의 덕과 재능이 둘 다 있는 사람을 현명하다고 말할 수 있다. 그래서 맹자는 교육에서 재능이나 덕성 중 어느 하나가 빠지면 불초하다고 말한다. 즉, 전인교육을 기대할 수 없다는 말이다. 교육은 이와 같이 다양한 덕성과 재능이 있는 교육자들이 협업하여 후학을 지도해야 한다. 맹자는 교육주체의 다양함만이 아니라 교육방법의 다양성도 강조했다.

> 맹자가 말했다. "교육은 역시 많은 방법이 있다. 내가 달갑지 않게 여기는 가르침은 이 역시 가르침일 뿐이다."[708]

---

707 『孟子』, 離婁章句下, "孟子曰, 中也養不中, 才也養不才, 故人樂有賢父兄也. 如中也棄不中, 才也棄不才, 則賢不肖之相去, 其間不能以寸."
708 『孟子』, 告子章句下, "孟子曰, 教亦多術矣, 予不屑之教誨也者, 是亦教誨之而已矣."

교육에서 달갑지 않게 여긴다는 것은 상대방이 진정성이 없어서 가르치는 것을 원하지 않는다는 말이다. 그런데 이것도 하나의 가르침이라고 맹자는 말한다. 그 이유는 상대방이 자신을 달갑게 여기지 않고 가르침을 꺼린다면 상대방은 자신을 되돌아보고 과오를 고칠 가능성이 또한 있기 때문이다. 제3장 2절에서 나왔듯이 맹자는 제(齊)를 떠나면서 제(齊)의 서남쪽 주읍(晝邑)에서 사흘을 머물렀다. 이때 어떤 나그네가 왕을 위해 맹자가 떠나는 것을 만류하려고 말을 건넸지만, 맹자가 응답하지 않고 안석에 몸을 기대어 누워 있었다. 맹자를 제(齊)에 더 머물도록 하는 것은 나그네가 맹자에게 권할 일이 아니라 왕에게 먼저 예를 갖추어 맹자에게 정중히 요청하도록 하는 것이 순서였다. 이것을 깨닫도록 맹자는 달갑게 여기지 않은 가르침을 사용했다.

교육자와 교육방법의 다양성은 학습자 입장에서 보면 다양한 학습대상과 학습방법의 공간이 열려 있다는 말이기도 하다. 따라서 교육자와 교육방법의 다양성은 학습의 다양성을 보다 가능케 하는 환경을 제공할 수 있다.

교육은 또한 학습자의 관심과 집중을 유도해야 하지만 지나친 욕심은 교육 자체를 망가뜨리고 변질시킨다. 그리고 그 방법은 정도(正道)로 하여야 한다.

> 맹자가 말했다. "예(羿)가 활쏘기를 사람에게 가르칠 때 반드시 구율(彀率)을 생각하게 한다. 그러면 배우는 자도 반드시 구율을 생각한다. 위대한 목수가 사람을 가르칠 때 반드시 규구(規矩: 그림쇠와 곱자)로 한다. 그러면 배우는 자도

역시 반드시 규구로 한다."[709]

    예(羿)는 하(夏)의 3대 왕 태강(太康) 때 제후국인 궁(窮)의 제후로서 활을 잘 쏘았다. 그는 사냥을 좋아한 태강이 사냥을 좋아하여 정무를 소홀히 하자 반란을 일으켰다가 살해당한 인물이다. '구율(彀率)'은 활시위를 당길 때 당기는 한도를 의미한다. 활은 충분히 당겨야 정확하게 멀리 날아가지만 너무 지나치면 활 자체를 훼손시킬 수 있다. 교육도 마찬가지다. 학습자의 집중과 흥미를 돋우는 것은 매우 중요하지만, 지나친 욕심은 학습자를 좌절시킨다. 교육은 또한 목수가 사물을 재단할 때 그림쇠와 곱자를 제대로 사용하여 가르치는 것처럼 정도(正道)로써 해야 한다. 확신이 없거나 입증되지 않은 방법으로 교육하면 그 잘못된 결과는 되돌리기 어렵다. 다음의 내용도 같은 맥락이다.

    공손추가 말했다. "도(道)는 곧 높고 아름답지만 마치 하늘을 오르는 것 같아서 도달하지 못할 것 같습니다. 어찌 사람들로 하여금 도달할 수 있도록 나날이 노력하지 않을 수 있겠습니까?"
    맹자가 말했다. "위대한 목수가 졸렬한 목공 때문에 먹줄을 개폐하지 않고, 예(羿)가 졸렬한 궁사 때문에 구율(彀率)을 바꾸지 않는다."[710]

    여기서의 도(道)는 추구하는 도덕이나 이상을 말한다. 도(道)에 이르기

---

709 『孟子』, 告子章句上, "孟子曰, 羿之教人射, 必志於彀. 學者亦必志於彀. 大匠誨人, 必以規矩. 學者亦必以規矩."

710 『孟子』, 盡心章句上, "公孫丑曰, 道則高矣, 美矣, 宜若登天然, 似不可及也. 何不使彼爲可幾及而日孳孳也? 孟子曰, 大匠不爲拙工改廢繩墨, 羿不爲拙射變其彀率."

위해서는 당연히 꾸준한 노력이 필요하다. 그런데 공손추는 당연한 말을 넌지시 맹자에게 고하여 칭찬을 듣고 싶었던 모양이다. 여기에 대해 맹자는 몇 마디 칭찬 대신 도에 이르는 방법을 말했다. 아무리 위대한 목수라도 목공에게 먹줄로 길이를 재도록 가르쳐야 하며, 아무리 활을 잘 쏘는 예(羿)라도 궁사에게 구율(彀率)에 맞추어 활을 쏘도록 가르쳐야 한다. 맹자는 교육에서 여러 방법이 있을 수 있지만 기본적인 정도(正道)를 이탈해서는 안 된다고 보고 있다.

공자는 학습자의 자발성을 강조하였고 사람의 능력, 자질에 따라 개별 교육을 실시했다. 공자는 학습자가 그 감정과 마음에서 배우고자 하는 욕구가 분출할 때 가르침을 주려 했다. 맹자 또한 학습자의 자발성을 강조하되 학습자의 능력과 자질, 상황에 따른 교수-학습 방법으로서 다섯 가지 방법을 들고 있다. 공자와 맹자 모두 획일적이거나 일제식의 교육방법을 배제한 점이 공통점이다.

> "군자가 가르치는 것이 다섯 가지이니, 때맞춰 오는 비가 화육하게 하는 경우가 있고, 덕을 이루게 하고, 재질을 통달하게 하며, 물음에 답하며, 사숙하여 가르침을 받는 것이다."[711]

'때맞춰 오는 비가 화육하게 하는 경우'란 자발적 학습동기에 상응하여 교육한다는 의미로서 공자의 자발성 강조의 교육관과 상통한다. 공자는 "하려는 감정이 일지 않으면 열어주지 않고 마음이 없으면 발동하게 하지 않는다."[712]라고 하여 학습자 스스로의 학습욕구가 교육의 효율에 지대한

---

711 『孟子』, 盡心章句上, "君子之所以教者五, 有如時雨化之者, 有成德者, 有達財者, 有答問者, 有私淑艾者."
712 『論語』, 述而第七, "不憤不啓, 不悱不發, 擧一隅, 不以三隅反則不復也."

영향을 미치는 요인임을 말하고 있다. '덕을 이루게 하고, 재질을 통달하게 한다'는 것은 그 덕성과 재질의 감수성에 착안하여 개별교육을 한다는 의미이다. 공자도 "중인 이상은 상급을 말할 수 있으나, 중인 이하는 상급을 말할 수 없다."[713]라고 하여 학생의 능력에 따른 개별교육을 말한 바 있다. '물음에 답한다'는 것은 질의 응답을 통한 교육방법이다. 이것도 공자와 상통한다. 공자도 자신의 생각을 대부분 제자와의 문답을 통하여 개진했다. '사숙'이라는 것은 스승과 제자가 시공간(時空間)적으로 떨어져 직접 교육을 주고받지 못하는 경우에 책이나 다른 문인 등을 통하여 간접적으로 그 스승의 감화를 받는다는 뜻이다. 맹자는 직접 공자에게서 배우지 못하고 자사(子思)의 문인에게서 배웠으니 바로 사숙에 해당한다. 이렇듯 맹자는 능력과 자질, 상황에 따른 개별교육을 지향했다.

앞에서 맹자는 북궁유와 맹시사의 용맹을 비교하면서 북궁유처럼 여러 상황마다 부딪히는 것과 비교하여 볼 때 기세를 가늠하여 맹시사가 준수하고자 하는 것이 보다 간략하다고 호평했다. 준수하고자 하는 것이 요약되어 있을 때 행위의 효율성이 담보될 수 있다는 말이다. 공부에 있어서도 이 원리는 그대로 통용된다. 맹자는 학습에 있어서 요약이 필요함을 주장한다.

"널리 배우고 상세히 말함은 장차 돌이켜서 요약함을 말하고자 함이다."[714]

배우는 자는 학문에 있어서 널리 배우고 그 이치를 상세히 말하는 탐구 자세가 필요하다. 그러나 이러한 학습방법은 자신의 지식을 자랑하고 다

---

713 『論語』, 雍也第六, "中人以上, 可以語上也. 中人以下, 不可以語上也."
714 『孟子』, 離婁章句下, "博學而詳說之, 將以反說約也."

투기 위함이 아니라 요약하여 말하기 위해서이다. 요약한다는 것은 학문의 전체적 대의와 핵심이 파악될 경우 가능한 경지이다. 맹자는 이러한 학습방법을 권장하고 있다.

다음으로, 맹자는 학습자 스스로 얻는, 소위 자득(自得)을 강조한다. 맹자는 다음과 같이 말한다.

> "군자가 도로써 깊이 나아가려 하는 것은 '스스로 얻기를 하고자 함[自得]'이다. 스스로 얻으면 머무는 것이 편안하고, 머무는 것이 편안하면 활용하는 것이 심원하고, 활용하는 것이 심원하면 좌우에서 취하여 그 근원을 만나게 된다."[715]

자득(自得)은 학습자의 자기주도적 학습을 강조한 말이다. 자득을 하게 되면 마음속의 만족과 평온이 와서 머무는 것이 편안하다. 또 머무는 것이 편안하면 활용하는 방법을 깊고 넓게 찾게 되어 궁극적으로는 학문이나 일의 근원을 만날 수 있다. 또 맹자는 이렇게 말한다.

> "군자는 활시위를 당기지만 (화살을) 발사하지 않으니, 마치 뛰어오를 듯하다가 중도에서 멈추어 서 있으면 할 수 있는 자는 따라올 것이다."[716]

'활시위를 당기지만 발사하지 않는다'는 것은 가르치는 자가 목표를 배우는 자에게 알려는 주지만 그것을 직접 구하여 배우는 자에게 주는 것이

---

715 『孟子』, 離婁章句下, "君子深造之以道, 欲其自得之也. 自得之則居之安. 居之安則資之深. 資之深則取之左右逢其原."

716 『孟子』, 盡心章句上, "君子引而不發, 躍如也. 中道而立, 能者從之."

아니라는 말이다. 역시 학습자의 자득을 강조하는 말이다. 다음의 말도 같은 맥락이다.

> 맹자가 말했다. "목수와 수레 만드는 장인이 다른 사람에게 규구(規矩: 그림쇠와 곱자)를 줄 수는 있으나 다른 사람을 교묘한 경지까지 이르게 할 수는 없다."[717]

앞에서 나왔듯이 교육의 방법은 정도(正道)로 하여야 한다. 목수와 수레 만드는 장인은 다른 사람을 가르칠 때 규구(規矩)로 해야지 눈대중으로 대충 재고 깎는 것을 가르쳐서는 안 된다. 하지만 교육자가 올바른 교육방법을 구사한다 해도 심원한 경지에 이르는 것은 학습자의 몫이다. 자득이 필요한 것이다. 공자의 자발성 강조는 학습자의 학습동기를 강조하고 있고, 이와 같이 맹자는 여기서 한 걸음 더 나아가 자득, 즉 학습자의 자기주도적 학습을 강조하고 있다.

또한, 맹자는 학습자의 전심치지(專心致志)가 학습효과를 높일 수 있다고 보았다.

> "지금 무릇 바둑의 기예가 작은 것이지만 전심치지(專心致志: 전념하여 의지를 다함)하지 않으면 깨달을 수 없다. 혁추는 온 나라를 통틀어 바둑을 잘 두는 자이다. 혁추로 하여금 두 사람을 가르치게 했는데 그중 한 사람은 전심치지하여 오직 혁추의 말을 경청했다. 다른 한 사람은 비록 듣고는 있지만, 한편으로는 기러기와 고니가 장차 날아오면 주살을 꺼내 쏠 상상을 하고 있었다. 비록 함

---

717 『孟子』, 盡心章句下, "孟子曰, 梓匠輪輿能與人規矩, 不能使人巧."

께 학습을 했지만 같을 수가 없다. 그 지혜가 같지 않기 때문일까? 그렇지 않다고 말할 것이다."[718]

혁추(奕秋)는 당시 바둑의 고수로 알려진 자이다. 혁추와 같은 고수에게 두 사람이 배운다 해도 전심치지(專心致志) 여부에 따라 그 성취의 결과가 달라진다. 이처럼 뛰어난 스승에게 똑같이 배웠지만 서로 다른 학습효과는 학습자의 자세와 상당한 연관이 있다. 이것은 어찌 바둑만의 이야기이겠는가? 전심치지하지 않으면 결과는 이렇게 나타난다.

맹자가 말했다. "실행했지만 드러나지 않고, 학습했지만 세밀히 살피지 못한다. 종신토록 그렇게 해도 그 방도를 모르는 자가 많다."[719]

전심치지하지 않으면 일에 있어서 지혜가 묻어나오지 않고, 반복하여 학습해도 수박 겉핥기에 그친 것뿐이어서 일의 요체를 알지 못한다. 전심치지 하지 않으면 학습효과는 시간에 비례하지 않는다.

학습자는 학습의 진실성이 필요하다. 일단 학습자의 입장으로 돌아가면 자신의 지위·지혜·나이 등을 슬쩍 내비치며 학습자의 위치에 보태려 하면 안 된다.

공도자가 말했다. "등갱(滕更)이 문하에 있을 때 예를 갖추는 듯했는데 (선생님께서) 대답하지 않은 것은 무엇 때문입니까?"

---

718 『孟子』, 告子章句上, "今夫弈之爲數, 小數也. 不專心致志則不得也. 弈秋, 通國之善弈者也. 使弈秋誨二人弈, 其一人專心致志, 惟弈秋之爲聽. 一人雖聽之, 一心以爲有鴻鵠將至, 思援弓繳而射之, 雖與之俱學, 弗若之矣. 爲是其智弗若與? 曰, 非然也."

719 『孟子』, 盡心章句上, "孟子曰, 行之而不著焉, 習矣而不察焉, 終身由之而不知其道者, 衆也."

맹자가 말했다. "존귀함을 내비치며 묻고, 현명함을 내비치며 묻고, 나이가 많음을 내비치며 묻고, 공훈이 있음을 내비치며 묻고, 연고를 내비치며 묻는 것에는 모두 대답하지 않는다. 등갱은 이 중 두 가지가 있었다."[720]

등갱은 등(滕)나라 군주의 동생이다. 맹자는 학습자가 은근히 자신의 존귀함·현명함·나이·공훈·연고를 내세우면 공부하려는 진실성이 없는 것으로 판단하여 가르치지 않았다. 등갱은 이 중 존귀함과 현명함을 은근히 과시했다. 이런 등갱이 궁금한 점을 물었으나 맹자는 아예 대답하지 않았다.

맹자는 학습자의 교육효과를 제고하기 위해서는 지속적이고 일관된 교육과 학습의 기회가 보장되어야 한다고 주장한다.

맹자가 말했다. "왕이 지혜롭지 못한 것을 괴이하다고 생각하지 마라. 비록 천하에 쉽게 살 수 있는 생물이라도 하루만 따뜻하게 하고 열흘은 춥게 하면 능히 살아날 수 있는 생물은 없다. 나는 역시 가끔 왕을 뵙고 물러나지만, 왕을 춥게 하는 자가 많으니 내가 만약 싹을 틔운다고 해도 어찌하겠는가?"[721]

위의 왕이 누구인지는 알 수 없다. 간혹 햇볕을 쬘 뿐인 추운 음지에 있는 생물은 살기 어렵다. 맹자가 간혹 왕을 찾아뵙고 도덕정치를 주청하지만 생물을 한지에 방치하거나 내모는 것처럼 왕의 주변에서 올바른 진언을 하지 않는 사람이 늘 다수로 포진되어 있으면 왕의 교화가 어려운 법이

---

720 『孟子』, 盡心章句上, "公都子曰, 滕更之在門也, 若在所禮而不答, 何也? 孟子曰, 挾貴而問, 挾賢而問, 挾長而問, 挾有勳勞而問, 挾故而問, 皆所不答也. 滕更有二焉.'

721 『孟子』, 告子章句上, "孟子曰, 無或乎王之不智也. 雖有天下易生之物也, 一日暴之, 十日寒之, 未有能生者也. 吾見亦罕矣, 吾退而寒之者至矣, 吾如有萌焉何哉?"

다. 바로 교육과 학습도 마찬가지이다. 교육과 학습은 지속적이고 일관된 기간이 보장되어야 그 효과가 담보된다.

학문의 목적은 구방심(求放心)이다

학문(學問)이란 단어는 『주역』의 건괘 〈문언(文言)〉에 그 근원을 두고 있다. 〈문언〉에는 "군자는 배움으로써 모으고 물음으로써 변별한다[君子學以聚之, 問以辨之]."는 내용이 있다. 주역에 나오는 위 문장에서 '학문(學問)'이란 단어가 조합되었다. 공자는 '학문(學問)'이란 단어를 사용하지 않고 보통 '학(學)'으로 표현을 했는데, 맹자는 '학문(學問)'이란 단어를 사용한다. 『주역』에서 풀이한 학문은 학습자가 주체적으로 배우고 묻기를 하면서 배우는 대상을 모으고 변별하는 일련의 과정을 의미한다. 그렇다면 학문의 목적은 무엇일까? 맹자는 이렇게 말한다.

> "인(仁)이란 사람의 마음이요, 의(義)란 사람의 길이다. 그 길을 버리고는 가지 않으려 하고 그 마음을 잃고는 구하지 아니하니 슬프도다! 사람들이 닭과 개가 나간 줄 알면 찾아야 함을 알고 있으나 마음을 잃고는 구하려 하지 않는구나. 학문의 길[道]은 다른 게 아니다. 오직 그 '잃은 마음을 구하는 것[求放心]'뿐이다."[722]

제4장 1절에서 살펴본 바와 같이 다산에 따르면 우리 인간은 본래 사단

---

722 『孟子』, 告子章句上, "仁, 人心也, 義, 人路也. 舍其路而弗由, 放其心而不知求, 哀哉! 人有雞犬放則知求之, 有放心而不知求, 學問之道無他, 求其放心而已矣."

(四端)이 있지만, 이 사단을 확충시키면 인의예지와 같은 사덕(四德)이 형성된다. 그중에서도 맹자는 '인'을 우리 마음의 모습으로 인식하여 '사람의 마음'이라고 표현하고, '의'는 인간의 실천적 도리로서 인식하여 '사람의 길'이라고 표현하고 있다. 맹자는 인의와 같은 덕을 욕망이나 후천적 환경 등으로 사람들이 상실하면서도 그것에 무관심함을 개탄하고 있다. 흔히 학문의 목적을 우리는 고차원적으로 말하기도 한다. 그러나 맹자에게는 매우 조야(粗野)하고 단순하다. 맹자는 그 잃은 본래의 마음을 되찾아야 한다는 이른바, '구방심(求放心)'이 학문의 목적이라고 말한다.

맹자는 학문의 현실적 목적도 중요시했다. 공자는 학문을 배운 군자의 올바른 처신을 말하길 '자신을 수양함으로써 남을 편안하게 하는 것[修己以安人]'이라고 했는데, 이것은 자신의 수양뿐만 아니라 정치를 제대로 하기 위한 것 학문의 목적임을 말하고 있다. 맹자는 "천하의 근본은 나라에 있고, 나라의 근본은 가정에 있고 가정(家)의 근본은 몸에 있다."[723]고 했다. 이것은 『대학』의 수신제가치국평천하(修身齊家治國平天下)를 어순을 달리하여 말한 것이며, 공자의 '수기안인(修己安人)'을 풀어쓴 것으로서 역시 학문의 현실적 목적을 말한 것이다.

학문하는 사람은 몇 가지의 자세가 요구된다. 자발적 학습동기를 중요시하는 맹자는 그 반대의 경우를 경계한다. 그것은 자포자기이다. 이것은 본인 스스로 자신을 모멸하는 경우이다.

"스스로에게 포학한 자[自暴者]는 더불어 말할 수 없으며 스스로를 버리는 자[自棄者]는 더불어 일할 수 없다. 말할 때 예(禮)와 의(義)를 해치는 것을 스스로

---

723 『孟子』, 離婁章句上, "天下之本在國, 國之本在家, 家之本在身."

에게 포학한 것이라고 말하며, 나의 몸이 의로움으로부러 말미암은 인(仁)에 머무를 수 없는 것을 스스로 버리는 것이라고 말한다."[724]

스스로 자신을 포학하고, 스스로 자기의 몸을 버린다는 의미인 '자포자기(自暴自棄)'가 여기서 비롯되었다. 자신의 출생 환경이나 능력을 스스로 모멸하여 함부로 말하는 자와는 결국 활동의 기반이 되는 자신에 대한 신뢰가 없기 때문에 더불어 말할 수 없다. 또 인(仁)과 의(義)가 인간의 올바른 덕임을 알고는 있지만 나태하여 행동으로 옮기지 못하는 자와는 일을 함께 도모할 수 없다. 이처럼 말과 행동에서 자신을 모멸하거나 실천하지 못하는 자는 학습을 원천적으로 불가능하게 만든다. 결국 학문뿐만 아니라 인생에서 자신을 재앙으로 이끄는 근본 원인이 된다. 굳이 스스로 선택하여 재앙을 만들 필요가 있겠는가?

이의역지(以意逆志)

『주례』에 따르면 시(詩)는 육시(六詩)가 있다. 육시란 풍(風), 아(雅), 송(頌), 부(賦), 비(比), 흥(興)이다. 주희는 풍·아·송이 성악(聲樂)으로 구분하여 붙인 명칭이라고 설명한다. '풍'은 사물이 바람으로 인하여 움직일 때 나는 소리이며, 또 그런 소리로 사물을 움직이게 하는 것을 말하며 대개 서민들의 작품이다. '아'는 바르다는 의미로 조정의 시를 말하며, '송'은 성덕(盛德)을 찬미하여 신에게 그 업적을 고하는 것으로 종묘의 시를 말한

---

[724] 『孟子』, 離婁章句上, "自暴者, 不可與有言也. 自棄者, 不可與有爲也. 言非禮義, 謂之自暴也. 吾身不能居仁由義, 謂之自棄也."

다. 『시경』이 바로 풍(風)·아(雅)·송(頌)으로 구분되어 편제되었다. 부(賦)·비(比)·흥(興)은 풍·아·송을 만든 문체(文體)를 말한다. '부'는 사정을 그대로 진술하는 것이고, '비'는 저것으로써 이것을 형용하는 것이고, '흥'은 사물에 가탁하여 할 말을 흥기하는 것을 말한다. 풍·아·송은 삼경(三經: 세 개의 날실)이라고도 하며 부(賦)·비(比)·흥(興)은 삼위(三緯: 세 개의 씨실)라고도 한다. 시는 삼위(三緯)의 기법과 절제된 언어로 제작되기 때문에 말하고자 하는 내용을 파악하기가 사실 쉽지 않다. 맹자가 시를 제대로 이해할 수 있는 해법을 제시했다.

> 함구몽이 물었다. "옛날 말에 이르길, '성덕(盛德)이 있는 선비는 신하로 삼을 수 없고 부모도 (그를) 자식으로 삼을 수 없다.'고 합니다. 순이 남면하여 서 있거늘 요가 제후들을 이끌고 북면하여 조회하였고 고수도 역시 북면하여 조회하였는데, 순이 고수를 보자 얼굴에 근신하는 모습이 있었다고 합니다. 공자는 '그 시대에는 천하가 위태롭고 안정되지 않았구나!'라고 말했다고 합니다. 모르겠습니다. 이 말이 진실로 그러합니까?"
>
> 맹자가 말했다. "아니다. 군자의 말이 아니다. 제나라 동쪽 야인의 말이다. 요가 연로하자 순이 섭정을 했다. 요전(堯典)은 '28년에 방훈이 마침내 돌아가시자 백성이 부모님 삼년상 치르듯이 하고 사해는 팔음(八音)이 들리지 않았다.'고 말하고, 공자는 '하늘에 두 태양이 없고 백성은 두 왕이 없다.'고 하셨다."[725]

---

725 『孟子』, 萬章章句上, "咸丘蒙問曰, 語云, 盛德之士, 君不得而臣, 父不得而子. 舜南面而立, 堯帥諸侯北面而朝之, 瞽瞍亦北面而朝之. 舜見瞽瞍, 其容有蹙. 孔子曰, 於斯時也, 天下殆哉, 岌岌乎! 不識此語誠然乎哉? 孟子曰, 否. 此非君子之言, 齊東野人之語也. 堯老而舜攝也. 堯典曰, 二十有八載, 放勳乃徂落, 百姓如喪考妣, 三年, 四海遏密八音. 孔子曰, 天無二日, 民無二王.'"

함구몽은 맹자의 제자이다. 팔음(八音)은 금(金: 쇠)·석(石: 돌)·사(絲: 줄)·죽(竹: 대나무)·포(匏: 박)·토(土: 흙)·혁(革: 가죽)·목(木: 나무)으로 만든 악기에서 나오는 소리이다. 함구몽이 일단 요가 성덕 있는 순을 신하로 삼을 수 없어서 제위를 물려주고 북면하는 신하로 돌아갔고, 순의 부친인 고수도 역시 순을 아들로 삼을 수 없어서 북면했다고 전해지는데 이것이 사실인지를 맹자에게 묻고 있다. 그러자 맹자는 둘 다 사실이 아니라 제나라 동쪽의 야인들이 지어낸 말이라고 했다. 맹자는 요가 제위를 물려주고 북면하는 신하로 돌아갔다는 것은 사실이 아님을 두 가지 자료로 입증했다. 하나는 『서경』에 나와 있듯이 순은 섭정을 한 지 28년에 요가 돌아가신 후 제위를 물려받았다는 내용과 공자가 말한 하늘에는 두 태양이 있을 수 없다는 말이었다. 그러자 함구명은 요가 제위를 물려주고 북면하는 신하로 돌아갔다는 것은 사실이 아님을 인정하고는 고수가 북면하는 신하가 되지 않았다는 것은 이해할 수 없다고 했다.

함구명이 말했다. "순이 요를 신하로 삼지 않은 것은 제가 이미 가르침을 들었습니다만 『시경』에 '두루 하늘 아래 왕의 땅 아닌 것이 없으며, 땅끝까지 통솔하여 왕의 신하 아닌 것이 없다.'라고 말합니다. 순이 이미 천자가 되었는데 고수가 신하가 되지 않은 것은 왜인지를 감히 묻습니다."

맹자가 말했다. "『시경』의 그 시는 그것을 말한 것이 아니다. 왕이 벌인 일에 힘쓰다 보니 부모를 봉양할 수 없어서, '이렇게 왕의 일이 아닌 것이 없는데 (부모님 봉양은 못 하고) 나만 홀로 (공사에) 힘써야 하는구나!'라고 말한 것이다. 그러므로 시를 설명하는 자는 문자로써 문장을 해쳐서도 안 되며, 문장으로서 지향하는 뜻을 해쳐서도 안 된다. 대의로써 지향하는 뜻을 맞이해야[以意逆志] 그 뜻이 얻어진다. 만약 문장으로만 말하면 운한(雲漢)의 시에 '주(周)에 남은 백성이 하나도 없구나!'라고 말했는데, 이 말을 그대로 믿으면 이것은 주(周)에 남은 백성이 없다는 말이 된다."[726]

함구명이 인용한 시는 『시경』〈소아(小雅)〉에 있는 '북산(北山)' 편에 나온다. 맹자가 인용한 시는 『시경』〈대아(大雅)〉에 있는 '운한(雲漢)' 편에 나온다. 내용은 이렇다.

"가뭄이 아주 극심하지만 밀어낼 수 없네.
삼가고 두려운 마음 마치 천둥을 맞는 듯하네.
주(周)에 남은 백성이 하나도 없게 되었구나!"[727]

함구명은 『시경』의 '두루 하늘 아래 왕의 땅 아닌 것이 없으며, 땅끝까지 통솔하여 왕의 신하 아닌 것이 없다.'를 문장 자체로만 해석하여 고수도 왕의 신하인데 왜 신하 노릇을 하지 않는가를 맹자에게 물었다. 그러자 맹자는 그것은 왕의 일이 아닌 것이 없는데 '나만 홀로 불평등하게 공사에 시달리는 것'을 강조하는 말이라고 했다. 여기서 맹자는 이의역지(以意逆志), 즉 대의로써 작가가 지향하는 뜻을 깨우쳐야 함을 말한다. 예컨대 '운한' 편에 나오는 '주(周)에 남은 백성이 하나도 없게 되었구나.'라는 말은 가뭄이 심한 것을 우려한 말이지 진실로 주(周)에 백성이 없다는 것을 표현한 말이 아니라는 것이다. 맹자는 '성덕(盛德)이 있는 선비는 신하로 삼

---

726 『孟子』, 萬章章句上, "咸丘蒙曰, 舜之不臣堯, 則吾旣得聞命矣. 詩云, 普天之下, 莫非王土. 率土之濱, 莫非王臣. 而舜旣爲天子矣, 敢問瞽瞍之非臣, 如何? 曰, 是詩也, 非是之謂也. 勞於王事, 而不得養父母也. 曰, 此莫非王事, 我獨賢勞也. 故說詩者, 不以文害辭, 不以辭害志. 以意逆志, 是爲得之. 如以辭而已矣, 雲漢之詩曰, 周餘黎民, 靡有孑遺. 信斯言也, 是周無遺民也."

727 『詩經』, 大雅, 雲漢, "旱旣太甚, 則不可推. 兢兢業業, 如霆如雷. 周餘黎民, 靡有孑遺!"

을 수 없고 부모도 (그를) 자식으로 삼을 수 없다.'는 말을 이렇게 해석했다.

> "『서경』에 이르길, '(순이) 일을 공경스럽게 하고 고수를 뵐 때 조심하고 삼가는 모습을 하자 고수 역시 진실로 순종했다.'라고 했다. 이것이 부모가 자식으로 삼을 수 없다는 것이다."[728]

부모가 자식을 자식으로 삼을 수 없다는 말은 생물학적으로 표현한 말이 아니다. 그것은 자식의 성덕으로 오히려 부모가 교화되어 함부로 대할 수 없다는 의미이다. 신하도 마찬가지이다. 신분상으로는 왕과 신하의 관계이지만 신하의 성덕으로 오히려 왕이 교화되어 함부로 대하지 못하는 경우가 있다. 바로 탕왕을 도와 상(商)을 건국한 이윤과 무왕을 도와 주(周)를 건국한 주공이 그들이다. 탕왕 이후 상의 4대 왕은 태갑이었다. 그런데 태갑은 즉위 후 얼마 되지 않아 판단이 흐려지고 포학해졌으며 탕왕이 만든 법을 따르지 않고 생활이 문란했다. 이에 이윤(伊尹)이 태갑을 동궁(桐宮)에 추방해 놓고 3년간 섭정을 했다. 그 후 태갑이 자신의 과오를 뉘우치고 자책을 하며 선한 모습으로 변해가자 이윤은 태갑에게 정권을 돌려주었다. 주공은 무왕이 세상을 뜨고 13세인 성왕(成王)이 즉위하자 7년간 섭정을 하며 주나라의 정치, 사회, 문화 제도를 확립했다. 또 무왕의 동생들인 관숙선·채숙도·곽숙처와 주왕(紂王)의 아들인 무경이 일으킨 '삼감(三監)의 난'을 진압했다. 태갑에게 이윤이, 성왕에게 주공이 바로 성덕(盛德)이 있는 선비는 신하로 삼을 수 없는 경우가 되겠다.

---

728 『孟子』, 萬章章句上, "書曰, 祇載見瞽瞍, 夔夔齊栗, 瞽瞍亦允若. 是爲父不得而子也."

맹자는 또한 시를 제대로 감상하려면 시를 지은 시대적 배경을 이해해야 한다고 말한다.

> 공손추가 물어 말했다. "고자(高子)가 '소반(小弁)은 소인(小人)의 시(詩)이다.'라고 말했습니다."
> 맹자가 말했다. "어찌하여 그렇게 말하는가?"
> 공손추가 말했다. "원망했기 때문입니다."
> 맹자가 말했다. "고루하구나. 고노인의 시를 해석함이여! 여기에 사람이 있다고 치자. 월나라 사람이 활을 당겨 그 사람을 쏘려고 하는데도 자신이 담소하듯 말하는 것은 다른 게 아니다. 사이가 소원하기 때문이다. 그 형이 활을 당겨 그 사람을 쏘려고 한다면 자신이 눈물을 흘리고 말하는 것은 다른 게 아니다. 그와 친척이기 때문이다. 소반(小弁)의 원망은 부모를 친애하는 것이다. 부모를 친애하는 것은 인(仁)이니, 고루하구나. 고노인의 시를 해석함이여!"[729]

고자(高子)는 제나라 사람으로 맹자의 제자이다. 맹자가 고노인이라고 부른 것으로 보면 연로한 제자라고 추정된다. 고자가 연로한 제자라도 맹자가 고노인으로 부른 것은 고자를 놀려주려는 심산도 있는 듯하다. '소반(小弁, '소변'으로도 읽음)'은 『시경』〈소아(小雅)〉의 편명(篇名)이다. '弁'은 '(날개를) 떨다'의 의미로 볼 때는 '변'으로 읽고, '즐거워하다'의 의미로 볼 때는 '반'으로 읽는다. 둘 다 가능하다고 본다. 소반의 시는 서주(西周) 유왕(幽王)의 태자 의구(宜臼)가 지었다는 설과 의구의 스승이 의구의 심정을

---

729 『孟子』, 告子章句下, "公孫丑問曰, 高子曰 小弁, 小人之詩也. 孟子曰 何以言之? 曰, 怨. 曰, 固哉, 高叟之爲詩也! 有人於此, 越人關弓而射之, 則己談笑而道之. 無他, 疏之也. 其兄關弓而射之, 則己垂涕泣而道之. 無他, 戚之也. 小弁之怨, 親親也. 親親, 仁也. 固矣夫, 高叟之爲詩也!"

대신 시로 지어 표현했다는 설이 있다. 주(周)나라 12대 유왕(幽王)은 후궁인 포사(褒姒)를 총애하여 정실인 황후 신후(申后)를 폐하고는 포사를 황후로 삼았으며 태자인 의구(宜臼)를 폐하고 그녀의 아들 백복을 태자로 세웠다. 소반의 시는 바로 당시의 심정을 토로했다. 그렇지만 단순히 부왕을 원망만 한 것이 아니라 내재적으로 부모를 친애하는 감정에서 오는 애통한 정서까지 녹아있는 시이다. 소반의 시 일부를 살펴보자.

> "즐거워하는 저 큰부리까마귀여, 떼 지어 날며 돌아가는구나.
>
> 사람 모두가 좋지 않음이 없는데 나만 홀로 근심하고 있구나.
>
> 하늘에 어떤 죄를 지었는가? 나의 죄는 무엇인가?
>
> 마음의 우울함이여, 어찌해야 할까요?"[730]

이처럼 소반의 시는 당시의 상황을 이해한다면 단순히 원망만 하는 것이 아니라 부모를 연모하고 자책하기도 하는 복합적 감정이 녹아난 시이다. 공손추가 이어서 물었다.

> 공손추가 말했다. "개풍(凱風)은 왜 원망하지 않습니까?"
>
> 맹자가 말했다. "개풍(凱風)은 부모의 과실이 작은 것이고, 소반(小弁)은 부모의 과실이 큰 것이다. 부모의 과실이 큰데도 원망하지 않으면 이것은 너무 소원(疏遠)한 것이고, 부모의 과실이 작은데도 원망하면 이것은 부드럽게 두드려 주는 것이 아니다. 지나치게 소원한 것도 불효이고, 부드럽게 두드려주지 않

---

730 『詩經』, 小雅, 小弁, "弁彼鸒斯, 歸飛提提. 民莫不穀, 我獨于罹. 何辜于天, 我罪伊何. 心之憂矣, 云如之何."

는 것도 불효이니라."⁷³¹

    '개풍(凱風)'은 『시경』〈패풍(邶風)〉의 편명이다. 위(衛)나라에는 일곱 명의 자식을 둔 과부가 살고 있었다. 당시 위나라는 풍속이 음란하여 그 과부도 가정을 제대로 돌보지 않고 좀 자유롭게 생활을 했다. 그렇지만 일곱 명의 자식들은 어머니를 원망하지 않고 시를 지어 자신들을 자책했다. 소반은 정실의 황후와 태자를 폐한 부친의 큰 과실과 관련되어있고, 개풍은 음란한 풍속에 노출된 모친의 상대적으로 작은 과실과 관련되어있다. '큰 과실'과 '작은 과실'이라고 평가할 수 있는 것은 지은이의 당시 시대적 배경을 알아야 가능한 일이다. 당시 시대적 배경을 감안한다면 둘 다 정도의 차이는 있어도 엄연히 부모와 자식의 관계이다. 즉, 소반은 원망의 표피를, 개풍은 자책의 표피를 두르고 있다 할지라도 둘 다 부모의 본래 모습을 연모하는 자식의 간절한 소망이 담겨 있다는 평론이 가능하다. 개풍의 시 일부를 살펴보자.

    "개풍(凱風: 따뜻한 바람)은 남쪽으로부터 불어와

      저 가시나무 속을 불어주고 있구나.

      가시나무 속가지 어리고 어려서,

      어머니가 힘들고 피로하구나."

    "개풍은 남쪽으로부터 불어와

      저 가시나무 덤불을 불어주고 있구나.

      어머니는 밝고 선하신 분이지만

---

731 『孟子』, 告子章句下, "曰, 凱風何以不怨? 曰, 凱風, 親之過小者也. 小弁, 親之過大者也. 親之過大而不怨, 是愈疏也. 親之過小而怨, 是不可磯也. 愈疏, 不孝也. 不可磯, 亦不孝也."

우리들은 착하지 못하구나."[732]

개풍은 어머니가 가정을 돌보지 않고 음란한 풍속에 편승했지만, 자식들은 어머니를 원망하지 않고 오히려 어머니의 노고를 감사하는 마음과 자책하는 마음을 드러내어 부드럽게 어머니의 마음을 두드리는 시이다.

소반이나 개풍은 시를 지은이의 당시 배경을 이해해야 제대로 감상할 수 있다. 이처럼 맹자는 시를 감상할 때 겉으로 드러난 모습만 볼 것이 아니라 지은이의 시대적 상황과 배경을 살펴보고 내재적으로 함축된 의미를 제대로 음미해야 함을 주장한다.

맹자로부터 시 해석이 고루하다는 질책을 받은 고자(高子)가 이번에는 하(夏)의 우왕과 주(周)의 문왕의 음악에 대해 평가를 내렸다.

> 고자가 말했다. "우(禹)의 종소리가 문왕의 종소리보다 낫습니다."
>
> 맹자가 말했다. "어찌 그리 말하는가?"
>
> 고자가 말했다. "퇴려(追蠡) 때문입니다."[733]

'追蠡(퇴려)'의 '追'는 '쫓아가다'의 의미로 쓰일 때는 '추'로 읽고, '종의 끈'이라는 의미로 쓰일 때는 '퇴'로 읽는다. '蠡'는 '좀먹다'의 의미이다. 따라서 '追蠡(퇴려)'는 종의 끈이 좀먹었음을 말한다. 고자는 악기로 연주되는 종(鐘)의 끈으로 볼 때 우왕의 것이 문왕의 것보다 더 좀먹었기 때문에 사람들이 보다 많이 애용했다고 판단했다. 그러자 맹자가 말했다.

---

732 『詩經』, 邶風, 凱風, "凱風自南, 吹彼棘心. 棘心夭夭, 母氏劬勞. 凱風自南, 吹彼棘薪. 母氏聖善, 我無令人."
733 『孟子』, 盡心章句下, "高子曰, 禹之聲, 尙文王之聲. 孟子曰, 何以言之? 曰, 以追蠡."

"이것으로 어찌 그런 것을 족히 알 수 있겠는가? 성문의 수레 궤적은 양마(兩馬)의 힘이란 말인가?"[734]

양마(兩馬)는 수레 한 대에 매인 두 마리 말을 말한다. 성중(城中)의 길은 넓어서 수레 궤적이 아홉 개나 그려져 있고 깊이도 얕다. 그러나 성문은 수레 한 대가 지날 수 있도록 좁아서 수레 궤적이 하나이고 깊다. 이것은 오랫동안 수레가 오고 가서 그리된 것이지 한 대의 수레가 힘이 좋아서 그리된 것이 아니다. 마찬가지로 우왕 시대의 종 끈이 좀먹은 것은 세월이 오래 지나 그리되었고 일시에 사람들이 많이 애용하여 그리된 것이 아니다. 이처럼 맹자는 예술을 평가할 때 지나온 시간과 장소를 감안하여 비교해야지 한 단면만을 보아서는 아니 됨을 말했다. 이런 고자에게 맹자가 묵직한 말을 던졌다.

맹자가 고자에게 말했다. "산의 작은 길 좁은 사이도 잠깐이라도 사용하면 대로가 되고, 잠깐이라도 사용하지 않으면 띠풀이 가득 메운다. 지금 띠풀이 그대 마음을 가득 메우고 있구나!"[735]

맹자는 제자인 고자가 맥락을 이해하지 못하고 이치에 맞지 않은 돌발적인 표현을 하는 것은 산의 좁은 길을 사용하지 않으면 띠풀이 가득 메우듯이 고자가 평소 제대로 공부와 사색을 하지 않기 때문이라고 보았다. 후에 고자는 맹자를 떠나 다른 학술을 배운 것으로 전해진다.

---

734 『孟子』, 盡心章句下, "是奚足哉? 城門之軌, 兩馬之力與?"

735 『孟子』, 盡心章句下, "孟子謂高子曰, 山徑之蹊間, 介然用之而成路. 爲間不用則茅塞之矣. 今茅塞子之心矣."

맹자는 역사를 이해할 때는 글자 그대로 받아들일 것이 아니라 취사선택할 필요가 있다고 보았다.

> 맹자가 말했다. "『서경』을 전부 신뢰하면 『서경』이 없는 것만 못하다. 나는 무성(武成)에서 두세 개의 죽간만 취할 뿐이다. 어진 사람은 천하에 적이 없으니 지극한 인(仁)으로 지극히 불인(不仁: 어질지 못함)한 자를 정벌하는데 어찌 그 피가 방패를 흘러내려가게 하는가?"[736]

'무성(武成)'은 『서경』〈주서(周書)〉의 편명 중 하나다. 죽간은 종이가 없던 시대에 글씨를 쓰던 댓조각을 말한다. '무성'에는 무왕이 목야(牧野)에서 상(商)의 마지막 왕 주(紂)를 정벌할 때 앞의 무리가 창을 거꾸로 하여 넘어지고 뒤에서 공격하여 달아나게 하니 피가 흘러넘쳐 방패를 표류하게 했다는 기록이 있다. 맹자는 이 내용은 믿을 수 없다고 했다. 어진 자가 불인한 자를 정벌하는 과정에서 무참히 살육을 감행했다는 것은 믿을 수 없다는 말이다. 또 맹자는 『서경』의 다른 부분에 있는 아래와 같은 내용과 윗부분이 서로 상충된다고 보았기 때문이다.

> "무왕이 은(殷: 商의 수도)을 정벌할 때 병거가 삼백 량이었고, 날랜 병사가 삼천 명이었다. 무왕이 말하길, '두려워하지 마라. 너희를 편안하게 해주려고 왔다. 백성은 적이 아니다.'라고 하자 뿔이 무너지듯 머리를 땅에 대고 조아렸다."[737]

---

736 『孟子』, 盡心章句下, "孟子曰, 盡信書則不如無書. 吾於武成, 取二三策而已矣. 仁人無敵於天下. 以至仁伐至不仁, 而何其血之流杵也?"

737 『孟子』, 盡心章句下, "武王之伐殷也, 革車三百兩, 虎賁三千人. 王曰, 無畏! 寧爾也, 非敵百姓也. 若崩厥角稽首."

맹자가 말한 위의 내용은 『서경』에 기록된 문자와 약간 상이하나 대의는 상통한다.[738] 맹자는 이러한 내용과 앞의 내용이 또한 상충하기 때문에 취사선택의 필요성이 있다고 본다.

정벌 과정에서 '뒤에서 공격하여 달아나게 하니 피가 흘러넘쳐 방패를 흘러내려가게 했다'는 내용은 그 잔인함으로 볼 때 무왕의 성품이나 정벌의 목적과는 부합하지 않는다. 더구나 다른 부분의 내용과 서로 상충한다. 맹자는 이런 부분은 간과(看過)해도 좋다는 입장이다. 주희는 맹자의 말보다 더 나아가 '뒤에서 공격하여 달아나게 하니 피가 흘러넘쳐 방패를 흘러내려가게 했다'는 해석을 무왕의 군대에 의한 무참한 살육이 아닌 상(商)나라 사람들이 스스로 서로 죽인 것이라고 추론했다.

맹자는 시, 예술, 역사를 이해할 때 이의역지(以意逆志), 시대적 배경의 이해, 지나온 시공간적 상황의 고려, 내용의 취사선택 필요성을 말했다. 맹자의 이러한 감상법은 시, 예술, 역사에만 국한된 것은 아닐 것이다. 바로 인문학 전반에서 작품을 제대로 이해하는 데 필요한 감상법이라고 생각된다.

물은 구덩이를 채운 후 사해에 이른다

맹자는 학문이나 일처리에 있어서 성실과 같은 인성적 요인을 중요시했다. 맹자가 "자신을 되돌아보아 진실 되면 즐거움이 이보다 큰 것이 없다."[739]고 한 것도 바로 이와 같은 맥락이다. 맹자의 제자인 서벽(徐辟)이 어

---

738 서경의 내용은 이렇다. 『書經』, 周書, 泰誓中9章, "勗哉夫子, 罔或無畏. 寧執非敵. 百姓懍懍, 若崩厥角."
739 『孟子』, 盡心章句上, "反身而誠, 樂莫大焉."

느 날 맹자에게 철학적 의문이 들었는지 맹자와 이런 대화를 나눈다.

> 서자(徐子: 서벽의 존칭)가 물었다. "중니(仲尼: 공자의 자<字>)는 자주 물을 보고
> 말하길, '물이로구나! 물이로구나!' 했는데, 물에서 무엇을 취(取)하려 했습니
> 까?"
> 맹자가 말했다. "물의 원천이 솟아올라 주야로 쉬지 않고 흘러서 구덩이를 채
> 운 후에 나아가 사해에 이르나니, 근본이 있는 것은 이와 같다. 이것을 취하셨
> 다."[740]

서벽이 공자가 자주 물을 보며 "물이로구나! 물이로구나!" 하고 찬탄한
것의 이유를 묻자, 맹자는 근본이 있는 것이 쉬지 않고 노력하여 일정한
경지에 오르는 모습이라고 해석하고 있다. 이어서 맹자는 이것을 사람의
성정(性情)과 연결하여 다음과 같이 말한다.

> "진실로 근본이 없으면 칠팔월의 사이에 비가 몰아 내리면 도랑이 모두 채워
> 지지만, 그것이 말라 버리면 서서 기다리기만 할 수 있다. 그러므로 소리 내고
> 듣는 것을 지나친 감정으로 하는 것을 군자는 부끄러워한다."[741]

맹자가 말한 근본은 문맥으로 보아 성실과 같은 인성적 요소로 보인다.
도랑이 물이 흘러오는 원천이 없으면 한 때 몰아치는 비로 넘칠 수 있지
만, 비가 그치면 곧 말라버린다. 성실과 같은 인성적 요소가 없는 사람은

---

740 『孟子』, 離婁章句下, "徐子曰, 仲尼亟稱於水, 曰, 水哉水哉! 何取於水也? 孟子曰, 原泉混混, 不舍晝夜. 盈
科而後進, 放乎四海, 有本者如是, 是之取爾."
741 『孟子』, 離婁章句下, "苟爲無本, 七八月之間雨集, 溝澮皆盈, 其涸也, 可立而待也. 故聲聞過情, 君子恥之."

원천이 없는 도랑과 같이 감정의 표현이 과장되고 기복이 심하다. 이런 사람은 도랑에 가뭄이 들면 물이 마르듯이 인생의 난관에 부딪히면 헤어날 지혜도 의지도 고갈된다. 그렇기에 군자는 학문이나 어떤 사안을 대할 때 그때그때의 지나친 기분으로 할 것이 아니라 성실에서 비롯되는 꾸준한 노력이 필요하다. 이것이 바로 공자가 물에서 취한 의미라고 맹자는 보고 있다. 군자가 학문이나 과업의 수행도 흐르는 물이 흘러가는 이치와 같다.

> "흐르는 물의 모습은 웅덩이를 채우지 않으면 앞으로 나가지 않는다. 군자가 도(道)에 뜻을 두어도 성숙하여 빛나지 않으면 통달할 수가 없다."[742]

흐르는 물이 일단 웅덩이를 채우고 나서야 앞으로 나아가듯이 군자가 학문이나 정치에서 마땅히 추구해야 할 길[道]이 있다면 안에서부터 두터이 성숙하고, 어떤 난관에 부딪히면 하나하나 해결하며 빛을 발해야 두루두루 통달하여 목표를 성취할 수가 있다. 공부를 비롯하여 대부분의 일은 꾸준한 노력과 의지가 필요하다. 맹자는 일의 성취와 중단을 우물 파기에 비유했다.

> 맹자가 말했다. "무엇을 하려는 자는 우물을 파는 것에 비유할 수 있다. 우물을 아홉 길[軔]을 파고 물 나오는 곳에 미치지 못하면 우물을 버리는 것과 같다."[743]

---

742 『孟子』, 盡心章句上, "流水之爲物也, 不盈科不行. 君子之志於道也, 不成章不達."
743 『孟子』, 盡心章句上, "孟子曰, 有爲者辟若掘井, 掘井九軔而不及泉, 猶爲棄井也."

'길[軔]'은 깊이 단위로 여덟 자에 해당한다.[744] 우물을 아홉 길이나 팠기 때문에 꽤 깊이 판 것이다. 따라서 조금만 더 파면 물이 나올 수 있는데 직전에 관두는 것은 결국 우물 파기를 포기한 것이어서 정도의 차이가 무의미하다. 다음의 말도 같은 맥락이다.

> 맹자가 말했다. "그치지 말아야 하는 데도 그치는 자는 그치지 않는 것이 없고, 두터워야 할 것에 야박하면 야박하지 않은 것이 없다. 그 앞으로 나아감이 날랜 자는 그 물러남이 빠르다."[745]

일이나 공부를 하다 보면 거의 목표가 눈앞에 와 있는데도 하찮은 핑계를 대며 포기하려는 자가 있다. 그런 자는 매사에 그런 행태를 보일 가능성이 아주 크다. 또 자신은 경제적 능력이 있는데도 정말 도움이 필요한 친족이나 사회적 약자에게 이치에 맞지 않는 이유를 대며 야박한 자는 다른 일에도 야박할 뿐이다. 또 일이나 공부에서 날랜 것은 꼭 미덕이 아니다. 그런 자는 포기하는 것도 남보다 빠른 법이다.

보다 넓은 세상을 경륜하기 위해서는 꾸준한 독서가 필요하다. 맹자는 옛날 사람과 벗 삼는 것에 빗대어 특히 고전을 탐독할 것을 권한다.

> "한 마을의 선량한 선비는 한 마을의 선량한 선비와 벗이 될 수 있고, 한 나라의 선량한 선비는 한 나라의 선량한 선비와 벗이 될 수 있고, 천하의 선량한 선비는 천하의 선량한 선비와 벗이 될 수 있다. 천하의 선량한 선비와 벗하는 것이 충족되지 않는다면 위로 옛날 사람과 이야기하면 된다. 그 시(詩)를 읊고

---

744 '軔(인)'과 '仞(인)'은 여덟 자에 해당되며 서로 통용된다. '軔(仞)'의 한글 표기가 '길'이다.
745 『孟子』, 盡心章句上, "孟子曰, 於不可已而已者, 無所不已. 於所厚者薄, 無所不薄也. 其進銳者, 其退速."

그 서적을 읽는다면 그 사람을 모르는 것이 가능하겠는가? 이로써 그 세상을 이야기할 수 있다. 이것이 '위로(옛사람과) 벗하는 것[尙友]'이다."[746]

벗을 사귀는 것도 그 사람의 생각과 이상이 넓은가 좁은가에 따라 대상이 달라진다. 한 마을을 품을 정도의 선량한 선비는 한 마을의 선비와 벗이 되고, 천하를 품을 선비는 천하의 선비를 벗하게 된다. 그런데 천하의 선량한 선비로도 만족을 못 느낄 경우 옛날 사람과 벗이 될 수 있다. 이것을 '상우(尙友)'라 한다. 직역하면 시대를 거슬러 올라가 벗한다는 뜻이다. 그 옛날 사람과 벗하는 방법은 그들이 남긴 시를 읊고 서적을 탐독하는 것이다. 이로써 당세에 세상을 경륜한 지혜를 얻고 현세를 통찰할 수 있다. 이것이 고전을 읽는 이유이다.

4절 교육자의 길, 성인의 도를 이어갈 사람은 없는가?

권도가 없으면 집착한다

맹자의 윤리관에서 주목되는 것은 획일적인 것을 경계한다는 점이다. 맹자는 도덕이나 인륜이 획일적인 것이 아니라 상황에 따라 적절히 가감

---

746 『孟子』, 萬章章句下, "孟子謂萬章曰, 一鄕之善士, 斯友一鄕之善士. 一國之善士, 斯友一國之善士. 天下之 善士, 斯友天下之善士. 以友天下之善士, 爲未足, 又尙論古之人. 頌其詩, 讀其書, 不知其人, 可乎? 是以論 其世也, 是尙友也."

되어야 한다고 말한다. 이것을 맹자는 '권도(權道)'라고 했다. '권(權)'은 '저울질하다'의 의미로서, '권도(權道)'는 상황을 저울질하여 대처함을 말한다. 본래 권도는 공자도 말한 바 있다. 공자는 "더불어 배울 수는 있어도 더불어 도(道)로 나아갈 수는 없으며, 더불어 도(道)로 나아갈 수는 있어도 더불어 설 수는 없다. 더불어 설 수는 있어도 더불어 권도를 행할 수는 없다."[747]고 설파했다. 공자는 권도에 대한 자세한 설명은 보류했지만, 분명한 것은 권도는 상당한 경지에 이르러서야 가능한 것임을 말하고 있다. 만일 권도가 무분별하게 행하여진다면 경상(經常)의 법도가 훼손될 수 있기 때문이다.

맹자는 권도의 필요성을 아주 강조하는 입장이다. 어느 날 제(齊)나라에서 말 잘하기로 소문난 순우곤(淳于髡)과 맹자가 만나 대화를 했다. 순우곤은 은어(隱語)를 좋아하고 음탕한 것을 즐겼으며 밤새 술 마시기를 좋아한 제나라 위왕을 고무하여 바른 정사를 펼치도록 유도한 인물이다. 또 병법가 손빈이 친구인 방연을 찾아 위나라로 갔을 때 방연이 손빈의 재능을 시기하여 그를 죽이려고 하자, 손빈을 제나라로 탈출시켜 제나라의 국력을 강성하게 한 장본인이기도 하다. 맹자와 순우곤이 만난 것은 제위왕의 아들 제선왕이 재위하고 있을 때였다.

> 순우곤이 말했다. "남녀가 주고받는 것을 친하지 않음은 예(禮)입니까?"
> 맹자가 말했다. "예입니다."
> 순우곤이 말했다. "그렇다면 형수가 물에 빠졌는데 손을 내밀어 구해야 합니까?"

---

747 『論語』, 子罕第九, "可與共學, 未可與適道. 可與適道, 未可與立. 可與立, 未可與權."

맹자가 말했다. "형수가 빠졌는데 구하지 않으면 승냥이와 이리입니다. 남녀가 주거니 받거니 하며 친하게 지내지 않는 것이 예이지만 형수가 물에 빠졌을 때 손을 내밀어 구하는 것은 권도입니다."[748]

순우곤은 오륜 중 부부유별과 같은 남녀 간 분별의 윤리에 대한 명쾌한 정의나 한계가 듣고 싶었던 모양이다. 여기에 대해 맹자는 일정한 정의는 필요하지만, 상황에 따라 유연하게 접근해야 함을 말하고 있다. 분별의 윤리로 말한다면 형수와 본인은 남녀의 관계이기 때문에 손을 마주 잡는 관계가 아니다. 그러나 위급한 상황에서 경직된 윤리관에 집착하다 보면 생명존중이라는 더 큰 대의를 놓칠 수 있다. 이 점을 맹자는 경계하여 상황에 따라 적절한 처신이 보다 중요함을 말하고 있다. 그러자 순우곤은 기다렸다는 듯이 이 말을 받아 말했다.

순우곤이 말했다. "지금 천하가 물에 빠졌는데, 선생께서 구하지 않는 것은 무엇 때문입니까?"
맹자가 말했다. "천하가 물에 빠졌으면 도(道)로 구하는 것이고, 형수가 물에 빠졌으며 손으로 구하는 것이지요. 선생께서는 손으로 천하를 구하기를 바라시는지요?"[749]

순우곤은 위급한 상황에서는 권도가 필요하다는 맹자의 논법을 따라

---

748 『孟子』, 離婁章句上, "淳于髡曰, 男女授受不親, 禮與?" 孟子曰, "禮也. 曰, 嫂溺則援之以手乎? 曰, 嫂溺不援, 是豺狼也. 男女授受不親, 禮也, 嫂溺, 援之以手者, 權也."

749 『孟子』, 離婁章句上, "曰, 今天下溺矣, 夫子之不援, 何也? 曰, 天下溺, 援之以道. 嫂溺, 援之以手. 子欲手援天下乎?"

천하도 국가의 생존을 다투는 위중한 상황이기 때문에 맹자가 자신의 소신만 고집할 것이 아니라 보다 유연한 자세로 천하를 구할 수 있는지를 떠보았다. 그러자 맹자는 천하를 구하는 것은 손으로 하는 것이 아니라 마땅히 가야 할 길[道], 즉 도덕정치라고 했다.

편협함을 벗어나기 위해 어떤 일의 중간만을 고집하는 것은 그 자체가 한곳에 집착하는 행위이다. 노나라 사람 자막(子莫)의 이야기이다.

> "자막(子莫)은 집중(執中: 중간을 잡고 있음)했다. (그의 집중은) 도에 가깝지만, 집중하되 권도가 없으면 하나에 집착하는 것과 같다."[750]

자막은 노나라 현인으로 알려져 있을 뿐 자세한 인적 내력은 전해지지 않는다. 자막의 이야기는 맹자가 양자와 묵자를 비판하는 와중에 거론되었다. 앞에서 살펴본 바와 같이 양주는 위아(爲我)를 주장했고, 묵적은 겸애(兼愛)를 주장했다. 위아는 이기주의이고 겸애는 나의 부모와 남의 부모가 똑같다는 무차별적 사랑을 강조한다. 맹자는 양자와 묵자 둘 다 비판하는 입장이다. 그런데 자막은 양주와 묵적 어디에 치우침이 없이 딱 그 중간을 잡고 있었다. 중간을 취하므로 양자와 묵자보다는 덜 편벽하게 비칠 수 있다. 그러나 늘 그 중간만을 고집하는 것은 한 가지에 집착함과 같다. 앞서 언급했듯, 군자가 지향해야 할 중용은 단순히 산술적으로 딱 중간을 고집하는 것이 아니라 사람이나 상황에 따라 올바른 것에 머문다는 의미인 시중(時中)이다. 바로 권도를 행사할 줄 알아야 시중이 가능하다.

'교주고슬(膠柱鼓瑟)'이란 말이 있다. 거문고 등의 현악기의 줄을 조율하

---

750 『孟子』, 盡心章句上, "子莫執中, 執中爲近之, 執中無權, 猶執一也."

는 장치를 기러기발[柱]이라고 하는데 기러기발을 아교 등으로 교착시켜 놓고 거문고를 탄다는 의미이다. 기러기발이 교착되어 있으므로 거문고는 한 가지 음만 낼 수 있다. 바로 다양성이나 융통성 없는 상황을 빗댄 말이다. 맹자는 한 가지에 집착하는 하는 것은 도(道), 즉 권도를 해칠 수 있다고 본다.

> "(내가) 하나에 집착함을 싫어하는 것은 도(道)를 해치기 때문이다. 하나를 들어 올리고 백(百)을 폐기한다."[751]

한 가지만을 집착하는 자는 고려할 다른 사항들을 외면한다. 이럼으로써 권도를 해쳐서 일을 그르친다. 맹자가 말한 권도는 인간이 자신의 주관에 따른 임의적 판단이 아니라 어떤 윤리관(혹은 가치관)에 대한 과하거나 미치지 못한 것에 편중됨이 없는 기준에 근거하되 상황에 따라 가감하는 것을 일컫는다. 그러나 권도는 신중히 행사되어야 한다. 자칫하면 권도는 인간들의 구실과 변명의 논리로 악용될 우려가 있기 때문이다.

자[尺]를 한번 굽혀 여덟 자를 뻗어야 하는가?

공자는 12년 동안 천하 주유를 한 후 68세에 노(魯)로 귀국하여 73세로 세상을 뜨기까지 교육과 저술로 만년을 보냈다. 맹자도 50대 초반에 15년 동안 전국을 방랑하다가 노(魯)로 건너간 이후는 더 이상 제후들을 만나지

---

751 『孟子』, 盡心章句上, "所惡執一者, 爲其賊道也, 擧一而廢百也."

않고 제자들의 교육에 여생을 보냈다. 맹자가 등(滕)에서 노(魯)로 건너간 이후 맹자의 행적에 대하여 자세한 기록이 전해지지 않는다. 다만 『사기』에 따르면 맹자는 방랑을 끝낸 후 만장의 무리들과 『시경』, 『서경』을 차례대로 설명하고, 중니(仲尼: 공자의 자(字))의 뜻을 서술하고, 『맹자』 7편을 지었다고 전해진다.[752]

맹자 제자 중에 진대(陳代)란 자가 있었는데, 과거에 제후들을 만나 왕도정치를 논하며 천하를 바꾸려 했던 맹자의 당당한 모습을 볼 수 없게 된 것을 못내 아쉬워하며 맹자에게 이렇게 물었다.

> 진대가 말했다. "제후들을 만나지 않는 것은 작은 절개인 듯합니다. 지금 한 번 만나시면 크게는 왕도(王道)요, 작게는 패도(霸道)입니다. 또 옛 기록에 보면 '자[尺]를 굽혀 한 심(尋: 여덟 자)을 뻗는다.'라고 합니다. 마땅히 할 수 있는 듯합니다."[753]

진대는 맹자 제자로만 나와 있고 자세한 인적사항은 알 수 없다. 진대의 말에 따르면 아예 맹자는 제후들을 만나지 않고 제자들과 강론을 하며 소일하고 있음을 알 수 있다.

제3장 2절에서 말했듯이 전국시대에 제후와 빈사(賓師: 손님으로 온 학자)가 서로 만나려면 빈사가 먼저 찾아가 알현하는 방법이 있고, 제후가 만나고자 하면 스스로 가서 만나거나 폐백(幣帛)을 보내 초빙하는 것이 일반이었다. 진대는 자를 한번 굽혔다가 펴서 여덟 자까지 뻗는다는 옛 기록을

---

752 『史記』, 孟子荀卿列傳, "退而與萬章之徒序詩書, 述仲尼之意, 作孟子七篇."

753 『孟子』, 滕文公章句下, "陳代曰, 不見諸侯, 宜若小然. 今一見之, 大則以王, 小則以霸. 且志曰, 枉尺而直尋, 宜若可爲也."

인용하며 맹자가 한번 자신의 주장을 슬쩍 굽히고 제후들을 먼저 찾아가 더 큰 것에 도달하라고 간청하고 있다. 그리하다 보면 맹자의 이상정치인 왕도정치를 구현할 기회를 잡든지, 아니면 여러 제후를 통솔하는 패도를 구현할 수도 있다고 보았다. 그러자 맹자가 말했다.

> "옛날에 제경공이 사냥을 나갔을 때 우인(虞人: 정원에서 짐승을 관리하던 사람)을 깃발을 흔들어 불렀으나 오지 않자 죽이려 한 적이 있었다. 지사(志士)는 도랑과 구렁에 있을 수 있는 것을 잊어서는 안 되며, 용사(勇士)는 머리를 잃을 수 있는 것을 잊어서는 안 된다. 공자는 무엇을 취하셨는가? 올바르게 부르지 않으면 가지 않는 것을 취하셨으니, 부르기를 기다리지 않고 가는 것은 무엇을 바라서인가?"[754]

사냥을 나갔을 때 서로에게 신호를 보내는 경우가 많다. 이때 대부를 부를 때는 깃발[旌]을 흔들어 부르고 우인(虞人)을 부를 때는 사슴의 가죽으로 만든 모자를 흔들어 부른다. 제경공은 자신의 부름에 우인이 오지 않자 대노하여 죽이려 했지만, 우인은 자신의 신분에 맞지 않은 신호이기 때문에 가지 않았다. 이처럼 우인은 자신을 합당하게 부르지 않을 때 목을 걸고 응하지 않았는데, 하물며 자신이 궁색하다 하여 부르지도 않았는데 가는 것은 군자의 도리가 아니라고 맹자는 보았다. 이어서 맹자는 말한다.

> "무릇 '자[尺]를 굽혀 여덟 자를 뻗는다.'는 말은 이익으로 말한 것이다. 만약 이익으로 말한다면 여덟 자를 굽혀 한 자까지만 뻗어도 이익이 된다면 역시

---

754 『孟子』, 滕文公章句下, "昔齊景公田, 招虞人以旌, 不至, 將殺之. 志士不忘在溝壑, 勇士不忘喪其元. 孔子奚取焉? 取非其招不往也. 如待其招而往, 何哉?"

할 수 있다는 것인가?"[755]

　인의에 의한 왕도정치를 굽히고 큰 것을 취하는 것은 이익의 관점에서 본 것이기 때문에 맹자는 수용하기 어렵다는 말이다. 이익으로만 접근할 경우 숱하게 자신의 소신을 접고 자그마한 이익을 위해 제후들에게 접근하는 것이 일상화될 수 있다. 맹자의 이런 처신은 공자를 본받은 것으로 보인다. 공자가 노나라에서 벼슬을 하기 전 정공(定公) 8년에 공산불뉴(公山不狃)[756]가 양호(陽虎)와 함께 당시 실력자 계환자(季桓子)를 잡아 가두었다. 그러나 계환자가 탈출하자 이듬해 정공 9년에 양호는 쫓겨 제(齊)로 달아났다. 이에 공산불뉴는 비(費) 땅에서 반란을 일으켰다. 이때 공산불뉴가 공자를 초빙했고, 공자 나이 50세였다. 공자가 가려고 하자 자로가 만류했다. 공산불뉴의 행동은 계씨 가문을 상대로 군사를 일으켰지만, 개인의 권력 욕심에서 비롯된 명분 없는 반란이었기 때문이다. 그러자 공자는 "나를 부르는 사람이 어찌 공연히 그랬겠느냐? 만약 나를 써주는 사람이 있다면 나는 동쪽에 있는 이 노나라를 주나라처럼 부흥시킬 것이다."[757]라고 말했다. 결국 공자는 자로의 말을 듣고 가지 않았다. 이처럼 공자는 구차하게 자신을 들이대지도 않았고, 자신이 등용되면 주나라의 예악(禮樂)과 법도(法度)를 정립한 주공처럼 그 나라를 도덕국가로 만들려는 일관된 꿈을 버리지 않았다. 바로 맹자도 공자와 같은 처신을 했다. 이어서 맹자는 왕량의 고사를 말한다.

755　『孟子』, 滕文公章句下, "且夫枉尺而直尋者, 以利言也. 如以利則枉尋直尺而利, 亦可爲與?"
756　公山弗擾(공산불요)라고도 한다. 공산은 성, 불요는 이름이다. 계씨의 가신이며 비의 읍재(邑宰)였다.
757　『論語』, 陽貨第十七, "子曰, 夫召我者而豈徒哉? 如有用我者, 吾其爲東周乎?"

"옛날에 조간자(趙簡子)가 왕량(王良)에게 폐해(嬖奚)를 마차에 태워 (사냥에 나가게 했으나) 종일 한 마리도 잡지 못했다. 폐해가 돌아와 이렇게 고했다. '천하의 형편없는 마부입니다.'

누군가 이 말을 왕량에게 말해주었다. 그러자 왕량이 말했다. '다시 한번 더 나가길 청해보리다.'

폐해에게 억지로 권하여 승낙을 받아 나갔는데, 하루아침에 열 마리의 새를 잡았다. 폐해가 돌아와 조간자에게 말했다. '천하의 훌륭한 마부입니다.'

조간자가 말하길, '내가 다른 일 제치고 너를 태워주게 하겠다.'

조간자가 왕량에게 권하자 왕량이 말했다. '할 수 없습니다. 제가 그를 위해 말 모는 정석대로 했습니다만 종일 한 마리도 잡지 못했습니다. 이번에는 그를 위해 정석에 어긋나게 짐승을 만나게 했더니 하루아침에 열 마리를 잡았습니다. 『시경』에 말하길, 그 말 모는 법을 놓치지 않으니 활을 쏘면 갈라지는 듯했다고 했습니다. 저는 소인과 타는 것이 익숙하지 않으니 사양하고자 합니다.'"[758]

조간자(趙簡子)는 춘추시대 공자와 같은 시대 사람으로서 진(晉)의 대부 벼슬을 하고 있던 실권자였다. 한때는 공자도 조간자를 만나려고 했으나 조간자가 어진 신하를 죽였다는 소식을 듣자 만나기를 포기했다. 폐해는 조간자가 총애하는 신하이며 왕량은 당시 말을 잘 모는 마부였다. 조간자는 폐해를 위해 왕량에게 그를 태우고 사냥을 나가게 했다. 왕량은 사냥에서 말 모는 정석대로 했다. 그런데 폐해는 활쏘기 솜씨가 엉망이어서 새

---

[758] 『孟子』, 滕文公章句下, "昔者趙簡子使王良與嬖奚乘, 終日而不獲一禽. 嬖奚反命曰, 天下之賤工也. 或以告王良. 良曰, 請復之. 彊而後可, 一朝而獲十禽. 嬖奚反命曰, 天下之良工也. 簡子曰, 我使掌與女乘, 謂王良. 良不可, 曰, 吾爲之範我馳驅, 終日不獲一, 爲之詭遇, 一朝而獲十. 詩云, 不失其馳, 舍矢如破. 我不貫與小人乘, 請辭!"

한 마리도 잡지 못하자 되레 왕량 탓을 했다. 그러자 왕량은 다시 한 번 나가서 말 모는 정석을 벗어나서 폐해가 새를 잡도록 했다. 이쯤 되면 폐해가 자신의 부족함을 알아야 하는데 새를 잡고 못 잡는 것이 마부에게 달린 것으로 끝내 인식하고 있었다. 왕량이 인용한 시(詩)는 『시경』〈소아(小雅)〉 '거공(車攻)' 편에 나오는 것으로 마부는 말 모는 정석대로 하고 활 쏘는 자는 바른 자세로 하여 명중할 때의 쾌차함과 활력을 받는 모습을 노래했다. 왕량은 폐해와는 이것을 기대할 수 없어서 사양했다. 맹자가 계속 말했다.

> "마부는 활 쏘는 자와 한패가 되는 것을 부끄러워하므로 한패가 되어 금수(禽獸: 새와 짐승)를 잡는 것이 언덕처럼 쌓인다 해도 하지 않는다. 만약 도(道)를 굽히고 저들을 따른다면 어떻게 되겠는가? 자네가 지나쳤도다. 자신의 뜻을 굽힌 자는 다른 사람을 바로 펴지 못하느니라."[759]

진대가 먼저 제후들을 찾아가 보는 것이 어떠냐는 의견에 맹자는 우인과 마부인 왕량의 고사를 들어 배척하고 있다. 요지는 제후들이 부르지도 않았는데도 자신의 뜻을 굽히고 서로 지향하는 목적이 다른 제후와 한 무리가 되는 것은 결코 도(道)를 구현하는 처세가 아니라고 보았다. 혹자에 따라서는 사람의 거취에 하나하나를 절도에 맞추기를 바란다면 도를 구현하는 것이 어렵다고 지적할 수가 있다. 그러나 맹자는 자신의 올바른 뜻을 굽히면 남을 바로잡을 수 없다고 생각했다. 따라서 공자와 맹자 모두 도(道)가 행해지지 않더라도 그 거취를 가벼이 할 수가 없었던 것이다.

---

759 『孟子』, 滕文公章句下, "御者且羞與射者比, 比而得禽獸, 雖若丘陵, 弗爲也. 如枉道而從彼, 何也? 且子過矣, 枉己者, 未有能直人者也."

그렇다면 제후가 먼저 예를 갖추어 빈사(賓師: 손님으로 온 학자)를 부를 경우는 어찌해야 하는가? 빈사는 제후의 신하가 아니므로 굳이 갈 의무는 없다. 맹자 제자인 공손추가 진대와 비슷한 질문을 했다. 즉 맹자가 제후들을 만나지 않고 지내는 이유를 물었다. 그러자 맹자는 "옛날에 신하가 아니면 제후를 만나지 않았다."[760]라고 하면서 단간목(段干木)과 설류(泄柳)의 고사를 들려주었다.

"단간목은 담장을 넘어 피했으며 설류는 문을 닫고 들이지 않았으니 이 모두가 너무 심했다. 제후가 절박하게 부르면 이는 볼 수가 있는 것이다."[761]

공자가 사망한 후 제자 자하(子夏)는 서하(西河: 황하의 서쪽 지역)에 살면서 후학을 양성했다. 이때 단간목은 자하에게 학문을 배웠다. 위문후는 기원전 403년에 진(晉)이 한(韓)·위(魏)·조(趙)로 분리되었을 때 위(魏)의 초대 군주로 50년 동안 재위하면서 초기 위나라를 강국으로 이끌었다. 그는 자하가 현명하다고 알려져 있어 친히 그를 초빙해 예악과 경전에 대해 가르침을 받았다. 위문후는 자하의 제자 단간목을 만나려고 했으나 그는 담장을 넘어 피해버렸다. 이후 위문후는 궁궐을 나와 그의 집 앞을 지날 때면 수레에서 일어나 예를 표했다. 여기에 마음이 움직인 단간목은 결국 위문후의 스승이 되어 강성한 나라를 만드는 데 일조했다. 설류는 노(魯)나라 30대 목공(繆公) 때 사람으로 노목공이 설류를 찾아가자 방문을 닫고 들이지 않았다. 맹자에 따르면 후에 결국 목공의 신하가 되어 그를 보좌했다. 맹자는 단간목과 설류의 고사를 들어 두 가지를 말하고 있다. 하나

---

760 『孟子』, 滕文公章句下, "古者不爲臣不見."

761 『孟子』, 滕文公章句下, "段干木踰垣而辟之, 泄柳閉門而不納, 是皆已甚, 迫, 斯可以見矣."

는 자신이 제후들을 만나지 않는 이유가 단간목과 설류처럼 신하가 아니기 때문이라는 것이고, 또 하나는 단간목과 설류의 행위가 너무 지나쳤다는 것이다. 비록 신하가 아니라서 제후의 방문을 회피할 수는 있지만, 예를 갖추어 직접 찾아온 제후를 만나지 않은 것은 올바른 행동이 아니라고 보았다. 즉, 제후가 직접 찾아오든지 아니면 폐백을 보내 초빙하면 맹자의 경우는 기꺼이 갈 수 있다는 말이다. 그러나 상대가 예를 갖추어 불렀지만 갈 수 없는 경우도 있다. 맹자는 양화와 공자의 일화를 소개했다.

> "양화(陽貨)가 공자를 보려 했으나 무례하다는 말은 듣기 싫었다. 대부가 선비에게 선물할 경우 대부 집에서 받지 않았으면 찾아가서 그 문 앞에서 절을 했다. 양화가 공자가 집에 없을 때를 엿보다가 공자에게 삶은 돼지를 보냈다. 공자 역시 양화가 집에 없는 때를 엿보다가 (없을 때) 가서 절을 했다."[762]

양화(陽貨)의 성명은 양호(陽虎)이다. 앞에서 나왔듯 양화는 노(魯)의 실력자 계환자(季桓子)의 가신(家臣)이었으나 반란을 일으켜 계환자를 가두고는 국정을 농단하고 있었다. 상대방이 예를 갖추었으나 목적 등이 합당치 않을 경우 방문할 수 없는 상황이 있을 수 있다. 이럴 경우 공자처럼 예를 갖추어 적절히 회피하는 방법이 있다. 이러한 공자의 처신을 맹자는 이렇게 표현했다.

> "중니(仲尼: 공자의 字)는 너무 심한 것을 하지 않으셨다."[763]

---

762 『孟子』, 滕文公章句下, "陽貨欲見孔子而惡無禮, 大夫有賜於士, 不得受於其家, 則往拜其門. 陽貨矙孔子之亡也, 而饋孔子蒸豚, 孔子亦矙其亡也, 而往拜之."

763 『孟子』, 離婁章句下, "仲尼不爲已甚者."

제후가 불러도 그 제후의 신하가 아닌 경우 갈 의무는 없지만, 제후가 절박하게 찾았음에도 단간목과 설류처럼 거부하는 것은 너무 심한 행위이다. 성인인 공자는 이렇게까지 하지 않았다. 결론한다면 맹자는 자신이 꿈꾸는 왕도정치를 구현하려는 제후가 있으면 달려가 당연히 정사를 논할 것이지만 자신의 뜻을 굽히고 이익에 따라나서는 것은 할 수 없음을 분명히 했다. 또 군주가 비록 왕도정치에 대한 비전이 없더라도 예를 갖추어 부른다면 각박하게 처신하지 않는다는 것도 밝혔다. 그러나 불행하게도 그런 제후가 없었다.

내가 원하는 바는 공자를 배우는 것이다

제4장 4절에서 살펴본 바와 같이 제나라 사람인 제자 공손추가 맹자에게 제나라에서 재상 자리에 오른다면 패도정치라도 할 의향이 있는지를 묻자, 맹자는 나이 마흔에 부동심(不動心)의 경지에 이르렀기에 그리하지 않을 것임을 말했다. 그리고 맹자는 자신과 고자(告子)의 부동심 함양 방법의 차이를 이렇게 보고 있다. 즉 고자의 부동심 함양은 말[言]과 기(氣)가 마음[心]과의 관계에서 서로 영향을 미치지 않는 것이어서 독립적으로 함양되며, 맹자 자신의 부동심은 '지(志)'가 '기(氣)'를 제어하는 장수에 해당하지만, '기(氣)'가 '지(志)'를 따라가는 것만이 아니라 '지(志)'에 영향을 미칠 수도 있다고 본다.

맹자와 고자 사이에 부동심의 차이를 들은 공손추가 맹자의 부동심이 어떠한 장점이 있는가를 묻자 맹자는 지언(知言)[764]과 호연지기(浩然之氣)를 잘 함양하는 것이라고 말했다. 이런 맹자를 제자 공손추가 이렇게 평가했다.

> "재아·자공은 말을 잘했고, 염우·민자건·안연은 좋은 말과 덕행을 했습니다. 공자는 다 겸비하셨지만 말씀하시길, '나는 사명(辭命: 외교적 언어)에 능하지 못하다.'고 하셨습니다. 그러한즉 선생님은 이미 성인이십니다."[765]

공자 제자 중 재아·자공은 언변이 좋았고, 염우·민자·안연은 덕행이 뛰어났다. 공자는 각 제자가 가진 재능과 덕행을 다 겸비했지만 스스로 사명에 능하지 못함을 말했다. 그런데 맹자는 지언(知言)에 능하고 의(義)가 집적되어 생기는 호연지기(浩然之氣)도 잘 배양한다고 스스로 말했다. 공손추는 맹자가 언어와 덕행을 다 겸비하고 있으므로 성인이라고 평가했다. 맹자의 반응은 어떠할까?

> "오! 이 무슨 말인가? 옛날에 자공이 공자에게 묻기를, '선생님은 성인이십니까?'라고 하자 공자가 말씀하셨다. '성인은 되지 못한다. 나는 배움에 싫증을 내지 않고 가르침에 게으르지 않을 뿐이다[學不厭而教不倦].'
> 자공이 말했다. '배움에 싫증을 내지 않는 것[學不厭]은 지(智)요, 가르침에 게으르지 않은 것[教不倦]은 인(仁)이니, 인(仁)하면서 지(智)하시니 선생님은 이미

---

764 주희(朱熹)는 '지언(知言)', 즉 말을 안다는 것을 천하의 말에 그 이치를 탐구하여 그 시비(是非)와 득실(得失)의 원인을 아는 것이라고 해석한다. 다산(茶山)은 언어의 근본이 본래 마음에 들어있다는 것을 안다고 해석한다.

765 『孟子』, 公孫丑章句上, "宰我子貢善爲說辭, 冉牛閔子顏淵善言德行. 孔子兼之, 曰, 我於辭命, 則不能也. 然則夫子既聖矣乎?"

성인이십니다.'

이처럼 성인은 공자도 머무르지 않으셨는데, 이건 무슨 말인가?"[766]

맹자는 자신을 성인으로 치켜세우려는 공손추의 말에 화들짝 놀라고는 공자 같은 성인도 자신 스스로는 성인이 아니라고 말한 것을 상기시키며 강하게 거부했다. 이 정도면 물러날 법도 한데, 공손추는 꼭 맹자의 등급을 매기고 싶었던 모양이다.

"옛날에 은밀히 들었는데, 자하·자유·자장은 모두 성인의 일부이며 염우·민자건·안연은 성인의 모습을 하였으나 미약했다고 합니다. 감히 묻습니다. 어디에 위치함이 편하신가요?"

맹자가 말했다. "일단 그 말은 접어두세."[767]

맹자가 자신을 성인으로 치켜세우는 것에 강하게 거부하자 공손추가 이번에는 공자의 제자들과 슬쩍 견주어보았다. 공손추는 정말로 누구에게 들었는지 자신이 지어낸 것인지 확실치 않은 말투로 재능으로 분류되는 자하·자유·자장을 성인의 일부라고 말하고, 덕행으로 분류되는 염우·민자건·안연을 성인의 모습이지만 좀 모자란 것으로 등급을 매겼다. 그리고 맹자에게는 어느 부류에 넣는 것이 편안한가를 물었다. 그러자 맹자는 질문 자체를 보류하게 했다. 그렇다면 맹자가 원하는 것은 무엇인가?

---

766 『孟子』, 公孫丑章句上, "曰, 惡! 是何言也? 昔者子貢問於孔子曰, 夫子聖矣乎? 孔子曰, 聖則吾不能, 我學不厭而教不倦也. 子貢曰, 學不厭, 智也, 教不倦, 仁也. 仁且智, 夫子旣聖矣. 夫聖, 孔子不居, 是何言也?"

767 『孟子』, 公孫丑章句上, "昔者竊聞之, 子夏子游子張皆有聖人之一體, 冉牛閔子顏淵則具體而微, 敢問所安. 曰, 姑舍是."

공손추가 말했다. "백이(伯夷)와 이윤(伊尹)은 어떠합니까?"

맹자가 말했다. "도(道)가 같지 않다. 그 군주가 아니면 섬기지 않고, 그 백성이 아니면 부리지 않아서 나라가 다스려지면 나아가고 나라가 혼란하면 물러나는 것은 백이이다. 누구를 섬기든 군주가 아니며 누구를 부리든 백성이 아닌가? 하여 나라가 다스려져도 나아가고 나라가 혼란해도 나아가는 것은 이윤이다. 벼슬할 만하면 벼슬하고, 그만둘 수 있으면 그만두고, 오래 지속하는 것이라면 오래 지속하고, 빠르게 하는 것이라면 빠르게 하는 것은 공자이시다. 모두 고대의 성인이다. 나는 (그들처럼) 행동할 수 없거니와 내가 원하는 바는 공자를 배우는 것이다."[768]

앞서 설명했지만, 백이는 서쪽 변방의 작은 영지인 고죽군(孤竹君)의 장자이었으며 그 동생은 숙제(叔齊)이다. 상(商)나라의 속국인 고죽국(孤竹國)의 영주인 아버지가 죽자 형제가 서로 아버지의 후계자 자리를 양보했다. 후에 주나라의 무왕이 되는 희발(姬發)이 주나라를 건국하고 상나라를 멸망시키자 백이와 숙제는 상나라에 대한 충성심을 버릴 수 없다 하여 수양산에 가서 고사리를 캐어 먹다 굶어 죽었다.

이윤은 상(商)나라의 탕이 그의 능력을 알아보고 다섯 번이나 사람을 보내 간절히 초빙하여 국정을 맡겼다고 『사기』에 전한다. 탕은 이윤을 등용하여 국정을 맡겼는데, 어느 날 이윤은 하나라로 가서 걸왕의 요리를 담당하는 신하가 된다. 그 후 이윤은 걸왕의 실정(失政)이 정점에 이르렀을 때 걸왕을 떠나 탕을 보필하게 되고 상(商)이 하(夏)나라를 멸하는 데 큰 공을

---

768 『孟子』, 公孫丑章句上, "伯夷, 伊尹何如? 曰, 不同道. 非其君不事, 非其民不使, 治則進, 亂則退, 伯夷也. 何事非君, 何使非民, 治亦進, 亂亦進, 伊尹也. 可以仕則仕, 可以止則止, 可以久則久, 可以速則速, 孔子也. 皆古聖人也, 吾未能有行焉, 乃所願, 則學孔子也."

세운다.

맹자가 성인으로 자신을 자리매김하는 것을 정색하며 거부하고, 공자의 제자들과 비교하는 것도 달가워하지 않자, 공손추는 아예 화제의 대상을 백이·이윤 등의 성인으로 돌렸다. 맹자는 백이는 청렴하고 고결하며, 이윤은 진취적인 것으로 평가하고, 공자는 두루 섭렵하여 때와 상황에 맞게 처신한 것으로 평가했다. 그리고 맹자는 사람들이 자신을 어떻게 평가하든 맹자 자신은 이런 공자를 배우는 것이 소원이라고 말한다. 그런데 여기서도 공손추는 백이·이윤이 공자와 같은 등급일지가 궁금했다.

> (공손추가 말했다.) "백이·이윤이 공자와 이처럼 같은 반열입니까?"
>
> 맹자가 말했다. "아니다. 백성이 생겨난 이래로 공자와 같은 분은 있지 아니하다."
>
> 공손추가 말했다. "그렇다면 같은 점은 있습니까?"
>
> 맹자가 말했다. "있노니, 백 리의 땅에서 군주 노릇 하면 모든 제후가 조회하게 하여 천하를 거느릴 수 있지만, 한 치의 불의(不義)를 행하고, 죄 없는 사람 하나라도 살육하여 천하를 얻는 것이라면 모두 행하지 않을 것이니, 이것은 모두 같다."[769]

맹자는 같은 성인이라고 하더라도 인류가 생겨난 이래로 공자와 같은 성인은 없다고 말한다. 다만 능력으로 말하면 모두 백리 정도의 작은 땅을 가지고도 천자가 될 수 있고, 도덕성으로 말하자면 불의를 행하거나 무고한 양민을 희생하여 천자가 되는 것은 모두 원치 않을 것이라 했다. 맹자

---

769 『孟子』, 公孫丑章句上, "伯夷 伊尹於孔子, 若是班乎? 曰, 否, 自有生民而來, 未有孔子也. 曰, 然則有同與?, 曰, 有. 得百里之地而君之, 皆能以朝諸侯, 有天下, 行一不義, 殺一不辜, 而得天下, 皆不爲也. 是則同."

의 제자 공손추는 절대평가보다는 상대평가에 관심이 많은 듯하다. 맹자는 자신에 대한 평가는 고사했지만, 공자에 대한 상대평가는 주저하지 않았다. 인류가 생긴 이래로 공자와 같은 성인은 없다는 것이다. 그런 공자를 맹자는 배우고자 했다.

교육자의 길

인류의 역사에는 수많은 철학자이며 교육자들이 이 세상을 지나갔다. 그렇다면 교육자들이 지녀야 자세는 무엇일까? 공자는 사람을 가르칠 때는 게으르지 말아야 한다고 했다[誨人不倦]. 가르치는 사람은 배우는 사람 못지않게 꾸준히 자신을 가다듬고 학문을 연구해야 한다는 말이다. 맹자는 가르치는 자, 즉 스승이 되려는 자는 그 마음가짐부터 겸손해야 함을 말한다.

> "사람들은 말을 쉽게 하지만 책임을 지려 하지 않는다. 사람들의 우환(憂患)은 다른 사람의 스승이 되는 것을 좋아하는 것에서 나온다."[770]

다른 사람의 스승이 되기를 좋아하는 자는 이미 그 마음에 자신의 공부가 뛰어나다고 보기 때문에 부단히 노력함을 게을리할 수 있다. 따라서 교만하거나 방자한 행동이 나올 가능성이 크다. 남의 스승이 되기를 좋아하기 전에 말에 대한 책임을 지는 성실성과 부단히 배우려고 노력하는 자세

---

770 『孟子』, 離婁章句上, "人之易其言也, 無責耳矣. 人之患在好爲人師."

가 필요하다.

맹자는 교육에 있어 교육자의 품성이 매우 중요한 부분임을 말한다. 교육자의 품성으로 맹자가 중요시한 것은 어진 성품에서 나오는 어진 목소리이다. 맹자는 말한다.

> "인자한 말[仁言]은 인자한 목소리[仁聲]가 사람에게 깊이 들어가는 것만 같지 못하다."[771]

오늘날 도덕교육에서 주목받는 것에 따뜻한 배려의 윤리가 있다. 따뜻한 배려의 윤리에서는 도덕적 대화가 가장 핵심적이 개념인데, 도덕적 대화는 말의 교환보다 대화의 상대방에 더욱 중점을 두는 대화를 말한다. 맹자가 말한 인자한 말은 다름 아닌 도덕적 대화에 해당한다. 그러나 맹자는 그 인자한 말보다도 인자한 목소리가 더 사람의 심금을 울릴 수 있다고 본다. 바로 목소리는 가식이 없이 우리 마음을 그대로 드러내기 때문이다. 사실 교육현장에는 다양한 교수-학습방법론이 등장한다. 그런데 자칫하면 교수학습의 형식에만 집중하다 보면 간과될 수 있는 것이 학습자의 감성 부문이다. 교육자가 학습자를 존중하며 학습자의 입장을 헤아리는 사랑이 담긴 목소리는 학습자의 마음을 움직이게 한다. 이로써 교육자와 학습자는 서로 신뢰를 하고 감정의 교류가 가능해진다. '어진 목소리', 오늘날 교육현장의 교육자들이 귀담아들어야 할 맹자의 외침이다.

교육자의 생각과 행동은 학습자에게 많은 영향을 미치기 때문에 교육자의 생각과 행동은 늘 사려 깊고 정제되어야 한다. 『장자』에는 공자의 제

---

771 『孟子』, 盡心章句上, "仁言, 不如仁聲之入人深也."

자 안연이 이런 말을 하는 장면이 있다.

> "선생님이 천천히 걸으시면 역시 천천히 걷고[亦步], 선생님이 빨리 걸으시면
> 역시 빨리 걷고[亦趨], 선생님께서 달리시면 역시 달렸습니다[亦馳]."[772]

안연이 공자를 흠모하여 일거수일투족을 따라 했다는 말이다. 이처럼 제자들은 존경하는 스승을 따라 하려 하고 또 영향을 받는다. 여기서 '역보역추(亦步亦趨)'란 고사성어가 나왔다. '역보역추'란 역시 따라 천천히 걷고, 역시 따라 빨리 걷는다는 의미로 제자가 스승의 생각과 행동을 본받는 것을 의미한다. 맹자도 이런 사례를 말했다.

> 방몽이 예(羿)에게서 활쏘기를 배웠다. 예(羿)의 활 쏘는 방법을 다 알아내고는
> 천하에 오직 예(羿)만이 자기보다 낫다고 생각하여 결국 예(羿)를 살해한 일이
> 있었다. 이 일에 대해 맹자가 말했다. "이것은 역시 예(羿)도 죄가 있도다. 공명
> 의는 '마땅히 (죽은 자는) 죄가 없는 듯하다.'고 했다. (나의) 말에 야박함이 있
> 지만 어찌 얻은 죄가 없으리오."[773]

예(羿)는 하(夏)의 3대 왕 태강(太康)이 군왕의 일을 팽개치고 사냥을 좋아하여 궁궐을 자주 비우자 반란을 일으켜 태강의 동생인 중강(仲康)을 왕위에 앉힌 인물이다. 중강이 왕이었지만 모든 국정은 예(羿)가 장악했다. 예(羿)는 활쏘기를 잘했다. 그렇지만 예(羿)는 자신의 활 솜씨를 믿어 민생

---

772 『莊子』, 田子方, "夫子步亦步,夫子趨亦趨,夫子馳亦馳."
773 『孟子』, 離婁章句下, "逢蒙學射於羿, 盡羿之道, 思天下惟羿爲愈己, 於是殺羿. 孟子曰, 是亦羿有罪焉. 公明
儀曰, 宜若無罪焉. 薄乎云爾, 惡得無罪?"

은 돌보지 않고 들판에 나가 사냥하는 데 탐닉했다. 급기야 신하 한착(寒浞)에게 죽임을 당하여 그 시신은 끓는 물에 삶아졌고 부인과 첩들은 한착이 차지했다. 맹자에 따르면 위의 방몽도 역시 예(羿)를 살해한 사건과 연루된 것으로 보이나 주모자인 한착과 어떤 관련이 있는지는 알려지지 않았다. 여하튼 맹자는 현인 공명의(公明儀)의 의견과는 다르게 예(羿)가 죽임을 당한 것은 예(羿)의 잘못도 있다고 했다. 그것은 신하인 예(羿)가 군왕의 일을 등한시하고 사냥에 빠진 태강을 죽인 것을 방몽이 제자로서 본받아, 역시 민생을 돌보지 않고 사냥에 빠진 예(羿)를 죽였다는 것이다. 맹자는 이어서 말했다.

"정(鄭)나라 사람이 자탁유자(子濯孺子)로 하여금 위(衛)나라를 공격했으나 오히려 (역전되어) 위나라는 유공지사(庾公之斯)로 하여금 그를 추격하게 했다. 자탁유자가 말했다. '오늘 나는 병이 나서 활을 잡을 수가 없으니 나는 이제 죽게 되겠구나.'

그리고 시종에게 물었다. '나를 추격하는 자가 누구인가?'

시종이 말하길, '유공지사입니다.'

자탁유자가 말했다. '나는 살았구나!'

시종이 말하길, '유공지사는 위나라에서 활을 잘 쏘는 자입니다. 주군께서 나는 살았다고 말씀하신 것은 무엇을 의미하는지요?'

자탁유자가 말했다. '유공지사는 활쏘기를 윤공지타(尹公之他)에게 배우고, 윤공지타는 활쏘기를 나에게서 배웠다. 무릇 윤공지타는 반듯한 사람이다. 그 사귄 벗도 반드시 반듯할 것이다.'

유공지사가 드디어 와서 물었다. '선생께서는 왜 활을 잡지 않고 있습니까?'

자탁유자가 말했다. '나는 오늘 병이 나서 활을 잡을 수가 없소이다.'

유공지사가 말했다. '소인은 활쏘기를 윤공지타에게서 배웠고, 윤공지타는 선생에게서 배웠으니 나는 차마 선생의 기술로 도리어 선생에게 위해(危害)를 가할 수 없소이다. 그러나 오늘의 일은 나라의 일이오니 내가 덮을 수는 없습니다.'

유공지사는 화살을 뽑아 화살촉 둘레를 툭툭 두드리더니 화살촉을 뽑아 제거한 후 화살 네 개를 한 번에 쏘고는 되돌아갔다."[774]

　맹자가 말한 위의 내용은 『좌전』의 내용과 약간 다르지만 여기서는 『맹자』의 내용에 따랐다.[775] 유공지사(庾公之斯)와 윤공지타(尹公之他)의 성명에 들어간 '之'는 성(姓)과 이름[名] 사이에 들어간 어조사이다. 옛날에는 성과 이름 사이에 '之'를 넣는 경우도 있었다. 위 내용에 따르면 유공지사는 활쏘기를 윤공지타에게 배우고, 윤공지타는 활쏘기를 자탁유자에게 배웠다. 자탁유자는 스승으로서 윤공지타에게 활쏘기를 올바로 사용하도록 가르쳤고, 윤공지타는 벗이자 제자인 유공지사에게 스승의 법도를 본받아 활쏘기를 올바로 사용하도록 가르쳤다. 자탁유자는 제대로 윤공지타에게 본보기를 보였으므로 그 벗이자 제자인 유공지사로부터 생명을 구할 수 있었다. 물론 스승과 제자는 사적인 영역이고 군주의 명을 받아 추격하

---

774 『孟子』, 離婁章句下, "鄭人使子濯孺子侵衛, 衛使庾公之斯追之. 子濯孺子曰, 今日我疾作, 不可以執弓, 吾死矣夫! 問其僕曰, 追我者誰也? 其僕曰, 庾公之斯也. 曰, 吾生矣. 其僕曰, 庾公之斯, 衛之善射者也, 夫子曰 吾生, 何謂也? 曰, 庾公之斯學射於尹公之他, 尹公之他學射於我. 夫尹公之他, 端人也, 其取友必端矣. 庾公之斯至, 曰, 夫子何爲不執弓? 曰, 今日我疾作, 不可以執弓. 曰, 小人學射於尹公之他, 尹公之他學射於夫子. 我不忍以夫子之道反害夫子. 雖然, 今日之事, 君事也, 我不敢廢. 抽矢扣輪, 去其金, 發乘矢而後反."

775 『좌전』에는 윤공타(尹公他)가 활쏘기를 유공차(庾公差)에게 배웠고, 유공차는 공손정(公孫丁)에게 배운 것으로 되어있다. 양공(襄公) 14년에 위(衛)나라에서 내전이 일어나 주모자인 손문자(孫文子, 名은 孫林父)가 위헌공(衛獻公)을 윤공타와 유공타로 하여금 추격하게 했는데, 이때 위헌공을 호위한 자가 공손정이었다.

여 만난 것은 공적인 영역이기 때문에 사적인 인연으로 공적 영역을 침해할 수 있는가에 대한 논란은 있을 수 있다. 다만 여기서 주목하고자 하는 것은 바로 제자는 스승을 의식적 혹은 무의식적으로 스승으로부터 영향을 받을 수 있다는 그 가능성이 있다는 점이다.

유학에서 맹자의 존재

맹자는 평생 공자를 불세출의 지성(至聖)으로 생각하고 그 학덕과 사상을 배우고 발전시켰으며, 그 가르침을 통하여 난세를 다스리고 민심을 순화하는데 진력했다. 그리고 요순으로부터 공자로 이어지는 유학의 도가 후세에 전승될까에 대한 고민을 피력했다. 맹자가 천하를 방랑할 때 제일 먼저 양혜왕을 방문하고는 이어서 제선왕을 방문했다. 그러나 맹자는 자신의 이상인 왕도정치가 제(齊)나라에서 실현될 수 없다는 것을 깨닫자 제(齊)를 떠났다. 이때 제자 충우(充虞)와 대화를 나누게 된다.

> 맹자가 제(齊)를 떠났다. 충우가 도중에 물어 말했다. "선생님께서는 마치 기뻐하지 않은 안색입니다. 전일에 저는 선생님에게서 '군자는 하늘을 원망해서도 안 되고, 사람을 탓해도 안 된다.'고 들었습니다."
> 맹자가 말했다. "그것도 한때이고 이것도 한때이니라. 오백 년에 반드시 왕자가 일어나지만 그사이에 명망가가 반드시 있기 마련이다. 주나라부터 지금까지 칠백 여년의 세월이 갔다. 그 숫자로 보면 지났지만 그 시대로 보면 가능하지 않겠는가? 무릇 하늘이 아직 천하를 평화롭게 다스리기를 바라지 않지만, 만약 천하를 평화롭게 다스리고자 한다면 지금의 세상에서 나를 버리고 누구

이겠는가? 내가 어찌 기쁘지 않겠는가?"[776]

'군자는 하늘을 원망해서도 안 되고, 사람을 탓해도 안 된다[君子不怨天, 不尤人]'는 『논어』의 구절이다. 충우는 맹자가 제(齊)를 떠나는 것이 하늘이나 사람의 탓이 아닌 상황이 맞지 않았다는 것을 말하며 스승을 위로하고 있다. 요임금과 순임금의 뒤를 이어 우(禹)에 의한 하(夏)나라 건국이 대략 기원전 2070여 년이고, 탕(湯)에 의해 상나라 건국이 기원전 1600여 년 무렵이고, 주나라 문왕을 거쳐 무왕이 천하를 얻은 것이 기원전 1046년이므로 맹자는 요순으로부터 탕, 그리고 탕으로부터 문왕·무왕까지 각각 대략 500년으로 보고 있다. 명망가란 성왕을 보좌하는 명신을 말한다. 즉, 요와 순임금 때의 고요·후직·설, 탕왕 때의 이윤, 문왕 때의 태공망 등이 이들이다. 그리고 맹자는 기원전 370여 년 무렵에 태어났으므로 문왕·무왕으로부터는 700여 년이 지났다. 500여 년마다 나오는 성왕(聖王)이 700여 년이 지난 맹자 당시까지 출현하지 않았지만, 맹자가 본 당시의 시대 상황으로는 나올 가능성이 있다고 맹자는 보고 있다. 그런 왕이 출현하도록 하여 세상을 평화롭게 다스리고자 한다면 그 역할을 맹자 자신 말고 누구이겠는가? 그렇기 때문에 제(齊)를 떠날 때는 아쉬움이 많았지만, 하늘이 부여한 자신의 역할을 생각하면 또한 기쁘게 생각할 수도 있다는 말이다. 유학의 도(道)로써 세상을 변화시켜야 한다는 시대적 책무감을 맹자는 갖고 있었다.

『맹자』의 마지막 장은 〈진심장〉이다. 맹자는 〈진심장〉의 제일 마지막

---

776 『孟子』, 公孫丑章句下, "孟子去齊, 充虞路問曰, 夫子若有不豫色然. 前日虞聞諸夫子曰, 君子不怨天, 不尤人. 曰, 彼一時, 此一時也. 五百年必有王者興, 其間必有名世者. 由周而來, 七百有餘世矣. 以其數, 則過矣, 以其時考之, 則可矣. 夫天未欲平治天下也, 如欲平治天下, 當今之世, 舍我其誰也? 吾何爲不豫哉?"

구절에서 훗날 유학(儒學)의 도통(道統: 도가 이어짐)의 기원이 되는 이야기를 끄집어냈다.

> 맹자가 말했다. "요순(堯舜)으로부터 탕(湯)에 이르기까지 오백여 세월이 지나면서 우(禹)와 고요(皋陶) 같은 경우는 보고 알게 되었고, 탕(湯) 같은 경우는 전해 들어서 알게 되었다. 탕(湯)으로부터 문왕(文王)에 이르기까지 오백여 세월이 지나면서 이윤(伊尹)과 래주(萊朱) 같은 경우는 보고 알게 되었고, 문왕 같은 경우는 전해 들어서 알게 되었다."[777]

'래주(萊朱)'를 혹자는 중훼(仲虺)라고도 하며 탕왕 때의 현신(賢臣)으로 알려져 있다. 요순(堯舜)의 신하인 우(禹)와 고요(皋陶)는 요순의 정치에 참여하여 유학(儒學)의 도(道)를 보고 배웠고, 새 왕조 상(商)을 창업한 탕(湯)은 전해 들어 알았다. 탕의 신하인 이윤과 래주는 탕의 정치에 참여하여 유학의 도를 보고 배웠고, 주(周)의 기초를 확립한 문왕은 전해 들어 알았다. 요순으로부터 탕까지, 탕으로부터 문왕에 이르기까지 각각 500여 년의 세월이 흘렀다.

> "문왕(文王)으로부터 공자에 이르기까지 오백여 세월이 지나면서 태공망(太公望)과 산의생(散宜生) 같은 경우는 보고 알게 되었고, 공자 같은 경우는 전해 들어서 알게 되었다. 공자 이래로 지금에 이르기까지 백여 세월이 지나면서 성인의 세대와의 거리가 이와 같이 멀지 않으며, 성인의 머문 장소와 가까움이 이와 같이 심한데도, (성인의 도를 이어가는 것이) 너에게는 없는 것일까? 역

---

777 『孟子』, 盡心章句下, "孟子曰, 由堯舜至於湯, 五百有餘歲, 若禹皋陶, 則見而知之. 若湯, 則聞而知之. 由湯至於文王, 五百有餘歲, 若伊尹 萊朱則見而知之. 若文王, 則聞而知之."

시 너에게 없을 것 같구나!"[778]

　맹자는 앞에서 성왕의 출현이 500여 년마다 이루어졌다고 보았는데, 그들은 또한 유학의 도를 전승한 장본인이기도 하다. 맹자는 유학의 도를 전승한 인물로 성왕 이외에 공자를 포함시켰다. 따라서 요순으로부터 탕왕까지 500여 년간 도(道)가 전승됐고, 탕왕으로부터 문왕까지 500여 년간 도가 지속됐으며, 문왕으로부터 공자까지 500여 년간 도가 이어졌다. 그리고 공자가 세상을 떠난 후부터 맹자가 출생한 때까지 100여 년간 도가 이어졌으며 공자의 노나라와 맹자의 추나라는 이웃하고 있다. 공자 시대와의 거리나 공자가 머물던 곳과의 거리가 그리 멀지 않다.

　맹자는 요임금으로부터 공자에게 전해진 유학의 도통이 자신의 세대에는 이어갈 사람이 없을 것인가를 염려하고 있다. 평소 맹자는 "마침내 내가 소원이라면 공자를 공부하는 것"[779]이라고 했다. 즉, 공자의 도를 잇겠다는 말이다. 그렇기 때문에 위 예문에서 맹자의 말은 겸손하고 완곡하게 의문형으로 끝났지만, 결국 대략적인 뜻으로 보면 맹자 자신이 공자의 도를 이을 후계자로 자임하고 있다는 표현이다.

　맹자 출생 후 70여 년 후에 태어난 순자는 공자를 존숭했지만, 맹자에 대하여는 날을 세우며 비판한다. 즉, "대략 선왕을 본받으려 하지만 그 정통을 모르면서 오히려 재주를 과시하고 뜻만 커서 견문은 잡박하고 옛것에 살피고는 말을 만들고 오행이라 했다. 견해는 편벽되고 함께 할 부류가 없고 닫히고 묶여있어 해설할 수 없다. … 이것은 자사와 맹자의 죄이

---

778 『孟子』, 盡心章句下, "由孔子而來至於今, 百有餘歲, 去聖人之世, 若此其未遠也, 近聖人之居, 若此其甚也, 然而無有乎爾, 則亦無有乎爾."
779 『孟子』, 公孫丑章句上, "乃所願, 則學孔子也."

다."[780]라고 했다. 순자는 맹자뿐만 아니라 맹자가 학풍을 이어받은 공자의 손자인 자사(子思)까지 싸잡아서 아는 것이 정밀하지 못하고, 잡다한 지식에만 능숙한 자라고 혹평하고 있다. 순자는 그의 저서『순자』에서 대체로 이성적이며 논리 정연한 어법을 구사하고 있음이 특징이다. 그런데 순자가 맹자를 비판한 부분은 감정에 치우친 경향이 있음을 알 수 있다.

당나라 시대 한유(韓愈, 768~824)[781]는 맹자와 순자를 평가하기를 "맹자는 순정하고도 지순하지만 순자는 대체로 순정하되 조금 하자가 있다."고 하면서 유학의 법통(法統)을 '요→순→우→탕→문왕→무왕→주공→공자→맹자'로 이어지는 것으로 주장했다.

주희는『중용』〈서문〉에서 한유의 법통을 도통(道統)으로 바꿔 말하면서 한유가 말한 유학의 계보에서 공자 이후를 약간 수정했다. 즉, 그는 '요→순→우→탕→문왕→무왕→주공→공자'에서 안연(顏淵)과 증자(曾子)로 계승되고, 다시 증자에 의해, 증자(曾子)-자사(子思)-맹자(孟子)-정호(程顥), 정이(程頤) 형제로 유학의 도가 전승되었음을 주장했다.

우리나라에서『맹자』의 가치를 처음으로 숙지한 이는 포은 정몽주(鄭夢周, 1337~1392)였다. 정몽주는『맹자』를 후배인 삼봉 정도전(鄭道傳, 1342~1398)에게 보낸다. 포은과 삼봉은 공민왕의 개혁정치에 적극 협력했던 개혁세력이었다. 당시 삼봉은 부친상·모친상을 함께 당하여 고향인 영주(榮州)에서 3년간 시묘살이(움막을 짓고 묘소를 돌봄)를 하고 있었다. 삼봉은 고려를 뒤엎고 새 왕조를 창업하는 역성혁명의 정당성과 새 왕조의 정치시스템을『맹자』에서 발견했거나 시사 받았을 가능성이 크다.

---

780 『荀子』, 第六非十二子, "略法先王而不知其統, 然而猶材劇志大, 聞見雜博. 案往舊造說, 謂之五行, 甚僻違而無類, 閉約而無解 … 是則子思孟軻之罪也."

781 韓愈(768~824)는 당나라의 문학가 겸 사상가로 자(字)는 퇴지(退之)이다.

두 사람은 우왕 때 이성계가 위화도 회군으로 정권을 장악하자, 이성계를 보필하며 토지제도를 비롯한 개혁정책을 실시했다. 그러나 두 사람의 개혁정치는 근본적 차이점이 존재했고, 이것으로 인해 두 사람은 동지에서 적으로 돌아선다. 포은은 고려왕조를 인정하는 점진적 개혁이었고, 삼봉은 고려왕조를 회생 불능으로 진단하고는 아예 새 왕조를 창업하려는 역성혁명(易姓革命)의 입장이었다. 결국 포은이 이방원에게 참살당한 후 삼봉은 이성계를 도와 역성혁명에 성공하고 신권(臣權: 신하들의 권력)이 강화된 조선왕조를 디자인한다. 그러나 삼봉은 왕권을 강화하려는 방원과 충돌하여 정몽주처럼 역시 참살된다.

그렇지만 그가 구상한 왕권이 제약된 유교적 정치 시스템은 이후 조선왕조의 기본 골격이 되었다. 조선왕조의 궁궐로는 태조 때 지어진 경복궁, 태종 대 지은 창덕궁, 성종 때 지은 창경궁, 광해군 때에 경운궁이었다가 고종 때 명칭이 바뀐 덕수궁 등이 있다. 이 중 경복궁의 명칭은 정도전이 『시경』에 나오는 '介爾景福(개이경복)'에서 따와 지은 것이다. '개이경복'은 너에게 큰 복을 내린다는 의미이다. 특히 맹자의 왕도정치 사상과 관련되는 궁궐은 창덕궁이다. 1405년에 방원(태종)이 창덕궁을 건립하면서 중심 건물의 명칭을 인정전(仁政殿)이라 했다. 여기서 인정(仁政)은 '어진 정치'를 의미하는 것이니 바로 맹자의 이상정치인 왕도정치를 말한다. 이처럼 맹자의 핵심사상인 왕도는 조선의 건국 명분이었을 뿐만 아니라 조선의 건물명에서도 표현되기도 했다.[782]

『사기』에서는 공자 사상을 빛나게 하고 드러낸 인물로 맹자와 순자를 거론한다. 그러나 순자의 사상은 송대 성리학의 공격을 받으면서 사실 그

---

782 도올 김용옥, 『맹자 사람의 길』上 200~203쪽, 통나무, 2019.

영향력이 쇠미하여 갔다. 따라서 공자의 유학을 실질적으로 계승, 발전시킨 인물로 맹자를 지목하는 것이 보편화되었다. 공자가 요(堯)·순(舜)·우(禹)·탕왕(湯王)·문왕(文王)·무왕(武王)·주공(周公) 등 공자 이전의 중국 고대 성인들의 도를 처음으로 집약, 정리했다면 맹자는 공자의 유학을 더욱 발전시켜 체계화했다.

맹자는 원(元)의 인종(仁宗) 때 아성추국공(亞聖鄒國公)이란 시호(諡號: 죽은 후 공덕을 칭송하여 붙인 이름)로 추증(追贈: 사후에 높여 부름)되었고, 명(明)의 세종(世宗) 때는 아성맹자(亞聖孟子)로 개칭되었다. '아성(亞聖)'이란 성인 버금이란 뜻이니 평생 공자를 숭모한 맹자의 위치를 제대로 표현한 것이다. 이렇게 아성인 맹자는 성인인 공자와 더불어 유학의 사표(師表)로서 후세의 전설이 되었다.

참고문헌

1. 原典類

- 『論語 附諺解』, 學民文化社, 1990.
- 『大學. 中庸』, 學民文化社, 1990.
- 『孟子 附諺解』, 學民文化社, 1990.
- 『小學』, 學民文化社, 2002.
- 『詩傳』, 學民文化社, 1990.
- 『禮記』, 明文堂, 1995.
- 『與猶堂全書』, 景仁文化社, 1973.
- 『周易』, 學民文化社, 1990.
- 李鍾洛, 『春秋左氏傳. 頭注』, 學民文化社, 1998.
- 『孝經·爾雅』, 學民文化社, 1992.
- 『古本竹書紀年輯證』, 正文·古本竹書紀年輯證 (淸)朱右曾輯; 王國維校補, 黃永年校點
- 『道德經』
- 『列女傳』
- 『孟子章句』
- 『史記』
- 『書經』
- 『說文解字』
- 『荀子』
- 『莊子』
- 『韓非子』

2. 單行本

- 姜萬吉 外, 『茶山의 政治經濟思想』, 창작과비평사, 1990.
- 귀곡자, 『귀곡자』, 신동준 역주, 인간사랑, 2023.
- 기세춘 역저, 『묵자』, 바이북스, 2021.
- 김용옥, 『맹자 사람의 길』, 통나무, 2019.
- 김학주 역, 『荀子』, 을유문화사, 2001.
- 琴章泰, 『韓國實學思想研究』, 集文堂, 1993.
- 金敬琢, 『中國哲學槪論』, 汎學社, 1979.
- 『순자』, 을유문화사, 김학주 옮김, 2008.
- 몽배원, 『성리학의 개념들』, 홍원식·황지원·이기훈·이상호 옮김, 예문서원, 2011.
- 풍몽룡, 『풍몽룡의 동주열국지』, 신동준 역주, 인간사랑, 2019.
- 백양, 『백양 중국사』, 김영수 옮김, 역사의 아침, 2014.
- 쑨톄, 『중국사 산책』, 이화진 옮김, 일빛, 2011.
- 『性理論辯』, 송래희 편저, 오석원 감수, 정성희·함현찬 역주, 심산, 2006.
- 여불위, 『여씨춘추』, 김근 옮김, 글항아리, 2012.
- 『서경』, 유교문화연구소 옮김, 성균관대학교 출판부, 2011.
- 유문상, 『공자뎐, 논어는 이것이다』, 살림터, 2021.
- 유향, 『전국책』, 신동준 역주, 인간사랑, 2014.
- 이이, 『격몽요결』, 이민수 번역, 을유문화사, 2022.
- 이종휘, 『동사』, 김영심·정재훈 역주, 소명출판, 2005.
- 『주례』, 이준영 해역, 자유문고, 2014.
- 작자 미상, 『안자춘추』, 임동석 번역, 동서문화사, 2009.
- 장거정, 『제감도설』, 임동석 역주, 고즈윈, 2011.
- 『十八史略』, 장기근 강술, 명문당, 2006.
- 장승구, 『정약용과 실천의 철학』, 서광사, 2001.
- 정인재, 『양명학의 정신』, 세창출판사, 2014.

- 조원일, 『선진유가의 사상』, 전남대학교출판부, 2011.
- 중국사학회, 『중국통사』, 강영매 옮김, 범우, 2008.
- 陳來, 『송명성리학』, 안재호 옮김, 예문서원, 2011.
- 陳來, 『양명철학』, 전병욱 옮김, 예문서원, 2009.
- 진순신, 『이야기 중국사』, 박현석 옮김, (주)살림출판사, 2013.
- 채침, 『서경집전』, 김동주 번역, 전통문화연구회, 2019.
- 태공망, 『육도·삼략』, 하재철 번역, 종합출판범우, 2021.
- 풍우란, 『中國哲學史』, 박성규 옮김, 까치글방, 1999.
- 허청웨이 기획, 양산췬·정자룽, 『중국을 말한다 01』, 김봉술·남홍화 옮김, 신원문화사, 2008.